가톨릭 신학 시리즈

교부학 입문	이상규
삼위일체론	루카스 마테오 세코
그들은 아우구스티누스에 대해 무엇을 말하는가	조셉 켈리
교부들의 그리스도론	알로이스 그릴마이어
그리스도론	올레가리오 곤잘레스
신학, 하느님과 이성 (2023 세종도서)	미하엘 제발트
그리스도교 신학의 역사 (2023 세종도서)	윤주현
말씀과 숨	이브 콩가르
자유의 말씀	피에트로 보바티
교회론	호세 안토니오 사예스
교부들의 신앙	제임스 C. 기본스
그리스도교 철학 주체성의 발견	테오 코부쉬

가톨릭클래식

준주성범	토마스 아 켐피스
성녀 소화 데레사 자서전	성녀 소화 데레사
신심 생활 입문	프란치스코 살레시오 성인
단테의 신곡 (상)	단테 알리기에리
단테의 신곡 (하)	단테 알리기에리
이름 없는 순례자	최익철, 강태용 (옮김)

말씀과 함께하는 일상

가톨릭 고전과 함께하는 365 말씀 묵상 달력	가톨릭출판사 편집부
용기를 가지고 앞으로! 프란치스코 교황과 함께하는 365일	프란치스코 교황
"고맙습니다. 서로 사랑하세요." 김수환 추기경 말씀 달력	김수환
모든 순간이 다 꽃으로 필 거예요 이해인 수녀 말씀 달력	이해인
하루를 시작하는 한 줄 가톨릭 YOUCAT 교리 달력	YOUCAT 재단

기도 · 영성

성시간을 위한 기도서	이재현
기도의 체험	안토니 블룸
로마노 과르디니의 주님의 기도	로마노 과르디니
살아 있는 기도	안토니 블룸
마음을 열고 가슴을 열고	토마스 키팅
사람에게 비는 하느님	루이 에블리
쉼, 주님을 만나는 시간	카를로 마리아 마르티니
성체 조배	알폰소 리구오리 성인
화해를 원해	안셀름 그륀
철학자, 믿음의 여인을 묵상하다	베른하르트 벨테
주님과 함께하는 10일의 밤	일리아 델리오
네 번째 잔의 비밀	스콧 한
사랑의 계시 (2023 세종도서)	노리치의 율리아나
위안이 된다는 것	안셀름 그륀
모든 일에는 때가 있다	조엔 치티스터
오리게네스에게 영성을 묻다	윤주현
내 마음의 주치의	안셀름 그륀
하느님의 현존 연습	콩라 드 메스테르
혼자서 마음을 치유하는 법	홍성남
365일의 잠언	성 프란치스코 살레시오
지친 하루의 깨달음	안셀름 그륀
영성, 하느님을 바라보다	윤주현
가시 속의 장미	성 프란치스코 살레시오
프란치스코 교황이 초대하는 이달의 묵상(전 12권)	프란치스코 교황
그래도 희망	프란치스코 교황
기쁨이 가득한 매일 성모님 묵상	찰스 G. 페레바흐
믿음이 깊어지는 매일 시편 묵상	앤서니 치카르디 몬시뇰
성심의 메시지	이재현

예비신자 · 새신자 추천 도서

YOUCAT 프렌즈	YOUCAT 재단
YOUCAT 성경	YOUCAT 재단
YOUCAT 가톨릭 청년 교리서	오스트리아 주교회의
YOUCAT 고해성사	클라우스 디크 외
YOUCAT 견진	베른하르트 모이저, 닐스 바에르
DOCAT 가톨릭 사회 교리서	YOUCAT 재단
주요 기도문 풀이	박도식
무엇 하는 사람들인가	박도식
예비 신자 궁금증 105가지	줄리아 크노프
성경 순례	허영엽
성경 속 궁금증	허영엽
성경 속 상징	허영엽

기도서

하루를 위한 기도	가톨릭출판사 편집부
십자가의 길	가톨릭출판사 편집부
성모님과 함께하는 묵주의 9일 기도	가톨릭출판사 편집부
가시를 빼내시는 성모님	베르나르 마리
프란치스코 교황과 함께 준비하는 고해성사	프란치스코 교황
프란치스코 교황과 함께 드리는 첫 묵주 기도	프란치스코 교황
프란치스코 교황과 함께 걷는 십자가의 길	프란치스코 교황

문학으로 만나는 가톨릭

알렉산드리아의 사자	장필리프 파브르
나의 믿음	헤르만 헤세
나의 예수	엔도 슈사쿠
프랑수아 모리아크의 예수	프랑수아 모리아크
님 · 밤	최민순
예수의 생애	엔도 슈사쿠
마리아의 비밀	산티아고 마르틴

가톨릭 성물 브랜드
프리에르

가톨릭출판사에서 선보이는 '프리에르'는 '기도'를 뜻하는 프랑스어로 정성을 다하여 기도를 바치고자 하는 신자들에게 품격 있는 성물을 선사합니다.

일상 속에서 신앙을 기억하고 끊임없이 기도함으로써 주님과 가까워질 수 있도록 프리에르가 함께 하겠습니다.

항상 기도하십시오
+ Priez Toujours

기쁨과 위안을 주는
미니 성상 컬렉션

귀여운 모습에 바라만 보아도 미소가 지어지는 사랑스러운 미니 성상으로 나와 주변의 소중한 이들과 함께 신앙의 기쁨을 나눠보세요.

가톨릭출판사 직영점
명동 대성당 02)776-3601 | 가톨릭회관 02)777-2521
1898+(명동) 02)777-1886 | 절두산순교성지 02)3141-1886
서울성모병원 02)534-1886 | 춘천점 033)255-1886

PRIÈRE

www.CatholicBookPlus.kr coupang catholic_priere 문의 02)6365-1869

www.catholicbookplus.kr

신앙의 깊이를 더하다
가톨릭북플러스

가톨릭출판사

2025 희년 추천 도서

희망으로 가득한 2025 희년을 보내는 방법

2025 희년을 선포하는
프란치스코 교황님의 칙서,
희년에 대한 자세한 안내 및 일정,
전대사 수록!

2025 희년 여정 노트
가톨릭출판사 편집부 엮음 | 6,000원

희망
- 프란치스코 교황이 초대하는 이달의 묵상 : 희망
  프란치스코 교황 지음 | 8,800원
- 프란치스코 교황과 함께하는 희망의 기도
  프란치스코 교황·에르난 레예스 알카이데 지음 | 18,000원

순례
- 이름 없는 순례자
  최익철, 강태용 옮김 | 18,000원
- 길에서 길을 찾다
  문재상 신부 지음 | 16,000원

기도
- 기도의 체험
  안토니 블룸 지음 | 14,000원
- 주님과 함께하는 10일의 밤
  일리아 델리오 지음 | 16,000원

화해
- 화해를 원해
  안셀름 그륀 지음 | 18,000원
- 프란치스코 교황과 함께 준비하는 고해성사
  교황청 내사원 지음 | 10,000원

기도와 묵상으로 피어나는 신앙

영어 성경 필사 노트 시리즈
가톨릭출판사 편집부 엮음

영어 공부와 성경 묵상이 동시에 가능한 필사 노트

- 마태오 복음서 I, II 30,000원
- 요한 복음서 20,000원
- 마르코 복음서 18,000원

필사 노트 시리즈
가톨릭출판사 편집부 엮음

- 준주성범 묵상 노트 14,000원
- 신심 생활 입문 묵상 노트 15,000원
- 시편과 아가 쓰기 노트 14,000원
- 오늘 감사 노트 11,000원
- 오늘 기도 노트 11,000원
- 자녀 축복 노트 은총편·행복편 각 12,000원

신간 도서

희망 - 프란치스코 교황 자서전
프란치스코 교황 지음 | 출간 예정
희년을 기념하는 희망의 메시지를 담은 프란치스코 교황 최초의 자서전

성녀의 작은 길
성녀 소화 데레사 지음 | 14,000원
소화 데레사 성녀의 말씀 속에서 걷는 신앙 여정

하루를 위한 기도
가톨릭출판사 편집부 엮음 | ⓐ 2,500원 ⓑ 2,000원
매일 주님을 만나는 내 손안의 작은 기도서

침묵 그리고 은총의 빛
에디트 슈타인 지음 | 13,000원
에디트 슈타인 성녀의 삶과 글, 영성이 담긴 묵상집

가톨릭 고전과 함께하는 365 말씀 묵상 달력
가톨릭출판사 편집부 엮음 | 16,000원
가톨릭 고전 도서를 하루에 하나씩 만날 수 있는 만년 달력

홍성남 신부와 함께하는 마음일기
홍성남 지음 | 12,000원
60일 감정 코칭을 따라 삶과 마음을 건강하게 만드는 시간

20세기 신학자 시리즈

HANS URS VON BALTHASAR

- **세계의 심장**
  한스 우르스 폰 발타사르 지음 | 24,000원
  신의 뜨거운 마음을 이해하기 위한 인간의 고찰

- **발타사르, 죽음의 신비를 묵상하다**
  한스 우르스 폰 발타사르 지음 | 13,000원
  현대 신학의 거장 발타사르의 시선으로 탐구한 죽음의 신비

- **발타사르, 예수를 읽다**
  한스 우르스 폰 발타사르 지음 | 16,000원
  지식의 차원을 넘어 예수님과 더 깊이 만나는 길

- **남겨진 단 하나, 사랑**
  한스 우르스 폰 발타사르 지음 | 20,000원
  발타사르의 신학적 미학을 통해 만나는 하느님의 사랑

- **아드리엔 폰 슈파이어와의 첫 만남**
  한스 우르스 폰 발타사르 지음 | 30,000원
  20세기를 대표하는 위대한 신학자와 신비가의 만남

ADRIENNE VON SPEYR

- **예수의 최후 기도**
  아드리엔 폰 슈파이어 지음 | 13,000원
  예수님의 십자가 말씀을 통해 재발견한 칠성사

- **기도의 세계**
  아드리엔 폰 슈파이어 지음 | 35,000원
  슈파이어의 기도에 대한 신학적 탐구서

www.catholicbookplus.kr

가톨릭북플러스

가톨릭을 사랑하고 더 알고자 하는 사람들이 모여
신앙의 깊이를 더할 수 있도록 안내하는
웹진 · 커뮤니티 · 쇼핑몰로 구성된 디지털 플랫폼

웹진
신학, 철학, 교회사, 성경, 영성, 교리, 예술 등 다채로운 주제를 다루며 다양하고 깊이 있는 신앙 콘텐츠를 제공하는 온라인 매거진

커뮤니티
신자들이 모여 가톨릭 문화를 향유하고 소통하며 신앙을 나눌 수 있는 공간

쇼핑몰
신앙생활을 더욱 빛나게 해 줄 다양한 영적 서적과 성물을 만날 수 있는 사이트

모든 것 안에서 하느님 발견하기

모든 것 안에서 하느님 발견하기

2013년 8월 28일 교회 인가
2014년 8월 15일 초판 1쇄 펴냄
2025년 5월 30일 초판 10쇄 펴냄

지은이 · 제임스 마틴
옮긴이 · 성찬성
감수자 · 류해욱, 김용수
펴낸이 · 정순택
펴낸곳 · 가톨릭출판사
편집 겸 인쇄인 · 김대영
편집 · 김지현, 강서윤, 김지영, 박다솜
디자인 · 강해인, 이경숙, 정호진
마케팅 · 임찬양, 안효진, 황희진, 노가영

본사 · 서울특별시 중구 중림로 27
등록 · 1958. 1. 16. 제2-314호
전자우편 · edit@catholicbook.kr
전화 · 1544-1886(대표 번호)
지로번호 · 3000997

ISBN 978-89-321-1368-5 03230

값 30,000원

성경 ⓒ 한국천주교중앙협의회

이 책의 한국어 출판권은 (재)천주교서울대교구 가톨릭출판사에 있습니다.
저작권법에 의해 보호를 받는 저작물이므로 무단 전재와 무단 복제를 금합니다.

가톨릭의 모든 도서와 성물, 디지털 콘텐츠를 '가톨릭북플러스'에서 만날 수 있습니다.
https://www.catholicbookplus.kr | (02)6365-1888(구입 문의)

프란치스코
교황의
영적 요람

모든 것 안에서
하느님
발견하기

제임스 마틴 지음
성찬성 옮김
류해욱·김용수 감수

가톨릭출판사

THE JESUIT GUIDE TO (ALMOST) EVERYTHING :
A Spirituality for real life

Copyright © 2010 by James Martin, S.J.
published by arrangement with HarperCollins Publishers
All rights reserved.

Korean translation copyright © 2014 by Catholic Publishing House
Korean translation rights arranged with HarperCollins Publishers,
through EYA(Eric Yang Agerncy)

이 책의 한국어판 저작권은 EYA(Eric Yang Agency)를 통한
HarperCollins Publishers사와의 독점 계약으로
(재)천주교서울대교구 가톨릭출판사에 있습니다.
저작권법에 의하여 한국 내에서 보호를 받는 저작물이므로
무단 전재와 무단 복제를 금합니다.

일러두기

1. 이 책에서는 《로욜라의 성 이냐시오 영신수련》은 《영신수련》으로, 《예수회 회헌과 보충규범》은 《회헌》으로, 《로욜라의 성 이냐시오 자서전》은 《자서전》으로 표기했습니다.
2. 이 책에서는 《영신수련》(이냐시오 저, 정제천 역, 이냐시오 영성연구소, 2005), 《회헌》(이냐시오 저, 예수회 한국관구, 2008), 《자서전》(이냐시오 저, 한국 예수회 역, 이냐시오 영성연구소, 1997)을 인용했습니다.
3. 영신수련 책을 언급할 때는 《영신수련》으로 《 》 기호를 넣어 표기하고, 영신수련에 대해 이야기할 때는 기호 없이 표기했습니다.
4. 본문에서는 이냐시오 데 로욜라 성인을 편의상 이냐시오 성인이라고 표기했습니다.
5. 이냐시오 데 로욜라 성인과 성인이 된 초창기 예수회원들의 과거 이야기가 나오는 부분에서는 성인이라는 호칭을 생략했습니다.

추천의 말씀

이 책이 여러분의 가까운 벗이 되길 바랍니다!

이냐시오 영성을 신자들에게 이론에서 실천 방법에 이르기까지 알차게 소개하는 책 《모든 것 안에서 하느님 발견하기》를 가톨릭출판사에서 발간하여 반가운 마음입니다.

1540년 예수회가 공식적으로 창설된 이래로 사부 이냐시오 성인의 영성은 예수회원뿐만 아니라 수도자와 평신도들에 이르기까지 하느님을 깊이 만나는 길을 안내하였습니다. 또한 이냐시오 영성은 수많은 예수회원과 영성가, 그리고 그 뜻을 삶에서 살아 내는 사람들을 통해 깊어지고 넓어져 왔습니다. 그렇지만 이냐시오 영성의 폭이 넓다 보니 아직까지 그 영성 전체를 아우르는 책을 만나기가 쉽지 않았던 게 사실입니다. 미국 예수회원인 제임스 마틴 신부님의 이 책은 이냐시오 영성의 여러 측면을 속속들이 짚어 주면서도 그것을 넘어서서 실제 자신의 삶에서 예수님을 따르는 삶을 살도록 알기 쉽게 가르쳐 줍니다.

우리는 누구나 피할 수 없이 많은 질문에 부딪히며 살아갑니다. 나는 어떠한 삶을 원하는가, 하느님이 내게 바라시는 것은 무엇인가, 어떻게 결정해야 후회하지 않는 선택을 할 수 있는가 등 삶의 질문 앞에 머뭇거리거나, 때로는 이 질문들이 너무나 어려워 방황하기도 합니다. 이냐시오 성인은 그런 우리에게 손을 슬며시 잡아 주며 다가와 함께 동반하십니다.

이 책이 그러한 뜨거운 갈망을 안고 사는 우리 모두에게 가까운 벗이 되길 바랍니다. 참된 벗이신 예수님을 더 깊이 만나는 징검다리가 되어 우리 모두가 "모든 것 안에서 하느님을 발견"해 가며 삶의 계단을 더욱 자신 있게 내딛길 바랍니다.

예수회 한국관구 관구장
신원식 요한 신부

신원식 S.J.

한국어판 서문

교황님의 영성이 온 세상에 스며들기를 바라며

첫 번째 예수회 출신 교황이신 프란치스코 교황님은 전 세계 수십억 사람들의 마음을 사로잡았습니다. 교황님은 선출된 직후부터 여러 가지 대담한 결정을 하여 사람들을 놀라게도 하고, 또 기쁘게도 했습니다.

예를 들어, 교황님은 아시시의 프란치스코 성인을 좇아 역사상 최초로 '프란치스코'라는 교황명을 선택했습니다. 아마 누구도 이런 결정을 예상하지 못했을 것입니다. 그리고 실제로도 많은 사람들이 교황님의 이름에 놀라워했지요.

또한 선출된 지 며칠 지나지 않아 전통적으로 교황님들이 살던 장엄한 교황 관저 대신, '성녀 마르타의 집'을 거처로 정하는 대담한 결정을 보여줬습니다. 그곳은 추기경들이 교황 선출 기간 동안 머물렀던 바티칸의 손님용 숙소입니다. 교황님은 지금도 그곳의 작은 방에서 생활하고 있습니다.

이러한 모습과 더불어 교황님은 세계 곳곳의 가난하고 소외된 이들을 위한 자선 활동을 시작함으로써, 교회가 우리의 불쌍한 형제자매들을 꼭 돌봐야 할 필요가 있음을 깨닫게 했습니다. 또한 교황님은 단순하고 직접적인 표현을 사용하여 글을 쓰거나 강론을 합니다. 이러한 글과 강론에는 가톨릭 신자든 신자가 아니든 접하는 모두가 매우 친근하게 받아들이게 하는 힘이 있습니다.

하지만 그분의 교황직 수행과 관련하여 사람들의 주목을 불러 모은 또 다른 이유가 있습니다. 그것은 바로 교황님이 예수회 출신이라는 점입니다.

저는 그분이 교황직에 선출된 직후 제 주위의 친구들, 기자들, 심지어 그저 얼굴만 알던 지인들에게까지 예수회에 관해 엄청난 질문 공세를 받아야 했습니다. 단 며칠 동안, 지난 10년간 받은 질문보다 훨씬 많은 질문을 받았을 정도지요. 갑자기 모두들 예수회원은 어떤 사람들인지, 그들은 어떤 방식으로 생각하는지, 예수회의 영성은 어떤 것인지를 알고 싶어 했던 것입니다.

실제로도 교황님의 말과 행동에서 이냐시오 영성의 영향을 받았다는 것을 쉽게 찾을 수 있습니다. 예를 들어 교황님이 종종 사람들을 초청해서 이냐시오 영성이 담긴 관상 기도를 하는 것을 볼 수 있습니다. 이 책에서도 곧 알게 될 기도의 한 가지 방식이지요. 또한 교황님은 예수회에서 말하는 '불편심'의 모범을 보여 줍니다. 즉, 그분은 충분히 자유로운 마음을 지니고 있어서 실망할 수도 있는 일에 침울해하지 않습니다.

물론 이냐시오 영성의 영향을 받았다고 해서 교황님이 교회의 전통을 존중하지 않는다는 뜻은 아닙니다. 당연히 그분은 교회의 전통을 존중합니다! 오히려 그분은 그러한 전통을 표현하고 전통 안에서 살아가기 위해 새로운 방식을 기꺼이 시도합니다. 교황 관저에서 나오기로 결정한 것처럼 말이지요.

그러나 제가 가장 크게 놀란 것은 프란치스코 교황님이 선출된 후에 많은 사람들이 새삼스럽게 예수회에 관심을 기울였다는 점보다 여러분이 손에 들고 있는 이 책의 판매량이 늘어났다는 사실이었습니다.

이는 과거에 유대인들이 예수님께 느꼈던 것처럼 전 세계의 수많은 사람들이 교황님에게도 "저 사람이 어디서 저런 지혜와 기적의 힘을 얻었을까?"(마태 13,54) 하는 궁금증을 품게 되었다는 것을 보여 주기 때문이지요. 예수회 영성이 도대체 어떠한지 궁금해진 것입니다.

저는 이 책을 한국어권 독자들에게 소개할 수 있어 무척 기쁩니다. 한국과 한국어가 사용되는 다른 지역에서 보다 많은 사람들이 예수회 영성의 풍성함을 이해할 수 있게 된다는 것은 기쁜 일입니다. 이 놀라운 영성에 대한 깨달음은 서양의 독자들에게만 국한된 것이 아니기 때문입니다. 바오로 사도의 표현을 빌리자면, "결코 그렇지 않습니다."(로마 6,2)

여러분도 이미 알지 모르지만, 가장 먼저 동아시아로 떠난 가톨릭 선교사들 중 몇몇은 예수회원이었습니다. 그 예수회원들에게는 온 세상 사람들이 이냐시오 영성의 풍성함을 체험하고, 그로 인해 그리스도를 알게 되기를 바라는 불타는 열망이 있었습니다. 그들의 열망이 이제는 저의 책으로 전해지게 되니 제가 더없이 기쁠 수밖에요!

이 책은 이냐시오 데 로욜라 성인과 그분의 형제 예수회원들에 의해 보급된 영신수련에 대한 안내서입니다. 저는 몇 단락 안에 이 책 전체의 내용을 요약하고 싶지는 않습니다. 다만 이 책이 그리스도인의 삶에 관해 생각하고, 기도하고, 실천할 수 있도록 도와줄 것이라는 말을 전하고 싶습니다. 이냐시오 성인이, 그리고 프란치스코 교황님이 우리에게 그러한 삶을 살도록 격려하는 것처럼 말이지요!

그러니 이 책을 즐겁게 읽으시기를 바랍니다. 그리고 여러분이 기도할 때 저를 기억해 주시고, 저를 위해 기도해 주십시오.

2014년 7월 뉴욕에서
예수회 제임스 마틴 신부

차례

5   **추천의 말씀**
이 책이 여러분의 가까운 벗이 되길 바랍니다! · 신원식 요한 신부

7   **한국어판 서문**
교황님의 영성이 온 세상에 스며들기를 바라며 · 제임스 마틴 신부

제1장   이냐시오의 길
19   : 이냐시오 성인의 행동 양식
26   1. 이냐시오 영성을 알려 주는 네 가지 길
37   2. 이냐시오 성인의 생애
51   3. 영신수련과 회헌
58   4. 이냐시오 영성을 이해하는 데 도움을 주는 자료
63   5. 이냐시오의 길

제2장   하느님을 향해 가는 길
73   : 영적인 길, 종교적인 길
75   1. 하느님께 이르는 여섯 가지 길
102   2. 영적인 길, 종교적인 길
114   3. 모든 것 안에서 하느님 발견하기
117   4. 삶에서 하느님과 소통하는 순간

제3장   성스러운 갈망
129   : 욕망과 영성 생활
133   1. 가장 내밀한 욕망
142   2. 삶에서 드러나는 열망
173   3. 만나고자 하는 갈망

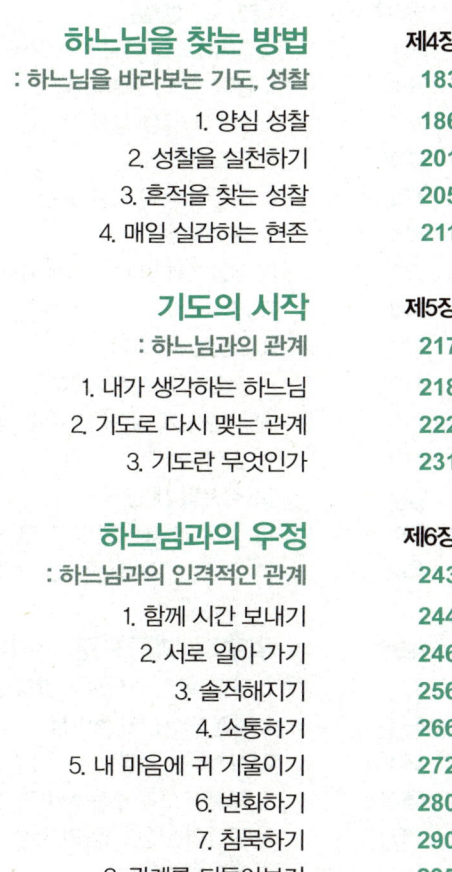

하느님을 찾는 방법   제4장
: 하느님을 바라보는 기도, 성찰   183
1. 양심 성찰   186
2. 성찰을 실천하기   201
3. 흔적을 찾는 성찰   205
4. 매일 실감하는 현존   211

기도의 시작   제5장
: 하느님과의 관계   217
1. 내가 생각하는 하느님   218
2. 기도로 다시 맺는 관계   222
3. 기도란 무엇인가   231

하느님과의 우정   제6장
: 하느님과의 인격적인 관계   243
1. 함께 시간 보내기   244
2. 서로 알아 가기   246
3. 솔직해지기   256
4. 소통하기   266
5. 내 마음에 귀 기울이기   272
6. 변화하기   280
7. 침묵하기   290
8. 관계를 되돌아보기   295

제7장 하느님께 귀 기울이는 법

- 301　: 이냐시오 기도
- 301　1. 편안하게 느껴지는 기도
- 305　2. 이냐시오 관상
- 322　3. 렉시오 디비나
- 335　4. 향심 기도
- 345　5. 담화
- 348　6. 그 밖의 기도

제8장 단순한 생활

- 361　: 그리스도를 본받는 신앙의 핵심
- 364　1. 청빈, 정결, 순명의 서약
- 367　2. 영적 자유를 향한 첫걸음
- 370　3. 무질서한 애착
- 378　4. 상향 이동과 하향 이동
- 384　5. 단순한 삶
- 388　6. 재물에서 명예로, 명예에서 교만으로
- 396　7. 청빈의 삶
- 401　8. 가난한 삶의 가르침
- 413　9. 단순한 삶으로의 초대
- 416　10. 단순하게 살아가기 위한 방법
- 419　11. 영적 가난
- 423　12. 겸손의 세 단계
- 427　13. 삶의 기쁨을 빼앗기지 않는 법
- 432　14. 가난한 이들이 준 값진 선물

제9장 말보다 행동으로 나타나는 사랑

- 437　: 정결, 독신 그리고 사랑의 공식
- 441　1. 정결과 독신의 차이점
- 444　2. 실천하는 사랑
- 450　3. 정결이 보여 주는 사랑의 길
- 457　4. 정결의 완성, 사랑의 완성
- 464　5. 정결한 사랑법

예수회와 우정 제10장
: 영성과 우정의 관계 475
1. 예수회도 사람이 사는 곳 478
2. 건전한 해석 482
3. 아름다운 우정 486
4. 우정과 자유의 의미 497
5. 건강한 우정을 가로막는 장벽 504
6. 초연한 사랑 509
7. 마음과 정신의 일치 513
8. 마음과 마음의 대화 521
9. 겸손과 우정 525
10. 건강한 우정을 위한 노력 529
11. 좋은 벗을 향한 갈망 536

미래에 내맡김 제11장
: 순명, 받아들임, 고통 543
1. 쉽게 순명하는 법 545
2. 가능한 한 많은 사랑과 애덕 553
3. 충실한 순명 557
4. 실재 상황의 수용 567
5. 미래에 내맡김 575
6. 고통의 한가운데서 발견하는 하느님 579
7. 고통을 다르게 바라보는 관점 592
8. 예수님의 온전한 순명 603

결정을 내리는 방법 제12장
: 이냐시오 결정 과정, 식별 619
1. 불편심 621
2. 식별의 핵심 624
3. 세 번의 시기 633
4. 식별 규칙 658
5. 모든 일에 "예." 할 수 있는 이유 681

제13장	**자신을 찾는 방법**
687	: 일, 직장, 성소 그리고 삶
689	1. 미래를 바꾸는 질문
703	2. 노동의 영성
733	3. 비상한 열망
759	4. 있는 그대로의 내 모습
760	5. 성화에 이르는 첫걸음
765	6. 비교와 절망
774	7. 불타오를 준비
778	8. 소금인형

제14장	**행동하는 관상가**
783	: 이냐시오의 길을 가는 여행자의 목표
786	1. 이끌어 가는 목표
790	2. 여정의 진정한 목적지
793	3. 열망하는 것만으로도 충분하다는 확신

801	주
803	색인

제1장

이냐시오의 길

제1장

이냐시오의 길
이냐시오 성인의 행동 양식

이냐시오 데 로욜라(이하 '이냐시오'로 표기) 성인은 누구이며, 우리가 그 성인에게 관심을 가져야 할 이유는 무엇일까요?

그 답은 간단합니다.

이냐시오 성인은 16세기에 살았던, 군인이었다가 신비가로 변모한 사람으로, 예수회라는 가톨릭 수도회를 창설했습니다. 이냐시오 성인이 살았던 **행동 양식**은 수많은 사람들이 매일매일 기쁨, 평화, 자유를 발견하며 삶의 체험에서 하느님을 만날 수 있도록 도움을 주었습니다. 이것은 오늘날의 우리에게도 이어져 우리는 성인 덕분에 삶에서 하느님을 만날 수 있게 되었지요. 따라서 오늘날의 우리에게도 중요한 의미를 갖는 이냐시오 성인의 행동 양식을 주의 깊게 살펴볼 필요가 있습니다.

이냐시오 성인의 행동 양식은 성인이 선종한 이후 450여 년 동안 많은 사람들이 보다 충만한 삶을 살도록 이끌어 주었습니다. 성인이 추구한 길은 자유를 찾아가는 길입니다. 그 길이란 진정 사람들이 삶을 만끽하면서 서로 사랑하고, 그 사랑을 받아들이며, 좋은 결정을 이끌어 내고, 창조의 아름다움과 하느님 사랑의 신비를 체험하는 자유를 찾는 길이지요. 이것은 성인이 직접 남긴 문헌뿐만 아니라 여러 세대를 거쳐 예수회원에 의해 전수된 전통이나 영적 지혜를 토대로 합니다.

이런 전통이나 영적 지혜는 1540년 예수회가 창설된 이래 예수회원들에게 빛이 되었고 실제로도 그들을 이끌어 왔습니다. 하지만 사실 이냐시오 성인은 자신의 실제적인 지식이나 영적 지혜가 단순히 예수회원들뿐만 아니라 모든 사람들에게도 도움이 되기를 바랐습니다.

이냐시오 성인은 예수회가 창설된 첫날부터 자신의 지혜와 통찰이 다른 성직자와 수도자뿐만 아니라 평신도에게도 나누어지도록 이끌었습니다. '이냐시오 영성'은 모든 믿는 이들과 진리를 추구하는 이들에게 열려 있으며, 원하는 사람이라면 누구나 쉽게 접근할 수 있습니다. 이냐시오 영성을 다루기에 앞서 생각해 볼 질문이 있습니다.

'영성이란 무엇일까?'

간단히 말하자면, 영성이란 하느님과의 관계 안에서 살아가는 삶의 방식입니다. 그리스도교 안의 모든 영성은 서로 다른 기원을 지니고 있더라도 초점은 같은 곳에 두고 이루어져 있습니다. 바로 하느님과 일치하고자 하는 열망, 사랑과 자비의 강조, 그리고 하느님의 아드님이신 예수 그리스도에 대한 믿음이지요.

그러나 전통적으로 각 영성마다 더욱 강조하는 면이 저마다 다릅니다. 예를 들어, 어떤 영성은 관상 생활을 강조하고, 또 다른 영성은 활동적인 측면을 더 강조합니다. 그리고 어떤 영성은 기쁨을, 어떤 영성은 자유를, 어떤 영성은 희생을, 어떤 영성은 가난한 사람들을 섬기는 것을 더 강조하지요. 각각의 영성이 강조하는 모든 것은 그리스도교에서 중요한 덕목이지만, 각자의 영성적 흐름에 따라 다르게 표현되는 것입니다.

현실적인 예수회원

예수회원은 이냐시오 성인에게서 실제적이고 생활에 적용할 수 있는 영성을 배웁니다. 이를 재치 있게 표현한 유머가 있어 여러분에

> 게 소개하고자 합니다.
>
> 어느 날 밤, 프란치스코회 신부와 도미니코회 신부와 예수회 신부가 경당에서 미사를 드리고 있는데, 갑자기 전기가 나갔다.
>
> 프란치스코회 신부는 더 소박하게 살 수 있는 기회를 주신 하느님께 찬미를 드렸다. 도미니코회 신부는 하느님이 세상에 빛을 주신 것에 대해 강론할 좋은 주제를 찾았다고 기뻐했다. 예수회 신부는 지하실에 가서 퓨즈를 교체하여 다시 전기가 들어오도록 했다.

저는 예수회에 입회한 후, 처음 몇 주 동안《예수회원의 영성적 교의와 실제 The Jesuits: Their Spiritual Doctrine and Pranctice》라는 책을 읽었습니다. 이 책의 저자인 프랑스의 예수회원 요셉 드 기뱅 신부는 영성에 대한 참신한 비유를 들려줍니다.

그 비유는 영성이 마치 다리와 같다는 것입니다. 모든 다리는 같은 기능을 갖고 있는데, 그것은 바로 우리가 한 장소에서 다른 장소로 이동할 수 있도록 길을 이어 주는 기능입니다. 다리는 위험한 낭떠러지나 넓은 강도 건널 수 있게 해 줍니다. 그런데 다리는 제각각 다른 재료로 만듭니다. 어떤 다리는 굵은 밧줄로 만들고, 어떤 다리는 나무로, 또 어떤 다리는 시멘트나 돌이나 철강으로 만듭니다. 만드는 방법도 각기 달라서 어떤 다리는 아치 모양으로 만들고, 어떤 다리는 양쪽에 기둥을 세워 만들고, 어떤 다리는 줄의 장력을 이용해 만듭니다.

요셉 드 기뱅 신부는 이 비유를 들며 이렇게 말했습니다. "각각의 다리들은 고유한 장점과 단점을 지니고 있다. 다양한 지형이나 상황에 따라 더 적합한 유형의 다리가 있기 마련이다. 하지만 제각각의 다리는 모두 같은 목적을 갖고 있다. 재료나 공법을 잘 조화시켜 다리를 만들면, 그 다리는 본래의 목적대로 길을 이어 주는 역할을 하게 된다."

이처럼 저마다 다른 영성이 모두 하느님께 가는 고유한 길을 제시해 주는 것이지요.

그리스도교 전통에서 잘 알려진 영성의 대부분은 베네딕도회, 프란치스코회, 가르멜회, 시토회 등 수도회에 기원을 두고 있습니다. 각각의 수도회는 수 세기에 걸쳐 그들 고유의 영적 전통을 이어 왔습니다. 그중에는 창립자가 직접 전수한 것도 있고, 수도자들이 창립자의 삶과 행동을 묵상하는 가운데 새롭게 얻은 것도 있습니다. 오늘날에도 서로 다른 많은 수도회가 있지만, 수도회원 모두는 '가족 수도회 전통'에 따라 수도자의 삶을 살아갑니다.

예를 들어, 프란치스코회 수도자들과 며칠만 함께 지내다 보면 우리는 이내 아시시의 프란치스코 성인에게서 물려받은 가난한 사람들을 향한 사랑과 열정을 느끼게 될 것입니다. 또 베네딕도 수도회에 가서 며칠만 지내다 보면, 베네딕토 성인에게서 물려받은 독특한 환대의 정신을 맛보게 될 것입니다. 베네딕도 수도회는 "모든 손님을 그리스도처럼 대하라."라는 전통을 갖고 손님을 대하기 때문이지요. 수도회는 이것을 '은사' 또는 '창립자에게서 내려온 창립 정신'이라고 부릅니다.

마찬가지로 여러분이 예수회 신부나 수사들과 함께 지내다 보면 이냐시오 성인과 예수회의 독특한 영성을 경험할 수 있습니다. 이처럼 이냐시오 성인에게 전수된 그리스도인으로서의 행동 양식을 담은 관행이나 방법, 강조점, 어투, 중요한 특징들을 망라하여 **이냐시오 영성**이라고 부릅니다.

예수회는 이러한 영성을 바탕으로 역사에서 주목할 만한 일들을 이루어 왔습니다. 예수회원인 제가 예수회의 업적에 대해 이야기하면 자만에 빠질 위험이 있기 때문에 영국의 역사가 조나단 라이트의 글을 인용하여 설명하고자 합니다. 다음의 짧은 글은 그의 훌륭한 저서인 《하느님의 군대 *God's Soldiers*》에 수록된 것입니다.

예수회원들은 파리, 베이징, 그리고 프라하의 궁정에서 신하로 일하

면서 왕들에게 언제 결혼을 할 것인지, 언제 어떻게 전쟁을 해야 할 것인지 등에 관해 조언했다. 중국 황제들에게는 천문학자로서 역할을 수행했고, 일본의 군대에서는 군종 사제로서의 역할을 수행했다. 우리가 어렵지 않게 예상할 수 있는 것처럼 그들은 성사를 집행했고, 강론했고, 프랑스의 철학자 볼테르, 쿠바의 정치 혁명가 피델 카스트로, 아일랜드의 문학가 제임스 조이스와 같은 다양한 사람들을 교육시켰다. 그런가 하면, 에콰도르의 키토에서는 목양업자로, 멕시코에서는 농장 경영자로, 오스트레일리아에서는 포도 재배자 겸 포도주 양조업자로, 남북 전쟁 이전의 미국에서는 농장 경영자의 역할을 하면서 그들 나름대로의 활동을 했다.

 미국에서는 예수회원들이 대개 교육자로 널리 알려져 있다. 현재 조지타운 대학교, 포담 대학교, 보스턴 대학교와 로욜라의 이름이 붙은 여러 대학교를 포함한 스물다섯 개의 종합 대학교가 예수회 산하에 있다. 또한 여러 단과 대학과 수십 개의 고등학교, 특히 최근에는 대도시의 저소득층 지역에서 여러 개의 중학교를 운영하고 있다.

 예수회는 문학, 미술, 음악뿐만 아니라 수학, 과학 등 학문에서도 활동을 하면서 여러 이론과 법칙 등을 정립하기도 했다. 이러한 예수회원들의 노력 덕분에 달 표면의 서른다섯 개의 분화구가 예수회 과학자들의 이름을 따서 지어지기도 했다.

이냐시오 성인은 자신을 따르는 후배 예수회원들이 다른 사람들에게 자신의 영성을 아주 명료하게 말할 수 있는 사람이 되기를 원했습니다. 따라서 예수회가 창설되고 오래 지나지 않아서 예수회원들이 자기들의 영성을 나름대로 기억하기 쉬운 몇 마디의 문구로 표현하고자 한 것은 전혀 놀라운 일이 아니지요. 영성에 대한 어떤 정의도 그 전통이 지니고 있는 정신을 다 담아낼 수는 없지만, 몇 마디의 문구가 합쳐지면 이냐시오의 길에 대한 길잡이가 될 수 있습니다.

따라서 이냐시오 영성을 이해하는 데 도움을 주는 네 가지 길을 살펴봅시다. 그것을 앞서 이야기한, 다리에 붙어 있는 아치라고 생각하며 읽으면 이냐시오 영성에 대해 한층 이해하기 쉬워질 것입니다.

1. 이냐시오 영성을 알려 주는 네 가지 길

예전에는 예수회의 양성이 너무나 체계적으로 짜여 있기 때문에 각각 다른 대륙에서 온 다섯 명의 예수회원에게 같은 질문을 던지면 다섯 명 모두에게 같은 답을 얻게 될 것이라는 말이 있었습니다. 그러나 오늘날 예수회원들은 너무나 독립적이고 개성이 뚜렷하기 때문에 각각 다른 다섯 개의 답을 얻거나 심지어 여섯 개의 답을 얻을지도 모른다고 말합니다. 이탈리아의 예수회원 사이에서는 세 명의 예수회원이 모이면 네 개의 다른 답이 나온다는 말이 있을 정도지요.

반면에 모든 예수회원들이 거의 유사한 대답을 할 만한 질문도 있습니다. 만약 이냐시오 영성을 간단히 정의해 보라는 질문을 던지면 예수회원들은 틀림없이 이구동성으로 모든 것 안에서 하느님 발견하기라고 말할 것입니다.

바로 이 문구가 이냐시오 영성을 알려 주는 첫 번째 길입니다. 믿기 어려울 정도로 단순한 이 문구는 한때는 대단히 혁명적인 표현으로 여겨졌습니다. 사람들이 이 문구를 영성 생활의 범주를 넘어서는 표현이라고 생각했기 때문입니다. 하지만 이냐시오 영성은 교회 안에 국한된 것이 아닙니다. 이냐시오 영성은 단순히 영적인 삶의 부분에서 기도나 성경 등 종교적인 주제만 다루는 것이 아닙니다.

오히려 이냐시오 영성은 영적 삶에 관해서 말할 때는 일단 따로 떼어 놓고 생각하는 것들, 예를 들어 일, 돈, 성, 우울증, 병 등이 실제 영성의 영역이라고 말합니다. 그렇기에 이냐시오 영성이 더 혁명적으로 보인 것이겠지요.

이냐시오 영성은 우리의 삶에서 일어나는 중요한 모든 요소를 포함합니다. 물론 성경, 기도, 봉사, 자선 등 종교적인 영역을 포함하지만 더 나아가서 친구, 가족, 일, 관계, 성, 고통, 기쁨, 자연, 음악, 유행, 문화 등도 모두 고려합니다.

이런 점을 잘 보여 주는 일화를 소개하고자 합니다. 데이비드 도노반이라는 예수회 신부님의 이야기인데, 신부님은 원래 보스턴 교구 소속이었다가 서른아홉 살에 예수회에 입회하였고, 오랫동안 예수회 영성을 공부하여 젊은 회원들을 양성하는 소임을 맡았습니다. 아주 탁월한 영적 지도자로서 사람들이 삶에서 기도 생활을 영위하고 하느님과 좋은 관계를 맺도록 도와주었지요.

저는 예수회에 입회하여 보스턴 관구의 수련원에 들어간 날 신부님을 처음 만났습니다. 신부님은 제가 하느님을 찾아가는, 웃음과 눈물 가득한 2년간의 여정 동안 영적 지도자로서 훌륭하게 이끌어 주었습니다.

언젠가 도노반 신부님과 면담할 때의 일입니다. 저는 그 당시 가족에게 생긴 문제로 인해 걱정에 빠져 있었습니다. 하지만 그 문제가 저의 영적 삶과는 별로 관련이 없다고 생각하여 그에 관해 신부님에게 말씀드리지는 않았습니다. 그런데 흔들의자에 앉아 커피를 마시면서 제 이야기에 귀 기울이던 신부님이 조용히 커피 잔을 내려놓으며 제게 물었습니다. "자네, 나에게 말하지 않은 것이 있지?"

그 말에 움찔한 저는 가족 문제로 걱정하고 있다고 말했지요. 그러면서도 면담에서는 자신의 영적 삶에 대해서만 말하도록 되어 있는 것이 아닌지 물었습니다.

신부님이 말했습니다. "그게 바로 자네의 영적 삶과 연관되어 있는 아주 중요한 부분이야. 자네 삶의 한 부분을 서랍 안에 넣어 놓고 닫아 둔 채 거기에 아무것도 없는 척해도 있던 것이 없어지지는 않지! 자네는 그 서랍을 열고, 하느님이 그 안을 보고 자네를 도와주시도록 그분께 신뢰를 드려야 하는 거야."

도노반 신부님의 이 조언은 지금도 제게 깊이 아로새겨져 있습니다. 이냐시오 영성에서 우리가 감추어야 할 것은 아무것도 없습니다. 두려워할 것도 없고, 숨겨야 할 것도 없으며, 오히려 모든 것을 하느님 앞에 열어 둘 수 있어야 합니다. 그렇지 않고서 어떻게 모든 것 안에서 하느님을 발견할 수 있을까요? 또 어떻게 모든 사람에게서 하느님을 발견할 수 있을까요? 이냐시오 영성을 이해하기 위해 도움이 될 만한 몇 가지 물음들이 있습니다.

나는 삶에서 진정 무엇을 하기를 원하는지를 어떻게 알 수 있을까?
나는 어떤 사람이 되고 싶어 하는지를 어떻게 알 수 있을까?
나는 어떻게 훌륭한 결정을 내릴 수 있을까?
나는 어떻게 단순한 삶을 살 수 있을까?
나는 어떻게 다른 사람에게 좋은 친구가 될 수 있을까?
나는 어떻게 고통을 감내할 수 있을까?

나는 어떻게 행복할 수 있을까?
나는 어떻게 하느님을 발견할 수 있을까?
나는 어떻게 기도해야 할까?
나는 어떻게 사랑해야 할까?

이러한 모든 물음들이 이냐시오 영성에 어울립니다. 왜냐하면 이 모든 물음이 바로 사람들이 살아가면서 느끼는 물음들이기 때문이지요.

예수회원들이 이냐시오 영성을 '모든 것 안에서 하느님 발견하기'라고 정의한 다음에 말할 만한, 이냐시오 영성을 알려 주는 두 번째 길은 **활동 중에 관상하기**라는 문구일 것입니다.

이 문구는 오늘날 많은 사람들에게 공감을 얻고 있습니다. 우리는 보다 더 관상적인 삶을 살거나, 아니면 적어도 더 평화로운 삶을 살고 싶어 합니다. 여러분도 잠시라도 스마트폰, 팩스, 노트북 등 갖가지 통신 장비를 끄고 고요한 시간을 보내고 싶다고 생각한 적이 있지 않나요? 설령 그런 문명의 이기를 좋아하고 즐기는 편이라 하더라도 때로는 거기에서 벗어나고 싶을 때가 있을 것입니다. 이냐시오 영성은 우리가 하던 일도 멈추고 며칠 동안 고요한 수도원에 들어가서 기도하지는 않더라도, 자신의 영적 삶을 위해 잠시라도 고요하고 평화로운 시간을 보내는 것이 꼭 필요하다는 것을 일깨워 줍니다.

이냐시오 성인은 후배 예수회원들에게 반드시 기도 시간을 가져야 한다고 강조하고, 또한 항상 활동적인 삶을 살아야 하며, 그것이 몸에 배어야 한다고 강조했습니다. 초창기 예수회원 중의 한 사람이었던 예로니모 나달 신부는 "길이 바로 우리의 집이다."라고 말했습니다. 예수회원들은 세상에 대해 관상이나 묵상적인 자세를 취하면서도 동시에 활동적인 사람이 되도록 부르심을 받았습니다. 따라서 이러한 성소는 '활동 중에 관상'하는 사람이 된다는 말로 요약되는 것이지요. 이것이 이냐시오 영성에 대해 알려 주는 두 번째 길입니다.

'활동 중에 관상하기'라는 문구는 사실 오늘날 많은 사람들이 공감하는 말입니다. 관상이나 관상적인 삶이라는 다소 거창하게 들리는 말에 대해서는 잘 모르더라도 우리는 누구나 그저 평화로운 삶을 원하기 때문이지요. 아마 여러분 중에도 잠깐의 고요한 시간을 마련하기 위해 스마트폰, 노트북 등을 열지 않거나 아예 꺼 놓은 경험이 있을 것입니다.

오늘날의 우리에게는 때로 고요한 시간을 갖고 이냐시오 영성을 통찰하는 것이 영적인 삶에 도움이 되지만, 우리가 일을 멈추고 수도원에 들어가서 며칠 동안 기도만 하면서 시간을 보낼 처지가 아니라는 것도 사실이지요. 현대를 살아가는 우리는 충분히 기도할 시간이나 묵상할 시간을 내기에는 너무 바쁘게 살아가기 때문입니다. 그러나 우리가 어떤 행동을 하면서도 주변을 향해 늘 열려 있고, 그 안에서 일어나는 일들을 세심하게 알아챈다면 우리는 보다 관상적인 관점을 가지고 행동할 수 있습니다. 이냐시오 성인은 영성 생활을 수도원 밖에서도 해야 한다고 말하기보다 오히려 온 세상을 수도원으로 보도록 **관점의 변화**를 이끌고 있습니다.

이냐시오 영성을 알려 주는 세 번째 길은 **강생의 영성으로 세상을 바라보기**입니다. 그리스도교 신학에서는 하느님이 사람이 되셨다, 또는 나자렛 예수님의 인격 안에서 강생하셨다는 사실을 중요하게 다룹니다. 넓은 의미로 강생의 영성은 우리가 하느님을 매일매일의 사건에서 발견할 수 있다는 의미입니다. 하느님이 단지 하늘 저편이 아니라 바로 이 땅, 여기에 계시다는 의미이기도 하지요. 여러분이 하느님을 찾고 싶다면 주변을 둘러보면 됩니다.

20세기의 유명한 예수회원이며 신학자였던 발터 부르그하트는 기도에 대해 "기도란 실재實在를 꾸준한 사랑스러운 눈길로 바라보는 것이다."라고 정의했는데, 이는 기도에 관한 훌륭한 정의 중 하나로 남아 있습니다.

우리는 하느님을 온전히 알 수는 없습니다. 적어도 이 세상에서는 그렇습니다. 4세기의 신학자 아우구스티노 성인도 "우리가 하느님을 이해할 수 있다면, 그분은 이미 하느님일 수가 없다."라고 말했습니다. 왜냐하면 하느님은 사람의 한계로는 이해할 수 없는 분이시기 때문입니다. 그렇다고 해서 이 말이 우리가 하느님을 전혀 알 수 없다는 의미는 아닙니다. 이냐시오 영성은 우리가 하느님의 초월성이나 특별함을 인식하게 하는 한편, 우리의 삶 어디에나 그분이 계시고, 아주 가까이 계시다는 것 또한 알 수 있다고 말합니다.

마지막으로 이냐시오 영성을 알려 주는 길은 **자유와 초연함 추구하기**입니다. 이냐시오 성인은 자신과 다른 사람들이 자유와 기쁨의 삶을 살지 못하는 것이 무엇 때문인지를 아주 예리하게 알아챘습니다. 성인이 쓴《영신수련》은 사람들이 좋은 결정을 위한 자유를 발견하도록 도움을 주기 위해 많은 부분을 할애했습니다. 사실 그 책의 원래 제목은《자기 자신을 이기고 어떤 **무질서한 애착**에도 이끌림이 없이 생활에 질서를 세우기 위한 영적인 수련들》(영신수련, 21)이었습니다. 그런데 그 제목이 너무 길고 번잡하니까 예수회원들이 그냥 '영신수련' 또는 더 간단하게 '수련'이라고 부르게 된 것이지요.

그런데 사실 부르기 매끄럽지 않은 긴 제목 안에 아주 중요한 몇 가지 개념이 담겨 있습니다. 이냐시오 성인은 '무질서한 애착에도 이끌림 없이'라고 말했는데, 이 말은 우리가 그다지 중요하지 않은 것을 아주 중요한 것인 양 여기면서 거기에 얽매여서는 안 된다는 의미를 담고 있습니다. 따라서 '무질서한 애착'이라는 말은 우리를 자유롭지 못하게 하는 것은 무엇이든지 다 포함한다는 이냐시오 성인의 표현 방식입니다.

간단한 예를 들어 봅시다. 만약 우리가 돈을 많이 버는 것을 삶의 최우선에 둔다면 어떻게 행동하게 될까요? 아마도 자신의 출세에 도움이 되지 않는 사람들과 함께 시간을 보내는 일은 피하려고 할 것입니다. 또한 여가 시간은 되도록 줄이고, 만나는 사람들을 자신의 성공에 도움이 되는지, 방해가 되는지 계산하며 바라볼지도 모릅니다. 나아가 모든 일을 돈을 버는 것과만 관련지어 보게 될지도 모르지요.

그러나 일은 우리가 가진 소명의 일부일 뿐입니다. 만약 일을 삶의 궁극적인 목적으로 생각한다면, 그로 인해 다른 많은 것을 희생하게 될 것이고, 나중에는 일이 일종의 '신'이 되어 있는 상황도 벌어질 것입니다. 오늘날 어떤 사람들은 '성공'이나 '돈'이나 '지위'를 마치 신으로 모시는 것처럼 보이듯이 말이지요.

이냐시오 성인은 이런 상황들에 대해 뭐라고 말할까요? 아마 아주 진지하게 이렇게 말할 것입니다.

"그대가 생활을 위해 돈을 버는 것이 필요하다는 것은 잘 알지만, 그대의 일이나 성공이 무질서한 애착이 되지 않도록 세심한 주의를 기울여야 합니다. 그대가 무질서한 애착에 빠지면 새로운 사람들을 자유롭게 사귀지 못할 것이고, 그대가 사랑하는 사람들과도 함께 시간을 보내지 않게 될 것이며, 무엇보다 사람들을 목적이 아닌 수단으로 보게 될 것입니다."

'무질서한 애착'이라는 말에서 '무질서한'이라는 표현을 쓰는 까닭은 지향하는 방향이 생명을 주는 좋은 쪽으로 향해 있지 않기 때문이고, '애착'이라는 단어를 쓰는 이유는 그것이 우리를 잡아끌며 거기에 매이게 하기 때문입니다.

이냐시오 영성은 우리를 긍정적인 의미의 초연함으로 나아가도록 이끌 것입니다. 그리고 그러한 방향으로 나아갈 수 있다면 우리는 더 자유롭고 행복해질 것입니다. 그런 이유로 이냐시오 성인은 사람들이 '무질서한 애착'에 빠지지 않아야 한다고 거듭 충고했습니다. '무질서한 애착'은 바람직한 의미의 '초연함'으로 향하는 길을 막고, 사람의 인격이 자유롭게 성장하지 못하게 하며, 하느님께 더 가까이 다가가지 못하도록 방해합니다. 그런데 이러한 충고가 마치 불교적인 색채를 띤 것처럼 들린다면, 아마 이러한 목표가 오랫동안 다른 여러 종교에서도 중요한 주제였기 때문일 것입니다.

자, 이제 누군가가 우리에게 이냐시오 영성을 단 몇 마디로 정의해 달라고 요청한다면 이렇게 말할 수 있을 것입니다.

- 모든 것 안에서 하느님 발견하기
- 활동 중에 관상하기
- 강생의 영성으로 세상을 바라보기
- 자유와 초연함 추구하기

이 책에서는 이 각각의 정의를 깊이 있게 다룰 것이고, 또한 네 가지 정의가 서로 어떻게 연관되어 있는지를 살펴볼 것입니다.

이냐시오 영성의 비전을 이해하기 위해서는 우선 이냐시오 성인이 어떤 사람이었는지를 아는 것이 도움이 됩니다. 다른 영성의 대가들처럼 이냐시오 성인의 체험은 성인이 세상을 바라보는 관점이나 영적 수행에 큰 영향을 미쳤습니다. 더 나아가 이냐시오 성인의 이야기는 우리 모두의 삶을 반추하게 만들 것입니다. 16세기의 신비가이든 현대에서 영적인 삶을 추구하는 우리든 결국 성령의 인도를 받아 살아가는 여정에 있기 때문입니다.

2. 이냐시오 성인의 생애

이냐시오는 1491년 스페인 북부의 바스크 지역에서 태어났으며 젊은 날의 대부분을 왕의 신하로서 기사가 되는 준비를 하며 보냈습니다.

전해지는 바에 따르면 그는 성미가 아주 급하고 여성에게 인기 있는 바람둥이 기질을 타고났다고 합니다. 그러한 젊은 시절을 보낸 그의 《자서전》 첫 구절에는 이렇게 적혀 있습니다. "그는 세상의 헛된 부귀영화를 붙좇는 사람이었다. 명성을 손아귀에 넣겠다는 크고 헛된 욕망을 가지고 그는 군사 훈련을 즐기고 있었다."(자서전, 1)

쉽게 말하면, 젊은 이냐시오는 세상의 성공에만 관심을 두는 허영심이 강한 부류의 사람이었습니다. 당시 그는 기사의 문장이 박힌 갑옷을 입었겠지만, 오늘날 20대의 젊은이의 모습으로 그려 본다면, 아마 셔츠의 단추를 서너 개쯤 풀어헤치고, 옷깃을 세우고, 비스듬히 모자를 쓰고 거리를 활보하는, 약간 건달기가 있는 청년의 모습을 상상하면 될 것입니다.

이냐시오는 다른 많은 성인들처럼 성인으로서의 품성을 타고난 사람이 전혀 아니었습니다. 예수회원이자 역사학자인 존 패드버그가 제게 이런 말을 한 적이 있습니다. "어쩌면 이냐시오 성인은 성인 가운데 유일하게 체포 기록이 있는 분일지도 몰라."

  1521년, 이냐시오는 큰 야심을 품고 팜플로나 전투에 출전했지만, 그곳에서 다리에 포탄이 관통하는 부상을 입고 고향으로 돌아오게 되었습니다. 그리고 여러 달을 아주 고통스러운 치료를 받으며 보냈습니다. 첫 수술이 별로 성공적이지 못해 한쪽 다리가 짧아 보이게 되자, 그는 다리를 원래대로 보이게 하려고 끔찍할 정도로 아주 고통스러운 수술을 여러 번 감행했습니다. 그러나 그 수술의 결과로 오히려 이냐시오는 평생 다리를 절게 되었습니다.

  이냐시오가 오늘날 바스크에 해당하는 지역에 있는 이냐시오 가문 소유의 성에서 요양하는 동안, 그의 형수가 《그리스도전》과 《성인열전》을 가져다주었습니다. 그 책들은 이냐시오가 읽고 싶어 한 책이 아니었습니다. 그는 기사들의 무용담이 담긴 기사도에 관한 책을 좋아했지만, 《자서전》에 의하면 읽을 만한 다른 책이 마땅히 없었기 때문에 그 책들을 읽게 되었다고 합니다.

  그런데 별로 흥미를 갖지 못한 채 따분해 보이는 성인들의 삶을 따라가 보던 이냐시오에게 아주 놀라운 일이 일어났습니다.

  '아시시의 프란치스코 성인이나 도미니코 성인이 한 일을 나도 하면 어떨까?'

만약 자기가 이 성인들처럼 살아간다면 어떨까 하는 생각을 하게 된 것입니다. 그의 내면에서 그로서는 아주 이상한 열망, 즉 성인들처럼 되어 하느님을 섬기고자 하는 열망이 불현듯 일어났고, 그 열망은 그의 마음을 사로잡았습니다. 달리 말하면, **나도 이러한 삶을 살 수 있을 것 같아!**라는 생각이 든 것입니다.

당시에 이냐시오는 종교에는 별로 관심이 없는 평범한 젊은이였습니다. 그런 그가 그리스도교 전통 안에서 살았던 위대한 두 성인을 본받고자 하는 열망을 지니게 된 것이지요.

그렇다면 어떻게 이냐시오가 단순히 기사로서의 삶에 대한 야망을 영성적인 삶으로 방향을 전환하게 된 것일까요?

제가 수련자였을 때 저의 지도 신부님이었던 데이비드 도노반 신부님은 이것을 다르게 해석했습니다. 젊은 이냐시오가 지니고 있던 야망이 선한 것이 되도록 하느님이 이용하셨다고 본 것입니다. 도노반 신부님은 하느님의 사랑에 의해 바뀌지 않을 사람은 아무도 없다고 생각했습니다. 심지어 우리 스스로는 보잘것없고 죄가 된다고 여기는 부분까지도 하느님은 가치 있게, 또한 거룩하게 만드실 수 있습니다. 금언에도 있듯이 하느님은 '비뚤어진 줄 위에서도 똑바로 글을 쓰시는 분'이시기 때문입니다.

이러한 열망을 느낀 체험은 이냐시오가 새롭게 변하는 전환점이 되었습니다. 어떤 귀부인에게 깊은 인상을 주고자 하던 기사로서의 영웅적인 야망 대신에 이제는 하느님을 섬기고자 하는 열망에 불타오르게 된 것입니다. 그리하여 이냐시오는 자신의 새로운 영웅이 된 아시시의 프란치스코 성인이나 도미니코 성인에게 견줄 수 있는 행동을 하기로 마음먹게 됩니다.

이냐시오는 자기가 얻은 통찰에 대해 깊이 숙고했고, 건강이 어느 정도 회복되자 가족들이 반대하는데도 기사로서의 삶을 청산하고 온전히 자신을 하느님께 봉헌하는 삶을 살기로 결심했습니다. 그리하여 그는 서른한 살이던 1522년에 몬세라트에 있는 베네딕도 수도원으로 순례를 떠났습니다. 그는 순례 중에 자신이 좋아하던 기사도에 관한 책에서 읽은 내용처럼 자신이 입은 옷을 벗어 거지에게 주고, 투구와 칼을 성모상 앞에 내려놓았습니다.

그 후 그는 만레사라는 작은 시에서 거의 1년을 보냈습니다. 그는 이전에 지니고 있던 욕망을 끊는 방법으로 머리카락과 손톱을 깎지 않고, 단식을 하고, 몇 시간 동안 쉼 없이 기도하는 등 여러 가지 혹독한 수행을 했습니다. 이 시기는 그의 생애에서 어두움을 체험한 기간이기도 했습니다. 영적인 메마름을 체험하면서 자기 죄에 대한 세심증에 빠지기도 하고, 심지어는 자살의 유혹까지 받았기 때문입니다.

이냐시오는 성인처럼 살고자 노력하는 자신에게 실망감을 느끼는 어려움을 겪게 되었습니다. 그것은 극적으로 바뀐 삶에 대한 두려움에서 비롯된 것이었지요. 그는 자기 내면에 이런 목소리가 속삭이는 것처럼 느껴졌습니다. "앞으로 남은 칠십 평생을 어떻게 이 고된 생활을 해 나가겠느냐?"(자서전, 20) 그러나 이냐시오는 그것이 하느님이 하신 말씀이 아니라는 것을 알았기 때문에 그 목소리를 거부했습니다. 나아가 하느님의 도우심으로 자신이 변화할 수 있다는 확신을 갖게 되었으며, 마침내 실망감에서도 벗어날 수 있었습니다.

그 후에 이냐시오는 자신이 하던 극단적인 혹독한 수행을 서서히 조절하여 적절하게 바꾸어 나갔습니다. 그리하여 점차 마음의 평정심도 되찾게 되었습니다.

이냐시오는 만레사에서 보낸 시기의 후반기에 들어서면서 기도 중에 여러 가지 신비 체험을 하게 되었고, 그로 인해 하느님과의 더 깊은 관계로 초대받았다는 것을 확신하게 되었습니다. 이 기간은 이냐시오에게 영성 생활에 대한 첫 번째 배움의 시기였습니다. 나중에 그의 《자서전》에서는 감동적인 비유로 그 시기에 대해 쓴 이러한 문장을 볼 수 있습니다. "그 무렵 하느님께서는 학교 선생님이 학생을 다루듯이 그를 다루셨다."(자서전, 27)

그러던 어느 날 그는 카르도네르 강가를 걸으면서 깊은 기도에 잠겨 있을 때 하느님과 일치하는 신비로운 체험을 하게 되었습니다. 그의 《자서전》에는 그의 삶에서 아주 중추적인 역할을 하게 된 그때의 체험에 대해 이렇게 서술되어 있습니다.

> 길은 강가를 뻗어 있었다. 길을 가다가 신심이 솟구쳐 그는 강쪽으로 얼굴을 돌리고 앉았다. 강은 저 아래로 흐르고 있었고, 거기 앉아 있을 동안 그의 마음이 열리기 시작하더니, 비록 환시를 보지는 않았으나 영신 사정과 신앙 및 학식에 관한 여러 가지를 깨닫고 배우게 되었다. 만사가 그에게는 새로워 보일 만큼 강렬한 조명이 비춰 왔던 것이다. 비록 깨달은 바는 많았지만 오성에 더없이 선명한 무엇을 체험했다는 것 외에는 자세한 설명을 하지 못했다. 그는 예순두 해의 전 생애를 두고 하느님으로부터 받은 그 많은 은혜와 그가 알고 있는 많은 사실들을 모은다 하더라도 그 순간에 그가 받은 것만큼은 되지 않는다고 생각했다(자서전, 30).

만레사에서 지내는 동안 이냐시오는 새롭게 변화되었습니다. 또한 훗날 《영신수련》에 서술하게 될 사상들을 그 시간 동안 가다듬을 수 있었습니다. 그는 책에 이것저것을 적기 시작했고, 그 책을 소중하게 지니고 다니며 거기에서 큰 위안도 얻었다고 합니다.

그 후 이냐시오는 예루살렘 성지에 가서 일하고자 하는 열망을 갖게 되었지만, 정식 허가를 받고 그곳에서 일하는 것이 불가능하다는 사실을 알게 됩니다. 그리하여 성지 순례를 포함하여 여러 차례 시행착오를 겪으면서, 교육을 받아 사제품을 받는 것이 교회를 가장 잘 섬길 수 있는 방법이라는 생각이 들었고, 결국 사제가 되기로 결심하게 됩니다. 그리고 이에 스페인의 두 곳의 대학에서 교육을 받기 시작했습니다. 한때 자신만만하고 허세를 부리던 사람이 이제는 겸손한 모습으로 어린 소년들과 함께 라틴어를 배우게 된 것입니다. 이후 이냐시오는 파리 대학교에 갔고, 그곳에서는 걸식해 가면서 스스로 생활을 꾸려 나갔습니다.

파리에 있는 동안 이냐시오는 최초의 동료들, 다시 말해 초창기 예수회원이 되는 친구들을 만납니다. 그들 중에는 훗날 위대한 선교사가 되는 프란치스코 하비에르도 포함되어 있었습니다. 1534년 이냐시오와 그의 동료 여섯 명은 청빈과 정결을 함께 서원함으로써 서로 간의 유대를 굳건히 다졌습니다.

이냐시오는 그의 작은 모임이 교황님의 인가를 받으면 더 좋은 일을 할 수 있을 거라고 생각했습니다. 그들은 이미 초연했기 때문에, 자신들이 어떤 일을 하는 것이 가장 좋은지를 교황님이 잘 알고 있을 것이라 믿고, 교황님이 좋다고 생각하시는 일이라면 무슨 일이든지 하겠다고 생각했던 것이지요.

결국 이냐시오와 그의 동료들은 로마에 가서 교황님에게 새 수도회인 예수회를 정식으로 인가해 달라고 요청했습니다. 그러나 인가를 얻는 과정에서 어려움을 겪었습니다. 1526년 초에 기도에 관한 이냐시오의 새로운 사상이 이단 의혹을 사게 되었고, 결국 그는 종교 재판을 받고 감옥에 갇히기도 했습니다. 그의 《자서전》에 "그는 조사도 받지 않고 또 구속된 이유도 알지 못한 채 17일간을 감옥에서 보냈다."(자서전, 61)라고 기록된 것을 보아 그 당시의 어려움을 알 수 있습니다.

'활동 중에 관상하기'라는 개념은 당시 바티칸의 많은 사람들에게 이단처럼 보였던 것입니다. 당대의 저명한 성직자들은 수도회 회원은 시토회나 가르멜회 수도자처럼 수도원 담장 안에서 봉쇄 생활을 하거나, 적어도 프란치스코회 수도자처럼 '세상의 어리석음'에서 멀리 떨어진 삶을 살아야 한다고 믿었기 때문입니다. 수도자들이 시간 전례도 드리지 않고 '세상 한가운데'에서 살아간다는 것은, 당시의 성직자들이 충격적인 일로 여길 만한 것이었습니다.

그럼에도 불구하고 이냐시오와 그의 동료들은 '활동 중에 관상하기'를 실천하며 다른 사람들이 모든 것 안에서 하느님을 발견하도록 이끌어야 한다고 생각했습니다. 어떤 사람들은 수도회의 명칭이 오만하다고 했고, 또 어떤 사람들은 이 보잘것없는 사람들이 왜 스스로를 '예수님의 벗'이라고 주장하냐면서 '예수회'라는 명칭을 비웃었습니다. 하지만 이 이름은 나중에는 영예의 훈장이 되었습니다.

1537년에는 이냐시오와 그의 동료 몇 사람이 사제로 서품되었습니다. 주님 앞에서 겸손해진 이냐시오는 첫 미사를 드리는 중대한 일을 위해 스스로 영적 준비를 하고 싶었고, 또한 예루살렘에서 첫 미사를 드리고자 하는 소망으로 인해 첫 미사를 드리는 일을 한 해 미루려고 했습니다. 하지만 그 일이 불가능하다는 것을 알게 되자, 그가 예수님의 진짜 구유가 소장되어 있다고 믿은 로마의 산타 마리아 마조레 대성당에서 첫 미사를 드렸습니다.

이냐시오는 그로부터 몇 년 동안 예수회의 목적을 로마의 고위 성직자들에게 성심껏 해명하고 그를 중상하는 이들 중에서 몇 사람에게 영신수련을 주는 등 여러모로 노력하여 비난의 목소리를 가라앉힐 수 있었습니다. 결국 1540년에 바오로 3세 교황이 예수회를 정식으로 인가했습니다. 예수회원들의 목적은 단순하면서도 야심에 찬 것이었습니다. 그 목적은 일반적으로 알려진 것처럼 종교 개혁에 대항하기 위한 것이 아니라, 영혼들을 돕기 위한 것이었지요. '영혼들을 돕는다'는 표현은 예수회의 초기 문헌에 가장 자주 등장하는 문구이기도 합니다.

이냐시오는 남은 생애를 예수회 장상으로서 로마에서 보내며 《회헌》을 쓰고, 전 세계 각지로 회원들을 파견하며, 예수회의 여러 공동체와 서신을 주고받으며 긴밀한 유대를 유지하는 동시에 영적 지도자로서의 일도 계속하였습니다. 또한 로마에 최초의 고아원을 설립하고, 나중에 대학교로 발전하는 콜레지오 로마나라는 청소년을 위한 학교도 세웠으며, 회심한 매춘부를 위한 '성녀 마르타의 집'을 설립하기도 했습니다. 그러면서도 이냐시오는 《회헌》을 쓰는 작업을 계속했고 임종하기 전까지 빠른 속도로 커져 가는 수도회를 정비하기 위해 힘썼습니다.

별이 빛나는 밤하늘의 이냐시오 성인

이냐시오는 자주 공동체 건물의 옥상에 올라가서 고개를 들어 밤하늘을 바라보곤 했다. 그는 옥상에 놓인 의자에 앉아 고요 안에, 아주 깊은 정적 안에 머물렀다. 그는 모자를 벗고 경건하게 고개를 들어 오랫동안 하늘을 응시하다가, 무릎을 꿇고 하느님께 깊은 경배를 드리곤 했다. 때로는 마치 시냇물처럼 눈물을 쏟아 내곤 했다. 하지만 그 분위기가 너무나 고요하고 감미로웠기 때문에 어떠한 흐느낌이나 탄식의 소리를 들을 수도, 작은 미동을 느낄 수도 없었다.

― 예수회원 디에고 라이네즈

고행과 극기로 보낸 지난 세월의 영향이 이냐시오의 말년에 드러났습니다. 그는 생애의 마지막 해를 평생 지병이었던 위장 장애와 간 기능 장애, 그리고 고열과 탈진으로 고생하며 보냈습니다. 그러다가 결국에는 자기 방에서 나오지 못하고 누워 지내야 했습니다. 마지막 며칠 동안 그를 간병하던 동료 예수회원은 이냐시오가 기도 중에 깊은 숨을 내쉬며 낮은 목소리로 "오, 하느님!" 하고 탄식하는 소리를 들었다고 합니다. 그는 1556년 7월 31일, 이 세상에서의 모든 여정을 마치고 주님께 돌아갔습니다.

사실 이냐시오 성인은 다른 많은 성인들, 예를 들어, 아시시의 프란치스코 성인이나 '작은 꽃(소화)'이라고 불리는 아기 예수의 데레사 성녀처럼 따뜻한 감성을 지닌 성인으로 보이지는 않습니다. 어쩌면 성인의 《자서전》이 너무 엄격하고 딱딱한 3인칭 서술로 써졌기 때문일 수도 있고, 성인의 편지가 새로 문을 연 예수회 학교들을 위한 모금 등과 같은 너무나 실제적인 업무에 관한 내용을 담고 있었기 때문일 수도 있습니다. 또 어쩌면 성인의 초상화에는 대부분 밝고 젊은 모습이 아닌, 심각한 얼굴로 책상에 앉아 행정 업무를 수행하는 성인의 모습이 그려져 있기 때문일 수도 있지요.

단, 예외적으로 캘리포니아 주의 노턴 사이먼 박물관에서 소장하고 있는 루벤스가 그린 초상화에는 성인이 아주 화려하고 아름다운 무늬를 넣어 짠 직물인 브로케이드로 만든 붉은색 제의를 입고 있으며, 그의 얼굴에는 눈물이 흐르고, 가득 피어오르는 기쁨도 담겨 있습니다. 루벤스는 예수회원들이 만든 평신도 단체에 속해 있었기 때문에 다른 화가들보다는 이냐시오 성인을 더 잘 이해하고 있었을 것이고, 그 점이 그림을 그릴 때 도움이 되었을 것입니다.

오늘날 많은 사람들은 이냐시오 성인에 관한 글에서 늘 웃음꽃을 피우는 쾌활한 사람이자, 미사를 드리거나 기도 중에는 자주 눈물을 흘리는 감성이 풍부한 사람으로 성인을 묘사하고 있습니다. 하지만 여전히 몇몇 예수회원은 성인을 아주 엄격한 사부의 모습으로 떠올리기도 합니다. 연세가 많은 한 선배 예수회원이 제게 농담처럼 천국에 갔을 때의 상황에 대해 이렇게 말한 적이 있습니다. "나는 예수님이 나에 관해 어떻게 판단하실지는 별로 걱정하지 않아. 사실 내가 걱정하는 건 이냐시오 성인이야."

하지만 성인에게 아주 헌신적이었던 동료들을 모은 능력을 보면 성인은 아주 따뜻하고 온유한 성품을 지녔던 것이 분명합니다. 또한 성인이 예수회에서 다루기 힘든 괴팍한 성품을 지닌 회원들도 잘 받아들이고 품어 주었던 것을 볼 때, 아주 깊은 연민의 마음을 지니고 있었던 것도 틀림없습니다. 성인과 같은 시대를 살았던 예수회원 중의 한 사람은 이냐시오 성인에 대해 이렇게 표현했습니다.

"그는 온유하고 친절하며 아주 쾌활한 사람이었기 때문에 배운 사람이나 배우지 않은 사람, 아주 중요한 사람이나 보잘것없는 평범한 사람이나 차별없이 똑같은 방법으로 대화를 나누었다. 그는 과연 찬사와 존경을 받을 만한 분이었다."

"이냐시오는 모든 일, 행동, 대화를 통해 하느님의 현존을 관상했고 영적인 실재를 체험했기 때문에 행동가인 동시에 관상가였다."

— 예수회원 예로니모 나달 신부

이냐시오 성인은 야망을 지닌, 아주 열정으로 일하는 활동가였습니다. 미국의 철학자인 윌리엄 제임스는 이냐시오 성인에 대해 이렇게 표현했습니다. "이냐시오 성인은 신비가였다. 보통의 신비가들은 신비적인 일들만 취하기 때문에 현실과 동떨어져 살았지만, 성인은 오히려 신비를 통해 힘을 얻어 살아갔다."

예수회에 위기가 생길 때마다 이냐시오 성인은 예수회를 위해 당당히 싸웠지만, 그러면서도 성인은 아주 유연한 모습을 갖고 있었습니다. 영적 수행을 한 덕분에 성인은 놀랄 만한 내적 자유를 지니고 있었던 것이지요. 심지어는 자신이 세운 예수회에 대해서도 '초연할 정도의 자유'를 만끽할 정도였으니까요. 심지어 성인은 "설령 교황님이 예수회를 해산하라는 명을 내리신다고 해도 15분 동안 기도한다면 다시 평정을 찾고 나의 길을 갈 수 있다."라고 말하기도 했습니다.

비록 성인이 그런 말을 한 적이 있지만, 1773년 실제로 예수회가 교황청에 의해 해산되는 아픔을 직접 겪지 않은 것은 다행스러운 일입니다. 당시 소용돌이치던 유럽의 정치적인 상황에서 막강한 권력을 지닌 사람들이 예수회를 해산하도록 교황에게 압력을 넣었습니다. 예수회가 지닌 보편성과 교황에 대한 충성심이 자기가 지닌 통치권에 위협이 된다고 보았기 때문이었습니다. 클레멘스 14세 교황은 예수회를 폐쇄하겠다는 공식 문서를 각국에 보냈습니다(당시 러시아를 통치하던 예카테리나 2세는 클레멘스 14세 교황을 지지하지 않고 그 문서를 반포하는 것을 거부했기 때문에 러시아에서는 예수회가 법적으로 유지될 수 있었습니다).

40년이 지난 후에는 정치적인 바람의 방향이 바뀌었고, 그 영향으로 1814년에 예수회는 공식적으로 다시 자유가 복권되는 기쁨을 맞았습니다. 법적으로 해산되어 있는 동안에도 예수회원들은 서로 긴밀히 일치하고 있었기 때문에 수도회 복권은 순조로웠습니다.

그러나 모든 사람들이 예수회의 복권을 기뻐한 것은 아니었습니다. 당시 미국의 대통령이었던 존 아담스는 미국의 3대 대통령이었던 토마스 제퍼슨에게 보낸 편지에서 이렇게 말했습니다. "나는 예수회가 복권된 것이 아주 못마땅하답니다. 그들이 집시처럼 품격이 없는 후줄근한 옷을 입고 떼를 지어 몰려다니며 우쭐대는 꼴을 다시 보고 싶지 않았습니다."

3. 영신수련과 회헌

이냐시오 성인은 노년에 예수회《회헌》을 저술하는 데 몰두하면서《영신수련》의 마무리 작업도 병행했습니다. 마침내 1548년에 예수님의 생애에 관해 4주 동안 묵상할 수 있도록 안내하는《영신수련》이 발간되었습니다.

제가 이 책에서 서술하는 것에 대한 이해를 돕기 위해 이냐시오 성인이 세상을 위해 남긴 가장 중요한 선물인《영신수련》의 내용을 간략하게 전하고자 합니다.

1) 영신수련

《영신수련》은 성인이 '주간'으로 구분하는 네 개의 서로 다른 내용으로 구성되어 있습니다. 영신수련을 하는 전통적인 방법의 하나는 일상을 떠나 하루에 네다섯 번의 묵상을 하면서 4주를 보내는 것입니다. 오늘날 대부분의 영신수련 피정은 피정자가 피정의 집에 머물며 피정 지도자의 지도를 받으면서 기도하는 형식입니다. 그렇기 때문에 영신수련은 대개 온전히 한 달이 소요되는 과정이 필요합니다. 예수회원은 이것을 '30일 피정', 또는 '긴 피정'이라고 부릅니다.

하지만 이냐시오 성인은 가능한 한 많은 사람들이 영신수련의 혜택을 누리기를 원했기 때문에 《영신수련》 안에 '일러두기'라는 안내를 두고, 각자에게 맞는 방법으로 다양하게 적용시켜서 영신수련을 할 수 있도록 제시했습니다. 영신수련 전체를 할 준비가 되어 있지 않은 사람들은 영신수련을 일부만 할 수도 있고, 또 어떤 사람들은 《영신수련》에 따라 비록 피정을 하지 않더라도 읽음으로써 지혜의 가르침을 배울 수도 있다고 언급했습니다.

이에 대해 이냐시오 성인은 '일러두기' 19번에서 공무나 사업에 얽매여 있는 사람들을 위해 일을 하면서 영신수련을 할 수 있는 방법을 안내했습니다. 한 달을 온전히 몰두하면서 피정하는 대신에 하루에 한 시간씩 묵상하면서 《영신수련》의 전 과정을 여러 달에 걸쳐서 할 수 있도록 배려했습니다. 오늘날에는 이런 방식을 '일러두기 19번에 의한 피정'이라고 부르지요. 저명한 예수회 역사학자인 존 오말리 신부는 자신의 저서 《초창기 예수회원들》에 이렇게 썼습니다.

"이냐시오 성인의 가장 근본적인 가르침은 피정자 각자가 자신에게 가장 잘 맞는 방식을 찾아야 한다는 것이었다."[1]

영신수련은 이냐시오 성인 스스로가 경험하고 다른 사람의 수련을 지도하면서 알게 된 영적 성장의 길을 기반으로 수행합니다.

'제1주간'에서는 하느님이 우리 삶에 주신 선물들에 대해 감사를 드리고, 이어서 우리의 죄를 바라봅니다. 때로 아주 깊이 뿌리내리고 있는 죄의 근원, 예컨대, 우리의 이기적인 모습의 자아를 발견하기도 합니다. 결국 우리가 약한 인간이며 죄인이라는 것을 인식하게 되지만, 여전히 하느님께 사랑받는 죄인이라는 특별한 은총 또한 체험하게 됩니다.

'제2주간'은 일련의 묵상과 관상으로 이루어져 있는데, 예수님의 탄생과 공생활 이전의 나자렛 생활, 주로 갈릴래아에서 활동하신 그분의 공생활에 초점이 맞추어져 있는 신약 성경을 바탕으로 합니다. 여기서 우리는 설교하시고, 치유하시고, 이적과 기적을 행하시는 예수님의 모습을 관상하게 됩니다. 이처럼 상상력을 활용하여 예수님이 지상에서 하신 사목 활동을 바라볼 수 있게 됩니다.

'제3주간'은 예수님의 수난에 초점이 맞추어, 예루살렘 입성, 최후의 만찬, 신문과 사형 선고, 십자가 지심, 십자가에 못 박히심, 돌아가심에 관한 내용을 다룹니다.

'제4주간'은 부활에 관한 복음서의 증언을 바탕으로 이루어져 있는데, 여기서 다시 한 번 우리 인간을 향한 하느님의 사랑을 관상하게 됩니다.

이러한 일련의 과정을 따르는 여정에서 이냐시오 성인은 마치 이정표처럼 몇 가지 특별한 묵상을 제시합니다. 예를 들어, '겸손의 세 단계', '선택에 관한 생각들,' '선과 악을 분별하는 규범' 등에 관한 묵상입니다.

영성에 관한 고전적인 저서들은 대개 관상적인 과정을 다루고 있기에 주의를 기울여 읽으면 도움을 얻을 수 있습니다. 그러나《영신수련》은 다릅니다. 읽는 것이 아니라 직접 체험해야 그 의미를 터득할 수 있습니다. 솔직히 말하면, 이 책은 기도에 관한 감동적인 역작이라기보다는 오히려 기도에 관한 여러 가지 지침을 아주 따분하게 제시하는 교본에 가깝습니다. "준비 기도와 이미 말한 세 개의 길잡이를 한 뒤에 첫 번째 관상인 최후의 만찬 관상에서와 같은 요점들과 담화를 하도록 한다." 이 얼마나 따분한 지침인지요!

그러면서도《영신수련》은 어떤 의미에서는 춤과 같다고도 할 수 있습니다. 우리가 춤추는 법을 배우고자 한다면 단순히 춤에 관한 책을 읽는 것으로는 충분하지 않습니다. 직접 춤을 추어 봐야 춤추는 법을 익히게 됩니다. 그것이 아니라면 적어도 누군가가 춤추는 법을 가르쳐 주어야 합니다. 제가 이 책에서 시도하려는 것은《영신수련》에서 얻은 통찰을 나누고자 하는 것입니다. 말하자면《영신수련》이라는 춤 안에서 어떤 일이 일어났는지 체험한 바를 나름대로 제시하는 것입니다. 그리하여 여러분 스스로가 춤출 수 있도록 도움을 주려는 것이지요.

예수회원들은 《영신수련》에 대해 생각할 때면, 이냐시오 성인이 제시했던 독특한 기도 방법을 떠올릴 때가 많습니다. 예를 들어, 기도에 도움을 주기 위해서 상상력을 활용하는 방법이나, 성경의 특별한 이야기 안에 자신이 직접 들어가서 바라보는 방식 등을 떠올리는 것이지요. 따라서 《영신수련》은 단순히 기도의 프로그램이라기보다는 오히려 일종의 독특한 기도의 방법을 구체적으로 알려 주는 것이며, 또한 세상을 바라보는 특별한 방법이기도 합니다.

무엇보다도 《영신수련》은 이냐시오 성인의 방식을 이해하는 데 있어 가장 중요한 지식의 보고입니다. 이 책은 여러분을 하느님께 이끌며 더 큰 내적 자유로 향하게 하고, 분명한 목적을 지닌 질서 있는 삶을 살도록 도와줄 것입니다.

2) 회헌

이냐시오 성인은 로마에 머무르는 동안 《회헌》을 쓰면서 대부분의 시간을 보냈습니다. 예수회의 《회헌》은 예수회원들이 공동체나 여러 가지 사도직에서 서로 어떤 관계를 이루어야 하는지 알려 주고, 어떠한 삶을 살아야 할지 이끌어 주는 일종의 안내서입니다. 이냐시오 성인은 《영신수련》을 다듬는 작업을 계속했듯이, 《회헌》을 쓰는 작업에도 몰두하여 이것을 고쳐 쓰는 일을 임종 때까지 손에서 놓지 않았습니다. 《회헌》은 성인의 독특한 영성을 이해하는 또 하나의 중요한 자료이기도 합니다.

어느 수도회나 이 《회헌》과 비슷한 것을 갖고 있는데, 일반적으로 그것을 '규칙서'라고 부릅니다. 예컨대 베네딕도회에서는 《수도 규칙》이 회원들의 삶을 이끌어 주는 안내서입니다. 각각의 규칙서는 그 수도회의 영성이나 카리스마를 들여다볼 수 있게 하는 창문의 역할을 합니다. 따라서 《수도 규칙》을 읽으면 베네딕도회에 대해 많은 것을 알게 됩니다. 마찬가지로 예수회의 《회헌》을 읽으면 이냐시오 영성에 관해 많은 것을 배울 수 있습니다.

《영신수련》이 예수회원들에게 어떻게 살아야 하는지에 대해 가르쳐 준다면, 《회헌》은 예수회원들에게 다른 사람들과 더불어 어떻게 살아야 하는지에 대해 알려 줍니다. 다시 말해, 《영신수련》이 자신과 하느님에 관한 내용을 다루고 있다면, 《회헌》은 자신과 하느님, 그리고 형제 회원들에 관한 내용을 다루고 있습니다.

이냐시오 성인은 《회헌》 안에 예수회원이 어떻게 양성되어야 하는지, 공동체의 일원으로서 어떻게 살아야 하는지, 어떤 일을 수행해야 하는지, 어떻게 사도직을 함께 잘 수행해 나갈 수 있는지, 장상은 어떻게 처신해야 하는지, 병고를 겪는 회원은 어떻게 돌봐야 하는지, 어떤 자질을 지닌 사람을 예수회원으로 받아들여야 하는지 등에 관한 생각을 모두 쏟아 부었습니다. 간단히 말해, 성인이 생각할 수 있는 예수회원으로서의 삶에 관한 측면을 모두 다루고 있는 것입니다.

이냐시오 성인은 자신이 기록한 모든 사항에 대해 성령이 이끌어 주시고 비춰 주시기를 간절히 기도드렸습니다. 또한 무엇이 최선인지에 대해 초창기 예수회원들에게 자문을 구했습니다. 따라서 《회헌》은 성인 자신의 체험뿐만 아니라 기도와 동료 회원들의 조언이 어우러진 결과물인 셈입니다. 그렇기 때문에 《회헌》은 대단히 합리적이고 실용적인 영성을 반영하고 있습니다. 이를 두고 벨기에의 예수회원인 앙드레 드 야에르는 "《회헌》은 구체성과 실용성을 겸비한 실제적인 영성이다."라고 말했습니다.

이냐시오 성인은 실용성을 염두하여 《회헌》을 썼고, 이 책 곳곳에서 그러한 성인의 의도를 찾을 수 있습니다. 《회헌》이 예수회 공동체 생활을 위한 아주 구체적인 규칙을 제시하고 있지만, 이냐시오 성인은 그것을 합리적으로 적용할 수 있는 방안도 생각했습니다. 또한 공동체 생활을 위해서 지켜야 할 사항들에 관해 상세한 설명을 한 후에, 항상 예외를 둘 수 있는 단서를 달았습니다. 예기치 못한 상황이 일어났을 때는 너무 원칙에 매이지 않고 적절하게 예외를 적용할 수 있는 융통성을 마련한 것이지요. 예를 들면, 어떤 예수회원이 특수 연학 과정에 들어갈 때, 그 회원에게 더 유익한 것이 있다면, 장상은 그 사항을 신중히 고려하여 특별한 예외를 둘 수 있다고 썼습니다. 즉,《회헌》이 가진 특징은 융통성인 것입니다.

분명《회헌》은 수도회 생활에 관한 내용에 많은 부분을 할애하고 있습니다. 그럼에도 불구하고 단순하게 생활하는 방법에 관한 제안이나, 결정을 하는 방법, 공동 목표를 달성하기 위해 다른 사람들과 함께 일하는 방법, 동료에게 신뢰를 줄 수 있는 방법 등에 관한 내용이 담겨 있습니다. 따라서《회헌》은 단순히 예수회원뿐만 아니라 이냐시오 영성에 관심을 지닌 사람이라면 누구에게나 아주 중요한 자료를 제공하는 보고가 될 수 있습니다.

4. 이냐시오 영성을 이해하는 데 도움을 주는 자료

이냐시오 성인의《자서전》과《영신수련》과《회헌》은 예수회 영성에서 가장 중요한 세 가지 핵심 자료입니다. 하지만 이것이 전부는 아닙니다. 우리가 이냐시오 영성을 이해하도록 도움을 줄 수 있는 다른 자료들도 있습니다.

그 첫 번째는 이냐시오 성인이 쓴 편지들입니다. 성인은 평생 동안 많은 사람들에게 편지를 보냈습니다. 그 편지를 모두 합하면 무려 6813통이나 되지요. 성인은 동시대의 인물 중에서 가장 많은 양의 편지를 쓴 사람일 것입니다. 마르틴 루터나 칼뱅은 물론이고 편지를 많이 썼다고 알려진 에라스뮈스보다도 더 많이 썼으니까요.

성인은 새로운 수도회를 이끌어 가는 장상으로서의 일, 위기의 상황에서도 학교를 세우는 일, 바티칸 사절이나 유럽의 외교 사절을 맞이하는 일, 교회나 각 나라의 정부로부터 허가를 얻는 일, 기도하고 미사를 드리는 일, 남녀노소를 불문하고 다양한 사람들을 만나는 일, 예수회 신부뿐만 아니라, 다른 수도회 회원이나 평신도, 귀족 가문의 사람을 비롯한 전 세계의 다양한 사람들과 관계를 유지하는 일 등을 편지를 통해 효과적으로 수행해 나갔습니다. 이냐시오 성인은 동시에 다양한 임무를 수행하는 이른바 '멀티플레이어multiplayer'의 원조일 것입니다.

이 편지들은 컴퓨터 자판을 두드려서 쓴 이메일이 아닙니다. 이 편지들 중에서 어떤 것은 하나의 문학 작품이 될 수 있을 정도로, 또한 작은 걸작품이라고 부를 수 있을 정도로 필체와 내용이 뛰어났습니다. 편지에는 격려와 조언, 소소한 소식, 진심이 담긴 지지의 약속, 그리고 따뜻한 사랑이 녹아 있었습니다. 16세기의 많은 유명 인사들이 그러했듯이 이냐시오 성인도 편지 쓰는 것을 하나의 예술로 보았습니다. 또한 당시의 많은 종교계 인물들이 그러했듯이 성인도 편지를 쓰는 일을 사도직 직무로 보았습니다.

그래서 성인은 공식적인 자리에 있는 예수회원들에게 편지로 조언 했고, 특별히 선교를 떠난 회원들에게는 더욱 신경을 써서 편지 두 통을 동시에 보내곤 했습니다. 하나는 공적인 내용의 편지로서 동료 예수회원이나 공적인 직분에 있는 사람들에게 필요한 정보를 주거나, 조언을 하거나, 지시를 내리는 등의 내용이었고, 다른 하나는 사적인 내용을 담은 편지로, 마음으로부터 우러나오는 격려를 가득 쓴 편지였지요.

이냐시오 성인은 이처럼 편지를 통해 사람들과 깊은 우정을 나누었습니다. 성인은 편지에서 사람들의 물음이나 의문에 진중하게 답하고, 친교도 나누었습니다. 성인에게 편지는 다른 사람들을 사랑하고 섬기는 방법이었던 것이지요. 우리는 이 편지들에서 이냐시오 성인이 지니고 있던 영적인 통찰 또한 엿볼 수 있습니다.

예수회원들의 활동도 이냐시오 영성을 이해하는 또 하나의 자료입니다. 존 오말리 신부는 자신의 저서인 《초창기 예수회원들》에서 "이냐시오 영성을 이해하기 위해서는 단순히 예수회원들이 무엇을 써서 글로 남겼는지를 보는 것뿐만 아니라, 그들이 어떤 활동을 했는지를 보는 것이 아주 중요하다."라고 말했습니다. 이어서 신부는 이렇게 덧붙였습니다. "그 자료는 문서가 아니라, 바로 초기 예수회의 사회사다."

예를 들어, 초창기 예수회원들이 학교를 세우기 위해 어떤 위험을 감수했고, 어떤 정신으로 행동했는지, 매춘부들을 위해 세운 집은 어떤 의도를 갖고 어떻게 세웠는지, 조언자로서 교황님에게나 공의회에서는 어떤 역할을 했는지 등의 활동을 단지 《회헌》을 읽어서는 다 알 수 없습니다. 다만 예수회원들의 활동을 통해 그들이 새 사도직에 어떤 열린 마음과 정신을 지니고 있었는지를 알 수 있게 됩니다. 또 그들의 초창기 활동을 통해 이냐시오 성인이 이성과 학문과 전문성에 얼마나 강조점을 두었는지도 알 수 있습니다.

이냐시오 성인을 따랐던 예수회 성인들의 역사도 이냐시오 영성을 이해하는 데 도움이 되는 자료입니다. 그들이 극단적인 환경에서도 매일매일 이냐시오 행동 양식에 따라 어떻게 살아갔는지를 본다면, 이냐시오 영성과 그에 대한 그들의 통찰까지 잘 알 수 있습니다.

이사악 조그 성인과 요한 드 브레뵈프 성인은 17세기 프랑스의 식민지였던 지금의 캐나다에 해당하는 뉴프랑스에서 휴런족이나 아로쿼이족과 함께 살았고, 에드문도 캠피언 성인은 영국의 가톨릭 신자들을 위해 비밀리에 사목하다가 박해를 받았고, 월터 취제크 신부는

1940년대부터 1960년대까지 구소련의 강제 노동 수용소에서 선교했고, 1980년대 엘살바도르의 예수회원들은 순교하는 등 예수회원들은 각자의 삶을 통해 이냐시오 영성의 고유한 면을 드러냈습니다.

이러한 거룩함은 과거에만 국한되어 나타나는 것이 아닙니다. 저는 지난 20여 년 동안 다른 이들도 이냐시오 영성을 이해할 수 있도록 자신의 모범적인 삶을 통해 빛을 전하는, 거룩한 예수회원들을 만났습니다.

많은 수도회에서는 자신들의 이상이나 카리스마를 구현하며 사는 회원들을 '살아 있는 규칙'이라고 부릅니다. 만약 수도회가 본래의 규칙이나 회헌의 정신을 잃어 가고 있다고 느낀다면 그것을 제대로 이해하고 있는 회원들에 대해 다시금 돌아봐야 합니다. 저는 수도회의 살아 있는 규칙인 회원들로 인해 수도회의 정신이 이어진다고 생각합니다. 그들 중에는 알려진 이들도 있고, 알려지지 않은 이들도 있지만, 우리는 알려지지 않은 이들에 대해서도 주목해야 합니다. 앞으로 이러한 회원들의 이야기도 나눌 것입니다.

마지막으로, 이냐시오 영성을 연구하는 일에 삶을 바친 전문가들도 예수회를 이해하는 데 도움을 주는 자료가 됩니다. 이들은 단지 예수회 신부나 수사들뿐만 아니라, 이냐시오 행동 양식을 수용했던 다른 수도회의 사제, 수사, 수녀, 여러 다른 그리스도교 전통을 따르는 성직자, 수도자, 평신도들이 있습니다. 이냐시오 영성에 대해 전문가가 된 이들을 통해 이냐시오 성인의 영적인 길을 따라 걷는 데 유용한 도움을 얻을 수 있습니다.

5. 이냐시오의 길

이냐시오의 길은 지난 450년 동안 전 세계의 모든 곳에서, 생각할 수 있는 거의 모든 상황에서, 심지어는 아주 위험한 상황에서도 수많은 예수회원들이 따라 걸어온 길입니다.

이냐시오의 길은 17세기 이탈리아의 예수회원인 마테오 리치가 중국 청나라에 들어가 그곳의 고급 관리처럼 옷을 입고 살게 하는 지혜를 주었습니다. 프랑스의 고생물학자이며 신학자인 피에르 테이야르 드 샤르댕 신부가 1920년대에 베이징 원인原人을 발견하는 역사적인 업적을 이루도록 영감을 준 것도 이냐시오의 길이었습니다. 미국의 사회 과학자 존 코리던이 1940년대에 뉴욕에서 노동 개혁을 위해 일한 것도 이냐시오의 길을 따른 결과였습니다.

또한 이냐시오의 길은 나치를 반대하는 저항 운동에 가담했다는 죄목으로 수감되고 처형을 기다리던 알프레드 델프 신부에게 깊은 위로가 되었습니다. 이냐시오의 길은 중국 예수회원인 도미니크 탕

이 가톨릭교회에 충성한다는 죄목으로 1950년대 말부터 22년 동안 중국 감옥에 수감되어 있을 때 그에게 힘과 용기를 주어 박해를 이길 수 있게 했습니다. 미국의 평화 운동가 다니엘 베리건 신부는 이냐시오의 길을 통해 베트남 전쟁을 반대하는 운동을 해야겠다는 영감을 받았습니다.

이 밖에도 이냐시오의 길은 세상에는 잘 알려지진 않았지만 수많은 예수회원들에게 매일의 삶을 위한 나침반이 되어 주고 있습니다. 고등학교 교사로 일하는 회원은 도시의 아이들에게 바른 길을 가르쳐 주기 위해 분투하고, 의사로 일하는 회원은 난민 수용소에서 난민들을 돕습니다. 병원 사목 사제는 임종을 앞둔 환자들에게 깊은 위로를 전해 주고, 본당 신부는 슬픔에 빠진 신자들을 위로합니다. 군종 신부는 병사들에게 폭력이 난무하는 상황에서도 의미를 찾도록 이끌어 줍니다. 저는 이런 다양한 상황에서도 최선을 다해 일하는 회원들을 만나면서, 그들 모두가 이냐시오의 길을 따르고 있다는 것을 새삼 발견하게 되었습니다.

그리고 이런 목록에 당연히 첨부되어야 하는 수많은 평신도도 있습니다. 그들은 부부로서, 부모로서, 독신자로서, 학교, 본당, 피정의 집 등에서 이냐시오의 길과 접하면서 나름대로의 자신의 역할을 합니다. 이냐시오의 길이 그들에게 제시하는 올바른 방향을 따라, 그들은 자신들의 길로 나아갑니다. 그들은 오래되었지만 여전히 살아 있는 전통인 이냐시오 영성을 자기들의 삶을 평화와 기쁨으로 가는 길이라고 여깁니다.

간단히 말해서 이냐시오의 길은 시간과 공간, 상황, 배경을 초월하여 많은 사람들에게 다방면으로 커다란 영향을 끼치며 도움을 주고 있습니다. 그것은 저에게도 마찬가지입니다. 특히 저의 경우에는 이냐시오의 길을 통해 갑갑한 느낌이 들던 삶이 해방된 느낌이 드는 삶으로 바뀌게 되었습니다.

이 책은 지난 20여 년 동안 저를 예수회원으로 살게 한 이냐시오 성인의 길에 대한 안내서입니다. 하지만 그렇다고 해서 이 책이 학구적이거나 학술적인 연구를 담은 것은 아닙니다. 오히려 일반 독자들을 위한 친밀한 개론서라고 할 수 있습니다. 그러나 이냐시오의 길에 대한 내용을 총망라한 것은 아닙니다. 5세기에 걸쳐 이어져 온 영성을 한 권의 책에 다 담을 수는 없기 때문이지요. 총망라하려고 한다면, 아마 이 책의 각 장마다 네다섯 권 분량이 넘는 양이 나올 것입니다. 마찬가지로 《영신수련》이나 《회헌》에 관한 모든 내용을 다루려는 것이 아니라, 제가 생각할 때 독자들에게 더 흥미 있고 유용할 거라고 생각되는 부분을 다루려고 합니다.

그러나 비록 개론서라고 하더라도, 이냐시오 영성이 너무나 광범 위한 영역을 포함하고 있기 때문에 이 책 역시 다양한 주제를 다루게 될 것입니다. 좋은 선택을 하는 방법, 의미 있는 일을 찾는 방법, 좋은 친구가 되는 방법, 삶을 단순하게 사는 방법, 고통에 대처하는 방법, 기도에 깊이를 더하는 방법, 더 나은 사람이 되는 방법, 사랑을 표현하는 방법 등 다양한 분야와 다양한 주제들을 말이지요.

이냐시오의 길은 우리 삶의 영역 대부분이 영성 생활과 관련이 있다는 것을 보여 줍니다. 여러분들도 이 책을 통해 어떻게 모든 것 안에서 하느님을 발견하고, 하느님 안에서 모든 것을 찾을 수 있는지를 깨닫게 될 것입니다. 그 과정에서 영성 생활의 본질적인 요소인 유머도 곁들여 가면서 말이지요. 종교나 영성을 너무 심각하게 대할 이유는 없습니다. 오히려 기쁨, 유머, 웃음이야말로 하느님의 선물이니까요. 때로 제가 은근슬쩍 던지는 유머들에도 놀라지 않기를 바랍니다 (예수회원을 조롱하는 유머라도 말이지요).

우리는 이 책에서 이냐시오 영성을 우리 삶에 결합시킬 수 있는 분명하면서도 단순한 방법을 알아볼 것입니다. 사실 저는 너무 복잡한 영성은 사람들에게 별로 도움이 되지 않는다고 생각하기 때문에 최대한 단순하게, 그리고 삶에서 흔히 만나는 예를 들면서 설명할 것입니다.

끝으로 짚고 가야 할 중요한 점이 있습니다. 이냐시오 통찰을 얻기 위해서는 꼭 가톨릭 신자거나 그리스도교 신자여야 할 필요는 없습니다. 물론 수도자여야 할 필요도 없고, 신앙심이 없어도 크게 상관없습니다. 예를 들어, 제가 언젠가 신자가 아닌 사람들에게 이냐시오 영성에 따른 좋은 선택을 하기 위한 방법에 대해 강의했을 때, 그들은 모두 공감하며 이냐시오 성인의 지혜에 경탄했습니다. 또한 우리가 왜 단순하게 살아야 하는지에 대한 이냐시오의 통찰에 찬사까지 보냈습니다.

그러나 이냐시오 영성에서 영적인 삶을 살거나 신앙을 지니는 것이 가장 중요한 것이 아니라고 말한다면 그것은 틀린 말입니다. 또한 이냐시오 영성에서 하느님이나 예수님을 분리시킨다는 것도 맞지 않는 말이 될 것입니다. 이냐시오 영성의 중심에는 항상 하느님이 자리하고 계시기 때문이지요. 예수회를 창설한 이냐시오 성인은 주로 편지를 통해 하느님의 사랑에서 멀어지려는 사람들에게 다시금 하느님에 대해 진지하게 생각해 볼 수 있도록 만들 만한 묵상거리를 주었습니다.

이냐시오 성인은 하느님이 사람들 각자가 처한 상황에서 만나신다는 것을 알았습니다. 우리 모두는 하느님을 향해 가는 여정에서 각기 다른 지점에 서 있습니다. 또한 각자 다른 길을 걷습니다. 이냐시오 성인도 때로는 우회하는 여정을 걸었습니다. 그러면서 성인은 하느님의 이끄심은 단순히 자신에게 신앙심이 있다고 생각하는 사람들에만 제한되지 않는다는 것을 깨달았습니다. 따라서 이냐시오 영성은 자연스럽게 아주 독실한 신자부터 주저하면서 길을 묻는 신자가 아닌 이들에 이르기까지 모든 사람을 포용합니다. 이냐시오 성인이 즐겨 사용한 표현을 빌리자면, 이냐시오의 길은 하느님을 향해 가는 여정의 과정인 것입니다.

그렇기 때문에 저는 이냐시오 영성을 모든 사람이 이해할 수 있고, 유용하게 쓸 수 있으며, 도움이 될 수 있게 하기 위해 최선을 다할 것입니다. 여러분이 지금 인생에서 어느 길목에 서 있더라도 상관이 없습니다. 하지만 이냐시오 성인의 세계관에서 하느님이 중심이시라는 사실과 그것은 우리 모두에게도 마찬가지라는 것을 분명히 언급하고자 합니다.

여러분이 이제껏 하느님과 멀리 떨어져 있다고 느꼈거나, 한 번도 하느님께 가까이 간 적이 없다고 생각했더라도 너무 걱정할 필요는 없습니다. 하느님의 존재를 의심하고 있거나, 심지어 하느님은 존재하지 않는다고 확신하고 있더라도 괜찮습니다. 다만 이 책을 끝까지 읽기를 바랍니다. 그 밖의 나머지는 하느님이 이끌어 주실 것이기 때문입니다.

S.J.는 무엇을 의미하는가?

모든 예수회원의 이름 뒤에는 S.J.가 붙습니다. 이 약자는 수도회 회원을 구분하는 전통적인 방법입니다. 베네딕도회원들은 베네딕도 수도회Order of St. Benedict를 뜻하는 O.S.B.를 사용합니다. 프란치스코회원들은 작은 형제회Order of Friars Minor를 뜻하는 O.F.M.을 사용합니다. 예수회원이 사용하는 S.J.는 예수회Society of Jesus를 뜻합니다.

어느 날 제가 일하는 곳으로 편지 한 통이 도착했습니다. 그 편지는 제가 쓴 글을 읽고 화가 난 어떤 여성이 보낸 것이었습니다. 그녀는 그 편지에서 S.J.에 대해 새로운 해석을 내놓았습니다.

"당신이 쓴 글을 보니, S.J.는 멍청이Stupid Jerk를 뜻하는 약자인 것 같네요."

제2장

하느님을 향해 가는 길

제2장

하느님을 향해 가는 길
영적인 길, 종교적인 길

    저는 이 책을 읽고 있는 여러분이 올바른 선택을 하는 데 관심이 있고, 자신이 하는 일에서 나름의 의미를 찾고, 건강한 인간관계를 형성하고, 행복한 삶을 추구하고 있을 것이라 생각합니다. 만약 그렇다면 그것은 분명 어느 정도는 종교적인 문제에도 흥미나 관심, 궁금증이 있다는 뜻이기도 합니다. 그러니 이제 다소 어려운 질문으로 이야기를 시작해 보려고 합니다.

    이냐시오의 길은 하느님이 존재하시며, 하느님은 우리와 관계를 맺고 싶어 하신다는 믿음에서 출발합니다. 그런 만큼, 먼저 하느님에 관해 생각해 보는 것이 중요합니다. 그러면 적어도 다음에 살펴보게 될 내용들이 비교적 쉬워질 것입니다.

그렇다고 이 말이 반드시 하느님을 믿는 사람만이 이냐시오 성인의 통찰을 활용할 수 있다는 말은 아닙니다. 하지만 여러분이 이냐시오의 길을 가고자 한다면 이냐시오 성인의 세계관에서 하느님이 어떤 위치에 자리하고 계신지를 알아야 합니다.

첫 번째 질문은 나는 하느님을 어떻게 찾고 있을까? 하는 것입니다. 이 질문은 모든 구도자의 출발점입니다. 그러나 놀랍게도 많은 영성 서적들이 이것을 대수롭지 않게 여기거나 심지어는 무시하기까지 합니다. 어떤 책은 우리가 하느님을 이미 믿고 있거나, 이미 찾았거나, 이미 우리 삶에 일부가 되어 있다고 전제합니다. 하지만 영성 서적에서 이런 문제를 다루지 않는다면 그것은 마치 수영에 관한 책을 쓰면서 물에 뜨는 방법을 다루지 않는 것과 같을 것입니다.

'나는 하느님을 어떻게 찾고 있을까?' 이 물음에 대한 답을 찾기 위해 먼저 사람들이 하느님을 찾는 여러 가지 다양한 방법들을 살펴봅시다. 이 세상에 사는 사람들의 수만큼이나 하느님께 이르는 길이 많겠지만, 보다 명확하게 하기 위해 그 많은 길을 크게 여섯 가지로 나누어 살펴보고자 합니다.

각각의 길이 그 나름대로의 이로움과 함정을 갖고 있습니다. 우리는 살아가면서 여러 가지 다른 길들을 발견하게 될 것입니다. 심지어 동시에 두 가지 이상의 길을 가고 있다고 느낄 수도 있습니다.

1. 하느님께 이르는 여섯 가지 길

1) 믿음의 길

이 첫 번째 길을 따라 걷고 있는 사람들에게는 하느님에 대한 믿음이 늘 삶의 일부입니다. 이들은 신앙을 가진 가정에서 태어났거나, 어린 나이에 신앙을 알게 된 경우가 많습니다. 믿음의 길을 걷는 사람들은 하느님에 대한 자신의 믿음에 다소 확신을 지니고 살아가며, 항상 신앙이 삶의 본질적인 요소가 됩니다. 그들은 규칙적으로 기도하고, 꼬박꼬박 종교 예식에 참석하고, 아주 편안한 마음으로 하느님에 관해 이야기합니다. 물론 그들의 삶도 다른 이들의 삶과 마찬가지로 고통에서 자유롭지 않습니다. 그렇지만 그들은 자신의 신앙으로 지금 겪고 있는 고통에서 의미를 발견합니다.

1940년대에 구소련의 감옥과 시베리아의 강제 노동 수용소에서 20여 년을 보낸 미국의 예수회원 월터 취제크 신부는 젊은 시절에 신앙심이 깊은 가정에서 자라며 신앙에 관한 교육을 받았습니다.

월터 취제크 신부는 러시아에서 돌아온 후에 자서전 형식의 책을 출간했습니다. 《나를 이끄시는 분》이라는 책에서 독실한 가톨릭 가정에서 성장한 그의 어린 시절을 볼 수 있습니다. 그의 가정생활은 본당을 중심으로 이루어졌다고 해도 과언이 아니었습니다. 주일 미사 참례는 물론이고, 특별한 축일마다 미사 참례를 하고, 매주 고해성사를 드렸습니다. 그러니 취체크 신부가 이렇게 말한 것은 별로 놀랄 일이 아니겠지요. "8학년 때 나는 마치 아주 청명한 하늘처럼 분명하게 사제가 되리라고 결심했는데, 이는 어머니의 기도와 표양 덕분이었다."

많은 사람들이 사제가 되려고 결정하는 것을 어려워하지만, 어린 월터 취제크에게는 세상에서 가장 자연스러운 일이었던 것입니다.

믿음의 길을 따라 걷는 데서 오는 유익은 분명합니다. 믿음은 삶의 기쁨과 역경 등 모든 상황에서 의미를 줍니다. 하느님에 대한 믿음은 우리가 혼자가 아니라는 것을 안다는 의미입니다. 우리는 함께 미사를 드리는 공동체에서 다른 사람들과 친교를 맺을 수 있습니다. 또한 신앙은 고난의 시간에 닻이 되어 힘든 시간을 이겨 내게 하고, 이 지상 너머의 삶을 약속합니다.

이러한 신앙이 월터 취제크 신부가 구소련의 강제 수용소에서 오랜 시간을 견딜 수 있도록 해 주었습니다. 그가 1963년 구소련을 떠날 때에 그 나라를 축복할 수 있었던 것도 신앙 덕분이었습니다. 당시 소련 정부가 그에게 형언할 수 없는 육체적·정신적 고통을 안겨 주었음에도 불구하고 말이지요.

때때로 취제크 신부는 자신의 믿음과 투쟁을 벌여야 했습니다. 그런 힘든 상황에서 신앙의 갈등을 느끼지 않을 사람이 어디 있을까요? 그러나 신부는 끝까지 자신의 신앙을 굳건하게 지켰습니다. 취제크 신부는 나중에 자신이 탄 비행기가 이륙할 때를 회상하며 이렇게 말했습니다. "나는 내가 떠나고 있는 나라 위로 천천히, 정성스럽게 십자 성호를 그었다."

어떤 사람들은 믿음의 길을 가는 사람들을 부러워하기도 합니다. 제 친구 하나는 제게 자주 이렇게 말합니다. "나도 자네와 같은 그런 신앙이 있으면 좋으련만!" 저는 그 친구의 감정이 어떤 것인지는 이해하지만, 이러한 감정은 우리 교회의 성인들이 아무런 노력이 없어도 저절로 될 수 있었다고 여기는 생각에서 비롯된 것이라고 생각합니다. 쉽게 말해, 우리가 신앙을 지니기 위해서 아무런 노력을 하지 않아도 그냥 저절로 신앙을 지닐 수 있다는 생각으로 볼 수 있다는 것이지요. 마치 어떤 사람이 빨간색 머리카락이나 갈색 눈을 가지고 태어나듯이 어떤 사람은 아무 의심 없는 신앙을 지니고 태어나기라도 한 것처럼 생각한다는 말입니다. 아니면 신앙이 마치 주유소에 들어가 차에 기름을 채우듯이 그냥 채울 수 있는 것처럼 보는 견해이기도 합니다.

물론 이러한 것들이 꼭 들어맞는 예는 아닙니다. 신앙은 궁극적으로 하느님이 주시는 선물입니다. 그렇다고 하더라도 신앙이 그냥 받기만 하면 되는 것은 아니라는 뜻이지요. 조금 다른 비유를 들자면, 신앙은 정원과 같다고 할 수 있습니다. 우리가 이미 정원을 가꿀 수 있는 기본적인 것들, 예를 들어, 땅, 씨앗, 물 등을 가지고 있다고 하더라도, 땅을 갈고 씨앗이 자라도록 거름을 주어야 식물이 잘 자랄 수 있습니다. 이렇듯 신앙은 마치 정원을 가꾸는 것처럼 인내와 끈기, 정성과 노력이 필요합니다.

따라서 만일 여러분이 믿음의 길을 따라 걷는 사람들에게 부러움을 느낀다면 조급해하지 않아도 됩니다. 많은 사람들이 하느님을 알게 되기까지 의혹과 혼돈의 시기를 거칩니다. 때로는 그 기간이 상당히 길기도 합니다. 이냐시오 성인도 성인의 많은 친구들이 가족을 이루고 경제적인 안정을 이루는 나이가 되어서야 마침내 하느님의 현존을 받아들였듯이 말이지요.

여섯 가지의 길 중에서 어느 길을 간다고 하더라도 위험이 따르지 않는 길은 없습니다.

믿음의 길을 가는 이들이라도 다른 길을 따라 걷는 사람들을 이해하지 못하거나, 그들을 의혹이나 불신을 지닌 사람들로 판단하고 싶은 유혹에 쉽게 빠질 수 있습니다. 어떤 사람들은 자기가 확신을 갖고 있기 때문에 자기만큼 확신을 지니고 있지 않은 다른 사람들에게 공감하지 못하며, 때로는 그들을 너그럽게 받아들이지도 못합니다. 믿음의 길을 걷는 사람들이 지닐 수 있는 이러한 독선은 자신들을 울타리 안에 갇히게 하며 의식적으로나 무의식적으로 다른 사람들이 믿음의 세계로 들어오지 못하도록 막게 됩니다. 이것이 바로 예수님이 말씀하신 "눈먼 이"(루카 6,39)의 신앙 즉, 괴팍하고, 기쁨이 없고, 관대함이 없는 경직된 신앙인 것이지요.

이런 부류의 사람들은 자신조차 쉽게 알아채지 못하는 아주 미묘한 위험에 빠지기도 합니다. 자기만족에 빠져 자신과 하느님과의 관계에서 활기를 잃게 되는 것이지요. 어떤 사람들은 어른이 되어서도 어린 시절에 익힌 좋지 않은 방식으로 자신의 신앙을 이해하려고 합니다. 예를 들어, 어린 시절에 하느님은 절대로 어떠한 나쁜 일도 일어나게 하지 않으신다는 관념이 생기면, 자라서도 그 관념을 계속 고집할 수 있습니다. 그러다가 자기에게 비극이 닥치면 어린 시절의 하느님의 모습이 현실과 다르기 때문에 그 시절의 하느님을 버릴 수도 있게 되는 것이지요. 어쩌면 하느님을 완전히 외면하게 될 수도 있습니다.

어른에게는 어른다운 믿음이 필요합니다. 여러분은 초등학교 3학년이 산수를 이해하는 정도로는 인생을 마주할 준비가 되어 있다고 여기지 않을 것입니다. 그럼에도 불구하고 사람들은 흔히 초등학교 시절에 배운 신앙 교육이 어른의 세상에서도 그대로 적용될 것이라고 기대합니다. 어른다운 믿음을 이렇게 생각해 보면 좋을 것입니다.

예수회원이자 영성 작가인 윌리엄 A. 배리 신부는 자신의 저서 《다른 어떤 것과도 같지 않은 우정 A Friendship Like No Other》에서 어른들은 어른다운 방식으로 하느님과 관계를 맺어야 한다고 썼습니다. 마치 아이들이 어른이 되면 자신의 부모와 새로운 방식으로 관계를 맺듯이, 하느님을 믿는 사람들도 그들이 영적으로 성장함에 따라 새로운 방식으로 하느님과 관계를 맺을 필요가 있다는 것입니다. 그렇지 않으면, 어린아이일 때 가진 하느님에 대한 시각을 그대로 지닌 채 성숙한 신앙을 온전히 받아들일 수 없게 되기 때문이지요.

이처럼 여섯 가지 길 모두가 그렇듯, 믿음의 길에도 걸림돌이 있기 마련입니다.

2) 독립의 길

독립의 길을 가는 사람들은 조직화된 종교는 멀리하기로 결정했지만, 여전히 하느님을 믿습니다. 그들은 교회가 무의미하다거나, 자기 비위에 거슬린다거나, 무미건조하다고 느낄 수가 있습니다. 아니면 세 가지 모두를 느낄 수 있지요. 그들은 어떤 사제나 랍비, 목사 또는 다른 종교인에게서 모욕이나 학대를 받았을 수도 있습니다. 아니면 조직화된 종교의 특정한 교리를 못마땅하게 여길 수도 있습니다. 또는 종교 지도자들이 위선적이라고 보고 있을 수도 있지요. 혹은 단순히 졸음이 오는 강론들 때문에 종교는 따분한 것이라고 생각할 수도 있습니다.

이와 관련하여 사회학자인 앤드류 그릴리 신부는 "내가 정말 궁금한 것은 '왜 그렇게 많은 가톨릭 신자들이 교회를 떠나느냐가 아니라 왜 남아 있느냐?' 하는 점이다."라고 말한 적이 있습니다.

가톨릭 신자들인 사람들도 특정한 윤리 문제에 관한 교회의 가르침이나 어떤 정치 문제에 대한 교회의 입장, 혹은 성직자의 성추문 스캔들 때문에 돌아설 수 있습니다.

일련의 문제들을 보며 많은 이들은 여전히 하느님은 믿지만, 더 이상 자신은 교회의 일원이 아니라고 생각하게 됩니다. 그들은 '떠난', '떨어져 나간', 또는 '냉담 중인' 가톨릭 신자로 불리게 되는 것이지요. 미국에서 성직자의 아동 성추문 사건과 관련한 위기 국면이 지나고 났을 때, 한 친구가 제게 말했습니다. "내가 교회에서 떨어져 나간 게 아니야. 교회가 내게서 떨어져 나간 거지."

이런 부류의 사람들은 교회나 회당 또는 사원과 어느 정도 거리를 유지하고 있을지라도, 여전히 신심을 지니고 있습니다. 그들은 흔히 어린 시절에 몸에 밴 종교적 관행에서 위안을 얻습니다. 그리고 그만큼 삶에서 보다 격식을 지니고 하느님께 향하는 길을 갈망합니다.

이러한 부류의 사람들이 지니는 한 가지 힘은 건전한 독립성입니다. 그들은 자신이 지닌 독립성 덕분에 사물을 참신한 눈으로 볼 수 있습니다. 그들이 소속된 종교 공동체의 사람들은 이러한 부류의 사람들에게 귀를 기울일 필요가 있습니다. 이른바 '바깥에' 나가 있는 그들은 일상적인 제약들에 매이지 않기 때문에 종교 공동체 안에 무엇이 '옳고' 무엇이 '그른지' 한결 솔직하게 말할 수 있기 때문이지요.

하지만 이런 사람들은 자신들의 완벽주의적인 성격 때문에 어떤 조직화된 종교도 받아들이지 않게 되는 큰 위험에 빠질 수 있습니다.

얼마 전에 한 친구가 제게 자기 가족이 다니는 교회에 더 이상 나가지 않기로 마음먹었다고 말했습니다. 그 친구와 그의 부모님은 오랫동안 미국 성공회 교회를 다녔습니다. 지적이고 인정도 많은 그 친구는, 자신이 다니던 교회가 부유한 사람들의 교회로 전락하고 있다고 생각하여, 세상의 가난한 이들의 처지를 더 잘 이해하는 공동체를 찾기로 마음먹었던 것입니다.

친구는 다니던 교회를 떠난 후, 가난한 이들이 더 많이 나가는 그 지역 가톨릭교회에 나가 볼까 하는 생각을 했습니다. 하지만 그는 여성이 성직자가 되는 것을 허용하지 않는 가톨릭교회의 교리가 마음에 들지 않았습니다. 그래서 그는 가톨릭교회에도 나가지 않기로 했습니다. 그다음으로 불교에 관심을 가져 보았습니다. 그렇지만, 인격적인 하느님과 예수 그리스도를 향한 그의 믿음이 불교의 세계관과 조화를 이루기는 어려웠습니다.

마지막으로 그 친구는 유니테리언 교회를 찾았는데, 처음에는 그곳이 자신에게 맞는 것처럼 보였습니다. 그는 그 교회가 지니고 있는 포용력과, 그리스도 중심의 영성과, 사회 정의를 향한 투신을 높이 평가했습니다. 그리고 다른 교회에서 환영받지 못했다고 느끼는 사람들을 따뜻하게 맞아 주는 것도 마음에 들었습니다. 하지만 또 문제가 생겼습니다. 그 친구가 볼 때 유니테리언 신자들은 명확한 신앙 체계를 이루고 있지 않았습니다. 결국 그는 어떤 교회에도 나가지 않기로 작정했습니다. 현재 그 친구는 주일을 집에서 보내고 있습니다.

저는 이 친구를 보면서 완벽한 종교 공동체를 찾는다는 것이 매우 어려운 일이라는 사실을 새삼 깨닫게 되었습니다. 트라피스트회 수도자인 토머스 머튼 수사는 《칠층산》에서 이렇게 말했습니다.

"바로 이것이 예수회 회원이거나 프란치스코회 회원이거나 카르투시오회 회원이거나 수도 성소의 가장 중요한 면이요, 또한 수도 생활에서 가장 먼저 부딪히는 시련이 될 수 있다. 하느님께서는 희미하게나마 이를 깨닫는 분별을 내게 주셨는데, 이는 크건 작건 결점이 있는 사람들이 모여 사는 공동체 생활을 기쁜 마음으로 받아들여야 한다는 사실이다."[2]

이 점은 종교 공동체에 있는 사람이라면 누구에게나 적용됩니다. 그렇다고 종교 공동체들이 갖고 있는 문제점과 결점들, 더욱이 그 안에 있는 사악함까지도 모두 받아들여야 한다는 의미는 아닙니다. 그보다는 우리가 사람이기에 불완전하다는 점을 인정해야 한다는 의미입니다. 조직화된 종교를 떠나 독립의 길을 가는 이들은 완벽한 종교 공동체를 찾으려고 하지만, 그런 일은 불가능합니다.

3) 불신의 길

불신의 길을 걷는 이들은 때로는 종교 전례와 예식에서 위안을 얻는다 할지라도, 조직화된 종교에는 아무런 매력을 느끼지 못합니다. 이들은 "신은 존재하지 않을지 모른다." 혹은 "신은 존재하지 않는다."라거나 "신은 존재할 수 없다."라는 나름대로의 결론을 내린 사람들입니다. 이들은 흔히 신의 존재에 대한 증거를 찾아내려고 합니다. 그러다가 신에 대한 증거를 찾아내지 못하거나 어려움에 직면하면, 유신론적 세계관을 철저히 거부합니다.

이런 사람들이 갖는 가장 큰 특징은 여러 종교가 당연하게 여기는 단조로운 주장들을 전혀 당연하게 여기지 않는다는 점입니다. 때로 그들은 일부 신자들보다 하느님과 종교에 대해 더 깊이 숙고하곤 합니다. 어떻게 보면 신의 존재를 부정하는 무신론자나, 사람은 신을 인식할 수 없다는 의견을 갖고 있는 불가지론자들이 세상에서 가장 사심 없는 사람들일 수도 있습니다.

제가 동아프리카에서 난민들을 위해 일을 할 때 만난 국제 난민 구호원들 가운데 가장 열심히 일하는 이들 중의 몇 사람은 어떤 종교도 갖고 있지 않았습니다. 그럼에도 불구하고 그들은 종교를 지니지 않은 성인이라고 할 수 있을 만큼 숭고한 정신을 지니고 있었습니다.

그들은 또한 위선적인 행동이나 말, 또는 마음으로부터 우러나오지 않은 말을 알아채는 데 아주 특별한 재주를 지니고 있었습니다. 종교적이면서도 진심이 담겨 있지 않은 말을 기가 막히게 집어내는 탐지기 같은 사람들이었지요. 만약 우리가 이런 사람들에게 "고통은 하느님의 신비로운 계획의 일부이기 때문에 참고 받아들여야 한다."라고 말한다면, 그들은 당연히 왜 그렇게 해야 하는지에 대한 분명한 우리의 입장을 설명해 보라고 요구할 것입니다.

저의 대학 친구 중에는 자신의 무신론을 무슨 종교처럼 여기는 친구가 있습니다. 저는 지난 30년 동안, 그 친구가 제게 질문을 할 때마다 늘 긴장해야 했습니다. 여러분도 그 친구에게 '주님의 뜻'에 관해 이야기하려면 개인적인 책임에 관한 문제와 같은 온갖 질문들에 대답할 각오를 해야 할 것입니다.

이런 사람들은 하느님의 현존을 오로지 자신의 지적인 방식으로 입증해 내려고 한다는 큰 위험을 갖고 있습니다. 그들은 자기들의 정서에 무엇인가 심오한 일이 일어나거나, 무언가 그들에게 깊은 감동을 주었을 때, 그것이 바로 하느님의 활동을 드러내는 표지일 수도 있다는 가능성을 아예 배제해 버립니다. 그들의 지성이 하느님의 현존 체험에 대한 마음을 닫게 하는 걸림돌이 될 수 있는 것입니다. 또한 그들은 신자라면 하느님의 현존을 보여 주는 분명한 사례로 여길 수 있는 어떤 경험을 해도, 그것을 하느님과 결부시키려 하지 않습니다.

이는 마치 홍수가 닥쳤을 때의 무신론자 이야기와 흡사합니다. 이 이야기에서 무신론자는 홍수로 자신의 집에 물이 차오르자 하느님이 존재하는지 확인할 수 있는 결정적인 기회라고 생각합니다. 그래서 그는 속으로 이렇게 생각했습니다. '만일 신이 존재한다면, 내가 신에게 도움을 청했을 때 나를 구해 주겠지.'

그는 높은 지대로 피하라는 라디오 경고 방송을 듣고도 무시했습니다. 그러면서 '만일 신이 존재한다면 나를 구해 주겠지.'라고 생각했습니다. 잠시 후, 소방대원이 그의 집에 와 문을 두드리며 피난을 당부하자, 그는 소방대원에게 "신이 있으면 날 구해 줄 거요." 하고 말했습니다.

점점 집이 물에 잠기게 되자, 그는 어쩔 수 없이 2층으로 올라갔습니다. 그때 해안 경비대의 구명보트가 그의 집 창문으로 와서 그를 구조하려고 했습니다. 그러자 "신이 있으면 날 구해 줄 거요." 하고서 해안 경비대의 도움마저도 거절했습니다.

물이 지붕까지 차오르자 그도 지붕 위로 올라갔습니다. 경찰 헬리콥터가 집 주위를 돌며 그를 구조하기 위해 밧줄을 내려 주었습니다. 하지만 그는 헬리콥터 날개가 내는 굉음 너머로 소리 질렀습니다. "신이 있으면 날 구해 줄 거요."

갑자기 거대한 파도가 그를 덮치고, 그는 익사하여 저승으로 갔습니다. 하느님이 그를 따뜻이 맞아들이자 그는 처음에는 깜짝 놀랐습니다. 그러다 불같이 화를 내며 물었습니다. "왜 저를 구해 주지 않았나요?" 그러자 하느님이 말씀하셨습니다.

"대체 무슨 소리를 하는 거냐? 내가 소방대원, 해안 경비대원, 경찰관을 보냈는데도 네가 모두 거절했지 않느냐?"

4) 귀환의 길

이 길로 향하는 사람들이 해가 갈수록 점점 늘어납니다. 이 그룹에 속하는 사람들은 일반적으로 종교적인 집안에서 태어났지만, 자신의 신앙에서 점차 멀어지게 된 경우입니다. 주로 부추김이나 강요로 인해 종교 예식에 참여하면서 자란 그들은, 어른이 되고 나서는 종교에 대해 지겹다고 느끼거나 무심해진 것이지요. 여전히 종교에 마음이 끌리기는 하지만, 멀리하며 지냅니다.

그러다가 어떤 계기로 인해 다시 하느님에 관한 관심이 생깁니다. 그들은 경제적으로나 사회적으로 어느 정도 성공하고 나서 "이게 전부란 말인가?" 하는 의문을 갖게 될 수도 있습니다. 아니면 가까운 이의 죽음을 경험하고 나서, 자신도 언젠가 죽어야 한다는 사실에 회의를 느끼기 시작할 수도 있습니다. 시간이 더 지나 그들의 자녀가 이렇게 질문하면서, 그들의 마음속에서 오랜 세월 잠들어 있던 의문들이 다시 되살아나기도 합니다. "엄마, 하느님이 누구야?"

그리하여 신앙으로 되돌아오는 그들의 여정이 시작됩니다. 아직 완전히 돌아올 자신도 없고, 그들이 어릴 적에 알던 것과 동일한 신앙이 아니더라도 어쨌든 귀환이 시작됩니다. 어쩌면 새롭게 알게 된 사실들이 그들에게 보다 명확한 이야기를 들려주었을 수도 있습니다. 그들이 원래의 종교로 돌아와 어렸을 때와는 달리 적극적이고 열성적인 자세를 보일 수도 있지요. 이것은 놀라운 일이 아닙니다. 앞서 언급했던 바와 같이 어린 시절에 받은 교육만으로는 스스로를 교육받은 어른이라고 자부하기에 부족하지만, 그럼에도 많은 신자들이 어린 시절에 받다가 중단한 종교 교육의 수준으로 성년기를 헤쳐 나가려고 합니다. 하지만 되돌아온 사람들 중 많은 수는 성숙된 방법으로 신앙을 이해하기 위해서 다시 교육받을 필요가 있음을 깨닫게 됩니다.

제 이야기를 예로 들어 보면, 저는 어렸을 때 하느님을 아주 열심히 기도하기만 하면 저의 모든 문제를 처리해 주는 위대한 문제 해결사로 생각하곤 했습니다. 그래서 하느님께 자주 기도를 드리곤 했지요. "이번 사회 과목 시험에서 A학점을 받게 해 주세요.", "수학을 잘하게 해 주세요.", "내일 눈이 내리게 해 주세요."

저는 하느님이 선하기 그지없는 분이시라면 제 기도를 꼭 들어주실 거라고 생각했던 것입니다. 하느님이 제 기도에 응답해 주지 않으실 별다른 이유가 없어 보였으니까요.

그런데 나이를 먹으면서 위대한 문제 해결사로서의 하느님의 이미지는 깨어졌습니다. 그렇게 된 가장 큰 이유는 하느님이 저의 모든 문제를 해결해 주시는 데 관심이 없어 보였기 때문입니다. 기도하고, 기도하고, 또 기도했건만, 저의 여러 가지 문제들은 여전히 해결되지 않고 있었습니다. '왜지?' 저는 이상하다고 생각했습니다. '하느님이 내게 관심이 없으신 건가?' 이는 사춘기 시절에 겪는 자아도취적인 물음에서 여러 진지한 물음들로 이어졌습니다. 그 결과, 하느님이 존재하지 않으실 수도 있다는 가능성까지 고려하게 되었지요.

이런 미지근한 불가지론적인 생각은 펜실베이니아 대학교를 다니던 시절에 변화의 계기를 맞게 됩니다. 대학교에 입학한 후 2년 동안 저는 친구들과 술을 잔뜩 마시거나 마리화나를 피우고, 밤늦도록 종교에 대해 큰 소리로 입씨름을 하곤 했습니다. 늦은 밤에 벌어진 이러한 논쟁들로 인해 저는 어렸을 적에 기도를 드렸던 하느님에 관한 의혹들을 품게 되었습니다. 하지만 그 당시 그것은 논리적이거나 일관성 있는 생각은 아니었습니다.

그러던 중 졸업을 앞두고 새내기 시절 룸메이트였던 브래드가 교통사고로 죽었다는 소식을 접했습니다. 그 일은 저에게 인생의 전환점이 되었습니다. 브래드는 저의 가장 친한 친구 중 한 명이었고, 그의 죽음은 제게 견디기 힘든 고통이었기 때문이었지요.

촉촉이 비가 내리던 어느 봄날, 워싱턴 D. C. 바깥의 부유한 교외 지역에서 브래드의 장례식이 있었습니다. 장례식은 성공회 성당에서 거행되었는데, 그 자리에는 서로 흩어져 살던 브래드의 가족들도 모두 모였습니다. 친구들과 저는 슬픔에 젖어 그 성당에 앉아 있었습니다. 저는 이런 일이 일어나도록 허락한 신을 믿는다는 것이 어리석은 일처럼 느껴졌습니다. 그리고 그 장례식이 끝날 때쯤에는 이토록 잔인한 신은 결코 믿지 않겠다고 결심했습니다. 위대한 문제 해결사는 문제를 해결해 주기는커녕 문제를 만들고 있다고 생각했기 때문입니다.

그런데 무신론자가 되고 나니 나름대로 활기를 찾게 되었습니다. 오히려 제가 대단한 지성을 지닌 사람처럼 느껴지기까지 했습니다. 더 이상 작동하지 않는 물건을 치워 버린 것처럼 다소 뿌듯한 마음마저 들었습니다. 고통을 막을 수도 없고, 막아 주지도 않는 신을 굳이 믿을 이유가 없다고 생각했기 때문이지요. 저의 무신론은 지성적으로 고상해 보였을 뿐만 아니라 몇 가지 실질적인 이익도 준다고 생각했습니다. 이제는 일요일 아침에 한결 여유가 생긴 것입니다.

그렇게 해서 저는 당당하게 불신의 길로 들어섰습니다. 이러한 삶은 어느 날 브래드의 친구와 대화를 나눌 때까지 몇 달 동안이나 이어졌습니다. 브래드와 몹시 친했던 자크는 자신을 '재키'로 부르는 것을 좋아하는 여학생이었습니다. 열심한 가톨릭 신자인 자크는 새내기 시절에 브래드와 제가 있는 같은 기숙사에서 생활했습니다. 그녀와 브래드는 생각이나 관심사가 전혀 달랐음에도 불구하고, 금세 친해졌습니다.

브래드가 세상을 떠난 지 몇 달이 지난 어느 날, 회계학 수업을 마치고 나온 자크와 저는 눈이 내리는 길 위에서 눈을 맞으며 대화를 나누었습니다. 저는 자크에게 제가 하느님에게 얼마나 화가 나 있는지, 그리고 어떻게 해서 더 이상 교회에 나가지 않기로 결심하게 되었는지 이야기했습니다. 저는 그녀에게 도전하듯 제 생각을 쏟아 냈습니다. 그러면서 속으로는 '너는 열심한 신자니까 어디 한번 이 상황에 대해 설명해 봐.'라고 생각하고 있었습니다.

잠시 후 자크는 아주 차분하게 말했습니다. "그렇지만 나는 브래드의 삶을 두고 내내 하느님께 감사드리고 있어." 저는 그 추위에서 그녀가 한 말에 갑자기 숨이 턱 막혔던 것을 지금도 생생하게 기억합니다. 그녀는 고통에 대해서 저와 입씨름을 하자는 것이 아니었습니다. 오히려 하느님과 관계를 맺는 다른 길, 하느님을 위대한 문제 해결사로 보는 것이 아니라 다른 관점도 있다고 말하는 것이었습니다.

자크의 답변은 저를 귀환의 길로 슬그머니 밀어주었습니다. 그녀는 고통에 관한 제 물음에 답을 하지 않았습니다. 그럼에도 그녀의 말은 고통의 문제, 적어도 신학자들이 말하는 '악의 신비mystery of evil'가 하느님에 관한 질문으로 끝나지 않는다는 점을 일깨워 주었습니다. 그녀의 답변은 우리가 고통의 문제를 안고 살아가면서도 여전히 하느님을 믿을 수 있다고 말해 주었습니다. 이것은 마치 아이가 부모의 모든 행동 방식을 완벽하게 이해하지 못해도 부모를 신뢰할 수 있는 것과 마찬가지이지요.

또한 "하느님은 누구인가?"라는 물음처럼 중요한 물음들도 존재한다는 점을 깨우쳐 주었습니다. 한 가지 물음에 대답하지 못한다고 해서 다른 답변들이 모두 타당성이 없는 것은 아닙니다. 그녀의 답변은 제가 신앙을 다른 각도에서 볼 수 있는 창문을 열어 준 것입니다. 그럼에도 불구하고 저는 여전히 심각한 질문에 매달려 있었습니다. "하느님이 내가 어린 시절에 생각하던 것처럼 위대한 문제 해결사가 아니라면, 대체 그분은 누구이실까?"

결국 예수회에 들어간 후에야, 하느님의 다른 모습과 의미를 찾기 시작했습니다. 즉 제가 가진 문제들이 모두 해결되었다고 느끼지 않는다 할지라도, 고통 중에 있는 저와 함께하시는 하느님에 관해 알게 된 후에야 시작하게 된 것이지요. 그렇다고 해서 제가 고통의 신비에 대해, 그리고 친구의 삶이 스물하나에 끝난 이유에 대해 완전히 만족할 만한 해답을 찾았다는 말은 아닙니다. 하지만 어려운 시기에도 하느님과 관계를 맺는 것이 중요하다는 점을 이해하는 데에는 도움이 되었습니다.

제가 수련자일 때, 저의 영적 지도 신부님이 '참된 종교'와 '거짓된 종교'를 대비시킨 스코틀랜드 철학자 존 맥머레이의 말을 인용하여 이렇게 말했습니다.

"거짓된 종교는 '두려워 마라. 하느님을 신뢰하라. 그러면 그분이 그대가 두려워하는 일은 아무것도 그대에게 일어나지 않도록 그대를 돌봐 주실 것이다.'라고 가르치지. 그러나 참된 종교는 '두려워 마라. 그대가 걱정하는 일들이 그대에게 일어날 수 있지만, 그렇다고 하더라도 그런 것들은 사실 그렇게 크게 두려워하거나 걱정할 일이 아니다.'라고 가르친다네."

5) 탐구의 길

저는 몇 년 전에 오프브로드웨이에서 활동 중인 한 극단과 함께 일한 적이 있습니다. 그 극단은 〈유다 이스카리옷의 마지막 나날The Last Days of Judas Iscariot〉이라는 제목으로 예수님과 유다와의 관계를 새로운 관점에서 다룬 연극을 제작하고 있었습니다. 극단에서는 제게 배우들이 주제를 보다 잘 이해하도록 도움을 주기를 청했습니다. 저는 유다 역을 맡은 배우를 비롯하여 극작가와 감독과 함께 몇 차례 모임을 가졌습니다. 그 후 그들은 제게 '신학 자문 위원'으로 봉사해 달라고 부탁했습니다. 예수회원에게 이런 일은 그리 특이한 일이 아닙니다. 예수회원들은 역사적으로도 연극 활동에 적극적이었고, 예수회의 초창기부터 예수회가 운영하는 학교에서는 연극을 널리 활용해 왔으니까요.

6개월을 함께 일하다 보니, 예수님과 유다 역할의 배우뿐만 아니라 다른 배우들의 영성 생활에 관해서도 많은 이야기를 나누게 되었습니다. 그들은 서로 자유분방하게 토론했는데, 토론을 통해 제기된 복음이나 죄와 용서, 신앙에 관한 문제들에 대해 저는 주로 답변을 하는 입장이었습니다.

배우들은 각기 다른 종교들을 오가며 자신에게 맞는 것을 찾고 있었습니다. 마리아 막달레나 역을 맡은 예타는 가톨릭 신자인 어머니와 유대교 신자인 아버지 사이에서 태어났습니다. 그녀가 성인이 되자, 그녀의 부모는 예타에게 스스로 종교를 선택하라고 이야기했습니다. 그러나 그녀는 아직도 선택하지 못하고 있다면서 여전히 자신의 상황에 혼란스러워했지요.

저는 배우들과 함께 시간을 보내면서 연극에 대해 알게 되었을 뿐만 아니라, 전에는 만나 보지 못했던 부류의 사람들과 만나며 새로운 경험들을 하게 되었습니다. 그들은 탐구의 길을 가고 있었습니다.

그들의 직업을 감안하면 별로 놀라운 일은 아니었습니다. 훌륭한 배우는 자신이 맡은 역할과 관련된 배경과 개성을 가진 사람과 시간을 보냄으로써 자신의 역할을 연구하기 마련이니까요. 예를 들면, 경찰 드라마의 배역을 맡은 배우는 실제로 현실 속의 경찰관과 많은 시간을 보내며 배역을 준비하기도 합니다. 따라서 그들에게는 탐구라는 개념이 아주 자연스럽지요. 한동안 다른 사람의 삶을 표현하는 일은 어쩌면 다른 종교에 몸담는 상황과 비슷한 경험일 것입니다.

비단 배우뿐만 아니라, 다른 사람들보다 종교적 믿음이 정착된 사람들도 다른 종교와 교류하면서 이제까지의 영적 수행과는 다른 것을 느끼고 발전할 수 있습니다. 그리하여 어느덧 자신이 영적으로 성장했다는 것을 깨닫기도 합니다.

저는 몇 년 전 어느 일요일 아침, 부모님이 사는 필라델피아에 갔다가 그곳 근처에 있는 퀘이커교의 예배에 참석하게 되었습니다. 그때 저는 제 기도가 풍성해진 느낌을 받고 깜짝 놀랐습니다. 예식이 진행되는 동안, 저는 제 방식대로 관상 기도를 바치며 함께 예배를 드렸습니다. 특히 퀘이커교도의 함께하는 침묵gathered silence은 이제껏 상상도 하지 못한 새로운 유형의 관상이었습니다. 그들의 전통이 제 영성을 풍성하게 만들어 준 것입니다.

나는 종교와 무관한 신비한 전승에서 자유로이 배회했고 거기에서 깊은 감화를 받았다. 하지만 나는 언제나 내 교회로 돌아오곤 한다. 왜냐하면 이곳이 나의 영적 고향이기 때문이다.

— 예수회원 앤서니 드 멜로 신부

특히 미국인들에게는 무언가를 탐구하는 일이 자연스러운 일입니다. 물론 미국 역사에서뿐만 아니라 위대한 문학 작품에서도 인기 있는 주제입니다. 마크 트웨인의 소설 《허클베리 핀의 모험》에 나오는 허클베리 핀도 일종의 탐구자였다고 할 수 있지요. 또 시인 월트 휘트먼은 이런 시를 썼습니다.

"두 발로 마음 가벼이, 나는 열린 길로 나선다. / 건강하고 자유롭게 세상을 앞에 두니 / 어딜 가든 갈색 길이 내 앞에 뻗어 있다."

탐구의 길은 미국인의 신앙 속에서도 자연스럽게 드러납니다. 많은 미국인들이 단지 어린 시절 부모에게 받은 신앙이라는 이유로, 또는 조직화된 종교에 염증을 느꼈거나, 종교 교육의 부족으로 인해 흥미를 잃었다는 이유로, 소위 '자신에게 맞는' 종교를 찾아 나서고 있습니다. 이 자체가 하나의 영적 은유입니다.

탐구의 길을 걷는 장점은 분명합니다. 진지하게 탐색한 끝에 하느님을 이해하는 지적 능력이 개발되고, 공동체의 필요성을 느끼게 되며, 자신이 진정으로 바라는 갈망뿐만 아니라 자신의 성격에 이상적으로 부합하는 종교를 발견하게 됩니다. 또한 원래 소속된 공동체로 돌아오더라도 자신의 '영적 고향'의 진가를 새롭게 알게 되며, 탐구자들은 자신이 찾아낸 것에 고마움을 느끼게 됩니다. 돌아온 이들은 공동체를 당연하게 여기지 않게 될 수도 있습니다. 가장 먼 길을 여행한 순례자가 자기 집에 대한 소중함을 가장 잘 알게 되는 것처럼 말이지요.

한편, 이 길에 숨은 함정이 있는데, 바로 독립의 길을 가는 사람과 비슷한 결과를 만날 수도 있다는 것입니다. 어떤 전통도 완벽하지 않기 때문에 어디에도 정착하지 못하게 되는 것이지요. 탐구자에게 가장 큰 위험은 자신에게 부합하지 않는다는 이유로 그 어떤 종교에도 정착하지 못하는 것입니다. 그렇게 되면 신은 그들의 필요를 만족시켜 주어야 하는 존재가 되어 버립니다. 종교가 자신과 맞지 않는다고 생각할 때, 예를 들어 성경에 자신이 보고 싶지 않은 것들만 보인다고 생각될 때, 성경을 주머니 속에 집어넣고 편리할 때만 꺼내 보는 정도의 작은 가치로 떨어뜨린다는 뜻이지요.

또 다른 위험은 전적으로 투신하지 못한다는 것입니다. 혹은 우리의 삶 전체가 단지 탐구만 하는 삶이 되어 버릴 수도 있습니다. 영적으로 가볍게 스쳐 지나가면서 끊임없이 표본만 추출하게 되는 것이지요. 하느님이 아니라 길이 목적지가 될 때, 사람들은 궁극적으로 마음이 채워지지 않아 혼란에 빠지고 방황합니다. 심지어 스스로에게 연민을 느끼는 자기 자신과 마주치기도 합니다.

6) 혼란의 길

이 길은 다른 모든 길들과 다양한 지점에서 교차하게 됩니다. 혼란의 길을 가는 사람들은 어린 시절에 확립한 신앙관으로 인해 극에서 극으로 오락가락하게 됩니다. 다시 말해, 어떤 때는 하느님을 믿는 일이 쉬운 일이라고 느끼는가 하면, 또 어떤 때는 그것이 거의 불가능하다고 느낍니다.

그들은 비록 믿음의 길에서 완전히 떨어져 나갔다고 할 수는 없지만, 그렇다고 줄곧 확실하게 그 길 위에 서 있다고 말할 수도 없습니다. 그들은 기도 중에 하느님께 부르짖으며 간청했는데 하느님이 그 기도에 응답을 주시지 않는다고 느끼면, 그에 대해 의구심을 갖습니다. 그들은 삶의 중요한 순간에, 때로는 종교 예식 도중에, 하느님의 현존을 직감적으로 느낍니다. 하지만 교회나 회당 또는 사원 등에서 공동체의 일원이 되면 따라오는 문제들을 별로 달갑지 않게 여깁니다. 그들도 때때로, 특히 자신이 절박하게 필요할 때는 기도하기도 하고, 중요한 축일에는 예식에 참석하기도 합니다.

하지만 이 길을 걷는 사람들에게는 하느님을 찾는 일이 신비이면서도 동시에 걱정거리 내지는 문젯거리가 됩니다.

이 길에는 한 가지 큰 장점이 있습니다. 이 길을 걷는 사람들이 어린 시절에 생각했던 신앙에 관해 바람직한 방향으로 접근하게 된다는 점입니다. 스스로를 명확히 종교적이라거나 종교적이지 않다고 생각하는 사람들과는 달리, 이들은 아직 마음을 정하지 않았기 때문에 종교에 헌신할 방법을 나름대로 열심히 다듬어 나갑니다.

하지만 이런 혼란의 길은 사람을 나태에 빠지게도 합니다. 특정한 비판 하나 때문에 종교 예식을 피하다 보면, 이른바 사랑과 용서를 요구하는 어떤 공동체에 몸담는 일이 너무 많은 에너지가 든다거나 감당하기 힘들다는 이유로 조직화된 종교를 완전히 떠날 수도 있습니다.

저는 예수회에 들어오기 전까지 삶의 대부분을 이 길을 가는 일에 소모했습니다. 저는 그리 독실하지는 않았지만 가톨릭 신앙을 배경으로 하는 사랑이 넘치는 가정에서 자랐습니다. 우리 가족은 규칙적으로 성당에 나갔지만, 아주 독실한 가톨릭 신자처럼 보이는 집안은 아니었던 것이지요. 예를 들어, 식사 때마다 반드시 식사 전 기도를 하고, 규칙적으로 하느님에 대해 이야기하고, 잠자리에 들기 전에 기도하며, 가톨릭 학교에 다니지는 않았습니다. 그런 환경에서 자란 저는 대학에 들어간 후, 하느님에 대해 점점 더 혼란에 빠져들게 되었습니다.

브래드의 친구 자크가 말했던 답변 덕분에 하느님께 한 번 더 기회를 드리기로 마음먹고 나서 교회로 돌아가기는 했지만, 그때도 무엇을 어떻게 해야 할지 다소 막막했습니다. 제가 정확히 무엇을, 또 누구를 믿고 있는지조차 확신하지 못했기 때문입니다. 덕분에 그동안 당연하게 생각해 왔던 문제 해결사로서의 하느님이 생명 그 자체이신 하느님, 아득히 멀리 계신 하느님 같은 보다 불확실한 개념들로 대체되곤 했습니다. 이런 생각이 저의 머릿속에 꽉 차 있는 동안 저는 하느님이 이런 추상적인 관념들이 아닌 다른 무엇이실 수 있다는 생각을 전혀 하지 못했습니다. 그리고 죽을 때까지 제 생각이 변하지 않을 것이라고 여겼습니다.

그러다 스물여섯이던 어느 날, 일을 끝내고 밤 늦게 집으로 돌아온 저는 텔레비전을 틀었습니다. 대학을 졸업한 후, 세계적 기업인 GE(제너럴 일렉트릭社)에 취직해서 일하고 있었지만 일에 대한 불만만 커지기 시작하던 때였습니다. 입사한 후 6년 동안 밤이든 주말이든 늦게까지 일했더니 스트레스성 위장 장애가 생기기 시작했고, 그러면서 얼마나 더 오래 버틸 수 있을지 걱정하던 참이었습니다.

그날 밤 텔레비전에서는 1940년대 초에 방탕한 생활을 청산하고 트라피스트회에 들어간 토머스 머튼 수사를 다룬 다큐멘터리가 나오고 있었습니다. 그런데 토머스 머튼 수사의 표정이 제게 뭔가를 말하고 있었습니다. 그의 얼굴에서는 제게 생소한, 아니면 적어도 한동안 잊어버리고 있었던 평화로움이 감돌고 있었습니다. 이 다큐멘터리가 너무 흥미로워진 저는 이튿날 토머스 머튼 수사의 전기 《칠층산》을 사서 읽기 시작했습니다.

책을 읽으면서 점차 저의 내면에도 토머스 머튼 수사가 해낸 것과 비슷한 일을 하고 싶다는 갈망이 있음을 알았습니다. 너무 말이 많은 탓에 수도원과 어울리지는 않을지 몰라도, 좀 더 관상적이고 좀 더 종교적인 생활을 해 볼 수 있으리라는 생각이 들었습니다. 저는 이 같은 체험에서 도움을 얻어 혼란의 길을 벗어나 믿음의 길로 들어섰고, 이것이 예수회 입회로 이어졌습니다.

지금까지 우리가 살펴본 것이 많은 사람들이 걷고 있는 여섯 가지 길입니다. 이냐시오 성인이라면 하느님을 찾아 이 중에서 한 가지 길을 가고 있는 사람들에게 어떤 말을 해 주고 싶을까요? 아마도 수없이 많은 대답이 있을 것입니다.

이냐시오의 길은 줄곧 하느님을 믿어 온 이들, 하느님은 믿지만 종교는 믿지 않는 이들, 하느님을 배척하는 이들, 하느님께 돌아오고 있는 이들, 탐구하고 있는 이들, 혼란 상태에 있는 이들을 향한 일종의 초대가 될 수 있습니다. 또한 각자 자신의 길을 가고 있는 여러분에게 다가가서 여러분이 하느님과 보다 가까워지도록 이끌어 줄 것입니다.

2. 영적인 길, 종교적인 길

우리가 어떻게 하느님을 발견할 수 있는지에 관한 문제를 다루기 전에, 종교와 영성이라는 두 가지 중요한 개념에 관해 이야기하고자 합니다. 요즘에는 대학교 기숙사의 룸메이트부터 사무실의 바로 옆

자리 사람, 온갖 유명 인사들을 인터뷰하는 사람에 이르기까지 누구나 다 영적인 사람들처럼 보입니다. 이처럼 '영적'이라는 말이 인기를 끌고 있는 반면에, '종교적'이라는 말은 인기가 없습니다. 그리하여 사람들은 흔히 "나는 영적이지만 종교적이지는 않다."라고 말합니다. 이 말은 심지어 앞 글자를 모아 SBNR(Spritual but Not Religious)로 통용되기까지 합니다.

자신을 SBNR로 묘사하는 사람이 너무도 많아, 혹시 예수회가 '영적이지만 종교적이지 않은 영신수련Spritual but Not Religious Exercises'을 개발하면 훨씬 많은 사람들이 예수회에 관심을 갖게 되지 않을까 하는 생각까지 들 정도입니다.

이 같은 사고방식은 종교적이라는 표현을 비밀스러운 규칙과 편협한 교리를 따르며, 스스로 생각하는 것을 허용하지 않는 강압적인 공동체의 도구가 된다는 뜻으로 받아들이게 합니다. 가톨릭의 교부 토마스 아퀴나스 성인, 유대교 신학자 모세스 마이모니데스, 개신교 신학자 라인홀드 니버 같은 사람들이 이런 말을 들었다면 크게 놀랐을 것입니다. 또 이런 사고방식에 따르면 종교는 편협하고 편파적이며 인간 정신의 성장을 가로막는 것이 됩니다. 아시시의 프란치스코 성인, 아브라함 J. 헤셸 랍비, 예수의 데레사 성녀, 이란의 신비주의 시인 루미, 마틴 루서 킹 목사 같은 사람이 이런 말을 들었다면 역시 크게 놀랐을 테지요.

더욱 놀랄 만한 것은 현대의 여러 저술가들이 종교를 세계 전반에 걸친 모든 전쟁과 갈등에 책임이 있는 가장 비열한 사회악이라고 서술한다는 점입니다.

안타깝게도, 종교는 현대 세계의 수많은 병폐와 역사 속의 악행들에 대한 책임이 있습니다. 그중에는 테러리즘을 초래하는 광신적이고, 관용이란 찾아 볼 수 없는 종교의 모습과, 유대인 박해, 종교 전쟁, 종교 재판도 포함됩니다.

여러분이 이 목록에 비교적 사소한 일들을 포함시켜도 좋습니다. 자신이 얼마나 자주 다른 사람들에게 도움을 베풀고 있는지 큰 소리로 이야기하면서 곧잘 남을 비판하는 이웃, 자신이 성경을 얼마나 자주 읽는지 떠벌리며 고고한 척하는 직장 동료, 예수님을 믿으면 경제적으로 엄청난 성공이 보장된다고 끊임없이 떠들며 귀찮게 구는 친척이 여기에 포함되겠지요.

종교는 사람들이 모인 조직이기 때문에 인간적이고 사악한 면이 존재하기 마련이고, 이로 인해 곧잘 죄에 빠지곤 합니다. 솔직히 말해서 종교에 몸담고 있는 사람들도 이 점에 대해 잘 알고 있습니다.

어떤 사람들은 이런 모든 면을 감안하여 종교는 아직 보완되어야 할 부분이 많다고 말합니다. 그럼에도 불구하고, 저는 먼저 긍정적인 면을 보려 합니다.

사랑과 용서와 자애를 전승하는 가톨릭 자선 단체나 가난한 이민자들을 보살피는 병원과 학교처럼 신앙을 기반으로 가난한 이들을 보살피는 수많은 단체들이 꾸준히 성장해 나가고 있습니다. 또한 아시시의 프란치스코 성인이나 예수의 데레사 성녀, 시에나의 가타리나 성녀, 마더 데레사 성녀, 마틴 루서 킹 목사처럼 관대한 정신을 지닌 이들도 기억해야 합니다. 그리고 자신의 종교적 전통 안에서 위안을 얻을 뿐만 아니라 현재의 상황에 도전하라고 격려하는 양심의 목소리를 들었던 수십 억 신자들도 더해야 할 것입니다.

사실 나자렛 예수님도 그 시대의 종교적 인습에 도전했지만, 철저히 종교적인 분이셨다는 것을 우리는 잘 알고 있지요.

현대의 많은 이들이 따르는 무신론에도 여러 허점이 있습니다. 저술가 마이클 노박은 자신의 저서 《아무도 하느님을 보지 못한다 No One Sees God》에서 많은 무신론자 사상가들이 우리가 조직화된 종교의 기록에 의문을 품도록 유도하지만, 정작 무신론자들은 자신들의 행동에 대해서는 의문을 품을 줄 모른다고 지적합니다. 바로 20세기에 '과학적 무신론'을 공언했던 전체주의 정부들이 자행한 학살과 잔학 행위들에 관해 말하는 것이지요.

종교가 미치는 해로운 영향을 생각할 때면, 영국의 소설가 에벌린 워를 떠올리게 됩니다. 그는 탁월한 작가였지만 그에 관한 여러 이야기로 미루어 볼 때 인격적인 결함을 지닌 사람이었습니다. 그는 언젠가 아내에게 이런 편지를 보냈습니다. "당신이 지금 지루한 삶을 살아가고 있다는 건 알겠소. 그렇다고 편지를 당신의 삶처럼 지루하게 쓸 이유는 전혀 없지 않소. 제발 그 점을 명심하시오."

에벌린 워와 친한 낸시 미트포드가 언젠가 그가 그리스도 신자면서도 그토록 비인격적인 행동을 한다는 사실에 놀라움을 표한 적이 있었습니다. 그러자 에벌린 워는 이렇게 말했다고 합니다. "내가 종교인이 아니었다면 얼마나 더 고약했을지 자네는 상상도 못할 거라네."

이 모든 것을 고려하더라도, 저는 여전히 종교가 최고의 위치를 차지한다고 생각합니다. 사실 조직화된 종교와 관련된 온갖 문제를 감안할 때 많은 사람들이 이렇게 말한다고 해서 놀랄 일이 아니지요.

"난 종교인이 아니야. 하지만 난 윤리적인 삶을 살고자 진지하게 노력해. 그러나 그 삶이 실제로는 하느님께 초점을 맞춘 삶이라 할지라도, 나는 자유의 몸이야."

반면에 **영적**이라는 말은 불필요한 교의에서 벗어나 스스로 신 앞에 설 수 있다는 뜻으로 받아들여지고 있습니다. 이 말은 또한 여러분이 다양한 종교적 믿음을 음미해 보고 각자의 삶에 그것을 결합시켜 놓았다는 것을 뜻할 수도 있습니다. 여러분이 불교 사찰에서 명상하면서 이것도 좋다, 오순절에 유대인 친구들과 파스카 밤 축제를 보내하면서 이것도 좋다, 그 지역 개신교의 성가대에서 노래를 부르면서 이것도 좋다, 성탄 성야에 가톨릭 성당의 자정 미사에 참석하면서 이것도 좋다고 생각하는 것과 같습니다.

여러분은 무엇이 자신에게 잘 맞는지 찾으려고 애쓰고, 때론 찾기도 하지만, 그렇다고 어느 한 교회에 정식으로 몸을 담지는 않습니다. 그러면 지나치게 제약을 받게 된다고 생각하기 때문이지요.

그러나 이러한 생각에는 문제가 따릅니다. '영적'이라는 것은 명백히 건전한 표현이지만, 이에 달리 '종교적이 아니다'는 것은 여러분과 하느님과의 관계를 나타내는 다른 표현일 수 있기 때문입니다. 신앙은 여러분과 하느님 간의 문제이지만, 꼭 여러분과 하느님 간의 문제만이 아닐 수도 있습니다. 왜냐하면 영적이라는 것은 혼자서 하느님과 관계를 맺고 있다는 뜻인데, 한편으로는 자신이 올바른 궤도를 벗어나도 완곡하게나마 지적해 줄 사람이 아무도 없다는 뜻이기 때문이지요.

대부분의 사람들은 자신의 생각이 옳다고 믿는 경향이 있으며, 이는 영적인 문제에서도 마찬가지입니다. 종교 공동체에 소속되지 않는다는 것은 믿음과 체험으로 이루어지는 전승을 경험할 기회가 줄어든다는 것을 의미합니다. 마치 그림의 일부분만을 보면서 그릇된 방향으로 가고 있다는 것을 깨달을 기회를 놓치거나, 심지어는 잘못을 저지르고 있다는 것을 알 수 있는 기회조차 없어진다는 것을 의미합니다.

가령 혼자서 예수 그리스도를 따르는 사람이 그리스도를 따르면 경제적으로 성공할 수 있다는 말을 들었다고 생각해 봅시다. 아마도 그는 굉장히 기뻐할 것입니다. 하지만 올바른 그리스도교 공동체에 몸담고 있는 사람이라면 그 공동체의 누군가가 아무리 열심한 신자라도 삶에는 고통이 따르는 것이라고 일깨워 줄 것입니다. 이처럼 공동체의 지혜가 없으면, 왜곡된 그리스도교 신앙관에 사로잡힐 수 있습니다. 그러다가 재정적으로 힘든 시기라도 오면, 자신의 개인적인 요구를 들어주지 않는다며 그리스도를 헌신짝처럼 내다 버릴 수도 있겠지요.

우리는 신앙생활에 최선을 다하고자 하지만, 때때로 실수나 잘못을 저지를 수 있습니다. 그럴 때에 종교적 전통이 도움이 되어 지혜를 얻을 수 있습니다.

이러한 이야기를 들을 때마다 종교 사회학자 로버트 벨라와 그의 동료들이 저술한 《마음의 습관*Habits of Heart*》이라는 책의 한 대목이 떠오릅니다. 이 책에는 실라라는 이름의 여자와 면담하며 종교적 믿음에 관해 이야기를 나누는 부분이 있습니다. 그녀는 이렇게 말합니다.

"저는 하느님을 믿어요. 그렇다고 제가 광신도라는 건 아니에요. 언제 마지막으로 교회에 갔는지 기억이 안 나요. 하지만 제 신앙이 오랜 세월 날 이끌어 주었지요. 그것은 바로 저, 실라라는 종교예요. 그저 제 자신의 작은 목소리지요."

이런 실라의 가장 큰 문제는 '종교가 있는가'가 아니라 겸손과 자기 비평, 또는 공동체에 대한 책임감이 들어설 여지를 전혀 주지 않고 온전히 자신에게만 초점을 맞추게 하는 영성입니다. 몇몇의 뉴에이지 운동은 하느님은 물론, 보다 큰 선에도 목표를 두지 않고 자기 향상에만 목표를 둡니다. 설령 그것이 가치 있는 목표라고 하더라도, 결국은 이기심으로 변질될 가능성이 크지요.

종교가 있다면, '내가 우주의 중심이다.', '나는 모든 해답을 알고 있다.', '나는 누구보다 하느님을 잘 안다.', '하느님은 나를 통해 가장 분명하게 이야기하신다.'와 같이 생각하려는 경향을 억제할 수 있습니다.

같은 맥락에서, 종교 공동체에도 문제는 있습니다. 온전히 자신에게만 초점을 맞추는 개인의 영성과 마찬가지로, 종교 공동체에도 스스로 일을 그르치고 있으면서 자신은 '하느님의 뜻'을 수행 중이라고 확신하는 경우가 많습니다. 대표적인 사례로 17세기 미국 매사추세츠 주의 세일럼이라는 도시에서 벌어져, 많은 사람을 죽게 만든 세일럼 마녀 재판을 들 수 있지요. 심지어 종교 공동체는 심판을 내리면서 자기만족을 얻도록 부추기기도 합니다. 반성 없는 종교는 때로는 스스로 저지른 잘못보다 더 큰 잘못을 저지르도록 사람들을 부추길 수 있습니다. 따라서 종교 공동체에 속한 이들은 공동체를 향한 부단한 자기비판을 촉구하는 예언적인 목소리가 때로는 듣기가 거북하더라도, 반드시 필요한 것임을 기억해야 합니다.

이냐시오 성인은 예수회원들에게 교회 안에서 주교나 대주교 또는 추기경과 같은 고위 성직자가 되려고 하지 말라고 권고함으로써 예언적 역할을 수행했습니다. 실제로도 예수회원들은 수도회 안에서도 고위직에 오르려는 야망을 품지 않기로 서약합니다. 이냐시오 성인은 이런 방식으로 출세 제일주의가 예수회원들 사이에 끼어들지 못하도록 노력했을 뿐만 아니라, 그 시대 가톨릭교회 안에 만연되어 있던 교권 문화에 대해 예언적인 조언을 해 주기도 했습니다.

이러한 예언적 목소리는 건전한 긴장감을 형성해 줍니다. 종교적 전통에 담긴 지혜는 우리가 모든 해답을 안다고 생각하려는 성향을 바로잡아 주고, 예언적인 사람들은 변화와 성장을 거부하려는 공동체의 부정적인 모습을 몰아내도록 도와줍니다. 신앙생활의 다양한 모습에서 알 수 있듯이, 긴장감이 흐르는 삶의 관계에서 활력을 찾아내야 합니다.

19세기에 가톨릭으로 개종하여 사제가 된 아이작 헤커 신부는 미국에서 바오로회를 창설했습니다. 헤커 신부는 이러한 종교의 기능에 대해 잘 알고 있었습니다. 또한 종교가 사람들을 소통시키고 바른 길을 가도록 도와준다고 말하기도 했지요. 우리가 공동체에 초대받는 것은 공동체의 전통과, 구성원들과의 소통을 위해서입니다. 이와 동시에 우리에게 바뀌어야 할 부분이 있다면 교정을 받게 됩니다.

때로는 종교가 사람을 잘못된 방향으로 이끌 수도 있지만, 바람직한 모습의 종교는 사람들이 자신이 하는 행동이 해답이라고 믿으려는 성향을 줄여 줍니다. 그러기에 많은 사람들의 비판에도 불구하고, 또한 때때로 종교 집단을 물들이는 일부 신자들의 오만한 모습에도 불구하고, 바람직한 모습의 종교는 우리의 삶에 겸손을 불어넣습니다.

또한 종교는 사람의 본성에 내제된 사회적인 관점을 반영합니다. 사람은 본능적으로 서로 함께하기를 원합니다. 그리고 그러한 갈망이 하느님을 향한 예배의 표현으로 확대됩니다. 하느님에 대한 갈망을 공유하는 사람들이 함께 모여서 예배를 드리고, 자신이 속한 공동체가 바라는 꿈들을 이루기 위해 다른 이들과 함께 일하고 싶어 하는 것은 자연스러운 현상입니다.

공동체에서 개인적인 소통을 통해 하느님을 체험하기도 합니다. 하느님은 기도하거나 성경 말씀을 읽는 순간처럼 아주 개인적이고 은밀한 순간에 우리와 소통하기도 하시지만, 신앙 공동체에서 다른 사람들과의 소통을 통해 관계를 맺기도 하십니다. 때로는 공동체와 함께하면서 하느님을 발견하기도 하는데, 개인적으로 체험할 뿐만 아니라, 다른 사람들과도 함께 하느님을 체험하기도 합니다. 이러한 공동체가 교회고, 회당이며, 사원입니다. 즉, 종교는 공동체인 것입니다.

끝으로, 종교를 통해 하느님과 영성 생활에 대해 이해하는 것은 개인 수준의 이해와 상상력을 훨씬 뛰어넘는 것입니다. 어쩌면 누군가는 하느님을 심판자 같은 분으로 마음에 그리고 있을 수 있겠지요. 그런데 만약 하느님에 대한 그러한 이미지를 지니는 것이 더욱 윤리적이고 다정한 사람이 되도록 도와준다면 괜찮은 일일 것입니다. 하지만 종교적 전통은 혼자서는 발견할 수 없는 방식으로 영적 상상력을 넓혀 줄 수 있습니다.

저의 경우를 예로 들어 보겠습니다. '놀라우신 하느님'은 제가 좋아하는 하느님에 관한 이미지 중의 하나입니다. 제가 수련기에 처음으로 이러한 모습의 하느님을 체험했는데, 당시 제가 가진 하느님에 대한 개념은 '아득히 멀리 계신' 하느님으로 제한되어 있었습니다. 그런데 어느 날 놀라운 일들을 준비해 두고 우리를 기다리시는 하느님에 관한 이야기를 듣고, 그런 테두리에서 벗어나게 되었습니다. 그것은 장난스럽고 심지어는 별나기까지 한 하느님의 이미지였는데, 저 혼자서는 결코 그러한 하느님을 만나지 못했을 것입니다. 그분을 제게 알려 준 사람은 저의 영적 지도 신부님인 데이비드 도노반 신부님이었습니다. 도노반 신부님은 놀라우신 하느님에 대한 내용을 영국의 예수회원 제라드 W. 휴스가 저술한 책에서 읽었다고 했습니다.

도노반 신부님이 생각하는 '놀라우신 하느님'에 대한 이미지는, 현대의 뛰어난 영성 소설로 꼽히는 《수녀원의 비밀》의 결론 부분을 읽으면서 더 분명하게 각인되었다고 합니다. 《수녀원의 비밀》은 론 한센이 프랑스 가르멜 수녀원의 아기 예수의 데레사 성녀의 생애를 바탕으로 쓴 소설로, 1900년대 초에 마리에트라는 젊은 수녀가 겪는 종교적 체험을 다룬 내용입니다. 이야기 말미에는 수녀원을 떠난 마리에트가 예전에 자신의 수련장이었던 수녀에게 편지를 보내 여전히 하느님과 함께 있다고 하면서 수녀를 안심시키는 내용이 나옵니다.

"저희가 그분께서 저희를 다듬고, 붙잡아 주고, 지켜 주시도록 힘을 기울이면, 그분은 저희에게 자유를 주십니다. 그래서 지금은 제가 그분의 뜻을 알리고 노력하면 그분이 저에게 큰 호의를 베푸신다는 것을 가슴 벅차게 느낍니다. 그분의 크신 사랑이 저를 압도하며, 저에게 속삭이시고, 저를 놀라게 하십니다."

예수회 사제와 가톨릭 작가의 종교적 상상력이, 제가 하느님에 관한 놀라운 이미지를 지닐 수 있도록 도와주었습니다. 달리 말하면, 종교가 제게 그런 개념을 준 것입니다.

전체적으로 볼 때, 영적인 사람이 된다는 것과 종교적인 사람이 된다는 것은 모두 하느님과 관계를 맺는 일부분입니다. 이 둘은 어느 한 쪽이 없이는 온전히 실현되기가 불가능합니다. 영성이 없는 종교는 영적 생활과는 갈라선 무미건조한 교의적 진술의 나열이 되어 버릴 수 있습니다. 이것은 예수님이 경고하셨던 부분이기도 하지요. 종교가 없는 영성은 공동체의 지혜와 갈라선 이기적인 자기도취가 되어 버릴 수 있습니다. 이것은 제가 경고하고 싶은 부분이기도 합니다.

이냐시오의 길은 교회 공동체에 충분히 집중되고 있지 않다거나, 지나치게 영적이라는 비판을 받기도 했습니다. 그러나 이냐시오 성인은 영적이면서 또한 종교적이어야 한다는 이 두 가지가 함께 공존해야 한다고 보았습니다. 그리고 그 점에 대해 충분히 이해하고 있었습니다.

3. 모든 것 안에서 하느님 발견하기

이냐시오 성인이 회심한 이후로, 성인의 삶은 하느님께 집중되었습니다.《영신수련》도입부에는 이런 글이 써 있습니다.

"사람이 창조된 것은 우리 주 하느님을 찬미하고 경배하고 섬기며 또 이로써 자기 영혼을 구하기 위함이다."(영신수련, 23)

이냐시오 성인의 말은 하느님이 만물의 중심에 자리하시며 우리의 삶에 의미를 부여하신다는 의미입니다.

이 같은 세계관을 이해하는 또 다른 방법은 페드로 아루페 신부가 한 말에 담겨 있습니다. 아루페 신부는 1965년부터 1981년까지 예수회 총원장직에 있었는데, 이때는 가톨릭교회 내부에 격렬한 변화가 일던 시기였습니다. 아루페 신부는 가난하고 소외당한 이들과 함께하는 것이 예수회 본래의 사도직의 일부임을 예수회원들에게 일깨워 준 것으로 널리 알려져 있습니다.

1970년대에 어떤 기자가 아루페 신부에게 이렇게 물었습니다. "신부님에게 예수 그리스도는 어떤 분이신가요?" 아마도 그 기자는 "예수 그리스도는 나의 구세주이십니다."라거나 "예수 그리스도는 하느님의 아들이십니다." 등의 일반적인 대답을 기대하고 있었을 것입니다. 그런데 아루페 신부는 이렇게 말했습니다. "예수 그리스도는 저의 모든 것이십니다." 이는 이냐시오 성인이 하느님을 어떻게 보았는지를 넌지시 알려 준 대답이었습니다.

하지만 이 책을 읽는 사람들 모두가 하느님을 이렇게 대하고 있지는 않을 것입니다. 독립의 길, 불신의 길, 탐구의 길, 혼란의 길에 있는 사람들에게는 하느님께 온전히 헌신하는 일에 관한 질문이 그다지 중요하지 않을 것입니다. 그들에게 보다 중요한 것은 이러한 질문입니다. '내가 어떻게 하면 하느님을 발견하게 될까?'

이쯤에서 살펴보면 좋을 이냐시오 성인의 통찰은 하느님이 사람들 개개인마다 다양한 방식으로 직접 이야기하실 수 있다는 것입니다. 그렇기 때문에 때로는 의혹에 휩싸이고, 혼란에 빠지고, 길을 잃은 이들까지도 하느님 앞으로 나올 수 있습니다. 그 문을 여는 열쇠이자, 꼭 필요한 신앙의 도약은 이러한 체험들이 하느님이 여러분과 '통교하는' 통로라고 믿는 것입니다.

이냐시오 성인은 《영신수련》에 "조물주는 피조물을 그리고 피조물은 자신의 조물주를 직접 상대한다."라고 썼습니다. 따라서 하느님을 찾는 이들은 하느님이 우리와 통교하실 때, 그리고 하느님이 당신의 현존을 알리실 때 사용하는 다양한 방법들을 알아야 합니다.

달리 말하면, 하느님을 찾는 길의 출발점은 **열려 있는 의식**입니다. 즉, 우리는 하느님을 찾는 방법들에 대해 의식적으로 열린 마음을 갖고 있어야 할 뿐만 아니라, 하느님이 우리를 찾기 바라신다는 사실에 대해서도 의식해야 합니다.

이러한 사실은 우리를 이냐시오 성인의 생애에서 첫 번째 중요한 순간, 곧 성인이 처음으로 회심하는 순간으로 이끕니다. 우리는 이 특별한 사건에 보다 세심하게 집중함으로써 하느님이 우리를 찾기 위해 모든 것을 어떻게 활용하시는지 알게 됩니다. 그러니 그 사건으로 되돌아가서 보다 세밀하게 들여다봅시다.

4. 삶에서 하느님과 소통하는 순간

앞서 언급했듯이, 이냐시오는 서른 살에 프랑스 군대가 요새를 포위하며 쏜 포탄을 맞고 다리를 크게 다쳤습니다. 이 중요한 사건은 어떤 사람에게는 그저 비극적인 좌절로 끝났을 수도 있지만, 이냐시오에게는 새로운 삶의 시작이 되었습니다.

이냐시오는 여러 날을 팜플로나에 머물었고, 그 후에 그는 프랑스군의 포로가 되었지만, 프랑스군은 그에게 아주 정중하고 친절하게 대해 주었습니다. 나중에는 이냐시오를 로욜라에 있는 그의 가족의 성으로 데려다 주기까지 했지요. 그곳에서 의사들이 그의 다친 다리를 수술하다가 수술 과정에서 다리의 일부를 절단해야 했습니다. 이냐시오는 뼈를 깎는 혹독한 수술을 여러번 받았습니다. 그의 병세는 점점 악화되었고, 주위 사람들은 그가 죽을 것이라 생각하며 애타는 마음에 병자성사도 받게 했습니다.

우여곡절 끝에 이냐시오는 회복되었지만 그는 무언가 잘못되었다는 것을 알아차렸습니다. 한쪽 무릎의 뼈가 잘못 맞춰지는 바람에 다리 한쪽이 더 짧아져 버린 것이었습니다. 이냐시오는 그때를 떠올리며 이렇게 썼습니다. "그 뼈는 보기에도 흉할 만큼 불거져 나와 있었다."(자서전, 4) 그러자 그의 허영심이 발동했습니다. "출세할 마음을 먹고 있던 그는 도저히 견딜 수가 없었다."(자서전, 4) 이냐시오는 자신의 외모가 이상해질 것을 생각하니 도저히 견딜 수 없었던 것입니다.

그리하여 그는 엄청난 고통이 뒤따름에도 불구하고, 의사에게 보기 흉한 뼈를 잘라 내 달라고 부탁했습니다. 나중에 그때의 자신에 관해 이렇게 말했지요. "그는 자신의 욕망을 위해 그만한 고통쯤은 감수하기로 마음먹었다."(자서전, 4) 이냐시오는 좀 더 나이가 든 후에야 비로소 지난날을 되돌아보며 자신의 어리석음을 인정하게 됩니다.

그 후로 건강을 회복하는 긴 시간 동안, 이냐시오는 모험 이야기나 기사들의 무용담이 담긴 책들을 읽곤 했습니다. 그러나 시간이 지나자 그런 책을 더 이상 구할 수가 없었습니다. 유일하게 구해서 읽게 된 책이 《그리스도전》과 《성인열전》이었지요. 그런데 그 책들을 읽고 난 그는 자신이 성인들의 이야기에 흥미를 느낀다는 사실을 깨닫고 스스로도 놀랐습니다. 게다가 성인들이 했던 일들을 곰곰이 생각할 때면 왠지 자신도 할 수 있을 거라는 자신감을 느꼈습니다.

아직도 그는 기사로서 사는 삶에 대한 몽상에 빠져 있었고, 그래서 그리스도의 생애나 성인들의 삶을 다룬 책을 읽고 있지 않을 때는 어느 귀부인을 위해 큰 공을 세우겠다는 공상에 잠기곤 했습니다. 이러한 생각은 어느 시대에나 비슷합니다. 그런 점에서 오늘날의 사람들이 하는 공상과 크게 다르지 않다고 볼 수 있을 것입니다.

그는 그렇듯 귀부인을 위해 영웅적인 일을 해낸다는 상상을 하다가도 때로는 하느님을 위해 영웅적인 일을 해내는 상상을 하는 등 오락가락했습니다.

그러던 중에 이상한 일이 일어났습니다. 그 일은 비단 이냐시오뿐만 아니라 모든 예수회원들과 이냐시오의 길을 따르는 모든 이들의 삶에 영향을 주게 되는 그런 일이었습니다. 이냐시오는 성인들에 대해 생각하고 나면 무언가 다른 느낌을 받는다는 점을 서서히 깨달았습니다. 그는 예전에 전투에서 공훈을 세워 흠모하던 귀부인을 감동시켜야겠다고 생각했을 때도 어떤 기분을 느낄 수 있었습니다. 그런데 하느님을 위해 일하며 고난을 겪겠다고 생각하면 드는 기분은 이전에 느끼던 것과 전혀 다르다는 것을 알게 되었던 것입니다.

《자서전》에 나오는 유명한 대목 중의 하나를 통해 이냐시오가 느낀 것을 엿볼 수 있습니다.

그런데 거기에 하나 다른 점이 있었다. 세상사를 공상할 때에는 당장에는 매우 재미가 있었지만, 얼마 지난 뒤에 곧 싫증을 느껴 생각을 떨치고 나면 무엇인가 만족하지 못하고 황폐해진 기분을 느꼈다. 그러나 예루살렘에 가는 일, 맨발로 걷고 초근목피로 연명해 가는 성인전에서 본 고행을 모조리 겪는다고 상상을 해 보면, 위안을 느낄 뿐만 아니라, 생각을 끝낸 다음에도 흡족하고 행복한 여운을 맛보는 것이었다.

하지만 처음에는 이것을 이상히 생각지도 않았고, 그 차이를 따져 볼 엄두도 안 냈었다. 그러다가 차츰 그의 눈이 열리면서 그는 그 차이점에 놀랐고 곰곰이 따져보기 시작했으며 드디어는 앞의 공상은 씁쓸한 기분을 남기는데 다른 공상은 행복감을 준다는 사실을 경험으로 깨달아 갔다. 그는 서서히 자기를 동요시키고 있는 두 정신의 차이를 깨닫기에 이르렀으니, 하나는 악마에게서 오는 정신이고 다른 하나는 하느님께로부터 온다는 사실이었다(자서전, 8).

이냐시오는 이런 느낌과 갈망들이 하느님이 그와 소통하시는 통로가 될 수도 있음을 깨닫기 시작했습니다. 물론 그렇다고 해서 이냐시오가 하느님과 그 귀부인을 같은 위치로 보았다는 말은 아닙니다. 그보다 그는 다른 이들을 감동시켜 명성을 얻고자 하는 자신의 갈망이 자신을 하느님과 멀어지게 한다는 것을 알아차린 것이지요. 보다 너그럽고 사심 없는 행동 양식에 몸을 던지고자 하는 갈망은 자신을 하느님께 이끌어 준다는 것도 깨달았습니다. 종교 저술가들은 이를 보통 **은총**이라 부르는데, 단순히 그가 이러한 통찰을 가지게 되었다는 점뿐만 아니라, 그것이 하느님에게서 나왔다는 점을 깨달았음을 일컫는 말입니다.

이냐시오는 이 체험을 통해 하느님이 우리와, 그것도 직접 소통하고자 하신다는 것을 이해하기 시작했습니다. 이 생각은 급기야 이냐시오가 종교 재판소에서 언쟁을 하고, 결국 감옥에 들어가도록 만들게 됩니다(이냐시오는 그 당시 '종교'에 나름대로 문제 제기를 했습니다). 일부 비평가들은 이냐시오가 교회의 제도를 무시하려 드는 것이 아닌가 생각했지요. 그들은 하느님이 인류를 직접 상대하실 수 있다면 교회가 무엇 때문에 필요하겠느냐? 하는 의구심을 품었기 때문이었습니다.

앞에서 언급했듯이, 종교는 사람들이 삶에서 더 깊은 차원의 하느님과 만날 수 있게 해 줍니다. 하지만 이냐시오는 하느님을 교회의 테두리 안에 한정 지을 필요가 없다는 사실을 알아차렸습니다. 하느님은 교회보다 더 크신 분이기 때문이었습니다.

하느님이 사람들을 직접 만나신다고 하는 이냐시오의 생각이 오늘날에는 그다지 큰 논쟁거리가 되지 않습니다. '영적이지만 종교적이지 않은' 길을 가는 이들은 바로 이러한 입장을 취합니다. 오히려 요즘에는 하느님이 종교를 통해서만 우리에게 말씀하신다는 생각이 훨씬 더 큰 논쟁거리가 되고 있습니다.

이냐시오 성인의 통찰력은 그가 살았던 시대에서처럼 오늘날에도 진정한 자유로 나아가게 하는 힘을 발휘하고 있습니다. 그리고 바로 이러한 점 때문에 이냐시오 영성에 의심을 지니고 있는 이들까지도 하느님을 찾도록 도와줄 수 있습니다.

일부 불가지론자나 무신론자들은 하느님의 존재를 입증해 줄 철학적 증거나 이성적인 논쟁을 바랍니다. 어떻게 고통이 신에 대한 믿음과 공존할 수 있는가를 누군가가 그들에게 입증할 때까지 믿지 않을 사람들도 있습니다. 몇몇은 하느님의 현존을 그들에게 확인시켜 줄, 논박의 여지가 없는 물리학적 '표지'를 기대할 수도 있습니다.

그렇지만 하느님은 흔히 우리의 지성이나 이상, 심지어 철학적 증거들도 넘어서는 방식으로 말씀하십니다. 많은 사람들이 정신을 통해 하느님께 다가가는 반면, 그만큼의 다른 사람들은 마음을 통해 하느님께 다가갑니다. 바로 그때 하느님은 회복기에 있는 이냐시오에게 그러했듯이 한결 온화하고 조용하게 말씀하십니다. 이 조용한 순간에 하느님의 목소리는 큰 울림으로 느껴집니다.

이렇듯 우리의 삶에서 조용하고 진심어린 순간들의 본보기를 몇 가지 살펴보겠습니다.

아기를 안고, 가만히 얼굴을 바라본다. 아기가 동그랗게 뜬 눈으로 당신을 쳐다보자, 깜짝 놀랄 만큼 깊은 감사와 경외의 마음이 가슴 가득히 차오른다. '이 강렬한 느낌은 어디서 오는 걸까? 이런 감정은 한 번도 느껴 본 적이 없었는데.'

해변을 걷다가 문득 수평선을 바라보자 전혀 예상하지 못한 짙은 평온이 가슴을 메운다. '내가 해변에서 이런 감동을 느끼다니, 어째서일까?'

배우자나 연인과 함께하는 다정한 순간에, 커다란 기쁨에 잠겨 있다는 것을 깨닫고 스스로도 놀라워한다. '어떻게 이렇게 행복할 수가 있을까?'

친구와 식사를 하거나 그저 함께 있다가 갑작스러운 만족감을 느끼게 된다. 그러면서 친구와의 우정을 축복으로 받은 자신이 얼마나 큰 행운을 받은 사람인지 알아차린다. '오늘도 평소와 똑같은 날이다. 그런데 이런 특별한 감정은 대체 어디서 오는 걸까?'

비로소 자신의 삶에 찾아오는 질병이나 죽음 같은 비극을 받아들일 수 있게 되었다. 혹은 그러한 상황에서 친구에게 위안을 얻고 평온을 되찾고 있음을 깨닫는다. '내가 이런 슬픔에서도 평온해질 수 있다니 대체 어떻게 된 것일까?'

감사와 평화와 기쁨은 하느님이 우리와 소통하시는 방식입니다. 그럴 때 우리는 진정 하느님과 연결되어 있음을 느낍니다. 처음에는 그 점을 확실하게 알아차리지 못할 수도 있습니다. 핵심적인 통찰은 하느님이 우리와 소통하시는 통로들이 존재한다는 점을 받아들이는 것입니다. 결국 우리는 불안, 의혹, 슬픔과 분노에 휘말리는 시간에도 통찰을 통해 하느님의 소통을 체험할 수 있습니다.

병에 걸려 고생하는 친한 친구나 친척을 문병하러 갈 때 혹은 자신이 아플 때 '어떻게 이런 일이 일어날 수 있을까?' 하고 생각하게 된다. 그러면서 누군가에게 위안이나 보살핌을 받기를 간절히 바라게 된다.

긴장과 불안 속에서 오늘 하루를 어떻게 넘길 수 있을지 걱정하고 있는데 누군가가 마음에 와 닿는 말을 하면서 위안을 준다. 그 순간, 보살핌과 사랑을 받고 있다고 느끼면서 이렇게 생각하게 된다. '몇 마디의 이런 말이 어떻게 내게 이렇게 큰 도움을 주는 걸까?'

> 장례식에 참석하면 인생의 의미를 알고 싶어지거나 지칠 대로 지친 지금의 삶을 얼마나 더 견뎌 낼 수 있을지 걱정하게 된다. 그러면서 이런 생각이 든다. '내 속마음을 알고 신경 써 줄 누군가가 있을까?'

우리는 행복과 슬픔, 위안과 혼란, 친밀함과 압도당하는 기분을 느낄 때마다 단순한 감정 이상의 커다란 감정을 느끼게 됩니다. 그런데 이러한 감정은 그 원인에 어울리지 않게 크거나, 분명한 원인도 알아낼 수 없을 때가 있습니다.

이와 반면에, 모든 것이 분명해지고 거리낌이 없어지며 아량과 사랑의 감정까지 커지는 때도 있습니다. 사회 심리학자 매슬로는 이것을 '지고至高의 체험'이라고 말했습니다. 이러한 체험으로 인생에 대한 관점이 변하거나 커다란 평화와 기쁨을 느낄 수 있게 됩니다.

저는 우리가 이러한 체험을 할 때 본능적으로 하느님께 이끌리고 있다고 생각합니다. 아우구스티노 성인이 "주님, 제 마음은 당신 안에서 쉴 때까지는 쉴 수가 없습니다."라고 고백했던 것과 같은 마음을 우리도 느끼는 것입니다. 우리를 하느님에게 끌어가는 힘은 하느님에게서 나옵니다.

이렇듯 우리를 끌어당기는 힘을 다른 관점에서 다른 표현으로 이야기해 보고자 합니다. 또한 이냐시오 성인이 영성 생활의 핵심에 자리하고 있다고 생각했던 것이 무엇인지를 이야기해 보겠습니다. 어쩌면 이 이야기가 여러분에게 혼란을 줄 수도 있습니다. 다음 장에서는 **욕망**에 관해 이야기할 것이니까요.

제3장

성스러운 갈망

제3장

성스러운 갈망
욕망과 영성 생활

복음서 중에는 예수님이 길에서 눈먼 걸인을 만나는 이야기가 나옵니다. 마르코 복음서에는 걸인의 이름이 바르티매오로 나오는데, 이는 히브리어로 '티매오의 아들'이라는 뜻이지요(마르 10,46-52 참조).

바르티매오가 길가에 앉아 구걸하고 있을 때, 예수님과 그분의 제자들이 그 옆을 지나가게 됩니다. 복음서에 "많은 군중"이 예수를 따르고 있다고 했으니, 틀림없이 크게 소란스러웠을 것입니다. 따라서 이 소경이 무슨 일인지 궁금해하는 것은 당연한 일이었겠지요.

바르티매오는 누가 지나가고 있는지 듣고서 "다윗의 자손이시여, 저에게 자비를 베풀어 주십시오." 하고 소리쳤습니다. 여기에는 약간의 반어법이 담겨 있습니다. 마르코 복음사가가 말하고 있듯이, 군중의 대다수는 예수님이 누구신지 전혀 모르고 있었습니다. 예수님의 진정한 정체가 대부분의 사람들에게는 감추어져 있었기 때문이지요. 오늘날의 신학자들은 이를 두고 '메시아의 비밀'이라고까지 부릅니다. 하지만 눈먼 소경은 그것을 알아보았습니다.

군중은 바르티매오에게 조용히 하라고 했습니다. 하지만 그는 전혀 개의치 않고 다시 소리쳤습니다. 평생을 무시당하며 살아온 소경이, 예수님이 자신에게 주목해 주시기를 바란 것입니다. 눈이 보이지 않는 사람이 누군가에게 보여지고 싶어 했습니다.

마침내 예수님이 그의 목소리를 들으시고 그를 불러오라고 하셨습니다. 진실성이 느껴지는 짤막한 이야기에서, 조금 전에 소경에게 입을 다물라고 했던 그들이 "용기를 내어 일어나게, 예수님께서 당신을 부르시네." 하고 말했습니다. 소경은 거침없이 겉옷을 벗어던지고 예수님께 다가갔습니다.

예수님이 바르티매오에게 말씀하셨습니다. "내가 너에게 무엇을 해 주기를 바라느냐?" 눈먼 이가 대답했습니다. "스승님, 제가 다시 볼 수 있게 해 주십시오."

루카 복음서에서는 예수님의 말씀을 이렇게 전하고 있습니다. "다시 보아라. 네 믿음이 너를 구원하였다." 바르티매오는 눈이 나아 예수님을 따라나섰습니다(루카 18,35-43 참조).

저는 수련기 때 이 이야기를 처음 듣고 선뜻 이해가 가지 않았습니다. 예수님이 바르티매오에게 굳이 무엇을 바라느냐고 물어보셔야 할 이유가 어디 있었을까요? 예수님은 그가 앞을 보지 못한다는 걸 알고 계셨습니다. 또한 병자들이 치유를 바란다는 것뿐만 아니라, 당신이 그들을 치유할 수 있다는 것도 알고 계셨습니다.

그런데 왜 굳이 그런 질문을 하셨을까요? 저는 그 해답을 차차 알게 되었습니다. 예수님이 바르티매오에게 무엇을 바라느냐고 물으신 것은 그분에게 필요해서가 아니라 그를 위해서였던 것입니다. 예수님은 바르티매오가 자신의 욕망을 깨닫고 이를 명확히 확인할 수 있도록 도와주셨던 것이지요.

사실 욕망은 종교계에서는 좋지 않은 평가를 받습니다. 대부분의 사람들은 이 단어를 들으면 성적 욕망과 물질적 욕망을 떠올리기 마련이니까요. 이 두 가지 모두는 일부 종교 지도자들에게서 힐책당하기 쉬운 것이지요. 그러나 성적 욕망은 하느님이 인류에게 주신 최고의 선물 가운데 하나이며, 이것이 없다면 인류의 존재는 사라져 버릴 것입니다. 또한 물질적 욕망은 의식주에 대한 자연스러운 욕망의 일부분처럼, 우리가 살아가는 데 필요한 것입니다.

욕망은 영성 생활을 추구하는 일부 사람들에게는 다르게 다가옵니다. 가톨릭 수녀인 캐서린 딕먼, 메리 가빈, 엘리자베스 리버트가 쓴 《되찾은 영신수련*The Spiritual Exercises Reclaimed*》은 이냐시오의 길을 다룬 훌륭한 책입니다. 저자들은 이 책에서 이냐시오 영성의 몇 가지 사항이 여성에게는 걸림돌이 될 수 있고 따라서 다시 생각해 봐야 한다는 의견을 내놓았습니다. 그중의 하나가 욕망입니다.

"여성은 흔히 자신의 욕망에 관심을 갖는 일이 어쩐지 이기적이라고 느낀다. 그래서 하느님께 진실로 아낌없이 바치려면 자신의 욕망을 자랑스럽게 여겨서는 안 된다고 생각한다." 또한 저자들은 여성에게 자신의 욕망에 주목하고, 이름을 붙이길 독려합니다.

이처럼 욕망을 강조하는 이유는 무엇일까요? 욕망은 하느님이 우리에게 말씀하시는 중요한 통로이기 때문입니다.

성스러운 욕망은 "새 차가 있었으면 좋겠다."라거나 "새 컴퓨터를 갖고 싶다."와 같은 표면적인 바람과는 다릅니다. 제가 말하고자 하는 것은 우리의 가장 내밀한 욕망들이니까요. 우리의 삶을 이루는 그 욕망은, 어떤 사람이 되고자 하고 어떤 일을 하고자 하는지 알아내도록 우리를 도와줍니다. 우리의 내밀한 욕망은 우리에게 바라시는 하느님의 소망을 알고, 하느님이 우리와 함께 계시기를 얼마나 간절히 바라시는지 깨닫도록 도와줍니다.

저는 바르티매오가 자신의 욕망을 확실하게 표현할 수 있도록 예수님이 질문하셨던 것처럼, 하느님도 우리가 이런 욕망들에 주목하고 거기에 이름을 붙이길 원하신다고 믿습니다. 우리가 자신의 욕망을 인식한다는 것은 우리를 향한 하느님의 소망을 인식한다는 뜻이니까요. 이 부분에 대해서는 저의 경험이 좋은 예가 될 것입니다.

1. 가장 내밀한 욕망

저는 부제품을 몇 달 앞둔 어느 날부터 편두통에 시달리게 되었습니다. 당시에 저는 매사추세츠 주 케임브리지 대학교에서 신학을 공부하고 있었습니다. 심하게 스트레스를 받는 환경이 아니었는데도, 이제껏 경험해 본 적 없는 심한 편두통이 찾아왔습니다. 이전에도 편두통에 시달린 적은 있었지만, 이렇게 심한 경우는 한 번도 없었기에 결국 병원을 찾아갔습니다.

의사는 몇 가지 검사를 하고 나서, 턱 밑에 작은 '종양' 하나가 발견되었다고 알려 주었습니다. 그러면서 그 종양이 악성일 수도 있으니 떼어 내야 한다고 말했습니다.

아버지가 30년 전에 같은 수술을 받고 나은 적이 있었음에도, 당시에 약간의 건강 염려증이 있던 저는 무척 겁이 났습니다. '이게 암이면 어쩌지?' 하는 걱정으로 마음이 복잡했습니다.

다행히도 예수회원인 제 친구 마일즈가 의사였습니다. 마일즈는 자신이 일하는 시카고의 가톨릭 병원에서 자신과 아주 절친한 의사에게 수술을 받도록 주선해 주었습니다. 그리고 저를 안심시키기 위해 회복기 동안 자신이 사는 예수회 공동체에서 지내도록 초대해 주었습니다. 그때 그의 우정과 전문가다운 도움에 얼마나 안심이 되었는지 모릅니다. 저는 몇 번이고 고마움을 표현했습니다.

저는 그때까지 한 번도 큰 수술을 받아본 적이 없었습니다. 그래서인지 제 안에서 두려움이 솟구쳐 오르면서 제 자신이 측은하게 여겨졌습니다. 하지만 수술 전 몇 주일 동안 병원 대기실에서 온갖 사람들을 보면서, 예전에 마일즈가 했던 말을 새삼 떠올리고, 또 하나의 깨달음을 얻었습니다.

"자네에게 좋지 않은 진단이 내려지면 자넨 '왜 나야?' 할 걸세. 그리고 고통에 시달리는 다른 이들을 만나면 '왜 나는 아니지?' 하고 묻게 되지."

수술을 받던 날 아침, 저는 양팔에 구불구불한 호스들을 매달고 차가운 수술대 위에 누운 채 두려움에 사로잡혀 있었습니다. 마일즈가 의사 가운을 입고 수술실로 들어와 그곳에 있던 의사와 간호사들에게 저를 예수회원이라고 소개했습니다. 그리고 격려 몇 마디를 하고 저를 위해 기도하겠노라고 약속한 다음 수술실을 나갔습니다.

간호사가 제 팔에 바늘을 꽂고 수술용 천으로 얼굴을 덮은 다음, 백부터 거꾸로 세라고 말했습니다. 영화와 텔레비전에서 이미 수십 번 보았던 장면이었습니다.

그때 갑자기 저의 내면 깊숙한 곳에서 엄청난 욕망이 솟아올랐습니다. 욕망은 마치 깊은 바다 심연에서 수면으로 내뿜는 물줄기 같았지요. 마음속으로 저는 이렇게 외치고 있었습니다.

'나는 죽고 싶지 않아. 나는 살아서 사제가 되고 싶다고!'

이제까지 살면서 이런 느낌이 이토록 강하게 다가온 적은 한 번도 없었습니다. 물론 제가 수련원에 들어간 그날부터 사제직에 관해 생각하고 있었고, 예수회 수도자 양성 기간 내내 사제 생활에 이끌리는 느낌은 있었지요. 하지만 이런 욕망을 이처럼 뜨겁게 느낀 것은 단 한 번도 없었습니다. 아마 예수님이 자기 곁을 지나갈 때 바르티매오가 느꼈던 감정이 이런 것이었겠지요.

수술이 끝나고 몇 시간 후에 깨어났을 때는 마치 잠깐 동안만 잠들어 있었던 것 같은 기분이었습니다. 몽롱한 상태에서 누군가가 제 이름을 부르는 소리가 희미하게 들려왔습니다. 마일즈가 의사와 간호사들에게 저를 예수회원이라고 소개했기 때문에, 그들은 제가 사제인 줄 알고 있었습니다. 그 덕분에 마취가 깬 직후 들은 첫마디가 "신부님? 신부님? 신부님?" 하고 부르는 간호사의 부드러운 목소리였습니다.

그 경험은 놀라우신 하느님이 제 욕망을 인정해 주시는 것처럼 느껴졌습니다. 저는 회복 기간 동안에 예수님이 바르티매오에게 무엇을 바라느냐고 물으신 까닭이 무엇인지를 실감하게 되었습니다. 자신의 욕망에 하나의 이름을 붙이는 것은 자신이 진정 누구인가를 말해 줍니다. 저는 병원에서 제 자신에 관해 무엇인가를 배웠고, 그것을 통해 진정 하고 싶은 일이 무엇인가에 관한 의문을 버릴 수 있었습니다. 어떤 사람이 되고자 하는지에 관한 의구심들도 마찬가지였습니다. 이처럼 우리는 "내가 인생에서 바라는 바는 '이것'이다."라고 말할 수 있다면 해방감을 느낄 수 있습니다. 또한 욕망에 이름을 붙일 때, 그리고 그것이 실현되었을 때 깊은 감사를 느낄 수 있습니다.

생명력 그 자체

우리는 만일 무엇인가에 욕망을 느낄 때 그것은 바라면 안 되는 것이라거나 가져서는 안 되는 것이라고 생각하는 경향이 있다. 그러나 욕망이 없으면 우리는 아침에 일어나지도 못할 것이다. 또한 현관

> 문을 나서는 모험을 감행하지도 않을 것이고, 책을 읽거나 새로운 것을 배우지도 않을 것이다. 결국 욕망이 없다는 것은 생명도, 성장도, 변화도 없다는 것을 의미한다.
>
>   욕망은 두 사람이 제3자를 창조하게 만드는 원동력이다. 욕망은 이른 봄의 새싹이 겨울 동안 굳은 흙을 밀고 올라오게 만드는 힘이다. 욕망은 창조력을 지닌 에너지이자 생명력 그 자체다. 그러니 욕망을 너무 몰아붙이지 말자.
>
> — 마거릿 실프, 《현명한 선택 Wise choices》

  이러한 욕망들을 표현하다 보면 우리는 하느님과 더욱 가까워집니다. 만약 친구에게 자신의 감정을 제대로 표현하지 않는다면, 그것은 자신의 가장 내밀한 생각을 친구에게 전혀 이야기하지 않는 것과 마찬가지입니다. 그런 친구 사이에는 늘 거리가 있습니다. 우리가 하느님께 자신의 욕망을 진솔하게 털어놓을 때 우리와 하느님과의 관계는 깊어집니다.

  하느님은 사람들이 자신이 누구이며 무엇을 하고자 하는지 깨닫도록 이끄는 일차적 방법으로 욕망을 사용하십니다. 가장 명확한 경우로, 남자와 여자는 서로에 대한 육체적·감정적·정신적 욕망을 느끼며, 이런 과정을 통해 결혼이라는 성소를 발견하게 됩니다. 또한 의사나 변호사, 교사 등 어떤 일에 특정한 매력을 느끼고, 이를 통해 자신의 소명을 발견하기도 합니다. 욕망은 우리가 자신의 길을 찾도록 도와줍니다. 하지만 우리는 먼저 그 욕망이 어떤 것인지 알아야 합니다.

우리 마음의 깊은 욕망은 우리의 성스러운 갈망입니다. 오늘날 많은 이들이 바라는 것처럼 바르티매오가 간청한, 육신의 치유에 대한 욕망뿐만 아니라 변화, 성장, 장수를 바라는 욕망 또한 우리에게 바라시는 하느님의 소망입니다. 그리고 이러한 욕망이 우리의 모습을 만들어 갑니다. 욕망은 하느님이 우리에게 직접 말씀하시는 하나의 독특한 방식이며, 이냐시오 성인의 말대로 창조주가 피조물을 다루는 하나의 수단입니다. 또한 욕망은 하느님이 사람들을 특정한 직무에 부르심으로써 세상에 이루어지기를 바라시는 하느님 당신의 꿈을 실현하시는 방법이기도 합니다.

수술하고 몇 주가 지난 후, 저는 늘 깊은 신심과 장난기를 뒤섞곤 하는 마일즈에게 이 모든 일을 털어놓았습니다. 그는 제가 그런 깨달음을 얻게 된 것이 은총이라는 것에 동의했지만, 곧이어 웃음을 터뜨리며 말했습니다. "자네가 큰 수술을 받지 않고서도 이런 깨달음을 얻었다면 더 좋지 않았을까?"(나중에 밝혀졌지만, 이 종양은 양성 종양으로 편두통과는 아무 상관도 없었습니다.)

저는 만일 수술을 받지 않았다면 분명 이런 사실을 조금도 깨닫지 못했을 것이라고 웃으며 대답했습니다. 물론 하느님이 제가 그분의 현존을 인식할 수 있도록 하기 위해 아프기를 바라셨다거나 아프게 만드셨다는 것은 아닙니다. 예수님이 바르티매오의 눈을 멀게 하지 않으신 것처럼 말이지요. 그보다는 제 마음속에 있던 벽이 허물어지자 사물을 더 분명하게 볼 수 있게 된 것이었습니다.

이냐시오 성인은 우리에게 영신수련 중에 바라는 것들이 이루어지도록 기도하라고 되풀이하여 당부합니다. 성인의 당부에는 몇 가지 이유가 있습니다. 이냐시오 성인은 매번 기도를 시작할 때 하느님께 **원하고 바라는** 것을 청하라고 권하지요. 예를 들어 우리가 예수님의 삶을 묵상하고 있다면, 그분을 더 깊이 알게 해 달라고 청하라는 것입니다. 우리는 이런 묵상의 방법을 통해 우리가 영성 생활에서 어떤 것들을 청하고 무엇을 받든지 하느님이 주시는 선물임을 아는 일이 중요하다는 것을 깨닫게 됩니다.

욕망은 예수회원의 삶에서 아주 중요한 역할을 합니다. 외국에서 일하거나, 성경을 공부하거나, 피정 지도자로 일하기를 꿈꾸는 젊은 예수회원은 자신이 진정으로 바라는 욕망이 무엇인지 깊이 성찰하게 됩니다. 마찬가지로 예수회 장상들은 특정한 예수회원에게 어떤 사도직을 수행하도록 할 것인지 결정할 때 개인의 욕망을 존중합니다. 바로 이것이 예수회에서 **식별**로 알려져 있는 결정 과정의 일부입니다.

예수회원이 자신을 되돌아보면서 무엇인가를 갈망하지 않고 있는 자신을 깨닫게 될 수 있습니다. 우리가 편안한 예수회 공동체에서 살면서 어쩌다 간혹 가난한 이들을 만난다고 생각해 봅시다. 우리는 이렇게 말할 수도 있습니다. "난 소박하게 살면서 가난한 이들과 일하고 싶어 해야 하는데, 그러한 욕망이 나에게는 없어." 또는 공동체에서 누군가를 너그럽게 용서해야 한다는 것을 알지만, 그런 마음이 생기지 않을 수 있습니다. 그렇다면 이런 사실을 두고 솔직하게 기도를 바치려면 어떻게 해야 할까요?

만약 이냐시오 성인이 들었다면 이렇게 물을 것입니다. "당신은 마땅히 너그럽게 용서하고자 하는 갈망을 진정으로 원하고 있나요?" 설령 우리가 그것을 바라지 않는다 할지라도, 그것을 이루고 싶은 바람은 있는지 혹은 그것을 바라는 사람이 되고 싶진 않은지 생각해 봐야 합니다. 우리는 바로 이것까지도 하느님에게서 오는 초대라고 여길 수 있습니다. 이것은 희미하게 보이는 욕망의 흔적들에서도 하느님의 초대를 어렴풋하게나마 알아차리는 방법이기 때문입니다.

어떤 사람들은 자신의 깊숙한 욕망은 확인하기가 어렵다고 생각합니다. 영국의 영성 작가이자 피정 지도자이며, 인기 강사인 마거릿 실프는 자신의 저서 《하느님 뜻을 찾아가는 여정의 15가지 에피소드》에서 한 가지 해답을 제시합니다.

그녀는 자신의 감추어진 욕망을 알아내려면 하나는 '밖에서 안으로', 다른 하나는 '안에서 밖으로'라는 두 가지 방법이 있다고 말합니다. '밖에서 안으로'의 접근은 이미 이전부터 감추어진 욕망이 존재하며, 이러한 욕망을 통해 보다 깊은 욕망을 들여다볼 수 있게 합니다. "새 직장을 구하고 싶다."거나 "이사를 가고 싶다." 같은 욕망은 보다 큰 자유를 향한 열망을 나타내는 것일 수 있다는 말이지요.

'안에서 밖으로'의 접근은 우리의 욕망을 확인하는 명확한 길잡이로 원형적 이야기를 이용합니다. 누구나 어렸을 때 어떤 동화나 신화, 이야기, 영화, 소설에 마음이 끌렸던 적이 있을 것입니다.

성경에 나오는 이야기를 두고도 똑같은 감정을 느낄 수 있습니다. 모세가 히브리 노예들을 해방시키는 이야기나 눈먼 이를 치유하는 예수님의 이야기 등에 끌리는 이유는 무엇일까요? 이러한 여러 이야기가 우리의 성스러운 욕망에 도움을 주고 있기 때문일 것입니다.

결국 이냐시오 영성에서 욕망이 핵심 부분을 이루는 이유는, 그것이 우리 삶에서 하느님의 음성을 듣는 기본적인 통로이기 때문입니다. 그리고 우리 안에 심어진 가장 내밀한 욕망은 궁극적으로 하느님을 지향하는 욕망입니다.

2. 삶에서 드러나는 열망

여러분은 누구에게나 하느님을 지향하는 내적 욕망이 있다는 말에 깜짝 놀랄 수도 있습니다. 만일 여러분 중에 불가지론자가 있다면 이런 생각을 이성적으로는 수긍할 수 있지만, 직접 체험해 보지는 못했을 것입니다. 만일 무신론자가 있다면 이 말을 노골적으로 불신할 수도 있겠지요.

따라서 하느님을 불신하는 이들과 의심하는 이들, 호기심을 가진 이들을 위해, 그 밖에도 하느님에 관해 제각각 다른 견해를 가진 모든 이들을 위해 이런 성스러운 욕망이 일상생활에서 어떤 방식으로 모습을 드러내고 있는지, 어떤 느낌을 주는지, 어떻게 하느님을 지향하는 마음을 주는지 알아보고자 합니다.

1) 마음을 채우고 싶은 열망

우리 가운데는 자신이 어느 정도 성공했고, 나름대로 행복하다고 생각하면서도 삶에 무언가 빠져 있다고 느끼는 이들이 많습니다. 1960년대에는 페기 리의 〈이게 전부란 말인가?*Is That All There Is?*〉라는 노래가 유행했습니다. 1980년대에는 U2가 〈난 아직도 내가 찾는 걸 찾지 못했다*I Still Haven't Found What I'm Looking For*〉라는 노래를 불렀지요. 우리는 누구나 이런 불안감을 안고 있습니다. 즉, 우리의 일상을 넘어서는 특별한 무언가가 존재해야 한다는 다소 부담스러운 느낌을 갖고 있지요.

이러한 부족한 느낌을 통해 우리는 일상생활에 대한 불만을 인식하고, 자기 삶의 궤도를 수정해야 한다는 것을 알 수도 있습니다. 만일 우리가 하는 일이 힘들게 느껴지거나, 인간관계가 막힌 느낌이 들거나, 가정이 전처럼 화목하지 않다고 느껴진다면, 중대한 변화가 필요한 때일 수 있습니다. 불만이란 냉정하게 참아 내야만 하는 것이 아니라, 어떤 결단이나 변화나 더 충만한 삶으로 나아가라는 신호일 수도 있기 때문이지요.

하지만 우리의 삶이 제아무리 행복할지라도 이 초조한 기분은 절대로 모두 사라지지는 않습니다. 바로 이 부분이 하느님을 향한 우리의 열망을 어렴풋이 보여 줍니다. 페기 리와 U2보다 1500여년 앞선 시대에 살았던 아우구스티노 성인은 "주님, 제 마음은 당신 안에서 쉴 때까지는 쉴 수가 없습니다."라는 고백을 했습니다. 이런 고백은 사람의 마음이 하느님을 찾는 열망의 표지에 해당합니다. 이것은 하느님이 우리를 부르시는 가장 심원한 방법의 하나입니다. 즉, 자신의 초조함 속에서 하느님의 음성을 듣는 것이지요.

때로는 이러한 느낌들을 단순한 결핍이라고 표현하기에는 너무 부족하며 오히려 끔찍한 공허감에 가까운 느낌이 들기도 합니다. 어떤 책에서는 우리 마음속의 이러한 공허감을 오로지 하느님만이 채우실 수 있는 '하느님이 만드신 공백'이라고 불렀습니다.

어떤 사람들은 이 공백을 돈이나 지위나 권력으로 채우려고 합니다. 그러면서 이렇게 생각합니다. '내가 더 많이 이루어 내기만 한다면 더 행복해지겠지.' 하지만 그들은 더 좋은 직장, 더 크고 멋진 집 등 더 많은 것을 손에 넣은 후에도, 여전히 잡을 수 없는 어떤 것을 쫓아가고 있는 것 같은 공허함을 느끼고는 합니다. 그들은 앞을 향해 달리면서 목표에 도달하려고 안간힘을 쓰지만, 그 목표는 늘 애를 태우려는 듯이 그들의 손에 닿지 않습니다. 완전함은 교묘하게 도망치고, 공허함은 항상 그 자리에 남아 있습니다.

저는 다른 사람보다 조금 이른 나이에 직장 생활을 시작하면서 여러 경험을 할 수 있었습니다. 저는 대학교에서 경영학 학위를 받고 졸업한 후에 대기업이라는 좋은 직장을 얻었고, 그 덕택에 은행 계좌에는 돈이 늘고, 값비싼 양복으로 옷장을 채울 수 있었습니다. 그러면 당연히 행복해질 것이라고 생각했지요. 하지만 좋은 직장과 많은 돈, 비싼 양복이 있어도 결코 만족스럽지 않았습니다. 무엇인가가 빠져 있다는 느낌이 들었지요. 그것이 무엇인지 알아내는 데는 오랜 시간이 걸렸습니다.

20세기 영성 저술가인 헨리 나우웬 신부는 이 주제를 고찰했던 대표적인 사람입니다. 네덜란드의 가톨릭 사제이자 심리학자인 헨리 나우웬 신부가 깊은 통찰력으로 쓴 《세상의 길 그리스도의 길》이라는 제목의 책에서 우리 삶의 텅 빈 구멍을 채우기 위한 끊임없는 탐색의 여정을 고찰했습니다. 그는 이 공백을 채우고자 돌진하는 사람들도 자신의 행동이 소용없는 탐색임을 이미 알고 있다고 보았습니다.

> 우리의 가슴속 깊은 곳에서는 성공과 명성과 영향력과 권력과 돈이 우리가 갈망하는 내적인 기쁨과 평안을 주지 못한다는 사실을 이미 알고 있다. 또는 모든 야망을 쏟아 버리고 단순한 순종의 삶을 살고 있는 사람들을 보며 일종의 부러움을 느끼기까지 한다. 그렇다. 우리는 이제 더 이상 잃을 것이 없는 사람들의 미소에서 신비스러운 기쁨을 맛보기도 한다.

어떤 이들은 이 구멍을 메우고자 하는 욕망 때문에 마약, 술, 도박, 쇼핑, 성행위, 폭식 같은 순간의 충만감을 주는 중독성 있는 행위에 끌리곤 합니다. 하지만 이런 중독은 더 큰 정신적 분리와 더 깊은 공허감으로 이어질 뿐이며, 끝내는 고독과 절망에 이르게 됩니다.

우리 마음속의 이 구멍은 사실 우리가 하느님을 부르게 되는 공간이며, 하느님이 우리를 더없이 만나고 싶어 하시는 공간이기도 합니다. 이 공간을 채우고자 하는 우리의 열망은 하느님에게서 옵니다. 그리고 이 공간을 채울 수 있는 분도 오직 하느님뿐이십니다.

2) 일상에서 깨닫는 열망

우리는 때로 겨울날 눈 내리는 숲 속에 가만히 서 있거나, 영화를 보다가 자신도 모르게 눈물을 흘리거나, 미사를 드리던 중에 알 수 없는 유대감을 느끼는 때가 있습니다. 그러면서 이런 느낌을 음미하고 그것이 무엇인지 이해하고자 하는 표현할 수 없는 열망을 느낍니다. 지극히 일상적인 상황에서 하느님을 향한 열망을 체험하게 되는 것이지요.

제가 처음으로 조카를 보게 되었을 때 조카와 함께 있으면 마치 커다란 사랑에 감싸이는 느낌을 받곤 했습니다. 하루는 조카를 보러 여동생의 집을 방문했다가 돌아오는 길에 사랑의 마음이 넘쳐 눈물이 쏟아졌습니다. 그와 동시에 감사와 기쁨, 경이로움이 느껴졌고, 이 신비로운 기쁨의 근원에 더욱 가까이 다가가고 싶은 열망도 느꼈습니다.

일상적인 열망과 진정한 유대감은 하느님을 향한 열망을 깨닫는 통로가 됩니다. 우리는 외부로부터 받은 느낌을 이해하고 싶어 합니다. 16세기 스페인의 신비가인 십자가의 요한 성인이 '알 수 없는 그 무엇'에 대한 열망이라 부른 그 느낌을 체험하고, 이해하고 싶어 하는 것이지요.

많은 사람들이 자신의 능력을 초월하는 어떤 놀라운 일이 금방이라도 일어날 것 같은 느낌을 받는 경험을 합니다. 우리는 저마다 놀라운 일을 체험한 적이 있습니다. 그런데도 이러한 이야기에 관해 더 많이 듣지 못했던 이유는 무엇일까요?

그것은 우리가 이런 이야기를 무시하거나 배척하고 거부할 때가 많기 때문입니다. 스스로 지나치게 분위기에 압도당했거나 긴장했고, 너무 감정적이었기 때문에 놀랐던 것이라고 치부합니다. 그래서 우리는 속으로 '이런, 내가 멍청이가 다 됐네!' 하고 생각합니다. 이러니 당연히 이런 일을 영적 체험이라고 말하지도 않겠지요.

우리는 음울했던 기나긴 겨울이 지나고 맨 처음 봄의 숨결이 얼굴을 스칠 때 마음속에서 어떤 열망을 느낄 수 있을 것입니다. 그러나 당신이 그 열망을 무시하고 넘어가는 이유는, 그저 일순간 감정에 젖어서 그럴 뿐이라고 치부하기 때문입니다. 이런 일은 심지어 오래 영성 생활을 지속해 온 사람들에게도 곧잘 일어나지요. 그들은 피정에 가서 기도하던 중에 강렬한 체험을 하고 나서도 '그래, 그런 일이 있었지.' 하면서 그냥 넘겨 버리기 때문입니다.

심지어 이런 순간이 하느님에게서 오는 것일 수도 있다는 가능성

자체를 인정하지 않는 경우도 있습니다.

"나는 신을 동경하지만, 믿지는 않는다." 이 말은 줄리언 반스가 자신의 회고록 《두려워할 것은 없다 Nothing to Be Frightened Of》의 첫머리에서 한 말입니다. 반스는 《플로베르의 앵무새》를 비롯하여 많은 책을 쓰고, 그를 통해 큰 인기를 얻은 작가입니다. 반스는 죽음에 대한 자신의 깊은 두려움을 주제로 삼아 이렇게 표현했습니다. "나는 이탈리아의 회화와 프랑스의 스테인드글라스, 독일의 음악과 영국의 건축물에 영감을 불어넣은 신을 동경한다."

반스는 신을 동경했습니다. 이 동경이 하느님을 향한 바로 그 열망에서 비롯된 것이 아니라고, 하느님으로부터 온 것이 아니라고 누가 말할 수 있을까요?

자칭 일중독자라 말하며, 일에 빠져 사느라 여러 해 동안 성당에 나가지 않은 한 친구가 자기가 겪은 일을 제게 얘기해 준 적이 있습니다. 어느 날 그 친구가 친한 동료의 유아 세례식에 가게 되었답니다. 그녀는 그곳에서 별안간 강렬한 감정, 즉 자신의 삶을 보다 평화롭고 자기 주도적으로 살아가고 싶은 욕망을 휩싸였다고 합니다. 그녀는 자신도 이유를 모른 채 갑자기 눈물이 쏟아지기 시작했는데, 이윽고 성당에서 사제가 아기의 이마에 물을 붓는 모습을 보고 그때서야 마음에 깊은 평화를 느꼈다고 합니다.

저는 그녀의 체험을 들으면서, 어떤 일이 일어나고 있는지 확실하게 알 수 있었습니다. 바로 그녀가 방어벽을 허무는 순간, 그녀를 향한 하느님의 열망을 체험한 것이었지요. 영적 예식을 바탕으로 영적 체험이 이루어진다는 것은 이치에도 맞는 일이었습니다. 그럼에도 불구하고 그녀는 웃음을 터트리며 저의 의견을 일축했습니다. "에이, 난 그저 감상에 젖었던 거라고." 그 놀라운 경험에 관한 이야기는 그저 그것으로 끝이었습니다.

사실 어쩌면 친구의 대답이 자연스러운 반응일지 모릅니다. 서구 문화권에서는 많은 사람이 자연스러운 영적 체험들을 무시하거나 부정하면서까지 이성적인 용어로 설명하려 드는 경향이 있습니다. 그러면서 '하느님이 아닌 다른' 어떤 것 때문이었다고 여기려 하지요. 마찬가지로 우리 역시 이런 일들이 하느님이 행하신 것이라고 여기기에는 지극히 일상적이고 너무나 사소한 일이라고 일축하는 경우가 많습니다.

한번은 예수회원이자 고등학교에서 학생들을 가르치는 저의 친구 마이크 신부가 우리 수도원 경당에서 짤막한 강론을 한 적이 있었습니다. 그날의 독서는 구약 성경에 실려 있는, 시리아인 나아만에 관한 내용이었습니다.

시리아 임금의 군대를 통솔하는 장수 나아만은 나병을 앓고 있었고, 그래서 임금은 그를 예언자 엘리사에게 보내 치유를 부탁하게 합니다. 부탁을 받은 엘리사는 그에게 요르단 강에 들어가 일곱 번 몸을 씻으라고 합니다(2열왕 5,1-19 참조).

나아만은 노발대발합니다. 그는 엘리사가 '다른' 어떤 강, 좀 더 '대단한' 어떤 강에 가서 씻으라고 할 것이라고 생각했던 것입니다. 그러자 그의 부하들이 말했습니다. "만일 이 예언자가 어려운 일을 시켰다면 하지 않으셨겠습니까?"(2열왕 5,13) 바꾸어 말하면, 굳이 지나치게 힘든 일을 자초하지 말고 간단한 일을 하라는 뜻이었습니다. 나아만은 그 말에 따랐고, 그 결과 병이 나았습니다.

마이크 신부는 우리도 나아만처럼 자주 하느님을 탐색하려 한다고 했습니다. 하느님의 현존을 우리에게 확신시켜 줄 극적인 무언가를 찾는다는 것이지요. 하지만 오히려 하느님은 간단한 일, 평범한 사건, 일상적인 열망 안에서 발견할 수 있습니다.

우리는 이런 순간을 하느님의 부르심을 나타내는 표지로 받아들이는 것을 두려워할 수도 있습니다. 만일 이런 순간이 하느님에게서 비롯된 것이라고 인정하려면, 하느님이 우리와 관계를 맺고자 하신다는 것과 그분이 우리와 직접 소통하고 계시다는 것을 인정해야 하는데, 이는 생각만 해도 두렵고 받아들이기 어려운 일이기 때문입니다.

두려움은 영성 생활에서 흔히 겪는 경험입니다. 하느님이 우리 가까이 계시다는 사실을 깨닫게 되는 순간 우리는 놀라게 될 것입니다. 이러한 이유 때문에 많은 이들이 우리와 소통하고자 하시는 하느님에 관해 생각하는 것을 피하고 싶어 합니다.

성경에서 신적인 존재와 마주쳤던 사람들에 관한 수많은 이야기가 "두려워 마라."라는 말로 시작하고 있는 이유도 바로 이 때문입니다. 성모님에게 예수님이 탄생하심을 고지하는 천사는 먼저, "두려워하지 마라."(루카 1,30)라고 말했습니다. 그리고 아홉 달 후 예수님이 탄생하시기 전날 밤에도 천사가 들에서 목동들에게 "두려워하지 마라."(루카 2,10)라며 말을 건넵니다. 또한 예수님이 베드로 사도 앞에서 기적을 이루시자, 사도는 외경심과 두려움에 무릎을 꿇고, "저에게서 떠나 주십시오."(루카 5,8)라고 말합니다. 그러자 예수님이 다시 한 번 말씀하십니다. "두려워하지 마라."(루카 5,10)

신학자 루돌프 오토의 말처럼, 외경심은 두렵고 떨리면서도 우리를 한없이 매혹시키는 신비이신 하느님에 대한 우리의 자연스러운 반응인 것입니다.

이처럼 사람들은 종교적 체험에 대한 이야기를 곧잘 묵살합니다. 그것이 사실이 아니라는 의구심 때문이 아니라 그것이 사실일지도 모른다는 두려움 때문이지요.

3) 특별한 체험으로 깨닫는 열망

열망의 폭넓은 범주에는 보다 강렬한 체험도 포함됩니다. 우리는 때로 하느님을 갈망하고, 그분을 만난 것 같은 신비스러울 정도의 느낌을 받곤 하는데, 예상치 못한 상황에서 이런 느낌을 받을 수도 있습니다.

사실 신비주의는 극도로 성스러운 몇몇 이들만 갖는 특권적 체험으로 치부될 때가 많습니다. 하지만 신비주의는 성인들의 삶에만 한정되는 것이 아니며, 모든 신비 체험이 성인들의 글에서 묘사하는 것과 정확하게 일치하는 것도 아닙니다.

가르멜회의 루스 버로스 수녀는 자신의 저서 《신비로운 기도의 길잡이 Guidelines for Mystical Prayer》에서 신비주의는 단순히 성인들만의 고유한 영역이 아니라고 딱 잘라 말했습니다. "하느님이 오시어 우리가 할 수 없는 일을 해 주시고, 하느님이 우리의 내면을 어루만져 주시지 않는다면 신비적 삶이 무슨 소용이 있겠는가?"

독일의 예수회원 신학자 카를 라너 신부도 '일상 속의 신비주의'를 이야기한 바 있습니다. "신비적인 체험을 한다는 것은 어떤 의미인가? 신비적인 체험에 관한 정의 중 하나는 하느님의 현존을 충만하게 느낀다는 것이다. 혹은 사물을 보는 통상적인 방식에서 고양된다고 느끼거나 자신이 이해할 수 있는 범위를 초월한 듯한 방식으로 하느님을 감지한다는 느낌에 압도당한다."

두말할 것도 없이, 이런 체험들은 말로 담아내기가 힘듭니다. 우리가 처음으로 사랑에 빠졌을 때, 갓 태어난 아기를 안거나, 처음으로 커다란 바다를 보았을 때를 묘사하려고 드는 것과 마찬가지니까요. 이냐시오 성인은 만레사에서 묵상하며 보낸 기간에 성삼위를 개별적인 음音을 내면서도 어울려 하나의 화음을 만들어 내는 세가닥 현鉉으로 체험했다고 합니다.

사람들은 때때로 고마움이나 사랑이 가슴 가득히 벅차올라 울먹거린 일에 대해 이야기하곤 합니다. 최근 한 청년은 자신을 화분에 비유하여, 화분의 꼭대기까지 가득 채우고도 넘쳐흐르는 물 같은 하느님의 사랑을 체험한 이야기를 제게 들려주었습니다. 그러면서 이것을 '가득 채워지는 체험이었다'고 말했습니다.

신비적인 체험은 날마다 일어나는 일은 아닐지 몰라도, 사람들이 생각하듯이 그렇게 드문 일은 아닙니다. 루스 버로스 수녀도 "특별한 소수만의 길이 아니다."라고 말했습니다.

그런 순간들은 비단 일상적인 신자들의 삶뿐만 아니라 현대 문학에서도 놀라울 만큼 빈번하게 불쑥불쑥 나타납니다. 영국의 작가 C. S. 루이스는 자신의 저서 《예기치 못한 기쁨》에서 자신이 소년 시절에 겪었던 체험 하나를 적었습니다.

첫 번째는 기억에 대한 기억이다. 어느 여름날 꽃을 피우고 있는 까치밥나무 덤불 옆에 서 있는데, 옛집에 살던 어느 이른 아침에 형이 장난감 동산을 놀이방으로 들고 왔던 기억이 불과 몇 년 전에 있었던 일이 아니라 수백 년 전에 있었던 일인 양 불쑥 솟아올랐다. 그때 나를 덮쳤던 감정을 제대로 표현하기란 쉽지 않다. 밀턴이 말한 것처럼 에덴동산의 '가없는 행복'이 그 감정과 비슷하다. 물론 그것은 갈망의 감정이었다. 그러나 도대체 무엇을 갈망한단 말인가?

...... 그리고 내가 무엇을 갈망했는지 미처 깨닫기도 전에 갈망은 사라지고 온전히 빛나던 섬광이 물러가면서 세상은 다시 평범한 곳으로 돌아왔다. 아니, 그때 막 사라져 버린 '동경을 향한 동경'이 세상을 잠시 휘저어 놓았던 것인지도 모른다.[3]

이 글은 어떤 이상을 바라는 열망을 훌륭하게 묘사했습니다. 저는 까치밥나무 숲이 어떻게 생겼는지 모르지만 그 열망의 느낌은 어렴풋이나마 느껴집니다. 마찬가지로 여러분도 자신이 원하는 것을 정확하게 짚기는 힘들겠지만, 스스로 이러한 열망을 느끼는 순간이 바로 하느님을 체험하는 순간입니다.

이것은 아브라함 J. 헤셸 랍비가 하느님을 만나는 일종의 열쇠 구멍으로 인정했던 경외감과 밀접하게 연결되어 있습니다.

"경외는 하나의 감정 그 이상이다. 이것은 하나의 이해 방식이다. 경외는 그 자체가 우리 자신보다 더 중요한 어떤 의미를 추구하는 통찰이다. 경외는 우리에게 하느님을 알리는 세상의 여러 암시를 인지하게 하고, 사소한 일들에서 무한한 의미의 시작을 감지하게 하며, 평범한 것들과 사소한 것들에서 절대적인 것을 느낄 수 있게 한다."

저도 살면서 이런 느낌을 경험한 적이 몇 번 있었습니다. 그중에서 하나를 이야기하자면, 저는 어린 시절에 아침마다 자전거를 타고 학교에 갔습니다. 때로는 이웃에 사는 떠들썩한 친구들과 함께 갈 때도 있었지만 가끔씩 혼자서 등교하기도 했습니다.

오렌지색 아침 햇살 아래, 귓가에 스치는 바람을 느끼며 언덕길을 미끄러지듯 내려가, 새로 지은 가옥들과 잎이 무성한 나무들이 있는 마을을 지나는 것이 제게는 커다란 즐거움이었습니다.

학교 가까이에는 나란히 있는 집 두 채 사이로 좁다란 길이 난 곳이 있었습니다. 그 길 끝에는 여섯 단으로 된 위로 향하는 계단이 있어서, 길 끝에 다다르면 큼직한 푸른색 자전거를 밀면서 올라가야 했습니다.

계단 위로 올라서면 제가 이 세상에서 가장 좋아했던 장소가 나타났는데, 40년이 지나 이 글을 쓰고 있는 지금도 그곳을 떠올리니 여전히 마음이 들뜹니다. 그곳은 널따란 목장으로, 왼편에는 커다란 떡

갈나무들이, 오른편에는 넓은 공터가 경계를 이루고 있었습니다. 사시사철이 아름다운 곳이었지요.

선선한 가을날 아침에 코르덴 재킷을 입고 울퉁불퉁한 흙길로 자전거 페달을 밟으며 목장을 가로지를 때가 떠오르곤 합니다. 퍼석퍼석한 갈색 이파리들과 말라붙은 풀잎들이며 유액을 분비하는 식물들의 마른 잔해로 뒤덮인 목장에는 사방에 서리가 깔려 있곤 했습니다. 눈이 내린 한겨울의 어느 날, 자전거를 타지 않고 걸어서 학교에 갈 때면, 한 걸음씩 걸을 때마다 장화 위로 눈이 축축하게 차오르는 들판에는 고요한 눈밭 풍경이 펼쳐졌고, 내쉬는 숨이 작은 솜구름을 만들어 내곤 했습니다.

봄날에는 산뜻한 목장에 생명이 넘쳐 났습니다. 따뜻한 봄이 오면 저는 마치 학교에서 실시하는 자연 과학을 위한 실험 장소를 자전거로 통과하고 있는 기분이 들었습니다. 통통한 메뚜기들이 데이지 사이를 뛰어다녔습니다. 귀뚜라미들은 풀섶이나 삭아 가는 낙엽들 아래로 숨어들었지요. 벌들이 야생 당근이며 키 큰 연분홍빛 금호초들 위에서 붕붕거렸고, 홍관조와 개똥지빠귀가 가지에서 가지로 날아다녔습니다. 대기는 상큼했고, 들판은 생물들로 살아 움직였습니다.

제가 열 살인가 열한 살이던 어느 봄날 아침에, 저는 들판 한가운데서 숨을 돌리기 위해 멈춰 섰습니다. 자전거에 걸터앉은 저는 주변에서 일어나고 있는 수많은 일, 수많은 색채, 수많은 활동, 수많은 삶을 눈으로 볼 수 있었지요.

그 순간 언덕 기슭에 자리 잡은 학교를 바라보며 아주 강렬한 행복을 느꼈습니다. 살아 있다는 것이 너무도 행복했습니다. 그리고 환상적인 열망에 사로잡혔습니다. 그것은 저를 둘러싸고 있는 것들을 소유하고 그 속에 녹아들고 싶은 열망이었지요. 목장에서 온갖 피조물에 에워싸여 있던 저의 모습은 지금도 어린 시절의 다른 어떤 추억보다 더 선명하게 떠올릴 수 있습니다.

알록달록한 아름다움

제라드 맨리 홉킨스 신부는 영국인 예수회원이자 시인으로, 독창적인 언어 활용으로 문학계에 이름이 나 있습니다. 그는 종교계에서도 모든 것 안에서 하느님 발견하기를 추구하던 사람으로 유명하지요. 홉킨스 신부는 자신의 시 〈알록달록한 아름다움*Pied Beauty*〉에서 재치 있는 언어로 하느님과 자연에 대한 사랑을 표현했습니다. 이 시는 희열을 담은 일종의 기도지요.

> 얼룩소처럼 두 겹의 색깔로 물든 하늘을
>
> 헤엄치는 송어에 점점이 새겨진 장밋빛 반점을
>
> 이처럼 알록달록한 것들을 창조하신 하느님께 영광을
>
> ……
>
> 신기하고, 희귀하고, 특별하고
>
> 제아무리 기이하더라도
>
> 빠르고 느리고, 달고 시고, 눈부시고 어두컴컴하고
>
> 제아무리 모순되더라도
>
> 그 모든 것이 아버지에게서 나오며,
>
> 그분의 아름다움은 변함이 없으니,
>
> 그분을 찬양하라.

이처럼 하느님은 우리의 삶에서 환히 보이는 풍경 안에 감추어진 범상치 않은 열망을 통해서도 우리를 부르십니다.

4) 희열의 순간을 통한 열망

이런 갈망들과 비슷하지만, 형언할 수 없는 욕망이나 강렬한 유대감으로는 온전하게 묘사할 수 없는 갈망을 느낄 때도 있습니다. 바로 희열이나 행복을 느끼거나, 고양되는 느낌이 들 때입니다. 어떤 것을 더 알고자 하는 열망과는 달리, 우리가 갈구하는 대상과 아주 가까이에 있다거나 곧 만나게 된다는 느낌을 받는 것이지요.

이럴 때 우리가 하느님 곁에 있다는 안온한 만족감도 함께 느낍니다. 기도 중이거나, 미사를 드리고 있거나, 음악에 귀를 기울이고 있을 때, 별안간 아름답다는 느낌이나 자신이 투명해지는 느낌이 주변을 감싸 안습니다. 그때 우리는 감정이 격양되면서 들뜨게 되고, 더 많은 것을 갈구하게 됩니다.

영국의 시인 W. H. 오든은 어느 날 저녁에 동료 교사들과 모인 자리에서 예기치 않은 일을 경험했습니다. 앤 프리맨틀이《개신교 신비가들The Protestant Mystics》이라는 제목으로 편찬한 책의 서문에는 그날의 일에 관한 이야기가 수록되어 있습니다.

> 1933년 6월의 어느 맑은 여름날 밤, 나는 동료 세 명과 저녁 식사를 하고 잔디밭에 앉았다. 동료 중에서 둘은 여자, 하나는 남자였다. 우리는 서로를 좋아하기는 했지만, 절친한 친구 사이는 아니었다. 서로에게 이성적인 관심을 갖고 있는 사람도 없었다. 게다가 우리는 만나면 술을 마시기보다 대화하기를 즐겼다.

그날도 우리는 일상적인 일들에 관해 별생각 없이 이야기하고 있었다. 그런데 정말 뜻밖에도 내게 전혀 예상치 못한 일이 일어났다. 분명히 내 안에서 나오지 않았지만, 거역할 수 없는 힘이 나를 휘감고 있음을 느낀 것이다. 나는 태어나 처음으로 이웃을 자신처럼 사랑한다는 것이 어떤 의미인지 정확하게 알 수 있었다. 내가 그럴 수 있었던 것은 바로 그 힘 덕분이었다. …… 그들을 향한 내 개인적인 감정은 변하지 않았지만, 그들의 존재가 있는 그대로 무한한 가치를 지니고 있다고 느껴졌고, 거기에서 기쁨을 맛보았다.

W. H. 오든은 금방이라도 자기 마음의 갈망이 무엇인지 알 수 있을 것 같았고, 그것이 어디 있는지 찾을 수 있을 것 같았지만, 막상 그 갈망에 도달했다고 생각하면 다시 밀려나곤 했다고 썼습니다. 오든의 경우처럼 이런 강렬한 체험은 장차 하느님과 관계를 맺고자 하는 우리의 욕망을 더 선명하게 만듭니다. 설령 또다시 그렇게 확실한 방법으로 하느님의 현존을 체험하지 못하게 되더라도 말이지요.

하느님께 향하는 아름다움이라는 통로를 통해서도 비슷한 체험을 할 수 있습니다. 실재의 삶에서도, 누군가가 지어낸 허구의 이야기에서도 자주 발견할 수 있지요. 1920~1930년대 영국의 한 가톨릭 가정을 배경으로 하는 에블린 워의 소설 《다시 가 본 브라이즈헤드

Brideshead Revisited》에서 젊은 귀족 세바스찬 플라이트는 복음에 나오는 아름다운 이야기에 푹 빠졌노라고 고백합니다. 그러자 그의 친구인 불가지론자 찰스 라이더가 이의를 제기하며, 어떤 것이 아름다워 마음이 끌린다는 이유만으로 그것을 믿어서는 안 된다고 말합니다. 그러자 세바스찬이 대답합니다.

"하지만 난 그렇다네. 그게 내가 믿는 방식이야."

5) 명확성에서 오는 열망

〈더 뉴요커 The New Yorker〉라는 잡지에는 수도자처럼 보이는 남자가 주인공인 만화가 있습니다. 그 남자는 커다란 책에 몸을 숙이고 있다가 갑자기 고개를 번쩍 들고 혼자 중얼거립니다. "하느님 맙소사, 별안간 한순간에 모든 게 다 이해가 되는구먼!"

우리는 때로 이 세상을 완벽하게 이해할 수 있을 것만 같은 느낌을 받습니다. 저는 매사추세츠 주 체스트넛 힐에 있는 성당에서 서품을 받던 그날, 미사가 시작되기 몇 시간 전에 성당 뒤쪽에서 그러한 체험을 했습니다. 조금 있으면 친구들과 가족들로 가득 찰, 텅 빈 성당에 서서 '바로 여기가 내가 있어야 할 곳이구나.'라는 생각을 했었지요.

명확한 느낌은 희열의 느낌과 비슷할지도 모릅니다. 실제로 우리가 접하는 많은 느낌들은 부분적으로 겹칠 수 있습니다. 이 장에 쓴 몇 가지 사례에서는 이냐시오 성인이 《영신수련》에서 '이유 없이 느끼는 위로'라고 부르는 느낌을 체험할 수도 있습니다. 하느님이 우리와 직접 통교하시며 우리를 격려하고 계시다는 느낌을 체험할 수도 있지요. 이냐시오 성인은 그 느낌을 이렇게 표현했습니다. "오직 우리 주 하느님만이 미리 어떤 이유 없이도 영혼에 위로를 준다. 왜냐하면 인간의 영혼에 드나들며 감동을 일으켜 그 영혼을 온전히 하느님께 대한 사랑으로 이끄는 것은 본래 창조주께 속한 일이기 때문이다."(영신수련, 330)

카렌 블릭센도 자신의 저서 《아웃 오브 아프리카》에서 이런 명확성에 대해 이야기했습니다. 그녀는 한 비행기에서 '넋을 잃게 하는 기쁨'에 휩싸였던 경험에 대해 이렇게 표현했습니다. "당신이 만약 비행기에서 동물들이 보일 정도로 낮게 날다 보면 하느님이 그들을 막 창조하고 나서, 하느님이 아담에게 그들의 이름을 지어 주라고 하셨을 때 아담이 느꼈던 기분을 맛볼 수 있을 겁니다."

영화를 좋아하는 사람들은 1986년에 같은 제목으로 제작된 영화에서 주인공인 메릴 스트립이 책의 일부분을 낭독하는 이러한 장면을 기억할 것입니다.

나는 비행기에 올라 아래를 내려다보며 내가 지상에서 풀려났음을 실감할 때마다, 중요한 사실 하나를 새롭게 알게 되었다는 것을 깨달았다. "그래, 바로 이거야. 이제 모든 것을 이해하겠어."

6) 하느님을 따르고자 하는 열망

하느님을 따르고자 하는 열망은 비교적 명확합니다. 이것은 자신이 모르는 것에 대한 열망이 아니라 스스로 정확하게 아는 것에 대한 열망이지요. 그리고 우리는 이것이 하느님을 향한 열망인지 아닌지 확인할 수 있습니다.

영적 지도자들은 《영신수련》 제1주간에 하느님이 우리에게 주신 선물들에 관해 묵상한 다음, 이냐시오 성인이 제안하는 것처럼 자신의 죄에 대해 묵상하라고 조언합니다. 이 말은 들리는 것처럼 그렇게 도식화된 공식이 아닙니다. 사람들은 살아오면서 받은 축복들에 대해 생각하고 나면, 어떤 의미에서는 자신이 그런 축복을 누릴 자격이 없다고 느끼는 경우가 많습니다. 그들이 나쁜 사람이라는 의미가 아닙니다. 단지 그들은 이렇게 자문할 뿐입니다. '내가 이 모든 것을 누릴 만한 일을 한 적이 있을까?'

《영신수련》에서 이 지점에 이르면 우리 자신의 허물들이 부각되기도 합니다. 예수회 영적 지도자인 빌 크리드 신부는 언젠가 제게 이렇게 말했습니다. "하느님의 사랑이라는 환한 햇살 속에서는, 우리의 어두운 부분이 드러나기 마련이라네."

이는 예수회원들이 흔히 말하는 것처럼, 우리가 불완전하지만 하느님의 사랑을 받고 있는 '사랑받는 죄인'이라는 깨달음으로 이어질 수 있습니다. 그리고 깨달음은 하느님에 대한 감사의 마음이 생겨나게 하고, 이 감사의 마음은 그분께 응답하고자 하는 갈망으로 이어지지요. 또한 자신이 불완전한 상태에 있을지라도 우리에게 베풀어 주시는 하느님의 사랑에 너무나 압도된 나머지 "감사합니다, 하느님! 제가 보답으로 해 드릴 수 있는 일이 무엇일까요?" 하고 묻고 싶은 기분을 느끼기도 합니다.

그리스도인들의 경우, 이 느낌을 흔히 그리스도를 따르고자 하는 일종의 열망으로 받아들이곤 합니다. 《영신수련》에서는 이러한 열망을 통해 그리스도의 일생을 관상하도록 권합니다. 《영신수련》 제2주간에 '내가 알지 못하는 것'에 대한 열망보다는 그리스도를 따르는 길을 찾고자 하는 열망이 한결 명확해집니다.

《영신수련》으로 피정을 할 때에만 이런 종류의 열망이 모습을 드러내는 것은 아닙니다. 우리가 종교나 영성에 관한 글을 읽다가 '내가 줄곧 찾고 있던 것이 이거야! 나는 이 길을 갈 거야.' 하는 생각이 들 수도 있습니다. 또 미사에 참례하여 예수님에 관한 이야기를 듣다가 '내가 왜 그분을 따르지 않고 있지?' 하는 생각이 들 수도 있지요. 그뿐만 아니라 어렸을 때 하느님에 대해 느꼈던 점을 되돌아보다가 '내가 그때로 돌아간다면 어떻게 될까?' 하는 생각이 들 수도 있습니다.

이러한 경우에 우리의 욕망은 한결 또렷한 모습으로 드러나며, 특정한 길을 가려고 하거나 하느님을 따르려고 하는 우리의 열망을 명확하게 확인할 수 있습니다. 이는 하느님이 우리를 부르시는 또 하나의 길이기 때문입니다.

7) 성스러움을 향한 열망

누구나 한번쯤은 성덕에 대한 귀감에 끌렸던 경험이 있을 것입니다. 이러한 경험은 하느님에 대한 열망을 보여 주는 또 하나의 표지입니다. 우리를 끌어당기는 이 열망은 적어도 두 가지 방법을 이용해 일어나게 만들 수 있습니다. 첫 번째는 과거의 성스러운 사람들에 대해 아는 것이고, 두 번째는 오늘날의 성스러운 사람들을 만나는 것입니다.

첫 번째 방법을 잘 보여 주는 사례는 이냐시오 성인의 경험입니다. 젊은 시절의 이냐시오 성인은 병상에 누워 성인들의 전기를 읽다가, '나도 이러한 삶을 살 수 있을 것 같아!' 하고 생각했습니다. 이냐시오 성인의 허영심이 성인들의 위대한 행적에 끌린 것일 수도 있지만, 보다 진정한 성인의 자아는 전기에 나온 성인들의 성덕에 끌리고 있었던 것입니다.

하지만 성덕은 이냐시오 성인처럼 성인품에 오른 성인들에게만 있는 것이 아니라, 오늘날 우리와 동시대를 살아가는 성스러운 이들에게도 존재합니다. 여기에는 가족을 위해 힘들게 일하는 성실한 아버지, 어린 자녀들을 보살피는 어머니, 연세가 많은 부모님을 극진히 보살피는 자녀도 포함됩니다. 또한 성덕은 완성을 의미하는 것이 아닙니다. 성인들도 역시 흠과 한계를 지니고 있었고, 지극히 인간적이었습니다. 그렇기에 성덕은 늘 사람 안에 자리합니다.

따라서 우리는 과거와 현재, 어느 쪽의 성덕에 대한 귀감이든지 마음이 끌리곤 합니다. 지난날 성덕의 귀감들에서 배움을 얻고 오늘날의 성스러운 사람들을 만나다 보면 그들을 닮고 싶어지는 때가 많습니다. 성덕은 하느님이 우리를 그분에게 끌어들이는 하나의 통로여서, 우리는 다른 사람이 지닌 성덕에 자연스럽게 끌리기 때문입니다. 오늘날 성덕이 갖는 매력을 체험하게 되면 나자렛 예수님이 가시는 곳마다 많은 사람들이 그분께 매혹된 이유를 이해할 수 있을 것입니다. 다른 사람 안에 자리한 성덕은 우리 자신의 성스러운 모습을 향해 소리칩니다. 시편에 나오듯이, "너울이 너울을 부르는 것입니다."
(시편 42,8 참조)

소설 《길리아드》의 저자 메릴린 로빈슨은 어떤 글에서 바로 이 점을 염두에 두고 이렇게 썼습니다. "내가 내 자신의 성덕이라고 부를 수 있는 무엇이 있다면 그것은 자신에게서, 다른 사람에게서, 사람들 사이에서 성스러운 점들을 찾으려는 열린 마음일 것이다."

8) 약함을 통해 체험하는 열망

많은 사람들이 고통을 겪을 때 하느님께 마음이 향하게 되었다고 말하는 것은 오해와 왜곡을 불러일으키기 쉬운 발언 중의 하나입니다.

많은 사람들이 큰 병에 걸리거나, 가정이 위기에 처하거나, 직장을 잃거나, 사랑하는 사람이 죽었을 때, 어제와는 다른 관점으로 하느님을 보게 된다고 말합니다. 비교적 회의적인 사람들은 이것을 절망 때문이라고 여길 수 있습니다. 그들은 그 사람이 달리 눈을 돌릴 곳이 없기에 하느님을 보는 것이라고 말할 수 있기 때문이지요. 이런 생각으로 본다면 하느님은 지각없는 자들을 위한 버팀목이요, 어딘가 기댈 곳을 찾는 사람들을 위한 피난처가 되시는 셈입니다.

하지만 일반적으로 우리가 고통 중에 하느님에게로 눈길을 돌리는 것은 우리가 갑자기 이성을 잃고 감성적인 사람이 되었기 때문이라서가 아닙니다. 오히려 우리가 오만이나 두려움, 하느님에 대한 무관심 등을 이유로 하느님의 접근을 막기 위해 쌓아 둔 방어벽이 의식적으로든 무의식적으로든 낮아졌기 때문에 하느님이 우리에게 다가

오실 수 있는 것입니다. 즉 우리가 이전에 비해 이성을 잃는 것이 아니라, 우리의 마음이 더 열린 것이지요.

제가 수술대 위에서 불확실한 미래를 불안해하는 순간, 사제가 되고자 하는 열망을 깨달았다고 한 이야기를 떠올려 봅시다. 그것이 바로 이러한 현상을 반영하는 하나의 사례입니다. 그 열망은 언제나 거기에 있었고, 마찬가지로 그 안에는 하느님의 부르심이 내재해 있습니다. 다만 제 방어벽이 낮아지면서 그것을 훨씬 쉽게 알아보았을 뿐입니다.

저의 아버지는 50대 후반에 다니고 있던 좋은 직장을 잃었습니다. 한참이 지난 후에 새 직장을 얻었지만 만족스러운 일이 아니었지요. 다들 알다시피, 은퇴를 바라보는 나이에 새로운 일자리를 찾고 새로운 생활을 시작하는 것은 어려운 일입니다. 그래서 아버지와 어머니는 모두 힘들어했습니다.

아버지는 필라델피아 외곽에 있는 우리 집에서 한 시간이 걸리는 거리를 매일 통근해야 했습니다. 그러던 어느 날 밤 회사의 지하 주차장에서 갑자기 현기증이 일어나 몸을 가누지 못하고 쓰러졌습니다. 그 길로 병원에 입원했는데 검사를 해 보니 암이 발견되었습니다. 오랜 세월 애연가로 살아 온 아버지에게 생긴 폐암이 뇌까지 퍼져 결국 쓰러지게 된 것이지요.

그 후 아홉 달 동안 아버지는 화학 요법을 썼음에도 차도를 보이지 않고 점점 악화되었습니다. 마침내 집으로 돌아온 후에는 모든 것을 어머니의 보살핌에 의존한 채 침대에 누워 있어야 했습니다. 아버지의 건강이 더욱 악화되어 어머니가 아버지 곁을 비울 수 없게 되자 아버지는 "병원으로 가야 할 것 같다."라고 말했습니다. 그래서 저희는 아버지를 다시 병원으로 데려갔습니다.

아버지는 비록 몸 상태가 악화되고 있었지만, 정신은 더욱 또렷해지는 것 같았습니다. 삶의 막바지에 이르러 아버지는 더욱 자주 하느님에 관해 이야기했습니다. 정말로 놀라운 일이었지요. 물론 아버지는 가톨릭 집안에서 자랐고, 가톨릭 초·중·고등학교를 다녔으며, 대축일에는 미사에 꼭 참석했지만, 제가 아는 한, 이제까지 열심한 신앙인의 모습을 보여 준 적이 없었기 때문입니다.

그럼에도 아버지는 죽음이 다가오자 예수회원인 제 친구들에게 기도를 부탁했고, 사람들이 보내온 상본을 소중히 간직했으며, 하늘나라에서 꼭 만나고 싶은 친척들에 관해 이야기했습니다. 또한 제가 생각하는 하느님은 어떤 모습인지 묻기도 했고, 당신의 장례 미사와 관련해서 몇 가지 바람도 이야기했습니다. 아울러 아버지는 한결 점잖고, 너그러워졌으며, 다정다감한 모습을 보였습니다.

저는 이런 변화가 위안이 되면서도 혼란스러웠습니다. 그러던 중

평소에 저와 친하게 지내던 제니스 수녀님이 아버지를 문병하러 왔습니다. 제니스 수녀님은 제가 신학 공부를 할 때 저를 가르친 교수님이었고, 그 이후로도 친하게 지내던 수녀님이었습니다.

나중에 아버지가 돌아가시고 나서 수녀님에게 투병 중에 하느님께 한층 마음을 연 것 같은 아버지에 대해 말했습니다. 그러자 수녀님은 이전까지 제가 한 번도 들어 보지 못했지만, 이미 알고 있었던 것 같은 말을 했습니다. "그래, 죽음이 다가오면 사람들은 한결 더 인간다워지는 법이지."

아버지가 한층 인간다워졌다는 수녀님의 통찰은 적어도 두 가지 측면에서 옳았습니다. 첫째로, 아버지가 하느님과의 천부적인 유대를 인정했다는 것입니다. 우리는 살아가면서 하느님과의 유대를 무시하거나 부정하거나 거부하려고 할 때도 있지만, 우리는 분명하게 하느님과 연결되어 있습니다. 이 유대가 우리를 인간답게 만들어 줍니다. 아버지는 자신과 하느님 사이를 갈라놓았던 벽을 완전히 무너뜨림으로서 하느님과의 유대를 인정하고, 한결 더 인간다워진 것이지요.

제니스 수녀님의 통찰을 이해할 수 있는 두 번째 측면은 하느님에 대한 아버지의 사랑이 더 깊어졌다는 것입니다. 우리는 하느님께 가까이 다가갈수록 변화합니다. 우리가 사랑하는 사람과 함께 시간을 보내면 보낼수록 사랑하는 상대를 그만큼 더 닮아 가는 것과 마찬가지이지요. 역설적이기는 하지만, 우리가 보다 인간적이 되어 갈수록 처음 하느님이 만드신 본래의 모습에 가까워지는 것이니까요. 그래서 아버지가 한결 더 인간다워진 것은 하느님에 대한 사랑 때문에 그분을 닮아 가면서 하느님이 처음 창조하신 인간 본래의 모습에 가까워졌기 때문일 것입니다.

죽음을 바로 앞에 두고 그토록 수많은 심오한 영적 체험들이 이루어지는 것은 우리가 절망하고 있어서가 아니라, 하느님이 돌파구를 찾을 수 있도록 적절히 배려해 주시기 때문인 것이지요.

이 말은 하느님이 우리에게 고통을 주고 싶어 하신다는 뜻이 아닙니다. 오히려 우리 내면의 방어벽이 무너질 때, 우리의 궁극적인 유대가 드러난다는 뜻입니다. 즉, 사람이 가진 약한 부분은 우리가 하느님에 대한 우리의 열망을 체험할 수 있는 또 하나의 길이 됩니다.

우리 가운데 많은 이들이 겪었던 마음을 채우고 싶은 열망, 일상에서 깨닫는 열망, 특별한 체험으로 깨닫는 열망, 희열의 순간을 통한 열망, 명확성에서 오는 열망, 하느님을 따르고자 하는 열망, 성스러움을 향한 열망, 약함을 통해 체험하는 열망 등은 모두가 하느님을 지향하는 우리의 타고난 욕망을 자각하는 방법이 됩니다.

누구든 어느 때든 어떤 방법을 통해서든지, 우리는 하느님을 향한 자신의 열망을 알 수 있습니다. 그뿐만 아니라, 우리가 하느님을 찾는 것과 하느님이 우리를 찾는 것이 동일한데, 그 이유는 이 열망의 표현들 모두가 하느님을 자신의 근원이자 목표로 삼기 때문입니다.

즉, 하느님께 향하는 길의 출발점은 하느님이 우리 안에 이러한 열망을 심어 주셨다는 점뿐만 아니라, 우리가 하느님을 찾는 것과 똑같은 방법으로 하느님도 우리를 찾으신다는 점을 믿는 것입니다.

이것이 바로 '찾는 이'라는 놀라운 하느님의 모습입니다. 신약 성경에서 예수님은 이 이미지를 자주 사용하셨습니다(루카 15,3-10 참조). 예수님은 하느님을 백 마리 양 가운데 한 마리를 잃어버리고 아흔아홉 마리를 놓아둔 채 잃은 양 한 마리를 찾아 나서는 목동에 비유하셨습니다. 또는 은전 한 닢을 잃어버리고 온 집 안을 쓸어 가며 찾는 여인에 비유했습니다. 바로 이것이 찾아다니시는 하느님입니다.

제가 좋아하는 이미지는 이슬람 전승에서 나오는데, 여기에서는 우리가 신을 찾는 것보다 신이 우리를 더 찾는 것으로 나와 있습니다. 이슬람교 학자들은 제2경전인 하디스에 나온 글을, 신이 예언자 마호메트에게 계시한 성스러운 말씀으로 해석하고 있습니다.

"그리고 만일 나의 종이 내게 한 뼘만큼 더 다가온다면 나는 그에게 한 팔만큼 더 다가가고, 만일 그가 내게 한 팔만큼 더 다가온다면 나는 그에게 한 길만큼 더 다가가며, 만일 그가 내게로 걸어온다면 나는 그에게 달려가겠다."

하느님은 우리와 함께 계시고자 하십니다. 또한 우리와 관계를 맺기를 열망하십니다.

3. 만나고자 하는 갈망

제가 예수회 수련원에 들어갔을 때, 하느님과 관계를 맺는다는 것이 무슨 뜻인지 몰라 당황스러웠던 적이 있습니다. 예수회에 들어온 수련자들은 그 말을 무척 자주 듣게 됩니다. 하지만 저에겐 늘 의문으로 남았습니다.

내가 하느님과 관계를 맺으려면 어떻게 해야 하는 것일까? 대체 그것이 어떤 의미일까?

제가 했던 가장 큰 오해는 하느님께 접근하기 전에 자신이 먼저 변화해야 한다고 생각한 것이었습니다. 영성 생활을 막 시작하는 사람들이 그러하듯이, 저도 하느님께 다가갈 자격이 없다고 느꼈습니다. 그래서 기도하려고 노력하는 일이 어리석게 느껴지기까지 했습니다.

저는 이 점을 저의 영적 지도 신부님인 데이비드 도노반 신부님에게 털어놓았습니다. "제가 하느님과 관계를 맺을 수 있으려면 그 전에 해야 할 일이 무엇인가요?" 신부님이 말했습니다. "아무것도 없다네. 하느님은 자네가 있는 그 자리에서 자네와 만나신다네."

이것은 답답한 제 마음을 시원하게 해 주는 조언이었습니다. 하느님은 우리가 회심하거나 성장하기를 끊임없이 북돋워 주십니다. 물론 우리가 불완전하고 때로는 죄 많은 사람일지라도, 하느님은 지금 우리의 모습 그대로 우리를 사랑하십니다. 인도의 예수회원 앤서니 드 멜로 신부가 말했듯이 우리가 변해야만 하느님이 우리를 사랑하시는 것은 아닙니다. 이냐시오 성인의 《영신수련》 제1주간에 제시되는 중요한 통찰 가운데 하나도 이것입니다. 우리는 불완전한 상태에서도 사랑을 받는다는 것이지요. 하느님은 '이미' 우리를 사랑하고 계시기 때문입니다.

그리스도인들은 신약 성경에서 이 점을 명확히 확인할 수 있습니다. 예수님은 사람들에게 회심하여 죄를 멀리하고 이전과 다른 삶을 살라고 자주 권고하시며 그들이 그렇게 될 때까지 기다려 주셨습니다. 예수님은 만나는 사람마다 그들과 관계를 맺으셨지요. 예수님은 그들이 있는 자리에서, 있는 모습 그대로의 그들을 만나십니다.

하지만 이것을 다른 관점으로 이해할 수도 있습니다. 하느님이 지금 우리와 관계를 맺고자 바라시는 것뿐만 아니라, 우리와 관계를 맺는 방식을 우리의 상황에 맞게 맞춰 주신다는 것입니다.

다시 말해, 우리가 다른 사람과의 관계에서 행복을 발견하고 있다면, 하느님은 바로 그런 관계를 통해 만나고자 하십니다. 만일 부모로서의 역할이 있는 사람에게는 하느님이 아들이나 딸, 또는 손자나 손녀를 통해 만나실 수도 있다는 이야기지요.

며칠 전에 만난 한 사람이 하느님이 자신에게 힘든 시련의 시간을 주셔서 감사드린다는 이야기를 했습니다. 제가 그에게 어디에서 하느님을 만나게 되었는지 묻자, 그는 환하게 웃으며 이렇게 말했습니다. "저의 자녀들에게서죠." 그는 일단 어디를 바라보아야 하는지를 분명하게 알고 있었기에 하느님을 쉽게 찾아낼 수 있었던 것입니다.

자연에서 기쁨을 느낀다면 바다에서, 하늘에서, 숲에서, 그리고 들판과 시냇물에서 하느님을 찾아보십시오. 세상과 관계를 맺고 있다면 지금 하고 있는 일에서 하느님을 찾아보고, 예술에서 즐거움을 얻는다면 미술관, 음악회, 영화관에 가서 하느님을 찾아보십시오. 하느님은 어디에서나 우리와 만나실 수 있습니다.

저와 가장 친한 예수회 신부 중에서 교정 사목을 담당하는 조지라는 친구가 있습니다. 조지 신부는 최근에 보스턴 교도소에서 재소자들을 대상으로 영신수련을 시작했는데, 그곳에서 경험한 이야기를 저에게 들려주었습니다.

얼마 전에 재소자 한 사람이 조지 신부를 찾아와 한 녀석의 얼굴을 갈겨 줄 참이었는데 별안간 하느님이 자기에게 좀 더 생각해 볼 '약간의 시간'을 주셨다는 느낌이 들었다고 말했습니다. 그러면서 폭력에 대항하기로 결심했다는 말까지 덧붙였지요. 바로 하느님이 감옥에 갇힌 한 재소자를 만나신 것입니다.

가장 작은 것에서 은총을 찾자.
그러면 가장 큰 것을 소망하게 되고,
그것이 이루어지는 것을 믿는 은총을 함께 얻게 되리라.

― 예수회원 베드로 파브르 성인

하느님은 우리가 이해할 수 있는 방법으로, 또 우리에게 의미 있는 방법으로 우리와 만나십니다. 때로는 너무나 개인적이고 다른 사람들에게 설명하기 힘들 정도로 자신에게만 딱 들어맞는 방법으로 만나기도 하시지요. 하느님은 우리가 이해할 수 있는 방식으로 우리에게 다가오십니다. 저는 이러한 하느님의 방식을 예수회 수련자 양성 기간 중에 경험했습니다. 저는 그 기간 중에 케냐의 나이로비에서 두 해를 보내며 예수회 난민봉사단과 함께 일했지요. 그곳에서 도시에 정착하여 자급자족하고자 작은 사업을 시작한 동아프리카 난민들을 도왔습니다. 미국에 있는 친구들이나 가족들과 단절된 채 그곳에서 생활하기 시작했을 때, 저는 가눌 길 없는 외로움을 느꼈습니다. 그렇게 몇 달을 힘들게 일하고 나자 전염성 단핵증이란 병에 걸렸고, 몸을 회복하기까지 꼬박 두 달이 걸렸습니다. 일종의 시련기였던 셈이지요.

다행히도 저는 마음씨 좋은 사람들과 함께 일했는데, 그중에는 '우타'라는 독일 여성이 있었습니다. 가톨릭 신자인 그녀는 동남아시아 난민 사업을 이미 해 본 터라 그 분야에 풍부한 경험을 갖고 있었습니다. 제가 건강을 회복하고 난 후에 사업은 점점 번창했고, 시간이 흘러 저희의 도움으로 세워진 난민들의 사업장은 어느덧 20여 개가 되었습니다. 여기에는 봉제 가게와 작은 식당들, 빵집 하나와 작은 양계장 하나까지 포함되어 있었지요. 또한 나이로비 안에 마구잡이로 생긴 빈민가에 난민들의 수공예품을 판매하는 가게도 열었습니다.

그러나 기운 없이 병상에 누워 있을 때는, 내가 왜 이곳에 온 걸까 하는 의구심이 들기도 했고, 귀국해야 하는 건 아닐까 하는 고민도 했습니다. 또 어느 날은 내가 무슨 일을 해낼 수 있을지 난감했지만, 동아프리카 전역에서 온 난민들과 분주하게 일하고, 활기차게 가게를 운영하면서 지금껏 경험해 본 적이 없는 행복과 자유를 느낄 수 있었습니다. 정말 특별한 방향 전환이었습니다. 비록 힘든 날들이 많았지만, '내가 이 일을 이 정도로 엄청나게 좋아하고 있다니 믿을 수가 없군.' 하고 생각한 날들도 많았습니다.

하루는 가게에서 나와 집으로 걸어가고 있었습니다. 빈민가 끝자락에 있는 한 교회에서 시작한 길고 좁다란 갈색 길을 걸어갔지요. 그 길은 넓은 계곡이 내려다보이는 언덕으로 이어졌고, 거기서부터는 커다란 이파리를 펄럭이는 바나나나무들과 무성한 고무나무들, 주황색 원추리 꽃들, 키가 큰 야생 토끼풀들로 이루어진 잡목림이 펼쳐졌습니다. 그 끝에는 다시 옥수수 밭으로 이어지는 울퉁불퉁한 길이 나 있었습니다. 골짜기로 내려가는 길에 저마다 자신의 자그마한 땅에서 말없이 일하는 사람들 곁을 지났는데, 그들은 제가 지나가자 고개를 들고 소리를 내어 제게 아는 척을 했습니다. 반짝이는 무지개 빛깔의 태양새들이 키 큰 풀잎 끝에 올라앉아 부르는 노래를 들으며 허름한 다리를 건너 강의 반대편으로 넘어갔습니다.

저는 맞은편 언덕을 오르다가 뒤를 돌아보았습니다. 오후 다섯 시 무렵임에도 적도의 뜨거운 태양이 푸른 계곡 위로 활활 타오르며 좁은 갈색 길과 강, 사람들, 바나나나무들과 무성한 수풀을 환하게 비추고 있었습니다.

그 순간 갑자기 엄청난 행복감이 밀려왔습니다. '이곳에 있으니 정말 행복하구나.'라는 생각이 든 것입니다. 고독과 질병, 그리고 갈

등을 지나고 나니, 비로소 제가 있어야 할 자리에 있다는 느낌이 들었습니다.

그것은 실로 놀라운 경험이었습니다. 이렇듯 하느님은 제가 있는 바로 그 자리에서 육체적으로, 정서적으로, 지성적으로 말을 걸고 그날 제게 필요한 체험을 제공하고 계셨습니다.

그 체험은 일상에서 깨닫는 열망이었을까요? 특별한 체험으로 깨닫는 열망이었을까요? 희열의 순간을 통한 열망이었을까요? 명확성에서 오는 열망이었을까요? 딱히 하나로 설명하기 어렵습니다. 어쩌면 이 모든 것에 해당할지도 모르지요. 하지만 당시에 제가 있던 곳에서 경험했던 그 시간은 특별한 의미를 가지고 있었습니다.

하느님은 우리가 이해할 수 있는 방식으로 우리에게 말씀하십니다. 하느님은 이냐시오 성인이 몸이 아픈 상태, 그렇지만 비교적 귀를 기울일 마음가짐이 되어 있던 회복기에 성인과 소통을 시작하셨습니다. 저의 경우를 생각해 보면, 하느님은 나이로비에서 그날 그 작은 골짜기의 정경을 통해 제게 말씀하셨습니다.

또한 하느님은 어느 때나 전혀 예상하지 못한 뜻밖의 장소나 상황에서 우리와 만나실 수 있습니다. 하느님을 체험하기 위해 완벽하게 체계적인 일상생활이 필요한 것은 아닙니다. 또 우리의 영적인 집이 깨끗해야만 하느님이 들어오시는 것은 아닙니다.

복음서를 봐도, 예수님은 바쁘게 살아가는 이들의 삶 가운데로 그들을 찾아가십니다. 베드로는 호숫가에서 그물을 손질하고 있었고, 마태오는 세금을 걷는 세관에 앉아 있었습니다.

또한 예수님은 더없는 곤경에 처한 사람들과 마주치는 경우도 많았습니다. 간음한 여자는 돌에 맞아 죽을 판이었고, 어떤 여자는 여러 해 동안이나 병을 앓고 있었으며, 악령에 들린 사내는 제정신이 아니었습니다. 하느님은 저마다 바쁘거나 힘들거나 불안하거나 겁에 질린 사람들에게, "네가 나를 만날 마음가짐이 되어 있다면, 나는 언제라도 너를 만나겠다."라고 말씀하고 계신 것입니다.

만일 우리가 있는 자리에서 하느님을 만난다면, 그 자리가 바로 하느님을 만나 뵙는 자리가 됩니다. 우리의 생활이 안정되거나, 자녀들이 출가하거나, 완벽한 집을 찾거나, 지병이 나을 때까지 기다리지 않아도 됩니다. 또한 죄가 많은 삶을 청산하거나, 조금 더 종교적인 사람이 되거나, 보다 온전히 기도를 바칠 수 있을 때까지 기다릴 필요도 없지요. 우리는 그 무엇도 기다릴 필요가 없습니다.

왜냐하면 하느님이 지금 준비되어 계시기 때문입니다.

제4장

하느님을
찾는 방법

제4장

하느님을 찾는 방법
하느님을 바라보는 기도, 성찰

    이냐시오 성인과 그분의 동료 성인들에게, 하느님을 찾는다는 것은 그들의 삶에서 하느님이 이미 활동하고 계신 곳을 주시한다는 것을 의미합니다.

    우리는 앞서 이야기한 상황처럼 인생의 결정적인 순간들뿐만 아니라, 하느님의 현존을 쉽게 간과하게 되는 일상적인 상황에서도 하느님을 알아볼 수 있습니다. 하느님은 우리가 날마다 당신의 초월적인 면모를 체험할 수 있도록 끊임없이 우리를 초대하십니다.

    하느님을 찾는다는 것은 곧 하느님을 바라보는 것이라는 통찰은 두 가지 방식으로 하느님을 찾는 이들을 도와줍니다.

첫째로, 사람들이 하는 탐구를 올바른 길로 인도해 줍니다. 앞서 언급했듯이, 발터 부르그하트는 '기도란 실재를 꾸준한 사랑스러운 눈길로 바라보는 것이다.'라고 정의했습니다. 대부분의 사람들에게 실재를 관상하는 것은 신의 초월성 같은 추상적인 개념을 파악하고자 애를 쓰거나 복잡한 철학적 증명을 위해 고심하는 것보다 한결 쉬운 길입니다.

그렇다고 해서 지성의 길이 지니는 호소력을 부정하는 것은 아닙니다. 뛰어난 신학자이자 추기경인 미국 최초의 예수회원 에이버리 덜레스 추기경은 1946년에 출간된 자신의 저서 《은총에 대한 감사A Testimonial to Grace》에서 그리스 철학 덕분에 종교에 눈을 뜨게 되었으며, 이를 통해 세상을 질서 정연한 유기체로 바라보게 되었다며 이렇게 썼습니다. "덕행에 대한 플라톤의 이상은 내 개인의 철학에 커다란 영향을 주었다."

그 누구보다 합리적이었던 에이버리 덜레스 추기경은 철학적인 새로운 개념을 자연계와 연결시키면서 마침내 하느님을 인정하기에 이르렀습니다. 추기경이 직관으로 깨우친 그 깨달음은 하버드 대학교 졸업반일 때 케임브리지에 있는 찰스 강을 거닐다가 어린 나무를 보고 얻게 된 것입니다. 철학적 이론과 증거들에 비하면 하잘것없어 보이는 '어린 나무' 한 그루에서 문득 깨달음을 얻은 것이지요.

'어린 나무'의 연약한 나뭇가지에는 이제 막 어린 새싹들이 올라오고 있어서 봄이 오고 있음을 느낄 수 있었다. 내가 그 나무를 관찰하고 있을 때, 문득 이 순결하고 유순한 작은 새싹들에서 내가 전혀 알 수 없는 어떤 법칙을 본 것 같은 강한 느낌이 들었다. 그 순간, 신비로운 계시를 받은 것 같았다.

…… 하느님에게서 온 신비로운 법칙은 내가 이제껏 한 번도 경험하지 못했던 것이었다. 그리고 그 법칙은 하느님에게서, 그리고 그분의 인격에서 나오고 있었다.

덜레스 추기경이 그 나무에서 얻은 깨달음처럼, 성찰을 찾는 이들에게 깊이 바라보는 것이 중요한 두 번째 이유는 깊이 바라보다 보면 삶이 이미 하느님의 현존에 에워싸여 있음을 깨닫게 되기 때문입니다. 우리가 일단 주위를 돌아보고 하느님을 믿을 기회를 갖게 되면, 우리는 자신의 삶에서 일하시는 하느님을 쉽사리 알아볼 수 있게 됩니다.

당연히 이 지점에 이르면 "그래 좋아. 그런데 내가 이걸 어떻게 하지?" 하는 의문이 생길 수 있습니다. 그리고 그 의문에 이냐시오의 길이 도움이 될 것입니다.

1. 양심 성찰

이냐시오 성인은 신자들이 각자의 삶에서 하느님을 찾을 수 있도록 기도 하나를 만들어 《영신수련》에 넣었습니다. 사실 이 기도는 유사한 유형의 기도가 이미 존재하고 있었던 만큼, 이냐시오 성인이 대중화했다고 보는 것이 더 정확할 것입니다. 성인은 이 기도를 '양심 성찰'이라고 불렀습니다. 그러면서 예수회원들이 매일 어쩔 수 없는 상황에 놓여 다른 기도는 바칠 수 없더라도 이 기도만은 반드시 바쳐야 한다고 권고했습니다.

신자들은 오늘날에도 이 기도를 여러 가지 이름으로 바치고 있습니다. 영적 지도자이자 작가인 예수회원인 조지 아셴브레너는 '양심'이라는 단어가 주로 자신의 죄에 초점을 맞추도록 밀어붙이는 편협한 도덕주의 같은 느낌을 주기 때문에 '양심' 대신 '의식'이라는 말을 써야 한다고 주장했습니다. 그리하여 '의식 성찰'이라는 용어를 대중화했습니다(스페인어나 이탈리아어에서는 하나의 낱말이 '양심'과 '의식' 모두의 의미를 갖고 있습니다). 많은 예수회원들은 이 기도를 원래의 스페인어 명칭대로 그냥 '성찰'이라고 부릅니다. 우리는 이 기도를 드리며 하느님 현존의 표지를 찾아 하루를 돌아보고 성찰하게 되기 때문입니다.

성찰은 다섯 가지 단계로 이루어진 간단한 기도입니다. 이 기도는 잠자리에 들기 전에 한 번 바칠 수도 있고, 정오와 저녁에 한 번씩 바칠 수도 있습니다.

이냐시오 성인의 기도를 바칠 때는, 먼저 준비 기도를 하며 하느님의 현존을 의식하고, 그분의 은총을 구합니다. 의식적으로 하느님을 당신 곁으로 초대하고 당신이 하느님의 현존 안에 있음을 스스로 되새기는 방법이지요.

성찰의 첫 번째 단계는 하느님께 받은 은혜에 대해 감사를 드리는 것입니다. 하루 동안 당신에게 일어났던 좋은 일들을 떠올리고, 이냐시오 성인의 조언대로 어떤 은혜든지 하느님께 감사드립니다. 이것이 꼭 필요한 첫 번째 단계입니다. 영성학자로 유명한 데이비드 플레밍이 최근에 제게 보낸 편지에서 이렇게 말했습니다.

"이냐시오 성인은 성찰을 자신에게 초점을 맞추는 데 그치지 않고, 나아가 하느님께 이끌어 주는 기도로 보았네. 성찰이 하느님께 감사드리는 것으로 시작하는 이유가 여기에 있다네. 이것은 단지 성찰이나 막연한 자기반성이 아니라네. 이것은 하나의 기도 방법이자, 하느님과 함께 자리하는 방법이지."

이냐시오 성인이 말한 은혜는 아주 넓은 의미를 지니고 있습니다. 갖가지 기쁜 소식, 배우자와 함께하는 다정한 순간, 직장에서 중요한 사업을 성사시키는 일 등은 명확한 은혜라고 할 수 있지요. 하지만 비교적 명확하지 않은 것들도 있습니다. 예를 들어, 추운 한겨울에 포장된 도로 위로 햇살이 따스하게 내려오는 광경을 바라보며 경이로움을 느끼는 일, 점심으로 먹은 샌드위치가 아주 맛있다고 느끼는 일, 자녀를 돌보느라 피곤한 하루를 보냈지만 한편으로 커다란 보람을 느끼는 일 등이 여기에 해당합니다.

이냐시오 성인은 겉보기에는 아무리 하찮아 보이는 일이라도 가만히 바라보면 감사드릴 이유가 무척이나 많다고 했습니다. 우리는 이런 것들을 떠올리며 감상하고 음미하면 됩니다.

음미하는 일은 조급하게 서두르며 사는 우리의 삶을 치유하는 해독제가 됩니다. 우리는 속도와 능률, 생산성을 중요시하는 분주한 세상에서 살고 있습니다. 대개 눈앞에 어떤 상황이 벌어지면 바로 다음 작업을 서두르곤 하지요. 결국 삶은 끝없는 작업의 연속이며, 우리의 하루는 할 일들을 나열한 목록이나 다름없게 됩니다. 결국 우리는 '존재 자체로서의 인간'보다 '행동하는 인간'이 되는 것이 더 가치가 있다고 생각하게 되지요.

음미는 이러한 우리 삶의 속도를 늦추어 줍니다. 우리가 보았거나 행동한 것들의 목록을 만들기 위해 우리 삶을 되돌아보는 것이 아닙니다. 오히려 그것을 마치 정성을 들여 만든 음식의 맛을 즐기듯이 음미하는 것입니다. 우리가 잠시 일을 멈추고 우리의 삶을 천천히 바라보며 즐길 때, 하느님을 향한 깊은 감사가 나오고, 매일매일에 숨어 있는 기쁨들을 찾을 수 있습니다. 앤서니 드 멜로 신부도 "당신이 감사하는 모든 것은 거룩해진다."라고 말했습니다.

성찰의 두 번째 단계에서는 하느님께 자신의 죄를 알아보는 은총을 청합니다. 다시 말해, 예전에는 외면했던, 하느님께로 인도하는 부분을 자신의 내면에서 알아볼 수 있도록 은총을 청하는 것입니다. 이때 우리는 어떤 때 올바르지 못한 판단을 했는지, 언제 내면에서 들려오는 하느님의 음성이나, 마음속에 일렁이는 거룩한 사랑에 어긋나는 행동을 했는지를 돌아보게 됩니다. 어쩌면 회사에서 같이 일하는 한 동료에 대한 비난이 섞인 대화에 동참하여 부정적인 감정을 표현했을 수도 있습니다. 혹은 가정이나 직장에서 다른 사람을 무시했을 수도 있고, 곤경에 처한 누군가를 외면했을 수도 있습니다.

우리가 죄를 성찰하는 것이 가톨릭교회에서 죄의식을 강조하는 것 같아서 부정적으로 보일 수도 있습니다. 또는 별로 바람직한 결과를 주지 못하는 것처럼 보일 수도 있지요. 하지만 우리는 죄를 의식한다는 의미를 과소평가하고 있는지도 모릅니다. 우리가 잘못을 저지르면 이를 바로잡을 마음이 생기도록 유도하는 양심의 목소리는 우리를 보다 깊이 사랑하고, 보다 궁극적인 행복으로 이끌어 주는 목소리입니다. 초창기 예수회원의 한 사람인 베드로 파브르 성인은 자신의 일기에서 자신의 죄에 관해 이야기하면서 자신이 지은 죄를 후회하도록 이끄는 이 목소리를 '믿을 수 있는 선한 영'이라고 불렀습니다.

제가 신학교를 다니던 시절, 윤리 신학 교수였던 제임스 키넌 신부님이 제시한 방법이 자신의 죄에 관해 성찰할 때 도움이 될 것입니다.

키넌 신부님은 신약 성경에서 예수님이 악한 행실을 저지른 사람들을 나무랄 때 일반적으로 더 잘하려고 노력하는 연약한 사람들, 다시 말해 잘못을 바로잡고자 안간힘을 쓰는 이들은 나무라지 않는다는 점에 주목했습니다. 예수님은 변화하려는 마음가짐을 갖고 있는 사람들에게 거듭 손을 내밀고 회심하도록 이끄셨습니다.

그러나 예수님은 하려고만 하면 남을 도울 수 있음에도 애써 돕지 않는 힘이 있는 사람은 나무라셨습니다. 익히 알려진 성경에 나온 착한 사마리아인의 비유에서, 불쌍한 사람 곁을 지나가던 사람들은 그를 충분히 도울 수 있음에도 애써 도우려 하지 않았습니다. 키넌 신부님은 예수님이 노력하지 않는 태만을 죄라고 보셨다고 생각했습니다.

이러한 통찰은 우리가 하루를 지내며 하느님의 초대에 응하지 못한 부분을 알아내는 데 도움을 줄 수 있습니다. 자신이 어느 부분에서 노력하지 않는지, 또 어느 부분에서 더 사랑할 수 있었는데도 그렇게 하지 않았는지 생각하게 하지요. 어쩌면 우리의 작은 관심이 필요한 친구나 다정한 안부 전화 한 통을 바라는 아픈 친척을 외면했을 수 있습니다. 우리가 할 수 있었음에도 하지 않았다는 것은 그렇게 하기 위해 노력하는 일에 태만한 것입니다. 이것이 바로 신학자들이 말하는 이른바 '태만의 죄'에 대해 묵상하는 새로운 방식입니다.

성찰에 관한 권고

하루에 두 번, 아니면 적어도 한 번은 특별 성찰을 하십시오. 또 절대로 성찰을 빠뜨리지 않도록 주의하십시오. 그리고 다른 사람의 착한 양심을 강요하지 말고 자신의 착한 양심을 위해 힘쓰도록 하십시오. 자기 자신에게 선하지 않은 사람이 어떻게 다른 사람들에게 선할 수 있겠습니까?

— 예수회원 프란치스코 하비에르 성인

아직도 자신의 죄를 되돌아보는 것이 그리스도교 신앙이 지니고 있는 나쁜 고정 관념에서 비롯된 것이라고 생각할 수 있습니다. 하지만 자신의 죄나 올바른 일을 하지 못한 무능력을 스스로 인정하며 고백할 수 있다면 우리는 하느님께 더 가까이 다가갈 수 있고, 스스로를 더 사랑하게 될 것입니다. 설령 우리가 제아무리 멀리 뒷걸음질을 친다 할지라도 하느님은 우리가 사랑 안에서 성장하도록 안내해 주시고, 우리에게 필요한 것을 보다 분명하게 알아차리도록 도와주십니다.

이러한 성찰의 두 번째 단계는 우리에게 겸손의 자세를 일깨워 줍니다. 우리가 언제 다른 이에게 잘못하는지 알게 도와주는 것이지요. 따라서 다른 사람들이 우리에게 사랑을 되돌려 주지 못하도록 가로막는 자기 내면의 잘못된 부분들을 제거할 수 있습니다.

그러기 위해서는 우리가 죄의식에 빠지면 안 됩니다. 자신의 죄를 알게 되는 깨달음은 성장을 위한 초대가 될 수 있지만, 한편으로는 올가미가 될 수도 있습니다. 죄의식은 때때로 자신이 하느님의 용서를 받을 수 없다거나 자신이 별로 가치가 없는 존재라고 믿도록 잘못된 방향으로 이끌기 때문입니다. 이것은 하느님과 멀어지는 확실한 표지인 절망으로 이어질 수 있습니다.

우리 모두는 죄와 싸워야 하고 하느님과 다른 이들에게 용서를 구해야 합니다. 그럼에도 불구하고 우리 모두는 하느님의 사랑을 받습니다. 신약 성경에 나온, 아버지가 제멋대로인 아들을 용서할 뿐만 아니라 아낌없이 사랑을 베푸는 '되찾은 아들의 비유'는 이를 잘 드러냅니다(루카 15,11-32 참조). 이냐시오 영성에서도 '사랑받는 죄인'이라는 표현으로 이러한 통찰을 잘 담아내고 있습니다. 죄의식은 목적을 위한 수단이지, 결말이 아닌 것이지요.

하지만 자신의 죄를 아는 것은 영적 성장에 중요합니다. 앤서니 드 멜로 신부가 "당신의 죄에 대해 감사하십시오. 그 죄가 당신에게 은총을 가져다줄 것입니다."라고 말한 이유도 여기에 있습니다.

성찰의 세 번째 단계는 이 기도의 핵심인, 하루를 점검하는 것입니다. 그러려면 우선 "오늘 무슨 일이 있었는가?"를 질문해 봐야 합니다. 우리의 머릿속에서 영화 한 편이 상영된다고 생각해 봅시다. 시작 단추를 누르고 오늘 하루를 훑어보되 처음부터 끝까지, 아침에 일어나서 밤에 잠자리에 들 준비를 할 때까지, 하루를 죽 훑어 나가보는 것이지요. 오늘 무엇 때문에 행복했고, 긴장했으며, 혼란스러웠는지 그리고 무엇 때문에 더욱 사랑할 수 있었는지 떠올려 봅시다. 오늘 본 광경, 소리, 느낌, 맛, 질감, 대화 그 모두를 떠올리면 됩니다. 이냐시오 성인이 말했듯이 자신의 생각과 말과 행동을 되돌아보는 것입니다. 우리가 보낸 하루 동안, 매 순간이 하느님이 현존했던 자리를 들여다보는 창문이 되는 것이지요.

어떤 사람은 "난 특별히 떠올릴 만한 일이 없어."하고 말할 수도 있습니다. 성찰의 훈련 없이는 알고도 놓치는 경우도 많기 때문이지요.

이는 제가 시카고에서 철학을 공부하는 동안 아주 놀라운 방식으로 터득한 경험입니다.

저와 예수회 형제들은 수련기를 끝내고 철학기를 보내면서 사도직도 수행하도록 되어 있습니다. 장상들은 저희가 해야 할 가장 중요한 일은 철학을 공부하는 것이라고 분명하게 각인시켜 주었지요. 그러면서도 예수회가 학문을 연구하는 실질적인 목적은 이냐시오 성인이 학문 연구를 통해 영혼을 돕기 위함이었음을 잊지 않도록 주지시켜 주었습니다.

저는 시카고에 있는 로욜라 대학교에서 철학을 공부하던 1년 차에 도심의 갱 조직원들을 대상으로 하는 봉사 프로그램에서 사도직 활동을 했습니다. 그리고 2년 차에는 예수회 거주지 인근의 저소득층 동네에 자리 잡은 한 지역 복지관에서 사도직 활동을 했습니다.

저는 직장을 다녔던 경험을 활용하여 구직 중인 사람들이 직장을 구할 수 있도록, 이력서 작성부터 채용 정보를 찾는 방법이나 면담에 대비하는 법에 이르기까지 여러 가지 일을 도와주었습니다.

제가 지역 복지관에서 일하게 되었을 때는 이미 갱들을 계도하는 일을 거친 후라서, 복지관의 일이 비교적 쉬워 보였습니다. 그리고 육체적으로도 한결 편안해 보였지요. 1년 차에 갱 조직원들과 함께 일할 때는 두꺼운 옷을 껴입어도 혹독하게 추운 시카고의 추위를 버티며, 공공 주택 공사장에 서서 그들과 이야기를 나누어야 했습니다. 하지만 2년 차에 사회봉사 단체인 하워드 지역 복지관에서 일할 때는 적어도 난방이 잘 되는 실내에서 일할 수 있었습니다.

하지만 갱 조직원을 위한 사도직 활동이 마음을 설레게 하는 면이 있었다면, 복지관에서의 일은 상대적으로 지루해 보였습니다. 그리고 그리스도교다운 특색도 별로 없어 보였지요. 저는 이 복지관에서 친절한 직원들과 즐겁게 지냈고, 제가 가르치는 내용에 흥미를 느끼는 듯싶은 구직자들과도 좋은 시간을 보냈지만, 그럼에도 일 자체는 지루하게 느껴졌습니다. 무엇보다도 의뢰인들이 직장을 찾는 것에 애를 먹고 있었기 때문에 덩달아 저도 싫증과 패배감을 맛보고 있었지요.

복지관에 있을 때 완다라는 이름의 한 여성이 있었는데, 완다는 아주 뚱뚱하고 복장도 늘 단정하지 못했습니다. 그녀의 어려운 경제 사정을 생각해 본다면, 그녀의 외모는 조금도 놀라운 일이 아니었습니다. 그녀는 줄곧 불운한 삶을 살았고, 학력은 고등학교 졸업에 지방의 전문대를 불과 몇 달 다니다가 만 것이 전부였습니다.

하지만 완다는 아주 절실하게 직장을 구하고 있었습니다. 우리는 여러 차례 함께 만나서 그녀의 역량이 돋보이도록 이력서를 작성했고, 신문의 구인란을 샅샅이 뒤졌으며, 면접을 대비한 연습을 하기도 했습니다. 하지만 우리가 힘껏 노력했음에도 완다는 직장을 얻지 못했습니다. 그래서 저는 그녀를 위해 하는 일에 점점 답답함을 느끼기 시작했습니다.

하루는 저의 영적 지도 신부님인 딕 신부님에게 이러한 사실을 털어놓았습니다. 딕 신부님은 이냐시오 영성에 경험이 많은, 쾌활한 중년의 사제였지요. 많은 영적 지도자들이 그렇듯이 무엇이든 이야기할 수 있는 그런 분이었습니다. 심지어 제가 모든 것을 다 털어놓지 않았을 때도 이내 알아차리곤 했습니다. 신부님은 종종 이렇게 질문했습니다. "자네가 하는 사도직에 대해 많이 성찰해 보고 있겠지?"

그런데 사실 저는 그렇지 않았습니다. 지금 제가 가장 우선시해야 하는 일이 공부라 거기에 주로 집중하고 있다고 말했습니다. 성찰할 때는 제가 수업 시간에, 공부 시간에, 공동체에서, 예수회 벗들과 점심과 저녁을 먹으면서 겪은 여러 가지 일들을 세심하게 점검하곤 했습니다. 완다를 비롯한 다른 사람들에 관해 성찰하는 일은 그다음이거나, 아니면 전혀 생각하지 않을 때도 있었지요. 딕 신부님이 말했습니다.

"자네가 그 일을 지루해하는 한 가지 이유는, 자네가 이 일을 기도 중에 하느님께 내보이지 않았기 때문일 수도 있다네."

하지만 저는 즉시 대답했습니다. "아니에요. 그 일이 지루한 건 그저 그 자체가 지루하기 때문이라고요."

딕 신부님은 제가 기도 중에 어떤 것에 거부감을 느끼는 이유는 흔히 성장을 촉구하는 하느님의 부르심에 저항하기 때문이라는 점을 일깨워 주었습니다. 그래서 저는 이튿날 복지관에서 완다를 만나고 난 후 성찰하며 점검할 때 그녀를 기억하리라 다짐했습니다.

그날 밤, 저는 경당에 앉아 성찰을 시작했습니다. 긴 하루를 보낸 저는 수업과 공동체 생활에 관련된 일을 떠올렸습니다. 그런 다음 하루 동안 복지관에서 보낸 일을 생각하는 부분에 이르자, 머뭇거리는 자신이 느껴졌습니다. 그런 거부감이 이상했지만, 애써 그날 만났던 사람들의 얼굴을 떠올려 봤지요. 여러 해 동안 실직 상태로 허덕이고 있는 노숙자의 면도하지 않은 얼굴과 여러 달 동안 직장을 찾고 있는 휠체어를 탄 중년 남자를 떠올렸고, 마지막으로 완다를 생각했습니다.

저는 그날 완다와 한 시간 동안, 어쩌면 영영 기회가 찾아오지 않을지도 모를 면접을 준비했습니다. 기도 중에 갑자기 그녀의 얼굴이 보이면서 진한 슬픔이 밀려들었습니다. 걷잡을 수 없을 정도의 큰 슬픔이었지요. 완다가 처한 여러 가지 사정이 너무나 절망적으로 보였습니다. 마치 제가 한없이 깊은 연민의 늪에 빠진 것 같았습니다. 저도 모르는 사이에 잘 알지도 못하는 누군가를 위해 울고 있던 것입니다.

저는 그다음 주에 제가 얼마나 놀랐는지를 딕 신부님에게 이야기했습니다. 그러자 딕 신부님이 말했습니다.

"아마 자네는 그녀에 대한 하느님의 연민을 느끼고 있었을 거네. 자네가 아니었다면 하느님은 완다를 향한 당신의 소망을 달리 어떻게 전하실 수 있었겠나?"

신부님은 지금껏 함께 일한 사람들에 대해 생각하고 싶지 않은 저항감을 느꼈던 것은 별로 놀라운 일이 아니라고 했습니다. 그리고 덧붙여서 어쩌면 강렬한 감정이 겉으로 드러나는 것이 두려웠기 때문일 거라고 했습니다.

그 후에 완다를 만나자, 성스러운 사람 또는 하느님이 특별히 사랑하시는 사람을 만나고 있는 것 같은 기분이 들었습니다. 물론 하느님은 모든 사람을 사랑하시지만, 특별히 완다에게 도움을 주고 싶으셨던 것 같습니다. 그래서 하느님은 제게 기도를 통해서 비록 작은 일이라도 도와주도록 일깨워 주셨던 것입니다.

이냐시오 성인의 성찰 방법

다음은 이냐시오 성인이 《영신수련》에서 성찰에 관해 이야기한 내용입니다(영신수련, 43).

> **첫째,** 우리 주 하느님께 우리가 받은 은혜에 대해 감사드린다.
> **둘째,** 죄를 알고 떨쳐 버릴 수 있는 은총을 청한다.
> **셋째,** 아침에 일어나서부터 성찰하는 현재까지 시간별로, 혹은 사건별로 헤아려 본다. 먼저 생각에 대해서 그리고 말에 대해서 이어서 행위에 대해서 특별 성찰에서 말한 것과 같은 순서로 한다.
> **넷째,** 잘못한 점들에 대해서는 우리 주 하느님께 용서를 청한다.
> **다섯째,** 그분의 은총으로 이를 개선할 결심을 한다. 주님의 기도로 마친다.

이러한 깨달음은 성찰에서 이 세 번째 단계, 바로 점검의 단계를 통해 사도직에 임하는 저의 태도를 바꾸어 놓았고, 함께 일하는 사람들을 대하는 저의 방식을 바꾸어 놓았으며, 더 중요한 것은 완다를 대하는 저의 방식을 바꾸어 놓았습니다. 이 단계는 제가 단순히 지난 일에서가 아니라 바로 그 순간에 하느님을 찾도록 도와준 셈이었습니다. 마거릿 실프도 자신의 저서인 《하느님 뜻을 찾아가는 여정의 15가지 에피소드》에서 이렇게 말했습니다. "당신은 이전에는 보려고 생각지도 않았던 그곳에서 하느님의 현존과 활동을 찾기 시작하고

있음을 금방 깨닫게 될 것이다."⁴

현재 당신이 무한한 부를 지니고 있더라도,
그 부를 당신이 지닌 믿음과 사랑만큼만 누리게 된다.
따라서 사랑하면 할수록, 갈망하면 할수록, 소망하면 할수록,
그만큼 많이 얻게 된다.

— 예수회원 장 피에르 드 코사드, 《지금 이 순간의 성사》

성찰의 네 번째 단계에서는 우리가 하루 동안 지은 죄에 대해 하느님께 용서를 구하게 됩니다. 가톨릭 신자들은 대죄를 지으면 곧 이어 고해성사를 받아야겠다고 생각하기 마련이지요. 그리고 잘못한 상대방에게 용서를 구하고 싶은 마음이 들기도 합니다.

우리가 죄에 대해 용서를 구하고 진심으로 뉘우친다면 무슨 짓을 저질렀든 우리를 해방시키고, 되찾은 아들의 비유에 나오는 아버지처럼 다시 우리를 따뜻이 맞아들이고자 하시는 하느님의 바람을 체험하게 됩니다. 제가 신학을 공부할 때, 교수님이었던 피터 핑크 신부님은 우리가 고백을 할 때 자신의 약함에 대해 생각하기보다 하느님이 얼마나 선하신가에 중심을 두고 생각해 봐야 한다고 말한 것처

럼 말이지요.

　끝으로 성찰의 마지막 단계에서 우리는 내일 필요한 하느님 도우심의 은총을 청하고, 어떤 기도든 자신이 좋아하는 기도로 마무리하면 됩니다. 이에 대해 이냐시오 성인은 주님의 기도를 권합니다. 그리스도인이 아닌 사람이라면 자신이 가진 나름의 전통에 따른 기도로 마무리할 수 있습니다.

2. 성찰을 실천하기

　이냐시오 성인이 예수회원에게 하루도 빠짐없이 성찰하라고 했지만, 성찰을 맹목적으로 해야 할 필요는 없습니다. 이냐시오 성인이 생각하는 성찰은 감사, 죄의 인지, 점검, 용서, 은총 순으로 진행되는 것이지요. 하지만 예수회원이 이 기도를 바치는 방법은 다양합니다.

　저의 경우에는 먼저 하루를 점검하지 않고서는 지은 죄를 알아차리기가 힘듭니다. 또한 먼저 자신의 죄에 관해 생각한 다음에는 용서를 청하기가 한결 쉽게 느껴집니다. 그래서 저의 성찰은 감사, 점검, 죄의 인지, 용서, 은총 순으로 진행됩니다. 어떤 이들은 여러 단계를 부분적으로 겹쳐서 성찰하기도 합니다. 점검을 하면서 죄를 지은 일이 떠오르면 곧바로 용서를 청하는 것입니다.

성찰은 비단 예수회원뿐만 아니라 모든 이들을 위한 것입니다. 미국에서 가톨릭 노동자 운동을 창시한 하느님의 종 도로시 데이는 《환희의 직분 *The Duty of Delight*》이라는 제목으로 출간된 그녀의 일기에서 성찰에 관해 이야기했습니다. 그녀는 1950년 4월 11일자 일기에서 "이냐시오 성인은 각각 15분씩 두 차례 성찰하기를 절대 빠뜨리지 말라고 말했다."라고 기록했습니다. 그런 다음 자신의 성찰 방법을 소개했습니다.

> 첫째, 하느님께 받은 은혜에 감사드린다.
> 둘째, 명확하게 알아볼 수 있는 은총의 빛을 간청한다.
> 셋째, 점검한다.
> 넷째, 참회한다.
> 다섯째, 결심한다.

도로시 데이는 성찰이 삶에서 오는 소박한 기쁨들을 일깨워 줄 뿐만 아니라 자기 향상을 도모하도록 자극한다고 생각했습니다. 일례로 1973년에 일흔다섯이던 그녀는 "우리는 너무 많은 말을 한다."라고 말했습니다. 자신이 그동안 너무 많이 불평하고 불필요한 말을 늘어놓았다고 느꼈던 것입니다. 또한 그녀는 이렇게 말했습니다. "난 너무 많은 말을 절제해야 한다." 성찰이 그녀를 행동으로 이끈 것입니다.

제가 수련기일 때 영적 지도 신부님이었던 데이비드 신부님에게 들었던 조언처럼, 올바른 기도 방법이란 어디에도 없습니다. 그러니 여러분도 하느님께 더 가까이 이끌어 줄 수 있다고 느껴지는 어떤 방법으로든 성찰 기도를 바치면 됩니다.

하지만 여기에 빠져들기 쉬운 함정이 있습니다. 그저 목록에 있는 대로 성찰하기만 하면 된다는 식으로 수행하는 것입니다. 저를 포함한 많은 예수회원이 이런 함정에 빠지곤 합니다. 바쁜 하루를 보내고 나면 털썩 주저앉아 나름대로 그날 하루를 훑어보며 이것을 했고, 다음에 저것을 했고, 하면서 그저 목록에 있는 대로 성찰하게 되기 십상입니다.

이러한 함정을 피하기 위해 우리가 할 수 있는 일은 하느님과 함께 성찰하고 있다는 점을 명심하는 것입니다. 이 점을 떠올리면 성찰이 꼭 완수해야 하는 의무라는 생각에서 벗어날 수 있게 되어, 보다 경건하고 편안한 성찰을 할 수 있습니다. 때로는 우리가 하느님의 현존 안에 머물고 있다는 사실을 떠올리는 것만으로도 충분한 것처럼 말이지요.

다섯 단계의 성찰

다음은 제가 좋아하는 성찰 방법입니다. 이것은 이냐시오 성인이 《영신수련》에서 제안하고 있는 성찰 방법을 약간 수정한 것입니다.

모든 기도가 그렇듯이, 시작에 앞서 하느님의 현존 안에 있음을 자각하고, 하느님의 도움을 기도로 청합니다.

1. 감사: 오늘 하루 동안 특별히 고마움을 느꼈던 일을 하나씩 떠올리고 감사드립니다.
2. 점검: 그날 일어났던 일을 처음부터 마지막까지 더듬어 갑니다. 이때 하느님의 현존을 느꼈던 자리와 사랑하라는 초대를 받아들였거나 외면했던 자리에 주목합니다.
3. 죄의 인지: 하느님께 죄를 지었다고 생각하는 행동들을 떠올려 봅니다.
4. 용서: 하느님의 용서를 청합니다. 자신의 죄 때문에 상처를 받은 상대와 화해하고자 하는지도 결정합니다.
5. 은총: 내일 필요한 은총과 하느님의 현존을 보다 확실하게 알아볼 수 있는 능력을 하느님께 청합니다.

3. 흔적을 찾는 성찰

성찰은 그 순간보다 후에 되돌아볼 때 하느님이 함께하셨음을 알아보기가 더 쉽다는 통찰을 바탕으로 합니다. 이러한 통찰을 강조하기 위한 이야기 하나를 해 보려고 합니다.

저는 몇 년 전에 《어떻게 하면 하느님을 찾을 수 있는가?*How Can I Find God?*》라는 제목의 책을 편집하면서, 여러 사람들에게 같은 질문을 던져 보았습니다. 그중에는 유명한 사람도 있었고, 그렇지 않은 사람도 있었지요. 저는 약간 대담하게도 예수회 총장인 피터 한스 콜벤바흐 신부님에게도 편지를 보냈는데, 신부님은 무척이나 반갑게도 간략한 에세이를 써서 이메일을 보내 주었습니다. 신부님은 글을 통해 하느님을 찾기 위해 뒤를 돌아보는 수행을 강조했습니다.

콜벤바흐 신부님은 중세 때 공동체에 소속된 수도승들에게 날마다 하느님을 발견하는 일, 하느님을 찾는 일, 하느님을 만나는 일에 대해 거론하던 대수도원장인 아빠스의 이야기를 들려주었습니다. 하루는 어떤 수도승이 아빠스에게 혹시라도 하느님을 만나 본 적이 있느냐고 물었습니다. 저도 궁금해졌습니다. '과연 그는 환시를 보았거나 하느님을 직접 대면한 적이 있을까?'

아빠스는 한참을 말없이 있다가 솔직하게 대답했습니다. 그런 일은 없었다는 것이었습니다. 그렇더라도 탈출기에서 하느님은 모세에게까지도 "내 얼굴을 보지는 못한다. 나를 본 사람은 아무도 살 수 없다."(탈출 33,20)라고 하신 만큼, 전혀 실망할 것이 없다고 말했습니다. 아빠스는 하느님이 모세 곁을 지나가고 나면 모세가 그분의 등을 보게 되리라고 덧붙였지요.

콜벤바흐 신부님의 글은 이렇게 이어졌습니다. "이 아빠스는 자신의 삶을 전체적으로 샅샅이 되돌아봄으로써 삶의 매 순간마다 자신의 곁을 지나가신 하느님의 흔적을 찾아낼 수 있었습니다."

성찰은 우리가 되돌아봄을 통해 하느님을 뵙도록 도와줍니다. 하느님을 찾는 일과 관련해서 콜벤바흐 신부님이 했던 말을 이 성찰에 적용할 수 있을 것입니다.

"이런 의미에서 하느님을 찾는 일보다는 삶의 온갖 상황에서 그분이 우리를 찾으시도록 배려하는 일이 중요합니다. 하느님은 온갖 상황에서 끊임없이 우리 곁을 지나가고 계시며, 일단 그분이 지나가시고 나면 우리가 그분을 알아보도록 허락하십니다."

이렇듯 우리는 자주 삶의 여러 상황에서 하느님께 도움을 청하면서도, 막상 하느님이 도와주실 때는 그것을 인식하지 못하곤 합니다. 성찰은 때로 "하느님이 어째서 내 기도에 응답해 주지 않으시는가?"라는 물음에 답을 얻도록 도울 수 있습니다.

새로운 직장을 다니기 시작하거나, 새로운 학교에 입학했거나, 새로운 도시로 이사해 외로움을 느낀다고 생각해 보십시오. 아마 우리는 하느님께 이렇게 도움을 청할 것입니다. "외롭게 지내지 않도록 도와주세요.", "친구들을 많이 사귀도록 도와주세요."

우리는 보통 극적인 변화를 기대합니다. 다음 날 바로 새 친구가 생기기를 바라는 것이지요. 하지만 그런 일은 쉽게 일어나지 않습니다. 진정한 우정이 순식간에 생겨나지 않는 것처럼 말이지요.

우리에게 이러한 극적인 변화가 일어나기보다는 아주 천천히 사람들과 친분을 쌓아 가게 될 수 있습니다. 어쩌면 우리가 기도하고 난 다음 날 누군가가 다정하게 말을 걸어오거나 도와줄 일이 있는지 물어 올 수도 있지요. 그런데 만일 우리가 오로지 당장 절친해질 친구만을 찾는다면, 누군가가 건네는 친절한 말 한마디처럼 작은 일은 놓치고 지나칠지도 모릅니다. 그럴 때에 성찰은 서서히 일하시는 하느님을 우리가 알아보도록 도와줍니다. 이 말을 하고 보니 제가 좋아하는 하느님의 이미지에 관한 이야기 하나가 떠오르네요.

연세가 지긋한 어느 예수회원이 언젠가 저에게 하느님은 버몬트 주의 작은 마을에 사는 늙은 목수와 비슷하다고 말한 적이 있습니다. 마을 사람들에게 목공 일을 맡기려면 어디로 가야 하는지 묻는다면 그들은 이렇게 말할 것입니다.

"연락할 사람은 딱 한 사람뿐이오. 그는 일솜씨가 뛰어나지요. 그는 신중하고, 빈틈없고, 양심적이고, 독창적이고, 무엇이나 꼭 맞도록 확실하게 작업하고, 당신의 필요에 딱 맞는 작품을 만들어 냅니다. 그런데 단 한 가지 문제가 있어요. 시간이 한없이 걸린다는 것이지요."

성찰을 하면 하느님이 서서히 일하시는 모습을 알아차리지 못하고 놓칠 가능성이 줄어듭니다. 시간이 흐르면서, 우리는 자신의 삶에서 이루어지는 하느님의 활동 방식에 주목하게 됩니다. 어쩌면 우리는 밤마다 성찰하면서 다른 사람들에게 필요한 도움을 줬던 일, 예를 들면 이웃에 혼자 사는 할아버지의 집 청소를 도왔을 때 행복했다는 기억을 떠올리면서 이렇게 생각할 수 있습니다. '참 기분이 좋다. 예전에는 전혀 몰랐는데, 앞으로는 이런 일을 좀 더 자주 하는 게 좋을 거 같아.' 아니면 직장에서 함께 일하는 특정한 사람을 두고 하느님께 감사드리고 있음을 깨달으면서 이렇게 생각할 수도 있습니다. '정말 신기한 일이야. 내가 그의 우정에 얼마나 고마워하고 있는지 그에게 이야기하는 게 좋겠다.'

성찰을 통해 하느님을 찾다 보면 낮 동안에도 하느님을 찾게 될 가능성이 커집니다. 하느님이 어디에 계셨는지, 그리고 지금은 어디에 계시는지 보다 잘 알게 됩니다. 그러다 보면 하느님이 하루의 모든 순간에 활동하고 계심을 점차 깨닫게 되지요. 뒤돌아보며 하느님을 찾다 보면, 바로 눈앞에 계신 하느님을 알아보는 일도 쉬워집니다.

모든 사람에게서 발견하기

사실 '모든 것 안에서 하느님 발견하기'라는 말은 '모든 사람에게서 하느님을 발견한다'는 것을 뜻합니다.

알폰소 로드리게스 성인은 예수회 수사로서 스페인 마요르카 섬에 있는 예수회 대학에서 문지기로 마흔여섯 해를 봉직했습니다. 조지프 틸렌다는 자신의 저서 《예수회 성인들과 순교자들 Jesuits Saint and Martyrs》에서 이렇게 표현했습니다. "그의 임무는 대학에 오는 방문자들을 맞이하고, 방문자들이 응접실에서 기다리는 동안 그들이 만나고자 하는 신부나 학생을 찾아다니고, 메시지를 전달하고, 심부름을 하고, 하소연할 사람이 없어 그를 찾는 병자들을 진심으로 위로하고, 고민에 빠진 이들에게 조언하고, 어려운 이들에게 구호품을 나누어 주는 일이었다."

알폰소 로드리게스 성인은 현재 자신의 상황에서 하느님을 찾는 일에 몰두했습니다. 성인은 "주님, 제가 당신을 알게 해 주십시오. 그리고 제 자신을 알게 해 주십시오." 하고 기도하곤 했습니다. 그리곤

> 초인종이 울릴 때마다 문간을 바라보며 지금 들어오려고 문밖에 서 있는 사람이 바로 하느님이라고 생각하곤 했습니다. 그래서 성인은 초인종이 울리면 문간으로 다가가며 "지금 갑니다, 주님!"라고 말하곤 했던 것이지요.

또한 성찰은 장기간에 걸쳐 하느님의 현존을 관상하는 데도 활용할 수 있습니다. 마거릿 실프는 자신의 저서 《하느님 뜻을 찾아가는 여정의 15가지 에피소드》에서 친척들과 함께 차를 타고 스코틀랜드 시골을 돌아본 여행담을 이야기합니다. 그녀는 여행 중에 "바로 여기가 트위드 강의 근원입니다."라고 말해 주는 어떤 표지를 우연히 발견했다고 합니다. 그녀가 차창 밖으로 지나가는 풍경을 유심히 바라보는 그 짧은 시간에, 보잘것없는 샘에서 시작된 개울 물줄기가 모여 넓어지고 커지더니, 커다란 다리가 놓이고, 어부들이 고기를 잡는 큰 강의 모습이 펼쳐졌습니다. 그녀가 차로 강변도로를 구불구불 달리는 데는 불과 몇 분밖에 걸리지 않았는데 말이지요.

마거릿 실프는 자신의 경험담을 통해 우리에게 삶을 보는 다양한 관점에 대해 생각해 보라고 이야기합니다. 과연 우리가 성찰을 통해 뒤를 돌아보거나, 자신의 삶을 이루고 있는 숨은 요소들을 알아낼 수 있을까요? 우리 삶의 풍경에서 어떤 부분이 물의 흐름을 가로막고 있고, 어떤 부분이 흐름이 원활하도록 도와주고 있을까요?

달리 표현하자면, 과연 우리는 성찰을 이용하여 우리의 삶 전체를 되돌아볼 수 있는가를 묻는 것입니다. 여러분은 이것을 '평생 성찰'이라 불러도 좋을 것입니다.

4. 매일 실감하는 현존

매일 성찰하는 것은 구도자와 불가지론자, 무신론자들에게 특별히 도움이 됩니다. 그들의 경우에는 명칭을 '깨달음의 기도'라고 바꾸어도 되겠지요. 첫 번째 단계에서는 자신과 주변 환경을 의식적으로 살펴봅니다. 두 번째 단계에서는 자신이 감사하게 여기는 일을 기억해 냅니다. 세 번째 단계에서는 그날 하루를 점검하고, 용서를 구하는 네 번째 단계에서는 자신으로 인해 피해를 입은 상대와 화해하기로 결심합니다. 다섯 번째 단계에서는 내일이 더 나은 하루가 되도록 하기 위해 스스로 준비합니다. 그러다 보면 그들은 점차 자기 삶의 사건들을 하느님의 사랑과 현존, 그리고 다른 사람들을 위한 배려와 연결시키기 시작하게 될 것입니다.

저는 몇 해 전에 큰 규모의 단체를 대상으로 성찰 기도를 안내하는 일을 한 적이 있습니다. 그곳에 모인 대다수의 사람들은 그리스도교 영성과 친숙했지만, 이전에 한 번도 기도를 해 본 적이 없는 사람들도 있어서 걱정이 되었지요. 다행히 모든 사람들이 성찰에 열중했습니다. 앞서 언급한 대로 오프브로드웨이 연극을 공연하는 배우들과 함께 일하는 것을 제의받은 것도 바로 이 무렵이었습니다. 연극이 막을 내리고 난 직후에, 저는 그들의 하계 강습회에 초대를 받아 갔습니다. 그들은 그 자리에서 새로운 연극 몇 편을 기획했고, 무대 예술의 다양한 면면들에 관한 강좌를 실시했습니다. 그곳의 '초대 손님' 대다수가 단원들을 상대로 셰익스피어 연극이나, 연기할 때의 목소리나 동작 같은 것들을 강습해 주고 있었습니다.

문득 저는 '내가 내놓을 수 있는 것은 무엇이지?' 하는 생각이 들었습니다. 저에게는 연기 경험이 전혀 없었습니다. 그런데 문득 떠오르는 것이 있었지요. 그것은 바로 성찰이었습니다. 어느 날 오후, 산들바람이 들어오는 무용 연습실에서, 저는 열다섯 명가량 되는 배우와 작가와 감독을 데리고 성찰의 다섯 단계를 이끌었습니다. 그중에는 이전에 묵상을 해 온 이들이 있는가 하면 한 번도 해 보지 않은 이들도 있었고, 하느님을 믿는 이들이 있는가 하면 믿지 않는 이들도 있었고, 하느님을 확신하지 못하는 이들이 있는가 하면 분명하게 확신하는 이들도 있었습니다. 우리는 성찰을 끝내고 나서 어떤 느낌을 받앉는지 이야기를 나누었습니다.

그러던 중에 어느 젊은 배우가 제 마음에 드는 대답을 했습니다. 그는 늘 묵상하는 시간이 힘들고 심지어는 자신이 하느님을 믿고 있는지도 확실히 모르겠다고 했습니다. 하지만 성찰이 끝나고 났을 때 그는 이렇게 말했습니다. "어제 보낸 하루가 그토록 멋진 하루였다는 것을 처음 알았어요."

1938년에 처음 공연된 이래 고등학교 공연 예술 단체들에게 사랑을 받는 손턴 와일더의 희곡 《우리 읍내》의 주제가 바로 이것입니다. 등장인물 중의 한 명인 에밀리는 출산 중에 죽게 되는데, 죽기 전에 그녀는 살아서는 알지 못했던 평범한 일상의 소중함을 회상하며 말합니다. "안녕. 이승이여. …… 맛있는 음식도, 커피도, 새 옷도, 따뜻한 목욕도, 잠자고 깨는 것도. 아, 너무 아름다워 그 진가를 몰랐던 이승이여, 안녕." 마지막으로 에밀리가 눈물을 흘리며 말합니다. "살면서 매 순간마다 자기 삶을 제대로 깨닫는 사람이 있을까요?"

성찰은 우리가 하느님의 현존을 실감하도록 도와줍니다. 저는 여러분이 어제에 주목하도록 권하고 싶습니다. 이 관점에서 하느님의 현존을 실감하는 것은 하느님이 여러분의 삶에서 현존하심을 입증하는 그 어떤 증거보다 뛰어나다고 믿습니다. 이러한 인식이 있으면 여러분은 점차 하느님의 현존을 알아보기 시작하게 될 것입니다.

인도의 예수회원 앤서니 드 멜로 신부가 들려주는 이야기로 성찰에 대한 이야기를 끝맺고자 합니다. 신부는 하느님에 대한 인식을 주제로 하는 여러 가지 놀라운 비유들에 관해 이야기했습니다. 다음은 그중에서 〈바다에서 바다 찾기〉라는 이야기입니다.

"실례합니다." 어린 물고기가 말을 걸었다.

"당신은 나보다 나이가 많으니 어디로 가면 모두들 바다라고 부르는 것을 볼 수 있는지 알려 주실 수 있겠지요?"

나이 든 물고기가 말했다. "바다……? 네가 지금 있는 곳이 바다가 아니면 어디인 것 같으냐?"

"아 여기 말이에요? 여긴 그냥 물이잖아요. 제가 찾는 건 바다라고요, 바다."

실망한 물고기는 바다를 찾아 다시 헤엄쳐 갔다.

앤서니 드 멜로 신부는 이어서 이렇게 말합니다.

"작은 물고기야, 그만 찾거라. 네가 찾으러 다닐 데라고는 어디에도 없다. 넌 그저 잘 보기만 하면 된단다."[5]

제5장

기도의 시작

제5장

기도의 시작
하느님과의 관계

　성찰은 우리의 일상생활에서 쉽게 하느님을 발견하는 방법입니다. 하지만 성찰이 하루를 돌아보게 하고, 우리에게 여러 가지 유익함을 주는 만큼 기도할 것도 많습니다.
　제가 기도에 관해 이야기하는 가장 좋은 방법이라고 생각하는 것은 제가 지나왔던 기도 생활의 초기 단계들을 들려주고 여러분이 스스로 여정을 시작하거나 계속해 나가도록 확신을 불어넣는 것입니다. 저도 나이가 꽤 들고 나서야 기도에 관해 알게 되었던 만큼, 초심자들의 심정을 쉽게 이해할 수 있습니다.
　하지만 사실 우리 모두가 기도의 초심자입니다. 우리와 하느님과의 관계는 시간이 가면서 변하고 끊임없이 새로워지기 때문이지요.

1. 내가 생각하는 하느님

저는 어린 시절에 많은 기도를 바치곤 했습니다. 여덟 살 때는 하느님을 조물주나 전능하신 분이나 지고하신 재판관이 아니라, 모든 일을 이루어 주시고 곤경에서 빠져나오도록 도와 달라고 도움을 청할 수 있는, **위대한 문제 해결사**라고 생각했습니다. 그래서 저는 야구나 트럼펫을 더 잘하게 되었으면 하는 바람이나 수학을 더 잘하게 되었으면 하는 바람 등 이루고 싶은 일들로 걸핏하면 하느님을 찾고는 했습니다.

필요할 때 하느님을 찾는 일은 아이가 부모에게 도움을 요청하는 것만큼이나 자연스러운 일입니다. 사람은 관계를 맺으며 사는 존재이기 때문이지요. 사람은 때때로 어려움에 처하기 마련이고, 그럴 때 도움을 청하게 되어 있습니다.

저는 어린 시절에 주님의 기도와 성모송 같은 암송 기도를 몇 번이고 되풀이하는 방법으로 하느님께 도움을 청했는데, 바라는 소망에 따라 바치는 횟수를 조절했습니다. 받아쓰기 시험을 잘 보고 싶은 날에는 학교로 걸어가는 동안 성모송을 한 번 바쳤고, 어린이 야구 대회 예선을 통과하고 싶다거나 악대에서 트럼펫 독주를 잘할 수 있을지 걱정되는 날은 성모송을 여러 번 바쳤습니다. 무엇인가 바라는 마음이 클수록 그만큼 기도를 더 많이 바쳤던 것이지요.

이렇게 도움을 청하는 기도를 청원 기도라 부르며, 아마 우리 대부분에게 익숙한 기도 형식일 것입니다. 하느님께 우리가 바라는 바를 청하는 것은 아주 자연스러운 일이니까요.

그런데 모든 기도 형식에는 저마다 함정이 있습니다. 청원 기도에도 역시 위험이 따르는데, 우리가 이 기도를 바치며 영성 생활에서 하느님의 자유를 아예 망각해 버리거나, 미신이나 심지어 마술의 영역으로 빠질 수도 있다는 것입니다.

우리가 특정한 기도를, 특정한 방법으로, 정해진 횟수만큼 되풀이할 경우, 마치 하느님을 설득하여 어떤 일이 이루어지도록 만들거나 하느님의 응답을 강제로 받으려는 느낌마저 들 수도 있습니다. 하지만 기도는 어떤 일이 일어나도록 만들기 위해 고안된 주문이나 마술이 아닙니다. 그러나 제가 어렸을 때 바랐던 것은 정확히 그런 것이었지요.

어쩌면 바로 이런 미신에 대한 두려움 때문에, 많은 사람들이 청원 기도를 바칠 때면 죄책감을 느낀다고 제게 토로하는 것이 아닌가 싶습니다. 심지어는 자신이 이기적이라고 느낀다고 말하는 이들도 있습니다. 그들은 "세상에는 나보다 훨씬 더 어려운 사람들이 많은데, 내가 어떻게 하느님께 무엇인가를 청할 수 있겠어요?" 하고 말합니다.

신경 쓰지 마세요

청원 기도에 관한 우스갯소리가 있습니다.

한 남자가 곧 결혼식이 열릴 교회 주차장에서 필사적으로 빈자리를 찾고 있었습니다. 그는 그날 결혼식의 들러리라서 늦으면 큰일이었지요. 급한 마음에 그는 혼신을 다해 기도했습니다.

"하느님, 빈자리 하나만 찾게 해 주시면 남은 생애 동안 주일마다 교회에 나가겠습니다."

별안간 빈자리 하나가 나타났습니다. 그러자 그가 말했습니다.

"하느님, 신경 쓰지 마세요. 제가 방금 자리 하나를 찾아냈습니다."

우리보다 여러 가지로 사정이 더 어려운 사람들이 많은 것은 사실입니다. 그런데 하느님이 이루어 주셨으면 하는 것에 대해 균형 잡힌 시각을 유지하는 것도 어려운 일이지만, 자신이 필요에 의한 기도를 드리지 않는다는 것은 더욱 어려운 일입니다. 제가 아는 한, 하느님께 도움을 청할 필요를 느끼지 않는 사람은 아무도 없기 때문입니다.

저는 하느님도 우리가 무엇이 필요한지 솔직히 털어놓기를 바라신다고 믿습니다. 바로 이것이 하느님과 정직한 관계를 맺을 때 꼭 필요한 부분입니다. 자신이 이제 막 직장을 잃었거나, 방금 의사에게서 심각한 검사 결과를 통보받았다고 생각해 봅시다. 하느님께 큰 소리로 도움을 청하지 않을 사람이 누가 있을까요?

청원 기도는 십중팔구 사람이 자신의 한계를 깨닫자마자 시작되었을 것입니다. 그 형식은 기도, 전례, 제사 등을 통해 다양한 신상, 신, 영에게 호의를 구하는 선사 시대 관습에서 유래했을 수 있습니다. 선사 시대의 청원 기도는 단순히 신과의 관계를 바라는 미숙한 인간의 욕망을 반영하고 있었을지도 모릅니다.

하지만 그렇다고 해서 오늘날의 신자들이 이런 기도 형식을 피해야 한다는 말은 아닙니다. 청원 기도는 유대교와 그리스도교 역사 속에 유서 깊은 계보를 지니고 있으며, 이것은 적어도 시편만큼이나 오래되었습니다. 시편 저자는 "하느님, 비탄 속에서 부르짖는 제 소리를 들으소서."(시편 64,2) 하고 기도했습니다. 구약 성경에 등장하는 거의 모든 주요 인물들이 한 번 정도는 하느님께 도움을 간청했는데, 예언자들 역시 마찬가지였습니다.

하느님과 관계를 맺는 이러한 방식은 신약 성경에서도 이어집니다. 친구들이 조용히 하라고 말했음에도 소리치던 눈먼 걸인 바르티매오를 생각해 봅시다. 예수님은 그에게 "내가 무엇을 해 주기를 바라느냐?" 하고 물으셨습니다. 또한 예수님은 제자들에게 직접 "날마다 저희에게 일용할 양식을 주소서." 하고 기도하라고 가르쳐 주셨는데, 이 또한 소박한 청원 기도입니다.

청원 기도는 우리 일상에서 자연스럽고도 인간적으로 이루어지고 있습니다. 이 기도는 우리가 하느님의 도움을 정말로 간절히 바란다는 것을 나타냅니다. 또한 제가 어린 시절에 했던 기본적인 기도의 방식이기도 하지요.

하지만 그때의 저는 기도가 제 바람과는 달리 이루어지지 않을 수도 있다는 사실은 까마득히 모르고 있었습니다.

2. 기도로 다시 맺는 관계

제 기도가 다른 결과를 가져온 상황은 수도회 입회를 생각하기 시작하던 스물여섯 살에 찾아들었습니다. 그때까지도 저는 여전히 아홉 살에 하던 방식으로 기도를 드렸습니다. 무엇인가 절실하게 필요할 때마다 성모송과 주님의 기도를 바치곤 했던 것이지요.

저는 그해에 성소 담당 신부님인 짐 케인 신부님과 예수회 입회에 대해 처음으로 이야기해 보게 되었습니다. 마흔 줄로 보이는 다정하고 쾌활한 케인 신부님은 제게 신청서를 작성하게 한 후, 다음에 해야 할 일들을 알려 주었지요. 우선 예수회원 몇 사람과 면담을 하고, 여러 사람의 추천서를 받고, 지능과 성격을 진단하는 심리 검사를 받고, 거기에 더하여 개인 지도 피정을 했으면 한다는 이야기였습니다.

'이건 또 뭐지?'

토머스 머튼의 수도원 생활에 관한 글을 읽은 덕분에 나는 피정이 어떤 장소에 들어가서 기도하며 시간을 보내는 것을 의미한다는 정도는 알고 있었습니다. 하지만 개인 지도 피정은 생소한 것이었습니다. 그래서 저는 피정을 성경을 읽게 하는 것쯤으로 생각했습니다. 그럼에도 저는 예수회에 입회하고 싶어서 피정을 하겠다고 동의하며 물었습니다. "이 피정을 위해 며칠이나 시간을 내면 되죠?" 케인 신부님이 말했습니다. "그게 말이야. 8일 동안의 침묵 피정이라네."

'8일이라니!' 저는 속으로 경악했습니다. 사람이 어떻게 8일 동안 기도할 수 있다는 말인가! 저는 피정 기간 동안 어두운 방에서 꼼짝 않고 앉아서 눈을 감고 있는 제 모습을 상상했습니다. 아니면 칙칙한 경당의 불편한 의자에 앉아 있는 제 모습도 생각했지요.

8일이라는 시간도 비정상적으로 보였습니다. 제가 직장을 다니면서 1년 동안 얻는 휴가 일수의 절반이 넘었기 때문이었지요. 더군다

나 침묵이라니. 8일 동안 기도한다는 것은 무척이나 힘든 일처럼 느껴졌습니다. 게다가 그 긴 시간을 침묵으로 보낸다는 것은 아예 불가능한 일처럼 보였습니다.

이튿날 저는 케인 신부님에게 피정을 준비할 수 있도록 일정을 미리 팩스로 알려 달라고 부탁했습니다. 그러자 케인 신부님은 웃음을 터뜨리며 말했습니다. "일정 같은 건 없다네. 그냥 피정이라네."

그 당시를 떠올리면 가장 생생하게 기억나는 것이 제가 사무실에 앉아 케인 신부님의 답변을 들으면서 사회생활을 해 본 사람이라면 누구나 했을 법한 생각을 하고 있었다는 것입니다. '일정이 아예 없다고? 여드레 동안이나? 대체 무슨 집단이지?'

하지만 저는 예전 생활에서 벗어나 예수회에 들어가고자 하는 욕망이 너무도 강력했기 때문에 바로 직장 상사에게 휴가를 신청하고, 매사추세츠 주 웨스턴에 있는 캠피언 피정의 집으로 가서 8일 동안 일정이 없는 침묵의 나날을 보낼 계획을 세웠습니다.

몇 주가 지난 6월 중순에 저는 보스턴 시의 숲이 우거진 교외에 자리한 캠피언 피정의 집으로 떠났습니다. 1926년에 세워진 이 거대한 벽돌 건물은, 원래 예수회 신학생들이 철학과 신학을 공부하던 학교였지만, 이제는 뉴잉글랜드 지역에 거주하는 연로한 예수회원을 위한 병원 겸 피정의 집으로 활용되고 있었습니다. 이곳의 명칭은 16세기에 엘리자베스 1세 여왕이 다스리던 개신교 국가 영국에서 가톨릭 신자들을 대상으로 사목했다는 이유로 순교한 예수회원 에드문도 캠피언 성인에게서 따왔다고 했습니다.

제가 지내게 될 4층의 검소한 방은 제가 예수회원이 되고 나서 봤던 수많은 피정의 집의 방과 똑같이 꾸며져 있었습니다. 1인용 침대 하나, 책상 하나, 의자 하나, 세면대 하나, 흔들의자 하나, 벽에 걸린 십자가 하나. 게다가 그 방은 그해 유난히 무더운 여름 날씨 탓에 지독하게 더웠습니다. 아주 오래된 선풍기 하나가 방안의 뜨거운 열기를 밀어내느라 안간힘을 쓰고 있었습니다. 아침마다 땀을 줄줄 흘리며 눈을 뜨면, 냄비 속에서 익어 가고 있는 칠면조가 된 기분마저 들었지요.

저는 도착하고 얼마 지나지 않아 젊은 예수회원인 론을 만났는데, 그는 자신이 앞으로 지도해 줄 것이며, 길잡이로서 제 기도를 도와줄 것이라고 설명했습니다. 저는 그가 무슨 말을 하는지 알아듣는 척했습니다. 그가 첫날은 자연을 즐기며 보내야 한다고 말하자, 저는 그 말에 무척 안심이 되었습니다. 그건 저도 할 수 있는 일이기 때문이었지요.

이튿날은 제가 예상했던 것보다 더 즐거웠습니다. 일단은 침묵이 그렇게 어려운 것이 아니란 걸 느꼈고, 수도 생활에 발을 들여놓게 되었다는 신선한 기대가 제 안에 생생하게 피어올랐습니다. 저는 성경을 손에 든 채 피정의 집에 대리석으로 된 마룻바닥을 거닐기도 하고, 널찍한 운동장을 산책하며 조용하고 경건하고 겸손한 예수회원이 되어 있는 자신을 상상해 보기도 했습니다. 압박감이 심했던 회사의 분위기에서 6년을 보낸 뒤라서, 잔디밭에 드러누워 책을 읽고 피부를 태우는 일이라면 정말 대환영이었지요.

이튿날 저는 론에게 얼마나 느긋하게 하루를 보냈는지 이야기했습니다. 그러자 론이 물었습니다. "내일은 하느님이 누구신지 생각하는 시간을 잠깐 가져 보는 건 어때요?"

순간, '이건 시험이다!'라는 경고의 음성이 들리는 것 같았습니다. 예수회원들은 지독하게 영리했으니까요. 아니 그렇다고 들었으니까요. 그들은 저의 종교적 소양을 시험하며 훌륭한 사제가 되기에 충분한 사람인지 확인하려는 것이 분명해 보였습니다.

그날 오후에 저는 피정의 집 옆에 붙어 있는 널찍한 잔디밭에 앉아 하느님을 어떻게 표현해야 할지 궁리했습니다.

'내가 생각하기에 하느님은……'

- 창조주시다.
- 사랑이시다.
- 전능한 분이시다.

세 번째 항목이 다른 곳보다 더 튀어 보였지만, 이 목록이 어느 정도 인상적이라고 생각했습니다. 다음 날 오후에 론에게 제 답안을 제시하면서 그가 저의 놀라운 지적 능력을 단단히 인식하게 되기를 바랐습니다. 론은 흔들의자에 살짝 등을 기대며 말했습니다. "좋아요."

이어서 제 목록을 두고 이런저런 이야기를 했지만, 불행히도 저의 날카로운 통찰력에 전혀 감명을 받은 것 같지는 않았습니다. 이윽고 그가 말했습니다. "오늘은 예수님이 누구이신가에 관해 생각하는 시간을 가져 보는 게 좋겠군요."

또 하나의 시험이었습니다. 앞의 것보다 더 교활했지요. 저는 그의 말이 떨어지자마자 그에게 물었습니다.

"그러니까, 예수님은 하느님이십니다……. 내 말이 맞죠?"

저는 론이 예수회원답게(영어로 '예수회원Jesuit'이라는 말에는 엉큼하다는 뜻도 있습니다.) 시험을 잘 빠져나간 저를 칭찬해 주리라고 기대했습니다. 하지만 그는 이렇게 말했습니다. "글쎄요. 그게 맞기는 하지만, 예수님이 당신에게 어떤 분이신지를 생각해 봐요. 당신의 삶에서 말이에요."

점심 식사 후에 저는 부드러운 풀밭에 몸을 쭉 뻗고 누워, 햇살을 받으며 새로운 목록을 떠올렸습니다.

'내가 생각하기에 예수님은……'

- 구세주시다.

- 메시아시다.

- 평화의 임금님이시다.

저는 단 10분만에 끝내고 돌아누워 따뜻한 햇살을 즐겼습니다. 그런데 갑자기 단어 하나가 머릿속에 불쑥 떠올랐습니다. 친구!
'예수님은 친구이시다.'

저는 지금까지 이런 생각을 한 번도 해 본 적이 없었습니다. 누군가가 이런 의미를 제게 암시했던 적도 없었습니다. 혹시 누군가가 이야기를 했다고 해도, 제가 깊은 관심을 갖지 않았을 것입니다.

저는 등을 대고 누운 채 몇 분 동안 구름 한 점 없는 푸른 하늘을 바라보며, 예수님이 저의 친구시라면 어떨지 상상해 보았습니다.

'만일 예수님이 내 친구시라면 내 말에 흔쾌히 귀를 기울이시고, 내가 이룬 일을 나와 함께 기뻐하시고, 내가 슬퍼하는 일을 나와 함께 슬퍼하시겠지. 그분은 내가 더없이 잘 되기를 바라실거야. 그리고 나와 함께 시간을 보내며 내 삶에 대해 듣고 싶어 하시겠지.'

그러자 나자렛 예수님이 실제로 어떤 모습이셨을지 궁금해졌습니다. 물론 미사 때 복음 말씀을 들어왔기 때문에 그분의 삶을 어느 정도 이해하고 있었고, 그분의 기적과 부활에 관해서도 알고 있었지만,

한 인간으로서의 예수님의 모습이 궁금했습니다. 사도들이 예수님과 함께 다닐 때 어떤 기분이었을까요? 그분 곁에서 가르침을 받고 질문에 대한 답변을 듣는 것은 실로 신나는 일이었을 것입니다. 예수님을 이런 식으로 생각하다 보니, 기분이 좋아지고, 위로를 받고, 심지어 가벼운 흥분마저 느꼈습니다. 그때부터 예수님이 저의 친구가 되어 주셨으면 좋겠다는 생각을 하기 시작했습니다.

그러다가 제가 이런 생각을 해야만 하는 진짜 이유가 생각나서, 충실하게 써 나가던 목록으로 되돌아올 수밖에 없었습니다.

'여기에 더해야 할 게 뭐가 있지? 예수님은 또한……'

- 착한 목자시다.
- 심판관이시다.
- 하느님의 어린양이시다(이것이 무엇이든 간에).

다음 날 아침, 론에게 보여 주기 전에 저의 목록을 점검해 본 후, 론을 만나 이야기했습니다. 그는 참을성 있게 제 말에 귀를 기울였고, 그런 다음 이런 표상들에 관해 저와 허물없이 이야기를 나누었습니다. 그렇게 이야기해 보니 어딘가 찜찜한 마음이 들어 이렇게 덧붙였습니다.

"근데요, 어제 정말 재미있는 생각이 떠오르더라구요. 예수님이 친구시라면 어떨까, 이런 생각 말이에요. 그러다가 사도들이 예수님과 함께 시간을 보내는 모습도 상상하게 되었지요. 친구이신 예수님을 생각하니 기분이 좋아지던 걸요. 행복한 느낌이었어요."

그 말을 하는 순간, 갑자기 오싹한 기분이 들었습니다. 론이 자기의 시간을 낭비했다고, 쓸데없는 생각을 했다고 비난할까 봐 조마조마한 마음으로 그의 말을 기다렸습니다. 혹시라도 제가 예수회원이 되기 적합하지 않다고 하면 어쩌지 하고 걱정도 되었습니다.

그런데 론이 흔들의자에 등을 기대며 예수님을 친구로 삼은 기분이 어땠는지 더 이야기해 보라고 했습니다. 제가 한동안 이야기하고 나자 그는 미소를 지으며 말했습니다. "당신이 기도를 드리기 시작했다는 생각이 드는군요."

그 순간, 저는 하느님과 다른 방식으로 관계를 맺을 수 있음을 깨달았고, 해방감을 느꼈습니다. 론의 말은 이것이 기도하는 올바른 길이라거나 잘못된 길이라거나 유일한 길이라는 의미가 아니었습니다. 그보다는 예수님을 친구로 생각하는 것도 일종의 기도가 된다는 말이었지요. 하느님을 생각하고, 그분을 느끼는 것은 좋은 일이라는 말이기도 했습니다. 그리고 기도에 상상력을 발휘하는 것도 좋다는 말이었지요.

론의 말 속에는 다른 의미도 담겨 있었습니다. 예수님을 친구라고 생각하는 것에 매력을 느끼고 자신도 언젠가 이런 우정을 체험할 수 있기를 기대하는 지극히 개인적인 갈망을 통해, 하느님이 자신과 통교하고 계시다는 것을 깨닫게 된다는 의미도 있었지요.

이상하게 들리겠지만, 하느님은 분명히 저와 관계를 맺고 싶어 하셨습니다. 이것은 사실 이제 막 하느님과 가까워지려는 사람에게 중요한 통찰입니다. 하느님은 우리와 통교하기를 열망하시며, 그렇게 하기 위해 온갖 종류의 방법을 활용하십니다.

제2장에서는 우리가 하느님에 대한 갈망을 깨닫는 방법에 관해 이야기했습니다. 저의 경우는 이 피정 동안에 친구이신 예수님이라는 개념에 끌림으로써 그 갈망이 자연스럽게 드러났습니다.

어떤 사람은 이파리 위에 기어가는 이상하게 생긴 곤충을 유심히 관찰하다가, 또 어떤 사람은 모차르트 협주곡에 귀를 기울이다가, 처음으로 강렬한 기도 체험을 할 수도 있습니다. 그리고 이러한 과정 중에 깨닫는 통찰이 이냐시오의 길에 핵심이 됩니다.

3. 기도란 무엇인가

저는 1988년 여름, 캠피언 피정의 집에서 피정을 마친 몇 주일 후에 예수회 수련원에 들어갔습니다. 당시에 수련원은 오래되고 거대한 벽돌로 만든 건물이었습니다. 그 옆은 보스턴 시내의 자메이카 플레인 구역이었는데, 거기에는 벽돌로 지은 웅장한 교회가 서 있었습니다. 자메이카 플레인 구역은 주로 가난한 라틴계 미국인과 아프리카계 미국인 가정들이 모여 마을을 이룬 곳이었습니다. 그 수련원은 지난 수십 년 동안 바로 옆에 붙은 초등학교에서 아이들을 가르치던 수녀들이 수녀원으로 사용했던 곳이었지요. 그러다 보니 공동으로 쓰는 방들은 엄청나게 큰 반면에, 침실은 침대 하나와 책상 하나가 간신히 들어갈 만큼 아주 작았습니다. 어떤 수련자는 농담 반 진담 반으로 "사람은 넓은 방에 있어야 마음도 넓어지는데, 여긴 너무 좁잖아."라고 말하기도 했습니다.

수련원에서 보낸 처음 한 달은 정말 행복했습니다. 저는 예수회원이 된다는 사실이 무척 기뻤기 때문에 곧바로 매일의 일정에 편한 마음으로 임할 수 있었습니다. 이 일정에는 예수회 역사와 영성을 공부하는 일과 의무적으로 수련원 바깥에서 사도직 활동을 하는 일도 포함되어 있었지요. 그해 가을, 제게는 중환자들이 입원한 병원에서 일하는 직무가 주어졌습니다.

아울러 일정에는 기도도 많이 바치게 되어 있었습니다. 오전 일곱 시에 공동으로 아침 기도를 바치며 하루를 시작했는데, 토요일과 일요일 이외에는 매일매일이 똑같았습니다. 토요일 오전에는 수련원 대청소를 했고, 일요일에는 가까운 성당으로 가서 미사에 참례했습니다.

아침기도는 전통에 따라 수련자 중에서 한 사람이 인도했는데, 형식은 다양했습니다. 어느 날은 성경에 나오는 시편과 말씀들로 이루어진, 가톨릭 사제들과 수도자들을 위한 시간 전례로 바쳤습니다. 또 어떤 날은 아침 기도를 좀 더 간략하게 하여 수련자가 짤막한 시편을 선택하고 조용한 묵상 시간을 더 늘리기도 했습니다. 많은 수도원에서 하듯이 시편은 음송 형식으로 바쳤는데, 양쪽에서 주고받곤 했습니다.

저는 일찍 일어나는 것은 너무나 싫어했지만, 이곳 경당의 맑은 창문으로 쏟아지는 아침 햇살과, 그 따스한 햇살 아래에서 공동체 사람들과 함께 기도하는 시간은 좋아했습니다. 비록 햇살이 쏟아져 들어오는 날이 많진 않았지만, 아침 기도는 남은 하루에 집중할 수 있게 해 줄 만큼 유익했습니다.

오후 다섯 시가 되면 교회의 핵심 기도라 할 수 있는 미사에 참례했는데, 수련원에 있는 사제들 가운데 한 사람이 집전했습니다. 저는 이 시간을 더없이 좋아했습니다. 예수회에 들어오기 전에는 매일매일 미사에 참석해 본 적이 없었기 때문에 평일 미사를 어떻게 하는 것인지 몰랐습니다. 그래서 이런저런 궁금증이 있었지요. '사람들은 평일 미사 때 무엇을 하는 걸까?', '평일 미사도 주일 미사와 똑같은 걸까?', '성가나 강론은 하는 걸까?', '똑같은 기도를 바치는 걸까?'

나중에 알고 보니, 평일 미사는 주일 미사와 거의 같았지만, 조금 더 간소할 뿐이었습니다. 똑같은 기도가 있었고, 주일 미사와 마찬가지로 강론이 늘 있었고, 성가도 있었지만 많이 부르지는 않았습니다. 우리는 성당에서 흔히 볼 수 있는 긴 의자에 앉는 대신 단순하게 생긴 나무 의자에 앉았고, 사제가 빵과 포도주를 축성하는 성찬례 때에는 나무로 소박하게 만든 제단 주위에 조용히 서 있었습니다.

저는 미사를 할 때마다 그날의 독서와 복음 말씀을 들을 수 있어서 좋았습니다. 제가 제대로 된 종교 교육을 거의 받지 못했기 때문에 성경 이야기들 가운데 귀에 익은 것은 몇 가지 뿐이었습니다. 다른 수련자 대부분이 이집트에 간 요셉 이야기를 알고 있었지만, 저는 전혀 알지 못했지요. 그래서 제게는 말씀 전례가 흥미진진한 소설이나 영화 줄거리를 듣는 것 같은 시간이었습니다.

또한 예수회 성인들의 축일에는 그들의 삶을 소개하며 우리가 그들을 열심히 본받도록 서로 격려했습니다. 새로운 형제들과 미사를 드리면서, 또 함께 기도를 드리면서 이런 이야기를 듣는 것이 얼마나 즐거웠는지요. 가톨릭교회에서는 성인의 축일을 특별한 독서와 기도로 기념합니다. 베드로 사도나 바오로 사도처럼 잘 알려진 성인들의 경우에는 교회 전체가 그날을 기념하지요. 이냐시오 성인과 프란치스코 하비에르 성인 같은 예수회원 성인 몇 분의 축일도 크게 기념합니다.

하지만 대부분의 예수회 성인들의 축일은 예수회 공동체에서만 경축합니다. 이런 날에는 강론을 맡은 회원이 원주민과 함께 일하기 위해 아마존 밀림 속을 파고들거나, 순교할 각오를 하고 영국에서 가톨릭 신자들을 대상으로 사목 활동을 수행하거나, 북미의 프랑스 식민지에서 복음을 전하고자 아메리카 원주민들과 함께 뉴프랑스 강에서 노를 저었던 예수회원들의 이야기 등을 들려주곤 했습니다.

또한 예수회원들은 아침 기도와 미사 외에도, 날마다 한 시간씩 관상 기도를 하게 되어 있었습니다. 저희의 수련장 신부님인 제리 신부님은 자주 말했습니다. "묵상은 최소 한 시간은 해야 해." 이처럼 관상 기도를 통해 하느님과 개별적인 관계를 맺도록 지도를 받았습니다. 하지만 기도는 어떤 것이든 저희가 좋아하는 방식대로 바칠 수 있었지요. 그럼에도 하루가 끝날 때면 어김없이 성찰 기도를 바쳤습니다.

관상 기도와 미사, 성찰을 위한 시간, 그리고 수련원의 여러 회원들의 온갖 격려에도 불구하고, 저는 제 영적 성장에 대해 비관적인 느낌을 받기 시작했습니다. 어쩌면 기도의 초점 때문이었는지도 모르지만, 저는 영적 생활에서 일어날 수 있는 온갖 실수를 걱정하고 있었습니다. 캠피언 피정의 집에서 8일 피정을 하는 동안 얻은 긍정적인 체험에도 불구하고, 저는 제 수련기가 걱정되기 시작했습니다.

'내가 기도를 잘하고 있는지 어떻게 알지? 아니, 내가 기도를 하고는 있는 걸까? 모든 것이 내 머릿속에서 이루어진 것이 아니라는 걸 내가 어떻게 알 수 있지? 기도 중에 하느님이 나와 소통하기를 원하고 계신다는 것을 내가 어떻게 알지? 가장 좋은 기도 방법은 무엇일까? 기도는 어떻게 해야 하는 것일까?'

이런 온갖 혼란스러운 의문들이 점점 하나의 질문으로 수렴되는 듯했습니다.

'기도란 무엇인가?'

기도에 대한 정의는 많습니다. 7세기에 다마스쿠스의 요한 성인이 내린 전통적인 정의에 따르면, 기도는 하느님께 마음과 정신을 들어 올림이며, 하느님께 좋은 것들을 구하는 간청입니다. 이것이 바로 청원 기도이지요. 요한 성인이 말하는 마음과 정신을 들어 올림이라는 표현은 기도가 단순히 머리로만 하는 수행이 아니라, 감정적인 수행이기도 하다는 것을 우리에게 일깨워 줍니다.

하지만 제게는 이 설명이 너무나 일방적으로 보였습니다. 제가 무엇을 노력해야 하는지는 드러나 있었지만, 하느님은 빠져 있었으니까요. 하느님은 무슨 일을 하고 계실지 궁금했습니다. 저의 마음과 정신이 들려 올려지기만을 기다리고 계신 걸까요? 하지만 그저 기다리는 것이 하느님의 역할이라고 하기에는 너무 피동적으로 보였습니다. 예수회원 마크 티보도가 자신의 저서 《안락의자 신비가*Armchair Mystic*》에서 기도의 첫 번째 단계로 꼽는 것이 바로 '하느님께 혼자 말하기'입니다(다른 단계에는 하느님께 말 걸기, 하느님께 귀 기울이기, 하느님과 함께하기 등이 있습니다).

20세기 예수회 신학자 카를 라너 신부는 "기도란 은총으로 부여되고 자유로이 받아들이는, 하느님과 나의 통교다."라고 정의했습니다. 저 역시 이 표현을 좋아하기는 했지만, 여전히 일방적이라는 느낌을 지울 수가 없었습니다. 이 표현대로면 제가 할 일은 그저 앉아서 하느님을 기다리는 것이 전부인 듯해 보였으니까요. 상호 관계에서 정작 '상호'라는 부분을 빼놓고 있는 기분이었습니다.

발터 부르그하트는 "기도란 실재를 꾸준한 사랑스러운 눈길로 바라보는 것이다."라고 정의했습니다. 부르그하트는 기도가 여유 있는 것은 서두르지 않고 차분한 방식으로 이루어지기 때문이고, 기도가 사랑 어린 것은 사랑의 맥락에서 이루어지기 때문이라고 했습니다. 기도가 눈길이 되는 것은 우리의 지각과 관련이 있기 때문입니다. 부르그하트도 "나는 기도를 분석하거나 논하지 않고, 정의하거나 묘사하지 않는다. 나는 기도와 하나다."라고 말했습니다. 끝으로 기도가 '실재'하는 이유는 우리의 영성 생활이 본래 우리가 일상생활에서 겪는 일과 관련되어 있기 때문입니다.

이처럼 발터 부르그하트는 기도에 대한 훌륭한 정의를 통해 우리가 기도를 해야 하는 충분한 근거가 있음을 강조했습니다. 그럼에도 저는 이러한 정의도 여전히 하느님의 역할을 빼놓고 있다는 생각이 들었습니다. 우리가 실재를 사랑스러운 눈으로 바라보고 있을 때 하느님은 무엇을 하고 계신 것일까요? 마치 우리가 그저 바라보기만 하는 것처럼 표현하는 듯해서 하느님은 여전히 지나치게 정적靜的으로 보였지요.

예수의 데레사 성녀는 기도가 하느님과 나누는 대화라고 했습니다. 관계를 강조하는 이 정의는 하느님과 우리의 틈을 메워 주는 듯합니다. 즉, 기도는 양방향의 통로라는 것이지요.

하지만 이 정의가 어느 정도 해답을 주는 것처럼 느껴진 만큼, 다른 의문도 생겼습니다. 만일 기도가 대화라면, 우리는 반드시 하느님의 음성을 들어야만 하는 것일까요? 어떤 방식으로 하느님께 귀를 기울여야 하는 것일까요? 어떻게 하느님과 대화해야 할까요? 데레사 성녀와 같은 신비가에게는 가능할지 몰라도, 저 같은 보통 신자가 그것을 어떻게 실현할 수 있을까요?

기도에 대한 저의 의문은 하느님과 막 가까워지려는 많은 사람들이 갖는 의문과 마찬가지로 '기도하기 위해 눈을 감으면 무슨 일이 일어날까?' 하는 것이었습니다. 그리고 몇몇 지혜로운 예수회원 덕분에 이내 해답을 얻을 수 있었습니다.

제6장

하느님과의 우정

제6장

하느님과의 우정
하느님과의 인격적인 관계

혼란이 절정에 달할 때쯤, 데이비드 도노반 신부님이 《하느님과 그대》라는 제목의 소책자를 주었습니다. 뉴잉글랜드 예수회 전 관구장이자, 저명한 영성 작가인 윌리엄 A. 배리 신부가 쓴 책이었습니다. 이 훌륭한 책에 담긴 핵심적인 통찰은 기도가 하느님과의 인격적인 관계이며, 다른 사람과의 관계를 통해 하느님과의 관계를 더 잘 알 수 있다는 것이었습니다.

분명 이것은 불완전한 유추입니다. 결국 우리가 아는 사람 중에서 어느 누구도 무無에서 우주를 창조한 사람은 없습니다. 그리고 기도는 단순히 관계 그 자체가 아니라 오히려 관계를 표현하는 방법입니다. 그래서 기도는 하느님과의 인격적인 관계에서 이루어지는 대화라고 말할 수 있습니다.

하지만 배리 신부의 전체적인 요지는 계시적이었습니다. 우리가 우정에 대해 생각하는 방식이 하느님과의 인격적인 관계에 대해 생각하고, 그 관계를 깊게 해 나가는 데 도움이 될 수 있다는 것이었지요.

처음에 언뜻 보았을 때는 이러한 배리 신부의 통찰이 이상하게 느껴졌습니다. 그런데 가만히 살펴보니 우리가 누군가와 아름다운 우정을 쌓아 갈 때 보이는 몇 가지 특징이 하느님과 친밀한 관계를 이루는 데에도 도움이 된다는 것을 알 수 있었습니다. 따라서 저는 기도에 관한 이야기의 출발점으로 배리 신부의 글을 활용하려고 합니다.

아름다운 우정을 만들어 가는 데에 도움이 되는 것은 하느님과 친밀한 관계를 이루는 데에도 도움이 되며, 그것이 또한 기도를 잘할 수 있도록 이끌어 줍니다. 그렇다면 우리가 하느님과의 친밀한 관계를 이루기 위해 무엇을 해야 할까요?

1. 함께 시간 보내기

친구와 함께 시간을 보낼 때 우정은 돈독해집니다. 하느님과의 관계에서도 마찬가지입니다. 한 번도 함께 시간을 보내지 않은 사람을 두고 친구라고 말하진 않습니다. 그럼에도 어떤 사람들은 하느님을 그렇게 대하면서 "하느님이야말로 내 삶에 가장 소중하신 분이야!"라고 말합니다. 그런 그들에게 하느님과 일부러 시간을 내어, 얼마나 많은 시간을 함께 보냈는지 물으면, 그들 스스로 시간을 별로 내지 않았음을 시인합니다.

상대방을 위해 시간을 전혀 내지 않는다면 어떤 관계일까요? 아마 자신과 상대방 모두에게 피상적인 관계일 것입니다. 따라서 우리와 하느님과의 관계가 우정의 관계가 되기를 바란다면, 기도하는 시간을 갖는 것처럼 일부러 하느님을 위해 시간을 내는 것이 중요합니다.

개인적으로 드리는 기도만이 하느님과 시간을 보내는 유일한 길은 아닙니다. 이미 여러분도 잘 아시다시피 이냐시오 영성의 대표적인 문구가 "모든 것 안에서 하느님 발견하기"니까요. 우리는 전례 예식과 독서, 일, 가족 등 사실상 모든 것을 통해 하느님을 발견할 수 있습니다.

그럼에도 불구하고 모든 우정이 그렇듯이, 때로는 둘만의 시간을 갖는 것도 필요합니다. 우리가 어떤 친구와 더욱 친밀해지기 위해서 따로 시간을 따로 내야 하듯이, 하느님과 친밀한 관계를 유지하거나 더 깊게 하고 싶다면 하느님과의 관계에서도 따로 시간을 내야 합니다. 그리고 하느님께도 우리와 그렇게 해 주시기를 청해야 하지요.

아모스서에는 이런 구절이 있습니다. "두 사람이 약속하지 않았는데도 같이 갈 수 있겠느냐?"(아모 3,3)

친구들을 그때그때 보거나 직장이나 모임에서 만나는 것도 좋지만, 때로는 깊은 우정을 만들기 위해서 한 친구에게 온전한 관심을 보여야 할 때가 있습니다. 기도도 그와 같습니다. 하느님께 온전히 마음을 쏟아야 하는 것이지요.

여러분은 기꺼이 하느님과 함께하고 있나요? 하느님과 단둘만의 시간을 보내기 위해 얼마나 노력하고 있나요?

2. 서로 알아 가기

친구에 대해 알아 가는 것은 새로운 우정에서 맛볼 수 있는 커다란 즐거움 중의 하나입니다. 예를 들어, 그 친구의 취미와 관심사를 발견하고, 어린 시절에 있었던 재미난 이야기들을 듣고, 친구에게 기쁨을 주는 것은 무엇인지, 친구는 어떤 소망을 갖고 있는지 등을 알아 가는 것이지요. 두 사람이 사랑에 빠질 때는 상대방을 알고자 하는 갈망이 한결 강렬해지며, 이는 서로 친밀해지는 하나의 길이 됩니다.

우리와 하느님과의 관계에서도 마찬가지입니다. 우리는 특히 우정의 초기 단계에서 하느님에 관해 가능한 한 더 많이 알고자 하는 강렬한 열망을 느낄 수 있습니다. 어쩌면 자신도 모르게 하느님에 관해 생각하며 궁금해할 수도 있지요. '하느님은 대체 어떤 모습이실까? 내가 어떻게 해야 하느님에 대해 알 수 있을까?'

이럴 때에 하느님을 체험한 '다른 사람들이 하느님에 대해 말하는 것'을 귀담아듣는 것은 이 질문에 대한 답을 발견하는 방법이 될 수 있습니다.

저는 몇 해 전에 《어떻게 하면 하느님을 찾을 수 있는가?》라는 책을 편집하면서 《데드 맨 워킹Dead Man Walking》의 저자 헬렌 프리진 수녀에게 아름다운 수필 한 편을 받았습니다. 헬렌 수녀는 수필에 "하느님께 다가가는 가장 빠른 지름길을 가난으로 고통받는 사람들의 얼굴에서 찾을 수 있다."라고 썼습니다. 헬렌 수녀는 가난한 이들, 특히 사형수들과 함께하는 일을 통해 자신이 어떻게 해서 '편안함과 안전함과 친숙함만을 추구하는 내면의 속성을 뛰어넘을 수 있었는지' 이야기했습니다.

헬렌 수녀는 자신의 수필 후반부에서 강을 따라 흐르는 작은 배를 비유로 들었습니다. 우리가 하느님을 찾기 시작할 때는 돛에 바람이 가득 찬 것과 같아서 우리가 탄 배는 예상하지 못한 장소로 떠밀려 가기 쉽다고 말이지요. 그러나 배에는 돛뿐만 아니라 키도 필요하다고 하면서, 그 키가 기도라고 설명합니다. 기도가 이 여정에 본질적인 역할을 하는 것입니다. 헬렌 수녀의 이러한 비유는 우리가 다른 사람의 체험을 통해 하느님에 관해 얼마나 많은 것을 배울 수 있는지 일깨워 줍니다.

저는 수필 한 편 한 편을 통해 하느님에 관한 새로운 사실을 알게 되었습니다. 예를 들어 하느님이 배의 키가 될 수 있다는 생각을 하게 되었고, 다른 사람들에게 그들이 경험했던 하느님을 말해 달라고 청하는 것은 새로운 친구 한 명을 알게 되거나 오랜 친구에 관한 새로운 사실을 알게 되는 것과 같다는 것을 깨달았지요.

하느님에 관해 배울 수 있는 또 하나의 길은 '성경'을 읽는 것입니다. 앞서 말한 《데드 맨 워킹》에 실린, 제가 좋아하는 교수이자, 지금은 보스턴 대학교에서 신약 성경을 가르치는 다니엘 해링턴 신부의 글을 소개하고자 합니다. 해링턴 신부는 이 책에서 자신이 하느님을 알게 된 감동적인 이야기 하나를 들려주었습니다.

해링턴 신부는 어렸을 때 말을 더듬었습니다. 그러던 어느 날 우연히 신문에서 모세가 말을 더듬었다는 기사를 읽었습니다. 그래서 성경을 찾아보았는데, 모세가 분명히 하느님께 "저는 입도 무디고 혀도 무딥니다."(탈출 4,10) 하고 말씀드린 것을 찾았지요. 그 뒷이야기가 궁금해진 그는 하느님이 어떻게 모세와 함께하시고, 이스라엘 백성을 해방시킬지 약속하시는 그 말씀을 마저 읽었습니다(탈출 4,10-17 참조).

"나는 그 이야기를 읽고 또 읽었다. 그 말씀에 점차 영향을 받아 오늘날에 이르기까지 나의 종교적인 의식이 형성되었다. 내가 불과 열 살에서 열한 살 무렵의 소년일 때, 처음 성경에서 하느님을 발견한 뒤, 지금까지도 계속 그렇게 해 오고 있다."

하지만 이 이야기에는 훨씬 많은 것들이 들어 있습니다. 해링턴 신부는 현재 성경 학자로서 성경을 연구하고 가르치고 있습니다. 또한 사제로서 성경에 관해 강론도 하지요. 그런데도 해링턴 신부는 이렇게 고백합니다. "이런 놀라운 활동을 해 나가는 와중에도 …… 나는 가끔 말을 더듬는다." 하느님을 발견한 것뿐만 아니라, 하느님의 이끄심을 받은 것이지요. 해링턴 신부는 자신의 경험을 이렇게 표현하고 있습니다.

> 나는 성경과 함께 시작한 영적 여정의 출발점으로 되돌아가곤 한다. 내가 모세처럼 언변이 없고 혀도 무딜지라도, 여전히 탈출기의 말씀을 듣는다.
>
> "누가 사람에게 입을 주었느냐? 누가 사람을 말 못하게 하고 귀먹게 하며, 보게도 하고 눈멀게도 하느냐? 나 주님이 아니냐? 그러니 이제 가거라. 네가 말할 때 내가 너를 도와, 무슨 말을 해야 할지 가르쳐 주겠다."(탈출 4,11-12)

성경은 오래전부터 전해져 온 하느님에 관해 알게 되는 길입니다. 첫째로, 성경은 하느님의 영을 우리 안에 자리하도록 도와줍니다. 둘째로, 성경은 하느님이 사람과 맺는 관계의 역사를 들려주어 하느님에 관한 이야기를 해 줍니다. 셋째로, 성경은 구약의 예언자들과 열두 사도를 거쳐 바오로 사도에 이르기까지 역사를 통해 사람이 하느님과 맺은 관계에 대해 이야기해 줍니다. 우리는 성경을 통해 하느님이 자신과 모든 사람들과 그 각각의 개인과도 관계를 맺으셨다는 것을 알게 됩니다. 성경은 이 모든 방식을 통해 우리가 하느님을 보다 더 잘 알도록 도와주는 것이지요.

하느님을 아는 것이 하느님에 관해 아는 것보다 더 중요하다.

— 예수회원 카를 라너 신부

그리스도인에게 하느님을 안다는 것은 곧 어떤 한 사람을 안다는 것을 의미합니다. 즉, 우리가 하느님에 관해 더 알고자 한다면, 예수님에 관해 더 배우면 된다는 뜻이기도 하지요. 하느님이 사람의 모습을 취하신 한 가지 이유는 하느님이 어떤 분이신지 우리에게 명확하게 보여 주시기 위해서입니다. 말 그대로 하느님이 사람이 되셨습니다. 따라서 우리가 예수님에 관해 말할 수 있는 것은 무엇이든지 하느님에 관한 것이기도 합니다.

하느님이 어떤 분이신지 명확하게 보여 주는 또 하나의 방법이 있습니다. 바로 우리가 마음을 열고 하느님에 관해 새로운 방식으로 생각할 수 있도록 일상생활의 이야기, 곧 비유를 통해 말씀하시는 것입니다.

비유는 나자렛 예수님이 사람들에게 중요하지만 어려운 개념을 이해하기 쉽도록 설명해 줄 때 사용하던 주된 방법이기도 하지요. 예를 들어 루카 복음서에서 예수님은 군중에게 자기 이웃을 자기 자신처럼 대해야 한다고 말했습니다. 하지만 "그러면 누가 제 이웃입니까?"라는 질문에, 예수님은 정확한 정의定義를 제시하지 않으시고 착한 사마리아 사람의 이야기를 풀어내셨습니다. 그 이야기에서 사마리아인은 곤경에 처한 이웃을 돕습니다(루카 10,29-37 참조).

또한 예수님이 말씀하고자 하시는 핵심 메시지인 "하느님 나라"가 무엇을 뜻하는지 설명해 달라고 사람들이 요청하자, 예수님은 씨 뿌리는 사람, 등불, 저절로 자라는 씨앗, 겨자씨에 관한 짧막한 비유 이야기들을 들려주십니다(마르 4,1-34 참조).

너무 엄밀하게 말로 표현된 정의는 생각을 제한하기도 하지만, 그에 반해 이야기는 딱딱한 형태가 없고, 의미를 잘 전달하기 때문에 듣는 이의 마음을 열어 주고 깊은 생각을 하도록 이끌어 줍니다. 하지만 이러한 비유도 청중의 일반적인 기대에서 빗나가곤 했습니다. 당시 예수님의 말씀을 듣던 군중은 사마리아인을 미워했는데, 그들이 미워하는 사마리아인이 낯선 이를 보살피는 훌륭한 사람으로 표현되어 칭찬을 받게 된 복음 속 이야기처럼 말이지요.

어떤 의미에서 나자렛 예수님은 그분 자체가 하느님이 들려주시는 하나의 이야기였습니다. 예수님이 비유를 통해 영적 진리를 전달하신 것처럼, 하느님도 지극히 중요한 진리를 전하시고자 우리에게 하나의 비유를 제시하셨는데, 그 비유가 바로 예수님이셨습니다.

예수님은 하느님의 비유이십니다. 그러니 우리가 그리스도인으로서 하느님에 관해 알고 싶거든, 예수님을 알아보면 됩니다.

또 거룩하게 살고자 했던 사람들의 삶을 통해서도 하느님을 알 수 있습니다. 하느님은 그들의 삶을 통해 세상에 대한 당신의 꿈을 실현하시고자 사람들을 어떻게 이끄는지 보여 주셨습니다.

저는 성인들, 특히 예수회 성인들의 삶에 대해 쓴 책을 즐겨 읽습니다. 그들이 하느님을 얼마나 깊이 사랑했는지, 그리고 그들의 삶에서 하느님의 사랑을 어떻게 체험했는지에 대한 이야기를 읽으면서 그 사랑의 근원에 관해 더 깊이 터득하게 되기 때문이지요.

예를 들어, 1881년에서 1955년까지 살았던 프랑스의 예수회원이

자 고생물학자인 피에르 테이야르 드 샤르댕 신부는 미사를 드리는 일을 비롯한 사제로서 갖는 분명한 역할들을 수행할 때뿐만 아니라, 과학자이자 동식물학자로서 전 세계를 돌아다니며 연구하면서도 하느님을 발견했습니다. 샤르댕 신부는 평생 과학과 종교의 상호 작용에 관해 폭넓은 글을 썼습니다(한때는 교황청에서 샤르댕 신부의 저서들을 지나치게 논쟁적이라고 보았으며, 하느님에 관해 이야기하는 새로운 몇 가지 방식을 의심하기도 했습니다).

샤르댕 신부는 자연에 대한 관상을 포함하여 여러 길을 통해 하느님을 만났습니다. 그는 자신의 저서에서 "하느님과의 친교, 지구와의 친교, 그리고 지구를 통한 하느님과의 친교가 있다."라고 말했습니다. 제가 처음 그 글을 읽었을 때, 자전거를 타고 초등학교에 등교하던 길에 얻은 체험들을 좀 더 잘 이해하게 되었습니다. 샤르댕 신부는 하느님이 어떻게 해서 우주의 아름다움과 질서를 드러내 보이시는지, 또 끊임없이 물질세계를 창조하시고 새롭게 만들어 가시는지를 자연계를 통해서 사람이 알게 되고, 그로써 하느님을 알아 갈 수 있다고 보았습니다.

우리는 다른 사람의 거룩한 체험을 통해서, 그리고 바로 그들을 통해서 하느님을 알아갈 수 있습니다. 우리는 그들을 통해 하느님을 만나는 체험을 맛볼 수 있습니다. 그렇다고 해서 그들이 신적인 면모를 지니고 있는 것은 아닙니다. 오히려 그들은 하느님의 빛이 들어오는 깨끗하고 맑은 창문과 같습니다.

저에게 하느님의 빛을 보여 주는 또 다른 창문은, 예수회원인 조 신부님입니다. 제가 조 신부님을 처음 만났을 때 신부님은 60대 후반으로, 젊은이들의 귀감이 되는 영적 지도 신부로서 수련원에서 수련자들과 함께 생활하고 있었습니다.

조 신부님은 굉장히 자유로운 생각과 열린 생각을 가진 분이었습니다. 신부님이 언젠가 자메이카 킹스턴에 있는 예수회원들을 만나기 위해 여행길에 나섰는데, 보스턴 공항에서 비행기 탑승이 다섯 시간이나 지연되었습니다. 결국 비행은 취소되었고, 조 신부님은 공동체로 돌아왔습니다. 그날 밤 제가 수련원 거실에 있는 신부님에게 달려갔을 때, 그분은 평온하게 책을 읽고 있었습니다.

제가 신부님에게 물었습니다. "신부님, 그냥 돌아오셨네요? 무슨 일이라도 있었나요?" 신부님이 말했습니다. "정말 재미있는 일이 벌어졌지 뭔가. 우린 곧 이륙하리라 생각했는데, 한 시간이 늦춰지고, 또 한 시간을 기다렸는데, 다시 늦춰지더군."

신부님은 킥킥 웃으며 비행이 계속 지연되다가 결국에는 떠나지 못하게 된 과정을 설명했습니다. 결국 신부님은 수화물을 도로 찾아서 지하철을 타고 집으로 돌아왔습니다. "그렇게 해서 지금 여기 있는 거라네!" 하며 신부님이 소리 내어 웃었습니다.

만약 제가 그런 일을 당했더라면 화가 치밀어 올랐을 것입니다. 저는 놀라서 물었습니다. "화가 나지 않으세요?" "화가 나냐고? 왜?" 신부님이 되물었습니다. "내가 할 수 있는 것이 아무것도 없잖아. 내가 바꿀 수 없는 일을 두고 화낼 이유가 어디 있겠나?"

스트레스를 받는 상황에서도 평온하다고 해서 거룩한 사람이 되는 것은 아닙니다. 그것으로 성인이 되는 것은 더더욱 아니지요. 하지만 그것이 출발점은 될 수 있습니다. 초연함, 자유, 유머 감각은 성덕으로 나아가는 길의 이정표입니다. 이냐시오의 길을 깊이 따르고 있던 조 신부님은 건강한 영성에는 자유와 초연함과 열린 마음이 필요하다는 것을 알고 있었습니다. 이 노사제에게 뭔가 새로운 일을 하고 싶은지, 예를 들어 영화관에 가서 요즘 가장 인기 있는 영화를 보거나, 새로 개업한 식당을 찾아가거나, 아주 먼 곳에 있는 성당에 미사를 드리러 같이 갈지 물으면 신부님은 기꺼이 "좋지."라고 대답합니다. 이러한 신부님의 모습에서 어떤 이유와 상관없는 자유로운 느낌을 받는 것은 저뿐만이 아닐 것입니다.

조 신부님 같은 사람들은 하느님과의 우정의 결실이 무엇인지를 보여 줍니다. 그것은 자연스러움과 열린 마음, 아량, 자유, 그리고 사랑입니다. 조 신부님과 함께 보낸 시간을 통해 저는 이 특별한 예수회 사제에 관한 것뿐만 아니라 하느님이 사람들의 삶에서 활동하시는 방식에 관해서도 배웠습니다. 거룩한 사람들은 다른 사람들에게 자신의 삶을 통해 하느님이 일하시는 방식에 관해 무언가 가르쳐 주며, 우리는 그렇게 해서 하느님에 관해 배우게 됩니다.

정리하자면, 다른 사람들이 하느님 체험을 통해, 성경을 통해, 거룩한 사람들의 생애를 통해 하느님을 알아 가는 것은 우리의 영성 생활을 풍요롭게 해 줍니다. 하느님을 알아 가는 것은 하느님과 관계를 맺는 것이기 때문입니다.

3. 솔직해지기

시편에는 "주님, 당신께서는 저를 살펴보시어 아십니다."(시편 139,1)라는 구절이 나옵니다. 어느 관계에서나 그렇듯이, 자신을 하느님께 알리는 것 또한 자연스러운 일입니다. 하느님께 자신을 알린다는 것은 친구 사이에 우정을 쌓는 것처럼 자신의 삶을 이야기하고, 느낌을 공유하고, 자신을 솔직하게 드러내 보이는 것입니다.

이 과정에서 정직의 역할은 매우 중요합니다. 윌리엄 A. 배리 신부는 서로 관계를 맺을 때 솔직하지 못하다면 어떤 일이 일어날지 생각해 보라고 조언합니다. 어느 순간, 관계가 소원해지고 형식적으로 변하기 시작하겠지요. 이처럼 우리가 불쾌한 일을 그저 피하려고만 한다면, 그 관계는 그저 예의만 차리는 소극적인 관계나 피상적인 관계가 될 것입니다. 그리고 결국에는 그 관계가 정체되거나 소멸되겠지요.

기도도 마찬가지입니다. 만일 우리가 하느님께 하고 싶은 말보다는 마땅히 '해야 한다'고 생각하는 말만 한다면, 하느님과의 관계는 경직되고, 소원해지며, 형식적인 것으로 변해 갈 것입니다. 이처럼 솔직함은 삶에서뿐만 아니라 기도에서도 중요합니다.

저는 얼마 전에 평소 존경해 온 한 예수회원과 친해질 기회가 있었습니다. 제가 보기에 그는 실로 존경받을 만한 삶을 살아가고 있는 것처럼 보였습니다. 그는 낙천적이었고 다정했으며, 모든 일에 열심이었습니다. 그런 그의 삶은 그를 행복하고 경건해 보이도록 만들었습니다. 저는 오래도록 그가 가진 삶의 비결이 무엇인지 알아내려고 애썼습니다. 대체 무엇이 그의 삶을 이처럼 거의 완벽하게 보이도록 만든 것일까요?

몇 해 뒤, 그는 개인적으로 고통스러운 위기를 맞았고, 제게 도움을 청했습니다. 몇 차례 대화를 나누는 과정에서 그는 자신의 고통을 쏟아 내며 이제까지 제가 보지 못했던 모습을 드러내 보였습니다.

그 후, 다행히도 그는 자신의 위기를 잘 넘겼습니다. 그가 제게 마음을 연 후로 저는 그를 한층 가깝게 느꼈고, 그도 제가 더 친근하게 느껴진다고 말했습니다. 우리는 우리의 깊어진 우정에 대해 감사했습니다. 저는 그도 완벽한 삶을 살아가는 건 아니란 것을 알게 되었지만, 오히려 전보다 그가 더 좋아졌습니다. 그의 솔직함이 관계를 변화시킨 것이지요.

그렇다면 우리가 기도 중에 하느님께 솔직해지려면 어떻게 해야 할까요? 간단한 방법이 하나 있는데, 하느님이 앞에 계시다고 그려 보는 것이지요. 하느님이나 예수님이 자신의 맞은편에, 혹은 나란히 앉아 계시다고 생각하며 가장 편안하게 느껴지는 이미지로 마음에 그려 보는 것입니다. 그런 다음 편하게 자신의 삶에 관해 이야기합니다. 소리를 내어 말하든, 소리를 내지 않고 말하든 상관없습니다.

물론 하느님은 우리의 삶에 무슨 일이 일어나고 있는지 이미 아십니다. 그렇다고 하더라도 이런 식으로 마음을 여는 것은 영성 생활에서 매우 중요합니다. 이번에도 이를 우정에 비유해 보면 이해하기 쉬워질 것입니다. 예를 들어 자신이 사랑하는 사람이 죽었다고 생각해 봅시다. 친한 친구라면 제가 얼마나 슬픈지 이미 알고 있고, 따라서 굳이 말로 표현하지 않아도 될 것입니다. 그럼에도 자신의 슬픔에 대해 그 친구와 이야기를 나누고 싶어 하겠지요.

저는 며칠 전에 한 친구와 점심 식사를 했습니다. 그 친구는 얼마 전에 동생을 암으로 잃었는데, 항상 따뜻하고 너그러운 친구가 망연

자실한 상태에 빠져 있다는 것을 금세 알 수 있었습니다. 그럼에도 그는 최근 자신에게 있었던 일이나 동생에 대한 재미난 일화에 대해 웃으며, 때로는 눈물까지 흘려 가며 이야기했습니다. 그런 그를 보며 저는 가슴이 뭉클해졌습니다.

아무리 힘든 일이 와도, 친구와 어떻게든 이야기하면 자신이 느끼는 상실감을 구체적으로 전달할 수 있고, 친구의 진심 어린 위로를 받을 수 있습니다. 또한 다른 사람이 자신을 애정 어린 눈으로 지켜보고 있음을 깨닫게 됩니다.

하느님께 솔직하다는 것은 단순히 기도하기에 적당하다고 생각하는 일이나 그저 감사나 찬양을 드리는 일뿐만 아니라 모든 것을 하느님과 함께 나눈다는 것을 의미합니다. 다시 말해 솔직함이란 우리가 하느님과의 대화에서는 부적절하다고 생각할 수 있는 것들까지도 함께 공유한다는 뜻이지요.

자신이 분노했던 일에 대해 하느님과 대화하는 것도 좋습니다. 우리가 삶에서 겪는 고통을 두고 하느님에게 화를 내는 것은 자연스러운 일이니까요. 우리는 누구나 실망하고 화도 냅니다. 분노는 우리가 살아 있다는 표지이지요.

우리의 분노가 아무리 뜨겁게 타오른다 할지라도 하느님은 그것을 다스리실 수 있는 분입니다. 사람들이 하느님께 기도를 드리기만

하면, 그분은 사람들의 분노를 다스려 주셨습니다.

구약 성경의 욥기에는 욥이 끝날 것 같지 않은 고통을 안겨 주시는 하느님께 푸념하는 내용이 나옵니다. 욥은 통상적으로 참을성 있는 사람으로 여겨졌고, 욥기 첫머리에서는 그것을 잘 나타내는 대목이 있습니다. 하지만 결국에는 인내하지 못하고 자신이 태어난 날을 저주하기 시작합니다. "나는 내 생명이 메스꺼워 내 위에 탄식을 쏟아 놓으며 내 영혼의 쓰라림 속에서 토로하리라."(욥 10,1)

분노와 슬픔, 낙담과 실망, 반감이 담긴 기도는 오랜 역사를 지니고 있습니다. 우리라고 솔직한 감정을 토로하지 못할 이유가 없지 않나요? 몇 년 전에 같은 예수회원이자 영적 지도 신부님인 데미안 신부님에게 상담을 청한 적이 있습니다. 저는 그 당시에 하느님이 저에게 어떠한 도움도 주지 않으신다는 점, 그리고 거기에 흥분하여 제가 기도에 거친 표현을 사용했다는 점에 몹시 큰 혼란을 느끼고 있었습니다. 어느 날 밤에는 너무도 화가 난 나머지 주먹을 불끈 쥐며 크게 소리를 질렀습니다. "하느님, 젠장! 좀 도와주시면 안 되나요?"

어떤 독자들은 신부가 이런 거친 말을, 그것도 특히 기도 중에 사용한 것에 충격을 받을지도 모르겠습니다. 저 역시 슬기롭고 점잖은 데미안 신부님이 저를 나무라리라 생각했습니다. 그런데 신부님은 웃으면서 말했습니다. "좋은 기도인데?"

데미안 신부님이 농담하고 있다고 생각한 순간, 신부님이 계속해서 말했습니다. "그게 좋은 기도야. 솔직하기 때문이지. 하느님은 자네가 솔직하기를 바라신다네."

그때 솔직했던 기억을 떠올리니 이제는 하느님이 내가 어떤 기분인지 정확하게 아시리라는 느낌이 들었습니다. 여러분도 친구에게 어떤 일을 털어놓고 안도감을 느낀 경험이 있지 않은가요? 데미안 신부님의 상담 후에 친한 친구에게 느끼듯이 하느님도 이제는 나와 더욱 허물없이 동행하실 수 있을 것이라고 느끼게 되었습니다. 아니 더 정확하게 말해, 하느님이 저와 동행하시는 것에 마음의 준비가 된 셈이었지요.

소리를 지르며 말하는 것도 제가 감사하는 마음이 너무나 부족하다는 것을 알게 해 주는 부분이었습니다. 하느님께 소리를 지를 정도로 큰 문제가 있었던 것은 사실이지만, 소리를 지름과 동시에 놀라운 일이 일어났습니다. 마치 사춘기 자녀가 일찍 자라, 게임 좀 그만해라, 방 좀 치워라 하고 말하는 부모에게 "난 엄마 아빠가 너무 미워!" 하고 소리를 지르는 것과 비슷했습니다. 제가 그런 식으로 소리를 지르는 것을 제 귀로 들으면서 알게 된 것은, 스스로 하느님과의 관계를 유치하게 만든 부분이 있다는 사실과 이제부터는 기도하는 방식을 바꿔야겠다는 간절한 마음이었습니다.

주님, 당신께서는 참으로 옳으십니다

19세기 영국인 예수회원 제라드 맨리 홉킨스 신부가 예레미야서에 나오는 애가哀歌 한 편을 토대로 지은 이 시는 하느님을 향한 시인의 불안을 표현하고 있습니다. 홉킨스 신부가 쓴 대부분의 시가 그렇듯이, 이 시 역시 까다로워서 그가 말하고자 하는 의미를 주의 깊게 헤아리며 읽어야 합니다. 하지만 일단 이해하면 정말 큰 감동을 느끼게 될 것입니다.

만약 제가 당신과 논쟁한다면
주님, 당신께서는 참으로 옳으십니다.
그러나 주님, 제가 변명하는 것은 당연합니다.
왜 죄인의 삶은 번창합니까?
그리고 왜 저는 모든 노력 후에도 실망만 해야 합니까?

당신은 제 원수였습니다.
그러나 지금 당신은 저의 친구이십니다.
당신이 쳐부수고 저를 훼방하는 것보다
당신을 어떻게 더 나쁘다고 할 수 있겠습니까?

> 탐욕스러운 술주정뱅이들과 악덕한 노예의 삶은
> 당신을 따랐던 제 삶보다 더 번창하여 여유롭습니다.
> 보십시오,
> 지금 둑과 덤불숲이
> 얼마나 음침하게 방치되어 있으며
> 차빌 풀이 마구 자라났는지!
> 그리고 거센 바람이 그들을 흔듭니다.
> 새들은 둥지를 틀지만 저는 그렇게 하지 않습니다.
> 아니, 노력은 하지만 시간의 허약함을 깨닫게 할 일은
> 하나도 일으키지 않습니다.
> 오, 당신 생명의 주인이시여,
> 저의 근원에 비를 내려 주소서.[6]

이렇게 생각하고 보니 데미안 신부님의 말이 맞았습니다. 그 기도는 훌륭한 기도였던 것이지요.

어떤 사람들은 하느님과 슬픔을 나누기를 꺼립니다. 언젠가 한 남자가 제게 자신의 친한 친구와 영화관에 갔던 경험담을 이야기해 준 적이 있습니다. 영화의 주제가 자신의 삶과 맞아떨어진다고 생각했

던 그는 점점 빠져들어 영화 끝 대목에 가서는 흐느끼기 시작했습니다. 그러면서도 자신의 모습에 스스로 당혹감을 느꼈습니다. 영화가 끝난 후 두 사람은 주차장에 주차한 차로 갔는데, 그의 친구는 차에 앉아 흐느끼는 그의 곁에서 조용히 기다려 주었습니다.

물론 이 친구만이 그에게 사랑을 보여 준 유일한 사람은 아니겠지요. 하지만 그는 자신의 감정을 드러내어 친구가 자신의 삶에 들어오도록 허락했습니다. 그리하여 서로 깊은 친교를 나눌 수 있었던 것이지요. 이처럼 우리가 몹시 슬플 때에도 자신의 진실한 자아와 솔직한 감정을 친밀한 선물로써 하느님과 나눌 수 있지 않을까요?

많은 사람들은 기도할 때 가장 부적절한 감정이 성적 욕망이라고 생각합니다. 기도에 관한 훌륭한 책 중에는 제가 아는 가장 쾌활한 예수회원 중의 한 사람인 마크 티보도가 쓴 《하느님, 제게 문제가 있습니다 God, I Have Issues》라는 책이 있습니다. 각 장은 서로 다른 기분에서 드리는 기도에 대해 이야기합니다. 이 기분들은 알파벳순으로 정리되어 있어서 중독 상태에 있을 때, 두려울 때, 분노할 때, 자신에게 화가 났을 때 등 현재 자신의 기분이나 정신 상태에 따른 기도 방법을 생각해 볼 수 있습니다.

그중에서 '성적으로 흥분될 때'라는 제목이 붙은 장이 있습니다. 마크 티보도는 이 대목을 퉁명스럽게 시작합니다. "착한 그리스도인들은 흔히 성적인 느낌에 걱정이 앞선다. 그들은 이러한 상황에서 당혹스럽고 부끄럽다고 생각한다."

마크 티보도는 성과 성행위가 하느님께 받은, 감사해야 할 놀라운 선물임을 우리에게 일깨워 줍니다. 자연에서 이것은 사람들이 서로 끌려 교제하게 하고, 새 생명을 창조하게 하는 역할을 담당합니다. 영적 차원에서는 이 감정이 하느님이 우리에게 주시는 사랑을 일깨워 줍니다. 많은 영성 작가들은 인류를 향한 하느님 사랑을 성애 erotic love라는 은유로 나타내곤 했지요.

하지만 우리는 하느님이 주신 다른 선물과 마찬가지로 성을 현명하게 대해야 합니다. 이것이 이기심에서 발동될 경우, 소유욕으로 변질될 수 있기 때문입니다. 또한 기도 중에 드는 성적인 생각들은 분심이 될 수 있습니다. 그렇다면 우리가 기도 중에 드는 이런 생각을 어떻게 해야 할까요?

이에 대한 해결책은 솔직해지는 것입니다. 마크 티보도는 이렇게 말했습니다. "이런 생각을 숨기는 대신에 하느님과 함께 나누어야 한다. 그리고 이들을 활용하여 살아 있다는 것이 얼마나 대단한 일인지, 하느님의 피조물이 된다는 것이 얼마나 엄청난 일인지, 그리고 우리가 얼마나 경이롭게 창조되어 있는지 깨달아야 한다."

만일 이 말이 별로 도움이 되지 않는다면, 또는 만일 이런 생각이 잘못된 대상에게 쏠리고 있어서 문제가 된다면, 그 고민을 하느님께 털어놓아야 합니다. 우리는 모든 일에 대해 하느님께 솔직해져야 하기 때문이지요.

4. 소통하기

상대방의 이야기에 귀를 기울일수록 우정은 더 깊어집니다. 만일 당신이 자신의 이야기만 말하고, 말하고, 또 말하는 것이 전부인 사람이라면, 결코 자신이 다른 이들에게 좋은 벗이 되고 있다고 자부할 수 없을 것입니다.

하느님과의 관계에서도 그런 일이 벌어집니다. 사람들은 이따금 기도할 때 지나친 청원 기도처럼 자신에게 필요한 것만을 나열하거나, 자신이 어떤 상태에 있는지 하느님께 끝없이 토로하고 있음을 깨닫곤 합니다. 하지만 우리는 어떤 친구 관계에서나 그렇게 해야 하듯이 하느님이 하시는 말씀을 귀담아들을 필요가 있습니다.

그렇다면 *하느님께 귀를 기울인다*는 말은 무슨 뜻일까요? 수련기 때의 저에게는 이 말이 당혹스럽게 느껴졌습니다. 하느님의 음성을 듣는다는 것이 무슨 뜻인지 도무지 감을 잡을 수 없었으니까요.

직접 자신의 귀로 하느님의 음성을 '들었다'고 말하는 사람은 별로 없을 것입니다. 하지만 실제로 이런 일이 일어나곤 합니다. 이냐시오 성인의 일기에는 기도에 대해 이야기하면서 로켈라loquela를 언급하는 불가사의한 기록들이 나오는데, 이 로켈라는 보통 담화나 대화, 발언으로 번역됩니다.

이를 보여 주는 가장 최근의 사례는 마더 데레사 성녀의 체험입니다. 그녀는 1946년에 콜카타의 빈민가, 그것도 가장 가난한 이들과 함께 일하라고 그녀에게 당부하시는 하느님의 말씀을 들었노라고 기록했습니다. 그에 앞서 마더 데레사 성녀는 하느님이 자신에게 요구하시는 일은 무엇이든 절대 거절하지 않겠다고 하느님께 약속했습니다. 그러다가 몇 년 후에 그녀는 하던 일을 그만 두고 '떠나라'는 하느님의 음성을 듣게 되었습니다. 그러나 그때 그녀는 낯설고 위험해 보이는 일에 뛰어들고 싶은 마음이 없었습니다.

그녀는 나중에 이 일에 대해 회상하면서, 하느님이 마치 그녀가 이전에 했던 약속을 상기시키듯이 그녀에게 "거절할 참이냐?" 하고 다그치시는 것 같았다고 이야기했습니다. 결과적으로 하느님의 뜻에 따르게 되었지만, 그녀는 그때 못하겠다고 대답할 수 있었습니다. 하느님과 관계를 맺는 것이 우리의 자유 의지를 박탈하는 것은 아니기 때문입니다. 그러나 마더 데레사 성녀는 하느님이 이끄시는 길을 선택했지요.

하지만 마더 데레사 성녀가 겪은 이런 체험들은 아주 드문 일입니다. 따라서 이러한 체험 즉, 곧바로 하느님의 직접적인 음성을 듣게 되리라는 경건한 소망 혹은 불필요한 두려움을 지니지 않는 것이 좋을 것입니다.

저는 예수회원으로 20여 년을 넘게 보내면서 하느님이 직접 자신에게 말씀을 건네셨다고 말하는 사람을 두 명밖에 만나지 못했습니다. 그중에 한 사람은 명랑하고 신앙심이 깊은 매디 수녀입니다. 매디 수녀는 매사추세츠 주 스프링필드에 있는 성 요셉 수녀회 소속으로 저와는 1990년대에 동아프리카에서 함께 일하면서 처음 알게 되었습니다.

우리가 오랜 시간 친구로 지내 온 까닭에, 저는 그녀를 잘 안다고 생각했지만 허튼 말을 하지 않는 이 친구가 언젠가 피정을 지도하던 중에 저를 놀라게 만들었습니다. 피정에 참가한 아이들에게 오후 강의를 하던 그녀가 자신이 젊은 시절에 수녀회 입회를 신중히 생각하고 있던 때에 "너를 내 곁에 둘 사람으로 선택했다. 너는 네 길을 찾게 되리라." 하시는 하느님의 음성을 들었다고 말한 것입니다.

제가 예수회에 들어오기 전이었다면 저는 매디 수녀가 정신이 이상하다고 생각했을 것입니다. 하지만 지금의 저는 그런 순간들이 아주 드물기는 해도, 하느님의 현존을 체험하는 특별한 경우가 될 수 있다고 믿습니다. 그럼에도 불구하고 그러한 경험은 그 순간을 신중하게 살펴보고, 어떠한 심리적인 장애도 제외시키고, 우리가 하느님에 관해 알고 있는 것과 비교하며, 경험이 많은 영적 안내자들의 판단을 통해 받아들여야 합니다.

물론 많은 사람들은 이런 일을 단 한 번도 경험하지 못합니다. 저도 한 번도 경험한 적이 없으니까요. 따라서 만일 여러분이 하느님의 음성을 들을 수 있고, 그로 인해 두려운 마음이 든다면 그럴 이유가 없습니다. 마찬가지로 혹시 하느님이 직접 말씀하시는 방식으로 이야기해 주지 않으신다고 해도 실망할 이유도 없습니다.

다른 한편으로 많은 사람들이 기도 중에 하느님의 음성을 소리로는 듣지 못할지라도 하느님이 자신에게 이야기하고 계신다는 느낌을 받곤 합니다. 이런 느낌은 개개인마다 다르게 느껴지므로, 그 순간을 알아차릴 수도 있고, 알아차리지 못할 수도 있습니다. 이러한 경험은 염경 기도와 무관하게 이루어집니다. 예를 들어, 자신의 영혼으로 통하는 창문을 활짝 열어 주는 듯한 통찰력 깊은 말을 친구에게 들을 수도 있고, 그 친구의 말이 하느님이 자신에게 마음을 전하시는 통로처럼 느껴질 수도 있습니다.

언젠가 어머니가 창문을 내다보다가 하느님께 "저를 사랑하세요?" 하고 물어 본 적이 있다고 합니다. 그런데 곧바로 마음에 "네가 아는 것 이상으로 너를 사랑한단다."라는 말씀이 떠오르더라는 것입니다. 그때를 이야기하며 어머니는 이렇게 말했습니다. "그건 음성이 아니었단다. 그냥 머리에 불쑥 떠오른 거야."

어머니는 응답을 구하지도 않았다고 합니다. 그런데 그저 저절로 떠올랐던 것이지요. 물론 하느님이 어머니를 사랑하시는 것이 분명하지만, 많은 사람들이 어머니와 같은 경험들을 좀처럼 하지 못합니다. 하느님의 말씀에 귀 기울이지 못하기 때문입니다.

그렇다면 하느님의 말씀에 귀를 기울이려면 어떻게 해야 할까요? 때로 하느님과 이야기를 나누는 모습을 머릿속에 그려 보려고 노력해 보세요. 그러면서 하느님이 응답으로 해 주실 말씀도 함께 상상하려고 노력해 봅시다. 바로 이것이 많은 그리스도인들에게 널리 사용되고 있는 기도 방법이며, 이냐시오 성인이 《영신수련》에서 하나의 기법으로 제시하고 있는 것이기도 합니다. 저는 이 특별한 방식으로 기도하는 것이 때로는 힘이 들지만, 전혀 힘들어하지 않는 사람들도 있습니다. 그들은 자신에게 말씀하시는 하느님의 모습을 자연스럽고도 쉽게 그려 낼 수 있다고들 하지요.

때로는 갈릴래아 호숫가나 라자로의 집처럼 성경에 나오는, 자신이 잘 그릴 수 있는 장소에서 예수님께 귀를 기울이는 광경을 상상하는 것도 도움이 됩니다.

그런데 자신이 상상하는 예수님의 말씀을 자신이 알고 있는 하느님과 자신의 모습, 그리고 자신이 몸담고 있는 신앙 공동체에서 믿고 있는 하느님의 모습에 비추어 확인해 봐야 합니다. 그 말씀이 당신을 더욱 사랑과 인정에 넘치는 사람이 되도록 이끌어 주는지, 또 그 말씀이 진실하게 들리는지 말이지요. 소설가 비니타 햄프턴 라이트가 자신의 저서 《우정을 키워 가는 나날들 Days of Deepening Friendship》에서 말했듯이 하느님의 말씀은 진실성이 느껴지기 마련입니다.

만일 이런 기도가 너무 어렵다면 최근에 제가 우연히 발견한 방법을 사용해 보세요. 여러분이 하느님에 관해 알고 있는 것을 바탕으로 하느님이 자신에게 무슨 말씀을 해 주실 것인지 상상해 보는 것입니다.

이 경우에도 우정에 빗대어 생각해 보는 것이 도움이 됩니다. 자주 자신에게 맞는, 적절한 조언을 해 주는 친구가 있다고 상상해 봅시다. 여러 해 동안 그 친구를 보았기에 친구가 삶의 경험이 풍부하고, 슬기롭고, 인정도 많다는 것을 알게 되었고, 인생에 관한 친구의 안목도 높이 평가하게 되었습니다. 때때로 그 친구에게 어떤 문제를 이야기할 때, 답변을 기다릴 필요가 없을 때도 있습니다. 친구가 무슨 말을 할 것인지 이미 잘 알고 있기 때문입니다.

저는 저에게 직접 말씀을 건네시는 하느님을 상상하기 힘든 탓에, 가끔 스스로 "내가 성경을 통해, 체험을 통해, 전승을 통해 하느님에 관해 알고 있는 것을 감안할 때, 하느님은 분명 이렇게 말씀하지 않으실까?" 하고 자문하곤 합니다. 이런 상상은 비교적 쉬운 일이지요. 《되찾은 영신수련》의 저자들이 지적하고 있듯이 "소통은 흔히 일상적인 대화처럼 귀로 듣기보다는 오히려 느낌을 통해 이루어집니다."

하지만 대부분의 사람들에게는 하느님의 말씀에 귀를 기울인다는 발상이 더 미묘하고 난해할 수 있습니다. 따라서 먼저, 하느님이 기도 중에 사람들과 소통하시는 가장 보편적인 방식에 관해 알아보겠습니다. 이는 기도 중에 하느님의 음성에 귀를 기울일 수 있는 비교적 평범한 방식입니다.

5. 내 마음에 귀 기울이기

감정이야말로 기도 중에 하느님이 말씀하시는 주된 통로입니다. 자신이 아주 좋아하는 성경 구절을 두고 기도하고 있을 때, 별안간 하느님과 한층 가까워졌다는 느낌이 들어 행복해지거나, 예수님의 고통과 멸시받는 예언자들의 모습에 분노를 느끼거나, 가난한 이들이 겪는 곤경에 슬픔을 느낄 수 있습니다. 하느님은 이런 감정들을 통해 우리에게 말씀하고 계시는지도 모릅니다. 제가 공동체 센터에서 만났던 구직자 완다를 기억하나요? 저는 기도 중에 그녀를 향한 슬픔을 느꼈고, 저에게는 이것이 하느님이 제가 그녀를 보살피도록 이끄시는 하나의 방식으로 보였습니다.

귀를 기울이라는 이러한 초대는 스쳐 지나가기 쉽기 때문에 자칫하면 알아차리지 못할 수도 있습니다. 우리가 주의를 기울이지 않으면 놓치고 마는 것이지요.

통찰력 또한 하느님이 기도 중에 말씀하시는 또 하나의 통로입니다. 어쩌면 우리가 무엇이든 명료하게 알 수 있는 은혜를 청하는 기도를 드리던 중에 새로운 빛으로 사물을 바라보는 통찰력을 얻을 수 있습니다. 해묵은 문제를 해결하는 참신한 방법을 알아낼 수도 있고, 하느님에 관한 놀라운 깨달음을 순간적으로 알아차릴 수도 있습니다.

우리가 복음서에서 홀로 기도를 드리기 위해 일상을 떠나셨던 예수님의 이야기를 읽고 있다고 합시다. 이 이야기를 이미 여러 번 읽었더라도 이번에는 평소와 조금 다른 통찰력을 얻을 수도 있지요. 예를 들면 이런 것이지요. '예수님조차도 바쁜 일정에서 벗어나 기도할 시간을 낼 수 있다면, 분명 나도 기도를 위한 시간을 낼 수 있을 거야.'

이런 체험은 이성적이라기보다는 오히려 감성적인 것입니다. 이러한 감성적인 통찰은 이성적인 통찰과 마찬가지로 의미 있는 방법이라는 사실을 간과하지 말아야 합니다.

기억 또한 기도 중에 의식 위로 떠오릅니다. 하느님은 우리가 위안이나 기쁨을 얻을 만한 일을 기억해 내도록 초대하실 수 있습니다. 하느님은 과연 이 기억들을 통해 우리에게 어떤 말씀을 하고 계실까요?

저는 몇 년 전에 매사추세츠 주 글로스터에서 피정을 하는 동안, 정결에 관한 의구심들에 사로잡히면서 이대로 계속 결혼하지 않는다면 미혼자로서의 지독한 외로움을 겪게 되는 것은 아닌지 염려되었습니다. 물론 서원을 파기할 생각을 한 것은 아니었습니다. 그보다는 비교적 추상적인 걱정이었지요. 그래서 저는 하느님께 외로움에서 벗어나게 해 주시기를 청했습니다. 그러자 별안간 마치 수문이 열리듯이, 따뜻한 기억들이 머릿속으로 밀려들었습니다. 예수회에 입회한 이후에 사귄 친구들에 대한 기억들이 머릿속에 떠오른 것입니다. 수련기 때 만난 예수회원, 동아프리카에 있었을 때 같이 일한 수녀님, 신학 공부를 할 때 알고 지냈던 친구, 심지어 예전에 방문했던 피정의 집에서 봉사하던 사람까지. 이런 추억들은 제가 예수회 공동체에서 생활하는 동안 받은 사랑을 일깨워 주었습니다.

그리스도인은 귀를 기울이는 것이 기본자세가 되어야 한다. 주님의 말씀에 귀를 기울여야 하는 것이다. 듣는 이는 자신에게 드러난 주님의 말씀과 뜻을 수많은 방식과

다양한 수준으로 식별하고, 그에 맞추어 응답해야 한다.

— 예수회원 데이비드 아셀린

많은 사람들이 이것을 우연의 일치로 여기고 외면할 수 있습니다. 제가 외로움을 주제로 기도하고 있을 때 이 사람들이 우연히 기억났다고 보는 것이지요. 하지만 하느님은 이렇듯 '내가 해 준 일을 기억하라'는 뜻으로 위안이 되는 추억들을 떠올리게 하시는 경우가 많습니다.

루카 복음서에서, 가브리엘 천사는 예수님의 탄생을 미리 알리기 위해 성모님을 찾아왔습니다. 성모님이 가브리엘에게 "저는 남자를 알지 못하는데, 어떻게 그런 일이 있을 수 있겠습니까?" 하고 물었습니다. 가브리엘은 성령이 성모님을 덮을 것이라고 말해 줍니다. 그러면서 성모님의 친척 언니인 엘리사벳이 임신했다는 것도 알려 주었지요. "아이를 못낳는 여자라고 불리던 그가 임신한 지 여섯 달이 되었다." 바꾸어 말하면, 하느님이 이미 하신 일을 알고, 이를 기억하라는 뜻입니다(루카 1,26-38 참조).

기억은 잊고 싶던 쓸쓸한 일들을 들추어내기도 합니다. 그것을 가장 잘 드러내는 이야기를 윌리엄 맥스웰의 소설 《안녕, 내일 보자*So long, See You Tomorrow*》에서 찾을 수 있습니다. 두 소년의 우정을 다룬 이 소설에서, 화자는 지난날 그의 친구 클레터스가 그의 아버지가 살인자가 된 후로 학우들에게 어떻게 따돌림을 당했는지에 관해 들려줍니다. 화자도 학교에서 친구였던 클레터스를 의도적으로 무시했는데, 그 뒤 여러 해가 지나 화자는 슬픔에 잠겨 이렇게 회상합니다.

> 클레터스를 한 번도 떠올리지 않은 채 10년 정도가 지났다. 그런데 어느 날 문득 떠오른 일은 그에 대한 기억이 되살아나게 했다. …… 그것은 갑자기 나타난 그가 그 웅장한 고등학교 건물 복도에서 나를 향해 걸어오고, 나는 그에게 말을 걸지 않았던 장면이다. …… 하지만 그것이 생각난 것은 비단 그때의 나에 대한 부끄러움 때문만은 아니다. 나는 그 때문에 그에게 일어났던 일에 대해 궁금해졌던 것이다.

기억을 통해 우리는 위로를 받을 수도 있고, 기억과 함께 떠오르는 죄로 인해 마음에 상처를 입을 수도 있습니다.

느낌 역시 중요합니다. 기쁨과 슬픔처럼 감지할 수 있는 감정들이 평화를 주기도 하고, 때로는 하느님과의 친교처럼 비교적 선명하지 않은 느낌들이 하느님 음성의 표지가 될 수 있기 때문이지요. 우리는 다른 사람에게 말로 표현할 수는 없지만, 아주 뜻깊은 방식으로 하느님과 강렬하게 결합되어 있음을 느끼기도 합니다. 그럴 때면 뭐라고 설명할 수 없지만, 심한 두려움과 함께 강렬한 갈망을 체험하게 됩니다. 그런 순간들은 비록 우리 인간의 한계로는 이해하기 힘들거나 설명할 수 없다고 해도 말이지요.

이냐시오 성인 역시 기도 중에 벌어지는 일을 전달하기 힘들어할 때가 있었습니다. 성인이 1544년에 쓴 일기를 보면 "너무도 엄청나서 글로 기록할 수 없는 섬광들", "설명하기 힘든 체험", "도저히 설명할 길이 없는 놀랍도록 심원한 외경심" 같은 표현들이 있습니다. 이처럼 설명할 수 없거나 말로 옮길 수 없다고 해서 그것이 실재하지 않는다는 뜻은 아닙니다.

몸으로 감지할 수 있는 느낌에도 주의를 기울여 봅시다. 최근에 저는 실습 중인 젊은 예수회원 매트와 이야기를 나눈 적이 있는데, 그는 저에게 최근 청년들의 피정을 지도하면서 깨닫게 된 하느님께 귀를 기울이는 방법에 관해 말해 주었습니다. 매트는 평화와 위로를 주는 느낌, 설명할 수 없고 말로 표현할 수 없는 느낌, 그에 더하여 몸의 느낌도 하느님의 현존을 알리는 또 하나의 표시로 추가했습니다.

하느님이 우리를 '푸른 풀밭'과 '잔잔한 물가'로 인도해 주신다고 하는 시편의 구절을 읽으면서(시편 23,1 참조) 우리의 몸이 편안해지는 느낌을 받았다고 합시다. 아니면 성경의 한 구절을 읽었는데, 누군가를 용서하는 일 같은 별로 내키지 않는 어떤 일을 하도록 촉구하는 느낌을 받았고, 그로 인해 조바심이 난다고 합시다. 과연 무슨 일이 일어나고 있는 걸까요? 하느님이 우리의 육체적 반응을 통해 말씀하시는 걸까요? 하느님이 거처하시는 자신의 몸에 귀를 기울여 봅시다.

마지막으로, 갈망이 하느님 음성의 표지가 될 수 있습니다. 기도 중에 갈망이 솟구쳐 오를 때가 자주 있습니다. 하느님을 향한 갈망이 존재하며, 이는 우리가 앞서 다루었던 방식으로 모습을 드러냅니다. 성화聖化를 향한 갈망, 삶에서 변화와 성장을 바라는 갈망, 앞서 여러 장을 통해 서술했던 갖가지 갈망들이 여기에 해당합니다. 기도하는 시간은 성스러운 갈망들이 치솟는 중요한 시간입니다.

위와 같은 경우에는 열왕기 상권에 나오는, 동굴에서 하느님의 출현을 참을성 있게 기다린 엘리야 예언자의 이야기를 떠올리는 것이 도움이 됩니다. 엘리야 예언자는 맨 처음 거센 바람 소리를 들었지만 하느님은 그곳에 계시지 않았습니다. 이어 지진이 일어났지만 하느님은 그곳에도 계시지 않았습니다. 그런 다음 불을 보았지만 역시 하느님은 그곳에 계시지 않았습니다. 그러나 잠시 뒤 "조용하고 부드러운" 소리가 들렸고, 엘리야는 이것이 하느님이 소통하는 하나의 통로임을 아는 까닭에 얼굴을 가리고 하느님을 맞을 준비를 했습니다(1열왕 19,9-13 참조).

하느님은 기도 중에 감정과 직관, 기억과 느낌, 그리고 갈망과 같은 조용하고 부드러운 통로들을 통해 우리에게 말씀하신 것입니다.

그렇다고 하더라도 우리의 일상생활 속에 무슨 일이 벌어지고 있는지 주의를 기울이는 것을 잊지 말아야 합니다. 성찰이 그토록 중요한 이유도 여기에 있습니다. 이것은 우리가 하루 일과에 귀를 기울이는 데 도움을 줍니다. 사실 일상적인 사건들은 삶에서 가장 간과하기 쉬운 부분입니다. 하지만 여러분이 줄곧 조금씩 시간을 내어 기도해 오고 있었다면, 무의식중에 활동가보다는 관상가를 높이 평가하는 쪽으로 기울 수 있습니다.

우리의 일상생활을 되새겨 보는 것도 기도에 어떤 식으로 응답이 오는지 알아내는 중요한 방법이 됩니다. 필요한 것을 기도로 청해도 얻지 못하는 경우가 많지만, 그럼에도 우리는 하느님의 응답에, 그 "조용하고 부드러운" 음성에 세심히 귀를 기울여야 합니다.

사실 우리는 무엇인가를 청하고도 하느님이 은밀한 방식이나 예상치 못한 방식으로 우리의 기도에 응답해 주셔서 알아차리지 못할 수 있습니다. 저도 이러한 경험이 있지요. 하루는 피정 중에 하느님께 지금 느끼고 있는 외로움을 없애 달라고 기도했습니다. 그 기도에 대한 응답으로 하느님은 추억이라는 선물을 주셨고, 이는 제 삶에 어느 정도의 외로움은 늘 존재하겠지만 사랑도 풍성하게 존재하고 있음을 깨닫게 해 주었습니다.

이것은 제 기도에 대한 색다른 응답이었지만, 그럼에도 불구하고 분명한 응답이었습니다. 제가 귀를 기울이지 않았더라면, 그 응답을 듣지 못했을 것입니다. 사이가 좋은 친구 사이에서 그러하듯이 우리는 그냥 귀를 기울이는 것이 아니라 주의 깊게 귀를 기울여야 합니다.

6. 변화하기

건강한 인간관계의 또 다른 특성은 변화입니다. 어린 시절 혹은 사춘기 시절부터 시작된 우정은 인생에서 가장 값진 보물 중의 하나가 될 수 있습니다. 하지만 만일 우리가 상대방의 변화를 받아들이지 않는다면, 그 우정은 깊어지거나 성숙해질 수 없습니다. 이처럼 우정을 통해서도 알 수 있듯이 변화는 한 사람과 하느님과의 관계에 위협이 되기도 합니다.

많은 신자들은 자신과 하느님의 관계가 어린 시절 그대로 동일하게 유지될 것으로, 혹은 동일하게 유지되어야 하는 것으로 생각합니다. 그것을 나타내듯이 신자 중에는 어렸을 때 하느님에 대한 분노와 실망 같은 감정을 마음속에 품은 적이 없었기 때문에 어른이 된 후에도 하느님에게 화를 내거나 실망해서는 안 된다고 생각하는 사람이 있습니다. 어쩌면 그들 대부분은 십중팔구 그런 느낌 자체가 잘못된 것이라고 배웠을 것입니다.

최근에 한 가톨릭 신자가 《볼티모어 교리서Baltimore Catechism》에 나오는 몇 가지 질문을 제게 적어 보냈는데, 이 교리서는 19세기부터 지난 1960년대까지 많은 어린이 신자들의 필독서로 이어져 온 신앙 지침서입니다. 책에 나온 각 단원의 끝 부분마다 죄에 관한 내용과 함께, 어린이들이 신앙을 좀 더 잘 이해하도록 돕기 위한 질문들을 수록했습니다. 하지만 그중에서 몇 가지는 로스쿨 시험에나 더 어울리는 문항이었지요. 제게 질문을 해 온 신자는 '개인적으로 가장 좋아하는 부분'이라는 풍자적인 주해까지 붙여 놓았더군요.

> 28년 동안 교회를 떠나 있던 자일스는 고해성사를 받고 성당을 나섰다가 곧바로 공산당원에게 피살될 위기에 처했다. 그는 고해성사에 필요한 요건을 대체로 충족시켰지만, 통회만은 완전하게 수행하지 못했다. 그런데 하필 그때 그는 피살의 위험을 받았고, 그를 죽이려 하는 공산당원은 자일스에게 가톨릭 신자인지 다그쳐 물으며 만일 그럴 경우 그를 죽이겠다고 협박했다. 하지만 자일스는 용감하게 "하느님을 믿는다."라고 말했고, 결국 피살되었다.
>
> 죽은 자일스는 곧바로 천당에 갔겠는가, 아니면 얼마 동안 연옥에 있었겠는가? 이유를 들어 설명해 보라.

가엾고 불쌍한 자일스! 그리고 답변을 골똘히 생각해야 했던 가엾고 불쌍한 어린이들! 물론 십계명 이후에도 종교적인 규칙과 규정은 존재해 왔습니다. 나자렛 예수님도 그 짧은 공생활 기간에 일련의 규칙을 제자들에게 가르치셨으니까요. 조직화된 종교는 거의 모두 그 나름의 규칙을 지니고 있습니다(확실한 예를 알고 싶다면 가톨릭교회의 《교회법전》을 확인해 보세요). 수도회들도 마찬가지이지요. 제가 가지고 있는 《회헌》도 470쪽에 달합니다.

규칙이 모든 공동체에 꼭 필요한 이유는 우리가 다른 사람들과 관계를 맺으며 건강한 삶을 살 수 있게 해 주기 때문입니다. 규칙은 집단에 질서를 가져오고, 개인이 자신의 삶을 관리할 수 있도록 도와주지요. 역설적으로, 정신적 건강을 도모하기 위해 마련된 종교의 규칙을 비판하는 사람들 가운데 일부는 육체적 건강을 도모하기 위해 마련된 한층 엄격한 일련의 규칙을 따르곤 합니다. 제가 생각하기에는 20대 여성들의 다이어트 계획과 실천 프로그램이 어떠한 교회법보다 더 혹독해 보이니까요.

하지만 규칙에 기초한 신앙에 지나치게 의존하다 보면, 오로지 법을 적용하는 데에만 관심을 쏟는 엄격한 교통경찰 같은 하느님이나, 가석방 감찰관 같은 하느님을 연상하게 만들 수 있습니다. 《볼티모어 교리서》를 암기했던 많은 어린이는 영성 생활이란 사랑 어린 하느님이 관계를 맺자고 청하시는 초대가 아니라 독재자 하느님이 제시하신 일련의 복잡한 규칙이라고 결론짓지 않았을까요?

이런 유형의 교육이 어린이를 가르치는 일에 필요할 수도 있지만, 만일 그 가르침이 깊이를 지니지 못한다면, 나중에 어른이 되어 하느님과 관계를 맺는 방식에 걸림돌이 될 수 있습니다. 이것은 우리가 마치 20대가 되어서도 초등학교 시절에 했던 것과 똑같은 행동과 말투로 부모님을 대하는 것과 같습니다. 제가 가르친 많은 어린이에게 들은 바로는 어린 시절에 생각했던 하느님의 모습은 비단 재판관으로서의 하느님뿐만 아니라 프랑스 철학자 데카르트의 심상에 가까운 '사악한 천재'로 인식하는 경향을 보였다는 것처럼 말이지요.

어떤 사람이 영적인 삶을 추구하기 시작하면, 자연스럽게 기도도 즐거워지기 마련입니다. 마치 일반적인 인간관계에서처럼 초기에는 푹 빠지게 되지요. 성경과 영성 서적을 읽는 것이 재미있고, 다른 신자들과 자신의 영성에 관해 이야기하는 것이 즐거우며, 교회 예식들이 자신의 영성을 풍요롭게 채워 주는 것처럼 느껴집니다. 마치 막 연애를 시작할 때처럼 모든 것이 쉽고 자연스럽게 흘러가고, 즐거움이 가득합니다. 그리하여 이런 생각이 들게 되겠지요. '우와, 영적인 삶을 추구하니 아주 좋구나!'

하지만 이내 기도나 대화, 양심의 소리를 통해 가는 길을 바꾸고,

죄가 되는 행동을 멀리하며, 새로운 생활 방식에 몸을 맡기라는 초대를 받습니다. 한마디로 **변하라는 것**이지요. 우리는 그동안 갖고 있던 이기심이 새로 찾은 믿음과 어울리지 않다는 것을 깨닫습니다. 이제까지 깊은 원한을 품고 있던 누군가를 용서하라는 부르심도 느낍니다. 그리고 성경에 따라 검소한 삶을 살아야겠다는 느낌을 받습니다.

그런데 바로 이때 두려움이 생기게 됩니다. 사실 두려움이 생기는 것은 자연스러운 일이지요. 변화는 큰 두려움을 불러오기 마련이니까요. 하지만 이 두려움은 이제까지 우리가 느꼈던 것과는 다릅니다. 하느님이 자신을 이끌어 가시는 곳에 대한 두려움이기 때문입니다. 또한 하느님이 그릇되거나 위험한 일로 초대하고 계신 것은 아닌가 하는 두려움이기도 하지요. 그리하여 우리는 이런 생각을 할 수도 있습니다. '내가 이 사람을 용서하라는 부르심을 받는 느낌이 들기는 하지만, 이것이 내게 손해가 될 게 분명해. 하느님이 나를 속이시는 거야.' 이러한 이유로 언젠가 예수회 입회 문제로 고심하던 한 젊은이가 제게 하느님의 초대에 응했다가는 마지막에 비참한 모습이 될까봐 두렵다고 고백하기도 했지요.

하지만 오히려 이럴 때야말로 각자가 지니고 있는 하느님의 이미지를 다시 점검해야 할 때일지 모릅니다. 이런 상황에서는 더 깊이 파고들어 '나에게 하느님은 어떤 분이신가?' 하고 묻는 것이 도움이 됩니다. 흔히 사람들이 생각하는 하느님의 이미지는 그냥 어린 시절에 하던 생각에서 크게 벗어나지 못합니다. 그리하여 엄격한 재판관이나 자신과 서먹서먹한 아버지, 또는 자신에게 엄격한 부모와 같은 모습으로 생각한 이미지에 머물게 되어, 신앙생활에 활력을 얻지 못합니다. 제라드 W. 휴스는 자신의 저서인 《놀라우신 하느님God of Surprises》에 이렇게 썼습니다.

"우리가 하느님에 대해 갖는 특정한 이미지는 우리가 받은 교육의 성격과 거기에 반응해 온 우리의 방식에 따라 크게 좌우된다. 우리의 생각에 깊이 각인되는 지식은 우리의 체험에서 비롯되기 때문이다."

당신이 변화하기를 그만두는 그 날부터
당신은 더 이상 살아 있는 것이 아닙니다.[7]

— 예수회원 앤서니 드 멜로 신부

종교 자체는 건강한 하느님상을 발전시켜 나가는 데 장애가 될 수 있습니다. MIT 박사 학위를 가지고 바티칸 천문대에서 일하는, 예수회원 과학자 가이 콘솔매그노는 자신의 저서 《하느님의 역학God's Mechanics》에서 하느님에 관한 과학자의 신앙에 대해 이야기했습니다.

"종교의 교리들이 자연과 하느님을 완전하고도 결정적으로 서술한다고 주장하는 것은 종교가 사람들의 우주관을 제한하도록 만들 수 있는 확실한 방법 중 하나다." 사실 하느님은 종교보다 더 크신 분이지요.

우리가 어린 시절부터 지니고 있던 하느님의 이미지가 있다면, 그 이미지도 성장해야 합니다. 어린아이일 때는 제가 그랬던 것처럼 하느님을 '위대한 문제 해결사'라고 여길 수 있지요. 그다음에는 하느님을 자신의 부모와 관련지어 설명했을 수 있습니다. 그리고 자라서는 하느님을 창조주, 영, 사랑과 같은 다른 방식으로 설명했을 수 있습니다. 그리스도인은 예수님을 구세주요, 메시아로 한정 짓는 것에서 벗어나, 어쩌면 형제요 친구로 바라보고 있는 자신을 발견했을 수 있습니다.

우리와 하느님의 관계는 흔히 자신의 삶 가운데 다른 부분들에서 이루어지는 관계, 특히 부모님이나 인생에서 중요한 사람들과의 관계를 반영하곤 합니다. 하느님을 부모님의 모습으로 생각하는 것이 도움을 줄 수도 있지만, 하느님은 우리의 어머니나 아버지가 아니라는 사실을 명심해야 합니다. 특히 어린 시절에 부모에게 육체적·정신적 학대를 받은 사람에게 이 점이 더욱 중요합니다.

예수회원인 리처드 레너드 신부는 우리가 하느님을 부모님으로 여기고 관계를 맺을 경우, 존재할 수 있는 최고의 아버지 또는 어머니와 관계를 맺는 셈이라고 했습니다. 설령 부모로서의 하느님의 모습에 끌리는 느낌이 들더라도, 정신적으로 어른이 되지 못한 사람들이 부모와 관계를 맺는 방식은 어린이가 부모와 관계를 맺는 방식과는 다르다는 점을 명심해야 합니다.

윌리엄 A. 배리 신부는 자신의 저서인 《다른 어떤 것과도 같지 않은 우정》에서 설교자가 하느님을 부모에 빗대어 이야기할 때 그들은 보통 자녀가 있는 부모를 이미지로 활용한다고 지적하며 이렇게 말했습니다. "완전히 성숙한 '어른이 되지 못한 사람'과 그들의 부모 사이에 이루어지는 관계는 하느님이 어른인 우리와 맺고자 하시는 관계에 보다 온전히 부합되는 표상이다."

또한 우리는 고대 전승들 속에 묻혀 있는 놀랄 만한 하느님의 이미지들을 발견하기도 합니다. 신학자인 엘리사벳 존슨 수녀는 자신의 저서 《존재하는 그녀 She Who Is》에서 유대교와 그리스도교 성경에 등장하는 하느님의 여성적 이미지를 다룹니다. 엘리사벳 존슨 수녀의 저서에 대표적인 사례가 나오는데, 영靈에 해당하는 히브리어 루아흐רוח, 그와 같은 의미의 그리스어 소피아σοφία는 모두 전통적으로 여성적인 하느님의 이미지를 갖고 있다고 합니다. 지혜서에는 "지혜는 세상 끝에서 끝까지 힘차게 퍼져 가며 만물을 훌륭히 통솔한다."(지혜 8,1)라는 말씀이 있지요. 이슬람교에서 예언자 마호메트가 말하는 하느님의 이름 아흔아홉 가지는 저마다 신의 속성을 강조하는데,

여기에는 온화하신 분Gentle One, 생명의 복원자Restorer to Life, 인도자Guide가 포함되어 있습니다. 이것들은 저마다 하느님을 새로운 방식으로 상상하도록 초대합니다.

제가 가장 좋아하는 하느님에 대한 이미지들 중 하나는 예레미야서에 나오는데, 이것은 하느님이 자신을 비참한 삶에 빠뜨리기 위해 변화하도록 유도하는 사악한 협잡꾼일지도 모른다고 불안해하는 이들에게 특히 도움이 됩니다. 우리에게 가장 좋은 것만을 주고자 하시는 하느님의 이미지가 예레미야서에 드러나기 때문이지요.

"나는 너희를 위하여 몸소 마련한 계획을 분명히 알고 있다. 주님의 말씀이다. 그것은 평화를 위한 계획이지 재앙을 위한 계획이 아니므로, 나는 너희에게 미래와 희망을 주고자 한다."(예레 29,11)

하느님은 우리에게 '성장하라'는 예상치 못한 새로운 초대를 하시어 우리를 놀라게 하십니다. 어쩌면 보다 새롭고 현대적인 하느님의 이미지를 발견하게 될 수도 있습니다. 아니면 자기 나름대로의 하느님의 이미지를 찾아낼 수도 있습니다. 예수회원인 한 친구는 언젠가 국토 종단 순례를 떠났다가 집으로 돌아가기 위해 간 낯선 공항에서, 타야 하는 비행기들이 모조리 취소되는 바람에 발이 묶이고 말았습니다. 그때 명랑한 여행사 직원 하나가 갖가지로 해결 방법을 찾을 수 있도록 끝까지 도와줬고, 그 덕분에 그는 새로운 항공편을 예약할 수 있었습니다. 친구는 그때 집으로 돌아가도록 도와준 그 사람에게서 실로 놀라운 하느님의 손길을 발견할 수 있었다고 말했습니다.

변화는 우리와 조직화된 종교와의 관계를 키워 나가는 역할도 할 수 있습니다. 우리 중 일부는 굉장히 종교적인 집안에서 태어났을 것입니다. 또 몇몇은 고유한 종교적 전통들 속에 여전히 뿌리박은 채 이를 비옥하게 만드는 성숙된 신앙을 발전시키겠지요. 앞서 다룬 '믿음의 길'을 가는 이들이 여기에 해당합니다. 또 어떤 이들은 해묵은 종교적 믿음이 어른이 된 그들에게 더 이상 호소력을 갖지 못한 탓에 이를 버리고 새로운 종교적 전통을 찾아 '탐구의 길'을 추구하기도 합니다. 그런가 하면 한동안 종교와 결별했다가, 그들 나름의 방식으로 신앙을 수용하는 길을 찾으러 떠났다가 다시 똑같은 전통으로 되돌아오는 '귀환의 길'을 가는 이들도 있습니다.

어느 경우에서든 하느님과의 관계는 변하게 됩니다. 스페인의 예수회원 카를로스 발레스는 자신의 저서 《하느님 스케치*Sketches of God*》에서 이렇게 말했습니다. "만일 당신이 하느님을 늘 똑같은 방식으로 상상한다면, 그것이 제아무리 참되고 아름다울지라도 그분이 우리를 위해 선물로 마련해 두고 계시는 새로운 길들을 찾아 누리지 못하게 된다."

7. 침묵하기

우리는 영성 생활을 하면서 하느님의 침묵에도 마음을 열어 두고 있나요?

때로는 하느님이 멀리 계시는 듯싶고, 때로는 일상생활이나 기도 중에 아무런 일도 일어나지 않는 것처럼 보입니다. 브라이언 콜로디척 신부가 마더 데레사 성녀의 편지와 일기를 엮은 책 《마더 데레사, 나의 빛이 되어라》를 보면, 마더 데레사 성녀에게도 고통스러운 '어둔 밤'이 찾아오기도 했다는 것을 알 수 있습니다. 저자 신부는 오랜 기도에도 하느님이 부재하시는 듯이 느껴지는 이 시기에 대해 언급하면서 성인들의 삶에서도 하느님의 침묵은 자주 존재했다는 점을 사람들에게 일깨워 줍니다.

마더 데레사 성녀가 기도 중에 곧잘 하느님의 현존을 느끼지 못했노라고 말한 것에 대해, 많은 신자들은 놀라고 심지어 개탄하기까지 했습니다. 어떤 비평가들은 이러한 그녀의 글이 그녀의 믿음이 약했다는 것을 보여 주는 증거라고 주장하기까지 했습니다. 혹은 하느님이 존재하지 않는다는 것을 보여 주는 증거라고도 했지요.

하지만 **침묵**은 모든 관계에서 꼭 필요한 요소입니다. 부부나 연인들이 서로 떨어져 만날 수 없을 때를 생각해 봅시다. 아니면 보다 긍정적인 상황으로, 친구와 함께 차로 먼 거리를 여행할 때를 생각해 봅시다. 이때 친구와 잠시도 쉬지 않고 말을 해야 할까요? 나란히 해변을 걸으며 아무 말도 하지 않는 연인을 생각해 봅시다. 침묵이 친구들 사이에서 고통과 혼란을 만들 수도 있지만, 다정한 침묵은 때로 위안이 되기도 합니다.

제 친구인 매디 수녀는 글로스터 피정의 집에서 기도 중의 침묵과 우정의 침묵 사이에 유사한 점을 한 가지 더 지적해 주었습니다. 그녀는 이렇게 말했습니다.

"한동안 친구들한테 소식이 없을 때가 있지요. 하지만 그들에게서 소식이 오든지 그렇지 않든지 상관없이 난 그들이 여전히 내 친구라는 걸 알아요. 기도도 똑같아요. 내가 하느님의 현존을 느끼든 느끼지 못하든, 난 하느님이 거기 계시다는 것을 아는 거죠."

저도 수련자 시절에 기도를 할 때 침묵을 견디기가 힘들었습니다. 하루는 저의 영적 지도 신부님인 데이비드 도노반 신부님에게 말했습니다. "신부님, 기도해도 저에게 아무 일도 일어나지 않아요. 다 시간 낭비라고요." 신부님이 놀라서 물었습니다. "대체 그게 무슨 말인가?"

"그러니까, 기도를 드렸지만 아무런 일도 일어나지 않았다고요. 전 그저 한 시간 동안 하느님과 앉아 있는 것뿐이죠. 이건 그저 시간 낭비에요." 신부님이 껄껄 웃으며 말했습니다. "하느님과 함께하는 게 시간 낭비라고?"

그 순간 저도 소리 내어 웃지 않을 수 없었습니다. 하느님의 현존 안에 머무는 시간은 결코 낭비되는 시간이 아닙니다. 설령 많은 일이 일어나고 있다는 느낌이 들지 않더라도 말이지요.

여러분도 누군가와 함께 있을 때 말하지 않더라도 기쁨을 느낀 경험이 있을 것입니다. 마거릿 실프가 최근에 제게 보낸 편지에서 말했듯이, 침묵이 하느님이 저를 떠나셨다는 것을 의미하는 것은 아닙니다. 따라서 우리는 침묵 안에서 조용히 머물 수 있고, 하느님의 현존 안에 머무는 즐거움을 오롯이 누릴 수도 있습니다.

또한 아리스토텔레스는 사람은 자신이 관상하는 대상을 닮아 간다고 믿었습니다. 여러분은 서로를 오롯이 이해하고 받아들이며 살아온 것처럼 보이는 노부부를 만나 본 적이 있나요? 그들은 같은 관심사를 공유하고, 서로 상대방의 말을 끝까지 들어주고, 때로는 얼굴까지 닮아 갑니다. 우리가 하느님과 맺는 관계도 이와 비슷합니다. 마치 시간이 정지되어 있는 것 같은 완벽한 침묵에서도 우리는 하느님과 함께 시간을 보내며 더 성장하게 됩니다.

그 이유는 하느님의 현존 속에 들어서면 항상 변화가 일어나기 때문입니다. 빛나는 얼굴로 시나이 산에서 내려온 모세를 생각해 보세요. 도노반 신부님은 기도에 대해 이야기할 때면 꼭 "기도는 하느님과 함께 시간을 보내는 것이다."라는 말을 빼놓지 않았습니다. 기도의 시간이 비록 침묵의 순간이라 할지라도, 나중에 보면 결코 시간을 낭비한 것이 아닌 것은 이 때문이지요.

하지만 우리가 기도 중에 찾아오는 침묵을 괴롭게 여기는 또 다른 이유는 이제는 우리가 침묵을 조금도 긍정적으로 보지 않게 되어 버렸기 때문입니다.

다양한 전자 기기들, 핸드폰, 태블릿 PC, 노트북이 끊임없이 우리를 자극하고 있습니다. 이것들은 대부분 생활에 유익하고, 일의 능률을 높여 주며, 재미까지 줍니다. 만약 우리가 꽉 막힌 도로 한복판에 갇혀 있더라도 좋아하는 노래가 손안에 있으니 지루할 틈이 없게 되었지요. 무엇이든지 최신 정보를 알려 주는 인터넷과 라디오, 텔레비전이 있으니 대단히 편리할 것입니다. 이 모두가 디지털 시대의 결과물인 것이지요.

하지만 우리는 점점 이런 도구들에 지나치게 중독되고 있는 것은 아닐까요? 우리가 소비하는 대중 매체의 숫자는 날로 늘어나고, 전자 기기에서 벗어날 수 있는 우리의 능력은 저하되고 있습니다.

며칠 전에 한 영화사 직원이 차 안에서 핸드폰으로 제게 전화를 걸어 가톨릭교회를 소재로 하는 새 영화에 사용할 적당한 음악 한 곡을 골라 달라고 부탁했습니다. 그녀는 가장 추천할 만한 가톨릭 성가가 무엇이냐고 물었습니다. 그래서 제가 몇 곡을 제시하기 시작했더니, 그녀는 "잠깐만요, 이 내용을 다른 직원들에게도 문자 메시지로 보내야겠어요." 하는 것이었습니다. 제가 깜짝 놀라 물었습니다. "당신은 차를 운전하면서 전화로 이야기하는 중에 누군가에게 문자 메시지까지 보내는 일을 한꺼번에 한다는 건가요?"

한편으로 우리는 침묵하는 방법을 점차 상실해 가고 있습니다. 자신의 생각에 몰두하면서 걷기, 방문을 닫고 조용히 사색하기, 공원 벤치에 앉아 생각에 잠기기 등을 말이지요. 우리가 침묵을 두려워하는 것은 자신의 가장 깊은 내면에서 들려올지 모를 무엇인가를 두려워하기 때문일 수 있습니다. 무엇을 말할지 알 수 없는 그 "조용하고 부드러운" 음성을 말이지요.

그 음성은 우리에게 변화를 요구할 수도 있습니다. 하느님이 침묵을 통해 우리에게 말씀하시는 메시지를 듣기 위해 시끄러운 세상과의 접속을 끊어야 하는 것처럼 말이지요. 우리는 시끄러운 세상을 변화시킬 수는 없지만, 침묵의 선물을 만끽하기 위해 때때로 접속을 끊을 수는 있습니다.

침묵이 하느님께 귀를 기울이는 가장 좋은 방법 중의 하나인 이유는 하느님이 시끄러운 낮 시간에는 말씀하지 않으시기 때문이 아니라, 침묵이 우리의 마음에 보다 쉽게 귀를 기울이도록 해 주기 때문입니다. 우정에 비유하자면, 친구가 이야기를 할 때 가끔은 침묵하며 아주 정성껏 귀를 기울여야 하는 것처럼 말이지요. 제 여동생은 이따금씩 조카들에게 이렇게 말하곤 합니다. "너희에게 귀는 두 개고 입은 하나인 까닭이 있단다. 귀담아듣는 것이 말하는 것보다 더 중요하기 때문이지." 어쩌면 이 말은 우리가 새겨 들어야 할지도 모르겠군요.

우리의 주위 환경과 마음속이 지나치게 시끄러우면, 친구이신 하느님이 우리에게 하시는 말씀을 듣기가 어려울 수 있습니다.

8. 관계를 되돌아보기

우정이 하느님과의 관계에 굉장히 좋은 비유가 되지만, 그렇다고 완벽한 것은 아닙니다. 앞서 말했듯이, 우리의 친구 가운데 그 누구도 우주를 창조하지 않았습니다. 그리고 하느님은 우리의 친구들처럼 변덕스럽지 않으십니다. 리처드 레너드는 자신의 저서 《회심한 이들을 향한 설교 Preaching to the Converted》에서 이렇게 말했습니다. "그대가 하느님으로부터 멀어졌다고 느끼거든 누가 누구에게서 멀어진 것인지 생각해 보라."

그럴 때에는 기도를 개인의 인간관계와 연결시켜 생각하라는 윌리엄 A. 배리 신부의 탁월한 통찰력을 활용하면 하느님과의 관계를 분명히 하는 데 도움을 얻을 수 있습니다. 만일 자신이 하느님과의 관계에 만족하지 못하고 있다면, 친구와의 우정에 견주어 생각해 보는 것은 어떨까요? 이 우정에 소홀한 점은 없는지, 어떻게 하면 우정을 키워 나갈 수 있을지 생각해 본다면 하느님과의 관계에 대해 생각하기가 좀 더 수월해질 것입니다.

이 방법은 영성 생활에서 좀 더 주도적인 위치가 되도록 도울 수도 있습니다. 그리고 하느님과의 관계가 오로지 성인들과 신비가들을 위해 만들어진 것이 아니라 자신의 삶과 일치할 수 있는, 보다 알기 쉬운 것으로 만들어 가는 데 도움이 됩니다.

영성 생활의 흐름은 상호 관계의 흐름을 그대로 반영합니다. 앞서 언급했듯이 많은 상호 관계는 시작할 때 보통 마음을 빼앗기는 기간이 따릅니다. 주로 막 시작했을 때 어는 정도의 기간 동안은 푹 빠지는 시기를 보내게 되지요. 그때 상대방과 시간을 보내는 일만이 중요한 일처럼 여겨질 것입니다. 하지만 영성 생활에서의 하느님과의 관계는 피상적인 수준을 넘어, 보다 깊고 복잡한 단계로 넘어가야 합니다. 또한 우리가 상상하지 못한 상황들로 빠져들게 됩니다. 여기에는 오르내림이 있고, 침묵의 시간이 있으며, 좌절의 시간도 있습니다. 여느 우정과 마찬가지이지요.

우리와 하느님과의 관계는 우리가 살아가면서 변하기 마련입니다. 그 변화는 때로 자연스럽게 이루어지면서 커다란 위안을 주기도 합니다. 하지만 어떤 때는 힘들게 느껴지고 결실이라고 할 만한 것이 별로 없다고 느낄 수도 있습니다. 그러나 중요한 것은 어떤 우정에서나 그렇듯이 이를 견뎌 내고, 그리하여 하느님을 더 깊이 알고 사랑하는 일입니다. 아울러 하느님이 우리 자신을 더 깊이 알고 사랑하게 만드는 것이 중요합니다.

제7장

하느님께
귀 기울이는 법

제7장

하느님께 귀 기울이는 법
이냐시오 기도

우리는 앞의 세 개의 장을 통해 성찰과 같은 기도가 삶에서 하느님을 찾는 일에 어떻게 도움이 되는지, 그리고 우리가 일상생활에서 어떻게 하느님께 귀를 기울일 수 있는지 살펴보았습니다.

하지만 성찰 이외에도 다른 많은 기도의 전승이 있습니다. 그렇다면 그중에서 기도하기에 가장 좋은 길은 무엇일까요?

1. 편안하게 느껴지는 기도

기도하기에 가장 좋은 길에 관한 질문에 대한 답은, 우리가 편안함을 느끼는 것이면 무엇이든 다 좋다는 것입니다. 저의 영적 지도 신부님인 도노반 신부님이 이렇게 말한 적이 있습니다.

"하느님은 그대가 있는 그곳에서 그대를 만나신다."

친구와 더 친해지기 위해서는 딱 한 가지 방법만이 있는 것이 아닌 것처럼, 여러 형태의 기도 중에 어떤 형태가 다른 것보다 더 좋은 기도라고 할 수 없습니다. 자신이 가장 좋다고 느끼는 방법으로 드리는 기도가 자신에게 가장 좋은 기도이지요.

도노반 신부님이 사람들이 기도의 여러 가지 형태를 두고 어떤 것이 '더 좋다'거나 '더 나쁘다'는 딱지를 붙이는 것을 두고 해 준 이야기가 있습니다.

신부님은 오하이오 주에 있는 유명한 요세피눔 신학교에서 영적 지도의 소임을 하다가 보스턴에 돌아온 지 일주일 만에 어머니를 만나러 갔습니다. 아일랜드계 미국인으로서 가톨릭 신자인 연로한 어머니는 보스턴 외곽에 있는 집에서 살고 있었습니다. 신부님이 찾아갔을 때, 어머니는 오래된 가톨릭 영적 전승 가운데 하나인 묵주 기도를 바치고 있었습니다.

도노반 신부님은 오랜 시간 영적 지도의 경험을 쌓은 뒤라서 어머니가 즐겨 바치는 기도의 방식이 지나치게 단순하다고 느꼈습니다. 그래서 신부님은 어머니에게 진짜 기도에 관해 가르쳐 주어야겠다고 마음먹었습니다.

신부님이 어머니에게 물었습니다. "왜 묵주 기도를 바치세요?"

어머니가 대답했습니다. "난 항상 묵주 기도를 바치곤 한단다."

"그러니까 그 이유가 뭔데요?"

"글쎄다, 그냥 바치는 게 좋구나."

도노반 신부님은 이야기가 별로 진척되고 있지 않다고 느끼면서 어머니가 경험한 기도 체험을 면밀하게 파악하고 더 나은 기도의 방법을 가르쳐 드려야겠다고 마음먹었습니다.

그래서 신부님은 이렇게 물어보았습니다. "어머니가 묵주 기도하실 때 무슨 일이 일어나지요?"

"마음이 차분해지면서 나는 하느님을 바라보게 되고, 하느님도 날 보신단다."

저에게 어머니와 있었던 이야기를 해 주던 신부님은 잠시 멈추더니 이렇게 말했습니다. "난 그 자리에서 입을 다물었다네."

그러더니 껄껄 웃었습니다. 어머니의 영적 체험을 자신의 선입견으로 인해 잘못 판단하고 있음을 깨달았다고 덧붙이면서 말이지요.

다른 사람의 내면에 무슨 일이 일어나고 있는지 누가 알 수 있을까요? 신부님은 하느님과 이야기하는 여러 가지 방법 중에서 어느 한 가지가 가장 뛰어나다고 평가하는 것은 위험하다는 사실을 깨달았습니다. 이냐시오 성인도 "모든 사람을 같은 길로 나아가게 만드는 것은 위험하다."라고 말했듯이 말이지요.

도노반 신부님이 깨달은 것이 한 가지 더 있었습니다. "내가 그동안 받았던 온갖 교육에도 불구하고, 어머니와 하느님이 맺고 있는 관계가 분명 나보다 더 깊었을 거야."

신부님은 이 이야기를 통해 기도에 반드시 가장 좋은 방법이 있는 것이 아니라는 사실을 제게 일깨워 주고자 하셨습니다. 이와 더불어 자신의 마음을 더 편안하게 해 주는 특정한 기도 방법이 있다는 것도 말이지요. 이것은 여러분에게도 해당됩니다.

그런 만큼 이냐시오 전통의 한 부분으로 고찰되는 몇 가지 기도 방법에 관해 이야기해 보겠습니다. 다른 방법에 관해서는 이 장의 끝부분에서 보다 폭넓게 이야기하겠지만, 이냐시오 영성에 가장 긴밀하게 결부되어 있는 것은 아래에서 이야기할 방법들입니다.

이 방법들에 대해 알아 가는 동안, 여러분이 가장 끌리는 방식을 찾고, 그것에 주목해 보세요. 어쩌면 하느님은 이 기회를 통해 여러분에게 그 기도를 시도해 보도록 권하시는 것인지도 모릅니다. 어쩌면 이런 수행 방식들 가운데 하나를 통해, 도노반 신부님의 어머니가 말한 것처럼 우리가 하느님을 바라볼 수 있고, 하느님도 우리를 볼 수 있게 될 것입니다.

2. 이냐시오 관상

제1장에서 나왔던 다섯 명의 예수회원을 떠올려 봅시다. 만일 그 예수회원들에게 이냐시오의 기도 전통을 이야기해 달라고 한다면 그들은 가장 먼저 이냐시오 관상을 말해 줄 것입니다.

모든 기도는 관상적입니다. 하지만 여기에서 이 용어를 쓰는 것은 특정한 기도 양식을 묘사하기 위함이며, '관상'이나 '관상 기도' 또는 '상상 기도imaginative prayer'라는 명칭으로도 사용하게 됩니다. 이냐시오 성인이 이 종류의 기도를 창안한 것은 아니지만, 성인은《영신수련》에서 이를 '장소 구성'이라 지칭하며, 핵심 단계에 올려놓음으로써 이 기도가 신자들에게 친숙해지도록 만들었습니다.

이냐시오 관상에서는 자신이 성경에 나오는 한 장면 속에 있다고 상상하거나, 하느님의 현존 안에 있다고 상상함으로써 장소를 구성하고 관상에 참여하게 됩니다. 이는 상상력을 통해 하느님이 자신에게 말씀하시도록 만드는 방법입니다.

또한 이냐시오 성인이 즐겨 사용했던 방법 중에 하나인데, 이 방법으로 사람들이 하느님과 관계를 맺도록 도움을 주었지요. 이것은 성인 자신의 기도 체험에서 비롯되었습니다. 데이비드 플레밍이 말했던 것처럼 이냐시오 성인은 분석에 탁월한 사상가였지만, 한편으로 성인의 영성 생활에는 놀라운 상상력이 있었습니다. 저는 수련원에서 이 방식에 관해 처음 들었을 때, 말도 안 되는 소리라고 생각했습니다.

'내 상상력을 활용하라고? 내 머리 속에서 지어내라는 건가? 내가 상상한 모든 것이 하느님이 내게 말씀하신 것이라고 보라는 거야? 그건 미친 사람들이나 하는 생각이 아닌가?'

저는 처음 도노반 신부님의 지도를 받기 시작했던 시기에 '이냐시오 관상'에 관한 의구심은 물론 실망감까지도 털어놓은 적이 있었습니다. 신부님은 귀를 기울여 듣다가 미소를 지었습니다. 신부님이 커피 잔을 손에 들고 안락의자에 앉아 있는 모습이 지금도 눈에 선합니다. 도노반 신부님이 말했습니다.

"한 가지만 물어보겠네. 자네와 다른 사람들과의 관계를 통해 하느님이 자네에게 말씀하실 수 있다고 생각하나?"

"물론이죠."

"성경을 통해서나 성사를 통해서도?"

"그럼요."

"자네의 일상적인 체험이나 자네의 욕망과 감정을 통해서도?"

"네, 그렇다니까요."

"자넨 하느님이 자네가 날마다 보고 듣고 느끼고 심지어 냄새 맡는 것들을 통해서도 통교하실 수 있다고 생각하나?"

"네, 확실히 그렇다고 생각하죠."

"그렇다면 하느님이 자네의 상상력을 통해 자네에게 말씀하시지 못할 이유는 뭔가?"

듣고 보니 굉장히 일리 있는 말이었습니다. 도노반 신부님은 상상력에 관해 진지하게 생각해 보기를 권했습니다. 혹시 우리의 상상력이나 지성, 기억력도 하느님이 주시는 선물이 아닐까요? 만일 이것이 선물이라면, 하느님을 체험하는 데 활용하지 못할 이유가 어디 있을까요?

즉, 자신의 상상력을 활용한다는 것은 없는 것을 지어낸다는 뜻이라기보다 오히려 이 상상력이 하느님께 나아가는 데 도움이 될 수 있음을 믿는다는 뜻입니다. 그렇다고 해서 우리가 기도 중에 상상한 모든 것이 하느님에게서 나온다는 뜻은 아닙니다. 다만 그분이 때때로 우리와 소통하는 하나의 방법으로서 상상력을 이용하실 수도 있다는 뜻이지요.

그렇다면 이냐시오 관상은 어떤 방법으로 수행해야 할까요? 이에 관한 답을 《영신수련》에서 찾을 수 있습니다.

1) 상상을 통해 장소를 구성하기

먼저 성경에서 자신이 좋아하는 한 대목을 선정합니다. 영신수련을 수행하는 사람이라면 그날 지정된 성경 구절이면 됩니다. 예를 들어, 영신수련 제2주간에는 설교하고, 여행하고, 병자를 치유하고, 죄인을 용서하고, 버림받은 이를 따뜻이 맞이하는 등 사목에 임하시는 예수님을 따라가게 됩니다.

제2주간에서 제가 가장 좋아하는 이야기는 풍랑이 이는 호수에서 일어난 이야기입니다. 여러 복음서에 수록된 이 이야기는 살면서 부딪히는 여러 가지 문제로 힘겨워하는 사람들, 나아가 모든 사람들에게 도움이 됩니다.

루카 복음서에는 제자들이 예수님과 함께 배 안에 있을 때 갑작스러운 돌풍이 몰아친 이야기가 나옵니다. 갈릴래아 호수에서는 오늘날에도 이런 현상이 발생하곤 하는데, 루카 복음서의 기록에 따르면 그로 인해 배에 "물이 차 들어와 그들이 위태롭게 되었다."라고 합니다. 겁에 질린 그들은 주무시는 예수님을 깨우며 왜 자신들을 도와주지 않느냐고 다그쳐 묻습니다. 그러고는 "스승님, 스승님, 저희가 죽게 되었습니다." 하고 소리쳤습니다. 예수님이 깨어나 바람과 물결을 "꾸짖으시니" 폭풍이 고요해졌습니다. 그러자 예수님은 제자들을 돌아보며 "너희의 믿음은 어디에 있느냐?" 하고 물으셨습니다. 제자들은 어리벙벙해졌지요. "도대체 이분이 누구시기에 바람과 물에게 명령하시고 또 그것들이 이분께 복종하는가?"(루카 8,23-25 참조)

이냐시오 성인은 우리가 이러한 '장소 구성'을 통해 그 장면 속으로 들어가되, 떠올릴 수 있는 한 최대한 세세하게 이야기에 등장하는 자신의 모습을 상상해 보라고 조언합니다. 그 출발점은 오감입니다.

첫 단계는 기도로 하느님의 도움을 청하고 나서 자신에게 묻는 것입니다. 무엇이 보이지? 멀리서 그 장면을 본다고 상상하기보다 직접 그 배에 타고 있다고 상상하면, 주위에 제자 몇 명을 포함한 사람들이 보일 것이고 모두 작은 목선에 웅크리고 앉아 있는 모습을 상상해 볼 수 있습니다.

일단 상상의 시각이 열리면 상상해 볼 만한 것들이 아주 많습니다. 배는 어떻게 생겼는지, 호수의 풍경은 어떠한지, 제자들은 어떤 표정인지 어느 정도나마 짐작할 수 있을 것입니다. 그렇다고 이런 종류의 기도를 바치기 위해서 반드시 고고학자가 될 필요는 없습니다. 그 시대의 배가 어떤 모양이었는지 정확하게 알지 못해도, 심지어 현대식의 배로 상상해도 아무 문제가 없지요.

배 바깥의 광경은 어떨까요? 캄캄한 밤중에 배를 타고 바다에 나가면 무슨 일이 벌어질지 몰라 두려울 것입니다. 번개가 돛대에 내려치거나, 파도가 뱃전을 때려 배가 전복되거나, 예기치 못한 풍랑이

제7장 하느님께 귀 기울이는 법

배를 덮칠 수도 있지요. 밤중에는 번갯불이 번쩍이지 않는 한 물결의 움직임을 보기 힘들기 때문에 두려움은 더욱 커질 것입니다. 오로지 시각적으로만 상상하면서 제자들이 그 당시 느꼈을 두려움을 어느 정도나마 짐작할 수 있을 것입니다.

그다음에는 주무시는 예수님을 바라본다고 상상해 보세요. 잠이 드신 예수님을 주의 깊게 바라보는 것과 같은 단순한 행동만으로도 그분에 관해 새로운 질문을 할 수 있게 됩니다. 예를 들어, 그분이 잠이 드셨다는 점은 그분이 제자들에게 관심이 없다거나 닥칠 수 있는 위험에 대한 무지함을 보여 주는 것이라기보다는, 그저 긴 하루를 보내고 피로에 지치셨음을 나타낸다고 생각해 볼 수 있습니다. 여러분도 알다시피, 예수님은 줄곧 그분의 관심과 배려를 요구하며 부르짖는 사람들 사이에서 아주 열정적으로 활동하셨습니다. 그런데도 어떻게 지치지 않고 활동하실 수 있었을까요?

우리는 상상을 통해 제자들의 두려움과, 지친 육신을 지니신 인간적인 모습의 예수님을 이해할 수 있을 것입니다.

복음 말씀을 읽고 그저 "예수님께서는 잠이 드셨다."(루카 8,23)라는 사실을 인지하는 것과 이를 상상하며 마음의 눈으로 들여다보는 것은 전혀 다릅니다. 우리가 상상을 통해 인간으로 오신 예수님의 모습을 보고 얻은 새로운 통찰력은 자신의 것이기 때문에 책에서 읽거나 강론으로 들어서는 얻을 수 없는 것입니다.

그다음으로 자신에게 물어보세요. 무슨 소리가 들리지? 우리는 소리를 내며 부는 바람과 쾅 하고 울리는 천둥소리뿐만 아니라 커다란 파도들이 뱃전에서 솟구치는 소리도 상상할 수 있습니다. 어쩌면 배가 이리저리 흔들릴 때 밑바닥에서 물이 출렁거리고 갑판에서 어구와 그물이 시끄럽게 덜컥거리는 상황을 상상해 볼 수도 있지요. 그러면 분명 제자들이 불평하는 소리도 들릴 것입니다. 예수님의 무관심을 원망하는 제자들의 불평 소리가 점점 커져, 바람 소리와 파도 소리 너머로 들리게 됩니다. 천둥소리 너머로 제자들의 고함 소리도 들려옵니다.

여러분은 이제 상상으로 보고 듣는 가운데 이 장면에 보다 깊숙이 발을 들여놓기 시작했습니다. 하지만 아직 끝난 것은 아닙니다. 여러분에게는 마음 내키는 대로 사용할 수 있는 감각이 몇 가지가 더 있으니까요.

이번에는 무슨 냄새가 나지? 하고 물어보세요. 고깃배에 호수 물이 들어오면서 냄새가 났을 것입니다. 그것은 바로 생선 냄새겠지요. 혹은 그날 고기잡이로 인해 남아 있는 냄새일 것입니다. 또한 제자들과 그렇듯 비좁은 공간에 함께 있기 때문에 고약한 몸의 악취는 물론 불쾌한 입 냄새까지도 날 것입니다.

장소 구성

다음은 《영신수련》에 실린 내용으로, 이냐시오 성인이 '장소 구성'을 활용하면서 예수님의 탄생 장면을 상상하는 부분입니다. 성인이 묻는 질문들을 잘 살피면서 여러분의 상상력으로 그려 봅시다. 그리고 바로 이 상상력을 통해 하느님이 지극히 개인적인 차원에서 일을 하실 것이라 믿고 있었다는 점에 주목합시다(영신수련, 112).

…… 장소를 구성하는 것인데 여기서는 상상의 눈으로 나자렛에서 베들레헴까지의 길을 보는데 길이와 폭, 그리고 그 길이 평탄한지 혹은 계곡이나 언덕을 따라서 가는지 따위를 생각하면서 본다. 또 태어난 곳, 혹은 동굴을 보면서 그것이 얼마나 큰지, 얼마나 작은지, 얼마나 낮은지, 얼마나 높은지, 그리고 무엇이 어떻게 배치되어 있는지 등을 본다.

상상력을 발휘하라는 것이 별나거나 기괴한 어떤 것을 그려 내기를 요구하는 것은 아닙니다. 이냐시오 성인이 제안하는 것은 여러분이 상상하는 그 장소에서 벌어진 일들이 어떤 모습으로 이루어질 것인지 가능한 한 최선을 다해 상상해 보라는 것입니다. 또한 하느님을 만나기 위해 이 장면 속으로 들어가고자 노력하는 만큼 하느님이 우리의 기도를 도와주실 것이라 믿어야 합니다.

아직도 두 가지 감각이 더 남아 있습니다. 그중 하나는 촉감입니다. **어떤 촉감이 느껴지지?** 우리는 그 장면에서 손으로 짠 옷을 입고 있을 수 있고, 어쩌면 피부에 까슬까슬한 옷감의 재질이 실제처럼 느껴질 수도 있습니다. 만일 폭풍 속을 지나는 배 안에 앉아 있다면, 온종일 예수님과 함께 갈릴래아 부근을 돌아다녀 지칠 대로 지친 데다, 흠뻑 젖어 축축하고 춥고 비참한 기분이 들 것입니다.

어떤 맛이 나지? 예수님과 제자들이 카나의 혼인 잔치나 최후의 만찬에서처럼, 먹고 마시는 장면이 있는 다른 이야기에서는 핵심이 되는 감각이겠지만, 이 장면에서는 다소 개연성이 떨어져 보이긴 합니다. 그래도 물보라 치는 소금물을 맛보는 정도의 상상은 가능하겠지요.

지금까지 오감을 사용하여 장소를 구성했다면, 무대 장치는 이미 마친 셈입니다. 이 시점에서는 스스로 자신의 머릿속에 있는 현장이 전개되어 나가도록 할 수 있습니다.

하지만 이러한 오감을 이용한 장소 구성은 그저 지켜보는 것이 아닙니다. 예수회의 요셉 테틀로도 자신의 저서 《그리스도 안에서의 선택 Making Choices in Christ》에서 이렇게 말했습니다.

"당신은 마치 영화에서 추이를 지켜보듯이 사건을 그저 상상하기만 하는 것이 아니다. 마치 그대가 그곳의 일부인 것처럼 그 현장으로 들어가 무대를 펼쳐 내고, 성전 안이나 발목까지 차는 요르단 강물 속에서 뜨거운 마음을 느끼도록 하는 것이다."

상상 속에서 이야기가 전개되는 동안 우리는 가능한 한 판단을 내리지 않도록 해야 합니다. 우리는 매혹적이거나 흥미진진해 보이는 것에 언제든 끌리기 마련입니다. 예를 들어 예수님보다 제자들에게 시선이 쏠린다고 해도, 그것이 부적절하거나 잘못된 것이라고 판단하지 않도록 노력해야 합니다. 또한 묵상을 하는 동안 하느님이 이끌어 주실 것을 믿고, 상상 속에서 하느님께 자신을 맡기도록 해야 합니다.

2) 무슨 일이 일어나는지 주목하기

이제부터는 이야기를 따라가는 동안에 자신의 내면에서 **무슨 일이 일어나는지** 주목해야 합니다. 우리가 앞에서 이야기한 것처럼 어떤 종류의 기도든지 자신의 통찰력, 감정, 욕망, 기억, 느낌 등이 드러나게 됩니다.

하느님은 줄곧 우리와 소통하고 싶어 하십니다. 그러나 우리가 의도적으로 하느님의 음성에 자신을 열어 놓을 때에야, 비로소 우리 내면의 소리를 더 선명하게 들을 수 있습니다. 친구 관계에 빗대어 생각해 보면, 친구에게 "난 자네가 하는 말에 온 신경을 집중하고 있다네."라고 말하는 것과 비슷합니다. 이냐시오 관상은 우리가 보다 쉽게 또는 다르게 듣고, 다른 상황이라면 놓쳤을 만한 것을 인식할 수 있도록 도와줍니다.

자기 자신을 열기

이냐시오 관상은 예수님이 인간으로 계셨을 때의 사건들 안에 들어가도록 도와주려는 의도로 활용할 수 있습니다. 또한 모든 종교적 전통에 의해 예수회원인 존 잉글리쉬가 자신의 저서 《영적 자유》에서 '성스러운 사건들'로 기술하고 있는 것을 이해하도록 돕기 위해서도 이를 활용할 수 있습니다.

우리는 이냐시오 관상 중에서 상당히 의미심장한 거룩한 사건들을 접할 때면, 방금 말한 것과 똑같은 힘(기억력과 상상력)에 의해 자신을 잊어버리는 습관에 빠집니다. 하지만 약간의 연습을 거쳐 그 장면과 상황에 머무는 법, 말하고 움직이는 사람들을 여유

> 있게 지켜보는 법, 그리고 발생한 사건과는 관계없이 사건 자체의 신비스러운 의미가 우리에게 던져 주는 깊은 감명을 받아들일 수 있도록 자신의 마음을 여는 법을 배울 수 있습니다.

그에 관한 한 가지 예로, 통찰력은 이냐시오 관상에서 자주 거론되는 것 중의 하나입니다. 제가 기도 중에 어떤 통찰력, 즉 분명히 새로운 것이나 기도의 결실이 분명한 것을 접할 때마다, 도노반 신부님은 "주목하게!"라고 말하곤 했습니다.

예를 들어, 우리가 제자들이 비단 풍랑 때문만이 아니라 그보다 더 놀라운 것, 곧 예수님이 보여 주신 능력 때문에 얼마나 겁에 질려 있는지 눈여겨 보고 있다고 상상해 봅시다. 그분이 행한 기적들은 그동안 이 갈릴래아인들을 놀라게 했을 수 있습니다. 어쩌면 이 이야기를 수십 번 들었을지 모르지만, 제자들은 잠잠해진 호수를 바라보고 크게 놀라며 몹시 흥분했을 테고, 두려움에 떨었다는 사실을 우리는 상상이라는 새로운 방식으로 깨닫게 된 것입니다.

우리는 방금 제자들을 통해 어떤 통찰력을 얻었고, 바로 그 제자들의 모습이 자신의 모습이라는 것을 깨달았을 수도 있습니다. 여러분은 하느님에 대한 두려움을 경험해 봤을 것입니다. 이것은 충분히 자연스러운 반응입니다. 제자들은 나중에 "도대체 이분이 누구시기에 바람과 물에게 명령하시고 또 그것들이 이분께 복종하는가?"(루카 8,25) 하고 말합니다. 우리는 이 말에 흥분의 감정뿐만 아니라 두려움도 있음을 느낄 수 있습니다. 그리고 나서 우리는 제자들이 자신의 반응을 두고 예수님과 이야기를 나눈 적이 있는지 궁금해질 수도 있습니다. 제자들의 반응에 예수님은 무슨 말씀을 하셨을까요?

이처럼 통찰력은 참으로 대단합니다. 만일 우리가 성경에 보다 깊은 통찰력을 갖게 되면, 그것은 신앙의 깊이를 더하는 데 도움을 줄 것입니다. 이러한 통찰력은 우리 자신의 삶에 관한 통찰로 이어질 수 있습니다. 이는 나아가 '내가 하느님을 두려워하는 자리는 어디인가?' 하고 자문하도록 자극합니다.

여러분은 하느님 현존의 표지를 발견하고 있으면서도, 하느님의 능력이 두려워 그 점을 시인하기를 꺼려 하진 않나요? 하느님이 나의 삶에 관심을 두고 있다고 생각하면 두려워지고, 그 두려운 마음이 하느님과 보다 깊은 관계로 나아가는 것을 가로막고 있지는 않나요?

3) 감정적인 반응 느끼기

관상 기도는 공통적으로 감정적인 반응이 나타납니다. 그 반응은 때로는 놀라움이기도 하고 때로는 마음의 정화이기도 하지요. 저는 몇 달 전 이 대목을 두고 기도하다가 놀라운 체험을 했는데, 그 일을 예로 들어 설명해 보려고 합니다.

수련기를 마친 지도 어느덧 20년 이상이 지났는데, 최근에서야 처음으로 영신수련을 하게 되어 캘리포니아로 갔습니다. 영신수련은 예수회원으로서 받는 공식 교육의 마지막 단계 중의 하나였습니다. 다시 말해서 사제 서품이 된 이후로 이어지는 예수회 사제의 양성이 끝나려면 20년이 넘게 걸리기도 한다는 뜻이지요.

영신수련을 하는 제2주간에는 본문을 접하게 됩니다. 그때 저는 솔직히 이렇게 생각하고 있었습니다. '호수의 풍랑? 이미 들어가 보았고, 기도도 바쳤다고.' 저는 더 이상 그 어떤 놀라운 일도 상상할 수 없었습니다. 하지만 놀라우신 하느님의 생각은 다르셨습니다.

저는 호수에 일렁이는 풍랑을 두고 기도하는 동안에 아무런 통찰도 할 수 없었고, 어떤 감정이나 갈망을 느끼지도 못했습니다. 그러나 이것이 실망할 일이 아님은 알고 있었습니다. 전에도 기도가 무미건조하고, 적어도 겉으로는 아무것도 이루어지지 않는 것처럼 보일 때가 자주 있었기 때문이지요.

이튿날 저는 상상 속에서 같은 장면으로 되돌아갔습니다. 배에 오르자마자 단어 하나가 머릿속에 떠올랐습니다. 바로 '가라앉다'라는 단어였습니다. 세찬 폭풍이 몰아치는 동안 배는 물이 차서 가라앉고 있었고, 제자들은 겁을 잔뜩 집어먹었습니다.

'가라앉다'라는 말은 친구들과 제 일상생활에 관해 이야기하면서 자주 사용했던 표현이었습니다. 저는 늘 일에 치여서 바쁘게 살았고, 그러다 보니 억압받는 기분을 느낄 때가 많았습니다. 결국 이제는 스스로 변화하거나, 일하고 있는 방식을 바꿀 때가 오지 않았나 하는 생각이 들기 시작하던 참이었습니다.

여러분도 아마 인생의 어느 시점에선가 이런 느낌을 받은 적이 있을 것입니다. 어린 자녀를 가진 부모나 과중한 업무에 시달리는 회사원, 학생들에게 시달리는 교사, 이것저것 해야 할 것이 많은 대학생, 스트레스가 쌓인 사제 등 많은 이들이 여러 방향으로 삶에 끌려가면서 자신이 일상에 압도당하고 있다고 느낍니다. 그러면 그들도 이렇게 생각할 것입니다. '내가 일하는 방식이나 살아가는 방식을 바꿔야겠다.'

이튿날 저의 영적 지도 신부님은 저더러 그 장면으로 되돌아가라고 조언했습니다. 되풀이하는 것은 이냐시오 기도의 전승에서 중요한 요소입니다. 이냐시오 성인은 특정한 기도에서 얻을 수 있는 결실을 모두 얻어 내는 것이 중요하다고 생각했습니다. 그래서 성인은 《영신수련》에서 "위로나 실망, 혹은 영적인 느낌을 더 크게 받은 요점들에 유념하며 거기에 머무는 식으로 한다."(영신수련, 62)라고 말했습니다.

저는 그 장면으로 돌아가면서 폭풍이 지나간 후 햇살이 비치는 갈릴래아 호숫가에 서 있는 제 모습을 상상했습니다. 그리고 이어서 제가 가라앉는 느낌이 어떠했는지를 두고 예수님과 이야기하는 모습을 상상했습니다. 물가에 앉아 느꼈던 감정을 털어놓으니 해방감이 느껴졌고, 가라앉는 것에 대해서 예수님과 나누고 나니 안심이 되었습니다.

이윽고 저의 상상 속에서, 예수님이 구해 내신 배가 갈릴래아 호수 밑으로 서서히 가라앉기 시작했습니다. 배가 사라지는 것을 지켜보며 마음이 편안해졌습니다. 마치 저의 모든 근심 걱정이 배와 함께 가라앉는 듯했습니다. 어쩌면 저는 낡은 생활을 청산하라는 초대를 받고 있었는지도 모릅니다.

아마 여러분 중에 누군가는 이미 알아차렸겠지만, 이런 관상 기도는 때로 복음 이야기의 범주를 벗어나 우리를 전혀 예상치 못한 곳으로 이끌기도 합니다. 분명히 복음서에는 배가 가라앉는 이야기가 한 마디도 나오지 않았지만, 하느님은 이런 종류의 상상 기도를 통해서도 일하시는 분이니까요.

다음으로 저는 예수님과 함께 향긋한 냄새가 나는 목재로 새 배를 건조하는 상상을 했습니다. 그와 동시에 가라앉은 배를 물에서 건져

수리하는 상상도 했습니다. 가라앉은 배는 타르를 몇 군데 바르고, 새로운 널빤지 몇 장을 덧대어 조금만 손보면 다시 탈 수 있었습니다. 이전의 제 삶도 약간의 손질만 하면 다시 좋아질 수도 있었다는 생각이 들었습니다.

저는 이 기도를 드리면서 예수님께 어떻게 모든 일을 그토록 절묘하게 다룰 수 있으셨는지, 수많은 사람들의 바람과 시대의 요구를 어떻게 처리할 수 있으셨는지 여쭤 보았습니다. 곧바로 예수님의 답변이 머리에 떠올랐습니다. 예수님은 하느님께 신뢰를 가지고 계셨기 때문에 스스로 모든 일을 계획하려 애쓰시기보다 당신께 맡겨지는 모든 일을 받아들이셨던 것입니다.

저는 기도를 마치면서 새로운 일을 요구하는 새로운 배든, 이제까지 하던 방식을 바꿔야 하는 가라앉은 배든, 복원하기 이전의 배든, 어느 것을 고르더라도, 예수님이 그 배에 저와 함께 계시다는 사실을 깨달았습니다. 두려워할 것이 아무것도 없었습니다. 이러한 통찰은 제게 엄청난 평화를 주었습니다. 혼자서 주도적인 선택을 했다는 사실을 깨달았고, 그 덕분에 더 이상 가라앉는다는 느낌을 받지 않게 되었습니다. 그리고 저는 이전의 배를 손질하기로 결정했지요.

물론 모든 관상 기도가 항상 풍요로운 생각으로 이끄는 것은 아닙니다. 또한 모든 관상 기도가 통찰력을 키우거나 감정을 촉발하지는 않지요. 여러 차례 노력한 끝에야 비로소 상상 속의 그 장면에 들어와 있다는 느낌이 들 수도 있습니다.

저도 지난 20여 년 동안 수많은 시간을 보내며 상상 속에서 장면을 구성하고자 노력했지만 뚜렷한 효과는 얻지 못했습니다. 그럼에도 불구하고 아무 일도 일어나지 않았다고 말할 수는 없습니다. 하느님과 보내는 시간은 늘 변화의 힘을 갖고 있기 때문입니다. 그렇다고 저의 모든 기도가 주목할 만한 결과를 가져왔던 것은 아니었지만요.

제가 이런 개인적인 체험을 이야기하는 것은 제가 가라앉은 느낌을 받았다는 것이 중요해서가 아니라, 여러분이 듣고자 마음을 열기만 한다면 하느님은 여러분이 잘 알고 있는 성경 구절에서도 진귀한 사실을 보여 주시는 분이라는 것을 알려 주기 위해서입니다.

3. 렉시오 디비나

이냐시오 기도의 두 번째 형식은 이냐시오 관상과 비슷합니다. 이것은 보통 렉시오 디비나Lectio Divina 또는 묵상이라고 불립니다.

거룩한 독서라는 의미를 가진 렉시오 디비나는, 관상처럼 성경을 이용하여 하느님과 보다 깊은 관계가 되도록 이끌어 줍니다. 사실 렉시오 디비나는 상상력과 지성에 두루 의존하는 방법이어서 이냐시오 관상과는 약간 다른 부분도 있습니다. 하지만 대개 여러 종류의 기도가 서로 겹치는 부분이 있듯이, 이 둘을 결합시킨다고 해도 별다른 문제가 없다고 할 수 있습니다.

저는 처음에 렉시오 디비나라는 단어를 오해하여 나이 많은 수도승들이 아무런 소리도 들리지 않는 방에 들어앉아, 스테인드글라스로 들어오는 햇살을 조명 삼아 양피지에 직접 손으로 써서 만든 성경을 조용히 읽는 모습을 상상했습니다. 이것이 매력적이고 낭만적이기는 하지만, 제가 체험하기에는 어려워 보였습니다.

그런데 수련원에 들어간 후에, 저에게 영적 지도를 해 주는 데이비드 신부님은 제게 수도승과 봉쇄 수녀회 수녀들이 렉시오 디비나를 하고 있으며, 우리 가운데 가장 바쁘고 수도 생활과는 가장 거리가 먼 사람도 할 수 있다고 했습니다. 본질적으로 렉시오 디비나는 성경을 통해 하느님을 만나는 수행법이기 때문이지요.

이 기도 유형은 이냐시오 성인이 고안하지는 않았지만, 이냐시오 관상처럼 예수회원들 사이에서 큰 인기를 모았습니다. 성인은 이것을 영신수련에서 드리는 기도의 '두 번째 방식'이라고 부릅니다. 어쩌면 우리가 앞에서 영신수련의 '첫 번째 방식'을 그냥 지나쳤다는 생각이 들지도 모르지만, 그렇지 않습니다. 첫 번째 방식이란 기도 방식이라기보다 준비를 말하기 때문입니다. 따라서 우리는 첫 번째 방식을 통해 십계명을 차례로 살펴보고, 자신이 어느 대목에서 죄를 지었는지 알아봐야 합니다. 그런 다음, 자신의 삶을 바로잡기 위한 기도를 시작하는 것입니다.

제가 여러분에게 직접적으로 렉시오 디비나와 관상의 차이점을 가르쳐 주지 않아도, 렉시오 디비나를 알게 되면 자연스럽게 둘의 차이점을 파악하게 될 것입니다. 제가 찾아낸 가장 쉬운 렉시오 디비나의 접근 방법은 신약 교수인 다니엘 해링턴 신부가 제시한 길입니다. 해링턴 신부는 그 과정을 네 단계로 나누어 제안했습니다.

물론 시작에 앞서 기도의 토대가 될 특정한 부분을 성경에서 골라내야 합니다. 여기에서도 나자렛 회당에서 설교하시는 예수님 이야기를 복음서에 기록된 그대로 활용해 보겠습니다.

예수님은 공생활 초기에 당신의 고향 마을에 있는 회당에서 설교를 하셨습니다. 그분은 토라 두루마리를 펼쳐 이사야서 한 대목을 읽기 시작했습니다. "주님의 영이 내 위에 내리셨다." 이어서 그분은 이사야서를 인용하여 말씀하셨습니다. "주님께서 나를 보내시어 가난한 이들에게 기쁜 소식을 전하고 잡혀간 이들에게 해방을 선포하며 눈먼 이들을 다시 보고 억압받는 이들을 해방시켜 내보내며 주님의 은혜로운 해를 선포하게 하셨다." 그런 다음 모인 사람들에게 분명하게 말씀하셨습니다. "오늘 이 성경 말씀이 너희가 듣는 가운데에서 이루어졌다." 처음에 군중들은 예수님의 높은 학식과, 은총으로 가득한 말씀에 놀라며 예수님께 찬사를 보냈습니다. 하지만 곧이어 예수님이 고향 사람인 것을 알아보고는 수군거렸지요.

그러자 예수님은 그들의 부족한 믿음을 비판하며 말씀하셨습니다. "어떠한 예언자도 자기 고향에서는 환영을 받지 못한다." 그러자 군중들은 그분에게 달려들었습니다. 그들은 들고일어나 예수님을 고을 밖으로 내몰았고, 거기에서 벼랑으로 밀어 버리려고 했습니다. 그러나 예수님은 동요하지 않으시고 그들 한가운데를 가로질러 떠나가셨습니다(루카 4,16-30 참조).

렉시오 디비나를 하기 전에 먼저 하느님의 도움을 구한 다음 렉시오 디비나를 활용하여 묵상해 봅시다.

1) 읽기: 본문은 무슨 말을 하고 있는가?

첫째로, 이 대목을 읽어 봅시다. 무슨 일어나고 있나요? 성경에 나오는 이야기의 대부분은 무슨 일이 일어나고 있는지 명확합니다. 하지만 항상 그런 것은 아니지요. 따라서 무슨 상황인지 모르겠다면 이해에 도움을 주기 위해 각주를 달아 설명한 《주석 성경》을 보는 것이 좋습니다. 낯선 단어나 관습 및 전승을 설명해 주는 성경 해설은, 이전에 읽은 글의 맥락을 이해하고 계속 읽을 수 있도록 도와줍니다.

예를 들어, 《하퍼콜린스 성경 해설서 HarperCollins Bible Commentary》에는 예수님이 그날 회당에서 행하신 일에 대해 이렇게 기록되어 있습니다.

"(예수님은) 그 시대의 전승대로 사셨다. 그분은 정기적으로 회당에 출석하여 모든 남성들에게 허용된 독서와 해설하는 일에 참여하셨다. 그분은 통상적인 관행에 따라 일어나서 글을 읽고, 앉아서 해설하셨다."

이로써 여러분은 예수님도 통상적인 관행을 따르고 있었다는 사실을 알게 됩니다. 이러한 예수님의 모습이 여러분의 기도에 활력을 불어넣을 수 있습니다.

예수님은 두루마리의 글을 읽으시면서 친구와 이웃들에게 당신 자신의 정체와 사명을 드러내 보이셨습니다. 작은 고을 나자렛의 사람들은 같은 고향 사람에게서 "오늘 이 성경 말씀이 너희가 듣는 가운데에서 이루어졌다."라는 말을 듣고, 분명히 충격을 받았을 것입니다. 예수님의 이 말씀은 바꾸어 말하면, "이 성경 말씀은 나에게서 실현되었다."라는 뜻이기 때문입니다.

이전까지 예수님의 설교를 즐겁게 듣던 군중이 그 말씀을 듣고 예수님께 달려들어 죽이려고 덤빕니다.

2) 묵상: 하느님은 이 본문을 통해 무슨 말씀을 하시는가?

그러면 이제 하느님이 이 본문을 통해 우리에게 드러내 보이고자 하시는 것이 무엇인지 생각해 봅시다. 이 본문을 보다 깊이 묵상하기 시작하는 바로 그 자리에서 우리의 상상력이 발휘될 수 있습니다.

때로 이 성경 말씀은 우리의 삶에서 생기는 어떤 일과 곧장 연결될 수 있습니다. 혹시 남들에게 거부를 당하면서도 예언자의 역할을 해야겠다는 부르심을 느낄 때가 있었나요? 이 복음 이야기에서 예수님은 분명 당신의 말로 인해 물의를 일으키게 될 것을 미리 아셨음에도 당신의 메시지를 선포하고자 하셨습니다. 우리의 삶에도 이와 같이 과감한 자세가 요구되는 일이 있었나요?

이 부분이 바로 우리의 삶과 연결된 중요한 대목입니다. 여러분이 이 말씀으로 기도하다가 평소 고민하던 어떤 상황이 떠오를 것입니다. 예를 들어 상사에게 줄곧 부당한 대우를 당하는 같은 사무실의 동료를 도와주고 싶지만, 그랬다가 혹시 자신의 경력에 어떤 화가 미치게 될까 걱정되는 상황 말이지요.

저는 이와 비슷한 경험을 한 적이 있습니다. 몇 해 전에 혼란스러운 상태에서 연례 피정에 임하게 되었습니다. 피정을 하기 전 몇 주 동안 교회에서 논쟁의 여지가 있는 문제에 관해 줄곧 생각했고, 그에 관한 이야기를 하고 싶었지만, 한편으로는 그로 인해 야기될 반발이 걱정되는 혼란스러운 상황이었습니다.

피정을 하는 동안 저의 영적 지도 신부님은 앞서 이야기한 루카 복음서의 말씀을 추천했습니다. 저는 그 말씀으로 기도하던 중에 진리를 말씀하시는 예수님의 능력에 주목했고, 예수님을 닮아 진실을 이야기하고 싶은 뜨거운 갈망을 느꼈습니다. 그 후, 저는 제 기도 일기에 이렇게 썼습니다.

"모여 있던 사람들은 저마다 다른 것을 느끼고 예수님께 다양한 반응을 보였다. 어떤 이들은 기막혀했고, 어떤 이들은 성원을 보냈으며, 어떤 이들은 두려워했다. 하지만 예수님은 그들이 어떤 반응을 보이든지 그 일을 해내셨다."

3) 기도: 하느님께 드리고 싶은 말은 무엇인가?

이제는 우리가 하느님께 말씀드릴 차례입니다. 당신은 이 구절을 읽고 어떤 느낌을 받았나요? 당신의 마음속에는 어떤 의문이 일고 있나요? 하느님께 어떻게 대답할지 표현해 봅시다.

이처럼 특별한 구절에 관해 묵상하고 나면, 우리는 두려움을 느낄 수 있습니다. 이러한 묵상을 한 후에 직장에서 동료를 옹호한다거나 자신의 주장을 굽히지 않겠다는 결심을 한다면 위험에 처할 수도 있기 때문입니다. 예수님도 고향 마을에서 경험하셨듯이, 우리도 다른 사람들의 배척을 받게 될까 걱정하는 것은 당연한 모습입니다.

하지만 우리는 예수님의 확신 덕분에 용기를 얻을 수도 있고, 성경에 등장하는 다른 예언자들도 우리와 같은 이유로 두려웠을 것이라는 사실을 깨닫게 될 것입니다. 모든 예언자들은 이러한 두려움에도 불구하고 예수님처럼 하느님을 신뢰하며 자신의 임무를 수행했습니다. 어쩌면 우리는 두려움과 확신이 뒤섞여 있는 기분이 들 수도 있습니다. 이때가 바로 자신의 느낌을 하느님께 솔직히 털어놓을 시간입니다.

저는 기도하면서 다른 사람 앞에서 무언가를 공개적으로 말하는 것이 두렵다는 느낌을 받을 때가 있습니다. 성난 사람들을 대면하기 전까지는 예언을 한다는 것이 낭만적인 이야기로 들릴 수 있습니다. 그러나 그런 사람들을 만나게 되면 견디기가 어려울 것입니다. 아니 성난 사람 단 한 명이라도 견디기 어려울 것입니다. 그런 사람들 앞에서 공개적으로 이야기를 한다면 무슨 일이 벌어질까요? 사람들이 배척하지는 않을까요?

제가 이 문제를 두고 기도하면 할수록, 똑같은 의문이 더 자주 떠오르곤 했습니다. '예수님은 군중이 당신을 배척하리라는 사실을 분명히 아시면서도 어떻게 그런 도전적인 발언을 하실 수 있었을까?'

저는 회당에 있는 모든 사람이 예수님을 알았을 뿐만 아니라 예수님도 그들을 알고 계셨으리라는 것을 서서히 깨달았습니다. 또한 예수님은 그들의 반응까지도 예견하셨을 것입니다. 여러분이 주위 사람들에게 어떤 도전적인 말을 할 경우 그들의 반응을 짐작할 수 있는 것처럼, 예수님 역시 아마 그들의 배척을 예견하고 계셨겠지요. 그런데도 그분이 공개적으로 말할 수 있었던 한 가지 이유는 이냐시오 성인이 '초연함'이라고 부른 것을 완벽하게 보여 주실 수 있는 분, 바로 예수님이시기 때문이었습니다. 다른 사람에게 받아들여지거나 배척당하는 일에 대해 자유로우셨다는 말이지요.

우리는 듣는 사람이 되는 것으로 만족할 것이 아니라,
실천하는 사람이 되어야 한다.

— 예수회원 알로이시오 곤자가 성인

4) 행동: 기도로 무엇을 하고자 하는가?

끝으로 우리는 행동을 하게 됩니다. 기도를 통해 어떤 행동을 실천할 것인지 결심하는 것이지요. 설령 그 행동이 그저 더욱 인정이 많고, 믿음이 커진 자신을 원하는 것이라 할지라도 그렇습니다. 하느님과 관계를 맺게 되면 우리는 변화하고, 하느님에 대한 애정이 더욱 깊어지며, 더 많은 실천을 하게 될 것입니다.

회당에 들어가신 예수님의 이야기를 읽으며 하느님이 무슨 말씀을 하고 계신지 스스로에게 묻고, 자신의 반응을 하느님께 말씀드린 지금이 우리가 행동을 취할 때입니다. 어쩌면 예전보다 용기를 내어 직장의 그 동료를 도와야겠다고 결심할 수도 있지요. 아니면 자신에게 상처를 입힌 누군가를 용서하기로 마음먹을 수도 있습니다. 또는 어떤 계획을 앞두고 좀 더 기도하고 싶다는 느낌을 받을 수도 있습니다. 어쨌든 우리의 기도는 우리를 움직여 실제로 행동하게 합니다.

저 역시도 기도를 통해 예수님의 자유에 매력을 느끼고, 줄곧 고민하던 문제를 공개적으로 이야기하겠다는 용기를 얻었습니다. 사실 그렇게 말하기가 힘든 일이었고, 실제로 말하고 난 후에 여러 사람의 분노를 사기도 했지만, 그럼에도 저는 제가 예수님의 모범을 본받고자 노력하고 있다고 느꼈습니다. 이처럼 기도를 통해 어려운 시간을 잘 이겨 낼 수 있었고, 확신 또한 얻었습니다. 더 이상 어떤 것도 두렵지 않았습니다. 그 어느 것도 실제로든 은유적으로든 우리를 벼랑 끝으로 내몰 수 없었으니까요.

이렇듯 렉시오 디비나에는 '읽고, 묵상하고, 기도하고, 행동하는' 네 가지 단계가 있습니다.

5) 또 하나의 작은 차이

렉시오 디비나를 바치는 방법은 하나의 단어나 문구를 곱씹으며, 이냐시오 성인이 말한 대로 본문을 음미하거나 맛보는 것입니다. 이는 상상력을 이용해 기도하는 것이 불편한 사람들에게 알맞은 방법입니다. 또한 시편과 특히 잘 맞는 방법이기도 하지요.

이 방법을 이용할 때에는 성경 구절을 묵상하듯이 읽다가 의미가 깊어 보이는 단어나 문구에서 잠시 멈춥니다.

이냐시오 성인은 이 방식에 큰 매력을 느꼈습니다. 성인은 이 방식으로 성경 구절을 읽을 때 어떤 단어나 문구에서 잠시 멈추되 그 말에 담겨 있는 의미, 비유, 맛과 위안을 깊이 느낄 수 있을 때까지 거기에 머무르라고 말했습니다.

"주님은 나의 목자"라는 문구로 시작되는 시편 23편에는 "푸른 풀밭에 나를 쉬게 하시고"라는 구절이 나옵니다. 어쩌면 누군가는 "푸른 풀밭"에서 쉰다는 것이 어떤 기분일지 묵상하고 싶어질 수 있습니다. 만일 삶이 분주하다고 느꼈거나, 또는 가라앉는 느낌을 받았던 사람이라면, 이 말씀을 묵상하며 그저 하느님 곁에서 쉬면 됩니다. 하느님은 이 기도를 통해 당신에게 편안한 휴식을 주고자 하셨을 수도 있기 때문입니다.

또 누군가는 "푸른 풀밭"을 읽다가 예상치 못한 슬픔을 느끼고, 그 슬픔의 이유가 궁금해질 수 있습니다. 어쩌면 그 사람은 평생 동안 푸른 풀밭을 한 번도 보지 못했을 수도 있겠지요. 그래서 이 말씀을 통해 하느님과 슬픔을 나눌 수도 있고, 위로해 주시는 하느님과의 새로운 친밀감을 느낄 수도 있습니다.

때때로 어떤 이들은 기쁨을 느낄 수도 있습니다. 자신의 인생에 "푸른 풀밭"을 주신 하느님께 감사를 드릴 수 있기 때문입니다. 아니면 하느님이 우리가 지금껏 간과해 온 "푸른 풀밭"에 관심을 기울이기를 요구하실 수도 있습니다. 그때 우리의 기도는 감사의 기도가 될 수도 있지요. 이러한 모든 반응은 시편 속의 짤막한 문구에서 나오는 것입니다.

이냐시오 성인은 렉시오 디비나를 할 때는 마음을 편안하게 지니라고 조언했습니다. 급하게 달릴 필요가 없고, 그럴 듯한 결과를 찾을 필요도 없다는 것이지요. 기도는 생산과는 상관이 없는 영역입니다. 오직 자신만의 시간을 가져야 합니다. 성인이 《영신수련》에서도 분명하게 밝히고 있듯이, 우리는 좀 더 느긋해질 필요가 있습니다.

> 어느 한두 말마디에서 생각할 만한 좋은 소재를 발견하고 맛과 위로를 느끼면 거기서 시간이 다 지나게 된다 하더라도 앞으로 나아가려하지 말 것이다(영신수련, 254).

혹시 거부감이 느껴지는 문구가 있다면, 그 문구에도 주목해 보세요. 어쩌면 "어둠의 골짜기" 부분을 읽으면서 두려움을 느낄 수 있습니다. 그런 단어들을 얼른 넘기고 싶거나 심지어 직접적으로 불편함을 느낄 수도 있지요. 그냥 빨리 넘기고 싶은 유혹을 받지만, 그 거부감이 하느님이 우리를 만나고자 하시는 자리가 될 수 있다는 것을 명심해야 합니다. 거부감은 감정, 통찰력, 기억처럼 기도를 통해 맺어지는 또 다른 열매이기 때문이지요.

반감은 보통 기도하라는 또는 더 깊이 생각하라는 일종의 초대와 같습니다. 반감을 느끼는 이유가 뭘까요? 혹시 무언가가 하느님의 더 깊은 사랑에 다가오라는 부르심을 듣지 못하도록 붙잡고 있는 것은 아닐까요? "어둠의 골짜기"라는 표현에서 두려움을 느끼는 이유는 무엇일까요? 혹시 하느님이 보살펴 주심을 믿지 않기 때문은 아닐까요?

이러한 반감을 통해 어쩌면 지난날 힘든 시절에 친구나 가족, 직장 동료들에게 보살핌을 받았던 일을 떠올리고, 그 안에서 하느님의 손길을 알아볼 수도 있습니다. 또한 거부감에 주목하여 새로운 차원의 신뢰나 자기 인식에 도달할 수도 있습니다.

저는 이 거부감으로 인해 물리 치료를 받았던 일이 떠올랐습니다. 그 당시 저는 등에 심한 만성 통증이 있어서 몇 주에 한 번씩은 물리 치료를 받으러 가곤 했습니다. 물리 치료는 제가 등에서 가장 아프다고 하는 부분에 집중되었지요. 치료사는 그 부분은 대부분의 기氣가 모인 곳이라서 특히 주의가 필요하므로, 더욱 신경을 써야 한다고 말했습니다.

기도도 마찬가지입니다. 우리가 특정한 주제를 두고 기도를 드리기가 꺼려진다면, 그것은 스스로 급박한 어떤 일이나 마땅히 주의를 기울여야 할 상황과 기억에 대해 떠올리는 것을 거부하고 있다는 뜻입니다. 어쩌면 하느님은 그 자리에서 우리를 위로해 주시거나 자유롭지 못한 상황이나 무질서한 애착에서 풀어 주고자 하실 수 있습니다. 이런 순간에 하느님은 우리가 저항을 멈추고 치유될 수 있도록 우리 자신을 당신께 내맡길 기회를 주십니다. 이를 따르는 우리는 어느새 자유를 느끼게 될 것입니다.

4. 향심 기도

우리가 그리스도교에서 이미 인기를 끌고 있는 향심 기도centering prayer에 관해 알기 위해서는 약간의 신학적인 이해가 필요합니다. 그리스도교 영성에는 두 개의 기도 전승이 두 줄기 큰 강물처럼 흐르고 있는데, 하나는 '아포파틱apophatic', 다른 하나는 '카타파틱kataphatic'이라고 불립니다.

부정적否定的을 의미하는 그리스어 아포파티코스ἀποφατικός에서 유래한 아포파틱은 부정의 길이라는 뜻으로 표상이나 단어, 개념, 상징에서 벗어나 하느님께 다가가는 접근 방법입니다. 이 부정의 길로 드리는 기도는 비교적 특정한 주제에 얽매이지 않습니다. 부정의 길에 기반을 이루는 신학은 하느님이 우리의 이해 능력을 넘어서고 우리가 제시하는 어떠한 표상도 초월하는 미지의 존재시기 때문에, 사람은 하느님에 대한 자신의 선입견을 스스로 비움으로써 하느님을 찾아야 한다는 것입니다.

보스턴 대학교의 신학 교수인 하비 이건 신부는《새 가톨릭 영성 사전The New Dictionary of Catholic Spirituality》에서 이 전승이 신구약 성경에 뿌리를 두고 있다고 말했습니다. 탈출기에서 하느님은 "먹구름" 안에 거처하시며(탈출 20,21 참조) "구름에 싸여" 모세에게 나타나십니다(탈출 34,5 참조). 하느님이 지나갈 때 모세는 하느님의 얼굴을 보지 못하는데, 이는 신적 '타자성otherness'을 표현하는 또 하나의 방식입니다. 토마스 아퀴나스 성인은 하느님이 계시다는 것만 알 뿐, 하느님이 어떤 분이신지는 알 수 없다고 했습니다. 이에 대해 잘 설명하고 있는 책은 14세기에 익명의 저자가 쓴《무지의 구름》입니다. 이 책의 저자는 하느님이 어떤 분이신가 하는 것보다는 어떤 모습이 하느님이 아니신가에 대해 더 많이 이야기합니다.

또 다른 흐름은 긍정적肯定的을 의미하는 그리스어 카타파티코스 καταφατικός에서 유래한 카타파틱 기도로, 긍정의 길에 접근하는 기도입니다. 이 전승은 하느님을 만물에서 체험하고자 하며, 표상이나 개념, 낱말, 상징을 기도에 다양하게 활용합니다. 따라서 카타파틱으로 드리는 기도는 내용이 풍성해집니다. 긍정의 길에 기반을 이루는 신학은 우리가 세상 만물을 통해 하느님을 알 수 있다는 것입니다.

이 방법 역시 성경에 확고히 뿌리내리고 있습니다. 구약 성경에서는 자연 세계처럼 하느님의 가시적인 작품을 통해 하느님을 이해할 수 있다고 강조합니다. 그리스도교 신학에서는 예수님이 요한 복음서에서 "나를 본 사람은 곧 아버지를 뵌 것이다."(요한 14,9) 하고 말씀하신 것을 토대로 하느님이 하나의 인격체이심을 한층 명확하게 명시하고 있습니다. 토마스 아퀴나스 성인도 하느님은 궁극적으로는 알 수 없지만, 우리에게 알려져 있는 사물들을 통해 하느님을 찾을 수는 있다고 말했습니다.

하지만 토마스 아퀴나스 성인의 말처럼 양측 입장을 모두 주장하는 이중성은 비난을 받을 수 있습니다. 그럼에도 불구하고 성인의 말은 양쪽 측면 모두에서 옳은 표현이었습니다. 하느님은 그분의 작품들을 통해 알 수 있지만(카타파틱), 온전히 알 수는 없기 때문이지요(아포파틱). 즉, 양쪽의 접근법이 모두 맞는 것입니다.

신자들은 수천 년 동안 두 가지 접근법을 모두 사용해 왔습니다. 게다가 많은 이들이 자신의 일생 동안 서로 다른 시기에 이 두 가지 접근법을 모두 활용하고 있음을 깨닫곤 합니다.

아마 여러분은 제가 어떤 접근법을 가깝게 느낄지 나름대로 짐작할 수 있을 것입니다. 상상력을 강조하는 이냐시오 관상은 긍정의 길의 전승에 꼭 들어맞지요. 그것은 렉시오 디비나도 마찬가지입니다.

향심 기도는 의도적으로 표상들을 사용하지 않고 자신의 내면에서 하느님을 찾고자 하는 수행법으로, 내용에 매이지 않는 방식에 가깝습니다. 하비 이건 신부도 "향심 기도는 아포파틱이다."라고 단호하게 말했지요.

그런데 향심 기도를 이냐시오 영성과 결부시키는 경우는 별로 없습니다. 그 대신 대다수의 사람들은 선불교나 요가와 나란히 놓기는 합니다. 하지만 영신수련에는 향심 기도가 분명하게 반영되어 있습니다.

이냐시오 성인은 《영신수련》에서 '세 번째 기도 방법'에 대해 '리듬을 이용하여' 수행하는 것으로 묘사합니다. 하나의 단어를 택하여 숨을 들이쉬고 내쉬는 동안 그 단어에 집중하는 것입니다. 성인은 "한 호흡과 다음 호흡 사이에 하나의 단어를 발음하는 식으로 한다."라고 설명했습니다. 이러한 이냐시오식 수행법은 선 기도Zen prayer는 물론, 더 현대적인 형태인 향심 기도와도 놀랍도록 닮아 있습니다.

하지만 다른 기도와 비교를 하기보다 향심 기도가 무엇인지를, 그리고 이것이 이냐시오 영성과 얼마나 잘 어울리는지를 이야기하는 것이 더 좋을 것입니다.

저를 받으소서

예수회원들은 다양한 방식으로 기도합니다. 때로는 자신의 기도를 만들어 바치기도 하지요. 다음은 프랑스의 예수회 사제이자 신학자며, 고생물학자인 피에르 테이야르 드 샤르댕이 지은 기도로, 아름답게 늙어 갈 수 있는 은총을 하느님께 청하고 있습니다.

노년의 징표가 제 몸에 나타날 때,
제 마음이 그것 때문에 괴로울 때,
저를 작아지게 하거나 제 목숨을 빼앗을 병이
어디선가 쳐들어오거나, 제 안에서 생겨났을 때,
제가 아프거나 늙어 간다는 사실을
갑자기 깨닫는 고통의 순간이 왔을 때,

> 그리고 무엇보다도 그 마지막 순간에
> 제가 저에 대한 통제력을 잃어 가고
> 저를 만드신 알 수 없는 힘의 그 위대한 손길 안에서
> 완전히 수동적이라고 느낄 때,
> 이 모든 어둠의 순간에,
> 오 하느님,
> 이 모든 것이 제 실체의 바로 중심을 파고들어
> 당신 안으로 저를 데려가기 위해서,
> 제 존재의 본질들을 고통스럽게 갈라놓는 분이
> 당신이라는 것을
> 이해할 수 있게 허락하소서.

 영미 문화권에서도 동시대 그리스도인 사회에 향심 기도를 도입하는 데 가장 앞장선 세 사람이 있는데, 바로 존 메인 수사와 바질 페닝턴 신부, 토마스 키팅 신부입니다. 존 메인 수사는 영국 베네딕도회 소속이었고, 바질 페닝턴 신부는 미국 트라피스트회 소속이었으며, 토마스 키팅 신부는 미국 트라피스트회 소속입니다. 페닝턴 수사는 같은 트라피스트회 소속인 토마스 머튼 수사가 만든 기도문을 보

고 영감을 받아 '향심 기도'라는 용어를 만들게 되었다고 합니다.

페닝턴 신부와 키팅 신부는 예수회원인 토머스 클라크 신부와 함께 《구심 기도》라는 제목의 책을 썼습니다. 클라크 신부는 이 책에서 향심 기도의 방법을 간략하게 소개했습니다.

"우리 주제는 존재의 중심이다. 그곳은 인간의 영과 하느님의 영이 만나는 장소이며, 그리스도인이 기도를 통해 온 실재, 즉 하느님과 사람, 사람과 사물, 시간과 공간, 자역과 역사, 선과 악을 만나는 곳이다."⁸

저는 처음 이 글을 읽었을 때 '누가 그럴 수 있다는 말이지?' 하는 생각이 들었습니다. 하지만 클라크 신부의 요지는 간단했습니다. 우리가 하느님을 만나기 위해 자신의 중심으로 향하게 하는 하나의 움직임이 향심 기도라는 것이지요. 그렇다고 해서 다른 것은 모조리 무시하고 오로지 한 가지만을 생각하라는 것도 아니며, 그저 하느님과 자신만을 생각하라는 것도 아닙니다. 우리는 하느님과의 만남을 통해 다른 나머지 세계도 만날 수 있기 때문입니다.

하느님은 우리 안에 계시고 …… 우리는 그분 안에 있으며 ……
하느님의 현존은 존경과 확신, 사랑, 기쁨, 열정의 큰 동기가 된다.

— 예수회원 클로드 라 콜롬비에르 성인

이런 간단한 방법이 많은 사람들에게 의혹을 불러일으킬 수 있습니다. 제가 처음 향심 기도를 접했을 때는 상상 기도를 접했을 때 품었던 것 이상의 의구심이 들었습니다. 이냐시오 관상이 제게 터무니없는 소리로 들렸다면, 자신의 안에서 하느님을 만난다는 것은 오만한 소리로 들렸으니까요. 고작 저라는 존재 안에 하느님이 거처하신다고 말하는 것이 믿기 어려웠지요.

그리스도인들 가운데는 향심 기도가 선불교나 다른 동양식 종교 수행법과 너무나도 비슷하다는 이유로 다분히 의심스럽다고 생각하며 동양 영성에서는 배울 것이 없다고 생각하는 이들도 있지만, 토머스 머튼 수사는 이러한 생각에 크게 놀라고는 했습니다.

하지만 제가 향심 기도에 관해 더 알아 갈수록 이제까지 제가 했던 거부 반응들이 어리석게 느껴졌습니다. 많은 신자들이 양심을 우리 안에 계신 하느님의 목소리라는 것을 인정합니다. 하느님이 우리 안에 함께하신다는 기본적인 그리스도교 믿음을 잊고 지내기 쉽지만, 내재하시는 하느님에 대한 다양한 모습은 신약 성경과 초대 교회에서 드러나고 있지요. 바오로 사도는 사람의 몸을 "성령의 성전"(1코린 6,19), 곧 하느님이 거처하시는 장소라고 말했습니다. 아우구스티노 성인은 "하느님은 내 가장 깊은 곳보다 더 깊이 계신 분, 내 가장 높은 곳보다 더 높이 계신 분."이라고 말하기도 했지요.

향심 기도는 우리를 우리의 중심, 곧 하느님이 거처하시고 우리와 만나고자 기다리시는 곳으로 이끌어 갑니다.

세 가지 지침

페닝턴 신부는 《구심 기도》에서 구심 기도·침묵 기도·관상에 들어가기 위한 세 가지 지침에 관해 말했습니다.[9]

하나: 기도 전 1~2분 동안 조용한 시간을 가진다. 그런 다음 사랑과 신앙으로 우리 존재 깊은 곳에 거하시는 하느님께 다가간다. 기도 끝 몇 분간 주님의 기도를 바친다.

페닝턴 신부는 "다른 모든 기도가 그렇듯이 이 기도도 신앙이 근본이다."라고 강조합니다. 자기 내면의 중심으로 갈수록, 우리는 '나 자신보다 나와 더 가까이 계시는' 하느님을 향해 나아가고 있다고 확신해야 한다는 것입니다.

둘: 충만한 사랑과 신앙으로 그분의 현존 안에 잠시 머문 후, 우리의 응답을 표현하는 단순한 단어를 선택하고 그것을 반복한다.

이때에는 우리가 하느님께 초점을 맞추도록 도와줄 '사랑'이나 '자비' 또는 '하느님'과 같은 단어를 정합니다. 그러나 단어의 의미에 집착하지 말고, 그 말을 통해 하느님의 현존 안에 머무르려고 노력해야 합니다. 《무지의 구름》을 지은 익명의 저자는 이렇게 말했습니다. "자신이 정한 성구나 문구에 대한 생각이나 읊는 소리 없이 완전히 내면 안으로 스며들 때가 가장 이상적이다."

셋: 기도 중에 우리가 무엇을 의식할 때마다, 단순하고 고요하게 그 기도 단어로 돌아가야 한다.

누구든지 기도할 때 분심이 드는 것을 느끼고, 기도 중에 분심이 드는 것을 피할 수는 없습니다. 이냐시오 성인도 분심에 대해 "나는 휘파람을 부는 누군가로 인해 방해를 받았지만, 그다지 크게 평정을 잃지는 않았다."라고 쓴 적이 있습니다. 분심이 들 때는 성구를 다시 되뇌면, 자연스럽게 하느님의 현존으로 되돌아갈 수 있습니다.

향심 기도는 이것이 전부라고 할 수 있을 만큼 이론상으로는 간단합니다. 하지만 실제로 초심자들이 바치기에는 어려울 수 있으며, 삶의 너무 많은 문제로 인해, 기도에 집중하기 힘든 경우에는 특히 더 어려울 수 있습니다. 아무런 행동도 하지 않고 하느님을 만날 수 있다는 개념이 낯설게 느껴질 수 있지만, 향심 기도는 어떤 것을 창출하거나 행하거나 성취하는 일과는 무관합니다. 그저 실재인 것입니다. 아니 그보다는 함께 실재하는 것이지요.

마거릿 실프가 "태풍의 눈, 그 속에는 완벽한 평화가 자리하며, 우리를 향한 하느님의 열망이 우리의 가장 내밀한 갈망을 끌어안는다."라고 말한 것처럼, 혹은 윌리엄 A. 배리 신부가 말하는 우정에 비유하자면 향심 기도는 친한 친구와 고요하게 오랫동안 산책을 하는 것과 같습니다. 서로 말을 하지 않아도 보다 깊은 수준의 통교가 이루어지기 때문이지요.

5. 담화

우리는 제6장에서 하느님이나 예수님이 우리 앞에 있다고 상상하면서 하느님과 이야기하는 개념을 다루었습니다. 그러면서 제가 이 기도 방법에 늘 어려움을 느꼈다는 고백도 했습니다. 하지만 이냐시오 성인은 이것을 영신수련의 본질 중의 일부라고 보았습니다. 성인은 우리가 하느님과 예수님을 알게 되기를 바랐고, 대화 또는 성인이 '담화'라 부르는 것이 이를 실천하는 하나의 통로였습니다. 또한 이것은 이냐시오의 길을 걸었던 수많은 사람들이 가장 즐겨 했던 기도 방법이기도 했습니다.

이냐시오 성인은 《영신수련》에서도 묵상을 마무리할 때 성모님과 예수님, 그리고 하느님 아버지와 이야기하는 상상을 하도록 권했습니다. 성인은 제1주간에서 십자가에 달리신 그리스도를 상상으로 떠올리면서 이야기를 나누며 이렇게 자문해 보길 당부했습니다.

'나는 그리스도를 위해 무엇을 했는가? 그리스도를 위해서 무엇을 하고 있는가? 또 그리스도를 위해 무엇을 해야 하는가?'(영신수련, 53)

때때로 이 기도가 제게 놀라운 결과를 선물하고는 했는데, 최근에도 이를 경험한 적이 있습니다. 저는 얼마 전에 한 피정에 참여했는데, 그곳에서 상상 속의 예수님 앞에 서서 제 자신에게 '나는 그리스도를 위해 무엇을 했는가?'라며 물었습니다. 그런데 갑자기 울화가 치밀어 오르는 것이 느껴졌습니다. 이 분노는 마음속에서 무엇인가 일어나고 있다는 분명한 표지였지요. 저는 기도 중에 예수님께 불평을 토로하며, 거절했어야 했던 불필요한 온갖 일들을 늘어놓았습니다. "주님! 저는 제가 감당할 수 없을 정도로 지나치게 많은 일을 하고 있습니다." 그러자 예수님이 제게 이렇게 대답하시는 느낌을 받았습니다. "내가 너에게 그 모든 일을 하라고 요구하진 않았단다."

영신수련에서 하는 대부분의 담화는 비교적 자유로운 형태로 이루어집니다. 다시 말해 "나는 그리스도를 위해 무엇을 했는가?"처럼 특정한 질문들에 집착하지 않는다는 것이지요.

제2주간에는 예수님의 공생활과 기적을 깊이 생각하는데, 피정 지도자가 예수님이나 제자들 가운데 한 사람과 이야기한다고 상상하며 기도 중에 일어난 일을 점검하도록 당부합니다. 이때 이냐시오 성인은 '친구가 다른 친구에게 말하듯이' 하느님과 이야기를 나눈다고 상상하라고 권했습니다.

담화는 단순해도 좋습니다. 저에게 피정 지도를 받았던 한 수녀님은 사흘 동안 성당 안에 있는 긴 의자에 앉아, 예수님이 곁에 앉아 있다고 상상하며 마음속에 품고 있던 말씀을 드렸다고 했습니다. 수녀님은 어느 날 제게 이렇게 말했습니다. "저는 예수님과 굉장히 멋진 오후를 보냈어요."

다시 한 번 말하지만, 우리가 기도 중에 들은 내용을 자신의 신앙과 조화를 이루게 하기 위해 노력해야 합니다. 자신이 이해하고 있는 하느님과 스스로 느끼는 자신의 모습이 부합하는지 고민해야 하는 것이지요. 바꾸어 말해서, '이것이 이치에 맞을까?' 하고 생각해 보는 것입니다. 이런 과정을 거친 후, 때가 되면 우리는 확실하게 하느님께 오는 것이 무엇인지 한결 잘 식별하게 될 것입니다.

6. 그 밖의 기도

이 책은 기도를 철저하게 다루는 책이 아닙니다. 바오로 사도의 표현을 빌리자면, "결코 그렇지 않습니다."(로마 6,2)라고 할 수 있겠네요. 더구나 저는 여러분이 앞서 제시된 기도 방법들을 예수회원들의 유일한 기도 방법이라거나 이냐시오 전통에 나오는 유일한 방식이라고 생각하길 원하지 않습니다. 실제로도 다른 성인들과 신학자들 또는 영성 작가들이 추천하는 유일한 방식이 아니니까요. 그래서 기도의 다른 방법들을 간략하게 설명해 두려고 합니다.

공동 기도communal prayer는 하느님께 초점을 맞추는 모임이라면 어디에서나 바칠 수 있습니다. 가톨릭 신자들의 경우에는 여기에 수도 공동체들과 다른 몇몇 단체들이 수행하는 시간 전례, 공동으로 바치는 묵주 기도, 그리고 교회 생활의 근원이자 최고봉으로 꼽히는 미사가 포함됩니다.

개신교도들은 주일에 함께 모여 성경 봉독과 찬송가와 설교로 회중의 마음과 정신을 하느님께 들어 올립니다. 유대교도들은 금요일 저녁에 안식일 예식을 통해 그들과 하느님과의 계약, 그리고 공동체에 대한 자신들의 의무를 되새깁니다. 이슬람교도들의 경우에는 매일 다섯 차례 기도를 바치되, 보통은 개인적으로 기도하지만 공동으로 바치는 때도 많습니다. 그들은 이렇게 기도하면서, 인도자요, 구원자이자, 온화한 존재인 알라에게 의존하고 있음을 깨닫습니다.

우리는 홀로 기도할 때뿐만 아니라 공동체에서 하느님께 기도할 때도 하느님이 우리와 만나 주신다는 것을 쉽게 잊어버리곤 합니다. 최근에 한 젊은 예수회원은 제게 이런 말을 한 적이 있습니다. "어제 엄청나게 신나는 일이 있었습니다. 바로 미사 중에 큰 감동을 받아 눈물을 쏟을 뻔했던 일이었죠."

이처럼 하느님께 드리는 의식은 하느님과 서로 긴밀히 작용하게 되는 방법입니다. 그래서 때때로 이를 등한시하는 경향을 감지할 때면 우리는 조용히 조소를 보내곤 합니다. 공동 기도는 이냐시오 성인의 말처럼 개인 기도 못지않게 '조물주께서 피조물을 직접 상대하시게' 하는 기회가 됩니다.

주님의 기도와 성모송, 묵주 기도를 드리거나 시편 등을 읽으며 **암송 기도**rote prayer를 드리는 것은 신자들에게 큰 도움이 됩니다. 기도드릴 말을 찾기 힘들 때 도움이 될 만한 모델이 되기 때문이지요. 주님의 기도는 예수님이 가르쳐 주신 기도문이고, 이 기도를 바치는 그리스도인들도 이를 잘 알고 있습니다. 이 기도는 하느님을 향한 찬양으로 시작하여 소망과 용서를 위한 청원으로 넘어가는 완벽한 기도의 표본인 셈입니다. 또한 암송 기도는 우리를 온 세계 신자들과 연결시켜 주며, 이를 통해 기도에 더 몰입하도록 도와줍니다. 묵주 기도를 바칠 때처럼, 이 기도문들은 우리가 하느님을 바라보고 하느님이 우리를 보시도록 도와줄 것입니다.

영적 일기는 우리의 기도나 영성 생활을 기록하는 것입니다. 이 방법은 우리가 별다를 것 없는 일 정도로 간주하거나 그냥 잊어버리고 말았을 기도의 체험을 기록하고, 나아가 성찰하도록 도와줍니다. 사람은 기도의 결실을 기억하지 못하게 되는 어떤 본성을 갖고 있는 것 같습니다. 만일 우리가 기도 중에 들은 것을 모조리 기억할 수 있다면 우리는 하느님이 기뻐하시는 모습으로 변할 수밖에 없을 것이고, 그러면 우리 안에 부정적인 모습은 점차 사라질 것이기 때문이지요.

가톨릭 노동자 운동의 공동 창시자인 하느님의 종 도로시 데이도 50년 동안 영적 일기를 썼고, 이 일기는 나중에 《환희의 직분 *The Duty of Delight*》이라는 책으로 출간되었습니다. 그녀는 1950년대에 쓴 자신의 일기에서 영적 일기를 쓰는 것이 주는 또 다른 이점에 대해 이렇게 말했습니다. "자신의 문제점들을 적어 놓는 것이 유익한 이유는 6개월이나 1년 후에 읽어 보면, 그때는 그 문제점들이 사라져 버렸음을 알 수 있기 때문이다."

재크린 시럽 버간과 예수회원인 마리아 슈완은 그들의 저서《탄생: 기도의 안내서 *Birth: A Guide for Prayer*》에서 기도 일기를 쓰는 것과 쓰는 것 자체가 기도가 되는 **쓰는 묵상**meditative writing을 구분하고 있습니다.

버간과 슈완은 쓰는 묵상이 '사랑하는 이에게 편지를 쓰는 것'과 같다고 말하며, 이를 수행하는 세 가지 방법을 제시합니다. 하느님께 편지를 쓰고, 상상 속에서 자신과 하느님 사이에 오가는 대화를 받아 적으며, "내가 너에게 무엇을 해 주기를 바라느냐?"(루카 18,41)와 같은 물음에 글로 대답한 다음, 하느님의 음성을 적습니다.

쓰는 묵상은 기도에 몰입하는 데 어려움을 겪는 이들에게도 도움이 됩니다. 분심에서 벗어나게 해 주고, 글을 쓰는 동안 자신의 행동을 통해 하느님이 말씀하시도록 도와주기 때문이지요.

자연 기도nature prayer는 제가 만든 용어로 신적 현존을 탐구하기 위한 목적으로 목장과 들판 혹은 가까운 정원이나 뒤뜰에서 하느님을 찾고, 밤하늘을 응시하거나 해변을 걷는 것입니다. 자연 기도는 하느님과 연결되는 강력한 통로가 될 수 있습니다. 제가 지도하던 피정에서 만난 한 수녀님이 자기 나름의 기도 방식을 제게 이야기했을 때, 이 기도의 가능성을 문득 깨닫게 되었습니다.

언젠가 피정에서 만난 중년의 수녀님에게 이렇게 물어보았습니다. "어제 수녀님의 기도는 어땠나요?"

"그게 말이죠, 나무를 끌어안고 오랜 시간을 보냈지 뭐예요."

저는 웃음을 참으며 되물었습니다. "농담하시는 거죠?"

"나무를 껴안았을 때, 제가 땅과 그리고 하느님의 아름다운 창조물과 연결되는 느낌이 들었어요. 두 손을 뻗어 나무줄기를 끌어안으니까 제가 가라앉으며 땅과 연결되는 느낌이 들었는데, 이제껏 살면서 처음 경험하는 느낌이었지요. 그리고 제가 살아 있는 피조물에 매달려 있는 동안에도 하느님은 끊임없이 창조하고 계시다는 사실을 새삼 깨닫게 되었어요."

수녀님의 그 말은 자연을 통해 하는 기도를 보는 저의 관점을 바꾸어 놓았습니다.

저는 뉴욕 시에서 바쁘게 살면서 자연의 진가를 음미할 기회가 별로 없었습니다. 방에 있는 창문으로 보이는 경치라고는 죽 늘어선 벽돌담과 목을 길게 빼야 겨우 보이는 푸른 하늘의 작은 조각뿐이었지요. 그래서 저는 밖으로 나가는 시간을 늘 소중하게 여겼습니다.

어느 가을날, 저는 매디 수녀와 함께 주말 피정을 지도하기 위해 매사추세츠 주 글로스터 시로 길을 떠났습니다. 예수회 피정의 집은 대서양의 해변과 불과 몇 미터 정도 떨어진 곳에 장관을 이루며 서 있었습니다. 또한 피정의 집에서 몇 백 미터 떨어진 곳에는 좁다란 모래사장을 사이에 두고 커다란 담수호도 자리하고 있었습니다. 저는 그곳의 풍경을 보며, 분명 여기가 미국에서 가장 아름다운 장소

중의 하나일 것이라는 확신이 들었지요.

하지만 금요일인 그날은 지하철을 여러 번 갈아타고 이어서 기차를 타고 뉴욕 시에서 보스턴 시를 거쳐 글로스터 시로 달려왔기에, 도착했을 때는 이미 캄캄한 밤중이었습니다. 그래서 피정의 집이 있는 그곳의 주변 풍경을 전혀 볼 수 없었습니다.

작은 것 하나하나에서

초창기 예수회원 중 한 사람인 페드로 리바다네이라는 그의 친구에게 자연에서 하느님을 발견하는 이냐시오 성인의 능력에 관한 글을 써 보냈습니다.

우리는 그가 사소한 것을 통해, 가장 하찮은 사물 안에서도 위대하기 이를 데 없으신 하느님을 찾는 모습을 자주 보았다네. 그는 풀포기, 나뭇잎, 이파리, 꽃송이, 온갖 종류의 열매를 보면서, 작은 벌레나 동물을 관찰하면서, 자신을 천상으로 들어 올리고 심오한 진리를 이해한다네. 하찮은 것 하나하나에서 교훈과 영성 생활을 가르치는 일에 필요한 더없이 유익한 조언들을 끌어내는 것이지.

그러나 이른 아침에 밖으로 걸어 나와 밝은 가을 햇살 속에 들어섰을 때, 비로소 보게 된 그곳의 그 경치는 그야말로 숨이 멎을 정도였습니다. 피정의 집 바로 곁에는 커다란 나무들이 서 있었고, 거기에는 울긋불긋한 나뭇잎들이 매달려 불어오는 산들바람을 따라 살랑거리고 있었습니다. 머리 위로는 찬란한 푸른 하늘이 둥근 천장을 이루고 있었고, 피정의 집 뒤편 해안가 주변에는 낚싯배들이 통통거리며 검푸른 빛의 물결을 헤치고 있었습니다. 하늘에는 갈매기와 오리, 찌르레기 떼의 울음소리로 가득 차 있었지만, 마치 침묵이 제 영혼을 가득 채워 주는 것만 같았습니다. 색채, 냄새, 심지어는 소리까지 저를 위로하고 달래고 격려해 주시는 하느님의 손길로 느껴졌습니다.

피정에 참석하는 대부분의 사람들도 제가 느낀 것과 비슷한 말을 했습니다. 그날도 어떤 피정자에게 질문했을 때 다른 사람들의 대답과 비슷한 말을 들을 수 있었습니다. "이번 피정에서 어떤 방식으로 하느님을 체험하고 있나요?" 그러자 그는 창문을 향해 팔을 활짝 벌리며 말했습니다. "이 세상 모든 것들을 통해서지요."

피정이 있던 그 주말에, 매디 수녀는 저에게 자신의 어린 조카 이야기를 들려주었습니다. 어느 날 조카가 대서양이 내려다보이는 바위 위에 서서 숨을 깊게 들이마시고 있는 모습을 보고 매디 수녀가 물었습니다. "너 뭐하고 있니?" 조카가 대답했습니다. "이 모든 것을 집으로 가져가려고 제 안에 담고 있어요."

이처럼 상상력을 이용하는 이냐시오 성인의 방식은 자연 기도에 도움이 될 수 있습니다. 이냐시오 성인도 로마에 있는 예수회 본부 지붕으로 올라가 별들을 바라보곤 했듯이 말이지요. 저는 바닷가에 설 때마다 저의 근심 걱정을 거두어 가는 하느님의 표상으로 바다를 바라보곤 합니다. 해변에 부딪히고 사라지는 파도 하나하나가 하느님이 받아 주셔서 바다 속으로 잠기는 저의 두려움과 걱정거리라고 생각하면서 말이지요.

음악도 또 하나의 좋은 기도 방법입니다. 아우구스티노 성인도 "성가는 두 배의 기도를 하는 셈이다."라고 했을 정도이지요. 예배 중에 뜨거운 열망을 느낀 성가대원에게 물어봐도 좋고, 교회에 다니는 사람 누구에게나 물어봐도 좋습니다. 아니면 여러 해 동안 날이면 날마다 시편을 노래하다 보니, 가사뿐만 아니라 가락까지도 하느님께 자신을 표현하는 통로가 된 수도자들에게 물어봐도 좋습니다.

때로는 우리가 느끼는 것을 말보다 음악이 더 훌륭하게 표현해 주기도 합니다. 최근 저는 기도하기가 힘들다고 느낄 때면 수도원의 성가대가 노래한 시편 음반을 듣곤 했습니다. 거기에 실린 노래들은 기도가 잘 되지 않을 때 저를 대신하여 기도해 줍니다.

20세기의 유명한 작곡가인 올리비에 메시앙은 음악이 이루 형언할 수 없는 큰 공헌으로 인류에 이바지하고 있다고 말했습니다. 어떤 청중이 그의 음악을 제대로 음미하려면 영적 체험이 있어야 하느냐고 묻자 메시앙은 이렇게 대답했습니다.

"절대 그렇지 않아요. 하지만 당신이 내 음악을 듣고 영적 체험을 맛보았다면 작곡가로서 그 이상의 찬사는 없겠지요."

노동도 관상적으로 수행하면 기도가 될 수 있습니다. 셰이커교도들이 곧잘 말하듯이 '손은 일에, 마음은 하느님께'인 것이지요. 저는 설거지를 하거나, 옷을 다리거나, 미사를 준비할 때 그 일에 몰입하면서도 작은 일들을 사랑으로 행하고 있음을 문득 깨닫곤 합니다.

하지만 이런 생각에는 신중해야 할 부분이 있습니다. 저를 포함하여 바쁜 예수회원들은 가끔 반쯤 장난삼아 "일이 곧 내 기도지."라고 말할 때가 있습니다. 이 말은 우리의 노동이 우리를 하느님께 이끌어 준다는 뜻일 수도 있지만, 기도하지 않는 핑계가 될 수도 있지요. 아니면 일과 기도 모두를 온전히 하지 않는다는 것을 의미할 수도 있습니다.

하느님은 수많은 방법으로 우리와 통교하십니다. 하지만 기도는 우리가 하느님께 집중하는 시간이기 때문에 하느님의 음성을 가장 선명하게 들을 수 있는 특별한 시간입니다. 이냐시오 관상이나 렉시오 디비나, 담화, 성찰 또는 다른 어떤 수행법이든 이때에는 "조용하고 부드러운" 음성이 선명하게 들려오면서 우리를 매우 기쁘게 하거나 놀라게 할 수 있습니다.

그러니 우리가 어떻게 기도하든 하느님이 기도 중에 우리에게 말씀하고 계신 것을 느낄 수 있습니다.

제8장

단순한 생활

제8장

단순한 생활
그리스도를 본받는 신앙의 핵심

기도에 대한 이야기는 앞 장에서 살펴본 정도로 충분하다고 생각합니다. 저는 이 책을 읽는 독자들은 이냐시오의 길을 따른다는 것이 몇 시간이고 기도하는 것뿐이라고 생각하지 않기를 바랍니다. 대신 이냐시오 성인의 이상 가운데 하나가 '활동 중에 관상하기'라는 사실을 기억하길 바랍니다.

자, 이제부터는 이냐시오의 길이 우리의 일상과 삶에 어떤 영향을 미칠 것인지 이야기해 보겠습니다. 먼저 이냐시오 성인이 추구했던 관점에서는 신앙생활의 핵심이지만, 많은 독자들의 마음에는 다소 두려움을 느끼게 하는 세 가지 개념인 청빈·정결·순명에 관한 이야기를 하고자 합니다. 아마 그리스도인들에게 이보다 더 위협적인 세 단어를 찾아내기도 힘들 것입니다.

우리는 누구나 가난을 피하고 싶어 합니다. 세상에 어느 누가 가난해지고 싶어 할까요? 모두가 가능한 한 부유해지기를, 또는 경제적으로 안정된 생활을 바라지 않을까요?

"열심히 일하고 남들보다 잘살자."라는 말은 자본주의를 이끌어 가는 원동력이자, 자신의 이익을 추구하는 것이야말로 공동선에 가장 크게 이바지할 수 있다는 아담 스미스의 통찰입니다. 개신교의 노동 윤리처럼 부지런히 일하는 사람을 하느님이 경제적인 성공으로 축복해 주신다는 관념은 미국 문화의 근간을 이루는 요소이기도 하지요. 이러한 관점에서 볼 때 가난은 피해야 하는 것일 뿐만 아니라 수치스러운 것이 되어 버립니다.

따라서 자발적인 가난이란 많은 사람들에게 가소롭게 들리고, 대부분의 미국인들에게는 생소하게 들리는 말입니다.

그렇다면 정결은 어떨까요? 세상에 어느 누가 성행위를 싫어하나요? 성행위는 대다수 성인들에게는 각별한 사랑의 표현이요, 정신 건강을 위한 일이기도 합니다. 하지만 우리는 텔레비전, 잡지, 대중음악, 영화, 인터넷 등 대부분의 매체에서 성에 관한 자극적인 이야기를 다루고, 어디서나 쉽게 성에 대한 이야기를 들을 수 있는 문화에서 살고 있습니다. 우리는 이미 성을 소재로 하는 쾌락 위주의 문화에서 살고 있다는 사실을 인정해야 합니다. 이런 환경에서 정결은 농담처럼 들립니다. 심지어 정결에 대해 말하는 사람을 어딘가 아프거나 잘못된 사람처럼 보기도 합니다.

그렇다면 순명은 어떨까요? 이것도 거의 정결만큼이나 우스꽝스러운 말처럼 들립니다. 현대의 사람들이 자신이 원하는 대로 행동하고 말할 수 있는 자유를 당연하게 여기는 문화에서 살기 때문에, 순명이란 정신을 통제하거나 더 나쁘게는 노예에 관한 이야기라고 간주하기도 합니다.

《수도원 산책》의 저자 캐틀린 노리스가 말했듯이, 많은 사람들이 순명을 '개들에게는 좋지만 사람들에게는 미심쩍은' 것으로 봅니다. 다른 사람이 나의 행동이나 말이나 생각을 통제하거나 지시할 이유가 없다고 보는 것입니다. 그리고 생명과 자유, 행복 추구가 우리의 정치 제도의 근간을 이루고 있기 때문에 순명이란 많은 사람들에게 민주적인 사상에 반대하는 것으로 보일 것입니다.

돈과 성행위와 자유를 찬양하는 문화에서 청빈·정결·순명으로 이루어지는 수도 생활은 경제, 사회 조직, 정치 체계, 개개인의 안녕에 부적합할 뿐만 아니라 위협으로까지 치부됩니다. 건강한 성인이라면 응당 이 세 가지 모두를 맹렬히 배척해야 하며, 투쟁까지도 불사해야 한다는 것이지요.

그런데 청빈·정결·순명은 이냐시오 성인과 초창기 예수회원들이 하느님께 바치는 평생의 서원 형식으로 수용하고자 했던 가치였습니다. 왜 이냐시오 성인은 현대에서 위협으로 치부되는 것들을 수용하고자 했을까요? 오늘날의 예수회원들이 여전히 그것들을 수용하는 이유는 또 무엇일까요?

1. 청빈, 정결, 순명의 서약

청빈·정결·순명은 이냐시오 성인이 창안해 낸 개념은 아닙니다. 서원 생활은 이냐시오 성인이 태어나기 수 세기 전부터 베네딕도회와 도미니코회, 프란치스코회 같은 가톨릭 수도회들이 오랜 세월 간직해 온 전통이지요.(가톨릭 사제와 주교는 모두가 검소하게 살아가도록 권고되지만, 수도자들만이 공식적으로 청빈 서원을 발합니다).

수도자들이 이런 서원을 하는 이유는 무엇일까요? 저는 두 가지 이유가 있다고 보는데, 하나는 신학적인 이유고, 다른 하나는 운영적인 이유입니다.

먼저 신학적인 이유는 수도회 회원들이 나자렛 예수님처럼 살고자 노력하는 사람들이라는 것에 있습니다. 하층민 가정에서 태어나신 예수님은 가난한 사람으로서의 삶을 사셨습니다. 루카 복음서의 "사람의 아들은 머리를 기댈 곳조차 없다."(루카 9,58)라는 구절이 그것을 잘 나타내지요. 이처럼 청빈한 삶을 사셨습니다.

그리고 예수님은 결혼할 수 있으셨음에도 하지 않는 쪽을 선택하셨습니다. 예수님께서 결혼을 하지 않았다는 것을 알게 해 주는 근거들은 많지만, 그 가운데 명확한 근거는 복음사가들이 예수님 집안의 가족들을 거의 모두 언급하고 있다는 점입니다. 특히 마르코 복음서에는 예수님의 일행이 "스승님의 어머님과 형제들과 누이들이 밖에서 스승님을 찾고 계십니다."(마르 3,32)라고 말하는 부분이 나옵니다. 따라서 예수님께 아내가 있었다면 아내에 대해 언급하지 않고 넘어갔을 리가 없겠지요. 이처럼 정결한 삶을 사셨습니다.

그리고 예수님은 하고 싶은 것은 무엇이나 하실 수 있었으나 당신이 십자가에 못 박히기까지 아버지의 뜻에 순종하셨습니다(예수님은 "제 뜻이 아니라 아버지의 뜻이 이루어지게 하십시오."[루카 22,42] 하고 말씀하셨습니다). 이처럼 순명을 사셨지요.

예수님은 이처럼 청빈과 정결 그리고 순명의 삶을 사셨습니다. 수도회 회원들이 청빈·정결·순명의 서원을 하는 주된 이유는 바로 이처럼 **그리스도를 본받기 위해서**입니다.

두 번째 이유는 보다 현실적인 차원에서 살펴볼 수 있습니다. 이

세 가지 서원은 수도회의 공동체 생활에 도움을 주기 때문입니다.

먼저 청빈은 자신의 것을 하나도 소유하지 않고 모든 것을 함께 소유한다는 뜻입니다. 이러한 청빈은 공동체 생활을 보다 검소하게 만들고 일치를 촉진합니다. 정결은 결혼하지 않겠다는 뜻을 포함하고 있어서, 이를 따른다면 함께 사목하는 이들에게 더 많은 시간과 관심을 쏟을 수 있습니다. 순명은 한 사람이 궁극적으로 자신의 일을 책임진다는 뜻이며, 이는 공동체 생활에 각자의 역할과 권한이 명확해짐을 의미합니다. 이처럼 각각의 서원은 공동체의 운영에 도움이 됩니다.

이 시점에서 여러분은 그게 무슨 큰 문제가 되겠느냐고 생각할 수도 있습니다. 아니면 그래서 어쨌다는 거냐고 할지도 모르겠습니다. 그것도 아니면 아마 이 장은 그냥 건너뛰어야겠다고 생각할 수도 있겠군요. '내가 수도회에 들어간 것도 아니고 청빈과 정결과 순명을 실천할 생각도 없는데 이러한 예수회 생활이 내게 무슨 의미가 있다는 말이지?'

그런데 여기에는 여러분이 생각하는 것 이상으로 배울 수 있는 점이 있습니다. 우리는 앞으로 몇 장을 통해 살아가는 데 필요한 개념들을 하나하나 다루고, 우리가 보다 만족스러운 삶을 살기 위해 청빈·정결·순명이 어떻게 도움을 줄 수 있는지, 또 이러한 가치들에 따라 만족스러운 삶을 살고자 할 때 그를 위협하는 요소들을 알아볼 것입니다. 먼저, 청빈에 관해 살펴봅시다.

2. 영적 자유를 향한 첫걸음

앤서니 드 멜로 신부는 영적인 통찰력과 뛰어난 비유 이야기로 유명한 인도 출신 예수회원입니다. 1987년에 세상을 떠날 때까지 영성생활에 관한 많은 책을 저술한 신부는 가톨릭 교계에서 인기 높은 강사이기도 했습니다.

앤서니 드 멜로 신부의 비유 이야기 가운데 일부는 인도 문화에서 뽑아낸 이야기였고, 나머지 대부분은 자신이 직접 창작했거나 여기저기에서 수집한 이야기였습니다.

다음에 나오는 현자의 이야기는 부와 가난에 대한 앤서니 드 멜로 신부의 관점을 잘 보여 줍니다. 그의 많은 이야기들이 그렇듯이, 이 비유 또한 동양의 영성에서 영감을 받았지만, 이냐시오의 길과도 맞아떨어집니다. 이 이야기의 제목은 〈빛나는 돌〉입니다.

> 어떤 현자가 마을에 도착하여 밤을 보내기 위해 나무 아래에 막 자리를 잡았다. 그때 마을 사람 한 명이 황급히 달려오더니 말했다.

"돌! 그 돌! 그 돌을 내게 주시오."

현자가 물었다. "무슨 돌 말이오?"

마을 사람이 말했다. "지난밤에 신이 꿈에 나타나서 해 질 녘에 마을 어귀로 가면 어떤 사람을 만날 텐데, 그가 내게 빛나는 돌을 주어 큰 부자로 만들어 줄 것이라고 했소."

현자는 가지고 있던 자루를 뒤져 돌 하나를 끄집어냈다. "당신이 말하는 게 아마 이 돌인 모양이오." 그는 돌을 마을 사람에게 건네주며 말했다. "며칠 전에 숲길을 걷다 주웠다오. 자, 가져가시오."

현자가 꺼낸 물건을 본 마을 사람은 깜짝 놀랐다. 그것은 다이아몬드였다. 그것도 그냥 다이아몬드가 아니라, 사람 머리통만 했으니 분명 세상에서 가장 큰 다이아몬드일 터였다.

마을 사람은 그것을 들고 집으로 돌아갔다. 하지만 침대에 누워서도 밤새 뒤척일 뿐 잠을 이룰 수 없었다. 이튿날 새벽에, 그는 현자를 찾아가 깨우며 말했다.

"얼마나 귀한 것을 가졌기에 그 귀한 다이아몬드를 선뜻 내주었단 말입니까. 내게 그걸 주시오."

저는 청빈이 하나의 신비처럼 느껴집니다. 하지만 여러분이 생각하는 그런 신비는 아닙니다. 저는 더 많은 사람들이 좀 더 검소하게 살려고 결심하지 않는 것이 신비롭다는 말이기 때문입니다. 신기하다고 하는 게 맞을까요. 물론 모든 사람들이 참회하고 이냐시오 성인처럼 가진 것을 전부 팔아 동굴에서 살며, 머리카락과 손톱을 제멋대로 자라게 놓아둔 채 구걸하며 다녀야 한다고 말하는 것은 아닙니다. 게다가 이냐시오 성인도 나중에 자신의 행동이 너무 과했다는 것을 깨달았습니다.

그보다는 앤서니 드 멜로 신부의 비유가 암시하듯이, 소유물에 지배당하지 않는 것이 **영적 자유**를 향한 첫걸음인데, 대부분의 사람들이 자유를 누리고 싶다고 말하는 그런 자유를 취하지 않는다는 것이 신비롭다는 뜻입니다.

이냐시오 성인은 가난을 택함으로써 복음서에 나오는 '가난한 그리스도'를 따르고, 불필요한 부담에서 벗어나 나자렛 예수님이 사랑하셨던 가난한 사람들과 하나가 될 수 있었습니다. 가난이 기쁨의 근원이 된 것입니다. 성인은 1547년에 이탈리아의 파도바에서 이 세 가지 서원의 요건을 따르느라 힘들어하던 예수회원들에게 "가난을 기쁘게 받아들이는 사람에게는 가난이 커다란 환희의 근원이 된다."라는 응원의 편지를 썼습니다. 그리고 제가 예수회 생활을 시작하면서 발견했던 것도 바로 이 놀라운 진리였습니다.

3. 무질서한 애착

저는 캠피언 피정의 집에서 8일 피정을 끝내고 나서 예수회원들에게 그해 여름부터 수련을 시작해도 되느냐고 물었습니다. 그들은 제가 기도하면서 좀 더 체험하고 예수회에 관해서 알아 가면서 한 해를 더 기다려 보는 것이 좋겠다고 조언했습니다. 그러나 저는 초조한 마음에 재고해 달라고 간청했지요. 결국 그들은 제가 그해 여름부터 수련기를 시작하는 것에 동의했고, 저는 곧바로 직장을 정리하고 살던 집을 비우는 등 8월 28일에 입회할 수 있도록 준비를 했습니다. 일단 입회가 결정된 후에 저는 몇 차례 깊이 있는 면담과 여러 가지 심리 테스트, 자기 소개서 작성, 세례 증명서 제출 등 입회에 필요한 이것저것을 준비하며 바쁜 시간을 보냈습니다.

8월 15일에 성소 담당자가 전화를 걸어 저의 입회 청원이 받아들여졌다고 알려 주었습니다. 여동생은 "그 사람들은 전화만 걸어 주면 다 되는 거야?"라고 비꼬기도 했지요.

그 이후부터 저는 예수회원들이 수련기가 끝나고 서원을 할 때 자신의 소유를 처분하는 일을 미리 하기 시작했습니다. 누가 하라고 시키지 않았는데도 말이지요.

현금과 차는 부모님에게 드렸습니다. 양복들은 수련기를 끝내지 못할 경우를 대비하여 부모님 집에 보관해 두기로 했습니다. 물론 다시 입을 기회는 없었지만……. 나머지 옷가지는 자선 단체로 보내 가난한 이들에게 나누어 주도록 했습니다. 책은 친구들에게 주기로 했습니다.

어느 무더운 날 오후에 친구들이 집에 들러서 제 책장을 깨끗하게 정리해 주었습니다. 그때 왔던 한 친구가 이런 말을 했습니다. "친구들 중에 수도회에 들어가는 친구가 더 많았으면 좋겠다."

저는 오늘 이 글을 쓰면서 당시에 느꼈던 그 벅찬 행복감을 떠올릴 수 있었습니다. **그 얼마나 자유로웠던지!**

저는 더 이상 양복의 디자인이 저에게 잘 어울리는지, 적당히 어두운 색인지, 혹시 새로 산 구두가 가짜는 아닌지, 넥타이와 입고 있는 옷이 잘 어울리는지 등에 대해 신경을 쓰지 않아도 되었습니다. 아파트를 월세로 빌릴까 아니면 이번에는 집을 마련할까를 두고도 더 이상 걱정할 필요가 없었지요. 저에게 새로운 뭔가가 더 필요한지 이제 신경을 쓸 필요도 없었습니다.

그때의 일을 쓰고 있자니 몇 달 전 주일 미사 시간에 봉독한 복음에서 예수님께 영원한 생명을 얻으려면 무엇이 필요한지를 묻던 '부자 청년'이 떠오릅니다. 이야기가 마태오, 마르코, 루카 세 복음서에 두루 기록되어 있다는 것은 그만큼 초대 그리스도인들에게 중요한 의미를 지닌 이야기였음을 나타냅니다.

루카 복음서에서 예수님이 그 청년에게 십계명을 지키라고 말하자 그는 "그런 것들은 제가 어려서부터 다 지켜 왔습니다."(루카 18,21)하고 대답했습니다. 예수님은 그 청년이 착한 사람임을 알아보실 수 있었습니다. 이를 마르코 복음서에서는 예수님이 "그를 사랑스럽게 바라보시며"(마르 10,21)라고 표현했습니다. 그리고 예수님이 이렇게 말씀하셨습니다.

"너에게 아직 모자란 것이 하나 있다. 가진 것을 다 팔아 가난한 이들에게 나누어 주어라. 그러면 네가 하늘에서 보물을 차지하게 될 것이다. 그리고 와서 나를 따라라."(루카 18,22)

하지만 루카 복음사가가 전해 주듯이, 이 부자는 "매우 슬퍼하였다."(루카 18,23)고 합니다. 그 청년은 자신이 가진 것을 내놓고 싶지 않았던 것이지요. 마르코 복음서는 이를 좀 더 신랄하게 표현했습니다.

"그는 이 말씀 때문에 울상이 되어 슬퍼하며 떠나갔다. 그가 많은 재물을 가지고 있었기 때문이다."(마르 10,22)

많은 사람들이 이 구절을 흔히 가진 것을 내놓아야만 하늘나라에 들어갈 수 있다는 말로 해석하곤 합니다. 마르코 복음서에서 예수님은 "재물을 많이 가진 자들이 하느님 나라에 들어가기는 참으로 어렵다!"(마르 10,23)라고 말씀하셨습니다.

그런데 많은 사람들은 이 말씀을 수긍하기 힘들어합니다. 한 친구는 이 구절을 듣고 "난 이 이야기가 싫어."라고 했습니다. 그 친구는 예수님이 말도 안 되는 요구를 하고 계시다고 느꼈던 것입니다. 그러면서 제게 "도대체 누가 그렇게 할 수 있겠어?"라고 되물었습니다.

하지만 제가 아는 바로는, 예수님은 착한 사람이 되기 위해 아무것도 소유해서는 안 된다고 말씀하지는 않으셨습니다. 토마스 아퀴나스 성인도 "약간의 재화를 소유하는 것은 정돈된 삶을 위해 중요하다."라고 말했습니다. 수도원에서 살든 밖에서 살든 사람은 누구나 생활을 위해 얼마간의 재물은 필요합니다.

예수님은 이 청년이 하느님께 더 가까이 다가가지 못하도록 가로막는 것이 무엇인지 이해하기 쉽게 가르쳐 주신 것입니다. 이냐시오 성인이라면 이 청년의 무질서한 애착이라고 지칭했을 그것을, 예수님은 정확히 집어내셨습니다. 예수님은 다른 사람에게는 "너의 지위를 버려라."라고 말씀하셨을 수 있고, 또 다른 사람에게는 "성공에 대한 너의 욕망을 버려라."라고 말씀하셨을 수도 있습니다. 예수님은 단순히 이 청년을 소박한 삶으로 초대하신 것이 아닙니다. 청년이 무엇에 얽매여 있는지 보시고 "네가 하느님을 따르지 못하도록 방해하는 것은 무엇이든 제거하라."라고 말씀하신 것입니다.

그해 여름, 저는 그동안 저를 억누르던 짐을 내려놓으면서 마음이 편해지는 느낌을 받았습니다. 사실 여러분이 그때의 저를 보았다면 영적인 오만함을 지적했을 수도 있습니다. 하지만 그 기쁨은 오만함보다 하느님께 더 열린 마음과 관련이 있었습니다.

물론 수련원에 발가벗고 들어갈 것은 아니었기 때문에, 저는 몇 가지 물건을 가져가야 했습니다. 부르심이 있던 다음 날 수련장 신부님은 전화를 걸어 챙겨야 할 물품들의 목록을 알려 주었습니다. 두 해를 보내기에 충분한 속옷을 비롯한 옷가지들, 검정색 성직자용 셔츠 한 벌, 검정색 바지, 검정색 구두, 원한다면 책 몇 권을 가져와도 좋다고 했습니다. 그러니까 모든 것을 다 처분했다고 하면 틀린 말일 수도 있지요.

하지만 수련원의 생활 방식은 제가 지금껏 영위해 온 삶에 비해 극적이라 할 만큼 검소했습니다. 옷가지 몇 벌과 책 몇 권만을 들고 나가려니, 단출한 느낌까지 들었지요. 여행 가방 한두 개만 들고 휴가를 떠날 때 느끼는 기분과 비슷하다고 할까요? 여러분도 그렇게 적은 살림으로도 살아갈 수 있다는 데 놀라게 될 것입니다. 그러면서 '왜 항상 이렇게 살 수 없는 걸까?'라는 생각이 들겠지요.

수도자처럼 살 수 있거나, 그렇게 살고자 하는 사람은 극히 적습니다. 여러분은 입을 옷가지와 지낼 집이 있어야 하고, 어쩌면 직장을 다니기 위해 차가 필요할 것입니다. 만일 자녀가 있다면 그들을 보살피고 키우는 데 더 많은 것이 필요하겠지요. 따라서 가진 것을 모두 내어놓으라는 것이 아니라 필요하지 않은 물건은 사지 않는 소박함을 가져야 한다고 말씀드리는 것입니다. 필요하지 않은 물건을 사들이지 않을수록, 사용하지 않는 물건이 그만큼 줄어들고, 그만큼 소박한 삶을 살아갈 수 있으니까요. 그리고 삶이 소박해질수록 그만큼 더 자유로움을 느끼고 실제로도 더 자유로워집니다.

이렇게 자유를 느끼게 되는 이유 몇 가지가 있습니다. 첫째로, 소유는 돈뿐만 아니라 시간을 소비합니다. 평소 입을 옷에 신경을 쓰느라 들이는 시간을 생각해 봅시다. 무슨 옷을 입을지 생각해야 하고, 찾아다니고, 사고, 세탁하고, 보관하고, 닳으면 수선해야 합니다. 집이나 차, 가구, 텔레비전, 컴퓨터 등도 마찬가지이지요. 물건을 사려고 하지 않을수록 다른 중요한 일에 쏟을 수 있는 시간은 그만큼 많아집니다.

두 번째 이유는 분명하게 드러나는 것은 아닙니다. 대체로 현대인들의 소비문화는 비교로 인해 만들어집니다. 제가 GE에서 일할 때 직장 선배들은 옷이 자신의 경력에서 중요한 부분을 차지한다는 말을 자주 했습니다.

제가 근무했던 부서의 부장은 제게 이렇게 말했지요. "자네가 가지고 있는 옷 말고, 자네가 바라는 직장에 어울리는 옷을 입게나." 제 친구는 이런 말을 했습니다. "일주일치 봉급을 구두에 써라." 회사에서 해마다 하는 세미나 중에서 '성공을 위한 옷차림'에 대해 강연한 강사는 이렇게 말했습니다. "무늬 있는 셔츠에 무늬 있는 넥타이는 매지 마세요."

저 역시도 제 옷장과 회사 부장들의 옷장을 비교하느라 상당히 많은 시간을 보냈습니다. 자동차, 아파트, 가구를 비교하며 보낸 시간도 마찬가지였지요. 우리가 적게 사면 살수록 주변 사람들이 가진 것과 덜 비교하며 살 것입니다.

최근에 여동생의 집에 바둑판무늬의 반소매 셔츠를 입고 갔습니다. 그런데 아홉 살짜리 조카가 "삼촌, 이 셔츠는 1980년대 사람들이나 입고 다닐 법한 옷이라구요." 하는 것이었습니다. 제가 웃음을 터트리며 어디서 그런 표현을 배웠느냐고 묻자, 조카는 만화에서 봤다고 했습니다. 이처럼 어린아이들조차도 사고, 소유하고, 비교하라는 부추김을 받고 있는 것입니다.

셋째로, 사회가 더 많이 생산하면 할수록 우리는 더 많은 것을 갖고 싶어 하고 그만큼 더 불행해집니다. 그레그 이스터브룩은 자신의 저서 《진보의 역설》에서 이 점을 멋지게 요약하고 있습니다.

"점점 더 세속적 물질을 손에 넣을 수 있지만 그것이 우리를 행복하게 만들지 못하기 때문에 어쩌면 물질적 풍요는 불행을 주입하는 사악한 영향력을 발휘하는지도 모른다. 경제가 만들어 내는 제품을 모두 소유하는 일이란 불가능하기 때문이다."

수그러들지 않는 경쟁

소비문화의 문제점에 관해 많은 글을 쓴 윤리 신학자이자 예수회원인 존 F. 캐버너는 소비문화가 우리에게, 특히 가정에 주는 유해한 영향에 대해 자신의 저서 《소비 사회에서 그리스도를 따르는 일 Following Christ in a Consumer Society》에서 이렇게 말했습니다.

가정 안의 스트레스와 분열이라는 문제를 두고 부모와 자녀들이 대화하는 과정에서 알게 되는 것들이 있다. 자본주의의 소비 이데올로기가 지독히 만연하고 막강한, 그리고 유혹적인 힘이라는 것이다.

끝없이 축적하게 만드는 부추김, 그리고 그에 따른 노동 시간의 연장, 수단을 가리지 않고 욕망의 실현을 꾀하려는 과도한 노력과 집착, 쇼핑에 관한 신학적인 의미 부여, 경제력 비교 강요, 돈과 소유를 통한 합법성 갈구 등, 모든 방향에서 수그러들지 않는 경쟁이 자본주의의 소비 이데올로기를 극대화시킨다.

더 많이 갖고자 하는 욕망에서 스스로를 해방시킨다는 것은 역설적으로 우리가 더 만족할 수 있다는 뜻이 되는 것이지요.

4. 상향 이동과 하향 이동

우리가 살아가는 소비 세계를 짤막하면서도 가장 훌륭하게 분석해놓은 글은 예수회원인 딘 브래클리 신부가 1988년에 《예수회 영성 연구Studies in the Spirituality of Jesuits》라는 책에 실은 〈하향 이동 Downward Mobility〉이라는 글입니다. 브래클리 신부는 뉴욕의 브롱스 지역에서 가난한 이들과 함께 살며 일해 온 만큼 이 주제에 전문적이었습니다. 브롱스 지역에서 몇 년을 보낸 그는 엘살바도르로 이사를 가게 되었는데, 그 사목지는 가난한 이들과 함께 일하다가 살해당한 한 예수회 사제의 빈자리였습니다.

그가 쓴 글 〈하향 이동〉은 네덜란드 출신의 헨리 나우웬 신부의 글에서 빌려 온 문구입니다. 딘 브래클리 신부는 '상향 이동'으로 요약될 수 있는 세상의 길과, 영신수련을 통해 우리를 초연함과 자유로 초대하는 이냐시오 성인의 안목을 비교합니다.

'상향 이동'을 실현하고자 하는 충동과 끊임없는 몸부림은 애당초 우리의 갈망이라는 건전한 마음에서 시작됩니다.

우리 모두는 하느님을 향한 자연스러운 갈망을 지니고 있습니다. 하지만 브래클리 신부가 지적하듯이, 우리가 소비문화에 빠지면서 이 갈망을 돈과 지위, 소유로 만족시킬 수 있다고 착각하게 됩니다. 이 지적이 말도 안 되는 소리처럼 들린다면, 문이 양쪽으로 달린 냉장고를 사기만 하면 더 큰 행복이 보장된다는 텔레비전 광고를 생각해 보면 이해가 될 것입니다.

딘 브래클리 신부가 말한 이 과정이 어떻게 작동할까요? 다음은 브래클리 신부가 정리한 열두 단계를 요약한 것으로, 제가 해설 몇 가지를 덧붙여 놓았습니다. 여러분 자신의 경험과 비교하면서 살펴보길 바랍니다.

① 소비문화는 주로 개인주의적인 성향을 갖는다. 사람들은 공동의 목표보다 개인의 목표를 추구하기 때문에, 경쟁적인 환경에서는 누구나 자기 자신을 먼저 챙긴다. 그렇다고 개인의 목표가 그 자체로 부정적인 것을 의미하지는 않는다. 개인의 목표를 추구하는 것은 재화의 생산과 분배를 위해 가장 효과적인 경제 체계인, 자본주의 제도의 토대임에 틀림없으니 말이다. 하지만 오로지 개인의 안녕에만 관심이 있고 자신의 가족과 친구, 나아가 지역 공동체 밖에 있는 사람들에게는 무관심하다면, 그것은 위험하다.

② 사람들은 소유하거나 소비함으로써 불안감을 잠재우려는 유혹을 받는다. 자신의 공허한 마음을 하느님이나 애정 어린 인간관계보다 물건으로 채우려고 하는 것이다. 이런 충동적인 마음이 없다면 광고 산업은 분명 붕괴될 것이다. 이처럼 소비문화는 물건에 대한 욕망을 생산하기 위해 존재한다.

③ 개인주의와 소비 지상주의는 그 문화를 지배하기 위해 사다리 모형을 제시한다. 어떤 사람들은 다른 사람보다 더 높이 올라간다. 어떤 사람은 꼭대기에 있고, 어떤 사람은 밑바닥에 있다.

④ 개인은 직책, 소유, 신용도 같은 사회적 상징을 통해 자신의 지위를 과시한다. 한 사람의 가치는 그의 부나 직업에 따라 좌우된다. 사회적 환경에서 연봉에 관한 이야기가 금기시되는 이유도 어쩌면 여기에 있다. 이는 사람을 분류하는 가장 빠른 방법이며, 사회가 우리의 가치를 가늠하는 가장 보편적인 저울이다. 어떤 사람의 연봉을 알아내는 순간, 그 사람을 어떤 고정된 시선으로 바라보게 된다. 만일 상대가 자신보다 적은 연봉이면, 그 사람을 자신보다 더 아래로 볼 수 있다.

만일 상대가 자신보다 더 많은 연봉을 받으면, 우리는 시기심을 느끼며 자신을 그 사람보다 더 아래로 여기게 된다. 이처럼 연봉에 대한 이야기가 금기시되는 것은 그것이 지니는 고유한 힘 때문이다.

⑤ 일반적으로, 우리는 이런 외적 수치(數値)들을 내면화한다. 자신의 직장이나 연봉에 따라, 또 자신이 무엇을 '생산하느냐'에 따라 자신을 평가하게 된다. 오늘날의 우리는 일하도록 부추김을 받는다. 하지만 우리가 자기 자신을 오로지 이런 수치들로만 평가할 때, 우리는 '인간적 존재'라기보다 '인간적 행위'가 되어 버린다.
아울러 만일 당신이 사다리를 더 높이 오르지 못하거나 오르고 있지 않다면, 다른 사람에게 열등감을 느끼게 된다. 그러면서 자신이 열등감을 느꼈던 이들의 대열에 끼고자 하는 갈망이 커진다.

⑥ 사다리 꼭대기에는 유명 인사, 부호 같은 크게 성공한 '신화적인 인물'이 자리한다. 그리고 밑바닥에는 실업자, 난민, 노숙인 같은 '패배자'가 자리한다.
그렇기에 사다리의 아래에 있는 가난한 이들을 무시하게 되는 것이다. 그들은 이 사다리가 완벽하게 작동하지 않는다는 점을 우리에게 일깨워 주는 탓에, 이 체제에 절대적인 위협이 된다. 우리는

'나도 저렇게 되면 어쩌지?'라고 생각하는데, 이러한 생각이 우리가 '패배자' 그룹에서 멀어지기 위해 더욱 절박하게 사다리를 높이 오르는 일에 집중하게 만든다.

⑦ 이런 상황에서 경쟁은 사회생활의 중요한 동력이 된다. 다른 사람의 성공이 당신에게 오히려 위협이 될 수 있는 것이다. 미국의 유명 작가인 고어 비달은 이렇게 말했다. "내가 성공하는 것으로는 충분하지 않다. 다른 사람들이 실패해야 한다."

⑧ 생활의 보장도 사다리를 얼마나 오르느냐에 따라 달라진다. 상향 이동을 바라는 모든 의도가 다 오만하거나 권력에 굶주려 있는 것은 아니다. 하지만 인정 많은 이들조차도 어쩔 수 없이 사다리의 위력과 위험에 직면하게 된다. 그때 당신은 "이것이 옳은가?"라고 묻지 않고 "이것이 내게 최선인가?"라고 묻고 싶어진다.

⑨ 따라서 사회적 모형은 단순한 사다리라기보다는 하나의 피라미드가 되며, 여기에서 각각의 집단은 서로 단결하여 위나 아래로부터 오는 위협들에 대처한다. 분열은 개인들 사이뿐만 아니라 집단 사이에서도 조성된다.

⑩ 모두가 다 꼭대기에 있을 수는 없다. 따라서 꼭대기에 도달한 자들은 자신의 위치를 지키고 바닥에 있는 이들을 그 자리에 붙들어 두고자 노력한다. 그렇기에 권력은 아래쪽 집단을 의존적이고, 무질서하고, 무지한 상태로 유지시키는 데 사용된다.

⑪ 사회 계급, 인종, 성별, 성적 취향, 교육 수준, 외모 등 여러 가지 요인들이 이 피라미드를 구성하도록 돕는다. 이렇게 나눠진 피라미드는 그 안에서도 더 세세하게 분열된다.

⑫ 끝으로, 집단 간의 경쟁은 신뢰와 협동이 아닌 두려움과 불신을 낳는데, 나는 여기에 외로움을 덧붙이곤 한다.

여러분은 이 모든 것에 전부 동의하지 않을 수도 있습니다. 하지만 전체적으로 볼 때 딘 브래클리 신부의 모형은 우리 가운데 많은 이들이 살아가고 있는 소비 세계를 훌륭하게 묘사하고 있습니다.

자신의 위치를 지키고자 상향 이동을 도모하려는 끊임없는 충동은 우리의 시간과 힘을 앗아 갑니다. 그러면서도 이런 충동을 어느 정도 물리치거나 자유로워지지 못하는 이유가 무엇일까요?

우리는 마음만 먹으면 청빈과 검소한 생활 양식, 일종의 '하향 이동'을 통해 앞서 언급된 가치들을 일부나마 배척할 수 있습니다. 이냐시오 성인이 청빈·정결·순명을 두고 기꺼이 받아들인다면 '커다란 환희를 얻게 될 것'이라고 했던 의미가 바로 이것입니다. 단순한 삶은 징벌이 아니라 보다 큰 자유를 향한 움직임이라는 의미이지요.

아래부터는 단순한 삶과 관련하여 이냐시오 성인이 우리를 이끄는 길이 어떤 것인지 알아보겠습니다.

5. 단순한 삶

이냐시오 성인은 《회헌》에서 청빈에 대해 다루는 첫 대목에서 가장 핵심적인 요점을 이렇게 언급했습니다.

"청빈은 수도 생활을 지켜 주는 견고한 성벽이므로 이를 사랑하고 하느님의 은총이 허락하는 한 순수하게 보전해야 한다."(회헌, 553)

단순한 삶에 대한 이냐시오 성인의 안목은 자신의 체험에서 비롯되었습니다. 이냐시오 성인이 회심을 체험한 후 가장 먼저 한 행동 중의 하나가 몬세라트에 있는 베네딕도 수도원의 성모상 앞에 기사의 갑옷을 벗어 놓는 일이었습니다. 그동안 지녔던 모든 속세의 재화를 최대한 털어 버리기 위한 행동이었지요.

> 1522년 3월 성모 축일 전날 밤, 그는 밤중에 몰래 가난한 사람을 찾아가 입고 있는 옷을 모두 벗어 주고 그토록 입고 싶었던 그 순례자의 의복을 입었다. 그러고 나서 성모의 제단에 나아가 경건하게 무릎을 꿇었다(자서전. 18).

성인의 이러한 행동은 마치 복음서에서 부자 청년이 예수님의 부르심에 대해 마음을 다해 응답하는 것과 같습니다. 비록 부자 청년은 그 길을 외면했지만, 이냐시오 성인에게 그 길은 그리스도를 따르는 명확한 길이었기에 응답했던 것이지요.

성인의 응답은 다른 수도회들, 특히 성인이 흠모했던 아시시의 프란치스코 성인에 의해 창립된 프란치스코회의 관행을 모범으로 삼은 면도 있었습니다. 존 오말리 신부가 《초창기 예수회원들》에서 지적했듯이 프란치스코회가 이냐시오 성인에게 직간접으로 끼친 영향은 물질적 재화에 대한 포기를 강조한 부분에서 가장 확연하게 드러납니다. 그런데 나중에 한 사람이 이냐시오 성인에게 달려와 성인이 도와준 가난한 사람이 무슨 일을 당하게 되었는지 알려 줍니다.

> 몬세라트를 떠나 1마일쯤 벗어났을 때 어떤 사람 하나가 급히 쫓아와 그를 붙들고는, 가난뱅이 한 사람에게 의복을 모두 벗어 주었다는 게

사실이냐고 물었다. 그는 그렇다고 대답하고서 그 가난한 사람에 대한 연민으로 눈물을 흘렸다. 이유인즉 사람들은 그 가난한 사람이 옷을 훔쳤다고 생각하고서 그를 위협했다는 것을 알았기 때문이다(자서전, 18).

그 후, 이냐시오 성인은 만레사라는 작은 고을에서 1년 가까이 은둔하며 기도하고, 구걸하고, 단식했습니다. 성인의 청빈이 극단으로 치닫고 있었지요.

> 그는 만레사에서 매일 음식을 구걸하며 지내고 있었다. 사람들이 고기와 술을 주어도 먹거나 마시지 않았다. …… 전에는 유행에 따라 머리 매무새에 굉장히 신경을 썼었는데(그의 머리는 굉장히 멋있었다.) 이제는 제멋대로 자라게 두고 빗질도 이발도 전혀 하지 않은 채 무엇을 머리에 쓰지도 않았다(자서전, 19).

심지어 성인은 하느님의 특별한 총애를 얻고자 며칠 동안 음식을 입에 대지 않았던 어떤 이름 모를 성인을 본받기로 결심하기에 이릅니다. 그러다가 급기야 건강을 해치는 지경에 처하게 되지요. 성인은 갈수록 절망감을 느끼게 되었고, 심지어 자살 충동까지 느낍니다. 이냐시오 성인은 점차 자신의 이런 행동이 건강을 위태롭게 할 뿐만 아니라 자신이 하려는 일도 할 수 없도록 가로막고 있음을 깨닫습니다. 이에 대해 존 오말리 신부는 이렇게 전하고 있습니다.

"이냐시오의 체험은 실질적인 가난을 가혹할 정도로 지나치게 해석할 때 영혼들을 돕고자 하는 노력에 오히려 방해가 될 뿐임을 확신시켜 주었다. 그 후에 성인과 동료들은 극단적인 해석이 자신들이 창설하는 수도회에 적용하기에는 불가능하다는 점을 보다 확실하게 깨달았다."

실제로 몇 년 후에, 이냐시오 성인은 교육 중인 예수회원들이 그들의 임무를 수행해 나갈 수 있도록 적절하게 건강을 관리해야 한다고 강조했습니다. 성인은 《회헌》에 이렇게 적었습니다.

"하느님을 섬기기 위하여 건강과 체력을 보전하는 데 적절한 관심을 가지는 것은 칭찬할 만하며 누구나 마땅히 관심을 가져야 한다."
(회헌, 292)

바로 이것이 단순한 삶에 대한 이냐시오 성인의 접근 방식이 그토록 많은 이들에게 도움이 되는 이유입니다. 성인은 우리에게 반 벌거숭이가 되어 산속에서 풀을 뜯어먹고, 동굴에 사는 은수자가 되라고 요구하지 않습니다. 성인은 그저 단순하게 살라고 조언할 뿐이지요. 이는 분별 있는 단순함이요, 현대식 수덕 생활이며, 건강한 청빈인 것입니다.

이냐시오 성인에게는 청빈 그 자체가 목적이 아니었습니다. 성인은 청빈을 '가난한 그리스도'와 일치하는 수단이자, 보다 쉽게 하느님을 따르기 위해 스스로를 자유롭게 하는 수단으로 보았습니다. 또한 예수님이 사랑하신 가난한 이들과 일치를 이루는 길이라 여겼지요. 청빈은 무엇보다 사도적인 가치였기 때문에 이냐시오 성인이 하느님의 사업을 수행할 수 있도록 만들어 주었습니다.

이 모든 것들이 한데 결합하여 청빈을 이냐시오 영성에서 가장 중요한 것으로 만들었고, 궁극적으로는 성인과 그의 제자들에게 강력한 생명력을 불어넣는 힘이 되었습니다. 벨기에의 예수회원이자 영적 지도자인 앙드레 드 야에르가 쓴 《선교를 위해 하나 되어 Together for Mission》라는 책에는 이 점이 잘 표현되어 있습니다.

"금욕주의적 위업을 추구하던 시작은 이내 오직 하느님만을 완벽하게 신뢰하고자 하는 갈망으로 성숙되어 갔다. 이냐시오 성인이 《영신수련》을 작성하기 시작할 때는 …… 무엇이 다른 이들에게 도움이 될 수 있는지를 자신의 체험에 따라 기술해 나갔다."

6. 재물에서 명예로, 명예에서 교만으로

성인이 청빈을 소중히 여긴 또 다른 이유는 사다리를 오르는 일이 우리를 하느님에게서 멀어지도록 유도하는 교묘한 방식임을 알아차렸기 때문입니다.

영신수련 제2주간에는 이냐시오 영성에 핵심을 이루는 심상 하나가 나옵니다. 이를 '두 개의 깃발'이라고 부르지요. 이냐시오 성인은 우리에게 전쟁을 치르고자 서로 다른 두 개의 깃발 아래 모여든 군대를 상상해 보라고 조언합니다. 한편에는 원수의 깃발이 있고, 다른 편에는 그리스도의 깃발이 있습니다. 이 묵상에 나오는 비유를 보면 군인이었던 이냐시오 성인의 과거가 아주 분명하게 영향을 미치고 있음을 알 수 있지요.

이 묵상의 목적은 우리가 인간 본성의 작용을 이해하도록 돕는 것입니다. 이냐시오 성인은 현대인들의 감성에는 낯설 수도 있지만 명확한 심상을 통해 우리가 내면에서 옳은 일을 하고자 하는 싸움을 올바르게 인식하게 하기 위한 길을 제시합니다.

이냐시오 성인은 회심 초기부터 무엇이 자신을 하느님께 이끌어 주고(성인은 하느님을 섬기는 생각을 할 때 위안을 느꼈지요.) 무엇이 자신을 하느님에게서 멀어지게 만드는지(명성을 얻으려는 계획을 생각할 때면 메마른 느낌을 받았습니다.) 감지할 수 있었습니다. 성인은 분별력이 있는 사람이라면 이 두 세력을 구분하고 올바른 선택을 할 수 있다고 믿었습니다. 이냐시오 영성에서는 이를 '영들의 식별'이라 부릅니다.

따라서 이냐시오 성인의 핵심적인 은유는 전투입니다. 성인은 세상에 악이 존재하지만, 단순히 모호하고 비인격적인 세력이 아니라 인격화된 실체로서 존재한다고 믿었습니다. 줄곧 우리를 하느님에게서 멀리 떼어 놓으려고 노력하고 있는 존재로 말이지요. 《영신수련》은 우리를 하느님께 이끌어 주는 것은 무엇이든 '선한 영'으로, 멀어지게 하는 것은 무엇이든 '원수' 내지는 '인간 본성의 원수'로 지칭합니다.

저는 이냐시오 성인이 염두에 두었던 것을 이해하는 통로로 영화로도 제작되었던 J. R. R. 톨킨의 《반지의 제왕》 시리즈를 추천하곤 합니다. 그 이야기의 한편에는 마법사 사루만과 끔찍한 오크들의 군대가 있고, 다른 한편에는 숭고한 프로도와 그의 동반자인 충직한 호빗과 인간과 엘프들이 있습니다. 마찬가지로 영화로도 제작된 소설 《해리 포터》 시리즈 역시 이런 종류의 싸움을 보여 줍니다. 한편에는 볼드모트와 그의 사악한 무리들이 있고, 다른 한편에는 해리 포터와 그의 정의로운 친구들이 있지요.

하지만 우리가 이냐시오 영성에서 도움을 얻기 위해 꼭 이냐시오 성인이 이해했던 것과 똑같은 방식으로 사물들을 이해할 필요는 없습니다. 티모시 갤러거는 자신의 저서 《영들의 식별 The Discernment of Spirits》에서 이 '원수'의 개념에 대해 우리를 하느님에게서 떼어 놓으려는 내적 움직임으로 요약했습니다.

이 전투라는 심상보다 더 중요한 것이 양쪽 진영이 활동하는 방식을 이해하는 것입니다. 이냐시오 성인은 '두 개의 깃발'에서 사람들을 자기편으로, 즉 명예욕을 버리고 겸손한 삶을 갈망하는 단순한 삶으로 부르고 있는 그리스도를 상상하도록 초대합니다. 바꾸어 말해, 그리스도는 부자 청년에게 했던 것처럼 집착에서 벗어난 삶으로 우리를 초대하고 계신 것이지요.

그런 다음 사탄이 무수히 많은 그의 부하 마귀들에게 사람들을 집착하게 만들어 함정에 빠뜨리는 방법에 대해 조언하는 모습을 상상하게 합니다. 이것을 영국 작가 C. S. 루이스가 자신의 저서 《스크루테이프의 편지》에 노련한 마귀가 어린 마귀에게 조언하는 형식으로 표현하기도 했지요.

그러면서 이냐시오 성인은 사탄이 일하는 방식에 대해서도 조언해 줍니다. 먼저 재물을 갈망하도록 유혹하는데, 이것은 곧 명예로 이어지고, 이것이 다시 대부분의 사악한 행동을 유도하는 교만으로 이어집니다. 이와 관련된 '재물에서 명예로, 명예에서 교만으로'라는 문구는 예수회원이라면 누구나 알고 있는 널리 알려진 문구이지요.

이 과정이 방심할 수 없는 이유는 부와 명예가 유혹적이기 때문입니다. 저 역시 이 점을 직접 체험해 보았기 때문에 잘 알고 있습니다.

교만해지도록 만드는 방법

이냐시오 성인은 《영신수련》에서 단순하게 살지 않는 데서 비롯되는 점진적인 위험에 관해 이야기합니다. '두 개의 깃발'로 알려져 있는 이 대목에서, 자신의 부하들에게 인간들이 교만해지게 만드는 방법을 조언하는 사탄을 상상해 보라고 권합니다(영신수련. 142).

먼저 사람들을 재물에 대한 탐욕으로 유인하고, 그들을 세상의 허영심으로 그리고 다음에는 한껏 부푼 교만에로 더 쉽게 이끌 수 있게 해야 한다고 말한다.
이런 식으로 첫 단계는 부, 둘째는 명예, 셋째는 교만이며, 이 세 단계로부터 다른 모든 악행들로 이끄는 것이다.

저는 지난 몇 년 동안 여러 권의 책을 냈고 신문과 잡지, 웹 사이트 등에 글을 실었습니다. 나중에는 라디오와 텔레비전을 비롯한 여러 매체에서 출연 요청을 받기에 이르렀지요. 저는 제 글이 다른 사람들에게 도움이 될 수 있다는 생각에, 특히 예수회원의 노력으로 영혼들을 도울 수 있다는 생각에 행복했습니다. 영성 생활에 관한 책을 읽는 사람들이 많아질수록, 영혼들이 도움을 얻을 수 있는 기회도 많아질 것이라고 믿었으니까요.

또한 제가 텔레비전과 라디오에 출연하여 이야기하게 되면 제가 쓴 책이 더 많이 알려질 것이고, 그리하여 더 많은 영혼을 도울 수 있을 뿐만 아니라, 제가 주일 미사 강론 때 대면할 수 있는 수보다 훨씬 많은 사람들과 하느님에 관해 이야기할 수 있을 것이라고 생각했습니다.

제2차 바티칸 공의회 자문 위원으로 봉직했던 미국 예수회 신학자 존 코트니 머리는 예수회가 언젠가 교회에 세상을, 세상에 교회를 설명할 수 있어야 한다고 말했습니다. 예수회가 교회와 세상의 연결 통로가 되어야 한다는 것이지요. 제가 다양한 대중 매체에서 일하는 것도 그것을 행하는 한 가지 길이라고 생각했습니다.

물론 위험 요소는 있었습니다. 제가 교만한 마음을 지니지 않을지라도, 책을 내고, 글을 쓰고, 매스컴에 출연하는 이 모든 일이 오늘날 많은 문화권에서 성공으로 간주되기 때문입니다. 그리고 이러한 성공은 자연스럽게 이냐시오 성인이 의미하는 재물의 범주에 속하게 됩니다.

이런 우연한 성공으로 말미암아 가족과 친구 및 지인들은 물론, 심지어 얼굴도 모르는 이들까지 저에게 찬사를 보냈습니다. 이것이 이나시오가 말하는 명예입니다. 그리고 제가 이런 찬사들에 고마움을 표하는 사이에, 무엇인가 다른 일이 벌어지고 있었습니다.

제가 얼마간의 성공을 맛보고 난 후에, 제 안에 특권 의식이 스며들었다는 것을 알게 되었습니다. '내가 왜 공동체에서 하는 미사를 집전해야 하지? 난 바쁘다고!', '내가 왜 수도원의 식기세척기에서 그릇을 꺼내야 하지? 내게는 해야 할 더 중요한 일들이 있는데!' 하고 생각하게 되었던 것이죠.

물론 이런 느낌들을 결코 행동으로 옮기지는 않았지만, 영신수련을 알고 난 후에 제 안에 이런 감정들이 있다는 것을 느끼면 서글퍼졌습니다. 저의 영적 지도 신부님은 미소를 지으며 "재물이 명예를 거쳐 교만으로 간다네." 하고 말했습니다.

저는 예수회원이 된지 20년이 넘었건만, 여전히 다른 모든 이들이 받는 것과 똑같은 유혹을 받고 있습니다. 이 점은 자신의 인간성을 잘 지킬 수 있도록 늘 깨어 경계해야 한다는 경각심을 주고, 온갖 종류의 재물에 대한 지나친 애착을 삼가게 합니다. 아울러 '선한 영'과 '원수' 등 노골적이고 낡은 인간 본성에 대한 이냐시오의 날카로운 통찰력은 우리가 깨달을 수 있는 기회가 됩니다.

주요 관심사

이냐시오 성인은 교회 안에서의 명예가 예수회원들을 교만하게 만들 수 있음을 알았습니다. 주교나 추기경에 임명되면 개인은 물론 그 집안에도 크나큰 재물과 명예를 가져다주었기 때문에 특히 이냐시오 성인이 살던 시대의 사람들은 사제가 되기를 바랐습니다. 예수회원이 주교나 추기경이 되는데 따른 제한 규정이 《회헌》에 많이 나와 있는 이유도 이 때문입니다. 1552년에 초창기 예수회원 프란치스코 보르지아가 추기경이 될 뻔한 것에 관한 재미난 일화가 있습니다. 이 일화는 초창기 예수회원 후안 데 폴랑코의 일기에 나오는데, 여기에서는 예수회원들에게 '우리들Ours'이라는 용어를 사용하고 있습니다.

> 우리들은 큰 걱정거리에서 풀려났으니 …… 프란치스코 보르지아 신부와 추기경 직위에 관한 소문이 스페인 발렌시아 시내 전역에 퍼져 있었기 때문이었다. 소문이란, 그가 받아들이지 않으면 대죄가 되기에 어쩔 수 없이 이를 받아들였다는 것이었다. 하지만 사람들은 로마에서 보낸 편지들을 보고 이냐시오 신부가 이 일을 미연에 방지했다는 사실을 알게 되면서, 그들의 걱정은 안심으로

> 바뀌었다. 프란치스코 신부의 혈족들 가운데 몇 사람이 이 소식을 다른 감정으로 받아들였을지라도, 우리들의 반응은 어디에서나 이러했다.

7. 청빈의 삶

예수회의 청빈과 관련된 가장 인기 있는 유머가 있습니다. 1년차 수련자가 규모가 큰 예수회 공동체를 방문했는데, 그날은 7월 31일로 이냐시오 성인 축일을 대대적으로 축하하는 날이었습니다. 그날은 특별히 풍성한 정찬이 제공되었습니다. 수련자는 꽃으로 장식된 식탁마다 맛있는 음식과 꽃병들이 놓여 있고, 심지어 안심 스테이크가 준비된 커다란 식당을 들여다보며 외쳤습니다.

"이게 청빈이라면, 정결도 나와 보라고 해!"

이 유머에 어느 누구보다 더 크게 웃는 이들이 예수회원들입니다. 예수회의 청빈은 우리가 가난한 그리스도와 합일하도록 도와주는 참된 가난이 되어야 합니다. 또한 사도적인 가치를 내포하며, 우리가 자유롭게 일할 수 있도록 해야 합니다. 초창기 예수회원들은 예수님을 더욱 가까이 따르고자 최악의 주거 환경과 음식과 의복을 선호하며 부지런히 청빈을 실천했습니다.

하지만 오늘날 예수회원의 주거 환경은 예전과 다릅니다. 특히 미국의 일부 예수회 공동체에서는 아주 안락한 환경이 제공되기도 합니다. 일례로 몇몇 대학이나 고등학교의 경우, 50명이나 되는 예수회원들이 하나의 큰 예수회 공동체에서 생활합니다. 이는 그 많은 사람들을 수용할 수 있을 만큼의 커다란 거실과 식당이 있다는 뜻입니다. 연로한 예수회원들이 있는 공동체의 경우에는 요리사 한 사람과 주방 직원 한 사람을 비롯하여, 몇 대의 세탁기, 충분한 양의 음식 같은 실질적인 준비물이 반드시 필요하다는 것을 의미합니다.

외부인들의 눈에는 이런 단체 생활이 사치스럽게 보일 수 있습니다. 몇몇 예수회원들은 유감의 뜻으로 '풀 서비스full-service' 공동체라고 부르기도 합니다. 내부인의 눈에도 마찬가지로 보이기도 하지요. 예수회 공동체는 저마다 단순하게 살려고 노력하지만, 풍요 속에서는 자신이 어떻게 살고 있는지 느끼기가 쉽지 않을 때도 있습니다. 따라서 생활 양식 면에서 다른 사람들과 같은 조건을 갖고 있는 셈인 예수회원들은 스스로 단순하게 살아가고자 노력해야 합니다. 때로는 풍요로운 환경에서도 말이지요.

언젠가 일자리를 찾고 있는 한 친구가 말했습니다. "너는 청빈을 서원했지만, 난 요즘 그걸 삶으로 실천하고 있지." 이는 사실 올바른 지적입니다. 모든 것을 공동으로 소유할 때, 가장 기본적인 요구인 의식주는 해결되긴 합니다. 그런데 한편으로 이는 잘못된 지적이기도 합니다. 청빈 서원은 제한된 예산으로 아주 검소하게 살아가는 것을 의미하기 때문입니다.

우리가 페르소날리아personalia라 부르는, 개인적인 필수품과 경비로 쓰는 한 달 용돈은 많지 않습니다. 제가 수련기 때 35달러(한화로 약 3만 6천 원)를 용돈으로 받았으니 말이지요. 차나 집을 가진 예수회원은 아무도 없습니다. 봉급과 기부금, 선물, 책의 인세 등 모든 수입은 공동체에 귀속됩니다.

우리가 장거리 여행을 할 때에는 반드시 허락을 받아야 하고, 안경이나 새 정장이나 외투처럼 자신의 용돈으로는 감당할 수 없는 값비싼 물품을 구입하는 돈도 마찬가지로 허락을 받아야 얻을 수 있습니다. 가끔 허락을 받지 못할 때도 있습니다.

제가 나이로비에서 1년 동안 일하고 난 후에, 방학을 맞아 평신도 친구 몇 명과 함께 인도양 해안에 있는 유스 호스텔에서 일주일을 보내도 되는지 관구장 신부님에게 물어보았습니다. 경비로 약 100달러가 들 것이라고 하자, 관구장 신부님은 제게 물어볼 것도 없는 문제라고 했습니다. 제가 신부님을 설득해 보려고 하자, 신부님은 껄껄 웃으며 말했습니다. "이건 내가 자네의 의견이 좋은가 아닌가를 따질 문제가 아니라네. 우린 그냥 그럴 형편이 못 된단 말일세."

몇몇 유복한 미국인들에 비하면, 우리는 극도로 검소하게 삽니다. 그러나 세상의 수많은 가난한 이들에 비하면, 우리는 그다지 검소하게 사는 것이 아니지요. 그럼에도 예수회 사제들과 수사들은 저마다 소유에서 해방되고, 가난을 사랑하고, 가능한 한 이냐시오 성인이 의도했던 대로 검소하게 살기를 소망합니다. 저의 영적 지도 신부님 가운데 한 분이 제게 이렇게 말한 적이 있습니다. "서원은 자네가 단순하게 살아가도록 해 준다네. 하지만 얼마나 단순하게 사는가는 자기 자신에게 달려 있지."

다행히도 저는 이냐시오 성인 외에도 자신의 삶으로 다른 형제 예수회원들에게 모범을 보여 준 사람들, 즉 '살아 있는 회칙' 같은 이들을 많이 봤습니다. 그들 중의 많은 이들이 특히 검소함으로 존경을 받았습니다.

저는 존이라는 이름의 나이 지긋한 예수회 신부님과 여러 해를 함께 살았습니다. 존 신부님은 정말 살아 있는 회칙처럼 슬기롭고, 지혜로우며, 인정도 많았습니다. 신부님은 몇십 년 전 받았던 교육에 따라 저를 선생님이라고 불렀습니다. 제가 아침 식사를 하러 가면, 신부님은 제게 "안녕하세요, 선생님!" 하고 인사를 건네곤 했습니다.

제가 신부가 된 후에는 "안녕하세요, 신부님!" 하며 인사를 건넸지요.

아직은 선생님으로 불리던 어느 날, 저는 고해성사를 달라고 청하기 위해 존 신부님의 방문을 두드렸습니다. 신부님의 방은 검소함 그 자체였습니다. 바닥에는 낡아서 듬성듬성 구멍이 난 양탄자에, 사진을 넣은 액자 몇 개만 있었고, 삐걱거리는 목재 장궤틀 위에는 십자고상 하나가 걸려 있었습니다.

1인용인 작은 침대는 머리 위쪽에 침대를 고정해 주는 지지대도 없이, 흔들거리는 쇠틀 위에 매트리스를 얹어 놓았을 뿐이었습니다. 특히 제 눈을 사로잡은 것은 노란색 침대보였습니다. 매트리스를 간신히 덮고 있는 싸구려 천으로 만든 침대보는 너무 오래 사용한 나머지 얇아져 거의 투명해졌고, 색도 바래 있었습니다. 그야말로 제가 봤던 것 중에서 가장 볼품없는 침대보였습니다.

제가 조심스럽게 "신부님, 새 침대보로 갈아야 할 때가 된 것 같네요." 하고 말하자, 신부님이 껄껄 웃으며 대답했습니다. "이것도 새 침대봅니다."

그 말을 들으니 바로 저번 주에 꼭 필요한 것도 아닌데, 새 침대보를 사겠다고 돈을 청구했던 일이 생각나서 죄를 지은 것 같은 기분이 들었습니다. 존 신부님의 방을 들어가 보고 나니, 예수회원에게 정말로 필요한 물건이 별로 없다는 사실을 새삼 깨닫게 되었습니다.

또한 자발적인 가난은 진정으로 가난한 이들을 돕고자 하는 자극제가 될 수 있습니다. 우리는 초대 그리스도인들의 격언을 기억해야 합니다. "우리의 옷장에 걸린 여벌의 외투는 우리의 것이 아니라, 가난한 사람의 것이다."

세계 여러 나라에서 가난한 이들과 함께 일하는 예수회원들은 이냐시오 성인이 예수회원들에게 바랐던 것에 보다 가까운 가난을 흔쾌히 받아들일 수 있게 됩니다. 가난한 이들과 함께하는 지역에는 보통 자원이 한정되어 있기 때문이기도 하지만, 예수회원이 스스로 물질적 가난을 생활화해 온 체험과도 관련이 있습니다. 예수회원들은 진정한 가난에 대해 영신수련에서 배울 수 있는 것보다 가난한 이들에게서 더 깊이 배우게 됩니다. 또한 가난한 이들 곁에서 이냐시오 성인이 어머니를 사랑하는 것처럼 청빈을 사랑해야 할 것이라고 말한 이유를 깨닫게 됩니다.

8. 가난한 삶의 가르침

제가 한창 예수회 양성 교육을 받고 있던 중에, 관구장 신부님의 뜻에 따라 케냐의 나이로비로 가게 되었습니다. 그 당시 예수회 총장이었던 페드로 아루페 신부가 1980년에 창설한 예수회 난민봉사단에 합류하여 일하게 된 것이지요.

예수회 난민봉사단은 예수회가 가난한 이들과 함께하고자 하는 노력의 일환으로 설립되었습니다. 이러한 노력은 그리스도의 제자가 해야 할 핵심적인 역할입니다. 예수님은 마태오 복음서에서 제자들에게 착한 제자를 알아보는 기준은 얼마나 자주 기도하느냐 어느 교회에 나가느냐가 아니라, "내 형제들인 이 가장 작은 이들"(마태 25,40 참조) 곧 가난한 이들을 어떻게 대하는지 보면 알 수 있다고 알려 주십니다.

실질적인 자선 사업(배고픈 이들에게 먹을 것을 주고, 헐벗은 이들을 입히고, 감옥에 갇힌 이들을 찾아보는 일을 포함한)은 늘 그리스도교적 봉사의 핵심이 되었습니다. 가장 널리 알려진 성인들 가운데에는 아시시의 프란치스코 성인부터 마더 데레사 성녀에 이르기까지 가난한 이들과 함께한 것으로 유명한 분들이 많습니다. 이냐시오 성인 역시 '가장 작은 이들'을 보살피라는 부르심에 귀를 기울이고자 하는 열망을 갖고 있었지요.

처음부터 예수회 사명은 흔히들 생각하는 것처럼 단순히 학교를 세우는 것보다는 가난한 이들과 함께하는 데 초점이 맞춰져 있었습니다. 게다가 학교를 설립한 본래의 목적은 그저 젊은이들을 교육하고 그들의 품성 개발을 돕는 데서 그치는 것이 아니라, 공동선에 기여하기 위한 것이었지요. 이냐시오 성인의 비서였던 후안 데 폴랑코가 기술했듯이, 초창기 예수회원들은 학교의 졸업생들이 사목자나 공직자가 되어, 모든 이들의 이익과 편의를 도모하는 중요한 요직을 채워 줄 것이라는 기대를 받았습니다.

1540년에 바오로 3세 교황이 수도회를 인가한 후에, 예수회원들은 병원과 감옥을 방문하고, 임종을 앞둔 사람들을 대상으로 사목 활동을 했으며, 매춘 일을 그만둔 이들과 그들의 자녀들을 돕기 시작했습니다. 그리고 기근이나 홍수나 전염병이 닥칠 때면, 예수회원들은 재빨리 조직화하여 희생자들에게 실질적이고 재정적인 지원을 제공했습니다.

물론 다른 수도회도 자선 사업에 동참했습니다. 자선은 그리스도인에게 있어 삶의 일부분이기 때문입니다. 그러나 예수회가 남다른 점은 존 오말리 신부가 말했듯이 이러한 자선 사업들을 수도회의 본질적인 요소로 명확히 명시해 두었다는 점입니다.

존 오말리 신부는 《초창기 예수회원들》에서 예수회원들의 투신이 "영웅적인 면모를 띠었다."라고 표현했습니다.[10] 1553년, 이탈리아 페루자에 전염병이 돌 때 적극적으로 나서서 환자들을 돌보고 그들에게 성사를 주기 위해 끝까지 남은 건 거의 예수회원들뿐이었습니다. 그러나 그 과정에서 여러 예수회원들이 목숨을 잃었습니다.

가난을 배우는 수업

1965년부터 1981년까지 예수회 총장을 역임한 페드로 아루페 신부는 진지한 주제를 다룰 때에도 특유의 유머 감각이 드러나곤 했습니다.

두 명의 젊은 미국인 예수회원이 어느 날 로마에 있는 예수회 본부를 찾아갔습니다. 아루페 신부는 그들에게 무슨 일로 오게 되었는지 물었습니다. 그들은 예수회원을 위한 양성 교육의 일환으로 가난한 이들과 함께 일하기 위해 인도로 가는 중이라고 설명했습니다. 후에 아루페 신부는 한 회원에게 말했습니다.

"우리가 우리 식구들에게 가난에 관해 가르치는 데 분명히 많은 돈이 드는 것 같군요."

가장 초기의 예수회 성인들 중의 한 사람인 알로이시오 곤자가 성인은 1591년에 전염병 희생자들을 대상으로 사목 활동을 한 후에 병을 얻어 선종했습니다. 그의 나이 불과 스물 하나였지요. 그들은 이러한 일들을 통해 유대교나 그리스도교의 봉사 전통뿐만 아니라, "사랑은 말보다 행동으로 나타나야 한다."라고 한 이냐시오 성인의 금언을 따랐던 것입니다.

제가 케냐에서 맡은 일은 이리저리 퍼져 있는 나이로비 빈민가에 정착하여 자신과 가족을 부양하고자 나름대로 일을 시작한 난민들을 돕는 것이었습니다. 제 하루 일과의 대부분은 어렵게 사는 난민들의 집을 방문하는 일이었지요. 그들의 작은 집에는 대체로 매트리스 하나, 등잔 하나, 냄비 하나, 상자 몇 개, 물과 음식을 담아두는 플라스틱 용기 몇 개만이 있을 뿐이었습니다.

사람이 자신의 기본적인 욕망도 충족시킬 수 없는 이런 종류의 가난은 예수회원은 물론 어느 누구도 바라지 않습니다. 이렇게 사람답게 살 수 없는 환경으로 몰아넣는 가난에 맞서기 위해 수많은 예수회원들이 가난한 이들과 직접 함께 일하거나 그들을 편들어 옹호하는 등 평생을 맞서 싸우고 있습니다. 예수회가 그리스도를 본받아 선택한 자발적인 청빈의 목표는 전 세계 수십 억의 사람들에게 괴로움을 주고 있는 비자발적인 가난과는 다릅니다.

하지만 이 둘은 분리할 수 없는 관계로 연결되어 있습니다. 단순하게 산다는 것은 적게 필요로 하고, 세상에서 취하는 것이 적으며, 따라서 가난 속에 살아가는 이들에게 더 많이 베풀 수 있다는 뜻이 됩니다. 단순한 삶은 가난한 이들을 더 많이 도울 수 있습니다.

또한 가난한 이들의 삶에 발을 들여놓는 일은 단순한 삶을 부추깁니다. 가난한 이들이 어떻게 그 적은 돈으로 용케도 살아가는지, 때로는 어떻게 보다 큰 자유를 누리며 살아가는지도 알게 됩니다. 그리고 그들 대부분이 어떻게 부자들보다 삶을 더 감사하며 살아가는지도 알게 됩니다.

가난한 이들을 통해 우리가 배우게 되는 방식을 생각할 때면, 제가 케냐에서 만났던 난민들이 떠오릅니다. 그중 한 사람은 라틴어로 '즐겁다'라는 뜻의 가우디오사gaudiosa라는 멋진 이름을 갖고 있었습니다. 모두들 가우디라 부르는 그녀는 르완다 난민이었지요. 오래도록 그녀의 고국을 피폐하게 만든 후투족과 투치족의 갈등으로 인해 그녀는 1960년대에 가족과 함께 르완다를 떠나 나이로비에 정착했습니다.

그녀는 재봉사로서의 재능이 있었기 때문에, 제가 그곳에 도착하기 전 해에 예수회 난민봉사단에게 보조를 받아 가정용 재봉틀 한 대를 구입할 수 있었습니다. 이렇게 소박하게 가게를 시작한 그녀는 다른 르완다 여성 몇 명과 함께 '빛나는 양장점 & 양장 교습소'라는 이름의 제법 번창한 재봉 업체를 일구어 냈습니다.

하루는 가우디에게 사무실에 들러 달라고 말했습니다. 당시에 저희는 난민들이 만든 제품들을 판매할 수 있도록 '미코노 센터'라는 이름의 가게를 열기로 결정을 내린 참이었기 때문입니다. 저는 여러 수도회 회원들과 신부들의 관심을 모아 난민들이 만든 수제품들을 사게 만들려고 노력하던 중이었지요.

가우디와 저는 르완다 의복과 셔츠에 사용되는 화려한 면직물 키텡게kitenge로 사제들이 전례 때 착용하는 영대를 만드는 아이디어를 논의했습니다. 재능 있는 재봉사에게 영대를 만드는 것은 손쉬운 작업이었습니다. 기다란 두 개의 천 조각을 V자 형태로 꿰매 붙이기만 하면 되기 때문이지요. 저는 영대가 이곳을 방문하는 사제들뿐만 아니라 지역 본당에서 일하는 선교 사제들에게도 큰 인기를 끌게 될 것이라고 말했습니다. 게다가 마침 가우디의 가게에는 전에 다른 일에 쓰고 남은 키텡게가 잔뜩 있었습니다.

가우디가 만든 키텡게 영대는 가게에 내놓기 무섭게 날개 돋친 듯 팔려 나갔습니다. 미처 쌓아 둘 틈조차 없었습니다. 제가 첫 주에 스무 개를 더 주문하자 가우디는 자신의 무릎에 두 손을 모으고 고개를 숙이며 "하느님은 정말 좋으신 분이세요." 하고 말했습니다.

"물론이지요." 저는 그렇게 대답하면서도 그녀가 왜 그런 생각을 했는지 궁금해서 물어보았습니다.

"왜냐고요?" 가우디는 소리 내어 웃다가 손뼉까지 치더니, 결국에는 제가 그런 우스운 질문을 했다는 사실에 놀라워하며 말했습니다.

"신부님! 하느님은 제게 이 키텡게 조각들을 치울 수 있도록 도와주셨어요. 심지어 만들기 쉬운 이 영대들을 만든 대가로 돈을 주고 계시지요. 하느님이 우리를 위해 이런 일감을 내려 주고 계시다구요. 그러니 하느님은 아주아주 좋으신 분이라는 걸 분명히 알 수 있는 거예요."

많은 난민들이 그렇듯이, 가우디도 좋을 때나 궂을 때나 하느님을 생각하곤 했습니다. 나중에는 저도 하느님의 손길을 식별하게 되었지만, 가우디는 곧바로 하느님을 알아보았지요. 그녀는 많은 난민들이 하느님과 맺고 있는 관계를 특징적으로 보여 주었습니다. 우정에 비유하자면, 가우디는 하느님을 자기 자신보다 가까운 곳에 모시고 있었습니다. 그렇기에 그녀는 제가 하느님과 맺었던 관계보다 더 깊은 관계를 맺고 있었지요.

또 다른 친구는 아구스티노라는 이름을 가진 모잠비크인으로 나무 조각을 하는 사람이었습니다. 우리는 나이로비 번화가의 한 모퉁이에서 처음 만났는데, 그는 그곳에서 종이 상자를 깔고 앉아 검은빛이 나는 나무와 자줏빛이 나는 나무로 아름다운 조각상을 만들어 지나가는 사람들에게 팔고 있었습니다. 제가 그에게 미코노 센터 바깥 나무 아래 앉아서 더 많은 사람들에게 파는 것이 어떻겠냐고 묻자, 그는 금방 동의하고 바로 다음 날 가게 앞으로 찾아왔습니다. 그날

이래로 그는 줄곧 그곳에서 일하고 있습니다.

어느 날 아침, 아구스티노가 검은빛의 나무로 만든 1미터 높이의 거대한 조각품을 가져와 제게 아주 열심히 설명했습니다. '생명의 나무'라는 이름의 그 작품에는 들에서 일하는 남자들, 아이들을 보살피는 여인들, 재미있게 놀고 있는 아이들이 조각되어 있었습니다. 아름다운 작품이기는 했지만 가격이 너무 비쌌습니다. 저는 가게에서 이것을 팔 수 있을지 의문스러웠고, 그에게 이러한 제 생각을 이야기했습니다. 아구스티노는 이 조각품을 제가 사 주기를 바라고 열심히 설득했지만, 맡아서 대신 팔아 주는 선으로 마무리했습니다. 그러자 그는 "이게 팔리도록 기도해 주실 거죠?"라고 물었습니다. 저는 그렇게 하겠다고 대답했지만 너무 크고, 너무 비싸 여전히 의구심을 품고 있었지요. 우리는 이 육중한 목재 조각품을 가게 안으로 끌고 들어와 전시용 탁자 하나에 높다랗게 세워 놓았습니다.

몇 분 후, 한 여성이 초록색 차를 몰고 와 가게 앞에 차를 세우더니, 가게 안으로 들어왔습니다. 그러고는 거대한 조각상을 보고, 우리가 매긴 가격보다 오히려 더 많은 돈을 주고 사 갔습니다.

아구스티노가 말했습니다. "보셨죠? 역시! 신부님의 기도가 응답을 받았잖아요."

아구스티노가 난관에 부딪혔을 때 의지할 수 있는 것은 오직 하느님께 간청을 드리는 일이었습니다. 그리고 감사를 표시할 때는 하느님께 찬양을 드렸습니다. 그는 저보다 더 깊이 하느님을 의지하고 있었던 것이지요.

나중에 그와 대화를 하다가 그의 믿음은 그가 겪은 가난과 관련이 있음을 알게 되었습니다. 그의 일상생활에는 여러 가지 위태로움이 있었고, 그러기에 좀 더 여유로운 사람들은 대수롭지 않게 넘길 문제에도 하느님께 의존하고 있음을 되새기게 되었습니다. 아구스티노는 하느님과 가까운 친구처럼 보였습니다. 저는 가난한 이들 가운데에서 이러한 모습을 많이 보았습니다.

하느님은 우리가 있는 자리에서 우리와 만나십니다. 그래서 가난한 이들은 자신의 어려운 처지를 통해 이미 하느님께 가까이 다가가 있는 경우가 많습니다.

하지만 가난한 이들을 지나치게 낭만적으로 묘사하는 것은 위험합니다. 그들이 모두 다 비슷한 것이 아니기 때문이지요. 그들은 모두가 종교적이지도 않고, 모두가 신자인 것도 아닙니다. 가난한 이들에 관해 이야기하는 것조차 의문의 여지가 있습니다. 가우디와 아구스티노는 가난한 이들이라 불리는 애매모호한 사회학적 집단의 구성원이라기보다는 개개인들이기 때문입니다.

그럼에도 불구하고, 저와 함께 일했던 난민들은 대체적으로 저보다 더 하느님을 의지할 준비가 되어 있었고, 또한 저보다 더 하느님을 찬양할 준비가 되어 있었습니다.

이처럼 감사하는 마음은 많은 사람들을 한층 너그럽게 만들어 주기도 했습니다. 어느 날, 저는 저희 가게에서 가정용 재봉틀을 보조해 주었던 로이스라는 우간다 여성의 집을 방문했습니다. 그녀는 농촌 지역인 나이로비 외곽에 판자로 오두막을 만들고, 그 안에서 살고 있었습니다. 어두컴컴한 집 안으로 들어가자, 그녀가 정성스레 식사 준비를 하고 있었습니다. 구운 땅콩과 채소, 그리고 그녀의 형편으로는 좀처럼 먹을 수 없는 고기도 있었습니다. 틀림없이 일주일 동안 번 돈이 몽땅 식사 준비에 들어갔을 터였습니다. 저는 그녀의 과한 인심에 어안이 벙벙했습니다. 로이스는 복음서에서 예수님이 가난한 과부에 관해 말씀하셨던 것처럼 "궁핍한 가운데서 가진 것을" 모두 내놓았던 것입니다(마르 12,41-44 참조).

그러나 모든 난민이 로이스처럼 넓은 아량을 갖고 있지는 않습니다. 따라서 거듭 말하지만, 일반화하는 것은 피해야 합니다. 하지만 제가 여러 난민들을 보며 얻은 교훈이 있습니다. 바로 일이나 사람을 소중하게 여길 때 감사하는 마음이 커진다는 것을 알게 된 것입니다.

가우디가 말한 대로 하느님은 참으로 좋으신 분이십니다. 저는 케냐에서 이런 일들이 일어날 때마다, 오래도록 저를 당혹스럽게 만들었던 성경 구절 하나가 생각났습니다. "여기 가련한 이가 부르짖자 주님께서 들으시어 모든 곤경에서 그를 구원하셨네."(시편 34,7)

이는 우리가 수련기에 부르던, 찬미가에 나오는 가사이기도 합니다. 왜 하느님은 모든 이들의 부르짖음을 듣지 않으시는 걸까요? 왜 하느님은 다른 이들의 부르짖음보다 가난한 이들의 부르짖음을 각별히 귀담아들으실까요? 이것은 편파적으로 보이기도 합니다. 시편에 나오는 "주님께서는 마음이 부서진 이들에게 가까이 계시고"(시편 34,19)라는 구절도 마찬가지이지요.

저는 케냐에서 그 해답을 찾았습니다. 우리는 살면서 하느님과 우리 사이에 상당히 많은 것들이 끼어들게 만드는데, 주로 지위와 업적, 외모 등에 대한 관심사입니다. 난민들과 하느님 사이에는 끼어드는 것이 비교적 적습니다. 또한 그들은 자신들이 하느님께 속해 있음을 더 잘 알고 있었지요. 그래서 가우디처럼 기분이 좋을 때면 하느님을 찬양했고, 아구스티노처럼 자신이 어려울 때면 하느님께 간청했으며, 로이스처럼 하느님께 감사의 마음을 표현할 줄 알았습니다.

가난한 이들은 하느님과 가까운 곳에 자리하고, 하느님과 그들 사이를 방해하는 것이 적기 때문에, 그들은 하느님께 더 많이 의지하며, 하느님을 더 친구로 여기고, 하느님께 더 자주 감사의 마음을 전합니다. 그러기에 하느님도 그들을 더 가까이 하시는 것이지요. 이것은 이냐시오 성인이 예수회원들에게 가난을 어머니처럼 사랑하라고 당부했던 이유 중 하나이기도 합니다.

9. 단순한 삶으로의 초대

어쩌면 여러분은 이런 생각을 할 수도 있습니다.
'가우디와 아구스티노와 로이스의 이야기가 영감을 주기는 하지만, 도대체 그들의 이야기가 나와 무슨 관계가 있다는 말이지? 나더러 난민처럼 살라는 말이야?'

사람들은 제가 보다 단순하게 사는 삶에 관해 이야기할 때마다, 일반적으로 극단적인 두 가지 반응을 보입니다. 그들의 반응을 두 부류로 나누면 이렇습니다.

① 당신 정신이 나간 것 아냐? 난 내가 가진 것을 내놓을 생각이 없다고. 정말 웃기고 있어!(이것이 가장 흔한 반응이지요.)

② 내가 필요하지도 않은 물건들을 얼마나 많이 가지고 있는지 생각해 보니 죄책감이 들긴 해. 나는 가끔 가난한 이들을 생각할 때면 딱한 기분을 느끼기도 했으니까. 하지만 나더러 단순하게 살아가

라니. 난 도저히 그렇게는 살 자신이 없어. 내가 단순하게 살도록 변하는 것은 어려운 일이야(이는 마태오 복음서에 나오는 '부자 청년'의 반응에 가깝습니다).

첫 번째 반응에서는 분노의 감정을, 두 번째 반응에서는 절망의 감정을 볼 수 있습니다. 두 가지 반응 모두 우리의 자유를 가로막는 것이지요. 우리가 가난한 이들의 삶에서 얻을 수 있는 통찰들을 배척하고 "난 그렇게 살 수 없어." 하며 검소한 삶으로의 초대를 거부한다면, 우리 삶에 아무런 변화도 가져올 수 없습니다. 분노와 절망은 우리가 교훈을 쉽게 거부하도록 만들 뿐만 아니라, 우리 삶이 변화하는 것을 막기 위한 핑곗거리를 만들어 냅니다. 결국 두 반응 모두 자신 안에 자유가 뿌리내리지 못한다는 것을 의미하는 것이지요.

단순한 삶을 살라는 초대는 가진 것을 모조리 내놓으라는 의미가 아닙니다. 재산을 모두 포기하는 일은 오로지 극소수의 사람들, 주로 다른 이들과 공동체를 이루며 살겠다고 결심한 사람들이 가는 길이지요. 또한 우리가 가우디나 아구스티노나 로이스처럼 살아가야만 한다는 것도 아닙니다. 하지만 더 많이 가져야 비로소 행복해질 수 있다고 말할 정도로 소비문화에 완전히 빠져 있다는 것은 그들의 상황과 정반대 수준, 즉 일종의 막다른 골목에 다다랐다는 의미입니다.

또한 단순한 삶을 살라는 초대는 우리에게 불편한 느낌을 주게 하려는 것이 아닙니다. 물론 때때로 양심의 가책을 느끼는 것이 유익할 때가 있지요. 이냐시오 성인은 양심의 소리가 때로는 "돌 위에 떨어지는 물방울"처럼 우리에게 현실을 일깨워 주는 좋은 도구가 된다고 말했습니다. 스스로 너무 많은 재물을 가졌다는 점에 죄책감을 느낀다면, 그것은 그중에서 얼마를 내어 주고 보다 검소하게 살라는 하느님의 초대일 수 있습니다.

분명한 것은 이런 감정이 드는 이유는 잘못에 대한 책망이 아니라 자유로워지라는 초대를 의미한다는 것입니다. 단순한 생활 양식으로 방향을 바꾸면 우리는 더 자유로워지고, 자신이 하느님 안에 있음을 깨닫고, 한층 더 감사하게 되며, 비단 몇 사람이 아닌 모든 사람들의 '상향 이동'을 소망하게 됩니다. 궁극적으로는 우리가 잊고 살았던 소외된 이들에게 더 가까이 다가가게 되지요. 이는 구약 성경에서 자주 언급된 주제이자, 나자렛 예수님의 사목에서 핵심을 이루는 것이기도 합니다. 딘 브래클리 신부가 〈하향 이동〉에서도 말했듯이, 이러한 양심의 소리는 동아프리카 난민들처럼 아마도 우리가 결코 만날 일이 없는 사람들조차 우리 삶의 일부임을 일깨워 줍니다.

이러한 안목은 모든 사람은 기본적으로 평등하다는 것을 나타내며, 이는 사람들 사이의 온갖 차이점을 가려 줍니다. 달리 말해, 소외된 이들은 우리의 세계를 뒤흔들어 놓을 잠재력이 있다는 것이지요. 우리가 소외된 이들을 받아들이면서 그 잠재력이 자신의 세계에 들어오도록 허락할 때, 엄청나게 견고해 보였던 사다리가 무너지게 됩니다. 위대해 보이는 사람들의 우월성이 보잘것없어 보이는 사람들의 열등성과 함께 사라지는 것이지요. 비록 한순간이나마 우리 모두가 발가벗고 똑같은 위치에 서 있는 것을 경험하게 됩니다.

이렇게 소외된 이들과 하나 되는 결정적인 체험은 어느 누구와도 하나 될 수 있다는 사실을 가르쳐 줍니다. 비로소 그때 "아, 이 사람들도 나와 똑같구나." 하고 말할 수 있게 되지요. 그래서 우리는 아무리 멀리 있어도 가우디, 아구스티노, 로이스와 깊이 연결되어 있다고 할 수 있습니다.

10. 단순하게 살아가기 위한 방법

하지만 여전히 남아 있는 의문은 '어떻게 해야 단순하게 살아갈 수 있는가?' 하는 것입니다. 가진 모든 것을 다 버리도록 부르심을 받지 않은 우리가, 어떻게 하느님과 우리 사이에 장애물이 없는 단순한 삶으로의 초대에 응답할 수 있을까요?

이러한 초대를 좀 더 쉽게 알 수 있는 네 가지 방법이 있습니다. 이 방법들을 실천하면 하느님이 이 길을 가는 우리를 도우시리라는 신뢰를 가질 수 있을 것입니다. 이 길은 하느님이 우리를 이끌어 주시려고 간절히 바라신 자유의 길이기 때문입니다.

첫째로, 자신에게 필요하지 않은 것은 모두 처분합니다. 이것은 삶을 단순하게 만드는 첫걸음입니다. 우리가 입지 않는 여벌의 외투는 우리의 것이 아니라, 가난한 사람의 것입니다. 다니는 성당이나 가까운 교회, 또는 재활용 센터를 찾아가면 됩니다.

덧붙여 한 가지 더 조언하자면, 가난한 이들에게 쓰레기 같은 물건을 주지 마십시오. 그런 것은 아예 내다 버리는 편이 낫습니다.

수련기 때, 저는 몇 달 동안 보스턴에 있는 노숙자 쉼터에서 일한 적이 있습니다. 하루는 한 노숙자에게 너덜너덜한 주황색 코르덴 재킷을 주자, 그가 말했습니다. "우, 이건 진짜 못 입겠구먼." 저는 그가 틀림없이 고마워할 것이라고 생각했습니다. 그런데 그는 제 속내를 읽은 듯이 말했습니다. "당신이라면 이런 걸 입겠수?"

아니, 저라도 입지 않았을 겁니다. 가난한 이들도 우리와 마찬가지로 깔끔한 옷을 입을 자격이 있고, 그런 옷을 입고 싶어 합니다.

둘째로, 바라는 것과 필요한 것을 구분합니다. 어떤 물건이 그저 갖고 싶은 것인지, 아니면 꼭 있어야 하는 것인지 구분하는 것이지요. 자기에게 더 큰 텔레비전이나 최신 휴대폰이 정말 필요한 것인지, 아니면 이웃이 갖고 있다거나 광고에서 보았다는 이유로 그것을 갖고 싶은 것인지 점검해 봐야 합니다. 친구들이 소유한 것이나 광고에서 꼭 있어야 한다고 부추기는 것을 갖고 싶은 욕망은 물리치기가 쉽지 않지만, 그 욕망을 거부하는 것이 자유를 얻는 길입니다.

이것을 일종의 다이어트라고 생각하면 쉬울 것입니다. 체중 조절을 위한 다이어트처럼 이것도 실천하기가 힘든 일입니다. 하지만 불필요한 칼로리 섭취를 절제하면 기분이 좋아지듯이, 불필요한 구매를 피한다면 기분이 한결 좋아질 것입니다. 우리가 구매 다이어트를 지속해 나간다면, 마음은 더 가벼워지고 더 건강해지며 더 자유로워질 것입니다.

셋째로, 필요하다고 생각하지만 실제로는 없어도 살 수 있는 것들을 처리합니다. 여기에는 이미 여러분이 필요 없다고 생각하는 물건뿐만 아니라 필요하다고 믿고 있지만, 사실 없어도 생활에 별로 지장이 없는 물건까지 포함됩니다. 사실 이것은 청빈 서원을 하고 20년 넘게 살아온 저에게도 아직 어려운 일입니다. 하지만 저는 이 길을 걷고 난 후로 늘 전보다 더 큰 행복을 맛보곤 합니다.

예전에 아버지가 병상에 누우셨을 때 한 친구가 제 아버지를 보살펴 준 적이 있습니다. 저는 고마운 마음을 담아 그 친구에게 귀한 물건 하나를 선물했습니다. 동아프리카의 난민들 몇 사람이 직접 만들어 준 알록달록한 누비이불이었지요. 정말 소중한 것이어서 선뜻 주기가 힘들었지만, 그 친구를 볼 때마다 헌신적인 친절이 기억나기에 항상 잘한 일이라며 만족하고 있습니다.

마지막으로 가난한 이들에 대해 잘 알기 위해 힘씁니다. 이 일은 어떤 이들에게는 몹시 어려운 일처럼 느껴질 것입니다. 그 이유는 우리가 가난한 이들을 무시하거나 혹은 게으른 사람이라고 간주하고 그들을 두려워하는 분위기에서 성장했기 때문입니다. 하지만 무료 급식소나 노숙자 쉼터에서 자원 봉사를 할 기회를 갖는다면 여러분도 가우디와 아구스티노와 로이스 같은 사람들을 만나게 될 것입니다. 그리고 이내 그들을 가난한 이들로서가 아니라, 각자 나름의 사연을 지닌 한 사람으로서 알고 지내게 될 것입니다.

그들이 받았던 수많은 고통의 흔적 때문에 처음에는 그들 곁에 가까이 가기가 어렵겠지만, 시간이 지날수록 그들을 통해 감사하는 마음, 끈기, 그리고 하느님 가까이 머무르는 일 등에 대해 많은 것을 배우게 될 것입니다.

11. 영적 가난

가난한 이들 대부분은 즐거운 일이 생기면 하느님을 찬양하는 가우디나 간절히 바라는 일이 생기면 하느님께 소망하는 아구스티노처럼 본능적으로 하느님을 바라보곤 합니다. 그들은 물질적 가난과 함께 다른 종류의 가난을 생활화하고 있기 때문입니다. 그것은 자신이 하느님을 의존할 수밖에 없다는 것을 아는 근본적인 깨달음인 **영적 가난**입니다.

많은 종교 단체나 영성 단체에서는 영적 가난이라는 개념을 간과합니다. "행복하여라, 마음이 가난한 사람들!"은 산상 설교에 관한 마태오 복음서의 첫머리에 나오는 말씀입니다(마태 5,3-12 참조). 하지만 이 말씀은 많은 신자들에게 예수님의 입에서 맨 처음 나왔을 때와 마찬가지로 그저 신비스러운 말씀일 뿐입니다. 만일 우리가 열심한 교우에게 그리스도인이라면 자비로운 마음이 있어야 하지 않느냐고 묻는다면 그는 아마도 당연히 그렇다고 대답할 것입니다. 그러나 그에게 그리스도인이라면 마땅히 영적 가난을 추구해야 하지 않느냐고 물으면 그는 "그게 무슨 말이죠?"라고 물을 것입니다.

저는 동아프리카에서 처음으로 영적 가난을 접하게 되었습니다. 그것도 간접적인 방식으로 접하게 된 것이었는데, 어쩌면 이것은 그리 놀라운 일도 아닐 것입니다.

저는 나이로비에 가는 날을 즐거운 마음으로 기다려 왔지만, 막상 도착하고 보니 미국에 있는 친구들과 멀어진 탓에 아주 심한 외로움을 느꼈습니다. 동아프리카에서 보내야 하는 2년을 과연 견뎌 낼 수 있을지 걱정되고, 아주 지독하다는 열대병에 걸리면 어쩌나 불안하기도 했습니다. 제가 떠나기 전에 저의 주치의는 그곳에 있는 동안 감염될 수 있는 온갖 외래 질병들을 자세하게 적은 소책자 한 권까지 챙겨 줬을 정도니까요.

설상가상으로 저는 처음에 주로 서류 작업으로 이루어진 업무를 배정받았습니다. 사무원 노릇이나 하러 케냐까지 온 것인지 후회스러웠지요. 몇 달이 지나자 비로소 저는 작은 사업들로 이루어진 업무를 시작하게 되었습니다. 이제 돌이켜 생각해 보면 제가 맡은 일은 멋진 일이었지만, 그 당시에는 제 삶이 너무 지루하고 외롭다고 느끼고 있었습니다.

이렇듯 정신적으로 힘들어하던 시기에, 저를 담당한 예수회 양성 지도 신부님이 독일 가톨릭 신학자 요한 밥티스트 메츠가 쓴 책 《영적 가난 Poverty of Spirit》을 보내 저를 격려해 주었습니다. 메츠는 영적 가난이, 모든 사람이 매일의 삶에서 직면하는 타고난 한계라고 이야기합니다. 하느님이 우리에게 주신 여러 재능과 선물뿐만 아니라 한계까지도 알게 될 때 영적 깨달음을 얻게 되는 것입니다.

또한 영적 가난은 우리가 삶의 어떤 부분들은 변화시킬 능력이 없음을 인정한다는 것을 의미합니다. "우리는 모두 스스로 만족하지 못하는 존재들이다. 또한 한없는 의구심과 만족할 줄 모르는 기분에 사로잡혀 있는 피조물이다."

또한 영적 가난은 누구나 실망과 고통과 괴로움에, 그리고 끝내는 죽음에 이르게 된다는 사실을 받아들이는 것을 의미합니다. 이는 삶을 진지하게 생각해 본 사람이면 누구나 분명히 인식하고 있을 것입니다. 그럼에도 불구하고 오늘날의 우리는 유한한 육신을 지닌 사람이라는 근본적인 진리를 피하거나 무시하거나 부정하도록 부추기는 문화에서 살아갑니다.

하지만 사람으로 산다는 것은 때로는 괴로움을 느끼게 되고, 우리 자신에게나 다른 이들에게, 그리고 주위에서 벌어지는 여러 가지 일에 대해 큰 영향을 줄 수 없다는 의미이기도 합니다. 이 사실을 받아들이게 된다는 것은 영적 가난에 좀 더 가까이 다가가고 있음을 뜻하는 것이지요.

물질적 가난은 지금도 수억 명의 사람을 불행하게 만들고 있지만, 그와는 달리, 영적 가난은 우리가 추구해야 할 자세입니다. 저는 물질적 가난을 미화하고 싶지는 않습니다. 저는 개울을 이룬 더러운 하수 오물과 썩어 가는 역겨운 쓰레기 더미를 넘어 다녔고, 구멍이 숭숭 뚫린 오두막에서 가난한 난민들과 함께 식사를 했으며, 온갖 형태의 물질적 궁핍과 질병을 봤기 때문입니다. 이런 가난은 결코 미화할 수 없습니다. 그러나 영적 가난은 다릅니다. 이것은 사람에게 활력을 불어넣는 목표가 됩니다.

또한 영적 가난은 겸손을 이야기하는 또 다른 방식입니다. 이것이 없으면 우리는 하느님께 의존하고 있음을 인정하는 것을 거부하고, 스스로 헤쳐 나가고 싶은 유혹을 받게 됩니다. 실패할 때마다 더 쉽게 절망하게 되겠지요. 영적 가난은 우리가 근본적으로 하느님께 의존하고 있음을 인정하는 것입니다. 그래서 영성 생활의 핵심이 되는 것이지요. 요한 밥티스트 메츠는 자신의 저서 말미에 이렇게 적고 있습니다.

"영적 가난은 단순히 많은 덕목들 가운데 하나가 아니다. 이것은 모든 초월적 행위를 이루는 숨은 힘이요, 모든 '향주덕'의 근간이다."

12. 겸손의 세 단계

이냐시오 성인도 영적 가난을 높이 평가했습니다. 성인은《영신수련》에서 '두 개의 깃발' 묵상에 이어 '겸손의 세 단계'로도 알려져 있는 '겸손해지는 세 가지 길'을 제시했습니다.

데이비드 플레밍은 자신의 저서《나를 당신의 우정으로 끌어 주오 Draw Me into Your Friendship》에서 이냐시오 성인이 겸손의 스펙트럼을 펼쳐 보이면서 우리가 그 안에서 보다 높은 단계를 선택하여 예수님을 더 가까이에서 따르도록 격려하는 모습으로 묘사했습니다. 조지 아셴브레너는《더 큰 영광에 손을 뻗다 Stretched for Greater Glory》에서 이 세 가지 단계를 '사랑하는 세 가지 방법'으로 표현했습니다.

첫 번째는 도덕적으로 살면서 늘 하느님의 법에 순종하는 단계입니다. 이 단계에서는 스스로 하느님에게서 떨어져 나가는 일을 하지 않고, 오히려 옳은 일을 하고 싶어 합니다. 조지 아셴브레너는 "이것은 당신이 누군가를 너무도 사랑한 나머지 그 사람이(이 경우에는 하느님) 명확하게 드러낸 소망을 위해 어떠한 괴로움도 마다하지 않고 따르는 것과 같다."라고 말했습니다.

두 번째는 삶에서 선택할 수 있는 자유가 주어졌을 때 부와 명예 또는 장수를 가져다주는 선택을 하고자 하는 욕망에서 벗어나기 위해 노력하는 단계입니다. 그 예가 이냐시오 성인의 **불편심**(不偏心, indifference) 내지는 **초연함**입니다. 불편심 혹은 초연함은 비단 옳은 일을 할 때뿐만 아니라 삶이 무엇을 제시하든 자유롭게 받아들이는 자세입니다. 데이비드 플레밍이 말한 것처럼, 이 단계에서 유일하고 실질적인 선택의 원칙은 하느님의 뜻을 행하는 것이 됩니다. 그렇기에 조지 아셴브레너는 "이 사랑의 단계는 첫 번째 단계를 넘어 불편심의 자유를 생각하게 된다."라고 말했습니다.

세 번째는 가장 완전한 길이신 그리스도를 닮기 위해 구체적으로 보다 겸허한 길을 선택하는 단계입니다. 데이비드 플레밍도 그분을 따르고자 하는 열망이 너무 큰 나머지 '그분의 체험이 자신 안에 투영'되어야 한다고 했습니다. 즉, 이 단계에서는 예수님이 그러하셨듯이 스스로 가난해지고 이웃에게 배척당하는 삶을 선택하게 되는 것입니다. 조지 아셴브레너는 "이 단계에서 본받고자 하는 갈망은 …… 사랑하는 그분의 존재 자체와 그 외에 모든 것을 함께 나누고자 하는 열망이다."라고 말했습니다.

이러한 행동이 자학적이라고 할 수 있을까요? 혹시 그리스도교가 얼마나 병들어 있는지에 대한 개인적인 고정 관념들을 또다시 확인시켜 주는 것은 아닐까요? 그렇지 않습니다. 겸손의 세 번째 단계는 가난이나 배척 그 자체를 추구하는 것이 아니라, 그리스도와 합일하는 방법으로서 그리고 과장된 이기심을 탈피하는 방법으로서 겸허한 길을 추구하는 것입니다. 우정에 빗대어 보면 도움이 됩니다. 여러분의 절친한 친구가 괴로워하고 있다면, 여러분도 기꺼이 그와 함께 괴로워하지 않을까요?

세 번째 단계는 제가 도달하지 못할 목표처럼 느껴지곤 합니다. 그럼에도 이 단계가 중요한 이유는 우리가 하느님을 따르지 못하도록 가로막는 무질서한 애착에서 벗어나는 데 도움을 주기 때문입니다.

브라이언 데일리가 쓴 〈그리스도를 더욱 닮아 가는 일To Be More Like Christ〉이라는 글에서는 이런 종류의 겸손은 우리가 타고난 이기심을 가능한 한 떨쳐 내고, 우리 각자에게 당신을 닮은 제자가 되라고 부르시는 예수님의 명확한 부르심을 온전히 실현할 준비를 갖추게 한다고 했습니다.

너는 무엇을 믿느냐?

예수회에 관한 많은 유머들은 겸손해지고자 하는 몸부림을 다루고 있습니다. 다음은 그에 관한 유머입니다.

예수회원과 프란치스코회원, 그리고 도미니코회원이 죽어서 하늘나라에 갔습니다. 그들이 하느님을 알현할 수 있는 방으로 안내를 받아 가니, 하느님이 다이아몬드로 뒤덮인 거대한 황금 의자에 앉아 계셨습니다.

하느님이 도미니코회원에게 "도미니코의 아들아, 너는 무엇을 믿느냐?" 하고 물으셨습니다. 도미니코회원이 "저는 하늘과 땅의

> 창조주이신 하느님 아버지를 믿습니다." 하고 대답했습니다.
>
> 이번에는 고개를 돌려 프란치스코회원에게 "프란치스코의 아들아, 너는 무엇을 믿느냐?" 하고 물으셨습니다. 프란치스코회원이 "저는 가난한 이들과 함께 일하러 오신 당신의 아드님 예수님을 믿습니다." 하고 대답했습니다.
>
> 마지막으로 하느님은 거대한 옥좌에서 예수회원에게 몸을 돌리며 "이냐시오의 아들아, 너는 무엇을 믿느냐?" 하고 물으셨습니다. 예수회원이 말했습니다. "저는…… 당신께서 제 자리에 앉아 계시다고 믿습니다."

13. 삶의 기쁨을 빼앗기지 않는 법

영적 가난은 삶에서 기쁨을 앗아 가지 않습니다. 오히려 그와 반대로, 기쁨으로 통하는 관문이 됩니다. 왜냐하면 우리가 영적 가난을 통해 하느님께 의존할 수 있게 되고, 이는 곧 자유로 이어지기 때문입니다. 데이비드 플레밍도 이렇게 말했습니다. "우리는 역설적으로 영적 가난을 통해 오로지 하느님만이 주실 수 있고 그 누구도 우리에게서 빼앗아 갈 수 없는 신분을 얻게 되어 진실로 부유해지게 된다."

하느님께 의존하는 것이 마치 우리 스스로는 아무것도 할 수가 없다는 듯이 게으름을 피우기 위한 핑계처럼 들릴 수 있습니다. 하지만 사실은 정반대입니다. 도리어 이것은 우리가 모든 것을 다 할 수 없다는 사실을 일깨워 주는 실천적인 자세니까요. 우리의 힘으로 바꿀 수 없는 것이 너무나도 많고, 그렇기에 우리가 통제할 수 없는 어떤 것들은 하느님께 맡겨야 합니다. 영적 가난은 우리가 오직 자신의 노력으로 모든 일을 좌우할 수 있다고 믿고, 그로 인해 생기는 실망에서 벗어나게 해 줍니다.

이 통찰력으로 최근 유행하는 일중독과 흔히 메시아론messiahism이라고 부르는 유혹에서 자유로워질 수 있습니다. 우리는 이러한 유혹 때문에 "내가 없어서는 안 된다.", "모든 것이 나에게 달려 있다.", "나는 모든 일을 다 해내야 한다."라고 생각하기 쉽습니다. 게다가 이러한 생각은 "내가 얼마나 바쁜지 봐. 나는 이 정도로 중요한 사람이야." 또는 "모든 일이 나에게 달렸어."라는 형태의 교만으로 변질될 수도 있습니다.

하지만 영적 가난은 우리가 할 수 있는 일이 그만큼뿐이라는 것을 일깨워 줍니다. 만약 자신이 해야 할 일이 지나치게 많다고 불평한다면, 그 사람에게는 저의 영적 지도 신부님이 제게 했던 이 말을 해 주고 싶습니다. "예수님은 분명 그 모든 일을 하실 수 있으셨을 거야.

그런데…… 자네는 예수님이 아니라고 하더군!"

제가 케냐에서 거듭거듭 당부를 받은 것은 모든 것을 고치고 모든 문제를 해결하려는 욕망을 버리라는 것이었습니다. 왜냐하면 그것이 불가능하기 때문만이 아니라, 이 불가능한 일로 인해 스스로 실망하여 무기력해질도 모른다는 우려 때문이었지요. 게다가 어떤 문제를 해결하려 드는 것은 케냐의 현실에도 맞지 않았습니다. 누군가가 재봉틀을 사도록 보조금을 받으면 그를 질투한 이웃들이 그가 집을 비운 사이 집을 불질러 버린 일도 종종 있을 정도였으니까요.

존이라는 이름의 우간다인 소작농은 어렵게 얻은 경작지에서 풍작을 얻기 위해 좋은 종자의 소를 찾고, 적절한 사료를 구입했습니다. 그는 모든 것을 꼼꼼히 준비했습니다. 그런데 그해에 가뭄이 들어 땅이 바싹 마르면서 소들을 먹일 풀이 시들어 죽자, 결국 그 일을 접어야 했습니다. 농장 바깥에서 그와 함께 서 있을 때 그가 제게 했던 말이 아직도 기억납니다. "저는 이제 어떻게 해야 하죠?"

저는 어떤 대답도 할 수 없었습니다. 비를 내리게 할 수도 없었고, 마른 땅에서 물을 찾아낼 수도 없었습니다. 제가 할 수 있는 일이라곤 그가 이 위기를 극복하도록 추가로 보조금을 주고, 날씨가 바뀌도록 함께 기도하는 것뿐이었습니다.

영적 가난은 현실을 받아들이는 것입니다. 살면서 맞닥뜨리는 고난에서 우리의 힘으로 바꿀 수 있는 일이란 많지 않기 때문입니다.

영적 가난은 또한 끊임없이 움직이고, 일하고, 활동해야 할 필요성에서 벗어나는 자유를 의미합니다.

심오한 유머 감각

너무 심오하여 오만을 부릴 수 없는 유머 감각을 주십시오. 제가 어리석게 행동하기 전에 저의 어리석음을 알게 해 주십시오. 제가 겸손할 때 더없이 인간답고, 더없이 진실하고, 더없이 소중해진다는 것을 깨닫게 해 주십시오.

— 예수회원 다니엘 로드

이것은 우리가 모든 것을 다 할 수 없고, 모두를 다 기쁘게 할 수 없으며, 모든 모임에 다 나갈 수도 없고, 모든 친구에게 다 연락할 수 없고, 필요한 모든 사람에게 다 조언해 줄 수 없는 만큼, 때로는 "아니오."라고 말할 수 있는 용기를 줍니다. 또 우리가 가정에서, 직장에서, 또는 교회에서 모든 일을 다 할 수 없다는 사실을 받아들인다는 뜻이기도 합니다. 그리고 '존재로서의 인간'이 아닌 '행위로서의 인간'

이 되지 않도록 구제해 줍니다.

  아이러니하게도 모든 일을 다 하고, 모든 이를 다 보살피고, 모두를 다 행복하게 해 주고자 하는 열망은 우리가 주의를 집중하지 못하고 정신을 산만하게 만들뿐더러, 어느 누구에게도 전혀 도움이 되지 못합니다.

  어떤 일에 "아니오." 하는 것은 다른 일에 "예." 한다는 뜻입니다. 감당할 수 없는 어떤 책임에 "아니오." 하는 것은 이미 자신 앞에 놓여 있는 책임에 좀 더 주의를 쏟기로 "예." 한다는 뜻이 됩니다.

  따라서 영적 가난은 슬픔으로 통하는 길이 아니라, 자유로 이어지는 길입니다. 영적 가난은 오직 성인들만이 따를 수 있는 신비한 신조가 아니라, 그저 실재를 받아들이는 것입니다. 또한 우리가 기본적으로 하느님께 의존하고 있음을 일깨워 주고, 하느님이 주시는 축복이 얼마나 귀한지를 알고 더욱더 깊이 감사하게 되는 마음가짐입니다. 예수님이 참행복에 대해 말씀하신 이유도 여기에 있습니다.

  예수회원들이 가난한 이들과 함께 일하도록 강하게 권고했던 페드로 아루페 총장 신부에 관한 이야기 하나로 이 장을 마무리 짓고자 합니다.

14. 가난한 이들이 준 값진 선물

가난한 이들에 대한 아루페 신부의 사랑은 널리 알려져 있습니다. 그는 언젠가 남미의 지독히 가난한 빈민가에서 일하는 예수회원 몇 사람을 찾아갔습니다. 아루페 신부는 방문 기간에 낡고 허름한 건물에서 그 지역 사람들을 위해 미사를 거행했습니다. 전례 도중에 고양이와 개들이 마음대로 들락거릴 정도로 낡은 건물이었지요. 다음은 《어느 예수회원의 영적 일기 One Jesuit's Spiritual Journey》라는 대담록에 써 있는 것으로, 미사가 끝난 후 일어난 일에 대해 아루페 신부가 직접 들려준 이야기입니다.

미사가 끝나고 나를 조금 겁먹게 만들 만한 체구가 몹시 큰 남자가 저돌적으로 다가와서는 처량한 눈빛으로 말했다. "신부님, 저희 집에 가시지요. 신부님께 드릴 것이 있습니다."

순간 나는 망설였다. 제안을 받아들여야 할지 말아야 할지 고민했는데, 나와 함께 있던 사제가 "신부님, 받아들이십시오. 좋은 사람입니다." 하고 말했다.

나는 그의 거처로 갔다. 그의 집은 금방이라도 쓰러질 것 같은 오두막이었다. 그는 내게 삐걱거리는 낡은 의자에 앉으라고 권했다. 의자에 앉자, 눈앞에 펼쳐진 아름다운 석양을 볼 수 있었다. 그 거구의 사내가 말했다. "보세요, 신부님, 아름답지요?"

우리는 한참 동안 말없이 앉아 있었다. 이윽고 해가 지평선 너머로 모습을 감추었다. 그러자 남자가 말했다. "신부님께서 저희를 위해 해 주신 모든 일에 어떻게 감사드려야 할지 모르겠습니다. 저는 신부님께 드릴 만한 것이 아무것도 없지만, 신부님이 이 석양을 보시면 틀림없이 좋아하실 것이라고 생각했습니다. 마음에 드셨나요?" 그러면서 그는 내 손을 꼭 잡았다.

나는 그 집을 나오면서 '이렇게 마음이 따뜻한 사람을 만났던 것이 언제였던가…….' 하는 생각이 들었다. 그러고선 그 골목을 걸어 나오는데, 옷차림이 남루한 한 여자가 다가왔다. 그녀는 내 손에 입을 맞추더니, 나를 바라보며 감정이 북받친 목소리로 말했다. "신부님, 저와 제 아이들을 위해 기도해 주세요. 아이들에게 줄 것은 아무것도 없지만 서둘러 집에 가야 해요. 저를 위해 주님께 기도해 주세요. 그분은 저희를 반드시 도와주실 거예요." 그러더니 그녀는 자기 집이 있는 방향으로 뛰어가 모습을 감추었다.

가난한 이들 가운데에서 드린 그 미사 덕분에 나는 정말 많은 것을 배웠다. 세계에서 내로라하는 유명 인사들과 함께했던 모임 때와는 무척이나 대조적이었다.

제9장

말보다
행동으로
나타나는 사랑

제9장

말보다 행동으로 나타나는 사랑
정결, 독신 그리고 사랑의 공식

이냐시오 성인은 《회헌》에서 정결에 관해 이렇게 이야기합니다.

> 정결 서원에 관해서는 몸과 마음을 깨끗하게 하여 천사적 순결을 본받도록 노력함으로써 정결을 완벽하게 지켜야 한다는 점을 지적하는 것 외에 더 설명할 것이 없다(회헌, 547).

제가 수련원에서 이 대목을 처음 읽고 도노반 신부님에게 물었습니다. "신부님, 이게 다인가요? 성인께서 정결에 관해 더 하신 말씀이 없나요?"

"없다네." 신부님이 웃음을 터뜨리며 말했습니다. "그게 다라네."

존 오말리 신부가 자신의 저서 《초창기 예수회원들》에서 지적했듯이, 이냐시오 성인과 초창기 예수회원들은 대개 정결 서원이 너무도 당연하기 때문에 더 이상 어떤 설명도 필요하지 않다고 여겼습니다.

즉 예수회원들은 이냐시오 성인의 가르침을 따라 너무도 당연하게 천사처럼 정결을 지켜야 했습니다. 그 당시의 사람들은 천사에게 성별에 따른 어떠한 신체적인 특징도 없다고 믿었지요.

이냐시오 성인과 초창기 예수회원들을 포함한 16세기 그리스도인들이 성생활에 대해 보는 시각은 지금의 우리와는 크게 달랐습니다. 무엇보다 이냐시오 성인의 표현처럼 정결을 영적 순결에 이르는 하나의 수단으로서 강조하곤 했습니다. 이상적인 그리스도인은 예수님과 성모님, 성인들, 심지어 천사들도 지녔던 순결을 지니기 위해 노력해야 했지요. 물론 순결에는 정결이 포함되었습니다.

초창기 예수회원이자 어린 나이에 정결을 서원한 베드로 파브르 성인은 이렇게 말했습니다. "내가 열두 살쯤 되었을 때, 우연히 가끔씩 우리 집의 가축들을 지키는 일을 돕곤 하던 들판으로 나갔다. 그런데 갑자기 환희와 순결을 향한 뜨거운 열망에 가득 차, 주님께 영원한 정결을 서원했다."

태양을 머리에 이고 들꽃들에 둘러싸인 채 하느님께 어린 혈기로 뜨겁게 서원을 발하는 베드로 파브르 성인의 모습은 상상만으로도 감동적입니다. 하지만 오늘날 이런 종류의 서원을 권장하는 사람은 거의 없습니다. 첫 번째 이유는 순결이 단순히 성행위를 하지 않는다는 뜻이 아니기 때문입니다. 순결은 순결한 마음에서 나오며, 결혼한 남녀들 가운데에도 순결한 마음을 가진 이들이 아주 많습니다. 또 다른 이유는 (그때나 지금이나) 열두 살짜리 소년이 성을 얼마나 제대로 이해하여 평생 정결을 서원할 수 있을까요? 물론 베드로 파브르 성인은 다른 시대에 살았기에 가능했겠지요.

수도회 수도자들 역시 정결을 격려하거나 이를 수호하기 위해 극단적인 조치를 취하는 것도 마다하지 않았습니다. 중년에 들어선 베드로 파브르 성인은 또 하나의 서약을 했습니다. 자신의 정결을 더욱 확고히 지키고자 남녀노소를 불문하고, 어느 누구와도 '얼굴을 가까이 하지 않겠다'고 다짐한 것입니다. 귀족 출신으로 예수회원이 된 알로이시오 곤자가 성인도 '시선 처리를 주의하라'고 했는데, 이는 여자의 얼굴을 절대로 바라보지 말라는 것을 의미했습니다. 심지어 자신의 어머니까지 포함해서 말이지요.

한편, 이냐시오 성인은 많은 여성들과 따뜻한 우정을 나누면서, 소중한 영적 지도자요, 조언자로서의 역할을 했습니다. 성인은 여성들과 서신을 통하거나 직접 만나서 영적인 도움을 주었지요.

《되찾은 영신수련》의 저자들이 언급하듯이, 이냐시오 성인이 알고 지낸 많은 친구들은 성인과 예수회의 재정을 지원하며 호의에 보답 했습니다. 당시에 엄청난 권력을 갖고 있던 이사벨 로세와, 카스티야 와 아라곤의 여왕 후아나는 예수회원으로 서원을 발하기까지 했습니 다. 그에 대해 이 책의 저자들은 이렇게 정리했습니다. "다른 이들과 의 관계, 특히 몇몇 여성들과의 관계를 통해 이냐시오 성인이 고독한 사람이 아니라 다른 이들과 친밀하게 소통하는 사람이었음을 알 수 있다."

이 복잡한 이야기는 상당히 도전적인 질문들로 이어집니다. 수도 자의 정결이, 정결에 관한 이냐시오 성인의 생각이 우리에게 무엇인 가를 가르칠 수 있을까요? 성이 위험하다고, 심지어 사악하다고 여기 며 살았던 사람들이 우리에게 건전하고 애정 어린 상호 관계에 관해 무엇을 가르칠 수 있을까요?

제가 이 모든 물음에 그렇다고 답하더라도 여러분은 놀라지 않을 것입니다. 하지만 이 답변이 금욕이나 순결과는 거리가 멀고 오히려 사랑이나 우정에 관한 이야기라는 사실을 알게 된다면, 여러분은 분 명 놀라워하겠지요. 하지만 정결은 분명 사랑과 깊이 관련되어 있습 니다.

1. 정결과 독신의 차이점

　수도회에서의 삶과 관련하여 설명하기 가장 어려운 것이 정결입니다. 따라서 이러한 정결이 필연적으로 밉살스럽고 차가운 신부나, 억눌리고 불만이 많은 수녀라는 정형화된 생각을 떠올리게 만들기도 합니다. 이들은 자신이 지닌 성 정체성과는 단절되어, 사람과 인간관계의 세계에서 고립되어 있는가 하면, 완고하고 차갑고 심술궂고 어쩌면 약간 잔인한 성격을 갖고 있을 수 있습니다. 때때로는 정상처럼 보이지도 않지요.

　가톨릭교회 안에 성범죄라는 위기 국면이 대두되고, 그 과정에서 일반 대중은 정결을 간접적인 원인으로 간주합니다. 그리고 자연스럽게 정결 서원은 그 어느 때보다 큰 의혹을 불러일으키고 있습니다. 이제 이것은 비단 정상이 아닐 뿐만 아니라 불건전하고 불량하고 위험한 무엇인가로 간주되고 있기 때문이지요.

　최근 이 문제를 보는 대중의 생각은 크게 세 가지로 나뉩니다.

　① 정결은 부자연스러운 것이다. 이는 생명의 자연스러운 부분을 억지로 정지시키는 것이기 때문에, 불건전한 행태로 이어지게 된다.

② 정결은 건강한 것이 아니다. 따라서 수도회에 건강하지 않은 사람들이 모이도록 만들게 된다.

③ 정결은 불가능한 것이다. 이 서원을 온전하고 정직하게 지킬 수 있는 사람은 단 한 명도 없으며, 따라서 자신이 독신 생활을 한다고 말하는 사람은 분명 거짓말을 하고 있는 것이다.

저는 이 이야기를 계속하기에 앞서, 흔히들 정결과 독신 사이에 차이가 있다고 말하는 사람들의 표현을 설명해 보겠습니다. 이것은 상당히 복잡하다고 느껴질 수도 있는 내용입니다.

정확히 말해서 정결은 우리의 성을 사랑으로 올바르게 사용하는 것을 말하며, 이는 수도자뿐만 아니라 모든 사람들이 해야만 하는 일입니다. 윤리 신학 교수인 예수회원 빈첸시오 제노베시는 인간의 성을 다룬 《사랑을 추구하며 In Pursuit of Love》라는 책에서 다른 저자의 말을 빌려, "정결한 사람으로 살아간다는 것은 성의 외적 표현이 온유함과 상대에 대한 온전한 인식과 아울러, 사랑의 통제를 받고 있다는 것을 의미한다."라고 말했습니다. 또 제노베시는 다른 신학자의 저서를 요약하면서 정결을 우리의 육체적 관계가 상대방에 대한 인격적 투신의 수준을 진솔하게 표현하는 성의 정직함이라 불렀습니다. 달리 말해 정결의 목표는 사랑을 주고받는 데 있다는 것이지요.

가톨릭교회는 우리의 육체적인 관계들이 인격적인 투신의 정도를 표현하고, 우리가 성을 올바르게 사용하며, 상대방을 향한 사랑과 배려가 우리의 성을 이끌어 가는 정결로 부르심을 받고 있다고 믿습니다. 대다수 사람들은 우리의 성관계 속에 담긴 사랑, 투신, 정직, 배려 같은 보편적인 개념들을 인정할 것입니다.

그러나 독신은 다릅니다. 엄밀하게 말하면, 이것은 가톨릭 성직자의 결혼을 금하는 제약 규정이니까요. 일례로 예수회원들은 수련기를 마치고 정결 서원을 발하지만, 사제들은 사제품을 받을 때 독신 서약을 합니다.

독신은 이론상 가톨릭교회가 철폐할 수 있는 제약 규정입니다. 교회의 역사 초기에는 결혼을 금하는 어떠한 제약 규정도 없었기 때문에 많은 사제들이 결혼을 했습니다. 도널드 코젠스 신부가 《자유롭게 해 주는 독신 Freeing Celibacy》에서 기술하고 있듯이, 성직자의 독신이 서구 교회와 라틴 교회 전체에 규범으로 자리 잡은 것은 12세기부터입니다. 예를 들어 마르코 복음서에 베드로 사도의 장모 이야기가 나온 덕분에(마르 1,29-31 참조) 우리는 베드로 사도가 결혼했음을 알고 있습니다. 오늘날에도 결혼한 가톨릭 사제들이 있습니다. 가톨릭교회의 분파나 동방 정교회 사제들, 그리고 다른 그리스도교 종파에서 가톨릭으로 개종한 사제들은 결혼 생활을 하고 있습니다.

가톨릭 신자들은 정결과 독신을 혼동하여 같은 것으로 생각하거나, 개념을 잘못 사용하곤 합니다. 게다가 사제의 독신과 수도자의 정결을 기반으로 하는 영성에는 어느 정도 유사한 부분이 있습니다. 그래서 사람들은 때로 누구나 부르심을 받는 정결과, 수도회가 생활화하는 정결을 구분하기 위해 수도적 정결이라는 표현을 쓰기도 합니다. 이 이야기를 좀 더 쉽게 이야기하기 위해 이제부터 대부분의 사람들이 바라보는 시각에서 다시 말해 종교적인 삶에 뛰어들기 위해 성을 억제한다는 시각에서 정결을 논하려 합니다. 그리고 수도자의 정결 생활이 우리에게 어떤 점을 깨닫게 하는지 설명하려 합니다.

2. 실천하는 사랑

먼저 차갑고 완고하고 모질고 밉살스러운 신부 또는 수녀라는 낡은 고정 관념을 되짚어 볼까요.

얄궂게도 역사상 가장 사랑받은 인물들, 심지어 비신자들도 존경하는 인물들 중에서 몇 명은 정결한 삶을 살았습니다. 아시시의 프란치스코 성인이나 마더 데레사 성녀를 생각해 봅시다. 그들이 다른 사람들을 사랑하지 않았다고 그 누가 말할 수 있을까요? 그리고 여러분은 이와 마찬가지로 이냐시오 성인도 인정 많고 관대하고 사랑에 찬 사람이었다는 것을 알 수 있습니다.

사랑에 빠지다

이 명상록은 페드로 아루페 신부의 글 가운데 아마 가장 멋진 글일 것입니다. 아루페 신부는 이러한 내용의 말을 자주 했다고 합니다.

하느님을 찾는다는 것은, 지극히 확고하고 결정적인 방식으로 사랑에 빠지는 것입니다. 그리고 이렇게 사랑에 빠지는 것보다 더 실질적인 방법도 없습니다. 우리가 사랑에 빠지면, 우리의 상상력은 사로잡히고, 자신이 하고 있던 모든 일에 영향을 미칩니다. 아침마다 잠에서 일어나는 일, 저녁이나 주말마다 하는 모든 일에서 비통함이나 기쁨, 감사의 감정 등을 느끼게 됩니다. 당신을 기쁨과 정으로 가득 채우거나 때로는 울게 만드는 것도 바로 사랑이 하는 일이지요.

사랑에 빠지십시오. 사랑을 지켜 나가십시오. 그러면 그것이 모든 일을 결정해 줄 것입니다.

더 나아가 나자렛 예수님을 생각해 봅시다. 성경 학자들 대부분은 (여러 가지 이유에서) 예수님이 결혼하신 적이 없다는 사실에 동의하고 있습니다. 그렇다면 과연 예수님이 사랑이 많으신 분이었다는 사실에 의문을 제기하는 사람이 있을까요?

저는 신부가 냉정하다는 이야기를 들을 때마다 제가 알고 지낸 다정한 신부와 수사, 수녀 그리고 그 밖에 사랑의 마음으로 정결한 삶을 살아가며 사랑을 나누는 사람들 모두를 그 사람에게 소개하고 싶은 마음이 간절해집니다.

특히 제 친구 밥 신부를 소개시켜 주고 싶습니다. 그는 건강에 여러 가지 만성적인 문제를 갖고 있음에도 불구하고 사우드 다코타 주에 있는 아메리칸 인디언 보호 구역에서 여러 해 동안 일했습니다. 지금은 보스턴에서 영적 지도 신부로, 또 예술 치료사로 열심히 활동하고 있지요. 그는 아마 전 세계 예수회원 중에서 가장 사랑받는 몇 명 안에 들 것이며, 또한 가장 많은 사랑을 베푸는 사람 몇 명 안에 들 것입니다. 밥 신부는 키가 작지만 웃음소리는 정말 어마어마하게 큽니다. 그와 함께 극장에서 코미디 영화를 보게 되면, 폭탄이 터지는 듯한 웃음소리에 놀란 관객들이 그를 바라보곤 합니다.

그가 함께 일했던 아메리카 인디언들은 처음에 그에게 '키는 작지만 웃음소리가 큰 남자'라는 이름을 붙여 주었습니다. 그는 언젠가 제게 이렇게 말했습니다. "하지만 이내 그 이름이 나에게 어울리지 않는다는 것을 알았고, 그러자 그들은 '점잖은 목소리를 가진 신성한 독수리'라는 새로운 이름을 지어 주었지."

밥 신부는 제가 지금껏 만나 본 이들 가운데 다른 사람의 말을 아주 깊이 귀담아들을 줄 아는 사람입니다. 아마도 사람들은 밥 신부가 가진 신체적 제약들로 인해 여러 가지 고통을 겪었지만, 그 안에서 삶의 기쁨도 찾아냈을 거라고 느끼는 것 같습니다. 그래서 그를 만난 많은 사람들은 밥 신부와 이야기할 때면 자연스러운 편안함을 느낀다고 말합니다. 제가 개인적으로 어려운 문제에 봉착했을 때마다, 밥 신부는 제 말에 온전히 주의를 집중하며 세심하게 귀를 기울여 들어 주었습니다. 이것 또한 정결한 사랑의 한 형태입니다.

또 저는 제 친구 팀 신부도 소개해 주고 싶습니다. 팀 신부와 제가 대학원에서 신학 과정을 이수하는 동안, 저는 그들과 함께 매사추세츠 주 케임브리지 시에 있는 예수회 공동체에서 생활했습니다. 팀 신부는 조용하고 부지런하며 늘 열심히 공부하는 동료로, 대학원에서 모든 과정을 이수한 다음에는 시카고에 있는 도시 빈민들이 주로 사는 지역의 본당에서 주임 사제로 일하게 되었습니다. 저에게 큰 깨달음을 줬던 수술을 받고 몸을 회복하고 있던 그 여름에, 저는 팀에게 커다란 선물을 받았습니다.

주임 신부로 사목하고 있기 때문에 바빴던 팀 신부는 자신의 일정에도 불구하고, 매일 한 시간 가량 운전을 해 가며 에번스턴에 있는 예수회 공동체로 저를 만나러 왔습니다. 팀 신부는 2주일 동안 하루도 빠짐없이 저를 찾아와 즐겁게 해 주었고, 차에 태워 기분 전환도 시켜 주었으며, 제가 바쁠 때는 식사 준비도 해 주었고, 제가 당시에 겪고 있던 문제와 관련된 조언도 해 주었습니다. 우리는 함께 시간을 보내며 지낸 그 여름 동안 가까워진 것이 아니라, 그 여름이 지난 후에 가까워졌습니다. 팀 신부의 차분하면서도 과하지 않은 이타적인 아량은 정결한 사랑의 한 형태였지요.

그리고 저는 여러분에게 매사추세츠 주 글로스터 피정의 집에 있는 제 친구 매디 수녀도 소개해 주고 싶습니다. 앞서 언급했듯이, 우리는 동아프리카에서 일하던 시절에 처음 만났습니다.

짧은 단발머리를 한 매디 수녀는 자주 생기발랄한 미소를 지었으며, 행동력 있고 부지런했습니다. 매디 수녀는 탄자니아의 외딴 지역에 있는 코콰이라는 외진 마을에서 다른 미국인 수녀 두 사람과 함께 여학교를 운영하고 있었습니다. 이 세 수녀는 휴가 때가 되면 나이로비에 있는 우리 예수회 공동체로 찾아오곤 했습니다. 매디 수녀는 아주 훌륭한 요리사로 우리 공동체가 모두 먹을 수 있을 정도로 엄청난 양의 이탈리아 음식을 만들어 사람들을 기쁘게 해 주었습니다. 그래서 그녀를 아는 이들은 누구나 그녀의 방문을 즐거운 마음으로 기다리곤 했지요.

제가 미국으로 돌아온 후에도 매디 수녀와 함께 많은 피정을 지도하게 되었습니다. 몸이 불편한 매디 수녀는 몇 가지의 신체적인 문제들로 인해 피정의 집 마당을 똑바로 걷는 일에도 어려움을 느꼈습니다. 그러나 얼음이 어는 추운 날씨나 잔뜩 쌓인 눈 더미도 그녀의 기쁨에 넘치는 마음을 어둡게 만들거나 그녀의 웃음소리를 누그러뜨리지는 못했습니다.

몇 년 전에 제가 글로스터에서 피정을 하려고 신청하고 보니, 그녀가 피정 지도자로 되어 있었습니다. 친한 친구를 지도자로 모시려니 기분이 묘했지요. 피정에서 매디 수녀를 만난 저는 "어쨌거나 전 당신을 다른 지도자처럼 대할 겁니다." 하고 말했습니다. 매디 수녀는 호쾌하게 웃음을 터뜨렸습니다. "그리고 전 당신을 다른 피정자와 다름없이 대할 테고요."

매디 수녀는 능력 있는 지도자임을 입증하며 제가 삶의 힘든 시기를 잘 지날 수 있도록 도와주었습니다. 영적 지도자와 친구로서의 역할 사이에서 훌륭하게 균형을 잡는 그녀의 모습도, 탄자니아에서 학생들을 위해 최선을 다하는 모습도, 피정의 집에서 사람들의 이야기에 참을성 있게 귀를 기울이는 모습도, 모두 정결한 사랑의 한 형태입니다.

밥 신부, 팀 신부, 매디 수녀와 같은 친구들은 모두 정결을 서원한 이들로서 저마다 다양한 방식으로 사랑을 보여 줍니다. 그리고 저마다 제게 이냐시오 성인이 《영신수련》에서 들려주는 금언 하나를 떠올리게 합니다.

"사랑은 말보다 행동으로 나타나야 한다."(영신수련, 230)

3. 정결이 보여 주는 사랑의 길

정결의 가장 주된 목적 가운데 하나는 최대한 많은 사람들을 최대한 깊이 사랑하는 것입니다. 물론 정결을 소극적으로 이해하여 단순히 성관계를 갖지 않는 것으로 정의하곤 하는 사람들에게는 이 말이 낯설게 들릴지도 모릅니다. 하지만 이것은 오랜 세월 교회에 전승되어 온 것입니다. 정결은 사랑하는 또 하나의 길이며, 그런 만큼 비단 수도회 회원들뿐만 아니라 모든 사람들에게 시사하는 바가 아주 큽니다.

또한 정결은 우리의 마음을 자유롭게 만들어 사람들에게 보다 기쁜 마음으로 봉사하게 해 줍니다. 정결은 특정한 사람이나 가정 안에 매이지 않게 해 주어, 한결 쉽게 다른 임무로 옮겨 갈 수 있도록 돕습니다. 《회헌》에 나오듯이, 정결은 '본질적으로 사도적'(회헌, 144)인 특성을 갖습니다. 이것은 우리가 보다 훌륭한 사도가 될 수 있도록 도와줍니다. 이냐시오 성인의 말처럼 정결은 예수회원이 '쓸모 있도록' 도와줍니다. 그렇기에 정결은 사랑과 자유로 통합니다.

물론 수도적 정결은 모두를 위한 것이 아닙니다. 대부분의 사람들은 사랑과 결혼, 출산, 가정생활로 부르심을 받게 되지요. 그들이 사랑하는 일차적인 길은 자신의 배우자와 자녀를 통하는 길입니다. 이것은 보다 집중적이고 보다 독점적인 사랑의 길입니다. 물론 결혼한 부부가 자신의 가족 외에 다른 이들은 사랑하지 않는다는 말은 아니지만, 그들의 사랑이 하느님과 자신의 가족에게 일차적으로 초점을 맞추게 된다는 말이지요.

수도회에 몸담고 있는 사람은 이와 반대의 상황에 놓입니다. 그는 자신을 바쳐 하느님을 사랑하고 가능한 한 많은 사람들을 사랑할 수 있는 입장에 서고자 정결을 서원합니다. 거듭 말하지만 기혼자나 미혼인 사람은 이런 일을 할 수 없다는 뜻이 아닙니다. 그보다는 이 길이 수도회에 몸담고 있는 이들에게 더 적합한 길이라는 말이지요.

또한 정결은 독점적인 관계나 성적인 관계가 없이도 온전히 사랑할 수 있음을 일깨워 줍니다. 누군가를 진심으로 사랑하는 것과 단순히 성적인 관계를 맺고 싶어 하는 것을 명확히 구분할 수 없는 자극적인 성 상품화가 난무하는 문화에서도 정결은 우리가 나아가야 할 방향을 찾는 이정표가 될 수 있습니다. 즉 정결은 우리 삶의 우선순위가 초점을 잃지 않도록 도와줄 수 있습니다. 우리가 기혼이든 미혼이든 수도자든 간에, 우리 삶의 목적은 서로 사랑하는 것이 되어야 하는 것이지요.

자, 이제 대답해 봅시다. 누가 더 많이 사랑하는 것일까요? 사랑에 푹 빠져 왕성한 성생활을 하고 있는 부부일까요, 생활의 피로 때문에 자주 성관계를 하지 못하지만 서로에게 마음 깊이 헌신하는 중년의 부부일까요, 아니면 몸이 아파 성생활은 전혀 하지 못하지만 다정한 노부부일까요?

누가 더 많이 사랑한다고 할 수 있을까요? 자기 아내를 사랑하는 기혼 남성일까요, 아니면 자기 친구들을 사랑하는 독신 여성일까요, 독신 생활을 하는 사제일까요, 성적 욕망이 많은 젊은 남성일까요?

답은 분명 이들 모두가 사랑하고 있다는 것입니다. 물론 서로가 사랑을 하는 방식은 다르겠지만 말이지요.

어쨌거나 정결은 불건전한 행실로 이어지지 않습니다. 제가 보기에 가톨릭교회 안에 닥친 성적 추문은 정결 자체에 문제가 있다기보다, 애당초 신학교나 수도회에서 받아들여서는 안 되는 심리적으로 건강하지 않은 사람들과, 그들을 이 본당에서 저 본당으로 자리바꿈만 시킨 몇몇 주교들에게 더 문제가 있습니다.

정결에도 실천이 필요합니다. 결혼식 날이 되는 순간, 어떤 사람이라도 마법처럼 완벽한 남편이나 아내로 바뀌는 것이 아닙니다. 마찬가지로 서원을 하는 날에 정결을 완벽하게 이해하는 것도 아니지요. 사람은 자신이 발한 서원을 여러 방식으로 몸에 익히려면 오랜 시간이 걸립니다. 수련원이나 신학교가 필요한 이유도 여기에 있습니다. 수련원이나 신학교는 약혼 기간 같은 역할을 하여, 그곳의 행동 양식이 그 사람과 맞는지를 체험하게 합니다.

최근에 한 친구가 저에게 "자네가 정욕이란 무엇인지 말할 수 있겠나?" 하고 물었습니다. 물론 정결 서원을 한 사람도 매력적인 사람을 보면 고개가 돌아가고, 다른 사람과 마찬가지로 성욕을 느낄 때가 있습니다. 어찌됐든 그들도 사람이기 때문입니다. 하지만 이런 경우가 생기면, 그들은 몇 가지 사실을 떠올릴 수 있습니다.

첫째로, 인간이라면 자연스럽게 정욕을 느낀다는 것이고, 둘째로, 자신이 선택한 삶은 이것을 허용하지 않는다는 것입니다. 셋째로, 만일 자신이 끊임없는 성관계를 갖고 싶은 욕망에 완전히 사로잡히게 된다면, 자신에게 무엇인가가 결함이 있다는 의미일 수 있습니다.

어디에 결함이 생긴 것일까요? 기도 중에 하느님과 맺는 내밀한 친교가 부족한 것일까요? 아니면 우정이 부족한 것일까요? 아니면 생활에서 만족할 만한 결과를 얻지 못했거나, 정결 생활의 어느 부분에선가 하느님의 사랑에 응답하지 못하고 있는 것은 아닐까요?

이러한 의문들이 생기는 이유는 정결 서원을 한 사람은 서원을 발할 뿐만 아니라, 하느님이 정결을 위해 자신을 도우시리라 믿기 때문입니다.

정결은 다른 사람이 안정감을 느끼게 합니다. 우리가 상대방을 이용하거나 조정하거나 단순히 목적을 위한 수단으로 그들을 사랑하는 것이 아니라, 진심으로 그들을 사랑하고자 노력했다면, 상대방도 그 진심을 느끼게 됩니다. 그리고 이것이 그들에게 긴장을 풀고 여유를 느끼게 해 줍니다. 이로써 그들은 자신의 사랑에 보다 자유로움을 느낄 수 있게 됩니다.

앞에서 말했듯이, 저는 몇 년 전에 뉴욕 시내에서 예수님과 유다를 주제로 한 연극을 준비하는 한 극단과 함께 일한 적이 있습니다. 애당초 저는 극작가가 연극에 필요한 학술 조사하는 것을 도우며 유다 역을 맡은 배우와 가끔씩 만나서 조언해 주는 정도의 역할이었습니다. 그러다 결국에는 감독을 비롯한 모든 출연진과 함께 일해 보자는 제안을 받게 되었지요.

우리는 한 오프브로드웨이 극장의 큰 탁자에 둘러앉아 복음서들에 관해 그리고 예수님, 죄와 은총, 절망과 희망 등에 관해 긴 시간 동안 이야기를 나누었습니다. "유다는 왜 예수님을 배반했을까?", "사도들이 십자가 수난 때에 달아난 이유는 무엇일까?", "예수님은 마리아 막달레나와 사랑하는 사이였을까?"

이런 활발한 대화들은 가톨릭 신자들과 나누는 대화들과 달랐습니다. 가톨릭 신자들의 대부분은 자신이 이미 모든 해답을 알고 있다고 느끼기 때문입니다. 그리고 이 사람들은 저와는 전혀 다른 세계에 살고 있었기 때문이기도 했지요.

우리가 대화를 시작했을 때 그들은 저에 대해 잘 모르고 있었고, 그래서 저는 그들이 보일 반응이 궁금했습니다. 물론 그들은 제가 독신이라는 것을 알고 있었기에, 제가 그들을 도우려는 목적 이외에 다른 목적이 있다고 생각하지는 않았습니다. 어쩌면 그런 점들로 인해 몇 사람은 저를 거의 알지 못하면서도 슬플 때나 기쁠 때 마음을 열어 삶의 내밀한 부분들을 함께 나누면서 편안함을 느끼게 되었을 것입니다.

이러한 그들의 신뢰는 저에게 선물과도 같았고, 이 선물로 인해 저는 그들 모두와 깊은 사랑에 빠질 수 있었습니다. 단원들은 제가 분장실에 들어갈 때마다 미소 띤 얼굴로 저를 반겨 주었으며, 저를 꼭 끌어안는 이들도 많았습니다.

저는 그곳에서 제가 그저 사랑을 주기 위함이 아니라 사랑을 받기 위해 여기에 와 있는 것임을 깨달았습니다. 그리고 연극 공연이 끝나갈 때쯤이 되어서야 저의 소명이 그들의 사랑을 붙잡아 주는 것이 아님을 깨닫게 되었지요. 제가 다른 사람의 사랑을 소유할 수 없음을 알게 된 것입니다. 오로지 아낌없이 주고 흔쾌히 받아들여야 하는 것이 사랑이었습니다.

정결이 주는 또 하나의 교훈은, 어느 누구도 사랑을 소유할 수 없다는 것입니다. 뉴욕 시에서 일하고 있는 친구이자 예수회원인 크리스 수사는 학교 교사들도 비슷한 경험을 한다며 이렇게 말했습니다. "우리는 학생들과 자유롭게 사랑을 주고받아야 하기 때문에 학생들과의 사랑을 붙들 수 없다는 사실을 잊어서는 안 된다네. 특히 한 학년이 끝날 때는 더더욱 말이지." 이는 예수님이 부활하신 후에 말씀하신 것과 꼭 닮아 있습니다. "나를 더 이상 붙들지 마라."(요한 20,17)

정결한 사람은 사랑을 실천하는 길에 여러 갈래가 있음을 보여 줍니다. 또한 상대방에게 매달리지 않고 그 사람을 자유로이 사랑하는 것은, 사랑을 하는 사람이나 받는 사람 모두에게 선물임을 알려 줍니다. 어쩌면 이것은 정결한 사람이 내줄 수 있는 가장 큰 선물 중의 하나일 수 있습니다. 우리는 배우자, 연인, 친구에게 매달리는 것을 사랑이라고 생각하게 만들려는 유혹을 받곤 하는데, 이것도 교묘한 형태의 소유입니다. 하지만 사랑은 상대방을 소유할 수 없다는 데서 오는 부족함을 받아들이는 것을 의미합니다.

따라서 정결은 자유로운 사랑을 하는 법과 사랑으로부터 자유로워지는 법을 가르쳐 줍니다.

4. 정결의 완성, 사랑의 완성

과연 수도자의 정결이 어느 정도 높은 수준의 건전성, 고결성 또는 정직성을 갖추는 것이 실제로 가능할까요? 물론 이것은 하느님의 도우심으로 가능합니다. 그러기에 저는 사랑하고 사랑받으며 살아가는 여러분의 삶에 작게나마 깨달음을 선물하고자 정결에 관한 저의 체험을 이야기하고자 합니다.

제가 수련원에 들어온 지 몇 달이 지나, 도노반 신부님이 제게 예수회원으로서 어느 시점에 이르면 사랑에 빠질 것이며, 다른 사람들도 저와 사랑에 빠지게 될 것이라는 말을 해 주었습니다. 그 말은 제게 큰 충격이었습니다.

놀라워하던 제게 해 준 신부님의 말이 아직도 또렷이 기억납니다. "만일 자네가 때때로 사랑에 빠지지 않는다면 자네는 무엇인가 잘못된 사람이라네. 사랑은 인간적이고 그런 감정을 느끼는 게 오히려 자연스러운 것이지. 자네가 사랑에 빠졌을 때 어떻게 행동하겠는가? 이것이 핵심인 것이야."

사제들과 수도자들은 자신이 사랑에 빠질 수 있다는 가능성을 인정해야 합니다. 사랑이 넘치는 사람이 되고자 한다면, 사랑에 빠지는 위험 역시 각오해야 하는 것이지요. 예수님도 완전한 사람으로서 그 가능성을 열어 두고 계셨습니다. 예수님이 다른 이들에게 마음을 주고 또한 마음을 열어 그들의 사랑을 받아들였을 때가 바로 그때였습니다.

혹시 여러분이 통속 소설에서 읽었을지도 모르지만, 예수님은 결코 남모르게 결혼하지 않으셨습니다. 나자렛 예수님이 평생 동안 미혼으로 사셨다는 사실은 신약 성경에 아주 분명하게 드러나 있습니다(앞서 지적했듯이, 복음사가들은 예수님의 형제자매들에 관해 기탄없이 이야기했습니다. 그러면서도 아내를 언급하지 않았지요. 그래서 그분에게 아내가 있었다는 주장은 이상할 수밖에 없습니다). 하지만 예수님은 인성을 지니셨기에 다른 사람과 마찬가지로 사랑에 빠지고, 그분과 사랑에 빠진 사람들이 생겨나게 되었습니다. 그리고 그분은 정결을 지키면서도 다른 사람들을 깊이 사랑하셨습니다.

수도회에 몸담은 사람이 사랑에 빠지면 무슨 일이 벌어질까요? 그 사람은 선택을 해야 합니다. 자신이 더 이상 서원을 지킬 수 없기에 수도회를 떠나야 한다는 것을 깨닫거나, 자신의 서원 의무들을 재확인하거나 둘 중의 하나인 것이지요. 도노반 신부님의 말에 따르면 이것은 결혼한 사람이 배우자가 아닌 누군가와 사랑에 빠졌을 때와 다소 비슷한 상황입니다. 따라서 이러한 상황에 놓인 사람은 자신의 서약을 기억하고 이를 존중하는 올바른 조치를 취해야 합니다.

도노반 신부님의 말은 맞았습니다. 수련기가 끝나고 오래지 않아 저는 사랑에 빠지고 말았습니다. 제가 느낀 사랑과 열정의 깊이는 예상보다 훨씬 컸고, 불가항력적이며, 혼란스러웠습니다. 저는 몇 달 동안 이 사람이라면 여생을 함께 보낼 수 있겠다고 믿었습니다. 그것은 경이로우면서도 무서운 체험이었습니다. 제가 빠진 사랑은 경이롭고 놀라웠지만 그 관계를 지속하겠다는 의미는 예수회를 떠나야 한다는 의미였기에 무서운 일이기도 했습니다.

불안한 와중에 저의 영적 지도 신부님을 만났습니다. 신부님은 제 이야기를 귀담아듣고 나서 도노반 신부님이 했던 것과 거의 똑같은 말을 해 주었습니다.

"사랑에 빠지는 것은 어쩌면 자네가 할 수 있는 가장 인간적인 일이자, 인간적인 사람이 되기 위해 꼭 필요한 과정이라네. 그것은 자네가 사랑에 찬 사람이라는 사실을 보여 주는 것이지. 이는 누구에게나 실로 경이로운 일이라네." 신부님은 잠시 멈추었다가 이어서 말했습니다. "하지만 자네는 이제 어떻게 하고 싶은지 결정해야 하네. 자네가 예수회를 떠나 이 관계를 이어 가는 것도 자유고, 자네의 서약을 존중하고 그 관계를 끝내는 것도 자유라네."

저는 이 일에 대해 기도하고, 영적 지도를 받고, 친구들과 대화를 나누고 나서, 비록 사랑에 빠지기는 했지만, 제 안에 제가 발한 서원들을 지켜 가고자 하는 더없이 강렬한 욕망이 여전히 있다는 사실 또한 깨달았습니다. 때로는 그때 떠났어야 하는 것이 더 맞는 결정 같아 보이기도 했지만, 몇 해를 되돌아보며 예수회원으로서의 삶이 얼마나 행복했던가를 깨닫게 되었습니다. 아울러 제가 정결 생활안에서 한 사람과 독점적인 관계를 갖지 않고 많은 이들과 관계를 맺을 때 오히려 더 훌륭하게 성장할 수 있었다는 것도 알게 되었습니다.

이냐시오 성인이 병상에 앉아 삶의 두 갈래 길에 관한 자신의 느낌을 식별했던 것처럼, 저도 예수회를 떠난다고 생각했을 때 절망과 불안을 느꼈습니다. 그리고 예수회에 머문다고 생각했을 때는 평화로움과 희망으로 가득 차는 느낌을 받았습니다. 이에 관해서 한 친한 친구에게 이야기하자, 그 친구는 이렇게 말했습니다. "그렇다면 결론은 아주 분명하네! 자네는 이냐시오의 가르침을 모두 믿고, 그것을 따르고 싶다는 것 아닌가?"

저는 사랑에 빠진 덕분에 생각과 마음에 관한 지혜를 키울 수 있었습니다. 또한 인간의 조건에 관한 몇 가지 통찰을 얻어 다른 이들과 상담할 때 도움이 되었지요. 결국 저는 사랑에 빠진 덕분에 한마디로, 보다 인간적인 사람이 될 수 있었습니다.

게다가 이로 인해 우리의 삶에서 여러 가지 욕망들이 서로 경쟁한다는 것을 깨닫기도 했습니다. 이냐시오 영성은 우리에게 어느 것이 더 큰 욕망 내지는 지배적인 욕망인지를 식별하도록 이끌어 줍니다. 경쟁하는 욕망들은 우리가 내린 선택을 부정하지 않습니다. 다만 보다 명확하게 확인시켜 줄 뿐입니다. 결혼한 사람치고 때때로 매일매일이 반복되는 것 같은 기분을 느끼지 않을 사람이 어디 있을까요? 인생을 확 바꾸어 놓은 결정을 두고 이따금 후회를 느끼지 않을 사람이 어디 있을까요? 자신의 지배적인 욕망을 식별하는 일의 핵심은 자신의 원래 서약을 존중하는 것입니다.

물론 정결이 쉬운 일은 아닙니다. 우리가 사랑에 충만하면 할수록 사랑에 빠질 가능성은 그만큼 커지며, 다른 사람들이 우리와 사랑에 빠질 가능성도 그만큼 커지기 마련이지요.

또한 수도적 정결을 지키는 삶은 외로울 수 있습니다. 친구가 제아무리 많을지라도, 가족들과 제아무리 가깝게 지낼지라도, 소속된 공동체가 제아무리 힘이 된다고 할지라도, 수행하는 사목이 제아무리 만족스러울지라도, 여전히 밤이면 외로운 잠자리를 마주해야 합니다. 기쁜 소식을 함께 나눌 수 있는 사람, 어깨에 기대어 울 수 있는 사람, 고된 하루가 끝나고 안아 주리라 기대할 수 있는 사람은 아무도 없습니다. 미혼이거나, 이혼했거나, 배우자와 사별한 사람이라면 이런 느낌을 알 것입니다.

덴버의 리지스 대학에서 심리학 교수로 있는 예수회원 찰스 셸턴은 최근에 저와 나눈 대화에서 정결에 대해 이렇게 이야기했습니다.

"나는 젊은 예수회원들에게 정결에 관해 이야기할 때면, 정결이란 그들이 어느 누구의 삶에서도 가장 소중한 사람이 될 수 없다는 것을 의미한다고 말해 준다네. 그들은 우선 어리둥절한 표정을 짓다가 이어 몇 사람이 관심을 보이기 시작하지. 몇 분쯤 지나 나는 그들에게 '어느 누구의 삶에서도 가장 소중한 사람이 될 수 없어도 좋은가?' 하고 묻는다네. 그리고 끝으로 지금은 좋다고 할지라도, 예수회원이면 누구나 지금 한 대화를 아주 통렬하게 느낄 때가 오게 된다고 말해 주지. 이런 식의 대화가 정결 서원의 실체를 논하는 좋은 출발점이 된다네."

셸턴 신부의 말대로 정결 서원은 궁극적으로 우리가 행하는 무엇이 아니라 그보다 더 심원한 무엇입니다. 수련기 때 누군가가 제게 왜 성관계를 하지 않느냐고 물었다면 저는 정결 서원에 어긋나기 때문이라고 대답했을 것입니다. 그런데 지금 누군가가 제게 같은 질문을 한다면, "나는 그런 사람이 아니다."라고 말할 것입니다.

결혼을 한 사람들에게도 이 말이 도움이 됩니다. 영화 〈문스트럭〉에서 기혼 여성에게 비슷한 또래의 남자가 다정하게 말을 걸어오자, 이 여성은 "난 내가 누군지 알아요."라며 거절합니다. 이것이 바로 성실함이요, 신뢰를 지키는 모습이지요.

끝으로 셸턴은 정결에는 '특별한 무언가'가 필요하다고 말했습니다. 일례로 셸턴은 대학에서 축구와 야구, 두 가지의 스포츠 팀을 맡은 교목 사제입니다. 교목 사제는 대학생들과 함께 시간을 보내며 그들이 누구이고 무엇을 하는지에 관심을 갖고, 함께 시합에 나가며, 그들의 가족을 알아 가는 등의 일을 합니다. 이런 일들은 많은 시간이 필요하기 때문에 만약 결혼한 사람이 맡았더라면 그 시간을 당연히 가족과 함께 보내고 싶어 했을 것입니다.

그런데 그는 그것만이 아니라고 말합니다. "나는 그 대학생들이 졸업하고 나서도 꾸준히 이어진 지속적인 관계나, 위기에 처한 한 학생을 위해 내줄 수 있었던 시간들을 아내와 아이들과 함께 사는 삶과 바꾸지 않고 싶다는 것을 확인하게 되었다네. 정결은 내가 만일 결혼했다면 누리지 못했을 무엇인가를 내게 주고 있었네. 이는 결혼만큼이나 의미가 있고, 이것이 바로 내가 가진 '특별한 무언가'라네."

그는 부부가 그들의 사랑을 두고 이야기할 수 있는 것과 똑같은 방식으로 정결에 대해 묘사하고 있었습니다. 바로 특별한 선물이라는 것이지요.

5. 정결한 사랑법

이 시점에서도 여러분은 여전히 혼잣말을 하고 있을지 모릅니다. '그래서 어쨌다는 거지? 정결이 예수회원에게 그런 방식으로 작용한다고 한들 그게 나랑 무슨 상관이란 말야!' 아니면 더욱 퉁명스럽게 중얼거릴 수도 있습니다. '성은 내 삶에서 기쁨을 누릴 수 있는 부분이라고. 정결이 도대체 나와 무슨 관계가 있다는 말이지?'

여러분이 가톨릭 사제가 아니고 수도회에 몸담고 있지 않다고 할지라도, 수도적 정결에 대한 통찰이 여러분에게 도움이 될 수 있습니다. 즉, 성적 표현이 아니라도 사랑을 주고받을 수 있는 다른 방법들이 존재한다는 점을 깨닫게 되는 것이지요. 하나같이 정결하게 살아가는 저의 친구들, 밥 신부와 팀 신부와 매디 수녀는 제 인생의 다양한 시점에서 행동으로 사랑을 보여 주었습니다. 이런 방식들은 사랑의 성적 표현만큼이나 가치 있고 소중하다고 할 수 있습니다.

수도적 정결은 여러분이 연인 사이가 아닌 사람들과도 사랑을 나눌 수 있음을 의미합니다. 그리고 이런 사랑은 여러분의 삶에서 거의 모든 사람들을 사랑하게 해 줍니다. 만일 여러분이 미혼이거나 사별했거나 이혼했다면 그 사랑의 대상은 모든 사람이 될 수 있고, 만일 결혼하거나 약혼하는 등 헌신해야 하는 관계에 있다면 그 사랑의 대상은 한 사람을 제외한 모두일 것입니다. 결국 정결한 사랑에 대한 통찰은 우리가 얼핏 생각하는 것보다 훨씬 더 깊이 삶과 관련되어 있습니다.

그렇다면 우리가 어떻게 해야 삶에서 정결한 사랑을 할 수 있을까요? 저는 행동할 때 사랑의 모습이 보다 확연하게 드러난다고 하는 이냐시오 성인의 금언을 토대로, 삶에서 정결한 사랑을 할 수 있는 다섯 가지 방법을 제안해 보려고 합니다.

첫째는 인정을 가지고 경청하는 것입니다. 앞서 언급했듯이, 밥 신부는 제대로 귀담아들을 줄 아는 사람이었습니다. 몇 년 전에 그는 저의 이야기에 귀를 기울여 들어줌으로써 제가 겪고 있던 어려운 문제를 해결할 수 있도록 도와주었습니다. 사실 온 마음으로 귀담아듣는 일은 하나의 예술이라고 할 수 있습니다. 밥 신부는 심지어 거의 한 시간 동안 한마디도 하지 않으면서 대단한 집중력으로 제 이야기를 전부 귀담아들어 주기도 했습니다. 이러한 일은 아무나 할 수 없는 것이지요. 진정한 경청 없이 하는 조언, 권고, 위로 등은 대개 실패로 끝나고 맙니다. 상대방을 이해하고자 시간을 들이지 않았기 때문입니다.

또한 진심 어린 경청은 자신이 다른 사람에게 존경받고 사랑받는다는 느낌을 줍니다. 우리는 자신의 문제점들을 발견하고 당황하게 될 때가 많은데, 그 문제에 자신의 책임이 조금이라도 있다고 느낄 때는 특히 그렇습니다. 누군가가 우리의 억울한 실수까지도 귀 기울여 들어줄 때, 우리는 역경 가운데서도 사랑받고 있음을 떠올리게 되며, 이는 언제라도 반가운 선물이 됩니다.

기쁜 소식을 경청하는 것도 중요합니다. 사랑하는 이의 기쁜 소식을 함께 나누는 것은 상대방의 기쁨을 더 키워 줍니다. 그것이 비록 상대방의 삶에서는 중요하지만 자신에게는 낯설거나 별로 흥미가 없는 이야기라고 할지라도 말이지요.

둘째는 **함께**하는 것입니다. 제가 예수회 수련자 시절에 병원에서 소임을 맡고 있을 때, 다른 사람과 그저 함께 있어 주는 일종의 '출석 직무'가 사목적 배려의 중요한 부분이라고 배웠습니다. 우리가 병자를 위해 할 수 있는 일이 별로 없을 때가 많지만, 그 병자와 함께 있는 것은 항상 할 수 있는 일이지요.

사랑하는 사람들이 힘든 시기를 보내고 있을 때도 우리가 해 줄 수 있는 일은 별로 없음을 느낄 때가 자주 있습니다. 그러나 우리가 그들을 위해 항상 해 줄 수 있는 일은 그저 그들과 함께하는 것입니다.

유명한 영화감독인 우디 앨런이 "인생의 90퍼센트는 그저 눈에 띄기만 해도 된다."라고 말했던 것처럼, 정결한 사랑도 마찬가지입니다. 제가 시카고에서 기나긴 회복 기간을 보내고 있는 동안 팀 신부가 날마다 저를 찾아와 힘이 되어 주고 도움을 주었던 일은 전화나 엽서로 느낄 수 있는 감정 그 이상의 애정을 느끼게 해 준 경험입니다.

셋째는 실질적인 행동을 하는 것입니다. 그저 귀담아듣거나 자리를 지키는 일을 넘어 무엇인가를 해야 할 때가 있습니다. 매디 수녀는 탄자니아에 갔을 때, 학교를 세우고 외딴 지역에서 사는 어린 여자아이들을 가르치는 일에 힘을 보탰습니다. 그리고 나이로비에 있는 우리 공동체에 왔을 때는 뛰어난 요리 솜씨로 우리를 위해 맛있는 이탈리아 요리를 만들어 주곤 했지요.

그녀는 구체적인 방법으로 사람들을 돕는 실질적인 행동을 했고, 그 행동을 통해 자신의 사랑을 표현했습니다. 다시 말하지만, 사랑은 말보다 행동으로 나타나야 합니다.

그렇다면 정결한 사랑을 삶의 일부로 만들 수 있는 적극적인 방법은 어떤 것일까요? 예를 들어 생각해 봅시다. 연로한 어머니를 도와 집 안을 청소하는 것, 아픈 친구를 차에 태워 병원으로 데려가는 것, 스트레스가 쌓인 젊은 부부를 위해 아이를 돌봐 주는 것, 친구의 생일도 아니고 특별한 일이 없더라도 친구를 데리고 나와 함께 식사를 하는 것, 외롭게 지낸다고 알고 있는 누군가에게 편지를 써 보내는 것, 친구에게 자신이 그와의 우정을 소중히 여기는 이유를 표현하는 것과 같은 행동 모두가 사랑을 실천하는 길입니다.

넷째는 **자유**로이 사랑하는 것입니다. 사랑에서 가장 힘든 부분 중의 하나가 자신이 사랑받고 싶은 만큼 상대가 사랑해 주기를 기대하지 말고, 상대방이 나를 사랑하는 것에 만족하는 것입니다. 여러분은 혹시 나를 사랑하는 사람이라면 이러저러 해야 한다는 생각에 사로잡힌 적은 없나요? 만일 그랬다면 아마도 여러분은 상대방이 자신을 진실로 사랑했다면 자신이 원하는 행동을 했어야 하는 것이 아니냐고 도리어 묻고 싶을지도 모릅니다.

우리는 자주 사랑하는 사람이 자신이 필요한 것들을 완벽하게 신경 써 주기를 기대합니다. 하지만 그것은 어려운 일일뿐더러 상대방은 우리가 바라는 바를 정확하게 해낼 능력이 없을 수도 있습니다. 어쩌면 연인 사이에서 자신에게 더 많은 관심을 보여 달라고 서로에게 요구할 수도 있지요. 하지만 이런 요구는 오히려 상대방의 자유를 박탈하게 됩니다. 심지어는 사랑의 관계를 하찮은 것으로 만들거나, 최악의 경우에는 파괴하기까지 합니다.

예를 들어 저와 친한 몇몇 친구들은 서로 연락하는 일에 몹시 인색합니다. 그들은 저나 그들이 사랑하는 다른 사람에게나 연락을 별로 하지 않았는데, 그것이 바로 그들의 방식이었습니다. 그들을 있는 그대로 받아들인다는 것은 그들의 사랑을 믿는다는 의미일 뿐만 아니라 그들이 선택한 사랑의 방법을 존중한다는 뜻이기도 합니다.

상대방이 지금 있는 그대로의 모습으로 놔두는 것도 사랑의 한 형태입니다. 이것은 "내가 사랑하는 당신의 모습은 내가 당신에게 바라는 모습이 아니라 지금 있는 그대로의 당신 그 자체입니다."라고 말하는 것과 같지요. 또한 이것은 하느님이 창조하신 그 인격체를 존중하는 자세이기도 합니다.

다섯째는 용서를 베푸는 것입니다. 더없이 사랑하는 사람 사이라도 때로는 서로에게 상처를 줍니다. 어쩌면 쓸데없이 모진 말을 할 수도 있고, 어쩌면 경솔한 행동으로 실망감을 줄 수도 있고, 어쩌면 배신을 할 수도 있습니다. 그런 그들을 우리는 용서할 수 있을까요? 제가 지금껏 만난 사람들 중에는 배우자나 가족 중에서 누군가를 결코 용서하지 못하고, 그로 인해 그들을 비난하고 괴로워하면서 스스로 불행한 사람이 되는 이들도 많았습니다.

용서는 상대방을 죄책감의 사슬에서 풀어 주며, 또한 자신이 느꼈던 분노를 벗어 버리게 도와줍니다. 용서는 결코 쉬운 일이 아니지만, 결과적으로 용서하는 이와 용서받는 이 모두를 치유하는 사랑의 행위입니다. 나자렛 예수님이 사랑의 사목을 수행하시는 과정에서 용서를 그토록 자주 강조하신 것도 바로 이런 이유 때문이지요.

여섯째는 기도하는 것입니다. 자신이 사랑하는 이들을 하느님이 도와주시도록 간청드립시다. 하느님이 그들 곁에 함께해 주시기를, 그리고 무엇보다, 하느님이 사람들을 바라보시는 시선으로 다른 사람들을 바라볼 수 있게 해 주시기를 간청드립시다.

이런 단순한 일들을 사랑의 행위로 이야기하는 것이 이상하게 들릴지 모르겠습니다. 하지만 이 행위들이 정결한 방식으로 사랑을 표현하는 통로가 됩니다. 그런데 이런 행위들은 다른 진정한 사랑의 행위와 마찬가지로 힘들 수 있습니다. 도스토옙스키도 "행동하는 사랑은 꿈꾸는 사랑에 비해 거칠고 끔찍하다."라고 말했지요.

여러분이 사랑하기가 힘들어질 때가 온다면, 여러분이 사랑하기를 간절히 바라시고 여러분이 다른 사람을 사랑하는 동안 늘 함께 계시는 하느님에 대해 생각해 보세요.

이렇듯 정결하게 사랑하는 방법은 서로 헌신하는 관계가 아닌 이들이나, 사랑 가득한 삶을 살아갈 수 없을 거라며 두려워하는 이들이 사랑과 친교의 삶을 영위할 수 있음을 확인하도록 도와줄 수 있습니다. 그들의 행위는 성적인 것이 아니면서도, 사람이 줄 수 있는 가장 강력한 사랑의 표지들 가운데 하나가 될 수 있지요.

또한 정결에 관한 이러한 통찰은 오로지 성적인 관계로만 이루어진 상호 관계 속에 매어 있다고 느끼는 이들에게 사랑이 성적인 관계만큼이나 놀라우면서도, 단순한 성적인 관계보다 훨씬 정서적으로 풍성하다는 사실을 깨닫게 해 줍니다.

끝으로, 이런 통찰은 성적인 관계가 따르는 결혼 생활을 하고 있는 부부에게 사랑을 여러 가지 형태로 표현할 수 있다는 것을 가르쳐 줍니다. 우리가 그러한 행동 양식을 걷겠다고 서원을 했든지 그렇지 않든지, 정결에 관한 통찰은 우리의 삶을 풍요롭게 만들 수 있지요.

제10장

예수회와 우정

제10장

예수회와 우정
영성과 우정의 관계

많은 사람들이 수도자의 생활에 오해하고 있는 부분이 있습니다. 바로 수도자들은 인간관계에 관심을 두지 않아도 괜찮다고 생각하는 것이지요. 그들은 수도자들이 줄곧 기도로 시간을 보내고 있는 만큼, 현실에서 만나는 사람들과 관계를 맺을 필요가 없고 어떠한 대인 관계에 대한 문제도 다룰 필요가 없다고 생각합니다. 또한 어떤 사람들은 저 같은 수도자들이 친구 같은 관계를 시시하게 여기고 그런 것에 관심이 없는, 전형적으로 고독한 사람이라고 생각하기도 합니다. 하지만 이는 굉장히 큰 오해라고 할 수 있습니다. 전반적으로 보면 오히려 예수회원들은 우정을 맺는 경험을 더 많이 하게 됩니다.

여기에는 두 가지 이유가 있습니다. 첫째, 예수회원은 정결을 서약한 사람인 만큼 결혼한 남녀들이 할 수 있는 내밀한 성적 관계를 하지 않기 때문에 하느님, 가족, 공동체와의 관계에 의존하는 것 이외에도 남녀를 불문하고 가까운 친구들과의 사랑을 중시합니다.

둘째, 예수회원은 이 일에서 저 일로, 이곳에서 저곳으로 파견되어 자주 돌아다닙니다. 저도 지난 20여 년 동안 예수회원으로 살면서 지낸 곳만 해도 보스턴, 자메이카, 뉴욕, 다시 보스턴, 시카고, 나이로비, 다시 뉴욕, 다시 보스턴, 다시 뉴욕입니다. 매번 이동할 때마다 예전의 친구를 다시 만나거나 새로운 친구를 사귀게 됩니다. 사람들이 독신에 대해 갖는 고정 관념에도 불구하고, 예수회원들은 끈끈한 우정을 쌓고 유지하는 능력을 키워 나가야 합니다. 그리고 우리 예수회원들은 그런 우정을 아주 소중하게 여깁니다.

혼자 살거나 이혼했거나 사별한 사람들은 이 점에 대해서 더 잘 알 것입니다. 혼자 사는 친구 하나가 언젠가 지금 다니던 회사에서 멀리 떨어진 다른 지역으로 전근을 가라는 지시를 받은 적이 있습니다. 친구의 상사는 "자네는 홀몸에 아이도 없지 않은가. 그러니 이사하기도 쉽겠지."라고 했답니다. 하지만 오히려 그녀는 함께 이동할 수 있는 남편과 아이들이라는 지지자가 없는 까닭에, 유일한 자신의 지지자인 친구들을 남겨 둔 채 먼 곳으로 떠나고 싶지 않았습니다. 그녀에게는 친구들이야말로 사랑과 애정의 근원이었기 때문입니다.

또 하나의 오해는 예수회원들이 대단한 그리스도인이라서 인간적인 관계에 대해 잘 알지 못한다고 생각하는 것입니다. 한번은 저의 매제가 이렇게 말했습니다. "다툼이 없는 그런 곳에서 사는 건 정말 멋지겠어요." 제가 되물었습니다. "그게 무슨 소린가?"

"그러니까, 예수회원들은 서로에게 잘하지 않으면 규칙에 어긋나는 것 아닌가요?"

사람들은 일반적으로 수도 공동체를 인간관계로 인한 갈등 없이, 평화롭게 살아가는 성스러운 사람들로 넘쳐 나는 곳으로 인식합니다. 그런 말을 들으면 저는 "허어!" 하고 혀를 찰 수밖에 없습니다.

바로 여기에서 예수회원이 우정에 정통하게 된 세 번째 이유를 찾아 볼 수 있습니다. 수도회에서 산다는 것은 곧 경쟁 상대가 있다거나 각자의 생각이 확고한 사람들과 함께 산다는 것을 의미합니다. 그래서 단지 시간이 흐르면서 다양한 부류의 사람들을 대하는 것이 능숙해지게 되는 것입니다. 모든 예수회원은 초인간적인 선량함을 가지고 있다고 확신하던 저의 매제도 실제로 예수회원 몇 명을 알고 나서 생각이 바뀌게 되었지요.

1. 예수회도 사람이 사는 곳

초인간적인 선량함에 대해 이야기하다 보니 1860년대에 미국 예수회원들에 관한 이야기가 생각납니다. 사실인지 허구인지는 알 수 없는 이야기지요.

젊은 예수회원들을 위해 우드스턱이라는 이름의 소도시에 새로 신학교를 지을 계획을 세우게 되었습니다. 당시에는 엄청나게 많은 사람들이 신학교와 수도회로 몰려들고 있었고, 따라서 건물은 굉장히 커야만 했지요.

예수회 관구장은 건축가들과 함께 예수회 사제들과 수사들 및 연학수사들(양성 과정에 있는 이들)이 생활할 수 있도록 수백 개의 방과 교실, 거대한 식당, 화려하게 장식된 경당이 딸린 복합 건물을 짓기 위해 부지런히 계획을 세웠습니다. 도면을 면밀하게 검토하고 난 관구장은 설계도를 로마에 있는 예수회 본부로 보냈습니다.

몇 달 후에 도면이 반송되어 왔는데, 도면 아래쪽에 단 한 줄만이 달랑 적혀 있었습니다. "그들은 천사인가요?"

그 이유를 살펴보니, 건축가들이 설계하면서 화장실을 빼놓았더라는 것입니다.

그렇습니다. 예수회원은 천사가 아닙니다. 이 이야기는 예수회원의 화장실 사용에 대한 것만을 이야기하는 것이 아닙니다. 예수회원도 때로 있는 대로 성질을 부리기도 하고, 화를 내기도 하고, 한 치 앞을 내다보지 못하며, 서로에게 매몰차게 대하기도 합니다. (건축가들은 화장실을 만들기 위해 재빨리 높다란 탑 두 개를 추가했습니다. 몇 년 후에 이곳을 방문했던 한 수녀가 예수회원들이 생각을 실천으로 잘 옮기는 점을 찬양하면서 '하얀 탑에서'라는 시를 썼는데, 사실 그것은 딱 적절한 표현이었지요.)

저는 오히려 예수회 공동체를 커다란 축복이라고 하는 것이 맞다고 생각합니다. 21년이 넘는 시간 동안 저와 함께 살아온 사람들은 기쁨에 차고 경건하고 열심히 일하는 사람들이었습니다. 그러면서도 서로 그렇게 다를 수가 없었습니다. "당신이 예수회원 한 사람을 만났다면, 당신은 예수회 하나를 만난 것이다."라는 말이 있을 정도니까요. 제 친구 중에는 낚시를 좋아하고 노인학을 연구하는 학자와 애완용 족제비들을 키우는 교도소의 전담 사제, 예전에는 정치 고문으로 일했지만, 지금은 피아노가 있는 술집에서 노래를 부르는 친구가 있습니다. 이들은 모두 저마다의 통찰로 제 삶을 풍성하게 만들고, 각자의 믿음으로 제게 영감을 주며, 제가 더 나은 사람이 되도록 이끌어 줍니다.

예수회원으로 오랜 세월을 보낸 지금, 저는 예수회원 친구들이 없는 삶을 상상할 수도 없습니다. 제자들에게 당신을 따르는 사람은 누구나 포기한 것의 '백 배'를 얻게 되리라고 한 예수님의 약속을 생각할 때마다 저는 저의 예수회 친구들을 생각하곤 합니다.

하지만 공동체 생활은 하나의 도전이 되기도 합니다. 어떤 예수회원은 우리가 검소하게 생활하지 않고 있다고 생각하지만, 또 어떤 예수회원은 우리가 지나치게 검소한 생활을 하고 있다고 생각합니다.

어떤 사람은 공동체 세탁기 속에서 누군가의 젖은 옷가지를 발견하면 반드시 건조기에 넣어 줍니다. 그러면서 이런 일은 상식적인 예의라고 말합니다. 그런데 그 옷의 주인은 그렇게 해 줄 때마다 "당신 때문에 내 면 셔츠들이 오그라들고 말았잖아요!"라고 화를 냅니다.

보다 심각한 일도 있는데, 사람들이 함께하는 모든 환경에서는 자주 그렇듯이 공동체에 분노가 스며들고 원한이 깊어지면서 서로 간에 무관심해지는 것입니다. 한 친구는 농담으로 자기 친구들은 관구에서 가장 차가운 사람들이 모인, '얼음 창고'라고 이름 붙인 가상의 예수회 지부에 대해 이야기를 한다고 했습니다. "우리는 누가 장상이 될 것이냐를 두고 줄곧 토론을 벌였어. 그런데 사실은 말이야, 그건 누가 가장 차가운 사람인지 이야기하는 토론이었지."

17세기 예수회원으로, 예수회 양성 교육을 미처 마치지 못하고 스물두 살에 선종한 요한 베르크만 성인은 "내게는 공동생활이 가장 힘든 속죄다."라는 말을 남겼습니다. 이처럼 거의 모든 사람들에게 공동생활은 몹시 힘듭니다. 하지만 대다수의 예수회원들은 이 말을 "공동체 안에서의 삶이 내게는 가장 힘든 속죄다."라고 번역하는 것이 보다 정확하다고 믿습니다(다른 한편으로 에이버리 덜레스 추기경은 언젠가 베르크만 성인에 대해 이렇게 평했습니다. "난 그 공동체가 성인을 어떻게 생각했는지가 궁금하다.").

가정과 사업체, 본당 등 어느 집단이나 마찬가지로, 예수회 공동체에도 기쁨과 슬픔이 모두 공존합니다. 다른 사람들과 평화롭게 살고 건강한 우정을 유지해 나가자면 엄청난 사랑과 인내와 지혜가 요구됩니다.

하지만 이것은 비단 예수회원뿐만 아니라 모두가 직면하는 일종의 도전입니다. 우리 모두는 서로 정답게 살고 사랑과 인내와 지혜로 건강한 우정을 지켜 나가도록 부르심을 받고 있습니다. 그리고 우리 중에 어느 누구도 천사가 아니지요.

그렇다면 사랑과 우정을 바라는 우리의 갈망과 인간으로서 우리가 가진 약점들을 감안하면서, 이냐시오의 길과 예수회의 전통은 사랑과 우정과 인간관계에 관해 우리에게 무슨 이야기를 들려주려는 걸까요?

2. 건전한 해석

《영신수련》 앞부분에는 훌륭한 조언이 있습니다. 이냐시오 성인은 '전제'라고 이름 붙인 항목에서 "모든 선한 그리스도인들은 이웃의 주장을 비난하기보다는 좋게 해석하는 쪽으로 마음을 써야 한다."(영신수련, 22)라고 말했습니다. 쉽게 말하자면, 사람들과 관련하여 미심쩍은 부분은 되도록 선의로 받아들이라는 것입니다.

그리고 덧붙여서 "만약 긍정적으로 해석할 수 없는 경우에는 무슨 뜻으로 한 것인지를 알아보고, 그것이 나쁜 것임을 알았다면 사랑으로 교정해 준다."(영신수련, 22)라고 조언했습니다. 이냐시오 성인은 이 중요한 조언을 《영신수련》의 앞부분에 배치함으로써, 영적 지도자와 피정자가 서로를 오해하는 일이 없도록 배려했습니다. 각자 상대방이 최선을 다해 노력하고 있음을 헤아리라는 것이지요.

이런 지혜는 영적 지도에만 적용되는 것이 아닙니다. 이것은 가정에서, 직장에서, 친구들 사이에서 건전한 상호 관계를 맺고자 할 때 커다란 비중을 차지하는 통찰입니다. 대부분의 사람들은 머리로는 그 점에 동의하지만, 정작 행동은 반대로 하기 일쑤입니다. 우리는 다른 사람들이 자신의 의도에 맞추어 판단해 주기를 기대하면서도, 다른 사람을 판단할 때는 그들의 행동에 따라 판단합니다.

**어떤 사람의 행동을 단죄하지 않도록 조심하라.
이웃의 의도를 헤아리도록 하라. 설령 그의 행동이
겉보기에 나쁘게 보일지라도 의도는 정직하고 순수한 경우가 많다.**

— 이냐시오 성인

달리 말하면, 우리는 속으로 '나는 좋은 의도였는데. 그런데 사람들은 왜 이걸 알아주지 않는 거지?' 하고 중얼거리게 된다는 것입니다. 그러면서 다른 사람의 행동을 보고는 "저 사람이 무슨 짓을 했는지 좀 봐."라고 말한다는 것이지요.

이냐시오 성인의 '전제'는 우리가 상대방의 의도를 염두에 두도록 도와주며, 이는 상호 관계가 열린 상태로 정착되는 데 도움을 줍니다. 심지어 그렇게 보기 힘들 때라도 상대방이 해를 가하려는 것이 아니라 그 나름대로 최선을 다하고 있다고 생각함으로써, 모든 상호작용에 열린 마음과 정신으로 접근하게 됩니다.

또한 이 전제는 원한과 적개심에서 풀려나는 데도 도움을 줍니다. 우리가 다른 사람들과의 관계에서 분쟁 같은 껄끄러운 상황을 만들지 않도록 도와주는 것입니다. 우리는 상대방과 또 한 차례 맞붙고자 신경을 곤두세우며 엄청나게 많은 에너지를 소모하기보다, 느긋한 마음을 가질 수 있습니다.

　때로는 상대방이 우리에게 해를 가하려 들기도 할 것입니다. 예를 들면 서로 경쟁하는 분위기의 사무실이 그렇습니다. 사무실에는 천사라고 불릴 만한 사람들이 별로 없지요. 그렇다고 해서 인간관계를 늘 전쟁터에 나가듯이 접근해야 하는 것은 아닙니다. 우리는 전쟁을 준비하기보다 자신의 갑옷과 무기를 치워 버릴 수 있습니다. 이러한 행동은 상대방이 우리를 훨씬 좋은 감정으로 대할 수 있게 해 줍니다. 왜냐하면 우리 자신에게도 문제의 소지가 있을 가능성이 높기 때문입니다. 이 전제는 우리가 분노에 휘말리지 않게 하여, 상대방이 보다 평화로운 마음으로 우리와 만날 수 있도록 여유를 줍니다. 심지어 상대방의 변화를 유도할 수도 있지요.

　어머니는 언젠가 내게 동네 슈퍼마켓 계산대에서 일하는 직원 하나를 두고 "시선이 불량하고 태도에 심술이 배어 있단다." 하고 말했습니다. 그곳의 직원들도 아무도 그녀를 좋아하지 않았습니다. 그러나 어머니는 외할머니가 자신에게 해 주었던 말을 기억하고 있었는데, 그것은 또 하나의 '전제'와도 같았습니다. "사람들은 우리에게 무슨 문제가 있는지 알 수 없으니, 누구에게나 친절하도록 해라." 그래서 어머니는 아예 마음먹고 이 심술궂은 직원에게 친절하게 대하고, 기회가 닿을 때마다 대화를 나누었습니다. 시간이 흐르자 그 여직원은 점차 부드러워졌습니다. 나중에 어머니는 그녀의 이야기를 듣게 되었지요. "난 그녀가 병에 걸린 어머니를 보살피고 있다는 걸 알게 되었단다. 그녀도 얼마 전 교통사고를 당한 이후로 목에 이상이 왔다고 하는구나." 다른 사람들이 어떤 문제를 안고 있는지는 그 사람과 마음을 열고 대화해 보기 전에는 결코 알 수 없습니다.

또한 '전제'는 우리가 변화와 성장 그리고 용서에 마음의 문을 늘 열어 놓도록 도와줍니다. 초창기 예수회원 중의 한 사람인 베드로 파브르 성인은 그 시대에 나타난 새로운 그리스도교 교파들과 교류하는 데 많은 시간을 보냈습니다. 그 시대에 가톨릭 신자들과 개신교 신자들은 서로를 극도로 의심했지요. 개신교 신자들의 눈에 가톨릭 신자들은 교황 신봉자요, 로마는 바빌론이었고, 교황은 '적그리스도'였습니다. 한편, 가톨릭 신자들의 눈에 개신교 신자들은 한낱 이단자일 뿐이었지요.

베드로 파브르 성인은 이런 생각들이 마음에 다가오지 못하도록 단호히 배척했습니다. 이러한 노력은 당시에 놀라운 일이었습니다. 성인은 자신에게 조언을 구하는 한 예수회원에게 이렇게 적어 보냈습니다. "만일 우리가 그들에게 도움을 주고자 한다면 그들을 사랑으로 대하고, 행동과 진리로 그들을 사랑하고, 그들을 향한 우리의 존경과 사랑을 위축시킬 수 있는 것은 무엇이나 우리의 영혼에서 몰아내야 한다는 사실을 명심하세요." 서로에 대한 미움이 가득하던 시대에 실로 믿기 힘든 조언이었지요.

또 파브르 성인은 이렇게 말하기도 했습니다. "어느 누구에게도 그대의 마음을 닫는 일이 없도록 조심하고 또 조심하세요."

마음을 연다고 모든 관계를 다 치유할 수는 있는 것은 아니지만 변화에 마음을 열 수 있게 만듭니다. 그리고 분명히 일을 더 악화시키지는 않습니다. 이 '전제'는 건전한 관계를 더 건전하게 만들고, 불건전한 관계를 덜 불건전하게 만들 수 있습니다.

3. 아름다운 우정

우정을 맺는 데 비상한 재주를 지녔던 이냐시오 성인은 많은 친구들과 친밀한 관계를 맺었습니다(성인이 편지를 쓰는 일에 열정을 쏟은 이유이기도 하지요). 실제로 이냐시오 성인이 가장 먼저 초창기 예수회원들을 지칭했던 말은 '신앙의 수호자'나 '그리스도의 군대' 같은 말이 아니었습니다. 그보다 한결 소박한 말인 '주님 안에서의 친구들'이라고 했습니다.

우정은 성인의 삶에서 매우 중요한 부분이었습니다. 성인에게는 가장 가까운 친구가 두 사람이 있었는데, 둘 다 대학 기숙사에서 한

방을 쓰던 사이였습니다. 바로 프랑스 사부아 지방에서 온 베드로 파브르 성인과 프란치스코 하비에르 성인입니다.

세 사람은 1529년, 당시 유럽의 선도적인 대학교인 파리 대학교와 생트 바르브 대학에서 만났습니다. 파브르와 하비에르가 이냐시오를 만났을 때, 둘은 이미 숙소를 함께 쓰는 친한 친구 사이였습니다. 두 사람은 이미 몇 년 동안 함께 석사 과정을 이수했으며, 둘 다 뛰어난 대학원생들이었지요. 또한 그들은 이냐시오를 만나기 전부터 이미 그에 관한 이야기를 익히 들어 알고 있었습니다. 이냐시오는 혹독한 영적 수행과 구걸하는 행동으로 인해 학교에서는 널리 알려진 유명 인사였기 때문입니다. 이냐시오는 그 당시 서른여덟 살로, 스물세 살 동갑내기인 파브르와 하비에르보다 훨씬 나이가 많았습니다. 이냐시오는 세상 경험을 실컷 하고 남들보다 늦은 나이에 대학교에 들어왔기 때문이었지요.

그는 군인 생활 중에 입은 부상으로 요양하던 때에 회심하고, 일생 동안 무엇을 할지 식별해 내느라 여러 달을 기도로 보냈습니다. 그리하여 교육이 필요하다는 결정을 내린 것이었습니다. 이냐시오는 학교에 들어가 어린 소년들과 함께 초등 문법 수업을 받았고, 후에 알칼라 대학교와 살라망카 대학교에서 공부하게 됩니다.

그의 학업 과정은 새롭게 싹튼 그의 겸손을 또렷하게 보여 줍니다.

한때는 오만했던 군인이 어린 소년들과 한 교실에서, 그것도 자신의 몸집에 비해 너무도 작은 책상에 몸을 밀어 넣고 공부하며 잃어버린 세월을 보충한 것입니다.

여러 해가 지난 후, 그는 생트 바르브 대학교에 등록했고, 거기에서 파브르와 하비에르를 만났습니다. 파브르의 말에 따르면 그들 셋은 그곳에서 '한 방, 한 책상, 한 지갑'을 썼습니다.

단순한 삶에 투신한 이냐시오의 모습은 새 친구들을 감동시켰습니다. 그의 영적인 통찰력 또한 마찬가지였습니다. 꼼꼼한 양심을 갖고, 과도하게 자신을 비판하며 평생을 시달려 온 파브르에게 이냐시오는 말 그대로 하늘이 주신 선물이었습니다. 나중에 파브르는 "그가 나로 하여금 내 양심을 이해하게 해 주었다."라고 회고했을 정도였지요. 결국 이냐시오는 영신수련을 통해 파브르를 이끌었고, 이것이 파브르의 세계관을 완전히 바꾸어 놓았습니다.

이러한 일이 일어나게 된 데에는 그들이 살아온 배경이 아주 다르다는 것도 큰 기여를 했습니다. 우리는 이냐시오와 그의 친구들이 맺은 인간관계에서 한 가지 통찰을 얻을 수 있습니다. 바로 친구들은 성격이 비슷할 필요가 없다는 것입니다. 자신과 공통점이 가장 적은 친구가 오히려 자신의 인격 성장에 가장 큰 도움이 될 수 있지요.

이냐시오와 베드로 파브르가 서로 만나기 전까지, 그들은 아주 다른 삶을 살았습니다. 파브르는 어린 시절을 줄곧 목동으로 들판에서 보낸 다음, 열아홉의 나이에 파리로 왔습니다. 마리아와 성인들, 유해, 행렬, 성인 유골을 모신 성당과 천사들에 대한 소박한 신심에 빠져 있었던 파브르는 어린 시절 내내 단순한 신앙에 매달려 보냈지요.

한편, 이냐시오는 궁정 관리로 여러 해를 보냈으며, 군인으로도 생활한 적이 있습니다. 이후에 극적인 회심을 하고 나서 스스로 극단적인 속죄 생활에 돌입했으며, 하느님의 뜻을 따르겠다는 목표를 품고 로마와 성지를 돌아다녔습니다.

즉, 한 친구는 세상 구경을 별로 하지 못했고, 다른 친구는 너무 많이 했던 것이지요. 또한 한 친구는 늘 종교를 위안의 샘으로 보았고, 다른 친구는 구불구불한 길을 따라 하느님께 나아가는 것이라고 보았습니다.

결과적으로, 이냐시오는 파브르가 영신수련에서 얻은 자유를 통해 중요한 결단을 내리도록 도와주었습니다. 이 순간이 오기까지 줄곧 볼 수 있었던 파브르의 우유부단함은 오늘날의 대학생들이 갖고 있는 우유부단함과 많이 닮아 있습니다. 그는 자신의 일기에 이렇게 적어 놓았습니다.

하느님이 이냐시오를 통해 내게 주신 도우심 덕분에 내 인생이 변화하기 시작했다. 그의 말이 인생의 행로에 정착하기 이전의 나는 늘 자신감이 부족하여 온갖 바람에 흔들리곤 했다.

때로는 결혼하고 싶고, 때로는 의사가 되고 싶고, 때로는 법률가, 때로는 강사, 때로는 신학 교수, 때로는 학위가 없는 서기가 되고 싶었으며, 때때로 수도자가 되고 싶기도 했다.

때가 되자 파브르는, 궁극적인 목적지가 아직은 불확실한 이냐시오의 길에 합류하기로 결심했습니다. 두 번째 예수회원이라고도 불리는 파브르는 처음부터 이 위험천만한 모험에 열성적이었습니다. 그는 "결국 우리는 소망과 뜻에서 하나가 되고, 오늘날 우리가 살아가고 있는 이 삶을 택한다는 확고한 결단에서 하나가 되었다."라고 표현하기도 했습니다. 친구가 삶을 변화시켜 놓은 것이었습니다. 후에 이냐시오는 파브르가 모든 예수회원 가운데 가장 탁월하게 영신수련을 지도하는 사람이 되었다고 말했습니다.

또한 이냐시오는 한방을 쓰는 또 다른 친구의 삶도 바꾸어 놓았습니다. 1506년에 하비에르 성에서 태어난 프란치스코 하비에르는 뛰어난 운동선수이자 학자였습니다. 그는 열아홉의 나이에 파리에서 공부를 시작했습니다. 전기 작가들은 하나같이 하비에르를 커다란 야심을 가진 젊은이로 묘사하고 있는데, 어떤 이는 "프란치스코 하비에르는 베드로 파브르의 겸허한 방식들을 공유하지 않았다."라고 썼습니다.

프란치스코 하비에르는 베드로 파브르보다 변화에 대한 반발심이 훨씬 더 컸습니다. 이냐시오는 파브르가 가족을 만나러 숙소를 비워 비로소 둘만 남게 되었을 때에야 하비에르의 완고한 반발심을 서서히 깨부술 수 있었습니다. 전하는 말에 따르면 이냐시오가 하비에르를 두고 신약 성경에서 "사람이 온 세상을 얻고도 자기 자신을 잃거나 해치게 되면 무슨 소용이 있느냐?"(루카 9,25)라는 구절을 이용해 표현했다고 합니다. 존 오말리 신부도 《초창기 예수회원들》에서 하비에르의 회심에 대해 이렇게 언급했습니다. "하비에르의 회심은 파브르만큼 확고했지만 동시에 더 극적이었는데 이제까지 그의 삶이 더 세속적인 야망에 초점을 맞추고 있었기 때문이다."[11]

예수회 창립자 이냐시오 성인, 선교사 프란치스코 하비에르 성인, 영적 조언자 베드로 파브르 성인 이 세 성인의 일기와 편지들을 읽어 보면 성품과 재능의 확연한 차이를 느낄 수 있습니다.

노년에 가서 이냐시오 성인은 예수회의 장상이 되어 주로 관리자로서 초창기 예수회를 지도하면서, 주로 《회헌》을 만드는 일에 많은 시간을 보내게 됩니다. 프란치스코 하비에르 성인은 온 지구를 누비는 선교사가 되어 머리털이 곤두서는 다양한 모험들로 가득 찬 편지들을 써 보내 예수회 형제들을 전율하게 했습니다(하비에르의 편지들은 그 시대 가톨릭 신자들에게는 모험과 액션을 담은 영화나 다름없었지요). 한편 베드로 파브르 성인은 종교 개혁 기간 중에 영적 조언자로 파견되어 가톨릭 신앙을 전파하며 여생을 보냈습니다. 성인이 맡은 일은 외교적인 성격이 강했기 때문에, 그 당시 다양하게 벌어지는 종교 전쟁에서 성인의 노련한 중재의 능력이 필요했습니다.

그들의 편지를 보면 이 세 사람이 얼마나 달랐는지 드러납니다. 그리고 그들이 서로를 얼마나 깊이 사랑했는지도 쉽게 알 수 있지요.

성령과 사랑 안에서 닮아 있다

프란치스코 하비에르 성인은 1545년 인도에서 로마에 있는 예수회원 친구들에게 편지를 보내 아득히 멀리 있는 벗들에 대한 사랑을 표현했습니다.

우리 주 하느님은 내가 멀리 떨어져 있기에 쓸 수밖에 없는 애매모호한 편지보다는, 여러분과 대면할 때 내 영혼이 얼마나 더 큰

> 위안을 얻을지 알고 계십니다. 하느님이 우리를 이렇듯 머나먼 나라들에 데려다 놓고 계시긴 하지만, 우리가 마음과 그 마음에 간직한 사랑이 너무나도 많이 닮아 있기에 주님 안에서 사랑하는 이들을 향한 사랑과 관심이 줄어들 이유는 전혀 없습니다.

이냐시오 성인은 프란치스코 하비에르 성인에게 보낸 한 편지에서 "나는 그대를 결코 잊지 않을 것이다."라고 썼습니다. 성인의 전기 작가이자 예수회원인 게오르그 슈하머의 말에 따르면, 하비에르 성인은 여행하는 동안 자기 친구들에게 편지를 받으면, 그들의 서명과 날짜를 쓴 부분을 잘라 내어 보물처럼 간직하고 다녔다고 합니다.

이냐시오 성인과 하비에르 성인과 파브르 성인이 쌓은 다양한 업적은 그들이 1534년에 하느님께 그리고 서로에게 투신하는 것에서 시작되었습니다. 이 세 사람은 파리 몽마르트르 인근에 있는 한 경당에서 새로 사귄 대학교 친구 네 사람과 함께 청빈과 정결 서원을 발했습니다. 그 네 사람은 디에고 라이네스, 알폰소 살메론, 시몬 로드리게스, 니콜라스 보바디야였습니다. 그들은 다 함께 자신을 하느님께 바쳤습니다(초창기 예수회원들의 명단에는 클로드 르제이, 장 코뒤르, 파샤스 브로에가 추가됩니다).

그때에도 그들은 우정을 가장 우선적으로 생각했습니다. 그들은 같은 방에서 생활하지는 않았지만 할 수 있을 때마다 함께 식사를 하고, 다정하게 대화를 나누면서, 한 예수회원 작가가 '인간적인 결합의 끈'이라 부른 유대감을 다져 나갔다고 합니다. 예수회원이자 심리학 교수인 찰스 셸턴 신부는 기획 잡지인 〈예수회 영성 연구〉에 '예수회 생활 속의 우정'이라는 제목으로 실린 글에 "초창기 예수회원들이 이렇듯 풍요로운 우정을 나누지 못했다면 초창기 수도회가 성장할 수 있었을 것인지를 깊이 생각해 보아야 할 것이다."라고 썼습니다.

초창기 예수회원들이 지닌 우정의 형태는 이냐시오의 '행동 양식'을 통해서도 드러납니다. 더 적당한 표현이 없어서 하는 말이지만, 그들은 서로를 소유하려 하지 않았습니다. 이것은 어떤 의미에서 일종의 청빈이었습니다. 그들은 이기적이지 않고, 상대방의 선익을 추구하는 타인 지향적인 우정을 갖고 있었습니다. 이 점을 가장 확실하게 보여 주는 증거는 이냐시오가 하비에르에게 자신의 곁을 떠나 교회의 위대한 선교사 중의 한 사람이 되라고 흔쾌히 당부한 부분입니다.

하비에르는 선교사로 파견되지 않을 수도 있었습니다. 그런데 이냐시오가 먼저 인도에 선교사로 파견하고자 했던 사람이 병에 걸렸습니다. 그러자 이냐시오가 하비에르에게 말했습니다. "이 일을 그대가 맡아 주어야겠네." 하비에르도 그 말에 동의했습니다. "좋습니다,

저도 준비가 되어 있습니다."

이냐시오는 하비에르를 파견할 경우 다시는 가장 친한 친구를 보지 못할 수도 있다는 것을 알고 있었습니다. 하비에르도 그랬습니다. 그가 포르투갈 리스본에서 출항할 때 쓴 한 편지에는 다음과 같은 애달픈 대목이 나옵니다.

"우리는 우리 주 하느님께 내세에서 서로 만나 하나가 되는 은총을 구하는 것으로 마감합니다. 왜냐하면 우리가 이승에서 서로 보게 될 것인지 저로서는 알 길이 없기 때문입니다. …… 누구든 내세에 먼저 간 사람은 주님 안에서 사랑하는 형제가 눈에 보이지 않으면, 마땅히 우리 주 그리스도께 우리 모두를 그곳에서 만나게 해 주시도록 간청해야 합니다."

하비에르는 여행하는 동안 이냐시오에게 장문의 편지들을 보내어, 자신이 답사한 새로운 나라들과, 만나게 된 새로운 사람들에 관해 보고할 뿐만 아니라, 한결같은 애정을 표현하기도 했습니다. 두 사람은 여느 친한 친구들처럼 서로를 그리워했습니다. 그리고 둘이 다시 만나기 전에 누군가는 죽음을 맞을 수 있다는 사실을 인정했습니다. 하비에르는 편지에서 이렇게 말했지요.

"당신이 이승을 떠나기 전에 저를 꼭 만나야 한다는 간절한 열망을 적어 보냈는데, 깊은 사랑이 담긴 이 말이 제 영혼에 큰 감동을 주었습니다. 제가 이 말을 떠올릴 때마다 얼마나 많은 눈물을 흘리곤 하는지 하느님은 아십니다."

사랑하는 형제들이여

사랑하는 형제들이여, 제가 여러분을 절대 잊지 않고 여러분을 각별히 기억하려는 뜻에서 여러분에게 알리거니와, 저는 스스로 위안을 얻고자 여러분이 친필로 써 보낸 편지들에 서명 날인한 이름을 잘라 내어 제가 발한 서원과 함께 늘 몸에 지니고 다닙니다.

…… 제가 무엇보다 먼저 우리 주 하느님께 그리고 다음으로 여러분, 곧 지극히 사랑하는 수사님과 신부님들에게 감사를 드리는 것은, 하느님이 여러분을 이렇듯 창조하여 제가 여러분의 이름을 지니고 다니는 것만으로도 이처럼 크나큰 위안을 얻게 해 주셨기 때문입니다.

이제 우리는 얼마 지나지 않아 이승에서 누리는 것보다 더 큰 평화를 누리며 내세에서 서로 만날 것이니, 더 이상 말하지 않겠습니다.

— 1546년 말라카 군도에서 로마에 있는 예수회 벗들에게, 프란치스코 하비에르

전해지는 말에 따르면 하비에르는 이냐시오에게 온 편지들을 무릎을 꿇고 읽었다고 합니다.

하비에르의 예감은 정확했습니다. 몇 년 동안 매우 고단한 여행을 하며 리스본에서 인도를 거쳐 일본에 다다른 후, 최종 목적지인 중국을 향하는 배에 올랐습니다. 하비에르는 이냐시오와 작별한 지 열두 해가 지난 1552년 9월에 중국 본토와는 떨어져 있는 상치안 섬에 상륙했습니다. 그러나 열을 동반한 병에 걸린 그는 최종 목적지를 바로 가까이에 두고, 섬에 있는 한 오두막에 앓아 누웠습니다. 그러다가 결국 그는 12월 3일에 세상을 떠났고, 그의 시신은 우선 상치안 섬에 묻혔다가 후에 인도의 고아로 옮겨졌습니다.

로마에 있는 예수회 본부에서 생활하고 있던 이냐시오는 가장 절친한 벗의 죽음도 모른 채, 이미 그가 세상을 떠나고 여러 달이 지난 후에, 하비에르에게 귀국을 요청하는 편지를 보냈습니다.

4. 우정과 자유의 의미

우리가 초창기 예수회원들의 우정, 특히 이냐시오 성인과 하비에르 성인, 파브르 성인 간의 우정에서 얻게 되는 한 가지 중요한 통찰은 자유와 사랑 사이에는 복잡한 상호 작용이 있다는 것입니다.

우정은 어떤 삶에서나 축복이 됩니다. 또한 신자들이 느끼는 우정은 우리를 향한 하느님의 우정을 깨닫는 통로가 됩니다. 하지만 이러한 우정이 꽃피울 수 있으려면, 우정도 친구도 소유의 대상으로 보아서는 안 됩니다. 친구에게 줄 수 있는 최고의 선물 중의 하나가 바로 자유인 것이지요.

이러한 자유는 초창기 예수회원들의 삶에서 지속적인 주제가 되었습니다. 이냐시오 성인이 좀 더 이기적이었다면 하비에르 성인이 스스로의 마음을 따르도록 허락하지 않고 로마에 붙들어 놓았을 것입니다. 그리고 그 친구를 줄곧 곁에 두고 지원했겠지요. 찰스 셸턴 신부는 '예수회 생활 속의 우정'이라는 글에서 초창기 예수회원들이 우정에 대해 지나치게 크게 걱정하기보다는 그들의 우정을 안전지대 즉, 그들이 삶을 즐기고 일을 완수할 수 있게 해 주는 안전한 장소로 여겼을 것임을 시사하고 있습니다.

우리는 이러한 사실에서 무엇을 알 수 있을까요? 아마 여러분 중에서 이냐시오 성인과 파브르 성인, 하비에르 성인이 살아간 삶을 살아가야겠다고 마음먹는 사람은 거의 없을 것입니다. 그럼에도 불구하고 우리는 때로 배우자나 가족에게 하듯이 친구들도 소유하고 통제하고 조종하고 싶은 마음이 들 수 있습니다.

여러분은 '왜 내 친구들은 더 좋은 친구가 되어 주지 않지?' 하고 생각해 본 적이 있나요? 그렇다면 혹시 '더 좋은 친구'가 되는 것이 자신의 필요에 부응하는 것임을 알게 된 적은 있나요? 또 친구나 가족이 자신에게 잘해 주지 않는다고 느낀 적이 있나요? 그렇다면 자신이 좋은 친구나 가족의 역할을 충실히 하고 있는지에 대해서는 고민해 본 적이 있나요? 우리들 대부분은 친구와 멀리 떨어지게 되거나, 친구가 변해서 점차 자신에게 도움이 되지 못한다고 생각할 때 받는 마음의 고통도 잘 알고 있습니다. 그렇다면 이냐시오 성인과 파브르 성인, 하비에르 성인은 어찌하여 그토록 절친한 관계를 유지하면서도 동시에 그토록 자유로울 수 있었던 것일까요?

저는 친구들이 그저 저를 도와주고, 위로하거나 격려해 주기 위해 존재하는 사람들이 아니라는 사실을 되새겨야 할 때가 많았습니다. 몇 년 전에 저와 가장 친한 친구 중의 하나인 매트 신부가 제게 서아프리카 가나에 있는 한 본당으로 일하러 가게 되었다고 말했습니다. 매트 신부는 서아프리카에서 일할 준비가 충분히 되어 있었습니다. 그는 예수회 양성 기간 중에 두 차례나 가나에 파견되어, 외딴 마을에서 어부들과 그들의 가족들과 함께 생활하며 작은 본당의 일을 거들었습니다. 그러면서 그동안 토착 언어를 배우는 등 많은 준비를 했습니다. 후에 대학원에서 신학을 공부하는 동안 저는 매트 신부와 같은 공동체에서 생활했는데, 그는 강의의 일부를 서아프리카에서

할 일에 맞추어 조정하기도 했습니다.

매트 신부는 이제 사제로서 가나에 돌아가게 되어 정말로 신난다고 했습니다. 저는 그가 이 일을 위해 얼마나 열심히 준비해 왔는지 잘 알기에, 또 그가 가나를 얼마나 사랑하는지 알기에 그를 위해 기뻐해 주는 것이 마땅했습니다. 그런데 저는 이기적이게도 여러 해 동안 그를 만나지 못하게 된다는 것이 슬펐습니다. 누구나 이별할 때 슬퍼하는 것은 자연스러운 모습입니다. 만일 제가 실망감을 느끼지 않았다면, 저는 로봇이나 다름없었겠지요.

그럼에도 매트 신부가 제 곁에 남아 주기를 바라는 욕심을 떨쳐 내기가 힘들었습니다. 이것은 이냐시오 성인과 하비에르 성인이 보여 준 것과 같은, 상대방의 선익을 소중히 여긴 자유와는 대립되는 것이었습니다. 이것은 마치 우정의 성격을 규정하고, 만일 제어하지 않고 방치하면 우정을 훼손시킬 수 있는 소유욕에 해당되는 것이었습니다. 저에게는 이냐시오 성인의 자유와 초연함을 배우는 것이 필요했습니다.

예수회의 영성 작가인 윌리엄 A. 배리 신부님은 노련한 심리 학자입니다. 저는 최근에 배리 신부님에게 우정에서 소유욕이 발동하는 성향에 관해 물어보았습니다. "자네에게 친한 친구들이 필요하지만, 그렇다고 그들을 자네 주변에 붙잡아 두려는 욕심 때문에 그들에게 매달리고 싶어 하지는 않지. 하지만 이 점은 예수회원들뿐만 아니라 누구나 다 그렇다네." 그러면서 초창기 예수회원들을 좋은 본보기로 제시했습니다. "프란치스코 하비에르 성인은 친구들에 대한 사랑이 너무나 깊었지만, 거기에 구애되지 않고 자진하여 나섰다네. 다시는 돌아오지 못하게 되었지만 말일세."

이러한 우정 속의 자유를 예증하는 또 다른 이야기는 17세기에 스페인의 마요르카 섬에 있는 예수회 대학교에서 문지기를 하던 알폰소 로드리게스 성인이 또 다른 예수회원 베드로 클라베르 성인과 친구가 된 이야기입니다.

먼 길을 돌아 예수회에 입회하게 된 알폰소 로드리게스는 1533년 세고비아에 있는 번창한 옷감 가게 주인의 둘째 아들로 태어났습니다. 베드로 파브르가 설교하러 이 도시에 찾아왔을 때, 로드리게스 집안은 파브르를 후하게 대접했습니다. 베드로 파브르도 어린 알폰소 로드리게스에게 교회의 중요한 통과 의례에 해당하는 첫영성체를 준비시켰습니다.

알폰소 로드리게스는 열두 살에 알칼라에 있는 예수회 대학교로 보내졌지만, 아버지를 여의면서 그의 학업은 중단되고 말았습니다. 그는 집으로 돌아와 집안의 가업을 이어받아야 했지요. 스물일곱 살에 결혼한 그는 아내 마리아와의 사이에서 세 아이를 두었는데, 불행히도 아내와 자녀를 모두 떠나보내게 되었습니다.

알폰소 로드리게스는 장사에 드는 비용들과 과중한 세금들로 인해 파산 직전까지 내몰렸고, 많은 전기 작가들은 당시에 그가 패배자가 된 것 같은 기분을 느꼈다고 표현했습니다. 그는 절망 속에서 예수회원들을 찾아가 도움을 청했습니다. 그는 많은 해를 기도하며 하느님이 자신에게 무엇을 바라시는지 알아내고자 노력했습니다.

알폰소 로드리게스는 점차 자기 안에서 예수회원이 되고 싶은 갈망을 감지했습니다. 하지만 서른다섯이라는 그의 나이는 사제직을 수행하기 위해 필요한 장기간의 교육을 시작하기에는 너무 많아 보인 탓에 입회를 거부당했습니다.

하지만 그 지역 관구장의 눈에는 그의 성덕이 확연해 보였고, 그래서 2년 후에 알폰소 로드리게스를 수사 지망 수련자로 받아들이게 됩니다. 아마 그 관구장은 알폰소 로드리게스가 수사나 사제가 될 자격이 없다면 성인이 되기 위해 입회할 수는 있다고 말하지 않았을까 싶습니다. 알폰소 로드리게스는 입회한 지 불과 6개월만에 1571년, 마요르카에 있는 예수회 학교로 파견되었고, 거기에서 문지기 일을 맡게 되었습니다.

제가 앞서 언급했듯이, 알폰소 로드리게스 수사는 누군가가 문을 두드리면 "지금 갑니다, 주님!" 하고 응답했습니다. 이렇게 응답하다

보니, 그는 그곳을 방문하는 사람들이 마치 예수님이라도 되는 듯이 느껴져, 크나큰 존경심으로 대하게 되었습니다.

1605년, 스물다섯 살의 예수회 신학생 베드로 클라베르는 일흔두 살의 겸허한 알폰소 로드리게스를 대학교에서 만납니다. 두 사람은 거의 매일 만나서 영적 대화를 나누었는데, 어느 날 알폰소 로드리게스는 베드로 클라베르에게 해외 선교를 하는 것에 대해 생각해 보라고 권유했습니다. 베드로 클라베르는 해외 선교를 생각하니 가슴이 설레었고, 그리하여 관구장에게 편지를 보내 지금의 콜롬비아에 속하는 카르타헤나로 가서 일하게 해 달라고 청원했습니다. 그는 그곳에서 무역업자들 손에 붙잡혀 남미로 실려 온 서아프리카 노예들과 함께 일하려고 한 것입니다. 그 후 베드로 클라베르는 여러 가지 끔찍한 난관들을 이겨 내며 노예들에게 음식을 주고 위로하고 조언하는 등 끊임없이 노력한 덕분에, '노예 중의 노예'라는 별명을 얻게 되었습니다.

위대한 선교사 베드로 클라베르는 이 엄청난 노력의 공로를 인정받아 후에 성인품에 올랐습니다. 알폰소 로드리게스도 평생 동안 겸손을 실천한 공로로 후에 성인품에 올랐습니다.

알폰소 로드리게스 성인은 클라베르 성인에게 남미로 가서 선교하기를 권유했습니다. 두 성인은 우정이 돈독한 사이였지만, 서로 그 우정에 얽매이지 않았습니다. 이냐시오 성인과 파브르 성인, 하비에르 성인이 서로에게 그랬던 것처럼 로드리게스 성인도 클라베르 성인에게 우정뿐만 아니라 자유도 선물했던 것입니다.

5. 건강한 우정을 가로막는 장벽

자유가 우정에 핵심이 된다는 점을 감안하면, 예수회원이자 심리학자인 찰스 셸턴 신부가 예수회의 우정에 관한 연구에서 건강한 우정을 가로막는 첫 번째 장벽으로 소유욕을 꼽은 것은 전혀 놀라운 일이 아닙니다. 예를 들어 친구가 개인적인 사정으로 인해 관심이 다른 곳에 가 있어, 지금 자신의 감정에 제때 반응하지 못할 수 있습니다. 친구가 다른 마을이나 도시로 이사를 갈 수도 있고, 결혼을 하거나 아이가 생겨 함께 보낼 수 있는 시간이 줄어들 수도 있습니다. 그런데 이러한 모든 일들이 친구에 대한 소유욕을 키우고 친구를 지배하려는 욕망을 부추길 수 있습니다.

그러나 친구가 성장하고 변화할 수 있는 자유를 주는 것도 우정의 한 부분입니다. 우정에 대한 욕망이 그 친구를 옭아매서는 안 되는 것이지요. 그런데 이에 대해 배리 신부는 이 자유를 향한 갈망에는 또 다른 측면이 있다고 지적하면서 이렇게 말했습니다. "우정 안에서 자유를 느끼는 데에도 위험 요소가 있다. 이 위험은 사람들이 멀어지거나 떠나가거나 심지어는 언젠간 죽는다는 이유로 우리가 다른 사람들에게 마음을 주지 않으려는 유혹을 받는 것이다."

셸턴 신부가 제시한 위험 요소는 예수회원뿐만 아니라 건강한 인간관계에 관심이 있는 사람이라면 누구나 주의해야 합니다.

과잉 활동이 친구 사이가 멀어지게 만드는 한 가지 원인이 되기도 합니다. 과잉 활동으로 인해 서로 연락을 주고받기 어렵기 때문입니다. 그냥 연락이 두절되는 것이지요. 다행히 저는 하느님의 축복으로 많은 친구들을 받았고, 또한 결혼에 따른 책임이 없기 때문에 그들과 연락할 시간이 비교적 많았습니다. 하지만 결혼한 사람들의 경우에는 온갖 책임과 그에 따른 해결해야 하는 일로 인해 아끼는 친구들이 떨어져 나갈 수 있습니다.

이 글을 읽는 기혼자들이 '결혼에 따르는 온갖 책임을 다하면서 친구들과 연락하고 지내려면 어떻게 해야 할까?' 하고 생각할지 모릅니다. 여기에서 핵심은 책임을 더하지 않고 오히려 덜어 내야 한다는 것입니다.

결혼이 부부의 온갖 정서적 요구를 모조리 충족시켜 줄 수는 없습니다. 게다가 과거에는 결혼을 하면 대가족과 더 큰 공동체로부터 육아에 대한 지원을 받을 수 있었지만, 현대에는 그렇지 않습니다. 이런 상황이지만, 기혼자에게도 친구는 필요합니다. 결혼 생활 바깥에서 이루어지는 건강한 우정은 남편과 아내 두 사람의 상호 관계에도 도움을 주기 때문입니다.

꼭 기억합시다!

예수회원들이 들려주는 인간관계에 관한 조언들 중에는 현실적인 방식으로 제시되는 것들도 있습니다. 존 오말리 신부가 예수회 수련자였을 때, 나이가 많은 한 사제가 그에게 공동체 생활에서 기억해야 할 세 가지 사항을 일러 주었다고 합니다.

첫째, 너는 하느님이 아니다.
둘째, 여기는 천국이 아니다.
셋째, 바보 같은 짓을 하지 마라.

저도 좀 더 일찍 이 지침에 따랐더라면 여러 해 동안 스스로 자초했던 가슴앓이는 면할 수 있었을 텐데 말이지요.

과잉 활동에 대해서는 다음 장에서 더 살펴보겠지만, 이는 우리가 심각하게 생각해 봐야 할 부분인 것은 확실합니다. 만약 지금 우리가 우정을 유지할 수 없을 정도로 과도하게 일을 하고 있다면, 더 부유해질 수는 있을망정 삶은 메말라 갈 것이라는 언급에서 우선은 그치고자 합니다.

찰스 셸턴 신부가 지적한 또 다른 위험 요소는, 과도한 감정 개입입니다. 우정에 지나친 관심을 쏟고 자신의 감정에 집착하며, 다른 사람의 반응이나 의견 하나하나를 분석하는 경향을 보이는 것이지요. 집착은 우정을 질식시키고 마음이 넓은 친구들을 밀어냅니다.

이와 반대로 건강한 우정은 친구들에게 빛을 발산하며 온기도 불어넣는 불꽃과 같습니다. 우정은 관심 부족으로 소멸될 수도 있고, 과도한 관심으로 질식당할 수도 있지요.

경쟁은 또 다른 위험 요소입니다. 무슨 일을 하고 얼마나 많이 버는가로 사람을 규정하는 문화 속에는 경쟁 상황에 빠지게 하려는 위험이 도사리고 있습니다. 셸턴 신부는 우리에게 친구가 거둔 성공 때문에 자신의 자부심에 위협을 느끼는지 묻습니다. 만일 위협을 느낀다면 우리가 삶에서 누리는 축복들을 보다 신중하게 생각해 볼 때가 온 것이라고 말합니다.

덧붙이자면 질투도 똑같이 해롭습니다. 질투는 삶에서 받은 축복에 감사함으로써(이때 성찰이 도움이 될 수 있습니다.) 그리고 모든 이들의 삶이 은총의 선물과 노력으로 뒤엉켜 있다는 사실을 깨달음으로써 떨쳐 낼 수 있습니다.

셸턴 신부는 그다음으로 불평을 야기하는 관계에 주의하도록 당부하는데, 여기에서는 함께 어울리는 일이 곧 트집을 잡을 수 있는 구실이 되어 버립니다. 이런 상황에서는 세상이 암울해지는 기분을 경험할 수 있지요. 불평은 말을 통해 바이러스처럼 퍼져 나가 끝내는 모든 것을 다 쓸데없어 보이게 하고, 관계된 모든 이들이 비통과 절망에 빠져들게 만듭니다.

또한 셸턴 신부는 알코올 중독이나 마약 중독처럼 불건전하고 파괴적인 행동을 조장하는 관계에 대해서도 경고합니다. 이 두 가지 경우에는 스스로에게 그 우정이 건강한 관계인지 자문하는 것이 필요합니다. 만일 건강하지 못한 관계라면 상대방과 서로의 입장에 대해 논의할 수 있어야 합니다.

그럼에도 불구하고 우리가 곤혹스러운 우정이라 부를 수 있는 관계를 유지하는 것은 사랑에 꼭 필요한 자세입니다. 이냐시오 성인의 동료 가운데 한 사람인 시몬 로드리게스에 관한 이야기를 보면 이 말이 무슨 뜻인지 더 쉽게 이해될 수 있을 것입니다.

6. 초연한 사랑

　초창기 예수회원 가운데에는 동료들을 힘들게 하는 사람이 한 명 있었습니다. 포르투갈에서 파리에 유학 온 대학생인 시몬 로드리게스는 1534년에 파리에서 이냐시오 성인과 함께 청빈과 정결을 서원한 여섯 친구들 가운데 한 사람이었습니다.

　예수회가 창립된 후, 이냐시오 성인은 포르투갈에 있는 예수회원 모두를 통솔하는 막중한 임무를 시몬 로드리게스에게 맡겼습니다. 하지만 시몬 로드리게스는 윌리엄 벤거트가 《예수회 역사 A History of the Society of Jesus》라는 책에서 "불안정하고 고집불통의 성격을 가진 것으로 드러나 이냐시오 성인이 그를 해임해야 할 지경에까지 이르렀다."라고 표현할 정도로 난처한 상황을 만들었습니다. 시몬 로드리게스는 위에는 자주 불만을 드러냈지만, 아래에 있는 예수회원에게는 극도로 관대했습니다. 그러나 그의 통솔의 결과, 포르투갈의 예수회원들은 점차 무질서에 빠져들었지요.

　어느덧 시몬 로드리게스는 당시 포르투갈을 다스리던 요한 3세의 고해 신부가 되어 왕궁에 거처하게 되었습니다. 그 과정에서 그는 여전히 예수회 관구장으로서의 소임을 계속해 나갔습니다. 그 당시 시몬 로드리게스에 대해 "호화로운 대저택과 세상의 화려함 없이는 살 수 없을 정도로 사치스러워서 다른 사람들을 아연실색하게 만들었다."라는 기록이 남아 있을 정도입니다.

이냐시오 성인은 자신을 애먹이는 친구에게 어떤 반응을 보였을까요? 성인은 그의 오랜 친구에게 화를 내거나 호되게 꾸짖기보다 여러 차례 편지를 보내어, 자신이 그의 문제점들을 도와줄 수 있도록 더 자주 서신을 보내라고 당부했습니다. 그러나 위기가 심화되자, 성인은 결국 1551년 12월에 시몬 로드리게스를 직위에서 해임하고 스페인으로 보냈습니다. 하지만 불행히도 그의 행태는 그곳에서도 여전히 골칫거리가 되었고, 이냐시오 성인은 어쩔 수 없이 그를 다시 로마로 불러들였습니다.

이는 이냐시오 성인처럼 균형 잡힌 사람에게도 고통스러운 시간이었음에 틀림없습니다. 그가 가장 믿었던 절친한 친구 하나가 기대를 저버렸기 때문입니다. 성인은 그 친구로 인해 실망감을 맛보았을 것입니다. 아니면 적어도 자신이 친구에게 보였던 신뢰가 후회스러웠을 수도 있겠지요. 아니면 시몬의 완고한 고집에 화가 났을 수도 있습니다. 그럼에도 성인은 '전제'를 기억하고 미심쩍은 사항들을 선의로 해석하면서, 친구의 자존감을 지켜 주었습니다.

포르투갈에서 맡았던 시몬 로드리게스의 직위를 이냐시오 성인이 해직하는 내용을 쓴 편지에서, 이미 서로가 잘 알고 있는 로드리게스의 단점과 문제점을 언급하지 않고 그가 관구장이 되어 짊어진 짐과 그로 인한 노고로, 더 이상 짐을 지기에 얼마나 부적절해 보이는지만 이야기했습니다. 이냐시오는 시몬 로드리게스에게 로마로 돌아오라고 요구하고 나서, 좋은 평판을 유지하기 위해 노력하고 미래를 준비하기를 바라는 소망을 다정하게 적어 보냈습니다. 이냐시오 성인의 관대한 편지에는 비난의 내용은 조금도 들어 있지 않았지요.

그뿐만 아니라, 이냐시오 성인은 편지에서 시몬 로드리게스의 우정을 소중하게 간직하고 있다고 말했습니다. 성인은 자신이 다른 예수회원을 사랑한다면 초기 예수회원들에게는 그보다 더 깊은 애정을 느낀다면서, "그대도 알다시피, 나는 특히 그대를 향한 아주 특별한 사랑을 늘 주님 안에서 품고 살았다네."라고 썼습니다. 이 편지는 이냐시오 성인이 사랑과 우정의 가치, 그리고 그로 인한 도전을 얼마나 잘 이해하고 있었는지를 보여 주는 주목할 만한 편지라고 할 수 있습니다.

우리의 친구나 가족 중에는 곤경에 처한 사람, 자기 파괴적인 행동으로 실망감을 주는 사람, 자신을 사랑하는 이들의 더없는 노력에도 불구하고 변화하지 못하거나 변화하려 하지 않는 사람이 있기 마련입니다. 그리고 그 기간은 몇 주일, 몇 년 동안 계속되기도 하고, 심지어 평생을 가기도 합니다. 이런 상황에서 우리는 이냐시오 성인이 시몬 로드리게스에게 했듯이, 그들에게 각별한 친구가 되어 그들이 건강한 삶을 살 수 있도록 격려하고, 우리의 특별한 사랑을 그들에게 베풀라는 부르심 또한 받게 됩니다.

만일 꼬여 있는 관계나 풀기에는 너무도 복잡한 문제가 있다고 생각한다면, 이냐시오 성인도 지독하게 복잡한 상황을 처리해야 했다는 점을 기억해 보세요. 성인은 포르투갈과 스페인에 사는 예수회원에 대한 책임, 예수회의 학교와 교회에서 일하는 이들에 대한 책임, 포르투갈 왕실의 호의를 계속 얻어 내야 하는 부담, 예수회의 명성을 끌어올리고자 하는 갈망, 가장 오래된 친구 중 한 명에게 친절을 보이고 싶은 소망 등, 이 모든 것 사이에서 균형을 잡아 나가야 했습니다. 이냐시오 성인이 이렇듯 파도치는 바다를 항해할 수 있었던 것은 그의 '행동 양식' 덕분이었습니다.

이러한 성인의 행동을 살펴보면, 첫째로 다른 무엇보다 '전제'를 쓴 사람답게 시몬 로드리게스의 미심쩍은 점들을 선의로 해석했고, 그의 관점에서 여러 상황을 바라보려고 노력했습니다. 둘째로, 친구를 솔직하게 대하면서도 모욕을 주지 않았습니다. 셋째로, 그는 효과적인 것과 그렇지 못한 것을 분별할 줄 알았고, 그러기에 자신이 고통을 받고 심지어 오해를 살 수 있다 하더라도 옳다고 생각하는 결정을 내리고 행동했습니다. 넷째로, 성인은 절대적으로 사랑에 중심을 두어야 한다는 것을 늘 기억했습니다. 다섯째로, 이 힘들게 하는 친구를 바꾸지 못할 수도 있음을 알 만큼 초연했습니다.

《초창기 예수회원들》에 따르면 결국 시몬 로드리게스는 이냐시오 성인의 행동에 담긴 지혜를 받아들이게 됩니다.

이냐시오 성인의 '행동 양식'을 정리하면 성인에게 우정을 맺는 재능이 있었다는 것을 알 수 있었습니다. 성인은 자애, 정직, 이성, 사랑 그리고 초탈에 필요한 자질을 지니고 있었던 것이지요.

7. 마음과 정신의 일치

제가 이 대목을 쓰고 있을 때, 예수회원이자 친한 친구인 데이브 교수님에게 전화가 왔습니다. 예수회에 입회하기 전에 수학을 가르쳐 주었던 데이브 교수님은 제가 아는 사람들 가운데 가장 계획적이고, 열심히 일하는 사람이었습니다. 그리고 가장 친절한 사람 중에 한 명이기도 했지요. 저는 교수님이 다른 사람을 두고 야박한 말을 하는 것을 들어 본 적이 없을 정도였으니까요.

우리는 시카고에서 철학 공부를 하던 시절에 같은 공동체에서 생활했습니다(우리의 방 사이에 있는 벽이 너무도 얇아서 각자의 방에서 전화하는 소리까지도 다 들렸고, 자연스럽게 서로에게 비밀이 별로 없었지요). 그러나 많은 예수회 친구들과 마찬가지로, 저와 데이브 교수님이 가까이 지내던 시절은 이제 지나갔습니다. 데이브 교수님은 시카고에서 일하고 있고, 우리가 만나는 일은 좀처럼 없게 되었지요.

저는 데이브 교수님에게 집필 중인 이번 장에 대한 대체적인 내용을 말하고 나서 "좋은 우정을 지켜 나가려면 어떻게 해야 한다고 생각하세요?"라고 물었습니다.

교수님은 "자주 만나거나 자주 소식을 주고받는 것이 가장 중요하지."라고 대답했습니다. 그러면서 교수님은 우정을 무시하려는 유혹이 가장 심하고, 그로 인해 깊은 외로움에 빠져들 수 있는 그때가 바로 스스로를 위해 가장 절실하게 그 우정을 키워 나가야 할 때이므로 그때 더 자주 만나거나 소식을 주고받아야 한다고 말했습니다.

거리와 시간이라는 장애물이 있어도, 깊은 우정을 지켜 나가는 일은 가능합니다. 데이브 교수님은 이에 대해 이렇게 말했습니다. "서로를 깊이 알게 된 대부분의 사람들이 그렇듯이, 우리에게도 우리를 서로 다시 결합시킬 수 있는 공통점이 있기 마련이지. 따라서 거리는 그다지 큰 문제가 되지 않는다네."

이냐시오 성인은 이것을 예수회원이 서로 먼 거리를 두고 떨어져 있더라도 동료로서 공동의 목적 안에 결합될 수 있게 하는 '마음과 정신의 일치'라고 불렀습니다.

데이브 교수님의 의견을 듣고 난 후에, 저는 다른 친구들 즉 이냐시오 영성에 정통한 몇 사람에게 더 전화를 걸어 이냐시오의 길이 그들에게 우정과 사랑에 관해 어떤 가르침을 주었는지 물어보았습니다. 친구들의 통찰 중 대부분이 찰스 셸턴 신부의 우정에 관한 글과 딱 맞아떨어졌는데, 셸턴 신부는 우정에서 피해야 할 몇 가지 사항들뿐만 아니라 건강한 우정으로 이끌어 주는 적극적인 방법 몇 가지도 제시했지요.

셸턴 신부는 맨 먼저, "좋은 벗들은 서로의 삶을 안다."라고 말했습니다. 아마 여러분도 이 말에 금방 동의할 수 있을 것입니다. 하지만 우정은 일방적인 것이 될 수도 있습니다. 우리는 친구나 가족 중에서 심리학자나 심리 상담사처럼 자신의 삶보다 다른 사람의 삶에 더 관심을 가지고, 그들이 필요한 것을 해결해 주기 위해 존재하는 듯한 사람을 발견하게 됩니다. 하지만 우정이란 서로 주기도 하고 받기도 해야 합니다. 이냐시오 성인은 《영신수련》에서 "사랑은 두 당사자의 통교"(영신수련, 231)로 이루어진다고 했습니다. 이처럼, 우정이란 상대방과 함께 **공유**하는 것이지요.

나이로비와 글로스터에서 친하게 지낸 매디 수녀 역시 이 같은 공유가 지닌 힘을 강조했습니다. 다만 그녀는 받는 것을 더 강조하면서 이렇게 말했습니다. "우리는 친구가 자신에게 친구 노릇을 하도록 해 주어야 해요. 때로는 받는 것이 더 힘들 때가 있거든요." 그러면서 자신이 좋아하는 금언 하나를 인용했습니다. "친구는 내 마음속의 노래를 알고 내가 기억하지 못할 때 그 노래를 내게 불러 줘요."

메인 주 포틀랜드 시에서 고등학교 교장으로 있는 빌은 저와 같은 해에 수련을 시작했고, 20년이 넘는 시간 동안 예수회 양성 교육을 같이 거쳐 온 만큼, 서로를 잘 알고 있었지요. 그는 편안하고 붙임성 있는 성격을 갖고 있어서, 주변에는 항상 친구들이 많았습니다. 제가 그에게 이런 질문을 했습니다. "내가 너를 나의 가장 오래된oldest 예수회원 친구라고 여겨도 될까?" 그가 큰 소리로 웃으며 말했습니다. "가장 늙은oldest 친구가 아니라 가장 오랜longest 친구겠지."

빌은 우정이라는 관계에는 솔선이 필요하다고 생각했습니다. 그에 대해 그는 이렇게 말한 적이 있습니다. "서로 보고 싶다고 말하는 것은 쉽지만, 그 말을 그냥 넘겨 버리는 일도 쉬운 일이지. 우정은 먼저 솔선하지 않으면 줄어들다가 이내 사라져 버릴 수 있는 거라고."

저의 오랜 친구 폴라는 활달하면서도 부드러운 목소리를 가진 친구로, 대학원 시절에 많은 예수회원들과 함께 공부했습니다. 신학 학위를 마치고 10년이 지난 지금, 결혼하여 두 자녀를 두었고, 오하이오 주 클리블랜드 시에 있는 예수회 소속 대학교에서 교목을 담당하고 있습니다. 제가 어떻게 하면 좋은 우정을 지켜 갈 수 있는지 묻자 그녀는 웃음을 터뜨렸습니다. 그리곤 그녀는 "예수회원과의 우정 말인가요, 아님 다른 사람들과의 우정 말인가요?" 하고 물었습니다. "왜냐하면 예수회원과의 우정에는 특별한 방법이 필요하거든요."

폴라가 비교적 신중하게 지적한 핵심 요소는 지향성이었습니다. 그녀는 제게 이렇게 물었지요. "예수회원들을 한데 묶어 놓은 그 상황을 넘어서는 핵심 가치들이 존재하나요? 그것이 한낱 대학생들끼리의 우정인가요, 아니면 그보다 더 깊은 것인가요? 예수회원들은 자신의 삶에서 의미를 갖는 영역들에 관해 이야기할 수 있나요?"

폴라는 결혼 생활을 직접 경험해 보니, 소유욕에 대한 찰스 셸턴 신부의 경고에 동의하게 되었다고 했습니다. 저는 그녀의 말을 듣고 크게 놀랐습니다. 그녀는 이것을 이냐시오 영성과 연결시켜 이해했다며 이렇게 말했지요. "영신수련의 원리와 기초를 보면, 어떤 사물이나 사람에게 애착하지 말라고 하잖아요. 이 점은 배우자에게도 똑같이 해당한다는 거죠."

이어서 폴라가 설명했습니다. "남편에게서 내가 '초연하다'는 말을 처음 들었을 때 나는 그 표현이 우스웠어요. 하지만 나이가 들면서 아무리 경이로운 인간관계라도 언젠가는 끝날 것이기에 나와 하느님과의 관계보다 더 중요할 수는 없다는 사실을 깨달았지요. 사람이 누군가에게 전적으로 의지하거나 오직 한 사람이 자신에게 필요한 모든 것을 채워 주기를 기대할 수는 없어요. 왜냐하면 결국 사람은 어느 누구도 상대방이 원하는 것을 완벽하게 해 줄 수 없을 테니까요."

그녀는 자신의 연인을 자기 삶의 중심축으로 삼는 대학생들과 이러한 통찰을 함께 나눌 때가 많습니다. 그런데 하느님을 중심에 모신다는 것은 배우자에게 돌아갈 수 있는 사랑이 그만큼 줄어드는 것은 아닌가 하는 생각이 들어 그녀에게 물었습니다. "절대 그렇지 않아요." 그녀는 즉시 대답했습니다. "만일 하느님이 한가운데에 계셔도 다른 이들을 위한 공간은 늘 있어요. 사실 더 많은 공간이 생기지요."

셸턴 신부는 건강한 우정으로 이끌어 주는 두 번째 방법에 대해 이렇게 말했습니다. "좋은 친구는 또한 자신의 진실한 감정을 함께 나누고 상대방의 이야기가 듣기에 불편해도 귀를 기울일 줄 안다."

여기에서 우리가 스스로에게 해 볼 만한 질문이 있습니다. 바로 '내가 어떠한 부정적인 감정이라도 허물없이 털어놓을 만큼 충분히 신뢰하고 있는 사람은 누구지?' 즉, 자신이 솔직하게 말할 수 있는 사람은 누구인지 생각해 보라는 것이지요. 이 질문에 답하기에 앞서 우리는 먼저 자기 자신에게 정직해야 합니다.

저와 가장 친한 친구 중에 저보다 한 해 앞서 수련을 받은 조지 신부가 있습니다. 조지 신부는 보스턴에서 교정 사목을 맡고 있습니다. 조지 신부는 이냐시오 영성이 어떻게 하면 우정에 도움을 줄 수 있는지에 관하여 귀중한 통찰 몇 가지를 말해 주었습니다.

"이냐시오의 길은 우리가 자기 자신에게 정직하도록 도와주는 만큼 친구와의 관계에서도 정직하도록 촉구한다네. 내 친구들은 내가 내 자신 본연의 모습을 보여 줄 수 있는 이들이지. 또 그들은 이미 나의 습관과 한계를 잘 알고 있다네. 그리고 그들은 내 장점을 평가해 주기도 하는데, 어쩌면 내가 생각하던 것보다 더 후하게 평가하기도 한다네. 나는 '하느님의 사랑을 받는 죄인들'이라는 이냐시오 성인이 제시한 개념을 생각할 때면 이를 곧잘 '친구들의 사랑을 받는 죄인들' 이라고 받아들이곤 하지."

이는 우리가 자기 자신과 친구들을 모두 연민의 눈으로 바라본다는 뜻이기도 합니다. 조지 신부는 덧붙여 말했습니다. "자신에게 더 큰 연민을 지닐 때, 친구에게도 그만큼 더 큰 연민을 지닐 수 있는 거야."

그대의 잘못을 그대에게 지적할 수 있는 친구가 있다면
그대의 성장에 큰 도움이 된다.

— 이냐시오 성인

조지 신부처럼 저의 친구들은 저마다 이냐시오 영성과 우정을 확실하게 연결시키곤 했습니다. 예수회원인 밥 신부는 뉴저지 주 시내에 있는 예수회 고등학교의 교장직을 맡고 있습니다. 그는 귀담아듣는 데 뛰어난 능력이 있으며, 그러기에 친구로서도 훌륭하지요. 밥 신부는 우정과 이냐시오 성인이 설명한 욕망의 관계를 이렇게 고찰했습니다.

"이냐시오 성인은 하느님이 솔직한 바탕에서 사람과 관계를 맺으신다고 말했지. 그리고 이런 일은 보통 자신의 친구들을 통하여 이루어진다네. 그런 만큼 우정은 그것이 격려가 되든, 도전이 되든 우리가 하느님을 발견하는 주된 통로의 하나가 되는 것이지. 그렇게 우리는 있는 그대로의 자신을 사랑받는 존재로 볼 수 있고, 우리의 친구들 역시 그렇게 보게 된다네."

덧붙여 그는 우정에 대한 갈망이 하느님에게서 나온다고 말했습니다. "이것은 다른 사람에게 무슨 일이 일어나고 있는지 알고자 하는 갈망이라네. 이것은 하느님께 오는 영원한 것들에 대한 갈망이자 무한한 것들과 함께하고 싶은 갈망으로, 이를 궁극적으로 충족시켜 주시는 분은 우리의 친구이신 하느님이지."

예수회원이 우정을 맺는 한 가지 방식은 '내적 생활 나눔'이라 일컫는 수행을 통하는 길입니다. 이 수행법은 우리가 어떻게 하면 자신의 친구들과 정직한 관계를 정립시킬 수 있는지 암시해 줄 수 있습니다.

8. 마음과 마음의 대화

제가 있던 공동체에서는 일요일 밤마다 모여서 **내적 생활 나눔**을 했는데, 이것은 우리의 영성 생활에 관해 이야기하는 자리였습니다. 우리는 그 자리에서 일상생활의 어느 부분에서 하느님을 체험했고 자신의 기도는 어떠했는지 서로 이야기를 나눴습니다. 여기에는 두 가지 규칙이 있습니다. 첫째, 모든 것은 **비밀**입니다. 둘째, 한 사람이 이야기하고 났을 때, 무엇인가를 분명히 하고자 물어보는 질문 이외에는 어떤 **논평**도 허용되지 않습니다.

저는 첫 번째 규칙은 일리가 있지만, 두 번째 규칙은 터무니없어 보였습니다. 처음에 사람들이 자신의 고충을 표출할 때면 저는 "이렇게 하면 어떨까요?"라고 말하고 싶었습니다. 누군가가 옛날 생활이 그립다고 말한다면, "저도 그래요."라고 말하고 싶었고, 누군가가 외로움을 토로하면, "저를 찾아오세요."라고 말하고 싶었지요. 그런 말을 억지로 꾹꾹 참기는 했지만, 수련장 신부님이 그렇게 말한 이유를 이해할 수 없었습니다.

그러다가 점차 깨닫게 되었습니다. 두 번째 규칙이 있는 이유는 우리가 귀담아들을 수 있도록 하기 위함이었습니다. 경청하는 것은 우리가 잃어버린 예술적인 행위입니다. 우리는 귀담아듣고 싶어 하고 귀담아듣고 있다고 생각하려 하지만, 보통은 무슨 말로 대꾸할 것인지 또는 무슨 조언을 해 줄 것인지 궁리하느라 너무 바쁜 나머지, 귀담아듣지 못할 때가 많습니다.

저의 수련장인 제리 신부님이 설명해 주었듯이, 수련기에는 위로하고 상담하고 조언할 시간이 많습니다. 이 수행은 "적게 말하고, 많이 들어라."라는 비교적 잘 알려지지 않은 이냐시오의 금언들 중의 하나를 반영하고 있는 것이지요. 또한 모든 것을 엄격히 비밀에 부치도록 지시받고 있다는 사실은 사람들이 자신의 이야기를 할 때 편안함을 느끼게 해 주었습니다.

저는 점차 내적 생활 나눔이 좋아졌습니다. 제리 신부님과 영적 지도를 해 주는 도노반 신부님을 비롯하여 동료 수련자들이 지난 일주일 동안 하느님을 어떻게 체험했는지 토로했을 때, 내적 생활 나눔이 더욱 좋아졌지요. 각자가 얼마나 다양한지, 각자가 저마다 성덕을 키우며 보다 나은 사람, 보다 훌륭한 예수회원이 되고자 얼마나 열심히 노력하고 있는지 알게 되었습니다. 실로 놀라운 경험이었습니다.

몇 주가 지나자 저는 하느님이 그들의 삶에서 일하시는 방식에 놀라움을 금치 못했을 뿐만 아니라 그들의 사소한 약점을 좀 더 이해하게 되었습니다. 어떤 수련자가 화를 낼 때는 그가 자라면서 그의 가정에서 힘든 상황들을 많이 겪어 왔을지 모른다는 사실을 떠올렸습니다. 그리고 어떤 수련자가 무뚝뚝할 때는 그가 사목 과정에서 다루기 힘든 문제에 봉착해 있음을 기억했지요. 그들이 세상과 소통하는 방식에는 그들 자신의 체험이 묻어나 있었습니다. 덕분에 저도 '전제'를 잊지 않을 수 있었고, 제가 그들의 단점이라고 생각하는 모습을 선의로 이해하는 데에 도움이 되었습니다.

저의 친구 크리스는 예수회 수사로서, 여러 해 동안 성소실에서 일하면서 예수회 지원자들을 모집하고 선별하는 일을 도왔습니다. 크리스 수사에게는 아는 친구들이 많습니다. 그중에는 예수회원도 있고 예수회원이 아닌 사람들도 있습니다. 그와는 우정과 사랑에 관해 이야기를 나누었는데, 그는 귀담아듣는 경청이 갖는 가치를 강조한다면서, 내적 생활 나눔에 대해 이렇게 말했습니다.

"난 오래전부터 내적 생활 나눔이 아주 중요하다는 걸 알고 있었어. 내가 예전에 예수회 공동체 식구 한 사람과 함께 생활했는데, 글쎄 같이 지내다 보니 가깝게 지내기가 매우 힘든 사람이었지 뭐야. 내적 생활 나눔을 통해 그의 고충들을 알게 되었고, 그것이 그를 이해하는 데 큰 도움이 되었어. 그 이후로 다른 사람이 그로 인해 힘든 상황에 처하기도 한다는 것을 알게 되어도 그를 쉽게 외면하거나 비난할 수 없게 되었지."

저 역시도 동료 수련자들의 이야기를 주의 깊게 듣다 보면 그들에게 느끼던 짜증이 줄어든다는 것을 알게 되었습니다. 그전까지만 해도 저는 당연히 예수회원 모두가 건강하고 완전한 삶을 살아왔을 것이라고 생각했던 것입니다. 저만 빼고 모두가 그럴 것이라고 생각했지요. 그러던 제가 내적 생활 나눔을 통해 모든 이들의 삶이 기쁨과 함께 고통으로도 가득 차 있음을 처음으로 알게 되었습니다. 또한 우리 모두가 겉으로 드러나는 것보다 훨씬 더 복잡하다는 것도 그때 알게 되었습니다.

우리는 더디게 말하는 모든 이들에게 참을성 있게 귀를 기울여야 한다. …… 우리의 이웃이 마음에 담긴 모든 것을 이야기했다고 생각될 때까지 우리의 귀는 활짝 열려 있어야 한다.

— 이냐시오 성인

또한 경청은 제가 친구들의 좋은 소식을 보다 기쁘게 축하할 수 있도록 해 주었습니다. 개인적인 문제들을 안고 있는 수련자가 어느 정도의 치유를 체험했을 때, 저는 그가 그동안 그가 겪어 온 일들을 알기에 그와 함께 한층 더 크게 기쁨을 나눌 수 있었습니다.

우리 대부분은 매주 한 시간씩 친구들과 내적 생활 나눔을 비롯한 다른 나눔의 시간을 따로 갖지 않습니다. 하지만 경청을 하면 가족들 사이에 사랑을 키우고 우정을 지켜 나가는 데 중요한 교훈들을 얻을 수 있고, 이를 통해 여러분의 행동은 변화할 수 있습니다.

이러한 변화는 첫째, 여러분이 위로하거나 조언하거나 공감하기에 앞서 정말로 귀담아듣기 시작하게 될 것입니다. 둘째, 귀담아듣되 판단하려 하지 않으려고 노력하게 될 것입니다. 셋째, 친구에 관해 깊이 알면 알수록, 그 친구를 이해하고 동정하고 위로하는 것은 물론 용서하는 것도 한결 쉬워지게 될 것입니다. 넷째, 솔직하게 나누면 나눌수록, 도전적인 일을 이야기하는 능력도 그만큼 커지게 될 것입니다. 다섯째, 귀담아들으면서 친구의 삶을 더 깊이 이해할수록, 친구의 기쁜 일을 더욱 진심으로 축하할 수 있게 됩니다.

우리는 이런 단순한 방법들을 통해 인간관계, 대화, 친구를 향한 연민이 깊어져 프란치스코 살레시오 성인이 말하듯이 '마음과 마음으로 이야기하는' 진정한 친교를 다져 나가게 됩니다.

9. 겸손과 우정

예수회원이자 윤리 신학 교수인 제임스 키넌 신부는 언젠가 '동정 同情은 기꺼이 다른 사람의 삶에 따르는 혼란 속으로 뛰어들려는 자세'라고 말했습니다. 하지만 보통의 사람들은, 심지어 가장 친한 친구라 할지라도 다른 사람이 가진 삶의 혼란 속에 휘말리기를 꺼리는 것이 사실입니다. 우리는 친구의 문제에 부담을 느끼거나, 친구의 일을 자신이 돕거나 해결해 줄 수 없다는 사실에 스스로에게 실망할 수 있습니다. 또한 직장에서 스트레스를 받거나, 관계에서 생기는 문제 등으로 고민하고 있거나, 큰 병을 앓고 있는 친구나 가족을 의식적으로 멀리 하고 있었음을 문득 깨닫게 되는 때가 있습니다. 여러분은 자신이 누군가를 도울 능력이 없다고 느낄 때가 언제였나요?

우리는 때때로 스스로 나서서 무엇인가를 해결하려고 합니다. 그러나 우리는 전능하지 않다는 사실을 언제나 명심해야 하지요. 예를 들어, 제가 수련원에 들어간 직후에 제 친구 두 명이 심한 말다툼을 벌이고 서로 말을 하지 않게 되었습니다.

그래서 저는 저의 영적 지도 신부님인 도노반 신부님에게 그들을 화해시키지 못하는 제 자신에게 얼마나 큰 실망을 느꼈는지 말했습니다. 이로 인해 제 자신이 실패자처럼 느껴졌고, 쓸모없는 예수회원이라고 생각하게 된다고도 했지요.

이야기하고 있자니 이러한 사실이 견딜 수 없었던 저는 도노반 신부님에게 물었습니다. "예수회원이라면 이런 일쯤은 할 수 있어야 하는 것 아닌가요?" 신부님이 되물었습니다. "그건 어디에서 나온 생각인가?" 제가 대답했습니다. "글쎄요, 예수님은 그렇게 하셨을 거잖아요. 예수님은 그들이 화해하도록 도우셨을 거예요. 그리고 그들이 서로 이야기를 주고받게 하셨을 거고, 서로 화해하기까지 노력하셨을 거고요." 도노반 신부님이 말했습니다. "그래, 맞네, 예수님은 분명 그 모든 일을 하실 수 있었을 거야. 그런데 내가 자네에 관해 들은 이야기가 있는데 말이지. 자네는 예수님이 아니라고 하더군!"

신부님과 저는 소리 내어 웃고 말았습니다. 그저 웃기는 농담이라서가 아니라 그 말이 사실이었기 때문이었지요. 친구들과 가족들이 삶에서 질병이나 이혼, 자녀와 관련된 고민거리, 경제적인 문제들처럼 더없이 고통스러운 어려움을 안고 있을 때라도 우리는 보통 기적을 만들어 낼 수 없습니다. 우리의 노력이 변화를 가져올 때도 있지만, 가져오지 못할 때도 있는 것이지요.

역설적으로 들릴지 모르지만, 자신의 무력함을 인정할 때 모든 것을 다 바로잡아야 한다는 의무감에서 벗어나, 진실로 상대방의 곁에 존재하며 귀를 기울일 수 있게 됩니다. 〈더 뉴요커〉에 실린 만화 중에서 한 여자가 자기 친구에게 짜증스럽게 말하는 대목이 나옵니다. "내가 널 바로잡아 주는 게 싫다면, 우리가 친구라는 것이 아무런 의미가 없게 된다고!"

겸손은 단순히 친구들을 대하는 방식에만 적용되는 것이 아니라,

자기 자신에게도 적용되는 것입니다. 만일 우리가 건강한 우정을 키워 나가고자 한다면, 친구들의 문제를 모두 해결할 수 없다는 사실을 인정하고, 친구들 또한 자신의 문제를 다른 사람이 해결해 줄 수 없다는 사실을 인정해야 합니다. 우리가 가진 약점들을 인정하는 것도 건강한 우정을 위해 매우 중요한 것이지요. 달리 말해서 우리는 사과도 하고 용서도 해야 합니다.

저는 여러 해 동안 경솔한 행동 때문에 주변 사람들에게 잘못을 저질렀을 때가 많았습니다. 그들에 대해 험담을 하거나, 의심을 하거나, 제가 바라는 대로 행동하도록 조종하려고 했지요. 이런 지난 일들을 두고 생각해 보니 그들에게 용서를 구하는 것이 마땅하다는 것을 깨닫게 되었습니다. 이는 그리스도교의 핵심 메시지에 해당하는 것이었지요.

예수회 공동체를 포함하여 사람이 사는 곳이라면 어디에서든 죄가 존재하기 마련입니다. 따라서 사람이 사는 곳 어디에서나 사죄와 용서는 늘 필요한 일이지요. 하지만 용서를 구하는 일은 어려우며, 항상 옳아야 한다는 자기중심의 욕망과 부딪히는 만큼, 언제든 자신을 낮추는 훈련이 필요합니다.

그러나 제가 용서를 구하면 거의 모든 사람들이 저를 용서해 주었고, 덕분에 우정은 더 굳건해져 갔습니다. 하지만 상대방이 용서해 주지 않는 경우도 한두 번 있었지요. 이럴 때는 그 사람을 위해 기도하고, 늘 화해의 문을 열어 놓고, 제가 다른 사람에게 사랑을 강요할 수 없듯이 다른 사람의 용서도 강요할 수 없다는 점을 새삼 마음에 새기는 것이 도움이 되었습니다.

10. 건강한 우정을 위한 노력

다시 앞으로 돌아가 찰스 셸턴 신부가 제시한 건강한 우정을 이끌어 주는 방법 몇 가지를 살펴보면서 우리가 자신의 친구나 가족과의 관계에 필요한 통찰을 얻을 수 있는지 알아보기로 하겠습니다.

셸턴 신부는 솔직하지 않으면 우정이 시들어 사라진다고 말했습니다. 윌리엄 A. 배리 신부님도 최근에 저와 나눈 대화에서 그 이유를 간략하게 설명했습니다.

"물론 솔직해지기는 어렵지. 하지만 우리가 친구에게 화가 났을 때 화가 난 이유를 상대방에게 이야기할 수 없다면, 그 관계는 점점 더 서먹해진다네. 결국 우리가 꼭 마음을 나누어야 할 만한 일이 생기더라도, 아무런 이야기도 할 수 없게 되어 버리지. 그리고 얼마 가지 않아 친구 하나를 잃어버리게 된다네."

찰스 셸턴 신부는 열린 마음을 가져 보려고 시도하는 것은 우리가 바라는 일일 뿐만 아니라 우리가 친구들에게 해 주어야 할 일이기도 하다고 조언합니다. 과연 우리는 가끔씩 자신이 이기적으로 행동하기 때문에 친구에게 사과해야 할 때가 있다는 것을 받아들일 수 있을까요?

크리스 수사는 이런 말을 했습니다. "솔직해지는 데는 두 가지 장애물이 있어. 하나는 내가 하는 솔직한 말을 친구가 듣고 싶어 하지 않는다는 것을 나도 알고 있다는 거지. 다른 하나는 내가 해야 하는 말을 나도 하고 싶지 않다는 거야. 특히 나 자신이 잘못하고 있음을 스스로 알고 있을 때 더욱 그렇지. 하지만 더 중요한 것은 자신의 잘못을 겸손하게 인정하는 일이야."

친구는 서로 축복을 빌어 주는 관계입니다. 서로를 사랑하는 가족의 경우도 마찬가지이지요. 이냐시오 성인도 자신의 친구 프란치스코 하비에르 성인이 받은 부르심대로 나아갈 수 있도록 자유를 주었습니다. 자신의 욕심은 배제한 채 친구를 향한 하느님의 부르심을 진심으로 응원했던 것입니다. 그로 인해 자신의 친구를 지구 반대편까지 떠나보내야 했더라도 말이지요. 이는 친구의 일이 잘 되었거나 성공했을 때 축하해 주는 상황에서도 똑같이 생각할 수 있습니다.

예수회원은 때때로 경쟁심을 가질 수도 있습니다. 보통 경쟁심은 관계를 망치기도 하지만, 예수회의 많은 사례들이 이러한 경쟁심의 좋은 면을 보여 줍니다. 자연스러운 경쟁은 우리에게 더 큰 업적에 도전하도록 만들기 때문입니다.

예를 들어 이냐시오 성인이 병상에 누워 '아시시의 프란치스코 성인이나 도미니코 성인이 한 일을 나도 하면 어떨까?' 하고 생각했을 때, 성인은 이미 프란치스코 성인이나 도미니코 성인과 '경쟁'을 벌인 셈입니다. 이냐시오 성인에게 건전한 경쟁의식이 없었다면, 예수회는 존재하지 못했을 것입니다. 그런데 이냐시오 성인은 나이가 들어가면서 야망의 어두운 면을 떨쳐 내고, 예수회원들 사이에 불건전한 야심과 경쟁은 제한하고 누그러뜨려야겠다고 생각했습니다. 《회헌》에는 그러한 성인의 생각이 잘 드러나 있습니다.

사실 경쟁은 친구, 동기, 이웃, 직장 동료 사이에서는 물론, 두세 사람이 모인 곳이라면 어디에서나 존재합니다. 제가 철학과 신학을 공부하는 동안에도 건강한 경쟁심이 있었지요. 제 친구 데이비드는 언제나 깔끔한 하늘색 서류철에 메모지를 가지런히 정리해 두었고 시험이 있으면 며칠 전부터 공부를 시작하는 체계적인 사람이었습니다. 저는 그가 공부를 시작하는 것을 보면서 시험공부를 해야 할 때라는 걸 알게 되고는 했지요. 데이비드의 부지런함이 저를 부추겨 공부할 수 있도록 이끈 것입니다.

하지만 지나친 경쟁은 해롭습니다. 특히 상대가 잘못되기를 바라게 만드는 경쟁심은 우정을 끝장내는 첫걸음이 됩니다. 찰스 셸턴 신부는 건강한 우정의 모습을 하나 더 열거했는데, 그것은 분별 있는 침묵을 지킬 때를 알아야 한다는 것입니다. 친구나 가족이 우리의 조언을 필요로 하지 않을 때도 있고, 또 조언이 시기나 상황에 맞지 않을 때도 있기 때문이지요.

뉴욕 시에 있는 한 예수회 고등학교의 교장인 스티브도 이 조언에 동의했습니다. 굉장한 유머 감각을 가진 스티브는 바쁘게 살아가는 와중에도 다른 사람의 이름과 생일은 물론, 애완동물의 이름까지도 기억하는 놀라운 기억력 덕분에 주변 사람들에게 늘 인기가 많은 친구이지요.

스티브는 우정에 꼭 필요한 요소인 신중함에 대해 이야기했습니다. "나는 대단히 직선적이어서 곧장 본론으로 들어가는 것을 좋아해. 특히 바쁜 상황에서 바로 핵심에 도달하는 종류의 대화를 좋아하지. 하지만 신중해야 할 필요도 있어. 지금이 어떤 화제를 꺼내야 할 때인지 아니면 보다 적절한 시기를 기다려야 할 때인지, 구태여 상대방이 말하지 않더라도 그가 이 이야기를 들어서 좋을 때인지 등을 알아야 해."

셸턴 신부의 조언에 제가 덧붙이고 싶은 사항 몇 가지가 있습니다. 첫째, 친구는 서로에게 변화할 자유를 주어야 합니다. 우리가 몇 해 전에 고등학교, 대학교, 직장 또는 수련원에서 알게 된 사람은 못 본 사이에 완전히 달라져 있을 수 있습니다. 중요한 것은 그 사람에게 몇 년 전의 모습을 그대로 간직해 달라고 강요하지 않는 것입니다. 이는 우리가 친구뿐만 아니라 배우자에게도 줄 수 있는 자유입니다. 결혼한 친구 하나가 최근에 제게 이렇게 말했습니다. "어쩌면 결혼을 파괴하는 가장 무서운 적은 성장하고 변화하는 자유를 억압하는 일일지도 몰라."

둘째, 우정을 반갑게 맞이해야 합니다. 특히 다른 사람을 따뜻하게 맞아들이고 독점하려 들지 않아야 합니다. 여기서 '독점적'이란 말은 예수회원에게 함축적인 의미를 내포하고 있습니다.

20세기 대부분에 걸쳐, 일부 예수회 장상들은 특정한 우정을 격렬히 반대했습니다. 젊은 예수회원들 사이에 이루어지는 지나치게 강하고, 특별한 독점적인 우정은 지나치게 밀접한 유대 관계를 조장하거나 유도한다고 보았습니다. 나아가 이것은 우정에 관한 막연한 오해를 반영하고 있는 것이기도 했습니다. 하지만 아주 친한 친구를 두는 일은 축복이지 저주가 아닙니다.

그러나 여기에도 우리가 간과해서는 안 될 유익한 통찰 하나가 담겨 있었습니다. 예수회 장상들은 우정을 앞세운 너무 지나친 독점성이 사람들을 격리시키고 보다 큰 공동체에서 분리되게 만들 수 있음을 알고 있었던 것입니다. 어떤 우정이 그 자체에만 몰입하게 되면 건강하지 못한 것이 되고, 때로는 강박적인 관심이 쏠리면서 비현실적인 기대들을 낳아 두 사람 모두에게 실망을 안겨 줍니다.

건강하지 못한 독점성을 경계하기 위해 우리가 자문해 볼 수 있는 질문 몇 가지가 있습니다. 자신과 친한 친구 사이에 다른 사람들이 함께 어울리고 싶어 하면 기쁘게 받아 줄 수 있는지, 친구가 다른 친구들과 시간을 보낼 때 질투심을 느끼는지, 친구는 내가 필요할 때면 언제든지 도움이 될 수 있어야 한다고 생각하는지 자문해 봅시다. 혹시 이런 물음들에 '그렇다'고 답했다면, 여러분은 친구가 오로지 자신만을 위해 존재하는 것이 아니라는 사실을 떠올려야 합니다.

이 점은 하느님과의 우정에도 적용됩니다. 모린 콘로이도 《식별력 있는 마음 The Discerning Heart》에서 이렇게 말했습니다 "우리가 하느님과 깊은 관계를 맺다 보면, 다른 사람들과도 생명을 바치는 사랑을 나누고 싶어진다." 우리와 하느님과의 우정은 배타적이지 않고 포괄적이며, 서로를 따뜻하게 맞이합니다.

셋째, 우정에는 유머가 가미되어야 합니다. 우정에서 가장 중요한 것들에는 그냥 흥겨워하는 것, 즐기는 것, 실컷 웃는 것 등이 있습니다. 이 모두가 건강한 심리 상태와 영성을 만들게 되지요. 우리가 영적인 이야기를 할 때 우정이 즐거움이라는 표현을 많이 듣지는 못했지만, 즐거움과 유머, 웃음은 영성과 분명한 관련이 있습니다.

좋은 친구들은 당신이 어떤 문제에 지나치게 몰입하지 않도록 깨우쳐 줍니다. 언젠가 저는 제 친구 크리스 수사에게 대수롭지 않은 문제로 심각하게 하소연하고 있었습니다. 그렇게 몇 분 동안 불만을 토로하고 나서 아주 심각한 말투로 말했습니다. "이렇듯 내 삶의 십자가가 되고 있지 뭔가." 그러자 그는 조금도 주저하지 않고 말했습니다. "그렇군, 그런데 그게 자네에게 십자가란 말인가, 아니면 다른 사람들에게 십자가란 말인가?"

이 멋진 짤막한 농담은 제가 균형 있는 시선을 찾을 수 있도록 도와주었습니다. 저는 제 자신의 문제에 지나치게 몰입한다 싶을 때면 가벼우면서도 의미 있는 크리스 수사의 농담을 떠올리곤 합니다. 유머는 도를 넘는 자아도취에 빠지지 않게 해 주기 때문이지요.

넷째, 친구는 서로 도와야 합니다. 우정은 대화하고 나누고 들어 준다고 다 이루어지는 것은 아닙니다. 우리는 병원으로 문병을 가고, 이사를 도와주고, 아기를 돌봐 주고, 충전용 케이블을 빌려 주고, 공항까지 태워다 주는 등 때로 친구를 위해 무엇인가를 해 주어야 합니다. 이것은 영혼을 돕는 일을 할 때에도 가장 기초적인 일 중의 하나이며, 모든 사람이 부여받는 소명의 일부분이기도 합니다. 데이비드 플레밍은《이냐시오 영성이란 무엇인가?*What Is Ignatian Spirituality?*》

에서 이렇게 표현했습니다. "돕는 일에는 대단한 훈련과 학위가 필요하지 않다."

11. 좋은 벗을 향한 갈망

지금까지 언급했던 우정은 친구를 위해 이런 일을 해야 하고, 저런 일은 피해 한다는 식으로 실용적인 측면만을 중시하고 있는 것처럼 들릴 수 있습니다. 하지만 우정은 물론 진정으로 사랑을 나누는 모든 관계는 행복을 만들기 위해 설계된 기계가 아닙니다. 예를 들자면 아름다운 정원에 핀 꽃에 빗대어 설명할 수 있지요. 우리가 꿀벌이 아닌 한, 꽃들은 우리를 위해 무엇인가 해 주기 위해서가 아니라 그저 즐기라고 그곳에 있다는 뜻입니다. 이로써 우리가 다룰 마지막 부분이 드러납니다. 바로 감사하는 마음이지요.

이냐시오의 길은 감사하는 마음을 환영합니다. 《영신수련》은 하느님의 선물에 감사를 표현하는 글들로 가득 차 있습니다. 이냐시오 성인은 제4주간에 이런 글을 썼습니다. "온갖 좋은 것들과 선물들이 위로부터 어떻게 내려오는지를 바라보고 …… 위로부터 내려오는 것이 마치 태양에서 빛이 나오고 샘에서 물이 흘러내리는 것과 같음을 본다."(영신수련, 237) 이냐시오 성인에게 있어서 배은망덕은 죄들 가운데 가장 가증스러운 것이었고, '모든 죄와 불행의 시작이요 근원'이었습니다.

제가 스티브 수사에게 우정에 관해 물었을 때, 그가 가장 먼저 언급한 것은 양심 성찰 중에 고마움을 깨닫는 일이었습니다.

"내가 우정에 관해 생각할 때 가장 먼저 머리에 떠오른 것은 '모든 것 안에서 하느님을 발견'하는 일이었어. 그것은 내 성찰 중에 드러났는데, 이때 하느님은 내가 초점을 맞추고 있는 것보다 하느님이 중요하다고 생각하는 것으로 더 자주 나를 이끌곤 하셨지. 그것은 보통 친구들이나 다른 예수회원과의 사이에서 드러났어. 다른 예수회원이 하는 강론이나 복도에서 들리는 심한 불만의 토로처럼 가장 단순한 방식으로 드러나더라도 말이야. 성찰은 내가 친구들에게 좀 더 마음을 쓰고 좀 더 고마워하도록 도와주게 되지."

폴라는 약간 냉소적으로 누구나 다 자기 친구들을 고맙게 생각한다고 말할 테지만, 성찰이 고마움에 한결 쉽게 초점을 맞추도록 해 준다고 지적했습니다. "성찰이 우정이나 가족 관계에 항상 도움이 되는 이유는 고마워하는 마음을 깨닫도록 도와주기 때문이야."

매디 수녀는 친구와 함께하지 않는 날에도 그들에게 고마워하곤 했습니다. "저는 매일 밤 성찰할 때 감사하는 마음으로 친구들을 기억하곤 해요. 그들과 만나지 못한 날일지라도 말예요. 저는 그들이 어디에 있더라도 그들에게 고마움을 표현하게 되지요."

보스턴에 있는 규모가 큰 예수회 공동체의 원장인 폴 신부는 우정에서 가장 소홀하게 여겨지는 부분이 바로 고마움이라고 했습니다. 신부는 여러 해를 보스턴과 시카고에서 젊은 예수회원들을 양성하는 책임을 수행하며 보냈습니다. 다른 사람들의 영성 생활을 조언하며 평생을 보내고 있는 그는 우정에 대해 이렇게 말했습니다. "우정에서 가장 중요한 부분 중의 하나는 우정이라는 선물에 감사하며 살아가고, 이런 감사의 마음을 키워 가는 것입니다."

폴 신부는 예수회원 간의 우정에서 생기는 공통적인 문제는 감사할 줄 모르는 것에서 비롯된다고 지적했습니다. 즉 사람들이 우정을 고마워할 줄 모르고 당연시한다는 것입니다.

"사람들은 우정에 상당한 노력이 필요하다는 사실을 쉽게 망각합니다. 시간을 내서 만나고 연락하는 등 작은 일들이 중요하지요. 일단 사람들이 어떤 우정을 맺을 수 있게 되고, 또 그 진가를 이해할 수 있게 되면, 이를 위해 한층 더 열심히 노력하는 경향이 있습니다."

폴 신부는 진정한 우정은 쉽게 얻기 힘들고, 많은 노력이 필요하다고 말했습니다. 그리고 인내도 필요하다고 했지요. "이유야 어찌 됐든 쉽게 친구를 사귀고 계속 교제하는 소수의 사람들도 있어요. 하지만 대부분의 사람들은 우정을 참을성 있게 기다려야 합니다. 우리는 우정을 떠올릴 때 금방 이루어지는 일이라고 생각하는 경향이 있지만, 우정처럼 풍요롭고 놀라운 선물은 점진적으로 키워 나가야 하는 것이지요."

여러분 중에는 이 장이 가족과 친구와의 관계에 대한 올바른 이해를 넓혀 나가는 방법을 찾아내는 일에 도움이 된 사람도 있을 것이고, 우정에 대한 이야기를 들으며 새삼 외로움을 느낀 사람도 있을 것입니다. 만일 여러분이 어떤 느낌을 받았더라도 기도 중에 하느님의 우정을 맛보며, 직장 생활과 취미 생활에서 하느님이 어떻게 활동하시는지 알아볼 수 있습니다.

그렇다면 우리는 좋은 벗을 갈망하는 이들에게 무슨 말을 해 줄 수 있을까요? 제가 슬픔으로 가득한 삶을 살아가는 외로운 사람들을 만나 본 후, 그들에게 해 줄 수 있는 말은 새로운 친구들을 만날 수 있는 가능성을 늘 열어 두라는 것과 어느 날엔가 당신이 친구를 만나기를 하느님이 바라신다는 사실을 믿고 절망하지 말아야 한다는 것입니다. 사실 우정을 바라는 소망 자체가 다른 이들에게 관심을 가지라는 하느님의 초대입니다. 하느님이 우리와 함께 사시는 세상을 그분도 바라신다고 믿습니다. 비록 그 목표가 까마득하게 멀리 보일지라도 말이지요.

폴 신부님은 이렇게 말했습니다. "어째서 그런 일이 자신의 삶에 좀 더 빨리 일어나지 않는지 의아해하는 사람들에게 더 중요한 것은 다른 사람들을 사랑하는 일에 첫발을 내딛는 것이라고 생각해요. 이는 대다수 사람들이 받는 것보다 베푸는 삶을 살아야 한다는 것으로 보일 수도 있지요." 그리고 이렇게 덧붙였습니다. "온갖 노력을 다해서 평생 동안 단 한 명의 친구밖에 얻지 못할지라도, 그것은 그만한 가치가 있는 거예요."

제11장

미래에 내맡김

제11장

미래에 내맡김
순명, 받아들임, 고통

이냐시오 성인은 예수회원의 삶에서 순명이 차지하는 위치에 대해 투명하고도 분명한 입장을 갖고 있었습니다. 성인은 《회헌》의 '순명에 관한 사항'이라는 항목에서 순명 서원을 이렇게 다루었습니다.

> 의무 사항뿐만 아니라 명시적인 명령이 없이 단지 어떤 표지로 장상의 의향을 알게 되는 경우에도 순명하고 이에 뛰어나도록 모두가 최대한 노력하는 것이다(회헌, 547).

달리 말하자면, 예수회원은 순명하는 자세를 갖는 것은 물론 장상의 의도를 알아차리는 것만으로도 행동을 취할 수 있을 정도가 되어야 합니다. 한 걸음 더 나아가, 예수회원은 하느님을 향한 사랑으로 순명을 실천하는 만큼, 장상이 내리는 명령을 '그리스도의 말씀처럼' 받아들여야 합니다. 또한 일단 장상이 무엇을 원하는지 알았을 때는 지금 하고 있는 일이 무엇이든 밀쳐 두고 나서야 하지요.

사람들은 대부분 이 점을 깊이 헤아리지 못합니다. 또다시 작가 캐틀린 노리스의 말을 인용하자면, 대부분의 사람들은 순명을 '개에게는 바람직하지만 사람에게는 수상쩍은 것'으로 보기 때문입니다. 심지어 많은 사람들은 수도 공동체의 수장을 의미하는 장상superior이라는 용어를 이상하게 보기까지 하지요.

예수회원 친구인 릭 커리가 한번은 그의 사무실이 있는 같은 건물에서 일하는 정신과 의사 친구와 우연히 마주치게 되었습니다. 그때 릭은 다른 예수회원과 승강기 안에 있었지요. 평소에 친하게 지내던 여의사를 만난 릭이 자신의 동행을 그녀에게 소개하며 말했습니다. "이 분은 저의 장상superior이에요."

그런데 그의 장상이 승강기에서 내리자 그녀가 다가와 "난 당신이 그런 식으로 말하지 않았으면 좋겠어요." 하는 것이었습니다. 릭이 "그게 대체 무슨 말이죠?" 하고 묻자 그녀가 말했습니다.

"그 사람이 당신보다 더 우수한superior 사람은 아니에요. 당신은 모든 면에서 그 사람만큼 뛰어나다고요." 릭은 한참을 큰 소리로 웃고 난 후, 장상이라는 용어가 갖는 의미를 그녀에게 설명해 주었다고 합니다.

저도 순명 서원에 관하여 이와 비슷한 설명을 하려고 합니다. 그런 다음 예수회원의 순명 체험이 여러분의 일상생활에 어떻게 도움을 줄 수 있는지 이야기해 보겠습니다.

1. 쉽게 순명하는 법

이냐시오 성인이 살던 시대에 순명은 수도 생활에서 자연스러운 부분이었습니다. 이냐시오 성인과 가까운 친구들 몇 명이 수도회를 결성하기로 결정했을 때, 순명을 다른 방식으로 지킬 수 있다는 것에 대해 생각할 수도 없었습니다. 순명은 거의 모든 가톨릭 수도회에서 항상 본질적인 부분이었고, 지금도 여전히 그렇습니다.

순명obedience이란 단어는 '듣는다to hear'는 어근을 가지고 있는 라틴어 **oboedire**에서 나왔습니다. 순명은 귀담아듣기 즉, 경청을 의미하지요. 청빈 서원이나 정결 서원과 마찬가지로, 순명 서원도 우리가 아버지 하느님의 말씀을 듣고 순명한 예수님의 표양을 따르도록 돕기 위한 것입니다.

수도회에 몸담은 사람들은 하느님이 자신들의 일상생활과 기도를 통해서, 그리고 올바른 방향을 취하려고 노력하는 장상들의 결정을 통해서 일을 하고 계신다고 믿습니다. 또한 성령이 하느님께 귀를 기울이고자 노력하는 장상의 결정들을 통해 일하신다고 믿지요.

이 말의 의미가 장상이 자기 혼자서 결정을 내린다는 뜻은 아닙니다. 장상과 함께 예수회원 모두가 하느님이 바라시는 것들을 식별하고자 노력하지요. 어떤 예수회원을 특정한 일에 파견하기로 할 때, 장상이 이 예수회원의 원의들에 주의를 기울입니다. 왜냐하면 이것이 하느님이 원하시는 것을 찾을 수 있는 한 가지 방법임을 알고 있기 때문이지요. 그리고 지금쯤은 예수회 창립자가 의도했던 것이 바로 이것이라는 것을 여러분도 알 것입니다.

예수회원인 윌리엄 A. 배리 신부와 로버트 도허티는 《활동 중의 관상가들: 예수회원이 가야 할 길 *Contemplatives in Action: The Jesuit Way*》이라는 저서에서 이냐시오 성인이 활동하던 사회가 얼마나 계급적이고 권위주의적이었는지를 감안하면, 성인이 개인의 식별을 강조했다는 사실은 놀랄 만한 일이라고 말했습니다.

"이냐시오 성인은 예수회원 개개인의 체험을 통해 하느님의 뜻이 발현될 수 있다고 기대했다."

장상은 예수회원이 원하는 것을 어떻게 알 수 있을까요? 그것은 이른바 양심현현이라는 관행을 통해 알 수 있습니다. 관구장은 1년에 한 번씩 자신이 관할하는 예수회원들 각각과 개별 면담을 하고, 그가 하는 일, 공동체 생활, 서원, 친구 관계, 기도 등을 주제로 이야기를 나눕니다. 그리고 나면 장상은 이 예수회원의 내적인 삶을 보다 명확하게 파악하고, 따라서 그에게 보다 적절한 임무를 맡길 수 있게 됩니다.

임무에 대한 결정이 내려진 후에라도, 만일 예수회원이 자신의 뜻이 제대로 전달되지 못했다고 느끼면 관구장에게 돌아가 이야기할 수 있습니다. 이른바 재면담을 하는 것이지요. 만일 재면담까지 해도 만족하지 못하면 더 상위의 장상에게 호소할 수 있고, 최종에는 총장에게까지 호소할 수 있습니다. 그러나 예수회원은 그것이 양심의 문제가 아니라면, 마지막에 가서는 순명하겠다는 자신의 서원에 맡깁니다. 일단 기도하고 대화하고 식별한 다음에는 미흡한 결정이라 생각될지라도 그 결정을 받아들여야 합니다.

출처를 알 수 없는 말이지만, 예수회의 어떤 장상이 이런 말을 했다고 전해지고 있습니다. "내가 식별하고, 당신이 식별하고, 우리가 함께 식별하지만, 결정은 내가 한다!"

머리가 잘 돌아가는 예수회원

예수회원은 순명을 따라야 할지 고민될 때, 약삭빠르다고 할 정도는 아니라도, 제법 머리가 잘 돌아간다고들 합니다. 이 이야기에 관련된 농담 하나가 있습니다.

어떤 예수회원이 자신의 나쁜 습관에 가책을 느꼈다. 그래서 장상에게 "신부님, 제가 기도하면서 담배를 피워도 됩니까?" 하고 물었다. 깜짝 놀란 장상은 "절대로 안 됩니다." 하고 대답했다.
그가 돌아가 똑같은 습관을 가진 다른 예수회원에게 그 이야기를 들려주었다. 그 이야기를 들은 예수회원은 곰곰이 생각하더니 장상을 찾아가 물었다. "신부님, 제가 담배를 피우면서도 기도를 드려도 됩니까?" 그러자 장상은 말했다. "물론 되지요!"

1960년대 이후부터 예수회 장상들은 이냐시오 성인의 독창적인 사상을 되찾아 가고 있습니다. 이 독창적인 사상은 하느님은 인간의 원의와 희망과 재능을 통해서 일하시고, 사람은 즐겁게 직무를 수행하며 성장한다는 것입니다.

예를 들어, 대학교에서 가르치는 예수회원 대부분은 그 일을 위해 여러 해를 준비했고, 그리고 그들의 장상은 그들을 기쁜 마음으로 파견합니다. 파견된 예수회원들은 학교에서 그동안 자신이 준비한 것을 활용하여 교육하고 즐거워하지요.

하지만 인간의 원의와 재능에 쏟는 관심은 오랫동안 예수회 식별에서 큰 비중을 차지했습니다. 영국의 예수회원인 제라드 맨리 홉킨스 신부가 1874년에 쓴 글에는 이러한 말이 있습니다. "우리 가운데 누군가가 해외 선교처럼 특정한 분야에 열정과 소질을 보이면, 그들은 대체로 그 일을 하게 된다."

장상의 뜻을 따르는 일이 예수회원 자신의 원의와 공동체의 필요가 맞아떨어졌다고 느끼게 될 때, 그것은 즐거운 체험이 됩니다. 그러나 예수회원은 스스로 뜻하지 않은 어디인가로 가라는 요구를 받을 때가 있습니다. 아니면 하고 싶지 않은 일을 하라는 요구를 받을 때도 있지요.

이런 상황에서 순명하기 힘들 때, 누군가가 책임을 맡아야 할 필요가 있다고 생각하면 그것을 받아들이기가 한결 쉬워집니다. 즉, 이냐시오 성인처럼 세계적인 수도회를 운영하려면 사명을 이끌어 갈 한 사람, 단일한 최종 권위자가 필요한 것이지요. 그러니까 순명 서원은 다른 서원들과 마찬가지로, 항상 사도적인 성향을 띠며, 우리가 맡은 임무를 더 효과적으로 수행할 수 있도록 도와줍니다.

　순명에 대해 비웃는 사람들을 보면서 저는 자주 놀라움을 느끼게 되는데, 정작 그 사람들이 수도자보다 더 수도자처럼 살아가고 있는 경우가 많기 때문입니다. 회사에서 일하는 많은 사람들은 지시를 내리는 관리자에게 자신의 뜻을 말하지도 못하고 그저 시키는 대로 하는 경우가 많습니다. 저도 GE에서 일할 때, 먼 지방으로 전출되어도 회사에 너무나 헌신적인 나머지 불평할 생각조차 하지 못하는 장기 근속자들을 많이 보았습니다. 그들이 회사 결정에 따르는 이유는 조직의 목표를 달성하기 위해 꼭 필요한 결정을 내렸다고 생각하기 때문입니다. 수도회에서 이루어지는 결정들도 이와 마찬가지이지요.

　제가 6년 동안 기업체에서 일했던 경험으로 말할 수 있는 것은, 기업체의 구성원이 말할 수 있는 것보다 예수회 안의 개인이 더 큰 발언권을 얻을 수 있다는 것입니다. 예수회 장상은 예수회원 각각의 원의와 통찰력, 그로 인한 결론이 소중하다고 믿지만, 기업체에서는 그렇게 판단하지 않을 때가 자주 있지요.

　이냐시오 성인은 수도회 회원들이 발하는 표준적인 서원인 청빈·정결·순명에 더하여, 많은 예수회원들에게 이른바 '제4서원'을 발하도록 요구했습니다. 이 특별한 서원은 교황님과 관련된 것으로, 예수회원은 교육을 마치면서 '교황님이 어떤 선교 사명에 파견하시든지 특별한 순명을 바칠 것'을 약속합니다.

이 서원에 숨겨진 의도는 무엇일까요? 그것은 바로 예수회가 범세계적으로 움직이기 위해 만들어진 서원이라는 것입니다. 이냐시오 성인이 제4서원을 교황님 개인에게 초점을 맞출 의도는 아니었습니다. 그보다는 교황님이 세계 교회를 전반적으로 파악하고 있기 때문에 가장 절실하게 도움이 필요한 곳을 알 거라고 생각한 것에서 비롯되었지요. 존 오말리 신부는 《초창기 예수회원들》에 이렇게 썼습니다. "곧 '영혼을 돕기 위해' 세계 어느 곳이든 가겠다는 약속이다. ······ 이 제4서원은 교황이 '주님의 포도밭'에 가장 효율적으로 일꾼들을 파견하는 데 필요한 폭넓은 시야를 가지고 있다는 것을 전제로 한다."[12]

이냐시오 성인의 의지는 분명했습니다. 예수회원의 순명은 수도생활을 검증하는 표지였던 것입니다. 그렇다면 순명은 수도회를 효과적으로 운영하는 이점 외에 또 어떤 이점을 가져올까요?

우리는 청빈을 추구함으로써 자연스럽게 소박한 삶을 살 수 있고, 재물의 소유에 따른 근심 걱정에서 자유로워질 수 있습니다. 또 정결을 추구함으로써 사람들을 자유롭게 사랑하고, 보다 홀가분한 마음으로 친구를 대할 수 있지요.

순명 역시 자유와 관련되어 있습니다. 우리는 순명을 통해 과도하게 사리사욕을 챙기거나, 출세만을 생각하거나 오만에 빠지지 않게 됩니다. 그리고 공동체가 필요로 하는 큰 요구에도 한결 기꺼이 부응할 수 있게 되지요. 또한 자신이 출세하기 위한 최선의 길이 무엇일지 고민하기보다 공동체에 필요한 부분이 무엇인지 아는 장상들이 우리의 재능을 통해 좋은 해답을 줄 것이라고 믿게 될 것입니다.

이처럼 우리는 순명으로 인해 자유로운 마음으로 봉사할 수 있게 됩니다. 물론 당신은 이런 일이 실제로 어떤 작용을 하게 되는지 궁금할 수도 있습니다. 그럴 때 예수회원에게 순명에 관해 물어보면 됩니다. 그러면 그들은 자신이 파견되어 겪은 경험이나, 새로운 일을 부여받아 얻은 경험들을 이야기해 줄 것입니다.

프란치스코 하비에르 성인이 인도와 아시아 대륙으로 가고, 이사악 조그 성인이 지금의 캐나다인 뉴프랑스로 갔던 것은 단순히 그들이 가고 싶어 했기 때문이 아니라, 그들이 그곳으로 파견되었기 때문입니다. 그들이 하는 일을 하느님이 보살펴 주신다는 새로운 차원의 의미를 부여하는 것이 순명 서원이지요. 모든 예수회원들이 그렇듯이, 그들은 자신의 사명이 하느님의 원의를 최대한 가까이 따를 수 있도록 해 준다고 믿었습니다. 그 이유는 그 일이 하느님을 섬기고자 하는 자신들의 갈망에서 비롯된 것이고, 그 점을 자신들의 장상에게서 확인받았기 때문입니다.

간단히 말해, 그들은 자신이 받아들인 서원을 하느님도 진지하게 받아 주셨다고 믿은 것입니다. 그 이유는 이 실질적인 서원이 예수회원 모두가 순종하는 하느님께 드리는 서원이기 때문이지요.

2. 가능한 한 많은 사랑과 애덕

예수회원은 일상생활에서 어떤 방식으로 순명을 이행하고 있을까요? 장상이 예수회원을 마음대로 먼 곳으로 파견하지는 않을까요?

이 물음에 대한 대답은 과거와 현재가 서로 다릅니다. 몇십 년 전에는 예수회원들이 장상과의 대화를 통해 소망을 찾아내는 것이 아니었습니다. 매년 7월 31일 이냐시오 성인의 축일이면 라틴어로 스타투스status라 부르던, 한 해 동안의 맡은 소임을 쓴 목록이 게시판에 붙곤 했으니까요.

연세가 지긋한 한 예수회원이 지난 1950년대에 관구 스타투스를 발표했을 때 있었던 이야기 하나를 제게 들려주었습니다. 그 예수회원은 목록을 훑어보다 놀랍게도 자신에게 화학을 가르치는 소임이 맡겨졌음을 알게 되었습니다. 그는 무언가 잘못되었다고 생각했지요. 왜냐하면 그는 그때까지 한 번도 화학을 가르쳐 본 적이 없을 뿐만 아니라, 화학 자체를 아예 배운 적도 없었으니까요.

그러다가 순간, 그는 무슨 일이 벌어졌는지 깨달았습니다. 대학에서 화학을 전공했던 예수회원이 있었는데 그 예수회원이 자신과 이름이 똑같았던 것입니다. 게다가 그 예수회원은 영어를 가르치는 소임을 맡게 되었는데, 사실 영어가 바로 그의 전공이었던 것이지요. 그래서 그는 관구장을 설득하기 위해 만났습니다. 그는 관구장에게 자신의 의견을 바로 전달했지요. "신부님, 저는 신부님이 실수하셨다고 생각합니다."

그 예수회원은 이야기를 여기까지 하다가 갑자기 껄껄 웃었습니다. "그런데, 그게 그 관구장이 가장 듣기 싫어하는 말이었지 뭔가."

젊은 예수회원의 타당한 주장에 난처해진 관구장은 오히려 실수가 아니었다고 힘주어 말했습니다. 그렇게 해서 그는 관구 산하의 고등학교에서 화학을 가르쳐야만 했습니다. 제가 물었습니다. "그래서 어떻게 했어요?" 그가 소리 내어 웃으면서 대답했지요. "1년 동안 화학을 가르쳤지. 그런데 말야, 내가 화학을 아주 잘 가르쳤다네!"

이 예수회원은 일종의 권력 남용에 아주 우아하게 대처한 셈이었습니다. 그러나 예수회원 중에는 장상의 잘못된 결정에 대해 오랜 세월 원한을 품는 이들도 간혹 있지요. 잡지 〈아메리카〉의 초대 편집장은 서품 50주년이 되는 금경축 자리에서 많은 예수회원들과 친구들, 가족들을 앞에 두고 대담하게도 이렇게 말했습니다. "제가 예수회에서 지금껏 해 온 일은 제 장상들을 증오하는 것뿐이었지요."

20세기에는 대체로 개인의 식별 능력보다 장상의 식별 능력이 더 강조되었습니다. 하지만 제2차 바티칸 공의회 이후로 모든 수도회가 자기네 본연의 정신으로 되돌아가라는 요구를 받으면서, 예수회는 성령이 모든 사람을 통해 일하신다는 이냐시오 성인의 지혜를 되찾기에 이르렀습니다. 오늘날 예수회 안의 모든 결정은 오랜 대화와 기도의 과정을 거친 후에 이루어집니다.

하지만 그럼에도 여전히 그 결정에 동의할 수 없다면, 장상에게 자신이 생각하는 동의할 수 없는 이유를 설명할 수 있습니다. 드문 경우지만 심각한 논쟁이 벌어지면, 장상이 순명의 이름으로 자신의 결정을 받아들이도록 명령할 수도 있지요. 이런 경우, 하느님은 자신이 동의하지 않는 결정을 통해서도 일하신다는 점을 믿고 마음의 평화를 찾아야 합니다.

이런 결정들 이면에는 하느님의 뜻을 발견하고자 기도하고, 해당 예수회원을 향한 사랑을 통해 결정해야 하는 장상의 책임이 있습니다. 윌리엄 A. 배리 신부와 로버트 도허티는 이렇게 말했습니다.

"예수회 통솔에서 순명의 관행은 분명 권위주의적이고 독단적이어서는 안 된다. …… 이냐시오 성인은 장상들이 설령 다른 사람에게 고통스러운 일을 해야 할 때라도 사랑으로 행동하기를 바라고 있다."

이는 장상이 자신의 공동체에 속한 예수회원에게 장상 자신도 별로 명하고 싶지 않는 일을 하도록 요구할 때 특히 그렇습니다. 여기에는 누군가를 예수회에서 퇴출시키는 결정을 해야 하는 더없이 고통스러운 선택도 포함되지요.

실제로 이냐시오 성인은 어떤 사람에게 수도회를 떠나도록 요구한다는 결정을 내린 다음에 취할 조치에 대해서도 서술했습니다. 이 같은 본보기는 다른 분야에서도 유익하게 활용할 수 있을 것입니다.

첫째, 장상은 퇴회자가 외적인 것으로서 가능한 한 수치나 불명예를 느끼지 않도록 배려해야 합니다(회헌, 223).

둘째, 장상은 그가 '가능한 한 본회에 대해 애정과 애덕을 가지고 주님 안에서 충분한 위로를 받으며' 떠나도록 해야 합니다(회헌, 225).

셋째, 장상은 그가 '수도 생활이나 세속 생활로 하느님을 섬기는 다른 좋은 방법을 찾을 수 있도록 힘쓰며, 권고와 기도 그리고 애덕의 관점에서 최선이라 생각되는 대로 도와주어야' 합니다(회헌, 226).

역설적이지만, 이처럼 누군가를 퇴출해야 할 때 장상이 할 일을 명시한 이 목록은 이냐시오 성인의 모든 글 가운데 가장 감명을 주는 글에 속합니다. 이냐시오 성인의 따뜻한 마음이 다른 어느 곳에서보다 솔직하게 드러나 있는 곳이 바로 《회헌》이기 때문이지요. 이냐시오 성인은 이렇듯 고통스러운 결정까지도 사랑의 통솔이라는 입장에서 바라보았습니다(기업체에서 해고와 감원을 처리하는 방식과 비교해 보면 이해하기 쉬울 것입니다).

모든 예수회원은 순명이 지향하는 목표를 이해합니다. 하지만 이런 이해심이 있더라도 순명이 하나의 도전이 되는 때가 있지요. 이 점에 관한 짤막한 두 가지 이야기를 해 보겠습니다.

3. 충실한 순명

요즘에는 생소하게 들릴지 모르지만, 예수회원인 로버트 드리넌 신부는 매사추세츠 주에 지역구를 두고 다년간 미국 하원 의원으로 활동했습니다. 보스턴 대학교에서 법학 교수로 재직하던 1960년대 말, 그는 기도와 식별을 통해 정치에 입문하는 것이 사회를 장기적으로 변화시키는 최선의 길이라는 결론을 내렸고, 장상들의 승인을 받아 공직에 출마했지요. 드리넌 신부는 1981년까지 의원직을 수행했는데, 1973년에는 베트남 전쟁이 벌어진 기간 동안 리처드 닉슨 대통령이 저지른 잘못들을 지적하며 그의 탄핵을 발의한 최초의 하원 의원으로 유명해졌습니다.

그런데 때마침 바티칸에서 사제들은 정치 생활에 직접적으로 개입해서는 안 된다는 결정을 내렸습니다. 그에 따라 당시 예수회의 최고 장상이었던 페드로 아루페 신부는 드리넌 신부에게 1980년도 재선거에 출마하지 말라고 명했지요. 이에 따라 드리넌 신부는 기자 회견을 했습니다. 그 자리에서 드리넌 신부는 자신이 계획했던 중차대한 일을 포기하고 지극히 중요한, 첫 서원식 때 서약한 순명을 지켜 냈습니다.

> 저는 사제요, 예수회원이라는 사실이 자랑스럽고 또 영광이라고 생각합니다. 저는 신앙인이기에 장차 해야 할 더 중요한 어떤 일이 있다고 믿을 수밖에 없습니다. 이제 이 새로운 순례를 아픔과 기도로 시작하려 합니다.

그 뒤로 드리넌 신부는 조지타운 대학교의 인기 있는 법학 교수이자, 국제 인권을 다루는 수많은 책을 저술한 저명한 작가가 되어 종교계 안팎에서 사람들의 존경을 받았습니다. 저 역시도 하느님이 고통스러운 결정을 통해서도 일하신다는 사실을 믿는다는 것이 무엇을 의미하는지 보여 준 드리넌 신부를 항상 마음 깊이 존경했습니다.

그보다 몇십 년 앞선 때에 신학자 존 코트니 머리라는 또 다른 예수회원이 드리넌 신부와 비슷한 명령을 받았습니다. 동료 예수회원이 그에 대해 "그가 방으로 들어오는데 마치 거대한 여객선 같았지."라고 기억할 정도로 키가 컸던 그는 언젠가 〈타임〉지 표지에 등장할 만큼 대단히 박식한 학자였습니다. 하지만 그런 대단한 명성도 그가 장상들의 모진 결정을 받아들이는 데 방해가 될 수 없었지요.

1950년대에, 존 코트니 머리 신부를 포함한 재능 있는 신학자들이 바티칸 공직자들과 그들이 소속된 수도회로부터 침묵을 지시받았습니다. 메릴랜드 주에 있는 예수회 산하의 우드스턱 대학교에서 신학 교수로 재직 중이던 머리 신부는 교회와 국가의 문제를 주제로 다양하게 글을 쓰면서, 헌법으로 보장된 종교의 자유와 가톨릭의 가르침을 따르면 개개인이 누구나 마음대로 예배드릴 수 있는 자유가 있다는 견해를 내놓았는데, 바티칸에서 그 의견에 동의하지 않았습니다. 그리하여 1954년에 머리 신부의 장상들은 그에게 이 주제로 글을 쓰지 말라고 명령했습니다. 한 예수회원의 목격담에 따르면 머리 신부는 말없이 이 주제와 관련된 모든 책을 도서관에 반납했다고 합니다.

하지만 몇 년 후에, 뉴욕 대교구의 교구장이었던 프란시스 스펠만 추기경은 머리 신부가 제2차 바티칸 공의회의 신학 전문가에 지명되도록 배려했습니다. 이리하여 이제껏 침묵하던 머리 신부는 공의회의 '종교 자유에 관한 선언'을 작성하는 기획자로 참여하게 되었습니다. 이 문헌은 이전에 금지된 자신의 저서를 바탕으로 서술되었지요. 종교의 자유를 만인의 권리로 명확히 규정하는 공의회가 끝나 갈 무렵에, 머리 신부는 침묵을 강요당한 다른 학자들과 함께 바오로 6세 교황이 집전하는 미사에 초대를 받았습니다. 이는 그의 공식적인 복권을 보여 주는 표지가 되었지요. 머리 신부는 그로부터 몇 년 뒤인 1967년에 세상을 떠났습니다.

어쩌면 여러분은 이 예수회원 두 사람에 관한 글을 읽으면서 '웃기는군!' 하거나 '드리넌 신부는 왜 정치 활동을 계속하지 않은 거지?' 또는 '머리 신부는 왜 자기가 쓰고 싶은 글을 쓰지 않은 거야?' 하고 생각할지 모릅니다. 실제로 어떤 예수회원들은 자신의 서원을 계속 지킬 수 없겠다는 결론을 내리고 자기가 반드시 해야 한다고 느끼는 말이나 행동을 하기 위해 수도회를 떠나기도 했습니다.

드리넌 신부와 머리 신부가 장상의 결정을 받아들일 수 있었던 것은 하느님이 자신들의 순명 서원을 통해 어떻게든 일하고 계신다고 믿었기 때문입니다. 그들은 설령 장상들의 결정이 불합리하거나 부당하고 어리석어 보일지라도, 그조차 하느님이 하신 일이라고 믿었습니다.

이런 자세는 부부가 힘든 시기에 자신들이 결혼했을 때 했던 서약을 되돌아보는 것과 비슷합니다. 많은 부부들이, 결혼 생활이 전과 달라지거나, 서로에게 상처를 주는 등 관계에 변화가 필요한 상황에 직면할 때가 자주 있습니다. 하지만 그 모든 상황에서도 부부는, 비록 혼인 서약이 겉보기에 이미 끝난 듯하고 별다른 의미도 없어 보인다 할지라도, 자신들의 서약이 여전히 하느님과 자신들과의 계약의 표지이자 그들의 헌신성을 보여 주는 신성불가침의 상징이며, 여전히 하느님이 자신들을 보살펴 주시리라 믿을 이유가 됩니다. 우리는 이러한 서약을 통해 하느님과 관계를 맺고, 아울러 하느님이 서약에 담긴 이상적인 목표로 이끌어 주시리라 믿어야 합니다.

순명 서원이 과도하게 고통스러운 상황으로 이어지는 경우는 드뭅니다. 대다수의 예수회원이 재빨리 새로운 소임에 적응하는 것을 보면 이 서원을 지키는 것이 별로 힘들지 않다는 것을 알 수 있지요. 심지어 소임을 알게 된 그 순간에는 지혜롭지 못한 결정이라고 생각해도, 몇 년이 지나 되돌아보면 지혜로운 결정이었다고 평가할 때가 많습니다.

앞에서 언급했듯이, 저는 동아프리카로 파견되었다가 다시 신학 공부를 하기 위해 미국으로 돌아갈 준비를 하던 즈음에 사랑에 빠지게 되었습니다. 그때 저는 양성 교육 기간 중에 있었지요. 당시에 저는 이미 필요한 서류 작업을 모두 마치고, 다른 동료들과 마찬가지로 신학 대학원 과정을 수락받은 상태였습니다.

저는 관구장 신부님에게 전화를 걸어 사랑에 빠지면서 얼마나 큰 혼란을 겪고 있는지, 그리고 이로 인해 잠시나마 성소에 의문을 품기까지 하고 있다고 이야기했습니다. 그러자 관구장 신부님은 저의 신학 공부를 다음 해로 연기하는 편이 낫겠다는 결정을 내렸지요.

저는 말할 수 없이 큰 실망을 느꼈습니다. 친구들도 모두 제가 신학 대학원 과정에 임하도록 허락받은 줄 알고 있었는데, 관구장 신부님의 결정으로 대학원 과정을 연기해야 했으니까요. 제가 무엇보다 걱정한 것은 이 결정이 제게 수도회를 떠나라고 요구하는 신호가 아닐까? 하는 점이었습니다. '혹시 내가 다른 예수회원들을 실망시킨 것은 아닐까?' 하는 걱정도 들었지요.

저는 여차하면 예수회를 떠날 생각까지 하게 되었습니다. '내가 하고자 하는 일을 할 수 없다면 머무를 이유가 없지 않을까? 이렇게 모호한 처지에서 머무를 이유가 있을까? 예수회가 나를 필요로 하지 않는 것처럼 보이는데, 머무를 이유가 있을까?'

저는 이렇듯 사태를 엉뚱하게 해석하고 있었습니다. 어쨌거나 관구장 신부님은 저의 퇴회에 대해서는 한마디도 언급하지 않았는데 말이지요.

혼란에 빠진 저는 영적 지도 신부님을 찾아갔습니다. 그 당시 저의 영적 지도 신부님은 경건하고 인정 많은 예수회원 조지 신부님이었지요. 신부님은 여러 해를 과학 교사의 소임을 맡아 오다가 노년에 영신수련에 대한 새로운 깨달음을 얻게 되었습니다. 그리하여 일흔이란 나이에 새로운 소임을 받아들여 나이로비에 있는 예수회 피정의 집으로 왔고, 저는 매달 그곳에서 신부님을 만나 영적 지도를 받았습니다. 저는 신부님과 함께 있기만 해도 마음이 진정되곤 했습니다. 조지 신부님은 제가 가장 존경하는 사람 중의 한 명입니다. 아니 그보다 제가 가장 고마워하는 사람 중의 한 명입니다.

언젠가 제가 전염성 단핵증에 걸렸는데, 병이 너무 심해져 공동체 바깥으로 나갈 수 없게 되자, 조지 신부님은 피정의 집에서 한 시간 동안 운전을 하고 제가 있는 곳으로 와서 영적 지도를 해 주었습니다. 그 당시 신부님은 "난 지금 왕진을 하고 있는 걸세."라고 쾌활하게 말하며 저를 웃게 만들었습니다.

관구장 신부님과 이야기하고 난 후에 저는, 전염성 단핵증보다 더 심각한 걱정거리가 생겨 버렸습니다. 예수회원으로서의 제 미래가 암울하게 느껴졌기 때문이었지요. 이튿날 저는 조지 신부님을 만나 이 좋지 않은 소식을 전하며 말했습니다. 관구장 신부님의 어처구니없는 결정을 어떻게 받아들여야 좋을지, 친구들과 가족들, 특히 이미 제가 신학 대학원 과정을 할 것이라고 알고 있는 예수회 친구들에게 뭐라고 말해야 할지, 무엇보다 이것이 예수회를 떠나라는 신호가 아닐지에 대해 이야기를 나누었습니다.

조지 신부님은 끈기 있게 저를 이끌어 제가 케냐에서 지내는 동안 경험한 온갖 좋은 일들을 떠올리게 해 주었습니다. 제가 활동한 예수회 난민봉사단은 여러 난민들이 자신의 사업을 시작하도록 도와주었지요. 우리는 나무 조각가, 화가, 바구니 직조 장인, 낙농업자를 후원해 왔습니다. 난민들은 양복점, 제과점, 목공소는 물론 에티오피아 요리가 나오는 식당 몇 곳과 양계장까지 하나 세웠지요.

1년이 지나 우리는 난민들의 수공예품을 파는 작은 가게도 열었습니다. 가게를 시작하고 몇 달 지나지 않아, 가게의 판매 수익으로 난민들이 5만 달러를 벌게 되었지요. 저는 지난 2년 동안 많은 난민 친구들을 사귀었고, 그들과 아주 깊은 사랑을 주고받았습니다. 제가 예수회원으로서 케냐에서 바친 기도는 풍요롭고 만족스러웠습니다. 심지어 조지 신부님은 제가 일을 마치고 집으로 돌아오는 길에 체험했던, 제 자신에게도 역할이 있다는 영적 위안도 생각나게 해 주었습니다. 그러고는 저에게 물었습니다. "이러한 가운데 어찌 자신의 성소를 의심할 수 있겠나?"

하지만 저는 요지부동이었습니다. 관구장 신부님의 결정은 제가 예수회를 떠나야 한다는 일종의 신호라고 생각했습니다. 지금 되돌아보면, 저는 빠른 속도로 하느님에게서 멀어지면서 절망에 빠져들었고, 대학원 과정이 연기되는 것을 예수회를 완전히 떠나게 된다는 뜻으로 여겼었습니다. 이냐시오 성인의 말대로 '원수'가 활약하고 있었던 것입니다. 그 '원수'가 저의 오만을 부추겨 절망과 섣부른 결단으로 세차게 몰아가고 있었습니다.

조지 신부님이 "자네는 예수회의 양성 교육을 어떻게 보고 있나?" 하고 물었지만, 저는 신부님이 질문한 의도를 전혀 알지 못했습니다. 그런데 신부님은 질문들을 이어서 하며, 그동안 제가 가지고 있던 영성 생활에 대한 생각을 바꾸어 놓았습니다.

"이것이 그저 거쳐야 하는 일련의 시련일까? 이것이 자네가 출세하기 위해 올라가고 있는 사다리일까? 어쩌면 하느님이 자네를 이런 방식으로 다듬어 가고 계시는 건 아닐까?"

저는 당황하면서도 이제까지의 일들이 사제 서품이라는 큰 목표에 도달하기 위해 거쳐야 하는 일련의 시련으로 여겨 왔다는 것을 인정했습니다. 그럼에도 저는 여전히 서품을 승진을 위한 일이나 학위를 취득하는 것에 더 가까운 것으로 보았지요. 하지만 보다 거창한 어떤 일이 진행되고 있을 수도 있었습니다. 어쩌면 하느님이 정말로 저를 다듬어 가고 계실지도 모를 일이었습니다.

아무튼 조지 신부님의 도움으로 제가 지난 2년 동안 예수회원으로서 맛본 기쁨이 진짜였으며, 그 모든 과정을 통해 예수회원이 되도록 부르심을 받았다는 사실을 다시 깨닫게 되었습니다. 동시에 관구장 신부님의 결정을 받아들이라는 부르심도 깨달았습니다. 하느님의 손길을 제 눈으로 볼 수 없었지만, 틀림없이 작용하고 있었던 것이지요. 그래서 저는 예수회에 계속 머물기로 결단을 내렸습니다.

관구장 신부님은 저와 몇 차례 대화를 더 나눈 다음, 제가 한 해 동안 할 새로운 소임을 배정해 주었습니다. 〈아메리카〉라는 잡지에서 일하라는 것이었지요.

그런데 관구장 신부님의 그 고약한 결정이 저를 작가로서의 삶으로 이끌게 되었습니다. 만일 제가 극렬하게 반대했던 그 결정이 바뀌었다면 저는 아마 이 책을 쓰지 않았을 것입니다. 돌이켜 생각해 보면 제가 순명 서원에 충실하지 않았다면 저의 삶이 얼마나 다르게 전개되었을지 짐작도 가지 않습니다.

몇 년 뒤에 저는 예수회원들의 예수 성탄 대축일 기념 모임에서 예전의 관구장 신부님을 만났습니다. 그때쯤 신부님과 저는 이미 친구가 되어 있었지만 신부님에게 케냐의 그 시절 이야기는 한마디도 하지 않았습니다. 그런데 그날 제가 먼저 이야기를 꺼냈습니다.

"그러니까, 제가 케냐에 있던 시간 동안 신부님이 하신 일은 모두 옳았습니다." 신부님이 말했습니다. "무슨 일 말인가?"

"제 신학 공부를 늦추신 일 말입니다. 돌이켜 보니, 저는 그때 준비가 되어 있지 않았습니다. 저는 너무 불안정하고 혼란스러운 나머지, 신학 공부에 집중할 수 없었을 것이고, 사제 서품에 대한 생각도 하지 못했을 겁니다. 게다가 〈아메리카〉지를 만들며 보낸 한 해는 제 삶을 바꾸어 놓았지요. 그러니 돌이켜 보면, 신부님이 옳으셨던 것이지요."

저는 신부님도 "나도 이제 생각해 보니 결과적으로 그때 했던 선택이 옳았다는 확신이 서네."라고 말할 줄 알았습니다. 하지만 신부님은 껄껄 웃더니 온화한 목소리로 말했습니다.

"이보게, 난 그때도 내가 옳다는 걸 알고 있었다네."

4. 실재 상황의 수용

이렇듯 예수회원들의 순명 서원은 마치 큰 거래처럼 보이기도 합니다. 아마 여러분은 '이게 나와 무슨 상관이냐'라고 물을지 모릅니다. 여러분의 대부분은 아마 수도회에 몸담고 있지도, 앞으로 입회할 생각도 없겠지요. 그리고 분명 어느 누구에게도 순명을 서원하는 일이 없을 것입니다. 비록 조금 다르긴 하지만 결혼을 서약하기 전까지는 말이지요.

또한 예수회에 관한 이런 이야기들을 가볍게 생각할 수도 있습니다. 간단히 말해 여전히 순명이 '개에게는 바람직하지만 사람에게는 수상쩍은 것'이라고 생각할지 모릅니다. 이상한 예수회의 영성이 자신의 삶과 어떤 연관을 갖는지 이해하기 어려울 수 있지요.

청빈과 정결은 비교적 명확하게 응용할 수 있습니다. 청빈은 소박한 삶의 자유에 대한 통찰을 선물하고, 정결은 자유롭게 사랑하고 좋은 친구가 될 수 있는 방법에 대한 올바른 시각을 제공하니까요. 하지만 순명은 어떤가요?

사실, 영성 생활에서는 누구나 순명에 직면하게 됩니다. 수도회에 몸담고 있든 그렇지 않든 간에, 우리는 하느님의 뜻에 또는 그냥 하느님께 자신을 내맡길 수밖에 없는 순간을 맞이하게 될 것입니다. 그것도 우리가 생각하지 못한 방식으로 말이지요.

우리는 하느님의 뜻에 관해 생각할 때, 보통 그것을 온전히 알아내기 위한 일을 떠올리곤 합니다. 하느님의 뜻이 무엇일까요? 무엇을 해야 할까요? 그때 우리는 이 책의 주제 중의 하나인 이냐시오 성인의 '식별' 모형으로, 자신의 갈망을 통해 하느님이 우리에게 기대하시는 그분의 열망을 알아내는 데 도움을 얻을 수 있습니다. 우리는 하느님이 품으신 열망의 표지를 우리 삶에서 찾습니다.

하지만 우리가 하느님의 계획을 알고자 하는 모든 상황에서 많은 이해나 식별이 필요하다고 생각하는 것은 위험합니다. 하느님의 계획이 바로 우리 앞에 놓여 있을 때도 있지요. 제가 존경하는 예수회원인 월터 취제크 신부가 소련의 강제 수용소에서 얻은 깨달음이 바로 이런 것입니다.

제가 이 책 첫머리에서 관련된 일화를 언급한 바 있는 월터 취제크 신부는 미국에서 태어난 예수회 사제로, 그의 장상들은 세계적으로 혼란스러웠던 1930년대에 그를 폴란드에서 일하도록 파견했습니다 (사실 그는 스스로 폴란드에 가기를 자원했지요). 취제크 신부는 원래 소련에서 일하고 싶어 했지만, 입국이 불가능했기에 결국에는 폴란드 알베어틴에 있는 동방 예식 교회에 자리를 잡았습니다. 1939년에 독일군이 바르샤바를 점령하고 소련군이 폴란드 동부와 알베어틴으로 밀려들었습니다. 그때 취제크 신부는 소련에서 이주 노동자로 위장한 채 사제로서 봉사할 수 있기를 기대하며, 다른 폴란드인 난민들과 함께 소련으로 들어갔습니다.

취제크 신부가 간첩 용의자로 소련 비밀경찰에게 체포된 것은 1941년 6월이었습니다. 그는 모스크바의 악명 높은 루비앙카 감옥에서 5년을 보낸 후에 15년간의 시베리아 강제 노동을 선고받았습니다. 그는 강제 노동을 하면서도 동료 수인들에게 사제로서 봉사했습니다. 그러나 그곳에서 사제의 역할을 한다는 것은 목숨을 거는 것과 같았습니다. 그러기에 취제크 신부는 매 미사 때마다 목숨을 걸어야만 했습니다.

> 미사 드리는 장소는 허름한 창고가 되기도 하고, 지하실 공사를 하느라 땅을 파 놓은 질퍽한 웅덩이 한쪽 구석이 되기도 했다. …… 이런

상황에서 거행되는 미사지만 그 전례는 누구도 상상하지 못할 만큼 하느님께 가까이 다가가게 했다.[13]

취제크 신부는 1963년까지도 미국에 돌아오지 못했습니다. 그래서 많은 예수회원들은 신부가 이미 오래전에 죽었으리라고 생각했고, 예수회는 이미 1947년에 신부의 가족에게 일종의 공식 사망 통지문을 발송했지요. 그런데 길고 긴 포로 생활이 끝나 갈 무렵, 취제크 신부는 느닷없이 그리고 놀랍게도 고향에 편지를 써도 좋다는 허락을 받았습니다. 그제서야 가족과 친구들은 죽었다던 그가 살아 있음을 알게 되었습니다.

존 F. 케네디 대통령의 도움으로 복잡한 외교적 교환 절차를 마친 후에, 취제크 신부는 1963년 11월 12일에 미국으로 돌아올 수 있었습니다. 미국으로 온 신부는 곧바로 뉴욕에 있는 《아메리카》 잡지사 내의 예수회 공동체로 향했습니다. 그 당시 편집장이었던 서스턴 데이비스는 바로 다음 주에 발행된 잡지에 이렇게 썼습니다. "초록색 비옷, 회색 양복, 테가 넓은 러시아 모자를 착용한 그의 모습은 영화에 나오는 작고 다부진 소련의 농촌 총각처럼 보였다."

취제크 신부는 마음을 가라앉히고 러시아에서 보낸 세월을 《러시아에서 그분과 함께》라는 제목의 책으로 엮어 냈습니다. 그리고 그 안에 그가 경험했던 극단적인 상황들, 갑작스러운 체포, 혹독한 심문, 시베리아로 가는 장기간의 기차 이동, 열악한 포로수용소, 마침내 석방되어 러시아인들 사이에서 살면서도 전과자로서 감시를 당했던 일을 상세하게 기술했습니다. 지금도 출간되고 있는 이 책은 엄청난 성공을 거두었지요. 하지만 그는 몇 년 후에 자신이 정말 책으로 쓰고 싶었던 것은 무엇인가 다른 이야기였음을 깨닫게 됩니다. 그것은 다름 아닌 자신의 영적 여정이었습니다. 그리하여 나온 책이 《나를 이끄시는 분》입니다.

취제크 신부는 많은 사람들이 하나같이 "어떻게 살아남을 수 있었느냐"라고 묻는 질문에 대한 대답을 쓰고 싶었다고 합니다. 취제크 신부의 대답은 바로 "하느님의 섭리"였습니다. 그리고 그 대답을 자신의 저서를 통해 모든 것에서, 심지어 강제 노동 수용소에서까지도 어떻게 하느님을 발견해 냈는지 보여 주었습니다.

취제크 신부는 이 책에서 하느님의 뜻에 따른다는 것이 무엇을 의미하는지 알게 되는 아주 놀라운 깨달음을 묘사했습니다. 신부는 강제 노동 수용소에서 힘든 하루하루를 보내면서, 자신이 앞날을 어떻게 견뎌 낼 수 있을지 걱정하고 있었습니다. '하느님의 뜻이 무엇일까? 그 뜻을 어떻게 알 수 있을까?' 하며 하루하루를 보내던 그는 어느 날 계시 하나를 받게 됩니다. 그것은 바로 우리가 일상생활에서 접할 수 있는 하느님의 뜻은 골똘히 생각하거나, 밝혀내야 하고, 식별해야 하는 추상적인 개념이 아니라, 우리가 알아채지 못하더라도 날마다 우리 앞에 제시되고 있다는 것이었지요.

> 하느님 뜻은 하느님이 마음에 담고 계시며 우리에게 마련하신 상황에서 날마다 드러내 보여 주신다. 우리에 대한 그분의 뜻은 매일 매 순간 주어진다. 하느님이 당시 우리 앞에 펼쳐 놓으신 사람들과 장소와 상황이 바로 그것이었다. 하느님은 그것들이 '그 순간' 당신과 우리에게 중요하다는 사실을 알고 계셨으며, 우리가 어떤 추상적인 원칙이나 '하느님 뜻을 수행하려는' 주관적 열망에서가 아니라 바로 그런 것들을 토대로 행동해 주기를 바라셨다. 그렇다. 바로 하루 24시간이야말로 그분의 뜻이었다.
>
> 우리는 실생활에서 그분의 뜻을 감지하고 그에 따라 행동할 줄 알아야 했다. 우리는 날마다 우리 앞을 스쳐 가는 모든 것을 하느님 눈으로 바라볼 줄 알아야 했다.[14]

이 진리가 취제크 신부에게 준 해방감이 너무도 컸기에, 그는 자신의 저서에서 이 주제를 거듭하여 다루었습니다. 이 깨달음이 기나긴 고역과 고통과 아픔의 세월에서 그를 지탱해 주었던 것입니다.

단순하고 평범한 진리, 그것은 하느님께서 주변 환경과 장소와 사람들과 문제점을 통해 우리에게 하루하루 구체적으로 제시하고자 하시는 것으로, 곧 그분의 뜻이다. 이 뜻을 단순히 이론이나 하느님 은총으로 가끔씩 부여되는 섬광 같은 통찰력이 아니라 그날그날 일상에서 발견할 줄 알아야 한다.

우리에 대한 하느님 뜻이 무엇인지에 대해 지나치게 마음 쓸 필요는 없다. 우리에 대한 그분의 뜻은 하루의 모든 상황에서 명확하게 드러나므로 우리는 모든 사실을 그분이 바라보시고 우리에게 제시하시는 그대로 관망하는 법을 터득하기만 하면 된다.[15]

어떻게 살아남았느냐는 질문에 "하느님의 섭리다."라고 대답한 신부는 이어서 이렇게 말했습니다. "진리는 내 삶을 더없이 깊게 변화시켰고, 어떤 난관 앞에서도 다시 일어설 수 있는 힘과 계속 전진할 수 있는 용기를 주었다. 나는 이 진리를 사람들에게 전하고 싶었다. 하느님께서 나를 안전하게 고향으로 돌아오도록 섭리하신 이유가 사람들에게 진리를 좀 더 깊이 이해하도록 하려는 데 있다고 느꼈다."

우리는 누구나 삶이 자신이 통제할 수 없는 방향으로 바뀌는 것을 경험합니다. 삶이 더 나은 쪽으로 바뀔 때는 아무런 문제없이 받아들일 수 있지요. 새 친구를 만나고, 직장에서 승진하고, 사랑에 빠지고,

이제 곧 어머니나 아버지, 또는 할머니나 할아버지가 되리라는 소식을 듣는 일 등은 쉽게 받아들일 수 있습니다. 우리는 그저 고마워하기만 하면 되기 때문이지요.

하지만 우리의 삶이 피할 수 없거나 감당하기 어려운 고통을 안겨줄 때는 어떨까요? 바로 이 부분에서 순명을 대하는 취제크 신부의 예수회원으로서의 삶이 우리에게도 도움을 줄 수 있습니다. 예수회원이 장상의 불합리한 결정을 받아들일 수 있게 해 주는 그 무엇, 달리 말하자면, 하느님이 바로 이 순간 체험하도록 자신을 초대하시는 것이 바로 이것이라는 깨달음이 자신에게 도움이 될 수 있지요. 이것은 어떤 점에서 볼 때 하느님이 이 체험에서 새로운 방식으로 모습을 드러내시고, 그대와 함께 일하신다는 깨달음입니다.

여기에서 분명히 해야 할 것은, 하느님은 우리가 고통이나 아픔을 경험하기를 바라지 않으신다는 것입니다. 우리 가운데 어느 누가 고통의 신비를 완전하게 이해하게 되리라는 말도 아닙니다. 온갖 어려움을 하느님의 뜻으로 보아야 한다는 말도 더더욱 아니지요. 어떤 고통은 마땅히 피해야 하고, 줄이거나 맞서 싸워야 합니다. 치유할 수 있는 질병, 학대받는 결혼 생활, 고된 작업 환경, 잘못된 성적 쾌락의 추구가 그에 해당할 것입니다.

취제크 신부는 그럼에도 피할 수 없는 현실이 있다면, 그것은 하느님이 우리가 받아들이기를 바라신다는 뜻이라고 여겼습니다. 우리는 현실을 받아들이지 않고 자신의 생각을 끝까지 밀고 나갈 수도 있고, 아니면 그 상황에 뛰어들어 거기에서 새로운 방법으로 하느님을 발견하고자 노력할 수도 있습니다. 이 경우에는 실재를 수용하는 것이 순명이 가진 의미가 될 것입니다.

5. 미래에 내맡김

 몇 년 전, 저와 친하게 지내는 제니스 수녀님은 제가 이러한 점을 절실하게 느끼도록 해 주었습니다. 수녀님은 제가 매사추세츠 주 케임브리지에 있는 웨스턴 예수회 신학 대학에서 신학 대학원 과정을 이수하던 당시에 저를 가르치던 교수님으로, 학생들에게 인기가 많았습니다. 활달한 성격을 가진, 작은 키에 잿빛 단발머리를 한 제니스 수녀님은 교회사와 그리스도교 영성을 가르쳤습니다. 수녀님은 제가 2학년 말에 부제품을 받는 자리에서 만난 저의 부모님과 금방 친구가 되었지요.

 신학 공부를 마치고 몇 년 뒤에, 아버지가 암에 걸렸다는 슬픈 소식을 듣게 되었습니다. 앞에서도 언급했듯이 아버지는 주차장에서 쓰러졌고, 의사들이 정밀한 검사를 한 결과 폐암이 이미 뇌로 전이된 상태였습니다.

저는 그 소식을 듣고 몸이 얼어붙었습니다. 하느님이 지금 제게 요구하시는 것처럼 보이는 일들, 필라델피아에 있는 어머니를 도와 앞으로 살 날이 몇 달 밖에 남지 않았을 수도 있는 아버지의 곁을 지키면서 제게 주어진 일을 계속해 나갈 수 있을지 의문이었습니다.

이런 새로운 책임들 외에도 제가 마주치고 있는 또 다른 것이 있었습니다. 그것은 바로 일찍이 체험해 본 적 없는 커다란 슬픔이었습니다. 아버지는 몇 년 동안 직장을 이리저리 옮겨 다니면서, 직장 생활에서는 아무런 행복도 찾지 못하고 있었습니다. 어둡고 비 내리는 주차장에 외롭게 쓰러져 있었을 아버지의 모습을 생각하니 한없이 슬펐습니다. 그리고 아버지의 미래는 그 이상으로 비참해 보였습니다.

한번은 제가 이 모든 일들을 직면하면서 느끼는 두려움을 제니스 수녀님에게 털어놓았습니다. "제가 이 길을 가야 한다는 건 알겠는데, 잘 갈 수 있을지는 모르겠어요." 수녀님이 물었습니다. "하느님이 준비해 두고 계시는 미래에 자신을 내맡길 수 있겠어?"

이 말은 제가 일상생활에서의 순명을 이해하도록 도와주었습니다. 그것은 취제크 신부가 말한 대로 제 앞에 놓인 삶, 바로 실재 상황을 받아들이라는 뜻이었지요. 대부분의 사람들에게 순명이란 외국에 나가 일하도록 파견되는 것을 의미하지 않습니다. 오히려 일상에 두

발을 딛고 계속 걸어 나가는 것이 순명입니다.

우리가 실재 상황을 받아들이지 않고 거부하는 선택을 하는 것 또한 가능합니다. 실재 상황과 적당한 거리를 유지하며, 이를 인생 자체라기보다 인생에서 비롯된 혼란으로 볼 수도 있지요. 그래서 까치발을 하고 이 길 가장자리를 따라 아주 조심스럽게 걷거나 이를 완전히 회피하기도 합니다.

모든 것이 소중하다

하느님께 자신을 내맡긴 이들은 늘 신비로운 삶을 살아간다. 겉보기에 신기할 것이 전혀 없는 지극히 일상적이고 자연스럽고 우연한 체험을 통해서도 하느님께 신비하고 초자연적인 선물을 받는다. 이런 이들에게는 단순한 설교, 평범한 대화, 학문과 거리가 먼 책들, 하느님의 목적이 더해지면, 지식과 지혜의 근원이 된다. 그들이 영리한 사람들이 놓치는 빵 부스러기들을 조심스럽게 줍는 이유도 여기에 있다. 그들에게는 모든 것이 소중하고 풍요로움의 원천이 되기 때문이다.

— 예수회원 장 피에르 드 코사드, 《지금 이 순간의 성사》

저는 제니스 수녀님의 조언 덕분에 하느님이 걷도록 초대하고 계시는 길로 나아갈 수 있었습니다. 월터 취제크 신부는 순명이 그 순간 자신에게 주어진 것을 받아들이는 것이라는 깨달음을 얻었습니다. 18세기 프랑스인 예수회원 장 피에르 드 코사드는 《지금 이 순간의 성사 The Sacrament of the Present Moment》와 《하느님의 섭리에 내맡김 Abandonment to Divine Providence》라는 책을 통해 이러한 주제들을 다루었습니다. 그는 자신의 저서를 통해 이렇게 주장했지요. "우리가 모든 순간순간에 하느님의 뜻이 암시된 신호가 담겨 있다는 사실을 알게 되면, 우리는 어쩌면 우리가 바랄 수 있는 모든 것을 그 안에서 발견하게 될 것이다."

결국 아버지는 뇌와 폐에 번진 암을 이기지 못하고, 입원한 지 아홉 달 후에 병원에서 죽음을 맞았습니다. 아버지가 돌아가시기 며칠 전에, 제니스 수녀님은 보스턴에서 여섯 시간 동안 기차를 타고 와서 병원 침대에 누워 있는 아버지와 대화를 나누며 두 시간을 보냈습니다. 애덕과 사랑에서 나온 그 행동을 지금도 잊을 수가 없지요.

아버지의 죽음은 제 안에 끝없는 슬픔의 샘이 되었습니다. 그래도 저는 아버지의 장례 미사를 주례하고 기쁨과 슬픔으로 가득했던, 지극히 인간적이었던 아버지의 삶을 주제로 강론을 할 수 있었습니다. 감사하게도 저는 어머니를 도와 아버지를 보내 드리고 아울러 예수회원으로서의 일상 업무를 계속해 나갈 수 있었습니다. 아마도 제가 그 길로 나아가기를 거부했다면 이 가운데 어떤 일도 해내지 못했을 것입니다.

6. 고통의 한가운데서 발견하는 하느님

이러한 순명은 우리가 영성 생활에 대한 한 가지 의문을 갖게 합니다. 바로 '사람이 고통 속에서 어떻게 하느님을 발견하는가?' 하는 것입니다. 하지만 이 의문은 또 다른 난해한 질문을 만듭니다. '우리는 왜 고통을 당하는가?' 하는 질문이지요. 사실 이 질문이나 악에 관한 문제는 과거부터 수많은 신학자, 성인, 신비가, 신자들을 괴롭혀 왔습니다. 이 질문에 관한 답을 찾기 전에 먼저, 이냐시오 영성에서 이야기하는 것을 잠깐 고찰해 볼 필요가 있습니다.

첫째, 우리가 실질적인 고통과 대면할 때 어느 누구도 우리가 고통에 직면하는 이유를 이해시켜 줄 수 없었다는 사실을 인정해야 합니다. 어쩌면 "우리는 모른다."라는 말이 답이 될 수도 있습니다.

둘째, 하느님께 가는 길이 여전히 비밀에 싸여 있지만, 그런 하느님을 믿고 있음을 우리는 인정해야 합니다. 《하느님에 관한 담화 Talking About God》의 저자 다니엘 폴리시 랍비는 잡지 〈아메리카〉에서 이 점을 꼭 집어 말했습니다. "내가 믿는 하느님은 그분의 뜻이나 동기가 명확하게 드러나지 않으신다. 그래서 나는 신앙인으로서 그런 통찰력을 지녔다고 주장하는 사람들을 의심하게 된다."

이어서 폴리시 랍비는 아브라함 J. 헤셸 랍비가 "경건한 사람에게 있어서 하느님에 관한 지식으로는 그분을 온전히 이해할 수 없다."라고 말한 것을 인용하면서, 우리가 온전히 이해할 수 없는 하느님의 손길에 모든 것을 내맡기고 그분과 함께 사는 것이 신앙에 있어 가장 큰 도전이라고 말했습니다.

셋째, 고통에 대한 결정적인 해답은 어디에도 없습니다. 비록 우리가 온전히 이해하기 어렵겠지만, 유대교와 그리스도교에서 전승되어 온, 이에 관한 유서 깊은 견해가 있습니다. 이러한 전승이 그동안 아픔과 고통의 시기를 헤치고 나가는 신자들에게 도움을 주었습니다.

저는 신학 공부를 하는 동안 앞서 언급했던 신약 성경 학자 다니엘 해링턴 신부가 강의한 '고통과 구원'이라는 흥미로운 강의를 들었습니다. 후에 이 강의를 모아 《우리는 왜 고통을 당하는가?*Why Do We Suffer?*》라는 제목의 책으로 출간되었는데, 이 책에는 고통에 관해 성경에 나오는 설명들이 분석되어 있습니다. 그 어느 신학적 지식도 우리가 고통을 당하는 이유에 관해 완벽한 답은 줄 수 없고, 오히려 설명 하나하나가 더 많은 의문을 불러일으킬 수도 있었지요. 그럼에도 해링턴 신부가 지적하고 있듯이, 이것들을 한데 모으면 적어도 우리에게 도움이 되는 자료가 될 수 있습니다.

저는 다니엘 해링턴 신부의 강의를 들을 때 구약 성경 가운데 시편과 욥기의 애가와 이사야서에 나오는 '고통받는 종'에 관해 배웠습니다. 또한 신약 성경에서 예수님의 수난과 죽음에 관한 부분들에 관한 글과 십자가의 의미에 관한 바오로 사도의 묵상글을 읽었습니다.

또한 성경에서 고통에 대해 어떻게 보여 주는지 공부했습니다. 구약 성경에서는 주로 고통을 자기 죄에 (혹은 조상의 죄에) 대한 징벌로 보거나 하나의 신비 혹은 일종의 정화 작용으로 다루는 것을 볼 수 있습니다. 신약 성경에서는 우리가 고통을 당하신 예수님의 삶에 참여할 수 있게 해 주는 통로, 이와 마찬가지로 그리스도 예수님이 우리의 고통과 아픔을 이해하고 우리의 동반자가 되어 주시기 위한 통로로 다루고 있습니다. 이뿐만 아니라 전반적으로 고통을, 사람이 불완전한 세상을 살아가는 조건의 일부이자 우리가 예상하지 못한 방법으로 하느님을 체험할 수 있게 해 주는 것으로 보여 줍니다.

하지만 이러한 고통에 관한 관점 중에는 제가 보기에 많이 부족한 부분이 있었습니다. 예를 들면, 고통은 하느님이 내리신 징벌이라는 개념은 죄가 없이 당하는 고통 앞에서는 아무런 의미가 없다고 생각했습니다. 끔찍한 질병이나 자연재해로 인한 고통의 경우에는 특히 그렇지요. 암에 걸린 작은 어린이가 자신의 죄로 인해 징벌을 받고 있다고 한다면, 누가 믿을까요? 그렇기에 이것은 우리의 잘못을 복수로 대응하시는 잔인한 하느님의 모습을 떠올리게 하는 해괴망측한 이미지에 불과하다고 생각했습니다.

예수님은 요한 복음서에서 소경으로 태어난 사람을 만나실 때 친히 이 같은 하느님의 이미지를 배척하셨습니다. 그분의 제자들이 그분에게 "스승님, 누가 죄를 지었기에 저이가 눈먼 사람으로 태어났습니까? 저 사람입니까? 그의 부모입니까?" 하고 물었을 때, 예수님은 이렇게 대답하셨습니다. "저 사람이 죄를 지은 것도 아니고 그 부모가 죄를 지은 것도 아니다. 하느님의 일이 저 사람에게서 드러나려고 그리된 것이다." 그리고 그 사람을 고쳐 주셨습니다(요한 9,1-12 참조).

이러한 성경 속 이야기나 신학 자료 중에서 많은 것이 제가 살아가는 동안 힘든 시기가 왔을 때 헤아릴 수 없이 큰 도움을 주었습니다. 오늘날까지도 계속되는 그 지속성 때문에 유독 돋보이는 작은 사건 하나가 있습니다. 제가 그 시절에서 얻은 통찰은 지금도 많은 도움이 되고 있지요.

제가 신학 공부를 막 시작했을 때, 양손과 손목에 바늘로 찌르는 듯한 통증을 느꼈습니다. 처음에는 금방 가라앉을 것이라 생각했지만, 몇 주가 지나고 나자 거의 만성적인 통증이 되면서 컴퓨터 자판을 아예 칠 수도 없고, 글도 잘 쓸 수가 없고, 문손잡이를 돌리거나 연필을 쥐는 것 같은 간단한 능력까지 서서히 잃어 가게 되었습니다.

그 후 여섯 달에 걸쳐 여러 병원에서 다양한 분야의 진료를 받았습니다. 그리하여 손 전문가라는 의사까지 찾아다닌 끝에 반복성 긴장 장애라는 포괄적인 진단을 들을 수 있었지요. 담당 의사는 병세가 악화되지 않으려면 컴퓨터 자판을 두드리는 일을 당장 중단하라고 말했습니다. 그리고 덧붙여 이 병은 아마 고칠 수 없을지도 모른다고 했습니다.

실망한 저는 의학이 아니라 대안적인 치료를 해 줄 수 있는 사람들을 찾아다니기 시작했습니다. 마사지사, 척추 지압사, 침술사도 만나 보았고, 자신을 가톨릭 신앙 치유사라고 소개한 어떤 사람에게는 안수 기도까지 받았습니다. 하지만 아무런 소용이 없었지요.

시간이 흐르면서, 저는 스스로 통증을 조절하는 법을 배웠습니다. 스트레칭, 운동과 마사지를 꾸준히 하면서 타자를 치는 일을 줄이니 효과가 있는 것 같았습니다. 통증은 신학 공부를 하는 동안은 물론 그 이후까지 지속되었습니다. 사실 지금도 통증이 남아 있어서 하루에 글 쓰는 시간이 한정되어 있습니다.

신학 공부를 마치고 몇 년 뒤에 〈아메리카〉지를 만드는 일을 시작했을 때, 틀림없이 생명에는 지장이 없겠지만, 그래도 고통스러운 처지에 점차 좌절감이 들기 시작했습니다. '하느님은 왜 이런 시련을 주시는 걸까? 글을 쓸 수 없는 작가가 무슨 의미가 있을까? 대체 이 아픔의 목적이 뭘까?' 어느 날 저는 저의 영적 지도 신부님인 제프 신부님에게 이런 좌절감을 털어놓았습니다.

제프 신부님이 물었습니다. "고통의 순간에도 어딘가에 하느님이 계시지 않을까?" 제가 대답했습니다. "아니요!"

저는 어느새 이런 식의 질문에 질려 있었습니다. 물론 모든 것 안에서 하느님을 발견하고자 노력했지만, 상황은 갈수록 저를 당혹스럽게 만드는 것 같았습니다.

저는 통증 때문에 신학 공부 기간에 컴퓨터 자판으로 글을 쓸 수 없고, 작가이자 잡지 편집자의 일을 하기에도 곤란했습니다. 하느님은 왜 제게 사명을 주시고 방해하시는지 궁금하기까지 했지요. 그래서 저는 지금의 상황 어디에서도 하느님을 발견할 수 없다며 제프 신부님에게 침울하게 말했습니다.

그러자 신부님이 물었습니다. "정말인가? 아무데서도?"

그 순간, 갑자기 저는 이 병이 저를 어떻게 변화시켜 왔는지 열거하기 시작했습니다. 저는 제프 신부님에게 날마다 짧은 시간만 컴퓨터 자판을 칠 수밖에 없어지면서 제가 쓸 수 있는 글에 대해 더욱 감사하게 되었다고 했습니다. 그것이 하느님의 은총이며, 비록 한정된 시간이나마 누리고 있는 건강의 선물 덕분임을 알게 되었기 때문이지요. 또한 글을 쓰면서도 한결 더 조심스러워졌음을 깨달았습니다. 어쩌면 제가 모든 것을 한꺼번에 할 수 없는 탓에 보다 참을성이 깊어진 것 같기도 했습니다. 이와 더불어 제가 장차 써낼 글에 관한 거창한 계획을 이야기할 수 없는 까닭에 지나치게 자만에 빠질 가능성도 줄어든 셈이었습니다. 아울러 신체적 장애나 훨씬 심각한 질병을 가진 다른 사람들에게 좀 더 관심을 갖고 그들을 따뜻한 시선으로 볼 수 있게 되었습니다. 이로 인해 아마 연민의 마음이 조금 더 깊어진 것 같았습니다.

제프 신부님이 미소를 지으며 물었습니다. "더 없나?" 제가 대답했습니다. "신부님, 제가 무엇이나 혼자 힘으로 할 수 없기 때문에 하느님을 얼마나 크게 의지하고 있는지 더 깊이 깨닫게도 되었습니다."

마침내 제프 신부님이 소리 내어 웃었습니다. "그런데도 하느님이 이 상황 어디에도 계시지 않다는 건가?"

저는 그때서야 비로소 하느님이 어디에 계시는지 깨달았습니다. 그렇다고 해서 제 처지를 행복으로 여기게 되었다거나 기꺼이 선택하겠다는 말도 아니었고, 이 병이 사라지기를 바라지 않는다거나 이 상황을 온전히 이해하게 되었다는 말은 아니었습니다.

하지만 그 일을 통해 저는 하느님의 표지들을 보았고, 그 가운데에는 고통을 바라보는 전통적인 그리스도교 관점에 상응하는 것이 많다는 사실을 발견했습니다. 예를 들어 많은 시편들에서도 그러하듯이, 이런 일을 두고 하느님 앞에서 탄식하는 것은 문제될 것이 없을 뿐만 아니라, 건강하기까지 하다는 것을 알게 되었지요. 이것은 정말 신비로운 경험이었습니다. 구약 성경에서 욥이 했던 고백처럼 제가 고통을 전혀 이해할 수 없더라도 여전히 하느님과 통교할 수 있다는 말이었습니다.

또한 때때로 실패하더라도 예수님이 고통을 대면하신 그 끈기 있는 자세를 열심히 본받고자 노력할 수 있다는 의미이기도 했습니다. 비록 저의 시련과 실패는 예수님의 시련에 비해 하찮은 것이지만, 생전에 혹독한 고통을 당하신 예수님과 통교함으로써 제가 이해받을 수 있다는 의미였지요. 그리고 고통을 통해 하느님을 체험하는 새로운 길을 열 수 있다는 말이기도 합니다.

무엇보다도, 하느님은 저의 상황에서 함께 계셨으며, 제가 월터 취제크 신부처럼 실재 상황을 받아들여 작지만 부활의 표징들이 분명하게 드러날 수 있게 하셨습니다.

이처럼 우리는 자신의 연약함, 가난한 마음, 좌절감 속에서 하느님을 새로운 방식으로 만날 수 있습니다. 이것은 아마도 우리가 경계를 풀고 하느님의 현존을 받아들였기 때문일 것입니다. 이것이 고통의 이유는 아니지만, 때로는 어떤 체험의 계기가 될 수는 있습니다.

이러한 깨달음 뒤에 제가 그동안 봐 왔던 고통과 비교해 보면 지금 저의 고통은 아주 작은 것이라는 생각이 들었습니다. 동아프리카에서 자신의 형제자매가 눈앞에서 살해된 피난민들을 만난 적이 있었고, 보스턴에서는 20년이 넘도록 병원에 갇혀 지낸 여성을 만났습니다. 그리고 최근에는 친한 친구의 아내가 갑작스럽게 뇌종양 진단을 받았을뿐더러 의사는 이미 수술할 수 없는 상태라고 말했다는 이야기를 들었습니다. 저는 그들의 집을 찾아가 그 두 사람을 위해 눈물을 흘리면서, 제가 이제까지 당해 온 고통이 그들을 비롯한 다른 이들에 비해 얼마나 하찮은 것이었는지 다시금 깨달았습니다. 정말로 저의 고통은 대수롭지 않은 것이었지요.

게다가 제 고통이 다른 사람의 고통은 아닙니다. 고통에 대한 저의 관점도 그렇습니다. 모든 신자가 하느님께 이르는 저마다의 길을 찾아야 하는 것처럼, 우리 각자는 고통에 관한 자기 나름의 관점을 찾아야 합니다. 그리고 종교적 공동체의 집단적 지혜는 중요한 자원이 됩니다. 하지만 착한 신자들이 미봉책으로 내놓은 답변은 보통 큰 도움이 되지 못합니다. 오히려 안일한 답변은 개인적인 깊은 성찰을 방해하지요.

사람들은 고통에 관한 안일한 답변에 의구심을 품기 마련입니다.

언젠가 어머니가 아흔 살인 외할머니와 양로원에서 함께 생활하는 연로한 수녀에 대해 이야기해 주었습니다. 하루는 이 수녀의 수도회 장상이 면회를 왔습니다. 연로한 수녀는 자신이 얼마나 큰 고통을 겪고 있는지 이야기하기 시작했습니다. 그녀의 장상이 말했습니다. "십자가에 달리신 예수님을 생각해 보세요." 그러자 연로한 수녀가 응수했습니다. "예수님이 십자가에 달리신 건 세 시간뿐이었지요." 이처럼 안일한 답변은 오히려 좋지 않은 영향을 줄 수 있습니다.

호주의 예수회원인 제 친구 리처드 레너드는 이런 경박한 답변과 관련된 자신의 체험을 최근 발간한 저서 《도대체 하느님은 어디 있는 거야? *Where the Hell Is God?*》에서 이렇게 전하고 있습니다.

레너드의 가족은 커다란 고통을 겪었습니다. 그의 아버지는 두 살인 아들 리처드와 한 살인 딸 트레이시를 아내의 손에 맡긴 채 심한 뇌출혈로 인해 겨우 서른여섯 살의 나이에 세상을 떠났습니다.

레너드가 스물다섯 번째 생일을 맞은 날 새벽에, 예수회 장상이 그를 깨워 어머니에게서 걸려 온 다급한 전화를 바꿔 주었습니다. 호주 원주민을 위한 의료 시설에서 간호사로 일하던 여동생이 끔찍한 교통사고를 당한 것입니다. 레너드와 어머니가 병원에 도착했을 때, 두려워하던 최악의 사태와 맞닥뜨려야 했습니다. 여동생인 트레이시는 사지가 마비된 상태였습니다.

레너드는 그때를 회상하며 "내 평생 다시없는 가장 고통스러운 순간이자, 내 인생에서 가장 중요한 신학적 이야기를 나눈 순간이었다."라고 적었습니다. 레너드의 어머니가 눈물을 쏟으며 그에게 고통에 관해 물었기 때문이었습니다. 그의 어머니가 하는 말이 레너드의 믿음을 시험대에 올려놓았습니다.

"도대체 하느님은 어디 있는 거니?"

레너드가 그의 어머니에게 해 준 답변은, 하느님은 고통받는 이들과 함께 계신다는 것이었습니다. 레너드는 덧붙여 말했습니다.

"저는 하느님이 엄청난 충격을 받으시리라고 생각해요. 이사야서에서 상실감으로 신음하시는 하느님처럼, 그리고 가장 친한 친구의 무덤에서 눈물을 흘리시는 예수님처럼, 하느님은 우리의 고통을 그저 바라보고만 있지 않으시고, 그 고통을 함께하는 동반자로서 우리를 그분의 팔에 안아 우리의 슬픔과 고통을 함께 나누고 계세요."

추수기가 아니라 파종기

독일의 예수회원이자 작가인 알프레드 델프 신부는 아돌프 히틀

러를 반대했다는 이유로 1945년 나치의 손에 처형당했습니다. 신부는 자신의 죽음을 눈앞에 두고도 침착했는데, 자신의 운명에 관해 감옥에서 이렇게 쓴 글이 남아 있습니다.

> 한 가지가 점차 분명해지고 있다. 내가 나 자신을 완전히 내주어야 한다는 것이다. 지금은 추수기가 아니라 파종기다. 하느님은 씨앗을 뿌리시고, 언젠가는 결실을 거두실 것이다. 내가 해야 하는 일은 오직 씨앗이 명확히 비옥한 땅에 잘 떨어지도록 하는 것이다. 나는 때때로 나를 좌절로 몰아넣다시피 하는 고통과 우울증을 경계해야 한다.
>
> 사실 모든 것이 하느님의 뜻임을 암시하고 있지만, 만일 이것이 하느님이 선택하신 길이라면 나는 앙심을 품지 않고 기꺼이 내 길로 받아들여야 한다. 우리가 이 시련의 시간에 죽었기 때문에, 장차 어느 땐가 다른 사람들이 더 나은, 더 행복한 삶을 찾을 수 있기를 바란다.

때로는 고통이 하느님을 체험하는 새로운 길을 열어 준다는 개념과 고통스러워하시는 하느님의 모습, 우리의 슬픔을 함께 나누시고 그 슬픔을 이해해 주시는 하느님의 모습은 우리가 고통의 시간을 지날 때 더없이 도움을 주는 신학적 통찰이 됩니다. 우리가 직면하고 있는 것과 똑같은 시련을 이미 지나온 친구를 보면 본능적으로 그 친구에게 마음이 가는 것처럼, 우리는 고통을 겪으신 예수님께 한결 쉽게 마음이 가까워질 수 있습니다. 바로 히브리인들에게 보낸 서간에 있는 말씀처럼 말이지요. "우리에게는 우리의 연약함을 동정하지 못하는 대사제가 아니라, 모든 면에서 우리와 똑같이 유혹을 받으신, 그러나 죄는 짓지 않으신 대사제가 계십니다."(히브 4,15)

레너드는 말재주로 답변하는 자들을 의심스러운 눈으로 바라봤습니다. 그는 "내가 아는 가장 훌륭한 그리스도교 신자 몇 사람한테서 가장 섬뜩하고 놀라게 하는 편지들이 왔다."라고 말했습니다. 어떤 사람은 트레이시가 하느님을 거스르는 무슨 일을 저질렀음에 틀림없다고 하고, 다른 이들은 그녀의 고통을 완곡하게 표현하여 "그녀가 죽을 때 하늘나라에 있는 그녀의 집을 지을 …… 영광스러운 벽돌"이라고 말했습니다. 또 어떤 사람은 "가족이 진실로 축복을 받은 것입니다. 하느님은 십자가를 짊어질 수 있는 이들에게만 당신의 십자가를 보내시기 때문입니다."라고 써 보냈습니다. 간단히 말하자면, 많은 사람들이 별생각 없이, 그 모두가 그저 받아들일 수밖에 없는 하나의 신비라고 치부한 것입니다.

레너드는 이런 답변들을 배척하고, 고통이라는 실재에 대한 냉철한 시각, 곧 하느님의 현존이 어디에서 어떻게 허약한 인간인 우리와 만나고 있는가 하는 복잡한 문제에 관해 오랜 시간 노력을 쏟아서 얻게 된 깨달음을 선호했습니다.

우리가 고통을 당할 때 우리의 친구들은 우리를 도와 고통을 가라앉혀 주려 합니다. 그래서 곧잘 리처드가 말한 것들과 비슷한 해답을 제시하려 들지요. 물론 어떤 해답은 우리에게 도움이 될 수도 있습니다. 하지만 대부분의 해답은 우리의 관심을 끌지 못하거나 심하면 불쾌감을 줍니다. 결국은 우리들 각자가 제 힘으로 고통과 사투를 벌여야 하는 것이지요. 우리에게 교회의 종교적인 전통이 중요한 자료가 되더라도, 결국에는 고통과 상실감을 진솔하게 하느님과 연결시킬 수 있게 만드는 길을 스스로 찾아내야 한다는 뜻입니다.

사실 고통은 대부분의 신자들이 말하는 하나의 신비의 수준이 아니라 마음과 정신과 영혼을 다해 대해야 하는 것입니다. 그리고 우리가 이렇게 하는 데에 이냐시오의 길이 도움이 될 수 있습니다.

7. 고통을 다르게 바라보는 관점

이냐시오 성인의 세계관은 성경과 그리스도교의 전통적인 통찰들을 수용하고 강조합니다. 하지만 이 세계관은 우리가 그리스도의 삶을 깊이 묵상하고, 하느님이 고통받는 우리와 어떻게 동행하시는지 고찰하며, 각자에게 필요한 새로운 통찰을 찾도록 도와줄 것입니다.

고통이라는 실재는 《영신수련》의 첫 부분에 해당하는 원리와 기초에서 잘 드러납니다. 이냐시오 성인은 "사람이 창조된 것은 우리 주 하느님을 찬미하고 경배하고 섬기며 또 이로써 자기 영혼을 구하기 위함이다."(영신수련, 23)라는 인생 목표를 대략적으로 설명한 다음, 모든 피조물에 초연해지도록 노력하라고 우리에게 조언합니다. 이는 곧 질병과 가난, 불명예는 물론 단명短命까지도 받아들이는 것을 겁내지 말라는 뜻이지요. 이냐시오 성인은 삶이 우리에게 자주 고난을 안겨 준다는 점을 다양한 묵상들을 통해 일깨워 주곤 합니다. 그리스도교에서 이 점을 당연하게 여기듯 《영신수련》에서도 이 점을 당연하게 여기고 있는 것이지요.

실제로 《영신수련》에서 가장 탁월한 묵상 가운데 두 가지가 고통에 다가가는 전통적인 그리스도교의 접근 방식을 다루고 있습니다. 이냐시오 성인은 그리스도의 생애에 초점을 맞추고 있는 제2주간 첫머리에서 피정자들에게 '왕의 부르심'에 대해 묵상하도록 권합니다. 그리고 우리는 이 묵상을 통해서 우리에게 어떤 길을 보여 주며, 그 길을 따르도록 권유하는 훌륭한 인물을 눈앞에 그려 보게 되지요.

먼저, 자기 곁에서 일하도록 부르는 한 임금을 눈앞에 그려 보도록 이끕니다. 오늘날에는 사자왕 리처드 같은 군주적인 왕의 이미지에 냉담한 반응을 보이는 사람들도 있을 것입니다. 이냐시오 성인이 살던 시대에는 호소력 있던 의견이 오늘날에는 호소력을 얻지 못할 수도 있다는 것이지요. 그로 인해 현대의 많은 영적 지도자들은 현대적인 영웅에 어울리는 인물을 상상해 보라고 제안하곤 합니다. 저의 경우에는 첫 번째 장기 피정에서는 토머스 머튼 수사를, 두 번째 피정에서는 마더 데레사 성녀를 상상해 보라고 제안했지요.

이냐시오 성인의 말처럼 우선 자신을 따르라고 요구하는 영웅을 눈앞에 그려 보십시오. 그러고 나서 그 영웅이 자신에게 위대한 모험을 함께하자고 초대한다면 얼마나 흥분될지 상상해 보십시오. 대부분의 사람들은 마틴 루서 킹 목사, 마하트마 간디, 하느님의 종 도로시 데이, 마더 데레사 성녀, 요한 바오로 2세 성인 교황, 달라이 라마 같은 자신의 영웅이 자신을 직접 불러 준다면, 즉시 "예."라고 답할 것입니다.

하지만 우리는 그 영웅과 모든 것을 함께해야 한다는 사실을 깨달아야 합니다. 그 영웅이 어떤 상황 속에 있다고 하더라도 말입니다. 다시 말해, 영웅이 일하는 곳에서 같은 일을 하고, 같은 옷을 입고, 같은 음식을 먹어야 할 필요가 있음을 깨닫게 됩니다.

다음으로 이냐시오 성인은 자기 곁에서 일하라고 부르시는 예수님을 눈앞에 그려 보라고 제안합니다. 만일 어떤 영웅이 우리를 불러 주리라는 기대가 우리를 들뜨게 만든다면, 예수님의 부르심은 우리를 더욱 들뜨고 기쁘게 만들 것입니다. 그러므로 이냐시오 성인의 말에 따르면, 우리도 예수님이 겪는 모든 것을 기쁘게 겪어야 합니다. "나와 함께 가기를 원하는 사람은 나와 함께 일해야 한다. 고통 중에 나를 따르는 이들은 영광 중에도 나를 따르게 하겠다."

왕의 부르심은 복음서에도 나와 있듯이, 그리스도인의 삶에는 고통이 따른다는 것을 일깨워 줍니다. 이냐시오 성인과 월터 취제크 신부를 비롯한 많은 사람들이 이러한 점을 알고 이해했습니다.

또한 이것은 인간의 고통이 무엇인지 완벽하게 이해하시는 예수님의 모습을 잘 드러내며, 이 같은 예수님의 모습은 우리가 고통에 직면할 때 외로움을 덜 느끼도록 도와줄 수도 있습니다.

그런데 예수님의 고통은 단순히 그분의 수난만을 의미하는 것이 아닙니다. 그분은 나자렛에서 사시는 동안 그 시대의 다른 사람들과 마찬가지로 병에 걸리셨고, 가난한 생활을 하셨으며, 친구와 가족의 죽음으로 인한 슬픔을 경험하셨습니다.

예수님은 공생활 중에 온 지역을 돌아다니시면서 육신의 고달픔을 이겨 내셨고, 종교 지도자들에게 배척을 당하셨으며, 아무도 알아차리지 못하는 사명 때문에 분명 외로움을 느끼셨을 것입니다. 그렇기에 예수님은 사람의 삶과 그 마음을 이해하실 수 있으셨지요. 이러한 것들이 바로 우리가 상상력을 동원하여 그분의 삶을 묵상하는 과정에서 얻게 되는 새로운 통찰들입니다.

제2주간 뒷부분에서 이냐시오 성인은 우리가 제8장에서 언급했던 **두 개의 깃발**을 제시합니다. 여기에는 이냐시오 성인이 "최고 사령관이신 우리 주 그리스도 …… 인간 본성의 불구대천의 원수인 루치펠"(영신수련, 136)이라고 표현한 악과 선이 서로 대치한 상태에서 전쟁에 임하는 두 진영이 있습니다. 우리 안에는 선을 행하려는 성향과 악을 행하려는 성향 사이에 전쟁이 벌어지고 있다는 것입니다. 다만 성인은 선의 세력이 궁극적으로 악의 세력을 압도하리라는 그리스도교의 믿음을 신뢰했습니다.

이 두 개의 깃발 중에서 선의 진영은 생명을 주는 선택, 바로 그리스도를 선택하는 일이라는 것은 분명하지만, 여기에는 고통, 가난, 비난, 멸시가 뒤따른다는 점 또한 우리에게 일깨워 줍니다. 이냐시오 성인은 만일 우리가 그리스도를 열심히 본받고자 한다면, 그분을 닮고 싶어 할 것이고, 그리하여 보다 어려운 길을 선택하게 될 것이라고 말합니다.

더 어려운 길을 선택한다는 개념은 《영신수련》에서 여러 차례 제시되었습니다. 만일 우리가 예수님을 따르고 싶어 한다면 그분을 닮아 가는 쪽을 선택할 것입니다. 그리고 예수님을 닮는다는 것은 시련을 받아들인다는 것을 의미하는 것이지요. 곧 우리에게 올 시련을 마땅히 감수한다는 의미입니다.

《영신수련》에 실린 대부분의 내용을 보면 알 수 있듯이, 이런 것들은 하느님을 따르겠다는 목표에 대한 이해가 없으면 아무런 의미가 없습니다. 고통을 받으시는 그리스도를 열심히 본받고 싶어 하는 사람은 고통 그 자체를 위해서나 고통이 좋아서, 혹은 자신을 징벌하기 위해서가 아닙니다. 자신의 앞에 놓인 고통을 받아들이기로 결심하셨던 자신의 영웅 예수님을 더 닮기 위해서 그분을 따르기로 선택하는 것이지요.

더 어려운 길을 선택한다는 부분이 이냐시오 영성에서 가장 이해하기 힘든 부분일 수 있습니다. 하지만 많은 신자들은 이것이 자신을 자유롭게 해 준다고 생각합니다. 그리하여 그들이 지도자를 본받고, 지도자가 밟고 간 같은 길로 따르면서, 자유와 기쁨을 체험하기 때문입니다. 이때의 자유는 지나친 자기중심을 벗어나는 데서 오는 것이며, 또한 기쁨은 자신의 영웅을 따르는 데서 오는 것입니다.

이냐시오 성인은 독특한 방식으로 고통을 이해하도록 도와주기 위해 상상 기도를 통해 그리스도의 고통을 그려 보도록 우리를 초대합니다. 《영신수련》 제3주간에 드리는 일련의 묵상들이 여기에 해당하지요. 고통은 하느님과 우리 사이의 관계라는 맥락에서 심사숙고해야 할 신비입니다. 그중에서 일부는 특히 나자렛 예수님이 겪으신 체험들을 묵상하는 기도로 이루어지기도 합니다.

피정하는 이들은 제3주간에 상상 속에서 최후의 만찬부터 겟세마니 동산에서 고뇌하시고, 체포되어 매를 맞으시고, 베드로에게 배신을 당하시고, 십자가에 못 박히시고, 십자가에 매달려 고통당하시고 마침내 죽음에 이르시는 나자렛 예수님을 직접 따라다닙니다. 이냐시오 성인은 이를 "관상의 단계에 따라 우리 주 그리스도께서 인성 안에서 겪으시는 것, 혹은 겪고자 하신 것을 생각한다."(영신수련, 195)라고 표현했습니다.

피정자는 이런 묵상들에서 그리스도 곁에 머물라는 초대를 받아들이고자 노력합니다. 우리는 고통 중에 계시는 그리스도와의 공감을 간청하지요. 이냐시오 성인은 "고통받는 그리스도와 함께 고통을, 비탄에 빠진 그리스도와 함께 눈물과 애끓는 마음을, 그리스도께서 나 때문에 겪으신 그 많은 아픔으로 인해서 내적인 아픔을 함께 느끼기를"(영신수련, 203) 기도로 청하라고 우리에게 요구합니다. 즉, 우리는 고통당하시는 예수님 곁에 있어야 한다는 뜻인데, 이는 스스로 회복하거나 떨쳐 버릴 수 없는 고통을 힘들어하는 우리에게는 어려운 일입니다.

기꺼이 받아들이기

예수회의 몇몇 성인들이 순교 자체를 적극적으로 추구하지 않았지만, 순교가 불가피했을 때 기쁘게 받아들인 것은 그리스도를 따르고 또 그분과 합일하고자 하는 강렬한 열망 때문이었습니다.

그들은 순교를 하느님께 자신을 바치는 최종적인 봉헌이자, 최종적인 순명으로 보았습니다. 오늘날의 우리는 이런 영성을 이해하기 힘들 수 있지만, 순교자들에게는 직면한 위험에 접근하는 주된 통로였습니다.

17세기에 이사악 조그 성인과 그의 동료들은 북아메리카 인디언 부족인 이로쿼이족 가운데에서 일하다가 그들에 의해 순교했습니다. 이 같은 받아들임의 개념은 그들이 고국에 보낸 많은 편지들 속에 잘 나타나 있습니다. 이사악 조그 성인은 자신과 함께했던 예수회원인 르네 구필 성인의 마지막 날에 대해 이렇게 이야기했습니다.

그는 길을 가면서도 늘 하느님께 사로잡혀 있었다. 그가 했던 말들은 하나같이 하느님의 섭리가 명하시는 일에 순종하는 마음을 담고 있었으며, 하느님이 그에게 내리시는 죽음을 기꺼이 받아들이려는 자세를 보여 주었다.

그는 자신을 희생 제물로 내놓아 이로쿼이족 사람들의 불길에 재가 되었다. …… 그는 무슨 일이나, 어디에서나 하느님께 기쁨을 드리는 방법을 찾아냈다.

1642년에 르네 구필 성인은 죽음을 맞기에 앞서 예수회원으로서 서원을 발하였습니다. 그리고 며칠 후에 처참하게 살해당했지요. 이로쿼이족 사람들은 성인의 시신을 깊은 산골짜기에 숨겼고, 이사악 조그 성인은 유골 일부분의 소재만을 파악할 수 있었습니다.

그로부터 4년 뒤에 이사악 조그 성인도 순교했습니다. 뉴욕 주 오리스빌에 있는 북아메리카 순교자 국가 성지에 있는 이 골짜기는 지금까지 손을 대지 않아 풀이 무성하며 르네 구필 성인의 시신은 아직도 찾지 못한 상태입니다.

데이비드 플레밍은 예수님이 우리에게 이렇게 말씀하시는 것과 같다고 말했습니다. "내가 보았던 것, 내가 느꼈던 것이 어떠했는지 네게 말해 주마. …… 그러니 내 곁에 머물면서 귀를 기울이도록 해라."

제니스 수녀님의 말처럼 하느님이 마련해 두신 '미래에 몸을 맡긴'

사람, 월터 취제크 신부의 말처럼 '실재 상황'을 받아들인 사람, 바오로 사도의 말처럼 '죽을 때까지 순종한' 사람의 탁월한 본보기가 곧 그리스도이십니다. 우리는 상상력을 발휘하여 그분의 삶을 묵상함으로써, '받아들인다'는 것이 무엇을 의미하고, 우리가 그렇게 할 때 무슨 일이 일어나며, 하느님은 어떻게 하여 암울하기 이를 데 없는 상황에서도 새 삶을 살도록 하실 수 있는가에 대한 통찰을 얻을 수 있습니다.

그뿐만 아니라 우리는 그 장면 속으로 들어감으로써 고통에 관한 개인적인 안목까지 얻을 수 있는데, 이것은 가장 뛰어난 신학자들도 제시할 수 없는 안목입니다.

데이비드 플레밍은 《이냐시오 영성이란 무엇인가?》라는 저서에서 이런 종류의 기도는 복음서의 예수님을 우리의 예수님으로 만든다고 언급했습니다. 또한 우리가 예수님의 고통과 우리 자신의 고통을 보다 깊이 이해하도록 도와줍니다. 저자는 사람들이 이런 묵상에서 배울 수 있는 것들에 대해 이렇게 말했습니다.

> 제3주간 묵상들 역시 받아들임이 얼마나 어려운가를 우리에게 가르쳐 준다. 우리는 상황을 바꿀 수 없을 때면 거기에서 도망치고 싶다는 유혹을 받는다. 고통당하는 친구 곁에 앉아 있기에 너무 바쁜 우리는

실제로 거기에서 도망칠 수도 있다. 아니면 스스로 무감각해지면서 감정적으로 거리를 두는 식으로 정서적으로 도망칠 수도 있다.

우리는 복음서에 기록된 예수님의 수난과 죽음에 관한 이야기에도 이런 식으로 대응할 수 있다. 거기에는 무섭고 끔찍하게 고통스러운 일들이 기술되어 있지만, 우리는 스스로 벽을 쌓아서 그 고통을 차단할 수 있다.

이냐시오 성인은 우리가 잘 알고 있는 수난 이야기를 마치 우리의 눈앞에서 벌어지는 일처럼 생생하게 체험하기를 바란다. 우리가 예수님과 함께 고통받는 법을 배우고, 그리하여 우리 삶에서 다른 사람들과 함께 고통받는 법을 터득하라는 것이다.

결국 우리는 이냐시오 성인이 말하는 연민이 본질적으로는 우리가 사랑의 마음으로 함께하는 것임을 배운다. 우리가 할 수 있는 것은 아무것도 없다. 우리가 할 수 있는 말도 별로 없다. 하지만 우리가 그곳에 함께하는 것은 가능하다.

앞서 나왔던 내용 중에서 기대하는 마음을 가지고 하느님께 '친구가 친구에게 하듯이' 이야기하는 단순한 '담화'의 기법을 기억하나요? 피정자는 수난에 관해 묵상할 때 자신의 고통을 예수님과 이야기하고 싶다는 기분을 자주 느낍니다. 예수님의 고통을 아는 것은 그분이 우리의 고통을 없애 주지는 않으시지만, 예수님이 친히 인간으로서 사셨던 만큼 사람의 고통을 이해하시는 하느님이 우리와 함께 동행하고 계심을 상기시켜 줍니다. 제가 살아가면서 가장 괴로웠던 시기에, 저에게 더없이 큰 위로를 주었던 것도 제 고통을 알아 주시는 예수님과 이야기를 나누는 기도였지요.

이러한 과정을 구체적으로 보여 주는 한 가지 방법으로, 제가 직접 체험한 영신수련의 사례 중에서 짤막한 이야기 하나를 하려 합니다. 이 이야기를 꺼내는 이유는 저의 체험이 표준이 되거나 중요해서가 아니라, 고통에 관해 이야기하다 보면 개인의 체험을 이야기할 필요가 있다고 생각하기 때문입니다. 또한 이런 이야기가 여러분이 인격적이고 친밀하며 놀라운 방식으로 일하시는 하느님을 만나게 하기 위해, 이냐시오 관상이 어떤 도움을 줄 수 있는지 함께 알아보는 기회가 되기도 합니다.

8. 예수님의 온전한 순명

최근에 로스앤젤레스에 있는 예수회 피정의 집에서 두 번째 30일 피정을 마쳤습니다. 제가 온전한 영신수련을 한 것은 이번이 겨우 두 번째였습니다(그리고 어쩌면 이번이 마지막이 될지도 모르지요). 저는 지나치게 많은 기대를 하지 않으려고 주의했지만, 여전히 기도로 놀라운 결과를 성취하는 데 집착했고, 그저 하느님께 맡기기보다는 제가 기도 중에 해야 할 일에 신경을 쓰고 있었습니다.

장기 피정은 예수회 양성 과정에 있는 마지막 단계로서, 제가 입회한 지 거의 20년이 지난 후 갖는 피정이었고, 수련기 때 철학과 신학을 같이 공부하면서 알게 된 오랜 친구들과 함께한 피정이었습니다.

'사랑받는 죄인'이 되는 일을 강조하는 영신수련 제1주간을 시작하는 것은 쉬워 보였고, 예수님의 공생활에 초점을 맞추는 제2주간은 더 쉬워 보였습니다. 피정의 집이 바다와 가까운 곳에 있어서, 이틀에 한 번 씩은 해변을 달리곤 했습니다. 이러한 풍경 덕분에 예수님이 호숫가에서 제자들을 부르시는 복음 구절들을 쉽게 묵상할 수 있었지요.

제가 제3주간에 들어서서 예수님의 수난을 묵상하기 시작할 때도 기도는 순탄하게 진행되었습니다. 묵상 때마다 매번 통찰과 추억, 감정, 느낌, 갈망 등이 솟구쳤으니까요.

예를 들어 겟세마니 동산에 계시는 예수님에 관한 묵상을 통해 받아들임과 순명, 그리고 예수님이 직면하셨을 듯한 유형의 유혹들을 대하는 새로운 통찰을 얻는 경험을 할 수 있었습니다. 예수님도 누군가에게 배척을 받게 될 상황에서 어느 누구의 감정도 상하지 않는 설교를 하여 자신의 운명을 피해 보고 싶다는 유혹을 느꼈을 수도 있습니다. 이것은 아마 타협의 유혹이라 부를 수도 있겠지요.

그분은 반대에 부딪히셨을 때 제자들을 부추겨 반란을 일으키는 것과 같은 인간적인 수단을 쓰시든지, 아니면 제자들이 기대하고 있었을 법한 신적인 능력을 써서 적들을 간단히 쓸어버리고 싶은 유혹을 느끼셨을 수 있습니다. 어쩌면 예수님은 당신의 사명을 뒤로하고 하느님이 열어 두신 길을 외면한 채 보다 편안한 삶을 택하고 싶은 유혹, 포기하고 싶은 유혹을 받았을 수도 있지요.

타협, 무효화, 포기……. 우리도 살아가면서 이런 식으로 고통을 피하고 싶은 유혹을 많이 받습니다. 고통의 실재를 온전히 받아들이지 않고 타협하고 싶을 때도 자주 있지요. 예를 들어 어떤 사람은 사랑하는 이의 고통스러운 삶에 발을 들여놓지 않고, 안전하게 방관자의 입장을 유지할 수도 있을 것입니다. 또한 친구와 가족의 고통에 동참할 수 있으면서도 가까이 가지 않고, 고통에 직면하게 만드는 사람은 누구든 자신의 삶에서 몰아내 버림으로써 고통을 무효화할 수도 있겠지요. 어쩌면 고통과 맞닥뜨렸을 때 자신의 책임을 외면함으로써 포기를 택할 수도 있을 것입니다. 하지만 예수님은 실재 상황을 받아들이셨습니다.

끝으로 저는 춥고 음습한 빌라도의 감옥에 갇혀 눈물을 흘리시는 예수님을 보았습니다. 상상 속에서 예수님은 단순히 다가올 육신의 괴로움 때문만이 아니라, 자신이 포기하면 위대한 계획이 무산된다는 것 때문에 눈물을 흘리셨습니다. 많은 사람들은 살면서 위대한 일을 이루기를 소망하고, 경탄할 만한 꿈을 꾸고, 기쁨에 넘치는 일을 계획하지만, 그런 것들이 완전히 무산되는 일은 또 얼마나 많은지요.

제 기도 속에서 예수님은 지금까지 설교해 온 모든 시간들, 치유해 준 모든 사람들, 그분 주위에 모여든 온갖 사람들을 기억하고 계셨습니다. 어떤 일을 새롭게 시작할 준비, 거대한 변화를 일으킬 준비, 세상에 기쁨을 가져다줄 준비가 되어 있으셨지요. 그런 그분이 감옥에 앉아 있다니, 이제 모든 것이 사라질 것처럼 보였습니다. 여러 해를 공들였던 위대한 사업이 무너지는 듯싶었습니다. 아낌없이 사랑을 쏟았던 친구들도 그분을 저버렸지요. 그분의 계획은 정녕 실패로 끝나 버린 것 같았습니다.

그 어느 때보다 더

예수회 총장이었던 페드로 아루페 신부는 바티칸과 갈등을 겪다가 쓰러진 뒤로 아래와 같이 기도를 드렸습니다. 이 글은 1983년에 그의 후임을 선출하고자 총회에 모인 예수회원들에게 하는 고별사의 일부분입니다. 이 무렵에 아루페 신부는 말을 하지 못했기 때문에 이 기도는 그를 대신하여, 다른 사람이 큰소리로 낭독해야 했습니다.

> 그 어느 때보다 지금
> 나는 온전히 하느님의 손길 안에 있음을 느낍니다.
> 이것은 내가 젊었을 때부터 줄곧
> 간절히 갈망해 오던 바입니다.
> 그리고 이것은 아직도 내가 원하는 유일한 갈망입니다.
> 그러나 지금 한 가지 차이가 있습니다.
> 주도권이 전적으로 하느님께 있다는 사실입니다.
> 내가 전적으로 그분의 손길 안에 있음을 알고 느끼는 것은
> 실로 말로 표현할 수 없는 심원한 영적 체험입니다.[16]

예수님은 자신이 가는 길을 믿으셨고 아버지를 신뢰하셨지만, 그렇다고 어찌 슬퍼하지 않을 수 있으셨을까요? 어쩌면 그분은 그 어두운 순간에 이 모든 것이 그럴 만한 가치가 있을까 하는 의심이 생기셨을 수 있습니다. 그래서 예수님은 눈물을 흘리셨을 테지요.

그리스도인들에게는 바로 이런 부분이 예수님의 삶 안에 발을 들여놓는 지점이 됩니다. 우리가 살면서 슬프거나 외롭거나 다른 사람에게 배척당할 때 예수님의 인간적 체험에 맞닿을 수 있으며, 예수님이 우리와 더욱 교류하실 수 있게 됩니다.

이제 이 제3주간에 고통을 관상하는 동안, 지극히 사적이면서도 아주 명확한 깨달음을 준 체험 하나를 나누어 보며, 고통이 누구에게나 벌어질 수 있는 일이라는 것을 알리고자 합니다.

이상하게도 제가 지금까지 언급한 모든 묵상은 별다른 느낌을 주지 못한 채 지나갔습니다. 심지어 제 영성 일기에 "별로 감흥이 없다."라고 썼을 정도니까요.

제가 이 사실을 저의 피정 지도자였던 연로한 예수회원 폴 신부님에게 자세히 이야기했을 때도, 여전히 별다른 느낌이 없었습니다. 노련한 영적 지도자인 폴 신부님은 제 이야기를 주의 깊게 듣더니 말했습니다. "자네가 무엇인가를 막고 있다는 생각이 드는군."

저는 폴 신부님에게 말했습니다. "제가 막고 있는 건 아무것도 없어요. 제가 체험했던 것을 모두 말씀드렸는데요."

폴 신부님은 제가 이런 묵상들을 하고도 그토록 느낌이 없다고 말하는 것에 놀라면서, 예수님의 수난으로 되돌아가 보라고 권했습니다. 신부님은 이번에는 예수님이 누워 계신 무덤 속에 앉아 보라고 했지요. 그리고 하느님께 더 가까이 다가가지 못하도록 붙잡고 있는 어떤 것에서 벗어날 수 있는 은총을 청하라고 했습니다. 저는 혹시 제가 그 무덤에서 죽어야 할 어떤 것을 갖고 있는 건 아닐지 고민했습니다.

이튿날 제가 마지못해 다시 기도를 드리기 시작했을 때, 놀라운 일이 벌어졌습니다. 무덤 안에 앉아 있는 제 모습에 대해 상상하다가 갑자기 성모님이 머리에서 발끝까지 검정색 옷을 입으시고 제 곁에 말없이 앉아 계신 것을 보았습니다. 저는 저를 짓누르고 있는 것이 무엇이든 치워 주시기를 하느님께 간청드렸습니다.

그리고 불현듯 제가 무덤에서 내려놓고 싶었던 삶의 짐들을 알게 되었습니다. 지난 몇 주 동안 무의식중에 묻어 두고 있었던 모든 것들, 피정의 평정을 깨뜨릴지 몰라 성찰하고 싶지 않았던 것들, 도노반 신부님이라면 '서랍'에서 넣어 두고 꺼내고 싶지 않다고 말했을 그런 것들이 쏟아져 나왔습니다.

그중 한 가지가 외로움이었습니다. 친구가 없어 느끼는 외로움이 아니라 수도 생활에서 오는 존재론적 외로움과 정결에 따른 외로움이었지요. 또 하나는 피로였습니다. 일상생활에서 오는 피로가 아니라 두세 개나 심지어 네 개의 일을 한꺼번에 하는 데서 오는 지속적인 압박감과 부담감 같은 것을 느끼고 있었습니다(세상의 모든 부모들 역시 이런 심정에 공감할 겁니다).

그래서 예수님께 "저는 외롭고 피곤합니다." 하고 말씀드렸습니다. 이렇게 말씀드리고 나니 이냐시오 성인이 '눈물의 선물'이라 부른 그것이 터져 나왔습니다.

저는 곧바로 늘 그랬던 것처럼 생생한 기도 체험 안에서 제가 십자가 발치에 서 있다는 것을 깨달았습니다. 바로 그날, 저는 짐 비숍이 쓴 《예수 최후의 날》이라는 제목의 책 한 권을 다 읽었습니다. 이 책에는 로마인의 십자가는 땅에서 그다지 높지 않게 세웠다는 내용이 나옵니다. 그것을 읽고 제 마음의 눈이 가 있는 곳은 십자가 밑동이었습니다. 제 눈은 십자가에 못 박히신 예수님의 발에 머물러 있었습니다. 저는 상상 속에서 예수님의 얼굴을 올려다보았습니다. 그러자 그분이 신중하게 말씀하셨습니다. "이것은 너의 십자가다. 이것을 받아들일 수 있겠느냐?"

저는 제게 받아들이라고 요구하시는 것이 무엇인지 알았습니다. 외로움과 피곤함은 비단 예수회원뿐만 아니라 대부분의 사람들이 삶에서 짊어 져야 하는 몫입니다. 그럼에도 외로움과 피곤함은 모두 각자의 십자가가 될 수 있지요. 예수님은 저의 상상 속에서 제가 실재 상황을 받아들일 수 있을지, 하느님이 저를 위해 마련하신 미래에 내맡길 수 있을지 묻고 계셨습니다.

"너는 이것을 받아들일 수 있겠느냐?"

저는 무슨 대답을 해야 할지 알았지만, 솔직해지고 싶었습니다. 그래서 눈물을 흘리며 "잘 모르겠습니다." 하고 말씀드리자, 그분이 물으셨습니다.

"네가 나를 따르고자 하느냐?"

제가 대답했습니다. "그렇습니다. 하지만 제게 더 보여 주십시오." 이 묵상이 끝난 뒤에, 저는 몹시 지쳤습니다. 사실 이렇듯 강렬한 기도 체험이 제게 자주 있는 경험은 아니었으니까요(제 기도는 대부분 잔잔하며 그렇게까지 생생하지 못했습니다. 대부분의 사람들이 그렇듯이, 제 기도는 풍성할 때가 있고 메마를 때도 있지요).

이튿날 저는 그 장면으로 돌아와 예수님께 부활을 보여 달라고 다시 한 번 간청했습니다. 그리고 이로 인해 자기희생을 하지 않으려고 하는 저의 모습을 볼 수 있었습니다. 십자가를 받아들이기에 앞서 새로운 삶에 대한 증거를 요구하고 있는 저의 모습을 말이지요. 제 자신을 예수회 순교자들과 비교할 생각은 없었지만, 이미 순교자들의 모습과는 너무 달라서 제가 실패한 것처럼 보였습니다. 그래서 울적한 기분이 들었습니다.

정오쯤에 식당으로 들어가니 누군가가 틀어 놓은 영화 〈아웃 오브 아프리카〉의 OST가 흘러 나왔습니다. 그 음악이 저를 케냐에 있던 시절로 데려다 주었습니다. 저는 한 시간 후에 경당에서 동아프리카에서 지낸 시절의 추억에 잠겨, 제가 무척이나 좋아했던 그 풀이 무성한 언덕 위에 여전히 까맣게 차려입으신 성모님과 함께 서 있는 저를 그려 보았습니다. 예수회 난민봉사단 사무실 인근에 있는 그 언덕은 여러 해 전에 저에게 위안을 주었던 장소이자, 자유와 기쁨의 표상이 되었던 장소였습니다.

저는 성모님과 함께 나이로비에서 2년을 보내며 일했던 장소들을 걸어 다녔습니다. 난민들을 위해 시작했던 작은 상점, 불빛이 어스레한 난민들의 집, 일터에서 집으로 돌아갈 때 지나가던 풀로 덮인 널따란 길, 제멋대로 지어진 빈민가를 지났습니다. 저는 그들의 환한 얼굴을 보았고, 그들의 동아프리카 억양을 들을 수 있었으며, 그들의 따뜻한 애정도 느낄 수 있었습니다. 그때 이런 생각이 들었습니다. '이것이야말로 멋진 부활이다!' 하지만 이게 거기에 있었던 것 전부일지, 제게는 이것으로 충분한지 고민되었지요.

그 순간, 갑자기 밝고 기쁨이 넘치시는 예수님이 눈부시게 새하얀 예복을 입으신 채 제 곁에 서 계셨습니다. 이것은 제가 그려 낼 필요가 없이, 저절로 마음속에 떠오른 장면이었지요. 그 순간 예수님이 손을 내밀며 "나를 따르라!" 하셨습니다. 우리 두 사람은 나란히 같은 장소로 되돌아왔는데, 이번에는 그분이 제 손을 잡고 계셨습니다. 그 순간, 저는 제가 그곳에 머무르는 내내 저와 함께 계셨던 예수님을 생생하게 깨닫게 되었습니다.

예수님은 제가 살면서 가장 자유롭다고 느꼈던 바로 그 장소에 나타나셨습니다. 이것은 실로 경이롭고, 개인적이며, 친밀한 방식으로 맛보는 부활 체험이었지요. 왜냐하면 이 경험은 제가 외로움과 피곤함을 받아들일 때 비로소 케냐에서 발견했던 그 무엇을 체험할 수 있다는 사실을 깨우쳐 주었기 때문입니다. 마치 하느님이 제게 이렇게 말씀하시는 것 같았습니다. "그래, 너는 외로움과 피곤함을 받아들여야 해. 하지만 네가 그것을 받아들인다면, 너를 기다리고 있는 것이 있을 거야. 그것은 바로 새로운 삶이란다."

이 체험은 지극히 개인적이었고, 의미심장했으며, 저를 변화시키는 힘이 있었고, 다른 사람들과 나누기조차 어려운 체험까지 선사하면서 이냐시오 성인의 기도가 얼마나 큰 도움을 줄 수 있는지 깨우쳐 주었습니다. 또한 이것은 영적 지도가 왜 도움이 되는지를 일깨워 주기도 했지요. 신부님이 지도해 주지 않았다면 저는 이런 변화를 맛보지 못하고 그냥 지나치고 말았을 것입니다.

그 시간 이후로, 저는 외로움이나 피로를 두려워하지 않게 되었습니다. 이것은 제가 저의 삶과 연결시켜 받아들여야 하는 부분이라는 깨닫게 된 것이지요. 또한 이 받아들임으로 인해 저의 새로운 삶의 표지들을 곧잘 알아볼 수 있게 되었습니다.

십자가는 부활로 이어지게 되어 있고, 이 모두는 다시 순명으로 연결됩니다. 하느님은 때로 우리들 각자에게 그 시점에서는 받아들일 수 없는 것처럼 보이는 것들을 받아들이길 요구하십니다. 때로는 참아 낼 수 없는 것들, 인내하기 어려운 것들까지도 말이지요. 제게는 그것이 외로움과 피로였습니다. 어떤 사람에게는 그것이 끔찍한 질병일 수 있고, 또 어떤 사람에게는 실직일 수 있으며, 또 어떤 사람에게는 배우자의 죽음일 수도 있습니다. 또 어떤 사람에게는 어려운 가정 형편일 수도 있지요.

그렇다고 우리가 그런 것들을 자초하라는 말은 아닙니다. 제 친구 크리스 수사는 피정이 끝나고 나서 "피정으로 인해 한층 더 오랜 시간 동안 일하지 않도록 조심하게."라고 했습니다. 인생에서 어떤 갈등은 피할 수 없습니다. 그리고 자신의 삶에서 그런 갈등을 껴안는 것이 때로는 하느님을 발견하는 새로운 길을 열어 줄 때도 있습니다.

이 짧은 통찰이 우리가 지금 겪고 있는 고통 앞에서는 전혀 설득력이 없는 것일 수도 있습니다. 하지만 제 삶에서는 도움이 되었고, 그렇기에 이 통찰을 여러분과 나누고 싶었습니다. 아무쪼록 여러분이 힘든 시기를 겪고 있을 때 도움을 줄 수 있었으면 합니다.

이 통찰은 수많은 이름으로 부를 수 있습니다. 월터 취제크 신부가 말하는 실재 상황을 받아들임, 제니스 수녀가 말하는 하느님이 예비하신 미래에 몸을 내맡김, 예수님이 말씀하시는 날마다 네 십자가를 짊어짐, 또는 수용, 포기, 겸손, 영적 가난 등 모든 것 안에서 하느님 발견하기.

이 모든 단어와 표현은 동일한 하나의 낱말을 이야기하고 있습니다. 이 장 첫머리에서는 너무도 낯설어 보였을지 모르지만, 이 생명을 주는 길의 핵심에 자리하는 낱말이지요. 그것은 바로 순명입니다.

제12장

결정을 내리는 방법

제12장

결정을 내리는 방법
이냐시오 결정 과정, 식별

제가 예수회원으로서 내려야 했던 가장 힘든 결정은 신학 공부를 연기한 후에 예수회에 남느냐 떠나느냐 하는 결정이었을 것입니다. 저는 하느님께 이미 종신 서원을 했지만, 마치 삶이 원래 결정한 투신을 가로막는 것처럼 느껴졌습니다.

지금은 그때의 결심이 쉬워 보이지만, 당시에는 매우 힘들게 느껴졌습니다. 저는 그때 지금의 선택이 인생을 바꾸는 선택임을 알았습니다. 다행스러운 점은 저의 영적 지도 신부님이 우리 예수회원들이 말하는 이른바 '식별'에 정통한 신부님이었다는 것이지요.

식별이란 이냐시오 성인이 《영신수련》에서 윤곽을 잡은 용어로,

결정 절차 전반을 가리킵니다. 예수회 장상은, 매번 결정을 내릴 때 기도의 필요성을 진지하게 받아들일 때뿐만 아니라 훌륭한 결정을 도출해 내는 독특한 이냐시오 기법을 알고 있을 때도 식별을 훌륭하게 해내는 것으로 간주되지요.

제가 앞 장에서 언급했듯이, 예수회원은 소임과 관련해서 결정을 내릴 때 적절한 절차를 중요하게 생각합니다. 또한 지시하는 장상과 받아들이는 회원 양쪽 모두가 하느님의 음성을 듣고자 한다면, 바로 그 과정에서 하느님의 도우심에 의지할 수 있다고 믿습니다.

따라서 예수회원이 가고 싶지 않은 곳으로 파견될 때에도, 면밀한 식별이 이루어진 결과라면 그들의 실망은 누그러지게 됩니다. 마찬가지로 그들이 가고 싶은 곳으로 가고 있을 때라도 면밀한 식별이 이루어지지 않았다면, 적절한 결정이었는지에 대한 지워지지 않는 의구심이 남을 수 있지요.

결정을 내리는 예수회원의 능력은 주로 《영신수련》에 나와 있는 수행법을 통해 배울 수 있습니다. 이냐시오 성인은 영신수련을 하는 이들이 인생의 전환점을 맞게 된다고 생각하여 현명한 선택을 하는 데 필요한 방법 몇 가지에 관해 이야기합니다. 이 장에서 살펴보게 될 것이 바로 그러한 내용이지요. 이냐시오 성인의 방법은 "내가 무엇을 해야 할까?"라는 질문에 답을 할 수 있도록 도와줄 것입니다.

결정에 관한 이냐시오 성인의 구체적인 방법들은 성인의 길을 따랐던 수백만의 사람들을 통해 그 효과가 입증되었지요. 이 방법들은 추상적으로 보일 수 있기에 실생활의 몇 가지 사례를 활용하여 이냐시오 성인이 무엇을 이야기하고 있는지 살펴보고자 합니다.

1. 불편심

결정 과정을 다루기에 앞서, 이냐시오 성인은 우리에게 "초연하기 위해 노력하라."라고 권고했습니다. 달리 말해 가능한 한 자유로운 마음으로 결정 과정에 임하라는 것입니다. 바로 이러한 마음이 불편심입니다. **어느 한쪽에도 치우치지 않는 상태**를 의미하는 것이지요. 이와 관련하여 베드로 파브르 성인은 이렇게 말했습니다. "나의 주님, 당신에게서 나를, 나에게서 당신을 갈라놓는 그 무엇도 없애 주시기를 청하나이다."[17]

불편심은 오해를 사기 쉽습니다. 대부분의 사람들은 이 말을 들으면 자유로움보다 따분함이나 무관심을 떠올리기 때문이지요.

몇 년 전에 이제 막 약혼한 한 청년이 저를 찾아와 고민을 털어놓은 적이 있습니다. 예정대로 결혼을 해야 하는지 확신이 서지 않는다는 것이었습니다. 그는 자신이 평생 동안 결혼 생활을 잘해 나갈 준비가 되어 있는지 모르겠다며 괴로워하고 있었습니다. 저는 그 청년에게 "그렇다면 우선 불편심에서 출발해야겠네요."라고 말했습니다. 그러자 그가 곧바로 대꾸했습니다. "불편심이라니요! 지금 나누는 대화에 제 인생이 걸려 있다고요!"

이냐시오 성인이 말한 불편심의 의미는 자유였습니다. 각각의 결정에 새롭게 다가서는 자유. 처음 가졌던 선입견에서 벗어나 한 걸음 뒤로 물러설 수 있는 능력. 여러 대안을 세심하고 꼼꼼하게 비교해 보려는 자세. 자신의 삶에서 이루어지는 하느님의 활동에 대한 열린 마음. 《영신수련》을 현대에 맞게 번역한 이들 가운데 한 사람인 예수회원 조지 갠스는 불편심의 의미에 대해 이렇게 적었습니다.

- 한 가지 일이나 한 가지 선택으로 확정하지 않는다.
- 치우치지 않는다.
- 편파적이지 않다.
- 현명한 선택의 근거가 확인될 때까지 결정을 미룬다.
- 아직 정해지지 않았다.

조지 갠스는 제가 결혼을 미뤄야 할지 고민하는 그 청년에게 별다른 설득력 없이 이야기한 내용을 대신 마무리지어 줍니다. "불편심이란 결코 관심이 없다거나 중요하게 여기지 않는다는 의미가 아니라, 내적 자유를 뜻하는 것입니다."

중요한 결정은 늘 어느 정도의 부담이 따르기 마련입니다. "내가 이 사람과 결혼해야 하나?" 또는 "내가 예정대로 결혼식을 올려야 하나?"라는 질문의 배경에는 결혼을 종용하는 연인이나 부모님, 친구 등 주변 사람들에게서 받는 압박감이 존재할 수 있기 때문이지요.

주변 사람들의 조언이 만족스러운 결정을 내리는 데 도움이 될 수도 있지만, 이냐시오 성인은 가능하면 어느 한쪽으로 치우치지 않고 결정하기를 당부했습니다. 그러나 이런 뻔한 이야기는 사람들이 금방 잊어버리기 쉽습니다.

유명한 이냐시오 성인의 비유 하나를 활용해 말하자면, 우리는 '저울의 바늘'처럼 되기 위해 노력해야 합니다. 만일 여러분이 예전에 정육점에서 고기의 무게를 재는 데 사용했던 저울을 본 적이 있다면, 저울이 완전히 비어 있을 때 바늘이 위를, 즉 숫자 0을 가리키는 것을 본 기억이 있을 것입니다. 이는 아무것도 없는 0의 상태를 뜻하는 것입니다.

이냐시오 성인이 말하고자 하는 것이 이것입니다. 우리는 결정을 내리려고 할 때, 이쪽이나 저쪽으로 기울지 않는 이 쇠바늘을 닮아야 합니다. 누구라도 무게를 속이려고 저울을 손가락으로 몰래 누르는 정육점 주인의 속임수를 본받고 싶지는 않을 것입니다. 출발할 때부터 이쪽이나 저쪽으로 결정해야겠다고 생각하는 것은 자신을 속여 바람직한 선택을 못하게 만듭니다.

결혼을 계획했던 그 청년은 불편심이 거의 불가능해 보일 정도로 심각한 정서적 위기에 처해 있었습니다. 불편심으로 결정에 임하는 것은 어렵지만 꼭 도달해야 하는 중요한 목표입니다. 모든 영성 생활이 그렇겠지만 우리는 이 목표를 향해 나아가며 가능한 한 자유로워지려고 노력해야 합니다. 또한 불편심은 하느님의 은총에서 비롯되는 결실임을 기억해야 합니다.

2. 식별의 핵심

이냐시오 성인은 현명한 결정을 내리는 데 도움이 되는 경험을 많이 했습니다. 성인이 가장 먼저 경험했던 사례는 앞서 언급했듯이 그리스도의 생애와 성인들의 전기를 읽다가 얻은 통찰이었습니다.

이냐시오 성인은 책을 읽으며 다른 성인들을 열심히 본받아야겠다고 생각하자 평화가 가득 밀려드는 것을 느꼈습니다. 그런가 하면 어떤 귀부인을 감동시키는 등 보다 세속적인 일들을 해내야겠다고 생각하면 삭막한 느낌이 들었지요. 그러다가 성인은 이런 기분을 느끼는 것이 하느님이 자신을 인도하시는 한 가지 방법이라는 것을 서서히 깨닫기에 이릅니다.

이냐시오 성인은 사람이 하느님의 원의에 따라 행동하면 자연스럽게 평화를 느끼게 된다는 사실을 깨달았습니다. 하느님의 초대에 따를 때 평화에 이르게 된다는 이 같은 통찰은 이냐시오 성인의 식별에서 핵심을 차지합니다. 우리가 자신 안에서 하느님의 현존과 일치를 이룰 때, 올바르다는 느낌, 평화로운 느낌, 이냐시오 성인이 위로라 일컬은 느낌을 맛보게 됩니다. 이 느낌이 바로 우리가 올바른 길을 가고 있다는 하나의 표지입니다.

이냐시오 식별의 핵심

이냐시오 성인이 원래 내린 정의를 살펴보면, 영적 위로와 실망은 이냐시오 식별에서 핵심을 이루고 있습니다. 성인이 말하는 위로는 영혼이 하느님에 대한 '사랑으로 불타오르고' 하느님의 사랑에 눈물을 쏟게 하는 감정만이 아닙니다. 이냐시오 성인은 《영신수련》에서 이렇게 밝히고 있습니다.

믿음, 희망, 사랑을 키우는 모든 것과 창조주 주님 안에서 영혼을 침잠시키고 평온하게 하면서 천상적인 것으로 부르고 영혼의 구원으로 이끄는 모든 내적인 기쁨을 위로라고 한다(영신수련, 316).

이냐시오 성인이 말하는 영적 실망은 위로와 정반대되는 것인데, 그에 대해 성인은 이렇게 표현했습니다.

영혼이 어둡고 혼란스럽고 현세적이고 비속한 것으로 기울어지고, 또한 여러 가지 심적인 동요와 유혹에서 오는 불안감 등으로 불신으로 기울고 희망도 사랑도 사라지며, 게으르고 냉담하고 슬픔에 빠져서 마치 스스로가 창조주 주님으로부터 멀리 떨어져 있는 것처럼 생각되는 상태이다(영신수련, 317).

이냐시오 성인이 처음 회심했을 때 알았고, 또한 그 이후로 기도로 보낸 여러 해와 무수히 많은 사람들에 대한 영적 지도를 통해 이런 느낌들을 체득했습니다. 이것은 오늘날 우리로 하여금 어느 쪽을 선택하는 것이 우리가 하느님께 보다 가까워지도록 도움을 줄 것인지를 식별할 수 있게 해 줍니다.

반대로, 이냐시오 성인이 '여러 가지 심적인 동요와 유혹으로 불안감'에 빠져드는 흐름이라고 묘사한 영적 '실망'의 느낌들은 우리가 그릇된 길을 가고 있다는 신호입니다. 위로에서 나오는 생각과 실망에서 나오는 생각은 서로 상반됩니다. 전자는 우리를 올바른 길, 올바른 행동, 하느님과의 올바른 관계로 이끄는 반면에 후자는 우리를 정반대의 방향으로 끌고 갑니다.

이냐시오 성인의 식별에 기본이 되는 이 요소는, 성인의 체험과 다른 사람들의 삶에서 하느님이 어떻게 일하시는지 살펴 온 성인의 관찰에 뿌리내리고 있습니다. 런던의 헤이드롭 대학에서 영성을 가르치고 있는 데이비드 론스데일은 자신의 저서 《보는 눈, 들을 귀Eyes to See, Ears to Hear》에서 식별을 다루었습니다. 론스데일은 식별이란 "느낌과 우리가 그 느낌으로 인해 움직이게 되는 방향에 대한 영적 해석과 평가를 내용으로 한다."라고 말했습니다. 예수회원인 마이클 아이벤스는 《영신수련의 이해Understanding the Spiritual Exercises》라는 자신의 저서에서 식별은 "인간의 의식에서 이루어지는 성령의 활동을 인식하는 것이다."라고 했습니다. 데이비드 플레밍은 이것을 "애정 어린 마음으로 행하는 결정"이라고 불렀지요.

식별은 실천으로 마무리됩니다. 식별은 단순히 하느님의 뜻을 발견하고자 시도하는 하나의 방식이 아니며, 단순히 기도 중에 하느님께 더 가까이 다가가게 하는 통로도 아닙니다. 오히려 식별은 최선의 행동이 무엇인지를 결정하도록 가르쳐 주는 길입니다. 이것은 단순히 하느님과의 관계만을 다루지 않으며, 현실 세계에서 우리의 믿음을 생활화하는 일과 직결됩니다. 이냐시오 성인은 성과를 지향하는 신비가였습니다. 그리고 실천적인 사람답게 새로운 사실에 직면하였을 때 생각을 바꾸는 일에 경직되어 있지 않았지요.

제가 앞서 언급한 대로, 성인은 회심한 후 얼마 지나지 않아 만레사라 부르는 고을 바깥에 있는 음침한 동굴에서 은거했습니다. 열정적인 기질을 지녔던 이냐시오 성인은 이전의 허영심을 벗어던지기 위해 이전과 정반대의 길을 택했습니다. 허영심 많던 사람이 이제는 자신의 용모에 신경을 쓰지 않아 머리카락은 제멋대로 자라도록 놓아두고, 손톱과 발톱도 자르려 하지 않았습니다. 예전에 우아했던 모습으로 궁중에서 일하던 사람이 험악하고 더러운 모습으로 변하게 된 것이지요.

그랬던 성인이 몇 달 후에 자신의 결정을 뒤집었습니다. 무슨 일이 있었던 것일까요? 이냐시오 성인은 자신의 고행이 '영혼들을 돕겠다'는 궁극적인 목표에 별로 도움이 되지 못한다고 결론지은 것입니다. 성인은 타당한 이유로 참회를 택했음에도 자신의 목적을 실현하기 위해 이를 포기했습니다. 오늘날의 우리는 성인의 생각을 정확히 알아내기는 힘들지만, 어쩌면 자신의 기괴한 모습이 다른 이들에게 혐오감을 준다고 느꼈을지도 모를 일입니다.

그 뒤로 이냐시오 성인은 그 당시에 유행하던 혹독한 종교적 참회의 행위를 조절하며 중용의 길을 걸었습니다. 그리고 몇 년이 지난 후에, 성인은 예수회원들에게 엄격한 수행이 효율적으로 일하는 데 방해가 된다면 하지 말라고 조언했습니다. 성인은 《회헌》에서 예수회원들이 모든 일을 알맞게 하여 건강을 유지하기를, 건강에 좋은 음식을 먹고 좋은 운동을 하기를, 맡은 일을 수행하기 위해 적당한 휴식을 취하기를 당부했습니다. 그리고 대단히 슬기롭게도 "하느님을 섬기기 위해 육신의 힘과 건강을 보전하는 데 적절한 관심을 기울이는 것은 칭찬할 만한 일로서 모두가 그렇게 해야 한다."라고 말했습니다.

이냐시오 성인은 자신의 체험을 통해 어느 한쪽으로 치우치지 않는 자세를 가질 수 있었습니다. 자신의 건강을 무시하며 고행했던 순례자가 방향을 완전히 바꾸고, 나중에는 동료들에게도 자신의 건강을 잘 돌봐야 한다고 조언하는 사람이 된 것입니다. 그리하여 그리스도교 역사에서 가장 위대한 신비가 중의 한 사람이 자신의 기도 시간을 줄이고, 동료들에게도 과도하게 기도하느라 해야 할 일을 하지 못하는 일이 없도록 하라고 충고할 수 있었던 것이지요.

이냐시오 성인은 목표에 도달한다는 것이 때로는 길을 바꾼다는 뜻일 수도 있음을 깨달아 알고 있었습니다. 또 때로는 돌아서야 한다는 의미라는 것도 말이지요.

초창기 예수회원인 예로니모 나달 신부는 이냐시오 성인이 예수회의 방향을 모색하는 시점에 이르렀을 때에도 "그는 그가 알지 못한 곳으로 이끌려 갔다."라고 이야기했습니다.

이냐시오 성인이 했던 결정 과정을 들여다보기에 앞서 마지막으로 이야기하고 싶은 것은, 이냐시오 성인은 성숙한 선택이란, 선한 것 중에서 하나를 고르는 것이라고 생각했다는 점입니다. 바꾸어 말해서, 성인은 분명하게 선이 아닌 것은 고려하지 않았다는 것이지요. 따라서 "우리 과장은 너무 짜증 나! 한 방 먹이면 안 될까?"라는 질문은 고려할 가치도 없게 됩니다. 이는 "우리 집 정원에 나뭇잎을 계속 떨어뜨려 주말마다 빌어먹을 갈퀴질을 하게 만드는 옆집 단풍나무를 베어 버리면 안 될까?"라는 질문도 마찬가지입니다. 둘 다 분명하게 좋지 않은 선택이며, 혹시 당사자는 거기에는 그럴 만한 이유가 있을 것이라고 생각하더라도, 이냐시오 성인은 고려 대상으로 삼을 생각조차 하지 않을 것입니다(사실 이냐시오 성인은 그렇게 하기에는 주관이 뚜렷한 사람이거니와, 교외에 산 적도 없었지요).

쉽게 손에 잡히지 않는 문제들도 있습니다. 이냐시오 성인은 우리가 이미 바꿀 수 없는 결정을 해 버렸다면, 그대로 추진해야 한다고 조언했습니다. 물론 이미 내린 결정은 존중되어야 합니다. 만일 우리가 정당한 이유로 결정을 내렸고 그것에 만족한다면, 또는 설사 바꿀 수 있다고 해도 굳이 바꿀 이유가 없다면, 애써 새로운 결정을 할 필요는 없습니다.

그래서 저는 "내가 예수회 사제로 계속 살아야 하는가?"라는 질문을 가지고 연례 피정에 임하지 않습니다. 이따금 좀 더 분명히 하고 싶을 수도 있고, 심지어 일단 잠시 동안 떠나는 것을 생각해 보고 싶은 유혹을 느낄 수도 있습니다. 하지만 이것은 결정이 필요한 문제가 아닙니다. 이냐시오 성인이라면 이렇게 말할 것이기 때문이죠.

"시간을 낭비하지 마라. 당신은 이미 서약한 사람이다."

또한 우리가 훌륭한 결정을 내렸음에도 별안간 의기소침해진다면, 이것이 반드시 재고해 보라는 신호가 되는 것은 아닙니다. 만약 우리가 좀 더 너그러운 사람이 되었고, 그리하여 여러 달 동안 미워하고 있던 누군가를 용서하기로 결심했다고 생각해 봅시다. 그리하여 우리는 그 사람과 이야기하게 되었습니다. 용서를 해서 인간관계가 금방 회복되는 것은 아니라고 해도 그 때문에 우리가 너그러운 사람이 되지 말아야 한다는 것은 아닙니다. 요셉 테틀로는 자신의 저서 《그리스도 안에서의 선택》에 이렇게 썼습니다.

"당신이 하느님을 보다 깊이 섬기겠다는 훌륭한 결심을 했다가 잠시 후에 황량한 기분에 빠져든다고 할지라도, 그 결심을 바꾸어서는 안 된다. 당신을 그렇게 몰아가는 것은 선한 영일 리가 없기 때문이다. 당신은 마음이 울적할 때면, 더 많이 기도하고 다른 사람들을 돕는 일을 늘려 가는 것이 좋다."

다른 한편으로는 만일 우리가 그릇된 방법을 선택했는데, 그것을 바꾸는 것이 가능하다면, 그 결정에 대해 다시 생각해 볼 수 있습니다. 이냐시오 성인은 "합당하게 절차를 밟아 새롭게 결정하고자 해도 된다."라고 말했습니다. 만일 우리가 현명하지 못한 결정을 내렸는데 이를 지금도 바꿀 수 있다고 한다면, 당연히 다시 새로운 눈으로 바라봐야 하지 않을까요?

이냐시오는 성인은 《영신수련》에서 세 가지 '결정 시기'를 열거했는데, 이는 우리가 어떤 선택을 해야 하는 세 가지 상황으로도 볼 수 있습니다. 다음에 이루어지는 논의는 때로 애매모호할 수도 있고 몇몇 용어와 여러 가지 단계들 때문에 처음에는 어리둥절할 수도 있습니다. 제가 수련자 시절에 이런 수행법들을 소개받았을 때 맨 처음 보인 반응이 그러했으니까요.

그러나 걱정할 필요는 없습니다. 이냐시오 성인이 기사 출신이어서 그런 것인지, 큰 수도회를 운영해야 했기에 그런 것인지는 명확하지 않지만 성인은 질서정연하게 일을 정리해 두는 것을 좋아했기 때문입니다. 그로 인해 《영신수련》은 여러 가지 목록으로 정리되어 있는데, 대부분이 두세 가지 항목으로 되어 있습니다. 그러다 보니 때로는 기도라기보다 대수학代數學에 가깝게 느껴지기도 합니다.

혹시 여러분이 시간을 활용하는 방법에 대한 다음의 논의가 혼란스럽더라도 걱정하지 않아도 됩니다. 중요한 것은 여러분에게 효과가 있고 적절한 몇 가지 방법이나, 방법들의 조합을 찾아내는 일이니까요. 결국 여러분이 충분히 훈련을 쌓는다면, 그런 기법들은 제2의 본성처럼 자연스럽게 활용할 수 있을 것입니다.

여러분도 이냐시오 성인이 결정을 내리는 방법들을 살펴보다 보면, 이 방법들이 효과가 있다는 것을 느끼게 될 것입니다.

3. 세 번의 시기

1) 첫 번째 시기

이따금 무엇을 할 것인지 질문할 필요가 전혀 없는 때가 있습니다. 첫 번째 시기에 내리는 결정이 바로 그렇습니다. 이냐시오 성인은 이때 우리의 결정이 '의심 없이 또 의심할 수도 없이' 이루어진다고 표현했습니다.

예를 들어 여러분이 어떤 회사에 입사 지원을 했다고 합시다. 몇 달에 걸친 여러 과정 끝에 원하던 직장을 얻었습니다. 여러분은 취업의 행운에 들떠 우쭐하며, 이 회사를 선택한 것은 잘한 결정이라고 확신합니다. 그리고 생각할 새도 없이 새 직장을 받아들입니다.

이냐시오 성인은 첫 번째 시기를 천상의 빛으로 인해 눈이 먼 채 예수님의 음성을 듣는 바오로 사도의 이야기에 비유했습니다. 여기에는 아무런 의심도 없습니다. 바오로 사도는 다마스쿠스로 가라는 지시를 받고 그대로 합니다.

저는 최근에 어떤 배우의 이야기를 들었습니다. 그는 고등학교 때 연기에 푹 빠지게 되었다고 합니다. 그는 첫 공연을 한 후에 자신의 진로를 결정했고, 한 번도 뒤를 돌아보지 않았으며, 이제까지 한 번도 자신의 선택을 후회해 본 적이 없었다고 했습니다. "저는 연기를 너무 사랑한 나머지 그로 인한 고통까지 감내했지요." 이런 결정이 바로 첫 번째 시기에 내린 결정인 것입니다.

《되찾은 영신수련》라는 책에서 어떤 여인이 겪은 놀라운 첫 번째 시기에 관한 이야기를 찾아볼 수 있습니다.

> 나는 남편을 대학에 보내고 이어 아이들을 공부시키느라 20년을 보냈다. 아이들의 뒷바라지를 하면서 행복을 느끼기도 했지만, 이제는 나를 위한 시간이 생겼다. 아들이 운전면허를 딴 덕분에 방과 후 체육 활

동 장소까지 태워다 줄 필요가 없어졌기 때문이다. 마침 근처에 지역 주민을 위한 전문 대학까지 생겼기에, 이제는 내가 학교에 다니려고 한다. 겨우 그렇게 할 수 있는 여유가 생겼고, 또 그렇게 하는 것이 나 자신을 위해서도 옳은 일이라는 확신이 든다.

이 경우에는 결정이 이루어진 것에 대해 자신의 체험과 바오로 사도의 체험을 비교하지 않았을지라도 결정에 작은 의문도 갖지 않았습니다. 그래서 질문이 떨어지자마자 답이 나오게 되었지요.

저에게는 수도회에 들어간다는 최종적인 결정이 이와 비슷했습니다. 제가 앞서 언급했듯이 하루는 저녁에 일을 마치고 집으로 돌아와 우연히 토머스 머튼 수사에 관한 다큐멘터리를 보게 되었는데, 이것이 저를 수도회에 갈 수 있게 이끌어 주었습니다. 돌아보면 그것은 첫 번째 시기에 내린 결정이었습니다.

당시에 저는 코네티컷 주 스탬퍼드 시에 위치한 GE의 인사과에서 일하고 있었습니다. 어느 날 두 친구와 함께 사는 아파트로 돌아왔을 때는 밤 아홉 시쯤이었지요. 저는 편한 옷으로 갈아입고 냉장고를 뒤져서 오래된 스파게티 한 접시를 찾아냈습니다. 전자레인지에 돌린 스파게티로 대충 허기를 채운 후, 텔레비전 앞에 앉아 채널을 돌리기 시작했습니다. 그러다가 그때까지는 한 번도 들어 본 적이 없는 트라피스트회 수도자에 관한 다큐멘터리를 우연히 보게 되었습니다.

음악가, 작가, 학자 등 온갖 부류의 사람들이 방송에 나와 그 수도자가 자신의 삶에 미친 영향을 증언했습니다. 이 다큐멘터리는 외로운 소년에서 반항적인 대학생을 거쳐 목표 없는 대학원생이 되고, 갓 입교한 가톨릭 신자가 되었다가 마침내는 트라피스트 수도자에 이르는 토머스 머튼 수사의 기나긴 회심 과정을 상세하게 다루었습니다. 하지만 이 방송에서 가장 눈길을 끄는 대목은 그 이야기가 아니라 머튼의 사진들이었습니다. 그의 얼굴에서는 저에게 생소한 느낌을 주면서도, 한편으로는 잡아끄는 듯한 평온함이 나오고 있었습니다.

이튿날, 저는 토머스 머튼의 전기 《칠층산》을 찾아내어 읽기 시작했습니다. 어느 늦은 밤에 이 책을 다 읽고 나자, 저는 제가 머튼 수사가 했던 일을 하고 싶어 한다는 것을 깨닫게 되었습니다. 그것은 바로 혼란스러운 삶을 뒤로하고 수도회에 들어가는 것이었지요(그때의 저는 수도회에서의 삶이라고 해서 결코 혼란에서 자유롭지는 않다는 것을 모르고 있었습니다). 시간이 흘러 제가 예수회에 관해 좀 더 알게 되면서 이 수도회가 제게 가장 적합하다고 결정하게 되었습니다.

하지만 그날 밤 수도회에 들어가고자 하는 소망이 샘솟기 시작했음에도 저는 일단 저항했습니다. 그리고 그 소망을 온전히 확인하기까지는 그로부터 두 해가 더 걸렸지요. 저는 다시 일 속에 파묻혀서 지냈지만, 수도 생활에 입문하겠다는 생각은 언제라도 약간의 물만 닿으면 싹틀 준비를 하고 있는 씨앗처럼 제 영혼의 한 곳에 자리 잡고 있었습니다.

마침내 그때쯤 직장에서 받은 심한 스트레스에 대해 상담하기 위해 만나고 있던 심리 상담가가 그 씨앗에 물을 주었습니다. 그는 제게 질문 하나를 던져 제 안에 있는 갈망에 이름을 붙일 수 있도록 도와주었습니다. 어느 날 그에게 평소처럼 직장에 대한 불만을 토로했습니다. 그때 저는 제 일이 만족스럽지도 않았고 즐겁지도 않았으며, 앞으로 몇 년을 더 할 수 있을 것 같지도 않았습니다.

이윽고 그가 말했습니다. "만일 당신이 하고 싶은 일을 할 수 있다면, 무슨 일을 하고 싶나요?" 그 질문에 대한 저의 대답은 마치 제가 일평생 기다리고 있었던 것처럼 즉시 튀어나왔습니다.

"쉬운 질문이네요. 전 예수회 사제가 될 겁니다."

그러자 그가 말했습니다. "그렇다면, 왜 그렇게 하지 않는 거요?" 제가 대꾸했습니다. "그러게요? 제가 왜 그러지 않는 거죠?"

갑자기 예수회로 가는 길이 선명해졌습니다. 예수회에 대해 아는 것이 별로 없었고, 심지어 입회 방법은 더더욱 몰랐지만, 제가 당장 입회하고 싶어 한다는 것만은 확실하게 알 수 있었습니다. 그야말로 아! 하는 순간이었지요. 바오로 사도의 표현처럼, '비늘 같은 것'이 제 눈에서 떨어져 나가는 듯했습니다. 그리고 이냐시오 성인의 말대로, 저에게는 **조금의 의심조차 없었고 의심할 수도 없었습니다.** 모든 일이 척척 맞아떨어지면서, 저는 몇 달 뒤에 예수회 수련원에 들어갔습니다. 그것은 제가 이제까지 내린 최고의 결정이었으며, 이제까지 했던 선택 가운데 최고의 선택이자, 제 인생에서 첫 번째 시기의 선택을 체험한 드문 경험 가운데 하나였습니다.

2) 두 번째 시기

두 번째 시기는 덜 선명합니다. 이것은 첫눈에 반하는 사랑이 아닙니다. 이것은 바오로 사도처럼 명료해서 놀라 쓰러지는 경우와는 다릅니다. 이것은 아! 하는 순간에는 못 미치며, 어느 정도의 고민도 뒤따릅니다.

두 번째 시기에는 처음부터 완벽하게 확신하지 못할 수 있습니다. 상반된 힘과 욕망이 우리를 양쪽으로 끌어당기는 것처럼 보이기도 합니다. 직장을 예로 들어 보면, 높은 연봉을 주는 직장을 찾았지만 일을 시작하는 시기가 자신의 계획과 맞지 않는 경우와 같은 셈입니다. 아니면 연봉은 만족스럽지만 일 자체가 자신과 맞지 않다고 느끼는 경우와도 비슷하지요. 처음부터 명확하게 결정할 수는 없을지라도, 이를 두고 곰곰이 생각해 보고, 주위 사람들과 이야기도 나누고,

기도를 하다 보면, 결정 방향이 점차 분명하게 드러납니다. 그러면서 자신의 마음이 그 직장을 받아들이는 쪽으로 움직이고 있음을 깨닫게 될 것입니다.

이냐시오 성인은 바로 이 시점에서 어떤 선택이 자신에게 더 큰 위로를 주는지 잘 생각해 보라고 말합니다. 이냐시오 성인은 우리 안에 이는 움직임을 하느님이 우리의 선택을 도와주고 계시다는 표지로 알고 눈여겨보라고 당부했습니다. 자신의 삶에 대한 하느님의 소망과 꿈을 식별하고자 노력하는 사람들에게, 하느님의 현존은 주로 위로를 통해 모습을 드러내십니다.

또한 위로는 하느님의 현존을, 그리고 평화와 평온과 기쁨으로 이어지는 내적인 느낌을 감지하는 감각입니다. 이 결정의 시간에는 평화의 느낌과 선택이 옳았다는 느낌으로 위로를 받게 됩니다. 우리는 위로를 통해 결정하는 자신에게 응원을 보내고, 확신과 다독임을 받게 되는 것이지요.

저는 여러 해 동안 현명한 결정을 내리는 것과 위로를 느끼는 것 사이의 연관 관계를 미심쩍게 여겼습니다. 이것은 미신에 가까워 보일 지경이었으니까요.

혹시 하느님은 우리가 올바른 선택을 하도록 도우시려고, 위로라는 마술 지팡이를 우리에게 휘두르시는 것은 아닐까요?

물론 그렇지 않습니다. 데이비드 론스데일이 말했듯이, 특정한 결정이 우리의 행복을 바라시는 하느님의 갈망과 합치될 때, 우리는 그 결정이 가져온 평화를 맛봅니다. 이냐시오 성인은 하느님이 우리의 가장 내밀한 갈망들을 통해 일하신다고 보았습니다. 그렇기 때문에 우리가 하느님께 이르는 길을 가고 있다면, 우리가 하는 일 역시 올바르게 보입니다. 혹시 자신이 하는 일이 옳은 일이라고 느껴진다면, 그것이 실제로 사실이기에 그런 느낌이 드는 것입니다.

저는 론스데일이 했던 위로에 대한 설명이 아주 적절하다고 생각합니다. 특히 그는 위로의 느낌이 갖는 주된 특징에 대해 이렇게 설명했습니다. "그 방향이 성장과 창조력과 순수하게 충만한 생명을 지향한다. 그리고 그 안에서 우리를 하느님과 다른 사람들에 대한 보다 충만하고 효과적이며 너그러운 사랑으로 이끌어 준다."

위로의 뒷면은 **실망**입니다. 이냐시오 성인은 무엇이든 우리를 절망으로 몰아가는 것을 뜻하는 의미로 이렇게 표현한 것입니다. 우리가 어떤 선택 앞에서 동요하거나 불안하거나, 또는 이냐시오 성인이 말했듯이 '내키지 않고, 시들하고, 불행하다'고 생각해 봅시다. 이런 느낌들은 우리가 바람직한 결정에서 멀어지고 있음을 의미하는 것입니다.

식별하는 어머니

식별과 관련된 한 가지 유머가 있습니다. 한 여인이 본당 신부를 찾아가 조언을 구했습니다.

"신부님 제게는 태어난지 8개월 된 아기가 있어요. 전 이 아기가 자라서 무슨 일을 하게 될지 아주 궁금하답니다."

그러자 신부가 말했습니다.

"아기 앞에 위스키 병과 지폐와 성경, 이렇게 세 가지 물건을 가져다 놓아 보세요. 아기가 위스키 병을 쥐면 바텐더가 될 거고, 지폐를 집어 들면 사업가가 되고, 성경을 집으면 사제가 될 거요." 여인은 사제에게 고맙다고 인사하고 집으로 돌아갔습니다.

그로부터 일주일이 지나 여인이 다시 오자 사제가 물었습니다.

"그래, 아이가 어떤 걸 집던가요?"

여인이 대답했다. "아기가 세 가지를 다 집던 걸요."

그러자 신부가 말했습니다. "아! 그럼, 예수회원이 되겠군요!"

이냐시오의 식별은 하느님이 이런 영적 체험들을 통해 우리가 고려하는 선택과 관련된 이야기를 해 주시리라는 신뢰와 직결됩니다. 플레밍의 말대로 우리의 마음은 어떤 선택이 우리를 보다 하느님께 가까이 이끌어 주는지 차차 이야기해 준다는 것이지요. 이 모두는 하느님이 우리의 마음을 움직이신다는 믿음, 그리고 우리의 내면에서 들려오는 하느님의 음성을 감지하는 감수성을 키울 수 있다는 믿음을 바탕으로 합니다.

이냐시오 성인은 스페인의 팜플로나에서 입은 부상을 회복해 가는 동안 성인들을 따르겠다는 생각을 할 때면 위로를 느꼈습니다. 이와는 반대로 어떤 귀부인에게 감동을 주겠다는 생각을 할 때면 실망을 맛보았습니다. 그러다가 이런 느낌들은 가장 바람직한 행동이 무엇인지를 자신에게 깨우쳐 주기 위한 하느님의 방법이었음을 점차 깨달아 갔습니다. 우리가 두 번째 시기에 기도하면서 신중히 고려해야 할 것은 바로 이런 종류의 느낌입니다.

결정을 두고 기도를 드리면서 자신이 위로를 느끼는지 살펴보는 일 외에도 두 번째 또는 세 번째 시기에 활용할 수 있는 또 다른 수행법이 있습니다. 어떤 선택을 하게 되면, 그 선택 이후에 일정 기간 자신이 살아가는 모습을 상상해 보며 그 선택이 자신에게 더 큰 평화를 주는지 살피는 것입니다.

며칠 동안 다른 길을 선택한 것처럼 행동해 봅시다. 실제로 그 선택을 한 것은 아니지만, 이미 선택했다고 상상하며 그 선택에 따라 하루를 보내는 것이지요. 새 스웨터를 입어 보듯이 그 결정을 시험해 봅시다. 그 결정이 어떤 느낌인가요? 평화를 느끼나요, 아니면 동요를 느끼나요? 그러고 나서 다음 며칠 동안은 정반대의 선택을 시험해 보고, 이번에는 어떤 느낌인지 생각해 봅니다.

이 방법은 선택을 위한 더 강력한 도구가 될 수 있습니다. 우리의 마음은 보통 성질이 급한 메뚜기가 이 풀잎에서 저 풀잎으로 뛰어다니듯이 이쪽을 택했다 저쪽을 택했다 끊임없이 움직여, 우리에게 어느 한쪽도 깊이 생각해 볼 시간을 주지 않습니다. 하지만 상상으로 한 가지 행동 방침에 따라 살아 보고, 다음에 다른 행동 방침으로 살아 보고 나면, 이전에는 미처 알아차리지 못했던 어떤 것들이 문득 머리에 떠오를 수 있습니다. 장점과 약점은 시간이 가면서 보다 분명히 드러나게 됩니다. 이러한 과정을 통해 결정을 내리기 전에 결정에서 오는 결과들을 알게 되는 것입니다. 이 과정이 끝날 때쯤 어떤 선택이 우리에게 가장 큰 평화를 주었는지 자문해 봅시다. 그런 다음 자신의 느낌을 신뢰하고 결정을 내리면 됩니다.

하지만 식별은 플레밍이 지적했듯이 단순히 평화로운 느낌이 드는지 아닌지에 관한 문제가 아닙니다. 우리는 내면에서 일어나고 있는 일을 면밀하게 평가해야 합니다. "어떤 결정에 대한 안주하려는 마음과 지나친 자부심이 위로의 가면을 쓰고 있을 때가 있다. 때로는 실망이 새로운 방향으로 들어선 우리를 동요하게 만드는 느낌을 줄 때도 있다." 가장 중요한 것은 우리가 실제로 **어떤 느낌을 받고 있는지, 그리고 그 이유가 무엇인지** 있는 그대로를 아는 것입니다.

결정을 내릴 때, 첫 번째와 두 번째 시기에 겪게 되는 어려움은 비교적 적습니다. 첫 번째 시기는 아주 명료합니다. 두 번째 시기는 처음에는 비교적 선명하지 못할 수 있지만, 기도하고 위로를 얻고 나면 이런 위로와 실망의 느낌을 통해 충분히 선명해져 이냐시오 성인이 말하는 이른바 '상당한 명확성과 인식'을 얻기에 이를 수 있습니다.

3) 세 번째 시기

많은 사람들이 가장 일반적으로 결정을 내리게 되는 상황은 세 번째 시기에 해당합니다. 두 가지나 그 이상의 대안이 있는데, 어느 것을 선택해도 확실한 선택이 되지 못합니다. 아! 하는 순간을 한 번도 경험할 수 없고, 기도하면서도 선명하게 다가오는 순간이 거의 없습니다. 이냐시오 성인은 이 시기에는 "영혼이 여러 가지 영들에 의해 동요되지 않는다."라고 말했습니다. 이 어두컴컴한 시기야말로 이냐시오 성인이 명확하게 규정한 수행법이 가장 도움이 될 수 있는 시기입니다.

성인의 수행 방법은 우리가 전혀 예상하지 못했던 것을 우리에게 가져다줄 수 있는데, 그것은 바로 평온입니다. 최근에 영적 지도를 받기 위해 저를 찾아온 한 청년은 단순히 이런 기법들을 알기만 해도 앞으로 결정을 내려야 하는 일들로 인한 짓눌리는 듯한 부담감이 줄어드는 것 같다고 했습니다.

이냐시오 성인은 세 번째 시기를 위해 두 가지 방법론을 제시합니다. 일상적인 예로, 지금 살고 있는 작은 아파트에서 계속 살 것인가, 아니면 새집을 구입할 것인가 고민한다고 생각해 봅시다. 이런 경험을 해 본 사람은 누구나 알겠지만, 이런 종류의 결정은 복잡하기 그지없으며, 경제적인 문제와 정서적인 문제도 야기하기 마련입니다.

첫 번째 방법론은 이성을 토대로 합니다. 이 방법론에서도 출발점은 불편심입니다. 우리가 이미 결정해야 하는 상황에 빠져 고민하고 있더라도, 어느 한쪽으로 기우는 일이 없어야 합니다. 만일 우리가 이미 결정을 내렸거나 자동적으로 결정이 됐다면, 우리는 이 결정을 홀가분하게 검토할 수 없게 됩니다. 이냐시오 성인은 이렇게 표현했습니다. "제시된 그것을 버리기보다는 취하는 것으로, 혹은 취하기보다는 버리는 것으로 더 마음이 기울거나 움직이지 않게끔 노력하되 균형 잡힌 저울같이 되도록 한다."(영신수련, 179)

이냐시오 성인은 첫 번째 방법론에서 여섯 가지 단계를 제시합니다. 첫째로, 기도 중에 선택에 관한 문제를 눈앞에 떠올리는 것입니다. 앞서 나온 예처럼 새집을 장만하느냐 지금 살고 있는 아파트에 계속 사느냐를 결정하는 것이 여기에 해당합니다.

둘째로, 불편심의 필요성과 함께 자신이 창조된 목적를 확인하기 위해 노력하는 것입니다. 이냐시오 성인의 경우에는 하느님께 기쁨을 드리고자 하는 갈망을 품게 된 것이 일종의 목표가 되었습니다.

셋째로, 자신의 마음이 보다 나은 결정으로 움직이도록 하느님께 도움을 청합니다.

넷째로, 첫 번째 선택에서 나올 수 있는 긍정적인 결과와 부정적인 결과를 머릿속이나 종이에 나열해 봅니다. 그런 다음 두 번째 선택에서 나올 수 있는 긍정적인 결과와 부정적인 결과를 적어 봅니다.

집을 구하러 다니는 사람은 새집을 샀을 때의 이점을 생각하기 마련입니다. 더 넓은 공간이라든지, 하고 싶은 일을 더 자유롭게 하기에 좋은 공간이라든지, 지금 내고 있는 월세 지출이 절약된다든지 하는 것들이 있겠지요. 그런 다음 새집을 샀을 때 불리한 점들을 열거해 봅니다. 은행에서 받은 대출의 이자를 내야 하고, 집을 관리해야 하고, 집을 보수하는 일로 신경을 써야 하는 일 등 말이지요.

그런 다음 다른 대안을 생각합니다. 유리한 점은 무엇일까요? 살던 집에 그냥 살면 이사하는 시간을 들이지 않아도 되고, 손때 묻은 장소가 주는 안정감을 느낄 수 있으며, 몸에 익은 생활 리듬을 그대로 유지할 수 있습니다. 불리한 점은 무엇일까요? 월세가 오르고, 비좁아 답답하고, 똑같은 집에서 사는 것이 지겹다는 생각이 들 수 있습니다.

첫 번째 방법론은 어떤 결정도 완벽한 결과를 낳지 못한다는 사실을 우리에게 일깨워 줍니다. 어느 쪽의 결과든 장점과 단점이 뒤죽박죽으로 섞여 있기 때문이지요. 불리한 점과 유리한 점을 나열해 보면, 우리는 더 나은 결정이란 완벽한 선택을 하는 것이라는 생각에서 벗어날 수 있습니다.

다섯째로, 일단 목록을 작성하고 나면, 이를 두고 기도를 바치며 자신의 이성이 어느 쪽으로 기우는지 살펴봅니다. 결국 자신에게 어느 정도 평화를 가져오는 선택을 하게 될 것입니다. 하지만 그러자면 한 단계를 더 거쳐야 합니다.

여섯째로, 자신의 선택이 올바른 선택임을 확인하는 어떤 **확증을** 주시기를 하느님께 청합니다. 어떤 결정에서나 확증을 구해야 하지요. 이냐시오 성인은 데이비드 론스데일의 말처럼, 사람들이 '우리의 선택이 올바르다'는 확증을 얻고 싶을 것이라고 예상했습니다. 이것은 위에서 기술했듯이 위안의 체험일 수도 있고, 아니면 자신과 하느님이 화목해지는 느낌일 수도 있습니다. 잘못된 선택은 마치 우리가 길을 잘못 들었을 때처럼 실망이나 동요 같은 느낌으로 이어지기 쉽습니다. 이에 대해 마이클 아이벤스는 이렇게 말했습니다.

"우리가 기도로 확증을 구하는 것은 우리에게 실현하도록 부여된 하느님의 뜻을 행하고 있는지 확인하기 위함이며, 서둘러 종결을 맺는 것을 좋아하는 우리의 성향에 맞서 싸우기 위함이다."

아이벤스는 우리가 받은 확증이 어떤 것이든 만족해야 한다는 점을 일깨워 줍니다. 설령 그것이 사소할지라도 그렇지요. 그는 이렇게 덧붙였습니다. "이것은 우리의 결정에 그 무엇도 의문을 제기하지 않는, 단지 소극적인 확인만으로 끝날 수도 있다."

이 말은 훌륭한 결정이 우리에게 감동을 주지 못한다는 말이 아닙니다. 우리가 이사하기로 결정한다면, 할 일이 많을 것입니다. 우리는 주위에서 집을 구입하고 후회하는 사람들을 보게 됩니다. 우리도 새집을 마련하면서 따라오게 된 온갖 일들을 생각하면서 불안을 느낄 수도 있지요. 하지만 만일 마음속 깊숙이 위안을 느끼고 평화를 느끼며 옳은 방향으로 가고 있다고 느낀다면, 그것은 분명 훌륭한 선택을 했기 때문일 것입니다.

때로는 확증이 좀 더 극적인 방식으로 다가옵니다. 그 극적인 명확함이 우리를 미소 짓게 만드는 때도 있을 것입니다. 저의 오랜 친구 크리스는 큰 회사에서 오랫동안 투자 담당으로 일해 부장의 자리까지 올라갔지만, 이제는 직장을 그만두려 하고 있었습니다. 그가 졸업한 대학교에서 학교의 투자 포트폴리오를 운영하는 새 일자리를 제의받았기 때문입니다. 크리스는 새 직장을 받아들이기 직전까지 갔지만, 무엇인가 그의 발목을 잡는 듯싶었습니다.

마침내 크리스가 자신의 결정을 대학교에 전달하기로 한 날이 되었습니다. 그는 열심한 신자였기 때문에 날마다 온라인으로 신심 서적을 읽으며 짤막하게나마 성경과 신앙을 주제로 묵상을 했습니다. 그날 아침에도 그는 컴퓨터를 켜서 아침마다 찾는 신심 서적 관련 홈페이지에 접속했습니다. 그리고 묵상 글을 읽었습니다. 그런데 그날의 묵상 주제는 '떠날 때'였습니다.

> 주님이 이 시간에 당신의 삶에 이 메시지를 보내신 것은 어쩌면 당신이 꼭 쥐고 있는 것을 내려놓고, 잘 알려지지 않았지만 더 크고 더 유익한 어떤 것을 취하라고 잡아끄는 그분의 손길일 수 있습니다. 그리고 그분의 손길을 따르도록 한 번 더 격려하기 위함일 수 있습니다.

그 순간, 크리스는 확증을 얻었습니다. 그는 이 이야기를 하며 껄껄 웃으며 말했습니다.

"하느님이 단도직입적이실 땐 정말 멋지지 않나?"

하지만 대부분의 경우에 하느님은 그다지 명확하지 않으십니다. 그러니 하느님이 우리에게 때때로 보이시는 확증도 큰 기쁨으로 받아들여야 할 것입니다.

또한 확증은 외적인 요소에서도 찾을 수 있어야 합니다. 이것은 단순히 우리가 어떻게 느끼느냐가 아니며, 심지어 올바르다는 느낌도 아닙니다. 예수회원은 자신이 내린 결정에 대해 장상이 동일한 결정을 내리지 않는다면, 자신의 결정이 결과적으로 하느님께 확인되지 않는 것이라고 할 수 있습니다.

대부분의 사람들에게 확증은 시험을 통해 얻어집니다. 예를 들면 여러분의 직장에서 부하 직원들에게 자주 비난을 퍼붓는 상사와 이야기하기로 결심했다고 생각해 봅시다. 우리는 면밀한 식별을 통해 연례 업무 능력 평가 자리에서 이야기를 꺼내려고 마음먹었습니다. 그런데 바로 그날 아침에 그 상사가 컨디션이 몹시 안 좋은 데다가 방금 어떤 직원에게 분통까지 터뜨렸습니다. 이로써 오늘 상사에게 이야기하려 한 결심이 하느님께 확인되지 않은 것으로 보이는 듯합니다. 다시 며칠을 더 기다려 보는 것은 어렵지 않은 일이지요.

이처럼 우리가 식별을 했다고 해서, 현실에 맞는 실생활에서의 확증을 구하지 않아도 된다는 뜻은 아닙니다. "그대의 마음을 믿되 머리도 쓰라."라고 한 어떤 예수회원의 말은 이런 경우에 적절한 조언입니다. 한 가지 선택 이외의 모든 것이 반드시 잘못된 선택이라는 의미는 아닙니다. 이럴 때는 단순히 새로운 자료를 토대로 다시 한 번 식별해 볼 수 있습니다.

예수회원들이 학생들에게 가르치는 '성찰-행동-성찰' 양식이 바로 이것입니다. 우리는 하나의 결정을 깊이 숙고하고, 이를 행동으로 옮기면서 어떤 일이 벌어지는지 살펴보고, 다시 그 체험을 되돌아보며 다른 결정을 내리는 가운데, 앞으로 전진하게 됩니다. 이러한 과정은 '행동하는 관상가' 곧, 이냐시오 성인이 그러했듯이 늘 자신의 활동적인 삶을 성찰하는 사람이 되기 위해 꼭 필요한 부분입니다.

따라서 우리에게 '중요한 일에 관한 장점과 단점을 목록화' 하는 첫 번째 방법론이 세 번째 시기에 결정을 내리는 확실한 길이라고 봐도 좋을 것입니다.

하지만 이냐시오 성인은 우리가 선택할 때 일반적으로 무시하게 되는 부분을 위해 몇 가지 조언을 합니다.

첫째로, 성인은 우리에게 불편심의 진가를 깨우쳐 줍니다. 우리는 이미 한쪽으로 마음을 정하고서, 또는 다른 사람들이 우리의 결정을 어떻게 판단할 것인가에 지나치게 신경을 쓰면서 결정에 임할 때가 많습니다. 따라서 결정을 내리기 전에 이 두 가지 올가미를 모두 피하도록 노력해야 합니다.

둘째로, 첫 번째 방법론은 감성보다 이성과 더 깊이 관련되어 있습니다. 이 점은 보통 중요한 결정을 둘러싸고 발생하는 엄청난 불안감을 가라앉히는 데 도움이 됩니다. 결정을 내릴 때, 감정은 대단히 중요합니다. 하지만 막중한 결정을 두고 온갖 감정적인 스트레스를 받은 나머지, 목록을 만드는 것이 이치에 맞는 타당한 일임을 알면서도 그 일을 제대로 할 수 없게 됩니다. 첫 번째 방법론은 우리에게 이성의 진가를 일깨워 줍니다.

셋째로, 이냐시오 성인은 우리에게 각각의 행동 과정이 불안전하리라는 점을 우리에게 깨우쳐 줍니다. 모든 해결책에는 긍정적인 면과 부정적인 면이 따르기 마련입니다. 어떤 예수회원이 제게 자주 말하듯이, "무슨 일에든 장점과 단점이 있다."라는 것이지요. 이것은 우리가 완벽한 결과를 추구하는 함정을 피하도록 도와줍니다.

결정 과정에서 목록을 활용하는 것은 일반적인 방법입니다. 이냐시오 성인이 이런 접근 방식에 불편심을 지니고, 목록을 두고 기도를 드리고, 확증을 구하고, 하느님이 우리의 행복과 평화를 바라시기에 이 과정에 참여하신다고 믿으라는 것을 추가한 것입니다.

때로는 첫 번째 방법론이 어려울 수 있습니다. 어떤 사람은 제게 이 모든 목록들이 지나치게 분석적이라고 했는데, 그의 표현대로 말하자면 '정보 처리' 같다는 것이었지요. 그래서 저는 이냐시오 성인이 우리를 위해 또 다른 방법을 준비해 두었으니 걱정하지 말라고 일러 주었습니다.

두 번째 방법론은 이성보다 **상상력**에 더 많이 의존합니다. 이것은 우리가 결정을 참신한 시각에서 생각해 보도록 돕기 위해 창조적인 방법을 이용하는 것입니다. 이냐시오 성인은 융통성이 있는 사람이었습니다. 성인은 개개인의 성향에 따라 결정을 내리는 다양한 방식들을 제시했습니다. 예를 들어 어떤 것들은 기도, 어떤 것들은 이성, 어떤 것들은 상상력에 의존하는 방식이지요. 여기서도 이냐시오 성인은 인간 본성에 대한 날카로운 안목을 우리에게 다시 한 번 보여 줍니다.

첫째로, 성인은 우리가 자신을 이전에 한 번도 본 적이 없고 알지도 못하는 어떤 사람이라고 생각한 다음, 자신이 직면한 바로 그 결정을 두고 무엇을 행하고 선택하라고 말해 줄 것인지를 머릿속에 그려 보라고 제안합니다(영신수련, 185). 이것은 우리가 자신에게 지나치게 초점을 맞추지 않도록 도와줄 수 있습니다.

일례로 저는 몇 년 전에 교회에서 논쟁이 되고 있는 사안에 관해 공개적으로 이야기해야겠다는 의무감을 느꼈습니다. 그런데 한 가지 문제가 있었는데, 예수회의 장상이 제가 공개적으로 이야기하지 않았으면 좋겠다고 말한 점이었습니다. 저는 매우 곤란했습니다. 제 속에 있는 진정성은 공개적으로 말하는 쪽으로 저를 잡아끌고, 제 순명 서원은 순종하는 쪽으로 저를 잡아끌었기 때문입니다. 만약 진정성을 따른다면 장상에게 순종하지 않는 것이 되고, 장상에게 순종한다면 진정성을 억누르는 것이 되는 것이었지요.

도저히 현명한 결정을 내릴 수 없는 일처럼 보였습니다. 저는 기도 중에 대범하게 진리를 선포하시는 예수님의 모습에 끌리곤 했습니다. 한편으로는 제게 순명 서원을 일깨워 주시는 예수님이 머릿속에 떠오르는 때도 있었습니다. 감정도 저를 명확한 해답으로 이끌어 주지 못하고 있었습니다. 한편으로는 공개적으로 이야기하고 싶은 욕망을 느끼면서도, 다른 한편으로는 착한 예수회원이 되고 싶은 욕망도 느꼈으니까요. 저의 이성 역시 명확한 해답을 제시하지 못하고 있었습니다. 한편으로는 진실을 말해야 마땅했지만, 다른 한편으로는 제 자신의 서원을 지켜야 했습니다.

이렇게 혼란스러운 와중에, 저는 두 번째 방법론을 기억해 냈습니다. 그래서 저는 저와 같은 처지에 있는 누군가를 머릿속에 떠올려 보았습니다. 그는 공개적으로 이야기해야 한다고 느끼면서도 순명 서원을 지키고 싶어 하는 예수회원이었지요. 그러자 제 자신에게 초점을 맞추던 시각에서 벗어나게 되면서 처음 보는 그에게 무슨 말을 해 줄 것인지가 분명해졌습니다.

저는 상상 속에서 이 가상의 인물에게 설령 몇 년이 걸리는 한이 있더라도 장상의 승낙을 받아 내야 한다고 조언했습니다. 그는 이런 방법을 통해 자기 양심이 무엇을 하도록 시키고 있는지 확인하고, 바른 마음을 지키며, 예수회원으로서 자신의 서원에 충실하게 되리라고 말했습니다. 이렇게 기도를 끝내고 나니, 엄청나게 무거운 짐을 벗은 느낌이 들었습니다. 두 번째 방법론이 저를 해방시켜 명료하게 볼 수 있게 해 준 것입니다. 저는 그가 해야 할 일이 무엇인지를 알게 된 덕분에, 제가 해야 할 일이 무엇인지도 알게 되었습니다.

둘째로, 이냐시오 성인은 "죽어 가고 있는 자신을 머릿속에 그려 보라"(영신수련, 186)라고 말했습니다. 이것은 소름끼치는 소리처럼 들릴 수도 있지만, 이것 역시 올바른 결정을 하도록 돕습니다. 먼 훗날 임종의 자리에 누운 자신을 생각해 봅시다. 그리고 그때 '내가 무엇을 했어야 했나?' 하고 스스로에게 묻는다고 상상해 봅시다. 이것은 대단히 큰 효과가 있습니다. 우리는 흔히 지금 자신에게 더 유리한 쪽, 더 수월한 길을 택하는 경향이 있는데 알다시피 그것은 나중에 후회할 만한 결정일 수도 있습니다. 침상에서 죽어 가고 있는 사람 중에서 아무도 "사무실에서 더 많은 시간을 보냈어야 했는데."라고 말하지 않는다는 명언은 이러한 통찰을 어느 정도 담고 있는 것입니다.

셋째로, 우리는 최후의 심판을 받고 있는 자신의 모습을 그려 볼 수 있습니다. 우리가 하느님 앞에 나서려면 어떤 선택을 해야 할까요?(영신수련, 187) 앞서 집을 구입하려는 사람을 예로 들어 보자면, 결국 집을 사지 않고 원래 살던 곳에 계속 살기로 결정했다고 해서 하느님께 꾸중을 듣지는 않을 것입니다. 하지만 윤리적 선택을 해야 할 경우에는 특히 이 방법이 신앙의 요건에 초점을 맞추도록 도와줄 수 있습니다. 예를 들어, 우리는 더 높은 연봉을 주는 대신, 가족과 보내는 시간이 엄청나게 줄어들 새 직장으로 옮겨야 할지를 결정해야 할 입장에 처할 수 있습니다. 그리고 우리의 삶이 끝날 때 하느님이 그 결정을 슬프게 생각하신다고 상상해 볼 수도 있지요.

저는 이냐시오 성인의 여러 제안에 한 가지를 더 추가하여 네 번째 방법으로 삼고자 합니다. 각자 자신의 '지고한 자아'라면 어떻게 할지 상상해 보는 것이지요.

우리는 자신이 되고 싶었던 사람, 하느님이 자신에게 되기를 바라시는 모습, 또는 자신의 '지고한 자아', '진정한 자아', '참된 자아'가 어떤 것인지 스스로 알고 있을 것입니다. 저의 경우를 예로 들자면, 저는 자유롭고 자신만만하고, 성숙하고, 독립적이고, 사랑이 많은 사람이 되고 싶었습니다. 여러분은 자신의 지고한 자아를, 언젠가는 되었으면 하는 바로 그 사람의 모습을 머릿속에 그려 볼 수 있나요? 자신의 결정을 염두에 두고 자신에게 질문해 봅시다. '나의 지고한 자아라면 어떻게 할까?' 그러다가 갑자기 통찰력이 생기는 때가 있습니다. 그때가 오면 '만일 내가 좀 더 자유롭고, 좀 더 사랑이 많은 사람이라면 분명히 이쪽을 선택하겠지.'라는 생각이 들게 될 것입니다.

 네 번째 방법으로 결정을 내리는 것이 처음에는 이상하게 보일지 모릅니다. 다시 말해 마치 자신이 지고한 자아인 양 행동하는 것이 낯설게 느껴질 수 있다는 말이지요. 하지만 결국 자신이 결정하여 행동한 결과가 자신의 지고한 자아가 만들어지는 방향으로 움직이도록 만듭니다. 이에 대해 제라드 맨리 홉킨스 신부는 "사람은 하느님 눈앞에서 하느님이 보시는 모습 그대로의 자신인 양 행동할 수 있다."라고 말했습니다. 우리가 스스로 지고한 자아인 것처럼 결정을 내리는 것은 스스로 자신의 지고한 자아가 되도록 만듭니다.

결정을 내리는 방법

이냐시오 성인은 자서전을 통해 머리털이 곤두설 만큼 지독히 잘못된 식별의 사례 한 가지를 이야기했습니다(자서전, 15~16).

이냐시오 성인은 회심을 한 직후에 여행길에 올랐다가 성모님을 모독하는 한 사내를 만났습니다. 쉽게 격앙하던 불 같은 성격의

> 이냐시오 성인은 몹시 화가 나서, 이 사람을 죽여 버릴까 생각하기 시작했습니다. 성인은 그의 뒤를 따라가다가 갈림길에 이르렀는데, 만일 자신의 당나귀가 독성죄를 저지른 사내와 같은 길로 들어서면 하느님이 보내신 신호로 알고 사내를 죽여야겠다고 마음먹었습니다. 이냐시오 성인은 그 당시 "단검으로 그를 찌르고 싶은 마음이 일어났다."라고 표현했을 정도로 격한 감정 상태였기 때문이지요. 그런데 모두에게 다행스럽게도 이 당나귀는 사내가 가는 길과 다른 쪽 길을 택했습니다.
>
> 어떤 관구장 신부님은 한 무리의 젊은 예수회원들에게 이 이야기를 해 주면서 이런 말로 웃음을 자아내게 만들었습니다.
> "그 이후로 예수회에서는 당나귀들(asses, 바보들)이 결정을 내리게 되었지 뭔가!"

4. 식별 규칙

이냐시오 성인은 지금까지 나온 방법론과 수행법들에 덧붙여, 우리가 중요한 결정을 내리는 데 유용한 요령도 가르쳐 줍니다. 아울러 우리의 선택에 '선한 영'이 작용할 때와 '인간 본성의 원수'가 작용할 때를 어떻게 알아낼 수 있는지 보여 줍니다.

우리는 이냐시오 성인이 사용하고 있는 옛날 용어들 때문에 오해를 할 수도 있습니다. 그러니 오해하지 마시길 바랍니다. 성인은 '선한 영'이 우리를 건전하고 성스러운 삶으로 이끌 하느님의 영이라고 믿었습니다. 이냐시오는 사탄의 영을 '악한 영' 또는 '원수'라고 말합니다. 저 역시 이를 믿는데, 그렇다고 사탄이 반드시 뿔이 나고 발굽이 달렸다고는 생각하지 않습니다(하기야, 누가 알까요).

그렇기에 이 점을 고찰하는 또 다른 방법은 우리가 하느님과 멀어지게 만드는 느낌을 하느님의 영과 대립하는 것으로 보는 것입니다. 또는 하느님께 속하는 것과 속하지 않는 것을 구분하는 것도 하나의 방법입니다. 우리 대부분은 자신의 삶에서 선과 악, 건전한 것과 불건전한 것, 너그러움과 이기심이 서로 밀고 당기고 있음을 느낍니다. 이냐시오 성인은 이것을 일종의 전투라는 관점에서 바라보며, 어떤 영이 작용하고 있는지 확인할 수 있도록 다양한 방법으로 우리를 돕습니다. 이에 대해 티모시 갤러거는 자신의 저서 《영들의 식별》에서 이렇게 말했습니다.

"이냐시오 성인은 우리가 우리 인간의 본성에 각인된 최고의 진리에 따라 하느님의 사랑을 받아들이고 하느님의 뜻을 따르고자 노력할 때, 이 노력을 방해하는 어떤 것과 마주치게 된다는 사실을 인정했다. 바로 우리가 원수와 대면하게 되리라는 것이다."

하지만 우리의 상상 속에서 악이 어떻게 작용하든 이 '원수'가 사람들에게서 일하는 모습은 금방 확인할 수 있는데, 마치 그것을 감지할 수 있도록 해 주는 일정한 특징을 지니고 있는 듯합니다. 우리가 이 점을 어떻게 이해하든지, 여기에서 특별히 알 수 있는 것은 이냐시오 성인이 인간의 심리를 빈틈없이 이해하고 있다는 점입니다. 그리고 이 점은 현대 심리학의 핵심 인물인 프로이드나 융에 충분히 필적할 만하다는 사실입니다. 제가 이러한 통찰들 가운데 몇 가지를 설명하자, 한 심리학자는 이냐시오 성인을 일컬어 '멋진 사람'이라고 표현하기까지 했습니다. '식별의 규칙들'이라 일컫는 이 비결들은 위에서 거론한 것들처럼 기법이라기보다는 통찰에 해당합니다.

제가 그동안 가장 유용하다고 판단한 이 비결들에 대해 설명해 보려고 합니다.

1) 선한 영과 악한 영

만일 우리가 나쁜 짓만 거듭하며 내리막길을 가고 있다면, 원수는 계속하라고 부추길 것입니다. 이냐시오 성인은 원수가 "감각적인 쾌락과 즐거움을 상상하도록 하여서 악덕과 죄들을 유지하고 더욱 키워 가게 한다."(영신수련, 314)라고 했습니다. 따라서 만일 우리가 죄스러운 행위를 하고 있다면, 악한 영은 우리가 그를 통해 만족을 느끼도록 만들 것입니다. 만일 우리가 무질서하고, 그저 돈만 벌면 된다고 생각하는 일을 하고 있다면, 악한 영은 이렇게 말할 것입니다. "그래, 계속 밀고 나가는 거야. 불안해할 필요는 없어. 네가 벌어들일 돈을 상상해 보라고. 아무도 모를 거야. 사실 모두가 그렇게 하는 걸. 너도 바라던 일 아냐? 모든 일이 다 잘 될 거라고."

알프레드 히치콕 감독이 1940년에 대프니 듀 모리에의 소설을 토대로 〈레베카〉라는 영화를 만들었는데, 영화에는 대저택에서 일하는 사악한 댄버스 부인이 저택 주인의 새 아내가 된 윈터 부인과 함께 나란히 창밖을 내다보는 괴기스러운 장면이 있습니다. 남편과의 갈등으로 상처받은 윈터 부인이 저 아래 땅바닥을 응시하고 있을 때, 댄버스 부인이 윈터 부인에게 자살하라고 부추깁니다.

"당신이 살아갈 이유는 아무것도 없어요. 사실이 그렇지 않나요?" 그녀는 계속해서 부추깁니다. "저 아래를 봐요. 간단한 일이에요. 왜 못하는 거죠? 얼른요……, 얼른 해요……. 무서워할 것 없어요."

이처럼 우리에게 나쁜 생각이나 나쁜 행동을 계속하라고 부추기며 우리를 끌어당기는 것이 바로 악한 영이 일하는 방식입니다. 악한 영은 "어서 해, 간단하다고!"라고 말하는 것입니다.

선한 영은 내리막길을 가는 사람들에게 정반대로 행동합니다. 이냐시오 성인의 말에 따르면, 우리는 이러한 때에 후회라는 양심이 찔리는 느낌을 받습니다. 예를 들어 우리가 회사의 재산을 횡령하고 있다면, 양심에 가책을 느끼면서 "정신 차려! 넌 지금 잘못된 일을 하고 있어!"라는 말이 들려오는 느낌을 받게 된다는 것입니다. 바로 이것이 선한 영의 활동입니다.

이 대목에서 이냐시오 성인은 물방울에 관한 은유를 사용하여 아주 멋지고 친근하게 표현했습니다. 악에서 더 큰 악으로 나아가는 이들은, 악한 영에게서 스펀지 위에 떨어지는 물방울처럼 마음을 진정시키고 긴장이 풀리도록 격려해 주는 느낌을 받습니다. 또는 이냐시오 성인이 말했듯이 "달콤하고 가볍고 부드러운"(영신수련, 315) 느낌이 듭니다.

반면, 그들은 선한 영에게서 돌 위에 떨어지는 물방울처럼 소스라치게 딱딱하고 심지어 시끄러운 느낌을 받습니다. 이냐시오 성인은 이를 "거칠고 요란하고 불안스러운"(영신수련, 315) 느낌이라고 표현했습니다. 제 친구 데이비드가 말했듯이 이는 "조심하라!"는 뜻이지요.

그런데 우리가 악에서 더 큰 악으로 나아가고 있을 때, 우리를 정신 차리게 하는 돌 위에 떨어지는 선명한 물방울은 내면에서뿐만 아니라 외면에서도 나타날 수 있습니다. 이것은 우리가 영적인 자기도

취에서 깨어나게 만드는 것인데, 때로는 친구의 냉철한 충고의 형태를 취하고 다가올 수도 있지요.

이와는 정반대 방향으로 움직이며 착한 삶을 살아가고자 애쓰고, 선을 쌓고자 노력하는 우리의 모습에서는 앞에 나온 것과 반대되는 느낌이 나타날 것입니다. 이 경우에는 선한 영이 스펀지에 떨어지는 물방울과 같고, 악한 영이 돌 위에 떨어지는 물방울과 같습니다.

우리가 무료 급식소에서 자원 봉사를 하기로 결심했다고 생각해 봅시다. 이럴 경우 선한 영은 이 선한 길을 가는 우리를 친절하게 격려합니다. 이냐시오 성인은 선한 영에 대해 이렇게 말합니다.

"선한 영은 용기와 힘, 위로와 눈물, 좋은 영감들을 주고 침착하게 하며 선행에 있어서 쉽게 진보하도록 해 주고 장애되는 모든 것들을 제거한다."(영신수련, 315)

따라서 우리가 자발적으로 자애의 길을 걸어야겠다고 생각할 때면, 위안과 영감을 받고 마음이 부풀어 오르는 것을 느끼게 되는 것이지요. 그러나 원수는 우리를 다른 방향으로 끌어가려 하며 돌 위에 떨어지는 물방울처럼 행동합니다. 우리는 별안간 '아이고! 이런 일은 한 번도 해 본 적이 없어! 너무나 힘들구나!'라는 생각을 하게 됩니다. 이런 생각은 흔히 갈피를 잡을 수 없는 갑작스러운 불안감으로 다가옵니다. 이냐시오 성인은 악한 영에 대해 이렇게 말했습니다.

"악한 영은 슬픔에 빠져 애타게 하며 진보하지 못하도록 장애물을 두고 거짓 이유로 마음을 혼란스럽게 한다."

선한 영과 악한 영이 영혼의 상태에 따라 정반대의 방법으로 다가오는 이유는 무엇일까요? 이냐시오 성인은 이렇게 설명했습니다.

"이는 영혼의 내적 태도가 위에 말한 천사들과 비슷한지 아니면 반대되는지에 따른 것이다. 즉 서로 반대될 때에는 표가 나게 큰 소리를 내며 시끄럽게 들어가지만 서로 비슷할 때에는 열려 있는 문으로 자기 집에 들어가듯이 조용히 들어가는 것이다."(영신수련, 335)

제가 식별에 자주 사용하는 또 다른 방법은 '……라면 어쩌지'와 '……라면 좋을 텐데'를 생각해 보는 것입니다. 악한 영이 '……라면 어쩌지'와 '……라면 좋을 텐데'라는 생각을, 선을 행하고자 노력하는 사람에게 불어넣어 선을 이루려는 행동을 단념하게 만듭니다.

만약 우리가 동네 쉼터에서 자원 봉사를 시작했다고 생각해 봅시다. 별안간 무서운 생각이 듭니다. '아이고! 이 가난한 이들 사이에서 일하다 병이라도 걸리면 어쩌지? 이들 중의 누군가가 나한테 해코지 하면 어쩌지? 담당자가 나를 너무 미숙하다고 생각하면 어쩌지?'

이런 '……라면 어쩌지'라는 생각은 우리를 막다른 길로 몰아갑니다. 원수는 알 수 없는 미래를 두고 최악의 사태만을 떠올리게 합니다. 바로 이것이 '거짓 이유로 마음을 혼란스럽게' 만드는 악한 영이며, 따라서 반드시 피해야 합니다.

'……라면 좋을 텐데'는 고민의 초점을 과거에 맞추게 합니다. 우리는 이 때문에 '이 일을 몇 년 전에 시작했더라면 좋았을 걸! 내가 그 많은 시간을 허비하지 않았다면 좋았을 걸! 내가 가난한 이들에 관한 생각을 좀 더 일찍 했더라면 좋았을 걸!' 하는 생각이 들게 하여 선을 행하지 못하고 과거에 얽매이게 만듭니다. '거짓 이유로 마음을 혼란스럽게' 만드는 악한 영이 이번에는 초점을 과거로 몰아가는 것입니다. 그러나 과거로 돌아가 봤자, 그곳은 막다른 길입니다. 과거는 바꿀 수 없기 때문이지요.

'……라면 어쩌지'와 '……라면 좋을 텐데'는 때로 우리에게 꿈을 꾸도록 도와주거나 우리가 죄를 통회하도록 이끌어 주기도 합니다. 하지만 이러한 생각들이 우리를 두려움으로 몰아가고, 전진하지 못하게 가로막고, 막다른 길로 밀어 넣으며, '거짓 이유로 마음을 혼란스럽게' 한다면, 그것은 분명 하느님으로부터 나오는 것이 아닙니다.

끝으로, 우리는 **밀림**과 **당김**을 세심하게 살필 수도 있습니다. 저의 영적 지도 신부님인 데미안 신부님은 자신을 짓누르는 의무감으로 인한 압박이나, 모두를 즐겁게 해 주어야 한다는 욕심으로 인해 어떤 일을 해야만 한다고 떠밀리는 느낌이 든다면, 그것은 하느님에게서 오는 것이 아닐 수 있다고 했습니다. 영적 지도자인 데이비드 도노반 신부님은 이것을 '모든 일을 다 해내기shoulding all over yourself'라고 부르곤 했습니다(이 문장을 큰 소리로 읽으면, '자신에게 총을 쏜다shooting'는 문장과 발음이 같다는 것을 알게 될 것입니다. 어떤 말장난인지 알겠지요?).

다른 한편으로, 사랑으로 손짓하는 따뜻한 초대인 하느님의 당김은 느낌이 다릅니다. 때로 의무는 정말 지켜야 하는 것이며, 우리가 착하고 도덕적인 사람이 되기 위해서는 이를 행할 필요가 있습니다. 하지만 우리는 하느님에게서 온 것이 아닐 수도 있는 의무 때문에 그저 떠밀려 하는 일들로 자신의 삶을 채우지 않도록 주의해야 합니다.

2) 실망에 빠졌을 때 내리는 결정

또 하나의 비결로, 이냐시오 성인은 "실망에 빠졌을 때에는 결코 변경을 해서는 안 되며 그런 실망에 빠지기 전에 의도하였던 것들이나 결정한 것, 또는 전에 위로 중에 있을 때 결정한 것에 변함없이 항구하여야 한다."(영신수련, 318)라고 말했습니다. 그 이유는 무엇일까요? 우리가 하느님에게서 멀리 떨어져 있다고 느끼며, 실망을 뼈져리게 맛보고 있을 때는 악한 영의 손길에 더 쉽게 말려드는 경향이 있기 때문입니다. 하느님께 버림받았다고 느낄 때는 "이래 봐야 소용없어!" 하며 일의 방향을 바꿀 결심을 하기 쉽습니다. 아니면 자포자기하는 심정으로 "이게 다 무슨 소용이람!" 하며 포기해 버리기도 합니다. 그러나 그래서는 안 됩니다. 마이클 아이벤스가 말했듯이, 실망에 몸을 내맡기는 것은 굴러 떨어지는 힘에 휩쓸리는 것과 같습니다.

일리가 있는 말이지 않나요? 혹시 누군가가 자신은 더 이상 제대로 생각할 여유도 없고 완전히 자포자기에 빠져 비참함을 느낀다고 우리에게 말한다면, 우리는 지금이야말로 큰 결심을 하기에 좋은 때라고 말해 줄 수 있을까요? 물론 그럴 수 없을 것입니다. 그는 이성적으로 생각하지 못하고 있을 테니까요. "흥분한 상태에서는 결정하지 마라."라는 말은 그 점에 대해 이야기하는 또 다른 표현입니다. 이러한 상황에서는 불건전한 동기에 이끌릴 가능성이 높은데도 사람들은 자포자기한 나머지 불건전한 동기에 끌려 잘못된 결정을 하곤 합니다. 우리는 바로 그러한 충동을 물리쳐야 합니다.

더 나아가 이냐시오 성인은 우리가 실망에 빠지게 되면 평소보다 더 많이 기도하고, 묵상하고, 더 철저한 자기 성찰을 시작하라고 권고합니다. 또한 우리가 전능하지 않다는 사실을 명심하고 인내심을 기르도록 노력해야 합니다. 마찬가지로 우리가 위안을 누리고 있음을 깨닫는다면 영리한 다람쥐가 겨울을 위해 도토리를 저장하듯이 장래를 위해 새로운 힘을 비축해 둘 수도 있습니다. 이런 의미에서 일기를 쓰는 것이 도움이 됩니다. 일기를 쓰면 하느님과 멀어져 있다고 느낄 때와 하느님을 가깝게 느꼈던 때를 되돌아볼 수 있고, 우리가 했던 현명한 선택들을 지켜 나갈 수 있는 힘을 얻기도 합니다.

3) 잘못된 결정에 관한 이야기

앞서 설명한 두 가지 식별에 대한 통찰의 이야기를 통해, 이 두 가지의 통찰력이 어떤 방식으로 함께 작용하는지를 살펴보고자 합니다. 이를 위해 지금껏 제가 내린 최악의 결정 중의 하나를 털어놓으려 합니다. 사실 이 이야기를 하는 것이 저에게는 대단히 어려운 결정이었습니다.

어느 날 아침, 나이로비의 난민 센터로 출근한 저는 금고를 도둑맞은 것을 발견했습니다. 거기에는 우리 수공예품 가게에서 일주일 동안 벌 수 있는 수입과 거의 맞먹는, 미국 화폐 단위로 치면 수백 달러에 해당하는 돈이 들어 있었습니다. 몹시 화가 난 저는 직원으로 일하는 난민 두 사람과 케냐 현지인 두 사람을 불러들여, 제가 얼마나 큰 배신감을 느끼는지 이야기하면서 범인은 당장 고백하라고 다그쳤습니다. 그들은 저마다 자신이 한 것이 아니라고 부인했습니다.

저는 격분하여 금고를 찾겠다며 차를 몰고 나가, 각 직원의 집을 수색하기 시작했습니다. 그런데 이는 사실 어느 문화권에서나 마찬가지겠지만, 동아프리카 문화에서도 지독히 모욕적인 행위였지요.(앞서 말했듯이 예수회원들은 천사가 아닙니다).

며칠 동안 제가 어떻게 행동해야 할지 알려 달라고 하느님께 기도를 드렸습니다. 하지만 저는 너무 화가 나 있었습니다. 기도하려고 앉았다가도 다시 벌떡 일어나 방 안을 천천히 거닐곤 했습니다. 저는 하느님과 제 영혼의 움직임에 초점을 맞추지 못하고, 그저 이 배신행위에 노발대발하고 있었던 것이지요. 그때 저는 이기적인 마음으로 가득 차서 난민 사업에 필요한 자금을 잃어버렸다는 점보다 누군가가 저를 배신했다는 데 더 분노했습니다. 예수회 친구들이 참으라고 조언했지만, 저는 그들의 말도 무시한 채 반드시 범인을 찾아내어 처벌하겠다는 의지를 키워 가고 있었습니다. 그러니까 그 당시에 저는 내리막길에서 달리면서 하느님과 친구들과 담을 쌓고, 실망을 불러들여서 하느님이 소통하시는 두 개의 통로인 기도와 관계 속에서의 만남을 끊어 버린 셈이었습니다.

마침내 누군가가 이 일을 바로잡는 가장 좋은 방법은 그들 모두를 해고하는 것이라고 조언했습니다. "그들을 모두 해고해. 앞으로도 도둑질은 용납되지 않는다는 사실을 모두에게 알려 줘."

저는 그 순간 '그래, 그거야!' 하는 생각에 의기양양해졌습니다. 그렇게 하면 일이 쉽게 풀리겠지요. 곁에서 스펀지 위에 떨어지는 물방울처럼 악한 영이 저를 부추기고 있었습니다. "어서 해." 악한 영이 속삭였습니다. "쉬운 일 아냐?"

그래서 저는 모든 직원을 해고했습니다. 단 한 사람의 죄를 이유로 그들 모두를 벌하는 것은 정말 부당한 처사였습니다. 그때를 떠올려 보면, 실로 끔찍한 장면이었습니다. 네 사람 모두가 울면서 일을 계속하게 해 달라고 간청했습니다. 모두가 이미 극심한 가난의 벼랑 끝을 오르내리고 있었기 때문입니다. 요란한 소동이 끝나고 그들이 떠난 사무실에서 저는 낙담하며 눈물을 흘렸고, 짧은 순간이나마 제가 옳은 일을 한 것인지 의문이 들었습니다. 하지만 저는 그런 느낌들을 억지로 내리눌렀습니다. 그리고 그 뒤로 제가 한 일을 사람들에게 자랑스럽게 이야기하기까지 했습니다. 제 자신을 실로 도둑들에 결연히 맞선 위인이라고 생각하면서 말이지요!

이튿날 아침, 저는 깜짝 놀라 눈을 떴습니다. '내가 무슨 짓을 한 거지?' 저는 이것이 제 양심에서 울려 나오는 경종임을 알아차렸습니다. 저는 분노에서 복수로, 자만심에서 불의로, 점점 악화되고 있었습니다. 그러다가 일종의 충격을 통해 제가 끔찍한 잘못을 저질렀음을 깨닫게 되었습니다. 이것은 돌 위에 떨어지는 "거칠고 요란하고 불안스러운" 물방울로, 저에게 각성을 촉구하고, 양심에 귀를 기울이게 만들려고 노력하고 있었습니다.

이냐시오 성인이 자주 했던 것처럼, 결국 저는 마음을 바꾸기로 결심했습니다. 몇 주가 지난 뒤에 저는 직원 두 사람을 복직시켰고, 다른 한 사람에게는 새 직장을 찾아 주었으며, 분명 범인이었을 마지막 한 사람에게는 경제적인 지원을 해 주었습니다. 마지막으로 저는 그들에게 용서를 구했고 그들 각자와 화해했습니다. 일단 그렇게 하고 나니, 평화가 찾아왔음이 느껴졌습니다.

저는 실망에 빠져 형편없는 결정을 했던 것입니다. 악한 영은 잘못된 길로 저를 몰아붙였지만, 다행히도 선한 영이 저를 깨워 주었습니다. 그러고 나서 방향을 바꾸었고, 위안을 느꼈으며, 현명한 결정이라는 확신을 느꼈습니다.

4) 원수가 유혹하는 방식

지금까지 선한 영과 악한 영이라는 심상들과 아울러 이냐시오 성인의 세계관을 이야기했습니다. 여러분은 그 세계관을 시대에 뒤쳐진 것으로 볼지도 모르지만, 이냐시오 성인은 '원수'든 '악한 영'이든 '최악의 자아'든 하느님과 반대되는 것들이 우리의 삶에서 활동하는 특별한 방식을 완벽하게 이해하고 있었습니다. 그리고 그 세력이 세 가지 주된 방식으로 활동한다고 정리했지요.

제가 지난 20년 이상을 예수회원으로 살아오는 동안, 이냐시오 영성에서 무언가 작동되는 것을 가장 쉽게 알아볼 수 있었던 부분이 바로 원수들의 움직임이었습니다. 여러분도 일단 이냐시오 성인의 세계관에 친숙해지면 바로 자신 안에서 작동하고 있는 세력을 알아차리기 시작할 것입니다. 다음은 악한 영이 일하는 주된 방식 세 가지로, 이냐시오 성인의 식별 규칙을 살짝 각색한 것들입니다.

첫째로, 원수는 버릇없는 아이처럼 행동합니다. 여기에서 말하는 버릇없는 아이라는 것은 단호한 모습을 보이면 기가 죽지만, 잠자코 따라 주면 기세가 등등해지는 특징을 말하는 것입니다. 우리는 우리 내면에 있는 어린아이가 떼쓰는 것 같은 욕망에 시달리고 있음을 곧잘 깨닫곤 합니다. "난 이걸 원해! 그것도 지금 당장!" 하고 외치는 그 목소리는 사탕을 하나 더 달라고 칭얼대는 아이와도 같습니다.

만일 이 감당할 수 없는 욕망이 불건전하고 이기적이며 심지어 비윤리적인 것을 탐한다면, 그 이면에는 무엇이 있는지 알아보는 것이 중요합니다. 만일 여러분이 기혼자이고 직장 동료도 기혼자임에도 불구하고 그 동료와 한 침대에 뛰어들고 싶다는 생각이 자신의 머릿속에서 떼쓰고 조르는 목소리로 반복해서 들린다면, 그 순간이 바로 원수의 목소리를 듣고 있는 때입니다.

이럴 때 좋은 대처 방법은 무엇일까요? 버릇없는 아이에게 마땅히 보일 만한 대처를 취하면 됩니다. 바로 그런 유혹에 단호한 태도를 취하는 것이지요. 그렇게 하면 효과를 보게 될 것입니다. "영적인 수련을 하는 이가 유혹들에 저항하여 정반대의 행동과 단호한 태도를

취하면, 원수도 기력을 잃어 유혹을 거두며 도망간다."(영신수련, 325)

한사코 더 많은 것을 요구하는 버릇없는 아이에게 굴복하는 부모는 불쌍합니다. 그리고 이런 종류의 이기적인 욕망에 단호한 태도를 취하지 않는 사람 또한 불쌍합니다. 이미 결혼한 사람이 "난 그 사람과 잠자리를 해야겠어!"라고 외치는 그릇된 목소리에 계속 귀를 기울이다 보면 잘못된 선택을 해 버릴 위험이 있습니다. 만일 우리가 이냐시오 성인의 말대로 '기가 꺾여 피하기' 시작하면 유혹은 오히려 기세가 더 등등해집니다. 그러니 단호한 태도를 취해야 합니다.

둘째로, 원수는 불성실한 연인처럼 행동합니다. 원래부터 원수는 유혹이나 의구심 또는 절망을 비밀에 부치기 좋아합니다. 하지만 이것은 사태를 악화시키도록 만들 뿐입니다.

이냐시오 성인은 원수를 '은밀하고 드러나지 않기를 바라는 연애 사기꾼'과 비교합니다. 이냐시오 성인은 착한 아내가 남편과 등지게 만들려고 유혹하려는 사내에 빗대어 원수를 표현합니다(이냐시오 성인이 젊은 시절 자신의 체험을 이야기하는 것이 아니기를 바라도록 합시다). 이 사기꾼이 은밀하게 권유와 설득의 말을 은밀하게 하는 것은 남편이 이 사실을 알아내어 사태를 바로잡지 못하도록 하기 위해서입니다. 이에 관해 성인은 《영신수련》에서 이렇게 말했습니다.

"이와 마찬가지로 인간 본성의 원수가 자신의 흉계와 거짓 약속들을 올바른 사람에게 제시할 때에는 이것들이 받아들여져서 비밀리에 간직되기를 원하고 바란다. 그러나 이들이 훌륭한 고해 사제, 또는 원수의 속임수와 사악함을 아는 다른 영적인 사람에게 그것들을 밝히면 무척 원통해한다. 이로써 그의 뻔한 속임수들이 드러나게 되어 자신의 흉계대로 이루어지지 않을 것이기 때문이다."(영신수련, 326)

이럴 때 취할 수 있는 대책에는 무엇이 있을까요? 그릇된 행동을 하거나 절망하거나 하느님과 멀어지게 하는 온갖 충동과 유혹과 부정적인 느낌 등, 그 모든 것을 그대로 드러내는 것입니다. 데이비드 신부님이 '삶의 한 부분을 서랍 안에 넣어 놓았다'고 표현한 것들을 꺼내는 것이지요.

우리는 이런 충동, 절망, 유혹 등에 대해서 신임하는 친구나 멘토 또는 영적 지도자와 이야기를 나누는 것이 좋습니다. 그렇게 할 때, 내면에 감추어져 있을 때는 그토록 막강해 보이던 그 유혹들이 한낮의 햇살로 끌어내면 금방 많은 힘을 잃어버린다는 것을 경험하게 될 것입니다.

이런 일은 영적 지도 과정에서 무척이나 자주 일어납니다. 어떤 사람은 불편한 주제를 놓고 바로 말하지 않고 빙빙 돌려 말하는 경우가 있습니다. 이는 일단 공개를 하면 얼마나 불건전한 생각에 빠져 있었는지를 스스로 인정해야 한다는 사실을 자신도 아는 까닭에 드러내기를 두려워하는 것입니다.

불건전한 충동이나 결심, 또는 성향은 일단 밖으로 드러나면 진단을 받고 치유되거나 물리칠 수 있게 됩니다. 예를 들어 젊은 예수회원이 자신의 서원을 어떤 형태로든 깨뜨리게 만들려는 유혹을 받을 때, 그는 곧잘 자신의 몸부림을 장상이나 영적 지도자에게 털어놓고 싶은 욕망을 억누르려 합니다. 그러나 숨길수록 좌절감과 두려움, 비밀 등 여러 문제점들이 더욱 심화되어 갈 뿐입니다.

끝으로, 원수는 군사령관처럼 행동합니다. 이는 이냐시오 성인의 군대 경험에서 나왔을 가능성이 큽니다. 사령관은 적군의 취약점이 어디에 있는지 정확히 알고 그곳을 표적으로 삼습니다. 또한 어떤 성을 공격하려고 할 때, 진지를 구축하고 표적의 장점과 단점을 면밀히 살핀 후, 가장 취약한 지점을 공격합니다.

이와 똑같이 악한 영은 우리의 가장 취약한 곳, 심지어 우리가 다른 일로 좋은 감정을 느낄 때에도 유혹하면 넘어올 가능성이 있는 곳을 "찾아 돌아다니며"(1베드 5,8 참조) 연구합니다. 이냐시오 성인은 악한 영이 "그곳을 공략하고 정복하려 한다."라고 경고했습니다. 달리 말해서, 악한 영은 우리가 가장 취약한 곳을 공략하리라는 것입니다.

만약 자신의 취약점이 교만이라면 자신의 삶에서 모든 일이 순조롭게 이루어지고 있다고 느낄 때 악한 영이 그 지점에서 공략하려고

듭니다. 이냐시오 성인은 이렇게 말했습니다. "인간 본성의 원수도 우리 주위를 맴돌며 향주덕과 사추덕 및 윤리덕을 살펴보아 가장 취약한 곳, 우리의 영원한 구원을 위해 가장 필요한 곳을 틈타서 우리를 공략하고 정복하려 한다."(영신수련, 327)

우리가 이제부터 연로한 부모를 보살피기로 했다고 가정해 봅시다. 점차 많은 사람들이 우리가 얼마나 훌륭하고 착한 일을 하는지 이야기하기 시작합니다. 그러면 우리는 '내가 좋은 일을 하고 있구나.' 하고 생각하게 됩니다. 하지만 사령관인 악한 영은 이러한 때에도 우리 마음에 파고들 길을 찾고 있습니다. 이 때문에 우리는 '내가 좋은 일을 하고 있구나.'에서 '나는 이렇듯 착한 사람이구나.'로 점차 바뀌어 가게 됩니다. 그리고 거기에서 '나는 아주 거룩하다.'로 이어지고, 마침내는 '나는 그 누구보다 더 거룩하다.'라고 생각하기에 이릅니다. 독선적이고 오만하고 거만한 사람이 되어 버린 것입니다. 그러고선 자기만큼 거룩하지 못한 다른 사람들을 판단하고, 단죄하고, 심지어는 증오하게 될 수 있습니다.

우리는 '내가 어쩌다가 이렇게 된 거지?' 하고 의아해할지 모릅니다. 하지만 악한 영은 우리의 취약점을 찾아내는 데 성공했고, 그리하여 전쟁에서 이기고 있는 것입니다.

이럴 때 최선의 방어책은 무엇일까요? 바로 우리의 영혼에 허약한 부분을 보강하는 것입니다. 우리가 취약한 부분에서 유혹을 당하는 방식에 특히 주목하고, 그런 성향들을 차단하는 방식으로 말이지요.

때가 되면 우리는 자신이 유혹을 당하는 방식을 예측할 수 있게 됩니다. 저의 경우에는, 유혹이 외로움을 느끼거나 육신의 건강을 걱정하는 두 가지 형태로 다가왔습니다. 예를 들어 저는 서품을 받기 몇 달 전에 성욕에 사로잡혀 있는 제 자신을 발견했습니다. 그러다가 결국 서품을 받기 일주일 전에는 너무 고통스러워 참기 힘든 상태에 이르렀고, 그로 인해 저는 절망에 빠질 수밖에 없었습니다. 저의 가장 약한 부분이 어떤 방식으로 공격에 노출되는지 아는 일은 우스울 정도로 쉬웠습니다. 그래서 저는 반드시 친한 친구들과 함께 시간을 보내며 육체적인 것이 가장 중요한 것이 아님을 스스로에게 일깨워 주는 방식으로 그 부분들을 보강해 나갔습니다. 그리하여 서품 당일에는 행복한 마음을 안고 성당의 중앙 통로를 멋지게 행진할 수 있었습니다.

우리는 때가 되면 이런 느낌들을 감지하게 됩니다. 그 순간에 언제 그릇된 길로 내려가려는 유혹이 밀려드는지 알게 될 것입니다.

5) 빛의 천사인 척하는 원수

악한 영이 선한 영으로 변장할 수 있다는 사실은 우리를 이냐시오 성인의 또 다른 통찰로 이끌어 줍니다. 이 말은 마치 B급 공포 영화에나 나오는 소리 같아 보이지만, 사실은 인간 본성에 대한 냉철한 통찰을 담고 있습니다. 간단히 말해, 이것은 우리에게 선익해 보이는 것들이 훨씬 음침한 것을 숨기고 있다가 나쁜 쪽으로 극적인 반전을 이룰 수 있음을 의미합니다. 이냐시오 성인은 악한 영이 "빛의 천사의 모습을 취한다."(영신수련, 332)라고 말했습니다.

기도를 더 많이 바치기로 결심한 한 엄마를 예로 들어 봅시다. 그녀는 좀 더 관상적인 삶을 살면서 보다 애정 어린 아내이자 어머니가 되기 위해 자신이 기도하는 것이라고 생각합니다. 하지만 그녀의 동기는 자신이 생각하는 것처럼 순수하지 않을 수도 있습니다. 어쩌면 그녀는 무심결에 자신의 가족에게서 도망치고 싶어 한 것인지도 모르지요. 그런데 그녀는 점점 더 기도하고 싶은 욕망에 사로잡히면서 남편과 자녀에게 소홀해지기 시작합니다. 그리고 이내 기도하는 소중한 시간을 방해받을 때마다 점차 더 거칠게 화를 내게 됩니다. 그러면서 자녀들에게 "나가! 엄마가 기도하고 있잖니!" 하고 고함을 지르기도 합니다. 악한 영이 교묘하게 선한 영의 가면을 쓰고 이 사람에게 모진 태도를 심어 준 것입니다.

이냐시오 성인은 이것을 이렇게 설명했습니다. "처음에는 의로운 영혼에 맞추어서 거룩한 좋은 생각들이 들게 하지만 나중에는 차차

제 본모습을 드러내어 그 영혼이 자신의 은밀한 속임수들과 사악한 의도에 빠져들게 하는 것이다."(영신수련, 332)

캐나다인 예수회원 존 잉글리시는 《영적 자유Spiritual Freedom》라는 자신의 저서에서 어떤 사람이 이제 막 영적 생활을 시작했다는 점을 이용하여, 악한 영이 "그래, 이제 모든 건 하느님께 달렸으니, 알아서 하시도록 놔두자."라고 제안할 수 있다는 점을 지적했습니다. 그리하여 사람들이 "게을러지고, 불만투성이가 되고, 마침내는 사랑과 봉사에 대한 열정을 포기하게 된다."라고 덧붙였습니다.

이것은 미묘한 체험입니다. 이냐시오 성인은 앞으로 이런 일이 일어나는 것을 방지하기 위해 악한 영이 우리를 끌어가는 방식들을 면밀히 고찰해야 한다고 말했습니다. 우리가 어떻게 해서 이 내리막길로 끌려가게 되었는지 확인할 때마다 그것은 좋은 수행법이 됩니다.

이런 통찰들을 실천에 옮기고 나서 때가 되면, 잘못된 길로 끌려 내려가고 있을 때를 제대로 알게 됩니다. 그 이유는 그 길로 내려가 본 경험이 있기 때문이지요.

영화 〈매트릭스〉에는, 네오라는 이름을 가진 평범한 남자가 자기 세계의 근본적인 진실을 알아보도록 초대를 받는데, 여기에는 그릇된 길을 체험으로 아는 지식이 예시되고 있습니다. 영화에서 네오가 자신의 세계와 관련된 진실을 이미 알고 있는 한 여인과 같은 차를 타게 되는 장면이 나옵니다(이 장면은 지독하게 복잡한 줄거리를 간략하게 표현하고 있다고 봐도 좋을 것입니다). 새로운 삶을 받아들이라는 초대를 받아들이고 싶지 않은 네오는 이전 생활로 돌아가기로 작정하고 차 문을 엽니다. 그리고 비가 오는 어두운 거리를 내다봅니다. 그러자 여인은 그에게 그 길을 선택하지 말라고 조언합니다. 네오가 왜 그래야 하는지 묻자, 그녀가 대답합니다.

"당신이 내내 저쪽에 있어 보았기 때문이지요. 네오, 당신은 저 길을 알고 있어요. 그것이 어디에서 끝나는지도 정확히 알고 있지요. 그리고 난 저곳이 당신이 머물고 싶어 하는 곳이 아니란 걸 알아요."

이것은 식별을 훌륭하게 예증하는 이야기입니다. 만일 우리가 가려는 길이 비참한 최후로 향하는 길이라는 것을 안다면, 그 길을 택할 이유가 어디 있을까요?(그나저나, 영화 속에서 이 여인의 이름은 트리니티 [Trinity, 삼위일체]로 나옵니다.)

우리는 지난날 실패했던 방법들을 고찰함으로써 현명한 선택을 하여, 우리의 참된 자아를 키워 가고 비교적 이기적인 성향들을 억제해 갑니다. 그리하여 행복하고 만족스러운 삶을 누릴 수 있는 가능성이 커지게 되고, 올바른 길을 택하여, 마침내는 우리가 머물고 싶은 곳에 머물 수 있게 됩니다.

5. 모든 일에 "예." 할 수 있는 이유

　식별에 관해 마지막으로 덧붙이자면, 현명한 선택을 한다는 것은 최선의 결정조차도 결점이 있기 마련이라는 사실을 받아들인다는 의미입니다. 우리는 흔히 올바른 선택을 했다면, 어떠한 결점도 없을 거라고 믿습니다. 그로 인해 결정한 선택을 삶에서 실천하다 결점들을 발견하면 쉽게 낙담하게 되지요.

　예를 들어, 두 남녀가 만나 결혼에 골인했습니다. 그렇다면 남자는 이제부터 지금껏 해 온 대로 동료들과 자주 어울려 맥주를 즐길 수 없을 것입니다. 이제 막 결혼한 여자도 지금껏 해 온 대로 친구들과 자주 어울려 수다를 떨며 시간을 보낼 수 없을 것입니다. 그리하여 두 사람은 어느 순간 자신들이 얼마나 많은 자유를 포기했는지 깨닫고, 결혼이라는 선택에 의구심을 품기 시작합니다.

　좋은 결정이란 어떤 선택을 하든 그에 따르는 긍정적인 면과 부정적인 면 모두를 충실히 받아들이겠다는 "예."를 의미합니다. 예를 들어 예수회에 입회할 때 "예."라고 하는 것은 이냐시오 영성, 다정한 예수회 친구들, 신나는 일, 따사로운 공동체들, 섬기고 있는 훌륭한 사람들, 지적인 자극들 같은 긍정적인 면에만 "예." 한다는 뜻이 아닙니다. 그것은 이따금 찾아오는 외로움, 잦은 과로, 교회 안의 문제점들 같은 부정적인 면에도 "예." 한다는 뜻입니다.

여러 가지 삶의 형태와 그에 따른 여러 가지 결정을 온전히 따르며 살고자 한다면 반드시 받아들여야 하는 어느 정도의 고통이 따릅니다. 카를 라너 신부는 "모든 교향악은 미완성으로 남는다."라고 했습니다. 완벽한 결정이나 완벽한 결과나 완벽한 삶이란 어디에도 없습니다. 불완전함을 받아들이는 것이 우리가 긴장을 풀고 진실을 마주하도록 도와줍니다. 모든 선택에는 조건이 붙고, 제한적이며 불완전할 수밖에 없다는 것을 받아들일 때, 역설적이게도 우리의 삶은 더욱 만족스럽고 즐겁고 평화로워집니다.

이 모든 것이 우리가 무조건적으로 "예."라고 할 수 있는 대상이자, 한계가 없고 완벽하신 단 한 분, 하느님을 가리킵니다. 우리의 모든 결정은 바로 이 진실에 초점을 맞춰야 합니다. 이냐시오 성인은 이렇게 말했습니다.

"우리의 유일한 갈망과 우리의 단 한 가지 선택은 이것이어야 한다. 나는 하느님께서 내 안에 그분의 생명을 깊숙이 심어 주시는 데 보다 보탬이 되는 것을 바라고 선택하는 것이다."

제가 이 장 첫머리에서 언급했듯이, 이냐시오 성인이 제시하는 식별은 복잡해 보일 수도 있습니다. 결정을 하는 세 번의 시기와 두 가지 방법은 말할 것도 없고, 위안과 실망과 확증의 정의들이 그렇고,

버릇없는 아이나 불성실한 연인, 또는 사령관의 심상도 마찬가지입니다. 하지만 핵심은 간단합니다. 이냐시오 성인이 말하는 식별이란, 하느님이 우리가 현명하고, 사랑으로 가득 차 있고, 건전하며, 긍정적이고 생명을 불어넣는 선택을 하기를 갈망하신다는 것을 믿는 것입니다.

따라서 우리가 우리의 이성과 내적 삶을 통해 현명한 결정을 이끌어 내도록 하느님이 도와주시리라는 것을 또한 믿는다는 것이지요. 그러니 무엇이든 우리에게 유익하게 작용하는 것들, 우리를 하느님께 더 가까이 끌어 주는 것들, 우리가 현명한 결정을 하도록 도와주는 것들을 찾아봅시다. 그리고 무엇보다 먼저, 우리가 가는 길을 선택할 때 하느님이 우리와 함께 계신다는 것을 믿어 봅시다.

제13장

자신을 찾는 방법

제13장

자신을 찾는 방법
일, 직장, 성소 그리고 삶

제가 존 신부님을 처음 만났을 때, 신부님은 이미 뉴잉글랜드 지역에서 존경받는 영적 지도자였습니다. 하얀 수염을 기른 70대의 존 신부님은, 매사추세츠 주 글로스터에 있는 이스턴 포인트 피정의 집에서 모두에게 사랑과 존경을 받는 분이었지요. 존 신부님은 존재 자체만으로도 늘 평온함을 더해 주는 사람이었습니다. 제가 아프리카에서 순명으로 갈등하고 있을 때 저의 영적 지도자로서 도움을 주었던 조지 신부님도 존 신부님과 비슷했습니다. 제가 있던 수련원에서 함께 지내며 "왜 못해?"를 입에 달고 살았던 연로한 조 신부님도 마찬가지였지요. 저를 속상하게 만드는 어떤 문제라도 이분들만 함께해 준다면 너끈히 해결할 수 있을 것이라고 생각했습니다.

그 이유는 무엇일까요? 첫째로, 신부님들은 연세만큼이나 오랜 시간 동안 많은 것을 체험하면서 풍부한 지혜와 연민의 정을 지니게 되었기 때문입니다. 둘째로, 저마다 영적 지도자로서 다년간에 걸쳐 이냐시오 영성을 몸에 익힌 덕분에 이냐시오의 길이 주는 교훈, 연민과 관대함 특히 자유를 한층 더 깊이 체험해 왔기 때문입니다.

또한 그분들은 자신이 누구인지 알고 있었습니다. 양성과 피정, 기도와 영적 독서로 수십 년을 보냈고 자연스러운 삶의 갈등들도 겪고 난 지금, 그분들은 자신에 대해 잘 알게 되었습니다. 저 역시도 이 세상에서 그분들의 역할이 무엇인지 알게 되었지요. 신부님들은 평화로운 분위기를 풍기고 있었습니다.

하루는 피정의 집에서 존 신부님이 성소를 주제로 강론을 했습니다. 그날의 복음 말씀은 예수님이 눈먼 거지 바르티매오에게 "내가 너에게 무엇을 해 주기 바라느냐?"(마르 10,51) 하고 물으시는 대목이었습니다. 존 신부님은 우리의 갈망이 우리의 성소를 찾아내는 데 어떤 방식으로 도움을 주는지 이야기했습니다. 우리의 욕망이 현재의 우리가 되도록 도와준다는 것이었지요.

존 신부님은 어떤 연로한 신사에게서 들은 말로 강론을 마무리했습니다. 신부님은 미소를 지으며 이렇게 말했습니다.

"여러분은 여러분이 아닌 사람이 되지 말고 여러분 자신이 되어야 합니다. 왜냐하면 여러분이 아닌 사람이 되면, 여러분은 더 이상 여러분이 아니기 때문이지요. 그리고 물론 그것은 좋지 않아요."

1. 미래를 바꾸는 질문

바로 앞 장에서 이냐시오 성인의 방식으로 결정하는 일을 이야기했고, 우리가 일상에서 하는 훌륭한 결정들에 대해서도 이야기했습니다. 그럼 이제 중요한 두 가지 결정에 관해 이야기해 봅시다.

- 나는 무엇을 해야 하는가?
- 나는 어떤 사람이 되어야 하는가?

달리 말해, 우리 성소에 관해 이야기해 보려는 것입니다. 우리가 삶에서 무엇을 하기로 되어 있는지 알고 우리가 되어야 할 모습을 갖추기 위해, 이냐시오 영성이 어떤 방법으로 우리를 도와줄 수 있는지 알아봅시다. 존 신부님의 친구가 했던 말을 빌리자면, '이냐시오의 길이 우리가 자기 자신이 되도록' 어떤 도움을 줄 수 있는지 알아보려는 것이지요.

성소는 오해하기 쉬운 단어입니다. 아직도 가톨릭교회 일부에서는 "성소가 있다."라는 말이 사제직이나 수도 생활에 '부르심을 받는다'는 의미로 통하고 있습니다. 일부 가톨릭 신자들은 흔히 참된 성소는 이 두 개의 범위에 몸담은 사람들로 한정되며, 혼자 살거나, 부모가 되거나, 의사나 법조인이나 사업가로 일하는 것 등 다른 삶을 선택하는 것은 '그보다 못하다'고 생각합니다.

하지만 이러한 생각은 신부와 수녀, 수사의 삶을 결혼하거나 혼자 사는 평신도의 삶보다 우위에 올려놓았던 낡은 신학의 유물일 뿐입니다. 제가 주일 학교를 다니던 시절에 한번은 우리 반에 자그마한 색칠하기 그림이 그려진 종이 한 장이 내걸렸습니다. 종이의 맨 위에는 '성소'라는 말이 씌어 있었습니다. 왼편에는 결혼한 부부의 모습이 그려져 있었고, 그 아래에는 '좋다'고 적혀 있었지요. 그리고 오른편에는 신부와 수녀의 모습이 그려져 있었고, 그 아래에는 '더 좋다'라고 적혀 있었습니다.

일찍이 1960년에 '성화聖化에 대한 보편적 소명'을 강조한 제2차 바티칸 공의회 이래로 가톨릭 신자들은 모두가 저마다의 성소를 지니고 있음을 깨달았습니다. 이것은 일찍이 다른 그리스도교 종파들에게서 배울 수 있는 일이었습니다. 다른 그리스도교 종파들은 늘 평신도의 적극적인 참여를 모색해 왔습니다. 개신교의 경우를 보면, 목사 안수를 받은 목회자를 중요시하는 정도가 상대적으로 낮은 대신에, 모두에게 성소가 있다는 것을 강조했습니다.

이것이 바로 성소의 근본적인 의미입니다. 성소는 서품이나 수도회와는 별 상관이 없습니다. 성소는 '부르다'라는 의미의 라틴어 보카레vocare에서 유래한 말입니다. 즉 우리가 부르심을 받은 것을 의미하는 말이지요.

성소는 일이나 직업은 물론 경력과도 다릅니다. 일은 직무를 수행하는 데 요구되는 노동이라고 할 수 있고, 직업은 노동을 하는 일자리입니다. 경력은 몸담았던 직장으로 그려지는 장기적인 궤적 내지는 이력입니다. 하지만 성소는 이런 개념들 중에 그 어느 것보다도 더 깊은 뜻을 지니고 있습니다.

최근에 저는 성소에 관해 예수회원인 크리스 로니와 이야기를 나누었습니다. 예수회 공동체에서 일해 본 경험이 있는 로니는, 이냐시오 성인의 통찰력을 활용하여 다양한 조직에 적용하는 내용을 담은 《위대한 기업 위대한 리더십》이란 책을 펴낼 정도로 이런 주제들에 관해 풍부한 경험을 가지고 있었지요. 그는 과연 이런 용어들을 어떻게 보고 있을지 궁금했습니다.

"일, 경력, 성소, 이런 용어들에 부여된 개념들 중에는 문제가 있는 것들도 일부 있습니다. 일은 보수를 바라는 노동으로 해석되는 경향이 있지만, 갖가지 의도를 지닌 활동이므로 일에는 보다 폭넓은 개념을 적용하는 것이 바람직하지요. 경력은 사람이 여생 동안 수행할 직업을 목표로 공부한다는 의미를 담고 있어야 하지만, 많은 사람들은 이를 다른 의미로 생각합니다. 현대적 의미에서 경력은 일자리는 물론 특정한 직업과도 관련이 적고, 자신의 기량과 재능을 키워 가는 방식과 더 깊이 관련되어 있지요.

사람들은 성소를 특별한 일이나 직업 또는 경력과 연결시키는 경향이 있어요. 개신교의 개혁가들은 성스러운 사람이 되라는 보편적인 부르심이나, 종류가 색다르고 보다 정확해 보이는 일과 직분을 요구하는 특별한 부르심을 구분해 이야기하곤 하지요."

성소는 우리의 일과 직업, 경력을 지배하면서 우리가 되고자 바라는 모습의 사람이 되게 만듭니다. 성소는 무엇을 하라는 부르심과 동시에 어떤 사람이 되라는 부르심을 받는 것이지요. 그렇다면 우리는 어떻게 우리의 성소를 발견하게 될까요?

제가 앞서 몇몇 장에서 간략하게 언급했지만, 제 경우에는 트라피스트회 수도승 토머스 머튼에 관한 다큐멘터리를 본 것이 성소에 대해 눈을 뜨는 계기가 되었습니다. 덕분에 저는 머튼 수사의 저서 《칠층산》을 읽게 되었고, 그로 인해 예수회원들과 만나게 되면서 예수회원 양성 프로그램을 더 자세히 알아보게 되었습니다. 그때부터 입회를 고려하다가 결국 예수회원이 될 수 있었지요.

어떻게 해서 이런 일이 일어났던 것일까요? 바로 욕망을 통해서입니다. 각 단계마다 욕망으로 인해 이러한 삶에 대한 매력과 흥미를 느끼게 된 것이지요. 이처럼 우리가 무엇을 하고 싶은지, 우리가 누구인지 알아내는 일차적인 방법이 바로 욕망입니다.

결혼이라는 친숙한 예는 이 점을 가장 쉽게 생각해 볼 수 있게 하는 방법입니다. 대부분의 신자들은 하느님이 결혼하는 연인을 함께 부르신다는 말에 금방 동의할 것입니다. 많은 사람들은 가톨릭 신자들처럼 혼인을 하나의 성사로 이해하지 못한다 할지라도, 신이 어떠한 방식으로 두 사람을 엮어 주었다고 생각하지요. 결혼은 부분적이지만 매우 다양한 욕망을 통해 이루어집니다. 남자와 여자는 육체적·감정적·정신적 욕망으로 인해 서로에게 끌리고, 그리하여 부부라는 자신들의 성소를 발견하게 됩니다. 이는 하느님이 이 사람들을 서로 이어 주시는 한 가지 방법이자, 결혼하라는 부르심이 자연스럽게 모습을 드러내는 방식입니다.

욕망은 특수한 직업에 이끌리는 사람들의 삶에서도 비슷한 방식으로 작용합니다. 회계사, 작가, 의사, 예술가, 법조인, 교사 등의 직업을 가진 사람은 어린 시절에 다른 사람들보다 자신이 나아가게 된 직종에 관해 더 들었거나, 그러한 일을 하는 사람들을 만났거나, 그들에 관해 쓴 글을 읽으면서, 그들의 일에 매력을 느끼게 되었을 수 있습니다. 그들은 자연스러운 갈망을 통해 자신의 성소를 찾은 것이지요. 이러한 욕망은 교회의 성인들의 삶에서도 똑같이 작용했습니다. 신자들도 이러한 욕망을 통하여 교회에서 저마다 서로 다른 봉사직에 몸담게 됩니다.

 제가 사회생활을 할 때 경험했던 일을 예로 들어 보려 합니다. GE에서 일하고 있을 때, 일하는 틈틈이 경제 잡지를 읽는 동료 하나가 있었습니다. 저에게는 이 직업이 생계를 위해 일하는 곳이어서 업무가 끝나거나 잠깐 쉴 틈이 생기면 모든 것을 놓게 되었습니다. 하지만 그는 긴 하루를 보내고 나서도 〈월 스트리트 저널〉을 읽는 것을 가장 좋아했지요. 한번은 제가 "일이 끝났는 데도 이런 걸 읽을 마음이 생기나요?"라고 물어보았습니다. 그는 의아한 표정으로 대답했습니다. "농담이지? 이건 내가 아주 좋아하는 거라고."

 회사의 재무 부서에서 일한다는 것이 제게는 직업에 불과했지만, 그에게는 이 일이 실질적인 성소였던 것입니다. 그의 성소는 경제 활동에서 매력을 느끼고, 그 안에 뛰어들어 성공하고자 하는 분명한 욕망에서 비롯되었습니다. 또한 이는 일찍부터 제 자신이 올바른 자리에 있는 것이 아닐 수도 있음을 보여 주는 표지이기도 했지요. 성공한 사람은 자신이 하는 일을 사랑하는 사람이자, 그 일에서 진정한 성소를 발견하는 사람이니까요.

우리가 앞 장에서 살펴보았듯이, 욕망은 영성 생활에 필수적인 요소입니다. 이냐시오 성인이 《영신수련》에서 매번 기도를 시작할 때마다 원하고 바라는 것을 위해 기도하라고 당부한 이유도 여기에 있습니다. 바로 제1주간에 "내가 원하고 바라는 것을 우리 주 하느님께 청하라."(영신수련, 48)라는 초대가 나옵니다. 윌리엄 A. 배리 신부가 "피정 지도자들은 그들의 지도를 받는 사람들이 진실로 바라는 것을 알아내도록 도와줄 때 가장 중요한 일을 하게 된다고 믿는다."라고 말했던 이유도 여기에 있습니다.

하느님은 우리 각자에게 서로 다른 성소를 내리십니다. 더 자세히 말해 하느님은 이런 성소를 우리 안에 심어 주시며, 이것이 우리의 욕망과 열망을 통해 드러나게 됩니다. 이렇게 해서 하느님이 세상에 바라시는 원의가 우리 자신의 가장 깊은 욕망을 실현할 때 이루어지는 것이지요. 성소는 발견해 내는 것이라기보다는, 자신이 바라고 원하는 것을 알고자 기도를 드릴 때 드러나는 것에 더 가깝습니다.

물론 종교계에서는 거의 대부분 욕망을 좋지 않은 것으로 이야기합니다. 하지만 이냐시오 성인이 이야기하는 것은 이기적인 욕망이 아닙니다. 마거릿 실프도 자신의 저서 《현명한 선택》에서 "내면의 깊은 욕망이 있는 반면에 얄팍한 욕망도 있다."라고 이야기했지요.

내면의 깊은 욕망과 얄팍한 욕망을 구분하고, 우리의 성소를 온전히 깨닫는 한 가지 방법은 장기간에 걸쳐 우리가 어디로 이끌리고 있는지를 곰곰이 생각해 보는 것입니다. 우리가 어디에 이끌려 가는지 알아보는 데 활용할 수 있는 것이 성찰 기법들입니다. 우리는 이렇게 자문해 볼 수 있습니다.

'오랜 세월 내 가슴속에 살아 있는 욕망들은 어떤 것일까? 내가 즐거워하며 할 수 있는 일은 무엇일까? 내가 꿈꾸는 직업에는 어떤 것들이 있을까?'

> 저마다의 가슴속에 숨어 있고 때로는 갇혀 있기도 한 것이
> 바로 태동하기를 기다리는 꿈이다.
> ─ 예수회원 재크린 시럽 버간 · 마리아 슈완, 《탄생: 주여 나를 받으소서》

만일 당신이 등을 구부리고 책상에 앉아 숫자들과 씨름해야 하는 일을 하는데, 정작 오래도록 꿈꾸어 온 일은 사람들을 마주 보고 이야기하는 일이라면, 욕망이 자신의 진정한 성소를 가리키고 있는 것인지 모릅니다. 어쩌면 인력 개발이나 상담 부서에서 일하는 것이 더 적합했을지 모르지요.

이와 반대로, 만일 자신이 교사임에도 불구하고 많은 사람들 사이의 관계에서 힘이 들고 혼자서 하는 다른 일을 하고 싶다고 꿈꾼다면, 그것 역시 욕망이 자신의 성소를 가리키고 있는 것인지 모릅니다. 어쩌면 작가가 되어야 할 사람이었는지도 모르지요. 혹시 그것을 실천하기 어려운 상황이라면, 하루에 얼마간의 시간을 내어 글을 쓰며 보낼 수도 있습니다.

최근에 대기업에서 재무 관리 일을 하는 한 친구가 교도소에서 평신도 자원 봉사자로 일하기 시작했다고 제게 말했습니다. 이 자원 봉사는 그에게 풍성한 기쁨과 활력을 불어넣었고, 그래서 그는 그 일을 말할 때 단지 이야기만 할 뿐인데도 얼굴에 열정이 드러났습니다. 그가 자원 봉사에 대해 이야기하며 그의 얼굴에 가득했던 그 환한 기쁨을 결코 잊을 수 없을 것입니다.

때로는 어떤 이미지가 우리를 도와 자신의 욕망을 드러내 줄 수도 있습니다. 여러 해 동안 제게 도움을 주었던 이미지가 한 가지가 있는데, 이는 어린 시절에 겪은 일에 관한 것이지요.

초등학교 시절, 과학 선생님이 우리 반 아이들에게 근처 냇가에 가서 유리잔에 물을 떠오라고 시켰습니다. 물을 떠서 교실로 가져오면 다 함께 현미경으로 관찰하겠다는 것이었지요. 선생님은 다만 현미경으로 관찰하기에 앞서 우리가 그 유리잔을 창틀 위에 올려놓아야 한다고 했습니다. 물이 맑아져야 하기 때문이었습니다. 유리잔을 연못 속에 집어넣으면 온갖 종류의 오물이며 불순물들이 함께 담깁니다. 그래서 심지어 몇 시간이 지나도 물은 여전히 흐릴 때도 있지만 유리잔을 가만히 놓아두면 잔 안에 물이 보다 선명해지는 것을 볼 수 있습니다.

과연 우리는 인생의 오물과 불순물로 대변되는 우리의 이기적인 욕망들을 가라앉게 하여 자신의 내면이 보다 선명해지도록 할 수 있을까요? 혹은 물과 관련된 또 하나의 심상으로, 우리가 영혼 표면에서 덮개를 걷어 내어, 선명하게 보지 못하도록 가리고 있는 것을 제거하고, 한층 깊은 곳에 가라앉아 있는 것을 본다고 생각해 봅시다.

저는 영국인 여행 작가 패트릭 리 퍼머가 프랑스 노르망디에 있는 최초의 트라피스트 수도원을 돌아보고 쓴 《침묵할 시간 A Time to Keep Silence》이라는 책에서 우연히 이 은유를 발견하고 깜짝 놀랐습니다. 그 전까지 이 은유가 저만 알고 있는 것이라고 생각했기 때문이었습니다. 그는 이 은유에 대해서 이렇게 썼습니다. "마음의 거친 파도가 점차 고요하고 투명해지면서, 숨어 있던 많은 것들과 마음을 흐려 놓는 온갖 것들이 표면으로 떠올라 걷어 낼 수 있게 된다. 그리하여 잠시 후에는 일상적인 세계에서는 생각할 수 없는 평화로운 경지에 도달하게 된다."

여러분도 무엇인가가 표면에 떠오르기를 기다릴 수 있나요? 때때로 자신의 유리잔이 잠잠할 때, 무엇인가 바닥에서 떠오를 것입니다. 그것은 작은 거품이나 작은 이파리, 혹은 작은 물고기일 수도 있습니다. 어쩌면 그것은 하느님이 여러분에게 보여 주고 싶어 하시는 것일 수도 있지요. 여러분은 자신의 꿈과 욕망이 표면에 떠오르도록 할 수 있나요?

데이비드 론스데일 역시 자신의 저서 《보는 눈, 들을 귀》에서 시냇물의 비유를 통하여 가장 중요한 것은 시냇물 표면에 있는 것이 아님을 우리에게 일깨워 줍니다. "물살이 빠른 강의 표면은 흔히 파도와 소용돌이로 부서지면서 강물이 사방팔방으로 움직이고 심지어 원래의 물길에 역류하는 것처럼 보입니다. 이렇듯 소란스러운 표면 아래, 강의 가장 깊은 곳에는 한층 강력하고 한결같은 일정한 흐름이 존재합니다."

삶을 되돌아보며 자신이 어디에 이끌렸는가를 알아보는 것도 자신의 욕망을 확인하는 방법이 될 수 있습니다. 저도 어느 날 질문 하나를 듣고 성소를 찾는 길로 나아가게 되었지요. 그 질문은 제가 돌아보지 않고 앞을 내다보게 만들어 주었습니다.

예수회에 관해 궁금해하며 몇 달을 보냈을 때, 심리 상담가가 제게 과거를 생각하지 말고 전혀 새로운 삶을 상상해 보라고 당부하며 물었습니다. "만일 당신이 하고 싶은 일을 할 수 있다면, 무슨 일을 하고 싶나요?" 미래를 내다보는 이 질문이 인생의 두터운 앙금 속에 파묻혀 있던 해답 하나를 끌어올렸습니다. 유리잔이 맑아지자 해답이 표면으로 솟아오른 것입니다.

여러분이라면 이 질문에 뭐라고 대답할 건가요? 그리고 그 답변에 조금이라도 더 가까이 접근할 수 있는 현실적인 방안이 있나요?

세 가지 질문을 던져 보라

마거릿 실프는 누군가가 여러분에게 "진정으로 바라는 것이 무엇인가요?"라고 물을 때 이냐시오 성인이 제시한 주제들을 활용하여, 아래의 질문에 대해 생각해 보라고 당부했습니다.

보다 깊은 차원의 갈망을 점검하라. 그대가 줄곧 하고 싶었지만 해 보지 못한 일이 있는가? 그대에게 어떤 이루지 못한 꿈들이 있는가? 만일 그대가 인생을 다시 살 수 있다면 어느 시점을 바꾸겠는가? 만일 그대에게 살 날이 몇 달밖에 남지 않았다면 그

> 시간을 어떻게 보내겠는가? 만일 그대에게 큰돈이 굴러 들어온다면 그 돈을 어떻게 쓰겠는가? 만일 그대에게 세 가지 소원을 이룰 수 있게 해 준다면 어떤 소원을 말하겠는가? 그대가 자신의 목숨을 바칠 만한 사람이나 일이 있는가?
>
> 충분한 시간을 가지고 위의 질문 중에 한 가지 이상을 깊이 숙고해 보라. 그대가 의무감에서 하는 답변이 아니라 진솔한 답변을 한다면, 자신에게 하는 이 응답들은 그대의 가장 내밀한 욕망이 어디에 뿌리내리고 있는지를 알려 주는 지침이 될 것이다.

이런 질문들에 관해 생각해 볼 수 있는 덜 은유적인 방식은 우리가 바로 앞장에서 살펴본 이냐시오 식별법에 따른 핵심적인 심상들 몇 가지를 활용하는 것입니다.

우리가 죽음을 앞두고 침대 위에 누워 있다고 상상해 봅시다. 또는 하느님 앞에 가 있다고 상상해 보거나, 우리와 비슷한 상황에 처한 누군가에게 조언한다고 상상해 봅시다.

어떤 욕망이나 그렇듯이, 이렇게 알게 된 욕망 역시 검증을 거쳐야 합니다. 가수가 되고 싶다고 해서 곧장 가수가 될 수 있는 것은 아닙니다. 노래를 잘하지 못한다면 더욱 그렇겠지요. 우리가 앞에서 논의한 것처럼 이냐시오 성인이 말하는 확증의 목표가 떠오르는 것이 바로 이 부분입니다. 우리는 자신의 욕망과 기도 및 식별의 결실들뿐만 아니라 실재 상황도 주시해야만 합니다. 따라서 우리는 일상생활에서 자신의 욕망을 성찰해야 합니다. 크리스 로니도 제게 이렇게 말했습니다.

"사람들이 자신의 직업이나 성소에 대한 안내를 받을 때 지나치게 낭만적인 이야기로 듣곤 합니다. 그래서 '당신의 행복을 쫓아가라.'거나 '당신의 성소는 세상이 몹시 필요로 하는 것과 당신이 깊이 열망하는 것이 합치하는 곳에 자리한다.'와 같은 조언은 사람을 잘못된 길로 이끌 수 있지요. 이런 조언도 가치는 있지만, 무엇을 할 것인지 알아내는 유일한 길은 아닙니다. 모든 결정에는 관심과 필요가 관련이 있지만, 환경과 재능도 관련이 있는 것이지요."

성소는 단순히 자신의 욕망이나 세상에 어떤 것들이 필요하다는 자신의 생각과 결부되는 것이 아니라, 때로 우리의 욕망과는 정확하게 맞아떨어지지 않는 현실과 결부되기도 합니다. 우리의 마음을 신뢰하되, 자신의 머리도 활용해 봅시다.

로니는 "저는 사실 야구 선수가 되고 싶었지만, 도대체 선수가 될 만한 재능이 없었어요."라고 말했습니다. 이 점은 온갖 영역에 두루 적용됩니다. 우리는 그저 돌을 던지듯 교직에 뛰어들 수는 없습니다.

이런 결정은 단순히 자신의 욕망만이 아니라, 재능과 필요, 관심, 주위 환경을 함께 고려해야 하기 때문이지요. 또한 이 모든 것들 안에도 하느님의 손길이 묻어 있습니다. 이러한 여러 가지 요소에 좋은 느낌을 갖게 되는 것도 중요한 정보가 되지만, 자신이 그것을 할 수 있다는 사실이나 할 수 없다는 사실도 그만큼 중요합니다. 따라서 이런 면들도 똑같이 하느님의 손길로 보는 것이 마땅합니다.

2. 노동의 영성

설령 우리가 자신의 성소를 확실하게 느끼고 있다 할지라도, 자신의 직업이 무엇이든지 그 직업에서 하느님을 발견하기 힘들 때가 있을 것입니다. 이냐시오의 길은 하느님의 손길을 느끼는 것과 관련해서 어떤 말을 해 줄까요?

저는 예수회에 입회하기 전에 6년을 대기업에서 직장 생활을 하며 보냈기에 현실 세계에 관해 어느 정도는 알고 있었습니다. 하지만 예수회에 들어와서도 일손을 놓은 것은 아니었지요. 저는 양성 기간 동안에 매사추세츠 주 케임브리지에 있는 큰 병원에서 일했고, 뉴욕에서는 빈민 지역 학교에서 학생들을 가르쳤고, 나이로비에서는 2년 동안 가게를 운영하고 소액 지원 사업을 운영했으며, 보스턴에서는 교정 사목을 하였습니다.

그리고 최근 10년 동안은 주간 잡지사에서 일해 왔는데, 이 전문 직종들은 회의가 있고, 마감 시간을 지켜야 하며, 예산을 집행하고, 작업을 평가하고, 때로는 다툼과 논쟁을 벌이는 등 대단히 다양한 개성과 기질을 지닌 동료들과 어울려 일해야 했습니다. 예수회원은 비록 임금 인상이나 인원 감축, 또는 승진을 크게 걱정하지 않아도 된다고 할지라도 열심히 일해야만 하는 구조로 되어 있습니다.

노동 현장에 몸담고 있는 대부분의 사람들이 그렇듯이 저 또한 좋은 조직원, 좋은 동료, 좋은 관리자가 되기 위해 노력하고 있습니다. 그런 만큼 제 처지 역시 많은 부분에서 여러분의 처지와 크게 다를 바가 없을 것이라고 생각합니다. 저는 예수회원이 아닌 친구들이 다양한 직종에서 일하는 모습을 통해 사회 활동의 여러 가지 부문에서 제기되고 있는 갖가지 도전을 확인하고자 노력하고 있습니다.

간단히 말해, 저는 직장에서 영적인 삶을 살아가는 데 따르는 도전들에 관해 꽤나 알고 있지만, 그 외에도 제기되는 더 많은 도전에 대해 알고자 하는 것입니다. 실제로 사회에는 많은 도전이 존재합니다. 더욱이 사회 활동을 하면서 영적인 삶을 살고자 하는 사람들이 늘고 있지만, 그렇게 살기에는 점차 더 힘들어지고 있습니다.

이제부터는 근무 시간에 영적 생활을 유지하는 데 따르는 주요한 도전들에 대해 이야기하고자 합니다. 아울러 우리가 줄곧 논의한 이냐시오 성인의 몇 가지 수행법을 활용하여 사물을 올바르게 바라보는 관점도 제시하려 합니다.

1) 하느님과 자신을 위해 시간을 내는 일

요즘에는 사람들의 근무 시간이 보통 오전 아홉 시에서 오후 여섯 시까지라고 하기보다 7일 24시간이라고 하는 것이 더 맞다고 생각합니다. 기술과 생산성의 향상을 자랑하고 있음에도 회사가 노동자들에게 요구하는 시간은 오히려 늘어났습니다. 24시간 열리는 시장, 24시간 계속되는 경제 뉴스, 24시간 연락이 오는 이메일과 스마트폰은 노동 시간을 24시간으로 바꾸는 데 큰 공헌을 하고 있지요. 게다가 안정된 직장은 줄고 맞벌이 가구는 늘어난다는 것은 부부가 자녀들과 함께 보낼 수 있는 시간은 줄고 스트레스는 높아 간다는 것을 의미합니다.

사회생활을 하는 대부분의 사람들에게 따로 시간을 내기란 매우 힘듭니다. 이런 상황에서 기도와 신앙생활에 필요한 시간을 어떻게 마련할 수 있을까요? 바로 이것이 '첫 번째 도전'이 됩니다. 제가 최근에 주변의 친구들에게 이 점에 관해 물었을 때, 상당수는 이 일을 해결할 수 있는 유일한 방법은 업무 시간을 줄이는 것이라고 에둘러 말했습니다.

대기업에서 일하는 한 친구는 "이는 의식적인 선택이지."라고 했습니다. 그는 이 선택이 쉬운 결정은 아니었다고 힘주어 강조했습니다. 하지만 빠른 승진을 어느 정도 포기하고 가족과 신앙생활에 시간을 보내는 쪽을 선택함으로써 스스로 '끝없는 노동의 덫'이라 부르는 비극을 피할 수 있었다고 말했습니다. 그렇게 하지 않으면, 삶이 오로지 업무에 얽매이게 되고, 기도라는 자양분이 없어지면서 신앙생활은 서서히 위축된다는 말도 덧붙였지요.

하지만 제 친구는 승진을 어느 정도 희생하면서도 일정 수준의 경제적 성공을 할 수 있는 처지였습니다. 그에 비해 간신히 연명할 수 있는 정도의 돈만 버는 데도 일자리를 잃지 않기 위해 안간힘을 써야 하는 이들의 경우에는 사정이 훨씬 어렵습니다. 본업에 부업까지 해야 하거나, 가족들은 자신보다 나은 삶을 살기를 바라면서 필사적으로 돈벌이를 해야 하는 저임금 노동자 등은 모두가 한계에 봉착해 있습니다.

저는 몇 년 전에 제레미 랭포드와 함께 《신앙 고백*Professions of Faith*》이라는 제목의 책을 편찬하는 과정에서 여러 가톨릭 신자들에게 현재 자신이 하고 있는 일을 되새겨 보기를 부탁했습니다. 예전에 대기업에서 전담 변호사로 일하다가 지금은 뉴욕에 있는 포드햄 대학교에서 강의하고 있는 아멜리아 울먼은 이렇게 적어 보냈습니다. "대기업에서 법률 업무를 할 때 가장 어려운 점은 기업의 사회적 책임에 대한 진솔한 대화가 부족하다는 것이 아니었습니다. 그보다는 사회적 책임에 대한 시각을 갖출 수 있도록 제가 균형 잡힌 삶을 유지해야 한다는 점이 더 어려운 일이었지요."

직장에 몸담고 있는 이들이나 지금 일을 하지 않더라도 바쁜 생활을 하는 사람 누구에게나 시간은 해결해야 할 과제입니다. 바로 여기에서 양심 성찰은 매우 큰 도움이 될 수 있습니다. 시간에 쫓겨 어찌할 바를 모르는 이들에게, 하루에 10분에서 15분 안에 할 수 있는 성찰은 영적인 생명의 줄이 될 수 있습니다.

세 자녀를 키우며 투자 상담원으로 바쁘게 살아가는 제 친구는 아침에 자기 사무실 책상에서 성찰을 하며 전날에 있었던 일들을 돌이켜 봅니다. 아침에 너무 바쁠 때는 점심시간에 렉시오 디비나를 바치되, 사무실 문을 닫아 두고 고요함 속에서 몇 분 동안 그날의 말씀에 침잠하는 시간을 갖습니다.

일과 기도, 활동과 관상을 조화시키는 일은 초창기 예수회원들에게 무척 중요한 것이었고, 지금도 역시 그렇습니다. 최근에 열렸던 예수회 총회에서 예수회원들은 '온전히 사도적이며 수도적일' 필요가 있다고 강조했습니다. 기도가 빠진 일은 하느님과의 단절을 가져오고, 일이 빠진 기도는 사람들과의 단절을 가져오기 때문입니다.

예수회원에게와 마찬가지로 과로는 모든 사람들에게 좋지 않습니다. 그 이유는 첫째로, 자신의 생명의 원천이신 하느님에게서 멀어지게 만들기 때문입니다. 둘째로, 우리가 하느님께 의존하고 있다는 사실을 간과할 수 있는 만큼, 일이 계획대로 되지 않을 때 좌절하게 만듭니다. 셋째로, 친구나 가족과 보내는 시간이 줄면서 외로움을 느끼게 합니다. 넷째로, 우리가 하는 일이 곧 자기 자신이라고 믿기 시작하고, 그리하여 인생 황혼기에 할 일이 별로 없게 되면 스스로를 무가치한 사람이라고 느끼게 됩니다.

어린 자녀들을 둔 부모나 본업 외에 한두 가지 부업을 하는 이들처럼, 시간을 내기가 거의 불가능한 이들에게는 '행동하는 관상가'가 되겠다는 목표를 갖는 것이 특히 더 필요합니다. 아무리 바쁘더라도 생활에서 하느님의 현존을 꾸준히 의식하려고 노력하는 것은 가능하지 않을까요?

이냐시오 성인은 기도 시간을 따로 마련했을 뿐만 아니라 온종일 관상하는 자세를 유지했습니다. 가장 초창기에 그와 함께했던 이들 가운데 한 사람인 예로니모 나달 신부는 자신의 친구인 이냐시오 성인에 대해 이렇게 표현했습니다.

"그는 모든 일과 행동 그리고 대화에서 하느님의 현존을 관상했고 영적인 것들을 실제로 체험했기에 실로 '행동하는 관상가'와 같았다."

이냐시오 성인의 방식은 삶에서 극도의 압박감에 시달리는 시기에 기도 시간을 제대로 갖지 못하면 하느님이 실망하실 거라고 생각하는 이들에게 하나의 자극이 됩니다. 데이비드 론스데일도 이렇게 말했습니다.

"관상하는 시간을 따로 내는 것도 관상가가 되는 한 가지 방법이지만, 바쁜 삶에 철저히 투신하는 것도 또 하나의 방법이 될 수 있다. '행동하는 관상가'에 해당하는 사람은 자신에게 필요하다거나 가능하다는 스스로의 판단에 따라 서로 다른 두 가지 방식 중 한 가지나, 두 가지 모두를 택할 수 있고, 어느 쪽에서든 하느님을 발견해 낼 줄 안다."

2) 일상에서 하느님 발견하기

저는 첫 장에서 제가 지금껏 들은 가장 훌륭한 조언들 중의 하나를 언급했습니다. 제 영적 지도자인 데이비드 도노반 신부님은 "자네 삶의 한 부분을 서랍 안에 넣어 놓고 닫아 둔 채 거기에 아무것도 없는 척해도 있던 것이 없어지지는 않지!"라고 했지요. 이냐시오 영성에서는 무엇이든 다 하느님을 발견하는 길이 될 수 있기 때문입니다. 따라서 우리는 이냐시오 영성에서 중요한 "모든 것 안에서 하느님 발견하기"라는 말을 기억해야 합니다.

우리가 좋아하는 일을 할 때는 일 자체가 하느님을 발견하는 길이 될 수 있습니다. 일을 하면서 정서적으로나 정신적으로, 때로는 육체적으로 맛보는 만족은 하느님의 기쁨과 함께 하느님의 갈망을 체험하는 통로가 됩니다.

1924년도 올림픽 육상 경기에 출전한 선수들을 그린 〈불의 전차〉라는 영화가 있습니다. 그 경기에 출전한 이들 중에는 육상선수이자 선교사인 영국 대표가 있었지요. 그에게 달리는 이유를 묻자 그는 이렇게 대답했습니다. "저는 달릴 때 하느님의 기쁨을 느낍니다." 이는 성소를 실현하는 삶을 대표적으로 드러내는 예라고 할 수 있습니다. 일 자체가 즐거워질 수 있다는 것을 보여 준 것이지요.

일에서 하느님을 발견할 줄 아는 이들은 분명히 있습니다. 하지만 만일 우리가 재미없거나 즐겁지 않은 일, 성소처럼 생각되지 않는 일에 매여 있다면 어떨까요?

경제적 압박, 가족의 요구, 교육에 따른 제약, 육체적 한계, 혹은 비좁은 취업 시장 등 다양한 이유로 인해 자신의 성소라고 믿는 길을 가지 못하는 사람들이 있습니다. 그런 사람들은 어떻게 해야 이냐시오의 길을 이용하여 하느님을 찾을 수 있을까요?

저는 단지 일 자체에서뿐만 아니라 모든 것 안에서 하느님을 발견해 보라고 제안하고 싶습니다. 우선 자신의 주위에 있는 사람들을 통해 하느님을 찾아보면 좋을 것입니다. 어쩌면 이것이 가장 쉬운 방법이 될 수도 있지요.

저는 고등학교와 대학교를 다닐 때 학비를 벌기 위해 여름 방학 동안 여러 가지 아르바이트를 했는데, 그 과정에서 자신의 일을 몹시 싫어하는 사람들을 많이 만났습니다. 저는 1970년대에 여름마다 제 또래들이 여름 방학에 할 만한 아르바이트를 찾아내곤 했습니다. 신문을 배달하고, 잔디를 깎고, 식당에서 접시를 닦거나 식탁을 치우고, 골프장에서 심부름을 하고, 극장에서 관객을 안내하는 일들이었지요. 그런데 나머지 모든 일을 합친 것보다 노동의 비참함에 관해 더 많은 것을 가르쳐 준 일이 있었습니다.

저는 대학에 입학하고 나서 처음 맞이한 여름 방학에 아르바이트를 세 가지나 했습니다. 저녁에는 영화관에서 안내원으로 일했고, 토요일과 일요일 낮에는 작은 식당에서 웨이터로 일했으며, 평일 낮에는 포장 공장의 조립 라인에서 일했습니다. 그중에서도 공장에서 한 일은 제가 경험한 일 중에서도 가장 힘든 일이었습니다. 그럼에도 그 일자리를 얻은 것을 행운으로 여겼습니다. 이 공장의 일이 다른 아르바이트보다 더 많은 임금을 주었기 때문이지요.

당시에 저는 아침 6시부터 일어나야 했는데, 그런데도 급하게 준비하느라 끼니도 대충 때워야 했습니다. 차가 없었기 때문에 친구가 태우러 오기를 기다렸다가 차를 얻어 타고 공장으로 갔지요. 7시까지 방 하나 크기 만한 기계 앞에 서야 했는데, 크기만큼이나 몹시 시끄러운 기계였습니다. 기계에서는 알약들이 쏟아져 나와 종이 상자를 채우고, 가득 찬 상자들은 빠르게 돌아가는 벨트 컨베이어로 올라갔습니다.

제가 하는 일은 기계에서 쏟아지는 작은 상자들을 더 큰 상자에 집어넣고 수축 포장 비닐로 싸는 것이었습니다. 그러고 나면 더 아래에 있는 사람이 이것들을 더 큰 상자에 넣었습니다. 마지막에는 또 다른 사람이 상자들을 나무 팔레트 위에 올려놓았습니다.

저는 이 일이 무척이나 싫었습니다. 10분마다 벽에 걸린 시계를 확인하며 점심시간이 얼마나 남았는지를 확인하곤 했지요. 점심을 먹고 난 후에는 시계를 쳐다보며 근무 시간이 끝나는 4시가 되기를 간절한 마음으로 기다리거나 심지어 기도까지 했습니다.

그러다 누군가가 일부러 기계 속에 나무 막대를 던져 넣어 일시적으로 작동을 멈추게 만들었습니다. 그러면 수선공이 오기를 기다려야 했고, 그 사이에 우리 모두는 잠시 휴식을 취할 수 있었지요. 적어도 일주일에 한 번은 그랬는데, 그 순간이 일주일 중에 가장 신나는 시간이었습니다. 하지만 그 나머지 시간은 모두가 괴로워했습니다.

그런데 놀랍게도 같은 라인에서 일하는 사람들 중에 함께 뭉쳐 다니는 세 여자만은 거의 온종일 깔깔거렸습니다. 이 공장에서 여러 해를 일해 온 그들은 서로를 잘 알았고, 그래서 자녀와 남편, 가정에 관한 일과 주말의 계획을 주제로 대화를 나누며 하루를 보냈습니다. 그들이 저를 점차 그들의 모임으로 끌어당겼는데, 거기에서 이루어지는 대화는 주로 우리가 이 일을 얼마나 싫어하는가에 초점이 맞추어져 있었습니다. 여름이 끝나 갈 무렵에 그들은 제가 얼마나 느려 터졌는지, 얼마나 어리숙한지, 얼마나 말라깽이인지, 특히 기계가 움직이지 않을 때 고치려고 기계 속에 손을 넣으면서 얼마나 겁먹은 것처럼 보였는지 등등 온갖 일로 저를 놀려 댔습니다. 한 명은 "너는 남자야 아님 생쥐야?" 하며 놀리기도 했습니다.

그들은 자신이 하는 일은 무척 싫어했지만 서로 간의 우정은 무척이나 돈독해 보였습니다. 그때 이후로도 저는 사람들이 자신의 일은 별로 좋아하지 않으면서도 서로가 유쾌하게 지내는 여러 일터를 경험했습니다. 그들은 서로의 생일을 축하하고, 텔레비전 드라마에 대한 관심을 공유하고, 일터 바깥에서 격의 없이 어울리고, 서로의 아픔을 위로하고, 자녀와 손주의 사진을 서로 주고받았습니다. 그들에게는 이 모든 것이 일상적인 차원에서 관계를 맺어 가는 통로였지요. 그러나 일이 힘든 직장에서조차 발견할 수 있는, 다른 이들 안에서 하느님을 찾을 수 있다는 중요한 교훈이 오히려 노동의 영성을 논하는 자리에서는 흔히 간과되곤 합니다.

　힘든 일을 하면서도 하느님을 발견할 수 있는 두 번째 방법은 우리의 일이 보다 큰 목표를 지향하고 있다는 사실을 깨닫는 것입니다. 어린 자녀나 연세가 지긋한 부모님을 보살피는 이들이 자주 해야만 하는 일들을 생각해 보면 됩니다. 육체노동을 좋아하지 않거나, 토사물을 치우거나 더러워진 기저귀를 가는 일이 끔찍할 수 있지만, 이런 하기 싫은 일에도 중요한 의미가 담겨 있을 수 있습니다. 또한 우리는 이런 종류의 일이 목적을 위한 수단이라는 것도 이해할 수 있습니다.

　제가 회사에 입사해서 사회생활에 첫발을 들여놓았을 때, 함께 일했던 사람 중에 유달리 자기 일을 혐오하는 사람이 있었습니다. 회계부서에서 몇십 년을 일한 그는 어느 날 갑자기 해고당했습니다. 그는 회사를 나가기 며칠 전에 해고된 사실을 제게 한탄하면서도, 자신의 일이 즐거웠던 적이 단 한 번도 없었다고 쓸쓸하게 이야기했습니다.

　대학을 갓 졸업하여 회사에 대한 이상으로 눈망울이 초롱초롱했던 저는 그를 이해할 수 없었습니다. 물론 예전의 경험들을 통해 자신의 일을 혐오할 정도로 힘든 일을 하는 사람들을 알고는 있었지만, 그래도 이곳은 세계적인 기업이라 다를 거라고 생각했던 것이지요. 저는 당연히 이곳 사람들은 열악한 환경에서 일하는 사람들보다 한층 행복하고, 큰 성취감을 지니고 있으리라 생각했습니다. 마침내 제가 그에게 물었습니다.

"그렇다면 그걸 어떻게 참아 오셨어요?" 그는 지갑을 꺼내더니 탁 소리를 내며 펼쳤습니다. "바로 이걸로 이겨 냈지." 그는 조용조용히 말하면서 아내와 자녀들과 함께 찍은 가족사진 한 장을 보여 주었습니다. 그의 그 한 가지 행동만으로, 저는 그가 일해 온 이유를 확실히 알 수 있었습니다.

물론 그러한 이유가 일 자체를 더 즐겁게 만들어 주진 못합니다. 때때로 어떤 일은 그저 끔찍하기만 해서 그 일을 그만둬야 할 때도 있지요. 심지어 일을 그만두고 싶어도 그것조차 불가능한 경우도 있습니다.

하지만 유쾌하지 않은 일을 하면서도 보다 큰 목표에 초점을 맞추면 조금이나마 도움이 될 수 있습니다. 이 말은 역겨울 정도로 힘든 일을 과소평가하려는 것이 아니지만, 사람에 따라서는 자신이 하는 일을 보다 큰 목표와 결부시키는 것이 자신의 노동에 의미를 부여하게 되는 경우도 있습니다. 신자라면 자녀들을 보살피거나 가족을 부양하는 일처럼 일상적인 일을 하느님이 염두에 두고 계시는 보다 큰 선과 연결시킬 수 있을 것입니다.

앞서 나온, 소련의 강제 수용소에서 노역해야 했던 월터 취제크 신부도 노동자들의 주택을 짓는 일에 동원되어 온갖 고생을 했지만, 나중에 주택이 다 지어졌을 때를 상상할 때면 좀 더 견딜 만했다고 합니다. 그는 자기 가족들을 위한 일을 하는 것이 아님에도, 강제 노동 수용소 친구들에게 자신은 중요한 일을 하고 있노라고 말했습니다.

> 나는 일에서 얻는 자부심이 공산주의자가 새 사회 건설에서 얻는 자부심과 다르다는 사실을 힘들여 설명했다. 그 차이는 동기에 있었다.
> 나는 한 사람의 그리스도인으로서 더 나은 사회를 건설하려는 그들의 일에 동참할 수 있고, 공동선을 위해 그들 못지않게 열심히 일할 수도 있다.
> 사람들, 노릴스크의 혹독한 추위를 막아 줄 튼튼하고 따뜻한 집을 필요로 하는 가족들, 다른 먼 곳에 살지만 내가 동토 지하에서 캐낸 자원과 건설하는 데 한몫 거들고 있는 공장들이 앞으로 생산해 낼 물품 덕분에 더 나은 삶을 영위하게 될 사람들이 내 노동으로 혜택을 입는다면 그것만으로도 좋은 일이다.[18]

세 번째 방법은 노동 현장에서 누룩으로 행동하는 것이 하느님을 발견하는 방법이 될 수 있습니다. 마태오 복음서에서 예수님은 제자들이 세상에서 '누룩'이 되기를, 즉 빵이 부풀도록 도와주는 아주 작은 효소의 역할을 해야 한다고 가르치셨습니다(마태 13,33 참조). 하찮은 변화의 주체가 상황을 극적으로 뒤바꿀 수 있습니다. 공장에서 생산직으로 일하는 여인들은 형편없는 임금을 받는 힘든 일에 매어 있었지만, 서로가 하루하루 조금의 행복을 맛보도록 도와주었습니다.

만일 우리가 비인간적인 상황에 놓여 있을지라도, 이런 추세에 저항하며 주위 환경을 개선하기 위해 작은 힘이라도 보탠다면, 우리는 어느 정도의 목적의식을 가질 수 있을 것입니다.

종교 개혁 시절에, 베드로 파브르 성인은 개신교도들에게 저주를 퍼붓는 가톨릭 신자를 보거나 또는 그와 반대의 경우를 보면 늘 맞서곤 했습니다. 파브르 성인은 개신교도에 대해 이렇게 썼습니다. "만일 우리가 그들을 돕고자 한다면, 우리는 그들을 사랑하고, 행동으로 그 사랑을 표현하며, 그들을 향한 우리의 사랑을 위축시킬 수 있는 어떠한 생각도 우리의 영혼에 남아 있지 않도록 신중해야 한다."

베드로 파브르 성인의 일기를 보면, 성인이 자신의 신학적 경계선 반대편에 있는 수많은 이들을 위해 날마다 기도했음을 알 수 있습니다. 성인은 힘든 일 한가운데서 누룩의 역할을 했던 것입니다.

3) 현실과 가치관 사이에서

사람들이 가장 많이 붐비는 시간에 출근을 하거나 저녁이나 주말에 집에서 쉴 때는 물론 휴가를 얻어 여행할 때조차도, 스마트폰을 손에서 놓지 못하는 사람들의 수가 날로 증가하고 있습니다. 택시를 잡으려 달려가면서 다급한 모습으로 통화를 하는 사람들의 모습은 이제 어느 도시에서나 흔하게 볼 수 있는 광경입니다. 또 혼잡한 공항에서 비행기에 탑승할 차례를 기다리는 그 잠깐 동안에도, 급하게 이메일을 보내려고 노트북 자판을 맹렬히 두들기는 탑승객들의 모습 또한 마찬가지이지요. 이처럼 현대의 도구들은 우리를 업무나 가족, 친구와 연결해 줄 때는 대단히 유용하지만, 우리가 성찰과 침묵 그리고 내적 평온을 위해 마련해 둔 잠깐의 시간마저 빼앗아 가기 일쑤입니다. 그렇다면 수많은 영성 작가들이 현대인들에게 필요하다고 말하는 명상을 위한 시간은 어디에서 찾아야 할까요?

여기에서 '두 번째 도전'이 나옵니다. 바쁘게 일하는 사람이 어떻게 하면 다른 사람과 연락이 유지되어야 할 필요성과 건전한 영성 생활에 필요한 자신만의 시간 사이에서 균형을 맞출 수 있을까요?

오늘날의 우리는 더 이상 홀로 있거나 다른 이들과 접촉하지 않고 지낸다는 것이 때로는 불가능한 일처럼 보이기도 합니다. 하지만 어느 정도의 내적 침묵이 없으면, 우리가 지금까지 이야기해 온 갈망에 귀를 기울이기가 더 힘들어집니다. 열왕기 상권에서 묘사하듯이, "조용하고 부드러운"(1열왕 19,12) 하느님의 목소리에 귀를 기울이기는 갈수록 어렵습니다. 우리의 시선이 스마트폰에 고정되어 있고, 이어폰으로 귀조차 틀어막고 있다면, 자신의 내면에서 들려오는 소리를 듣기 힘들어지지요. 따라서 이런 도구들의 사용을 줄이고 스마트폰에서 울리는 알림 메시지에 일일이 곧바로 응답하지 않는다면, 잠깐의 고요한 상태에 이를 수 있을 것입니다.

시편에서는 "너울이 너울을 부릅니다."(시편 42,8)라는 표현이 있습니다. 만일 우리가 그 너울 소리를 듣지 못한다면 어떻게 될까요?

고독과 침묵 역시 우리가 보다 깊은 차원에서 다른 사람들과 연결되게 해 주는데, 이는 우리가 자신의 가장 내밀한 부분에 계신 하느님과의 만남을 유지하기 때문입니다. 우리는 하느님을 알아 가는 과정에서 보다 쉽게 다른 이들 안에 계신 하느님을 발견하고, 자신의 고독에서 벗어날 수 있습니다. 따라서 때로는 연결되기 위해 연결을 끊어야 하는 것이지요.

마찬가지로 우리가 현대의 전자 기기에 완전히 빠져들어 자주 이메일을 확인하고, 매 순간 스마트폰만 들여다보고 있다면 우리를 둘러싼 세계의 특별하고 신비한 일들을 경험하기가 어려워집니다. 성찰은 우리로 하여금 지난날의 하느님뿐만 아니라, 지금 성찰하고 있는 순간의 하느님도 더 잘 알게 해 줍니다. 하지만 우리가 만일 끊임없이 친구들과 연락하고 있다면, 그 기회를 놓쳐 버리게 될 것입니다.

며칠 전에 저는 뉴욕 시내에 있는 한 공원을 지나가고 있었습니다.

뛰다시피 하며 유니언 스퀘어를 가로질러 약속 장소로 가던 저는 겉보기에 볼품없는 두 청년을 우연히 보게 되었습니다. 한 청년은 아코디언을, 다른 청년은 바이올린을 연주하고 있었습니다. 그들의 음악은 뭔가 복잡하면서도 쾌활하고 활기찬 느낌으로, 사람을 들뜨게 하는 동유럽의 민요풍 음악이었습니다. 저는 최면이라도 걸린 듯 발걸음을 멈추고 격렬한 멜로디와 현란한 리듬에 귀를 기울였습니다. 몇몇 군중이 모여 있었고, 저는 문득 제가 있는 곳이 농부들이 매주 한 번 모여서 여는 노천 시장 한가운데며, 상인들이 신선한 과일이며 채소며 꽃나무들을 모두가 볼 수 있도록 정성껏 펼쳐 놓은 공간임을 깨달았습니다. 여러 가닥으로 꼰 머리를 길게 늘어뜨린 한 청년과, 수염을 덥수룩하게 기른 한 청년의 연주에 한창 귀를 기울이고 있는데, 뒤쪽에서 신기한 냄새가 풍겨 왔습니다. 싱싱한 복숭아 냄새였습니다. 음악이며 햇살이며 군중이며 장보는 사람들이며 향긋한 복숭아 냄새까지, 실로 황홀한 순간이었지요.

바로 그때 한 사람이 군중 사이를 뚫고 들어왔습니다. 이어폰에서 흘러나오는 소리에 귀를 기울이고, 스마트폰 화면을 보는 일에 빠진 채 지나가던 여자였습니다. 그녀는 군중 사이를 뚫고 들어왔다가 서둘러 사라졌습니다. 그녀는 자신의 세계에 완전히 빠져 있었던 까닭에 더 멋진 체험을 놓치고 말았던 것입니다.

과도한 부담에 관한 이냐시오의 가르침

1547년에 포르투갈의 코임브라 시에 있는 한 학교에서 한 무리의 젊은 예수회원들이 도를 넘는 신심 행위에 지나치게 빠져 있었습니다. 이냐시오 성인은 허물없는 몇 가지 은유를 통해 포르투갈의 젊은 회원들이 너무 지나친 행위를 삼가도록 주의를 주었습니다. 성인은 "여러분의 봉사가 이성적인 봉사가 되도록 하라."라며 이 예수회원들을 조용히 타일렀습니다.

첫째, 처음 며칠만에 지쳐 버린 말은 여정을 끝낼 수 없듯이, 모든 것이 지나치면 하느님을 오랜 기간에 걸쳐 섬길 수 없게 된다.

둘째, 이처럼 과한 열성으로 얻은 소득은 대개 오래 지속되지 못한다.

셋째, 조심하지 않고 배에다 과도하게 많은 짐을 실으면 위험해진다. 물론 빈 배로 항해하는 것은 파도에 요동칠 수 있어 위험하지만, 과도하게 많은 짐을 싣는 것도 가라앉을 수 있기에 마찬가지로 위험하다.

혼자 있으면 오히려 자신의 건강을 더 보살피게 되기도 합니다. 따라서 자신에게 고독을 선물한다는 것은 건강한 삶을 위해 휴식과 운동을 위한 시간을 갖는다는 의미가 될 수도 있습니다. 여기에는 앞서 영적 가난을 이야기하면서 언급했듯이 스스로 보기에 불가능한 일을 못하겠다고 말하는 것도 포함될 수 있습니다. 꼭 필요하지 않은 일들을 하지 않겠다고 말하는 것과, 때로는 자기 삶의 일부를 포함하더라도 할 수 없는 일은 피하는 것이 보다 균형 있는 삶의 길을 수용하는 방법이 되기도 합니다.

이냐시오 성인은 《회헌》에서 '자신의 건강을 보전하는 데 적절한 관심'을 기울여야 한다는 것을 회원들의 생각보다 더 많이 강조합니다. '보전'이라 이름 붙인 장을 보면, 성인은 극단적인 참회에 빠지면서 자신의 건강을 해치게 된 경험을 한 적이 있습니다. 성인은 그 경험을 통해 일과 기도와 휴식을 조화시킬 필요가 있다는 것을 깨달았습니다. 나아가 절제의 필요성도 인식하게 되었습니다. 그리하여 친구 사이였던 테레사 레야델 수녀에게 "몸이 건강해야 많은 일을 할 수 있습니다."라고 편지하기도 했습니다.

이냐시오 성인이 예수회원이 건강한 삶을 살기 위해 지켜야 한다고 생각한 사항에는 규칙적인 일정을 유지하는 것과 음식, 의복, 주거지, 그 밖에 몸에 필요한 것들에 관한 사항들이 포함되어 있었습니다. 성인은 주로 앉아서 일하는 예수회원들에게도 운동이 필요하다는 것을 알고 있었습니다.

> 너무 많은 육체노동을 부과하여 정신이 억눌리고 육신에 해를 입는 것은 좋지 않다. 그러나 육체와 정신 모두에 도움이 되는 육체 활동은 보통 정신노동에 종사하는 이들을 포함한 모든 사람에게 도움이 된다 (회헌, 298).

이는 모두가 실천해야 할 자기 관리법이자, 과로를 조심하라는 일종의 경고입니다. 심리학자 에드워드 할로웰은 멋진 제목을 가진 자신의 저서 《미치게 바쁘다 Crazy Busy》에서 병적인 과로의 문제점을 지적했습니다. 그는 병적인 과로가 어쩌면 우리가 시간을 들여서 실행해야 하는 실질적인 요구들을 반영하는 데 그치지 않고, 근본적인 문제들을 숨겨 버릴 수 있다고 말했습니다. 또한 현대 사회에서는 굉장히 바쁘게 사는 것이 일종의 높은 수준의 생활을 의미하는 것처럼 인식되고, 아울러 신분을 상징하는 구실을 한다고 이야기합니다. 심지어 오늘날의 우리는 삶의 속도를 늦추었다가 사회에서 낙오될까봐 두려워할 수도 있다고 말했습니다. 그리하여 일에서 일로 미친 듯이 뛰어다님으로써 세계 각지의 가난과, 그로 인한 죽음, 지구 온난화 같은 삶의 문제들을 회피하게 되는 것입니다. 할로웰이 암시하듯이,

우리는 어떻게 해야 바쁘지 않을 수 있는지를 모르는 것일 수도 있습니다.

정기적으로, 혼자 지내고 혼자 기도하는 시간을 갖는 일, 바쁜 생활에서도 노동과 휴식을 조화시키는 일이야말로 '행동하는 관상가'가 되는 중요한 첫걸음입니다. 하지만 이 말이 우리가 게을러져야 한다는 뜻은 아닙니다. 오히려 그와는 거리가 멀지요. 다만 우리가 늘 긴장하고 있거나, 기진맥진해 있거나, 금방이라도 피로에 쓰러질 지경이라면, 관상의 가능성은 그만큼 줄어든다는 의미입니다.

4) 재물은 명예를 거쳐 교만으로

제가 와튼 대학에서 학부생으로서 직업윤리에 대해 공부할 때, 교과서에 실린 대부분의 사례들은 이분법적인 질문이 변형된 것이었습니다.

> 당신은 뇌물을 요구하는 사람에게 뇌물을 주겠는가? 아니오.
> 당신은 위험한 화학 물질로 환경 오염을 초래하겠는가? 아니오.
> 당신은 인종 차별이나 성차별을 하겠는가? 아니오.

이와 같은 식이었지요. 그리고 직업 세계에 발을 들여놓았을 때는 윤리와 관련된 난제들이 훨씬 더 미묘하고 거의 대부분 일정한 틀이 없다는 것을 알고 깜짝 놀랐습니다.

그렇다고 흑백 논리가 적용되는 난처한 상황들이 전혀 발생하지 않는다는 말은 아닙니다. 회계사로 일하는 제 친구는 언젠가 경영자에게 그가 쓴 보고서 중에서 몇 군데의 수치를 거짓으로 바꾸라는 지시를 받았습니다. 정직한 성격의 친구는 정중하게 거절했고, 경영자는 나중에 자신의 잘못을 인정하고 사과했습니다.

좀 더 미묘한 문제들은 더 자주 발생합니다. 만약 당신이 일하는 회사가 윤리적 가치를 늘 최고의 기준으로 삼지 않는다는 것을 알았을 때, 당신은 어떻게 반응하게 될까요?

제가 GE의 인사과에서 일하고 있을 때, 오랫동안 근무해 온 직원에게서 자신을 해고하기로 마음먹은 간부를 막아 달라는 부탁을 받았습니다. 그 직원은 뛰어난 성과를 낸 공로로 이제 막 성과급을 받은 참이었지요. 저는 좋은 성과를 내는 직원 한 명을 갑작스럽게 해고하는 것은 잘못된 생각이라고 간부에게 말했습니다. 하지만 그는 이렇게 말했습니다.

"상관없어. 난 그 녀석을 내쫓고 싶어. 꼴도 보기 싫다고."

저는 그 간부에게 이 중년의 직원이 20여 년 동안 회사와 함께했고, 한결같이 일을 잘해 왔다는 점, 아울러 사람이 싫다는 것은 해고

할 만한 정당한 사유가 되지 못한다는 점을 상기시켰습니다. 그럼에도 불구하고, 그 간부는 그 모든 것이 중요하지 않다고 했습니다.

저는 절망한 나머지 마지막으로 말했습니다. "동정심을 보여 주세요. 그에게는 가족이 있다고요." 그러자 간부가 한 대답은 짤막하면서도 인상적이었습니다.

"동정심? 지옥으로 꺼지라고 해!"(사실 그는 더 심한 말을 했습니다.)

다행히도 그 간부보다 더 높은 사람이 그를 권한으로 눌렀고, 덕분에 직원은 자리를 지킬 수 있었지만, 이 일화는 제게 회사에 대한 씁쓸한 기억을 남겨 주었습니다.

이처럼 현대 사회의 근로자에게 '세 번째 도전'은, 일터에서 어떻게 하면 자신의 도덕적, 윤리적, 종교적 가치 앞에 정직할 수 있느냐 하는 것입니다. 많은 사람들은 이러한 세 번째 도전을 위해 자신의 가치관과 맞아떨어지는 회사를 의식적으로 찾아다니기도 하지요.

다국적 기업의 투자 관련 분야에서 일하는 한 친구는 자신이 귀중하게 여기는 성실과 정직, 공정 같은 가치들이 자신이 몸담고 있는 장기 투자 영역에서 소중히 여기는 것들이라는 사실이 기뻤다고 말했습니다. "정직하지 않은 가치관으로 일하는 사람은 점점 주위의 평판이 나빠질 것이고, 결국 그 영향을 받아 일의 효율성도 떨어지게 되어 있어."

만약 우리가 도덕적·윤리적 가치를 소중히 여기지 않거나 심지어 아예 무시하는 환경에서 일한다면 어떻게 해야 할까요? 아마 새로운 회사의 일자리를 구하거나 현재의 직장에서 다른 부서를 찾으려고 할 것입니다.

이냐시오 성인의 초탈을 유지하여 일터의 불건전한 가치들에서 벗어나는 것도 한 가지 해결책이 될 수 있습니다. 우리가 공격적인 태도나 비열한 행동을 높이 평가하는 환경에서 일한다고 해서, 우리도 공격적이거나 비열해질 필요는 없습니다(수도 단체라고 해서 이런 종류의 행동이 완전히 없는 것은 아닙니다). 때때로 주위에 휩쓸리지 않고 그저 묵묵히 자신의 일에 최선을 다하는 태도는, 자신의 도덕적 가치관과 상충되는 활동에도 참여해야 한다는 주변의 생각을 극복할 수 있습니다. 재능과 노력이 때로는 주위 사람들의 공격성과 비열함을 이길 수 있는 것이지요.

위에서 말했듯이 우리는 비윤리적인 환경에서 변화의 누룩으로서 행동하되, 자신의 역할을 다하고, 자신이 변화를 이끄는 힘이 되기를 소망할 수도 있습니다. 인류학자인 마거릿 미드는 이렇게 말했습니다. "사려 깊고 헌신적인 작은 무리의 시민들이 세상을 바꿀 수 있다는 것을 믿어 의심치 마라. 실제로도 늘 그래 왔기 때문이다."

마찬가지로, 우리의 힘으로 무엇 하나 바꿀 수가 없더라도 힘든 처지에 놓인 다른 이들을 도울 수는 있습니다. 극단적인 예를 들어 보자면, 17세기 카르타헤나에서 노예들을 선교했던 예수회원 베드로 클라베르 성인은 노예 무역을 완전히 없애지는 못했습니다. 하지만 그는 신대륙에 있는 아프리카 노예 무역 센터에 도착하는 선박들에 올라, 배에 있는 노예들에게 음식을 나누어 주고 위로함으로써, 사악한 제도의 올가미에 걸린 이들을 보살펴 주었습니다.

다시 말해, 우리가 일에서 의미를 발견할 수 있는 가장 간단한 방법 하나는 힘든 상황에 처한 이들에게 친절을 베푸는 것입니다. 최저 임금만 겨우 받는 일을 두 가지나 하며 고생하는 아버지, 강압적인 상관에게 괴롭힘을 당하는 여직원, 다른 직원들에게 무시당하는 경비원 등 주위를 조금만 돌아보면 힘든 처지에 놓인 이들이 있습니다. 이냐시오 성인의 말처럼, 우리가 이런 이들을 돌아본다면 자신이 일터에서 '영혼들을 도울' 수 있는 사람이 될 수 있습니다.

아니면 자신의 주위에서 벌어지는 불의에 맞서는 예언자의 역할이 자신에게 주어진 의무라고 여길 수도 있습니다. 옳은 일을 하기 위해 용기를 끌어올려야 할 때가 있는 것이지요. 가톨릭 신자라면 이 대목에서 회사라는 서열 사회에서 어느 계층에 있든지 상관없이 하느님의 모든 피조물을 보살펴야 하는 의무를 떠올릴 것입니다. 그리스도인들은 자신의 형제자매들 가운데 "가장 작은 이"(마태 25,45)를 보살피라고 하신 예수님의 말씀을 기억합니다. 또한 가난하고 소외당한 사람들의 권리를 옹호하라고 요구하는 교회의 사회에 대한 회칙들을 기억합니다. 이냐시오의 길을 따르는 이들은 박해받는 이들 편에 서기로 결심하는 '겸손의 세 번째 단계'를 기억합니다.

대부분의 직장에서는 불의에 맞서려는 예언자를 포상하는 일이 드문 만큼, 우리는 깨끗한 양심을 지키는 대가로 어느 정도의 승진을 희생해야 할 수도 있습니다. 변호사로 일하는 한 친구는 제게 이렇게 털어놓았습니다. "나는 나에게 동업자가 생기리라 기대하지 않아. 왜냐하면 나는 다른 사람들이 하는 속임수를 쓰지 않거든. 그래도 나는 그런 짓을 정말 하고 싶지 않아."

만일 우리가 이기심을 높이 평가하는 회사에서 일하고 있다면, 승진과 가치관 사이에서 선택을 해야 하는 상황이 올지 모릅니다. 혹시 우리가 운이 좋다면, 당신과 회사의 가치관이 맞아떨어지는 곳을 찾아낼 수도 있겠지요.

윤리적인 문제들에 대한 자신의 응답을 식별하는 일은 앞 장에 나오는 이냐시오 성인의 질문 몇 가지가 도움이 될 수 있습니다. 만약 비슷한 상황에 처한 사람이 있다면 어떤 충고를 해 줄 수 있을까요? 내가 죽음을 맞이하는 시점에 무슨 일을 했다면 좋았을 텐데 하고 생각할까요? 여러분의 '지고한 자아'라면 무엇을 했을까요?

이냐시오 성인이 제시한 '재물은 명예를 거쳐 교만으로' 가는 세 단계 역시 우리에게 빛이 될 수 있습니다. 연봉과 재산은 현대의 문화에서 최고의 가치 척도가 되고 있습니다. 이것은 대부분의 친목 모임에서 연봉을 화제로 올리는 것이 금기시되는 이유 중의 한 가지이기도 합니다. 서로의 연봉을 아는 순간, 서로가 가차 없이 사회적 서열을 나누는 결과를 초래하기 때문입니다.

따라서 명예(동료들의 존경)로 이어지는 재물(높은 연봉)이 교만(그저 받는 돈이 더 많다는 이유로 자신을 다른 사람들보다 더 훌륭하다는 믿음)으로 이어지지 않도록 조심해야 합니다.

5) 가난한 이들을 기억하기

오늘날 어느 공항에 있는 서점에서든 경영으로 분류된 코너에 책이 가득 차 있음을 발견하게 됩니다. 이 책들은 주로 더 크게 성공하는 법, 경쟁자를 물리치는 법, 정상을 지키는 법을 다룹니다. 또한 대부분 예전에 유명했던 CEO들과 성공한 사업가, 혹은 경영 관련 작가들이 전하는 경제적인 성공을 위한 이야기들을 담고 있는데, 사실 이런 책들은 개인이 재산을 더욱더 불리는 것에 목표를 두고 이야기할 때가 많습니다.

하지만 그들의 이야기에 공통적으로 빠져 있는 사람들이 있습니다. 바로 가난한 이들이지요. 그 이유는 크게 두 가지입니다.

첫째로, 가난한 이들의 존재는 자본주의 체제가 모든 사람을 부양할 능력이 없음을 일깨워 주며, 따라서 그들은 자본주의의 발전 방식을 말없이 질타하는 존재가 되기 때문입니다. 둘째로, 가난한 이들의 물질적 빈곤은 그들을 보살펴야 할 우리의 책임을 상기시킵니다. 이유가 어느 쪽이든, 가난한 이들은 요한 바오로 2세 성인 교황님의 말씀처럼 "부담으로, 다른 이들이 생산한 것을 먹어 치우려 드는 성가신 불청객으로" 보이기 쉽습니다.

그리고 가난한 이들은 갈수록 우리가 볼 수 없게 가려지고 있습니다. 부자가 아니면 문을 열지 않는 공동체, 유명 인사들에게 초점을 맞추는 텔레비전 쇼 프로그램들, 온갖 값비싼 소비 상품을 선전하는 교활한 광고들이 그런 일을 부추기고 있습니다. 딕 메이어는 미국 문화를 다룬 저서 《우리는 왜 자신을 미워하나 Why We Hate Us》에서 이렇게 말했습니다. "우리는 우리의 풍요와 충만을 이용하여 더없이 중요한 것, 진실한 것, 직접 피부에 와 닿는 것들을 가리는 벽과 거짓 우상을 만들어 왔다." 그리고 이런 진실 속에는 가난한 이들도 포함되어 있습니다.

따라서 이것이 '마지막 도전'이 됩니다. 가난한 이들을 보살펴야 할 필요가 있음을 늘 잊지 않으려면 어떻게 해야 할까요? 기업에서 변호사로 일하는 제 친구는 자애로운 마음으로 베풀 때 첫째로 자신이 가진 것에 고마워하게 되고, 둘째로는 교회 공동체에 도움이 되며, 셋째로는 정말 팔다리를 쭉 뻗고 잘 수 있게 된다고 말했습니다.

가난한 이들과 시간을 보내는 것을 삶의 또 다른 목표로 삼을 수도 있습니다. 가난한 이들을 자선의 대상이 아닌 일대일로 알아 간다면, 거기에서 득을 보는 쪽은 가난한 이들뿐만이 아닙니다. 비교적 경제적으로 여유가 있는 이들도 하느님 나라의 비밀 중 하나를 알게 되는 은혜를 입게 됩니다. 아프리카에서 난민들이 제게 해 주었듯이, 가난한 이들은 부자들이 하느님을 새로운 시각으로 생각해 보도록 초대할 수 있기 때문입니다. 엘살바도르에서 신학을 가르친 예수회원 혼 소브리노 신부는 《참된 교회와 가난한 사람들 The True Church and the Poor》이라는 책에서 이렇게 말했습니다. "가난한 사람들은 기쁜 소식을 받아들이는 사람들이며, 다른 누구보다도 기쁜 소식을 더 잘 이해하는 타고난 능력이 있다."

우리는 지금까지 이냐시오의 길을 토대로 일터에서 영성 생활을 이끌어 가는 삶에 관련된 몇 가지 제안을 살펴보았습니다. 여기에서 특히 중요한 것은 기도 시간과 혼자 있는 시간을 마련하고, 자신의 주변에서 하느님을 발견하고, 회사가 중시하는 잘못된 가치에서 어느 정도 초탈하며, 함께할 필요가 있음을 늘 되새기는 일입니다.

3. 비상한 열망

예수회에서 성령이 현존하며 일하시는 것에 관한 오래된 유머가 있습니다. 예수회 안에 성령이 있다는 가장 명백한 표지는 예수회 안에 있는 온갖 광기와 혼란에도 불구하고 예수회원들이 여전히 자리를 지키고 있다는 것입니다. 이것은 오직 하느님만이 보여 주실 수 있는 표지라는 것이지요!

이것은 예수회가 이룩한 성공을 겸허한 눈으로 바라보게 하는 유머로, 우리의 미래가 전적으로 하느님께 달려 있음을 일깨워 줍니다.

한 기자가 페드로 아루페 총장 신부에게 "예수회가 20년 후에 어디에 있을까요?" 하고 질문하자, 아루페 신부는 소리 내어 웃으면서 "전혀 모르겠네요."라고 답변했습니다. 아루페 신부가 그때 염두에 두고 있었던 것이 바로 하느님의 섭리를 기쁜 마음으로 믿는 굳건한 믿음이었습니다. 교회와 마찬가지로 예수회도 사람이 관리한다고 볼 수 있지만, 그래도 예수회원들은 궁극적으로는 하느님이 예수회를 인도해 주신다고 믿습니다. 그러니 하느님이 장차 어디로 이끌어 가실지 누가 안다고 말할 수 있을까요?

그럼에도 예수회가 감행하는 많은 모험에서 성공을 예측할 수 있는 구체적인 이유가 몇 가지 있습니다. 예수회원들은 공동의 사명을 안고 있고, 열심히 일하고자 노력하고 있으며, 수많은 종류의 일을 할 수 있고, 모든 그리스도인이 그렇듯이 예수님의 모범에서 영감을 받아 공동선을 추구하는 데 필요한 어떤 희생도 감내하고자 합니다.

오늘날에는 나열한 이유 외에도 또 다른 중요한 이유 하나를 덧붙일 수 있습니다. 예수회원들이 이냐시오 성인의 비전을 공유하는, 재능 있는 평신도 동료들과 함께 일하는 경우가 많다는 것입니다.

그러나 예수회의 행동 양식에는 예수회가 450년 넘게 버텨 내도록 도와준 특별한 측면들과, 이 분야에서 일하는 이들에게 도움이 될 만한 발상이 있습니다. 크리스 로니의 저서 《위대한 기업 위대한 리더십》에 붙은 부제는 '450년 된 단체에서 한, 세상을 변화시킨 최고의 실천들Best Practices from a 450-Year-Old Company that Changed the World'입니다. 저자는 책에서 예수회의 행동 양식을 통해 예수회가 발전하게 된 특징들을 점검하고, 그중에서 몇 가지 발상들을 노동자와 경영자와 회사에 필요한 최고의 실천이 이루어진 귀감으로 제시합니다.

예수회원에서 투자 수익 관리자로 변신한 로니는 '예수회 통솔 비결' 목록을 이른바 '네 가지 기둥'으로 표현했습니다. 네 가지 기둥이란 자각, 독창성, 사랑, 영웅적 행위입니다. 로니가 말하는 네 가지 기둥에 더해 몇 가지를 추가로 살펴보고, 이것들을 근로자들에게 적용할 수 있는 방법을 살펴보겠습니다.

첫 번째 기둥은 자각입니다. 로니는 이렇게 설명했습니다.

"지도자들은 자신이 누구고, 무엇을 소중히 여기는지 깨달음으로써, 자신을 잘못된 길로 나아가게 만들 수 있는 불건전한 맹점이나 약점들을 알아차린다. 그렇게 하여 끊임없는 자기 성찰과 학습의 습관을 기르고, 이를 통해 성공을 이룬다."

지금쯤은 이 책을 읽는 여러분에게 이냐시오의 길이 어느 정도 친숙하게 느껴질 것입니다. 이냐시오의 길은 우리가 하느님과 더 가까워지도록 도울 뿐만 아니라, 우리가 자신의 장점과 약점을 이해하고, 우리의 자유를 가로막는 것이 무엇인지 분별해 내는 데 도움을 주도록 만들어져 있습니다. 예를 들어 양심 성찰은 우리가 해 온 일, 하고 있는 일, 앞으로 할 일을 곰곰이 따져 보도록 우리에게 끊임없이 요구하지요. 바로 성찰, 행동, 다시 성찰의 끊임없는 과정이 이냐시오 영성의 일부분인 것입니다.

이 같은 영적 실천법은 직장 생활에서도 적용할 수 있습니다. 이를 적용하는 훌륭한 일꾼이나 지도자는 자신을 잘못된 길로 빠지게 만드는 약점과 장애물을 잘 알게 되고, 그런 문제점에 주의를 기울이며, 무엇이 그들을 자극하여 뛰어난 소질을 발휘하게 해 주는지 살필 줄 알게 됩니다.

두 번째는 독창성입니다. 로니는 "지도자는 변화하는 세계에서 자신과 다른 이들을 편안하게 해 준다."라면서 이렇게 덧붙였습니다. "그들은 인생의 다음 모퉁이에 도사리고 있을 것을 두려워하며 방어적으로 움츠러들기보다는, 새로운 발상과 접근법과 문화를 열심히 탐구한다. 또한 타협할 수 없는 원칙들에 단단히 뿌리박은 채, 대담한 적응을 가능하게 해 주는 불편심을 키워 간다."

이는 이냐시오 성인의 삶에서 선명하게 드러났습니다. 성인은 시대의 요구에 따라 예수회원들이 봉쇄 수도원의 수도승이 되기보다는 세상으로 나아가야 한다고 보았습니다. 성인의 불편심이 부수적인 일에 지나치게 매이지 않고 늘 적응할 수 있도록 해 준 것입니다.

또한 이런 종류의 독창성은 위대한 예수회 선교사들의 삶에서도 드러납니다. 예를 들어, 프란치스코 하비에르 성인은 복음을 전파하기 위해 가능한 모든 수단을 활용했는데, 종을 쳐서 주목을 끌고 토착어로 노래를 부르기도 했습니다.

이러한 독창성을 보여 주는 가장 좋은 사례는 16세기 이탈리아의 예수회원 마테오 리치 신부에게서 볼 수 있습니다. 마테오 리치 신부는 중국에 관해 연구하여, 자신을 중국 귀족 사회에서 아주 박학한 사람으로 보이려 했습니다. 신부는 그것을 위해 청나라 고위직 학자들의 관복까지 입었지요. 마테오 리치 신부는 장상들에게 이런 글을 써 보냈습니다.

> 우리는 수염을 기르고 머리카락이 귀에 닿도록 늘어뜨렸으며, 지식인들이 입는 자줏빛 비단으로 만든 특별한 옷을 입은 채 지내고 있습니다.

마테오 리치 신부의 거처는 중국 학자들과 사상가들이 만나는 회동 장소가 되었습니다. 윌리엄 벤거트는 자신의 저서 《예수회 역사》에 이렇게 적었습니다. "그의 드높은 지성의 위력은 그가 그리스도교 변증론과 수학 및 천문학을 주제로 저술한 스무 권이 넘는 중국어 저서들로 인해 증명되었다. 그중 몇 권은 중국 문학사에서 중요한 자리를 차지하고 있다."

마테오 리치 신부는 중국 문화의 오랜 전통인 조상에게 제사를 지내는 관습과 공자를 공경하는 관습을 단순히 가족과 중국 역사에서 가장 중요한 인물 가운데 한 사람에게 존경을 표하는 것으로 보았습니다. 리치 신부는 그러한 관습에 대해 "분명 우상 숭배가 아니었고, 어쩌면 미신도 아니었다."라고 말했습니다.

마테오 리치 신부의 이러한 생각은 결국 예수회원들이 중국의 관습과 그리스도교 신앙이 양립할 수 있다는 것을 받아들이도록 만들었습니다. 그러나 그러한 예수회원들의 수용을 교황청에서 승인하지 않았기 때문에 결국 무산되고 말았습니다. 후에 마테오 리치 신부는 황제의 승인 아래 북경에 예수회 지부를 설립했으며, 1610년에 리치 신부가 선종할 때까지 약 2500명의 중국인이 가톨릭 신자가 되었습니다.

이런 혁신적인 일들은 예수회가 배움과 독창성을 강조한 데서 비롯되었으며, 이러한 예수회의 모습은 이냐시오 성인이 자신의 삶을 통해 배움의 중요성을 이해함으로서 갖춰졌습니다. 여기에 추가되는 것이 부수적인 것들에 대한 예수회의 불편심과 새로운 것을 시도하려는 예수회원의 열망입니다.

독창성은 유연성과 적응력을 뜻하기도 합니다. 한곳에서 훌륭하게 작동되는 것이 다른 곳에서는 그렇지 않을 수 있기 때문이지요. 이냐시오 성인은 보다 철저한 고행자가 되고자 머리까지 길게 길렀습니다. 그리고 이것이 자신의 영적 성장과 별 상관이 없음을 깨닫게 되었을 때, 성인은 주저 없이 머리를 잘랐습니다. 그런가 하면 마테오 리치 신부는 중국의 모든 이들에게 받아들여지려면 머리를 길러야 한다는 점을 깨달았습니다. 이처럼 이냐시오 성인의 유연성은 현대 사회에서도 성공하기 위해 꼭 필요한 요소일 수 있습니다.

하지만 예수회의 독창성에 관한 온갖 이야기들 가운데 저를 웃게 만드는 이야기 하나는 대부분의 예수회원들도 잊고 지내는 예수회 극장에 관한 이야기입니다.

16~17세기에 예수회 사제와 수사들은 예수회가 운영하는 학교들을 통해 연극을 제작했는데, 그 명성이 유럽 전역에 자자했습니다. 여러 소도시에 자리 잡은 예수회 학교는 극장을 통해 선도적인 시민 문화 기관의 구실을 해냈습니다.

《가톨릭 백과사전 The Catholic Encyclopedia》에 따르면, 예수회에서 1650~1700년 사이에 제작한 연극은 무려 10만여 편에 달했는데, 그중에는 왕족들의 관람을 위해 무대가 꾸며지는 경우도 많았습니다. 1574년에 뮌헨에서 공연된 연극 한 편에는 1000명의 배우들이 출연하면서 도시의 대부분이 배경으로 꾸며지기도 했습니다. 17세기에 비엔나에서 공연할 때는 관객의 수가 너무나 많아 이웃 도시들에서 경찰들을 동원해 밀려드는 군중을 정리해야 했습니다.

예수회의 연극 작품이 특히 뛰어났던 이유는 그들의 독창성에 있었습니다. 정교하게 설계된 배경과 실감 나는 소도구들, 복잡한 기계 장치들을 포함한 창조적인 무대 장치와 최적화된 연출이 작품을 더욱 빛나게 해 준 것입니다. 르네 풀롭 밀러는 《예수회원들의 힘과 비결 The Power and Secret of the Jesuits》이라는 책에 이렇게 썼습니다.

예수회 연출가들은 생각할 수 있는 모든 요소를 이용하여 신령한 존재들이 구름 속에서 모습을 드러내고 유령들이 솟아오르고 독수리들이 하늘을 날도록 만들었는데, 이런 무대 기법의 효과는 천둥소리며 세찬 바람 소리를 내는 기계들로 한층 높아졌다. 그들은 심지어 이스라엘 사람들이 홍해를 건너는 모습이나 바다에 이는 폭풍 등, 어려운 장면들을 완성도 높은 고도의 기술로 재현하는 수단과 방법을 찾아내기까지 했다.

로니가 말하는 영웅적인 지도력 가운데 세 번째 자질은 사랑입니다. "지도자는 자신이 재능과 기품과 지도할 수 있는 잠재력을 부여받았다는 확신을 갖고 세상과 마주한다. 그들은 바로 이러한 속성들을 알아보고, 자신과 다른 사람에게서 발견한 잠재력을 존중하고, 그것을 발현시키는 일에 열정적으로 투신한다. 그들은 충직함과 애정을 갖고 서로 도우며, 활기를 띠는 환경을 만들어 간다."

로니는 이냐시오의 길을 "사랑의 대상이 되는 것보다 두려움의 대상이 되는 것이 더 안전하다."라고 조언했던 16세기의 역사학자 니콜로 마키아벨리의 방식과 대비시킵니다.

이 점을 가장 명확히 보여 주는 표지는 수련장을 위한 이냐시오 성인의 가르침에 나타나 있습니다. 수련장은 보통 관구에서 가장 중요한 사람으로 여겨지지요. 이냐시오 성인은 수련장이란 단순히 젊은 예수회원들에게 '사랑 어린 훈계'를 할 수 있는 사람일 뿐만 아니라, 모든 수련자들이 '사랑할 수 있고' 아울러 '믿고 자신을 열어 놓을 수 있는' 가장 빼어난 사람이어야 한다고 강조했습니다.

또한 이냐시오 성인은 예수회 양성 초기에 젊은이들이 성장하려면 서로 간의 신뢰심이 필요하다고 보고, 이를 위해 신뢰심을 만들 수 있는 사랑의 마음을 심어 주려고 했습니다. 저는 직접 일하면서 겪은 체험을 통해 이냐시오 성인이 심어 주려고 했던 사랑의 마음을 알 수 있었습니다.

저는 화를 잘 내고 너그럽지 못하고 입이 험한 사람들이 오히려 일터에서 최고의 자리에 올라서는 일을 종종 보았습니다. 그런데 예수회원들은 통솔하는 임무를 맡게 되면 점점 더 친절해지는 것을 봤으니 제가 얼마나 놀랐을지 상상해 보십시오. 이 경험이 제가 그들처럼 되고 싶다는 생각뿐만 아니라 기꺼이 그들을 따르겠다는 결심까지 하게 만들었습니다.

이냐시오 성인은 《회헌》에서 수련기를 시작으로 예수회원 양성의 단계마다 사랑이 갖는 중요한 가치를 강조합니다. 그러면서 많은 비중을 할애하여, 훌륭한 총장이 되기 위해 필요한 자질에 이것을 포함시킵니다(그 당시에 많은 예수회원들은 이냐시오 성인이 무의식중에 자기 자신을 묘사하고 있다고 믿었습니다). 이냐시오 성인은 총장이 하느님과 일치되어 있어야 하며, "모든 이웃 특히 예수회에 대한 사랑과 참다운 겸손이 찬연히 빛나 하느님과 사람들에게 사랑을 받을 수 있어야 한다."(회헌, 725)라고 말했습니다.

위에서 인용한 이냐시오 성인의 글에 나온 표현들을 살펴보면 이냐시오 성인이 얼마나 수도회를 격려와 사랑이 있는 자리로 만들고 싶어 했는지 알 수 있습니다. 모든 사람의 재능과 재주가 존중을 받고, 격려와 사랑이 가득한 환경이 일하기 좋은 곳임은 분명하지 않을까요? 이 점은 수도회나 회사나 마찬가지인 것입니다.

크리스 로니가 말하는 마지막 특징은 영웅적인 행위입니다. 그는 이에 대해 이렇게 적었습니다. "지도자는 가슴 설레는 미래를 상상하며 이런 미래가 주위에서 이루어지기를 그저 지켜보기보다 이를 구현하기 위해 적극적으로 노력한다. 영웅은 절호의 기회가 굴러 들어오기를 기다리기보다 능동적으로 기회를 찾아낸다."

로니는 이냐시오 성인이 이탈리아의 페라라 시에 있는 예수회 공동체에 보낸 편지에서 장상들에게 "비상한 결의를 하되, 이에 부응하는 비상한 열망을 끌어내도록 노력하라."라고 조언했음을 언급합니다. 이냐시오 성인은 다시 한 번 열망의 역할을 강조하되, 이번에는 꿈을 가진 사람들을 격려하는 차원에서 강조했습니다.

큰 꿈도 그렇습니다. 예수회 영성에서 우리가 아직 논하지 않은 몇 가지 중요한 특징 가운데 '더 많이' 혹은 '더 크게'를 뜻하는 라틴어 개념 마지스magis가 있습니다. 이 복합적인 개념은 아마 이 책에서 겸손과 영적 가난을 논하고 난 이 시점에 거론하는 것이 가장 적절할 것입니다. 이 마지스는 하느님을 위해 더 많이, 더 크게 일한다는 것을 의미하기 때문입니다. 이에 따르면 일할 때 자신의 전부를 바치고, 계획을 세울 때 대담하게 세우며, 꿈을 꿀 때 큰 꿈을 가져야 합니다. 하지만 데이비드 플레밍이 최근에 제게 이야기했듯이, 마지스는 비교급을 뜻합니다. 가장 많이가 아니라 더 많이고, 가장 크게가 아니라 더 크게입니다. 데이비드 플레밍은 이에 덧붙여 말했습니다. "이냐시오 성인은 완벽을 바라며 일하는 경우가 없습니다. 우리가 최상만을 기대한다면 굳어 버릴지도 모르지요. 만일 우리가 더 나은 일을 하고자 한다면, 우리는 선택할 수 있습니다."

마지스는 우리가 어리석게 행동하거나 비현실적으로 행동하는 것을 의미하는 것이 아닙니다. 우리가 자신이나 예수회를 위해 큰일을 하는 것을 의미하는 것도 아니지요. 그보다는 우리가 하느님을 위해 큰일을 하고자 노력하는 것을 뜻합니다. 그래서 이냐시오 성인이 예수회의 비공식적인 표어로 선택한 하느님의 더 큰 영광을 위하여Ad Majorem Dei Gloriam은 이냐시오 성인이 하나의 선택 기준으로 사용한 것입니다.

이리하여 마지스를 향한 열망은 이냐시오의 길에 딱 들어맞게 됩니다. 결국 사람들에게 큰 열망을 이끌어 내고, 큰 것을 생각하도록 초대하는 일은 하느님을 위한 큰일들을 이루기 위해 꼭 필요한 씨앗입니다.

마지스는 1986년에 나온 영화 〈미션〉에 영감을 주었습니다. 어쩌면 예수회를 토대로 만들어진 가장 유명한 이 영화는 제레미 아이언스와 로버트 드 니로, 리암 니슨이 17세기 남아메리카의 예수회 소촌에서 일하는 사제와 수사의 역할을 맡았습니다. 그 시기에 예수회 사제들과 수사들은 자주 무자비한 노예 상인들의 표적이 되던 원주민들을 조직화된 소촌 안으로 모으기 시작했습니다. 예수회 소촌, 곧 레둑시오네스 reducciones는 넓게 퍼져 있던 촌락들을 보다 작은 지역으로 모아서 원주민들을 노예 상인들로부터 보호하고, 더 쉽게 그리스도교로 인도하기 위해 만들어진 것입니다. 즉 넓게 퍼져 있던 지역 촌락들을 보다 좁은 지역으로 축소 reduce하려는 의도에서 나온 표현입니다.

과라니족 사람들과 함께 일했던 로케 곤잘레스 신부는 1613년에 그곳의 실생활에 대해 이렇게 적었습니다. "우리는 이 모두를 두루 해결하고자 힘껏 노력했지만, 사실 그보다 더 열정적으로 우리의 있는 힘을 다해 주님께 바치는 성전을 짓는 일에 몰두했다. 그 성전들은 비단 손으로 만든 성전뿐만 아니라 이 인디언들의 영혼이라는 영적 성전들도 아울러 일컫는 것이었다."

지금도 아르헨티나와 볼리비아, 파라과이 전역에 흩어져 있는 이런 촌락들에서, 예수회원들은 다양한 기술을 가르치며 일찍이 없었던 토착민 그리스도교 예술이 꽃피게 만들었습니다. 이는 유럽인 예수회원들에게 영감을 받았지만, 지역 주민들 저마다의 예술적 표현 양식에 따라 창조적으로 변화되었습니다. 윌리엄 벤거트는《예수회의 역사》에서 전성기의 전형적인 소촌을 이렇게 묘사하고 있습니다.

동서남북으로 뻗어 있는 중앙 광장을 시작으로, 돌과 아도비 점토 등 이 지역에 있는 재료들로 지은 주민들의 집이 증가했는데, 사람들의 수가 만 명까지 달했다. 목공과 석공, 철공에 필요한 연장들을 갖춘 작업장들이 가까이에 있었다. 가옥들 뒤로는 과수원과 가축을 위한 목장이 있었고, 말과 쌀, 사탕수수와 목화를 심은 밭이 펼쳐져 있었다. 성당은 그곳에 있는 모든 건물 중에서도 가장 큰 건축물로, 당당히 공동체 생활의 중심이 되고 있었다. 전례의 존엄성에 대해 배워서 알고 있었지만, 아름다운 제단에서 또 영감을 받은 인디언들이 악기들을 연주하고 그들의 찬송가를 불렀다.

…… 예수회원들은 이렇게 활기찬 신앙의 중심지를 건설하기 위해 성사와 하느님의 말씀에 곁들여, 금속 공학자, 목축업자, 건축가, 농부이자 석공으로서의 기술도 함께 들여왔다.

남아메리카 정글 깊숙한 곳에 묻혀 있는 이 거대한 석조 성당들과 성당의 잔해들 가운데에는 오늘날 유명한 관광 명소가 된 곳도 있습니다. 다른 성당들은 지금도 300년 전에 자기네 조상들에게 알려진 신앙을 따르는 지역 주민들을 위한 본당으로 활용되고 있습니다. 여기에 마지스의 확실한 유산이 자리하고 있습니다. 어려운 상황에서도 하느님과 그분의 백성을 위해 더 많이, 더 크게, 더 열심히 일하고자 노력했던 사람들이 바로 그들이지요.

또한 마지스는 그다지 찬양받지 못한 업적들 뒤에 숨어 있기도 합니다. 시험지를 꼼꼼히 채점하려고 많은 시간을 들이는 고등학교 교사, 잠시도 가만있지 못하는 학생들을 가득 태우고 버스를 운전하여 산골로 봉사 활동을 떠나는 대학교의 사목자, 결혼을 준비하는 연인을 정성껏 지도하는 사제. 이들이 마지스를 실현하는 방식은 예수회 소촌들에 비해 적극적이진 않지만, 그럼에도 불구하고 중요한 것임에는 분명합니다.

그렇다고 마지스가 예수회원이나 수도자 또는 사제들의 업적에만 국한된다는 뜻은 아닙니다. 곧 어린 자녀를 돌보는 아버지든, 연로한 부모님을 간병하는 중년의 여인이든, 근무 시간 외에 시간을 들여 가난한 학생을 개인적으로 지도하는 빈민 지역의 교사든, 하느님을 위해 큰일을 하려는 꿈을 가진 사람이라면 누구에게나 해당됩니다.

로니가 조직이나 단체, 또는 사업에 필요하다고 말하는 네 가지 기둥 외에 노동 세계에 몸담고 있는 신자들을 위해 덧붙이고자 하는 것이 세 가지가 더 있습니다.

첫째는 노동의 존엄성에 대한 정당한 평가입니다. 그리스도교 영성에서 흔히 간과되는 것 중에 하나는 예수님이 직접 노동을 하셨다는 사실입니다. 이것은 예수님이 단순히 설교하시고, 병자들을 치유하시고, 폭풍을 잠재우시거나, 물을 포도주로 만드시거나, 죽은 사람을 살리신 것처럼 온갖 기적을 행한 것을 두고 하는 말이 아닙니다. 바로 그분의 생애에서 더 일찍 일어난 일을 말하는 것이지요.

예수님 생애 가운데 열두 살부터 서른 살 사이의 기간은 우리에게 알려진 것이 거의 없습니다. 루카 복음서에 나와 있는 것은 "예수님은 지혜와 키가 자랐다."(루카 2,52 참조)라는 것이 전부입니다. 그렇다면 예수님은 무엇을 하고 계셨을까요? 바로 일입니다.

루카 복음서에 따르면 예수님은 요셉 성인을 따라 텍톤τέκτων이었는데, 이것은 보통 목수로 번역되지만, 기능공으로 번역되기도 합

제13장 자신을 찾는 방법

니다(일부 학자들은 그분이 오늘날 우리가 '일용직 노동자'라 부르는 사람들이 하는 일을 하고 계셨을 수도 있다고 말합니다). 예수님이 사셨던 시대에 비추어 생각해 볼 때, 그 지역에 별로 생산되지 않는 목재를 다루는 일을 했다는 뜻이 될 뿐만 아니라, 벽을 쌓거나 밭을 가는 등 잡다한 일을 했다는 뜻도 됩니다. 예수님은 분명 소년 시절에 나자렛에 있는 목공소에서 요셉 성인에게 일을 배우셨을 것입니다. 이 시절에 대해서는 알려진 것이 거의 없는 까닭에 흔히 예수님의 '숨은 생애'라고 불립니다.

예수님은 기능공이자 업자業者셨습니다. 즉, 목수로 일한다는 것은 알맞은 목재를 고르고, 손님과 적당한 가격을 협상하고, 여러 고을을 돌아다니는 등 고된 하루 일을 했다는 뜻이 되지요. 그분의 비유 가운데 농부와 어부, 농장 관리인, 일용직 노동자와 관련된 비유들이 아주 많았다는 것은 조금도 놀라울 것이 없습니다. 예수님은 일한다는 것이 무엇을 의미하는지 알고 계셨던 것이지요.

모든 노동은 존엄성을 지닙니다. 어떤 일이라도 자신의 의지에 따라 한 것이라면 천한 일이 아닙니다. 예수회에서는 수련기 때 화장실 청소나 마루 걸레질, 설거지 같은 미천하게 여겨지는 집안일을 수행해야 합니다. 가장 훌륭한 예수회 성인으로도 불리는 분들 중 우리가 이미 만나 본 가까운 친구 사이인 두 분도 이런 일을 했지요.

알폰소 로드리게스 성인은 스페인의 마요르카 섬에 있는 예수회 대학에서 문지기로 일했습니다. 그의 친구이자 노예 중의 노예였던 베드로 클라베르 성인은 카르타헤나에서 몸이 녹초가 되도록 노예들에게 음식을 날랐습니다. 선한 지향을 갖고 자유 의지로 행하는 일이라면, 어떤 일이든 존엄성과 품위를 지닙니다. 예수님이 육체노동을 하셨다고 해서 하느님 아드님으로서의 격이 떨어졌던 것은 아닌 것이지요.

우리가 신학자들의 말처럼 하느님의 공동 창조자들임을 깨달을 때, 우리는 노동의 존엄성을 이해하게 됩니다. 이냐시오 성인은 《영신수련》에서 하느님과 함께 일하는 우리 자신과 우리를 위해 일하시는 하느님을 머리에 그려 보라고 조언합니다.

우리는 보다 나은 세상을 만들기 위해 하느님과 함께 일하고 있습니다. 그리고 다른 이들이 우리가 애쓴 일의 결실을 알아보지 못하더라도, 하느님은 알아보십니다.

예수님에게 자신의 기술을 가르쳤던 목수이자, 신약 성경에 자신의 말이 직접적으로 드러나지 않는 것은 물론이요, 삶 전체가 거의 완벽하게 감추어진 요셉 성인을 생각해 봅시다. 예수회 신학자 존 호히가 말했듯이, 요셉 성인은 묵묵히 노동하며 세상의 구원에 더없이 필요한 도구를 빚어내는 데 도움을 주었습니다.

당시에는 사람들이 알아차리지 못했을지라도 요셉 성인의 일은 지극히 중요한 것이었습니다. 오늘날 눈에 띄지 않는 일을 하는 수많은 사람들도 이와 아주 비슷합니다. 그들은 자녀를 교육시키기 위해 밤낮으로 일하며, 연로한 부모나 친척을 보살피기 위해 부업까지 해 가며 돈을 법니다. 그렇게 녹초가 되어 집에 와서도 집 안을 청소하고, 가족 수만큼 많은 빨래를 하고, 가족들과 조금이라도 더 시간을 보내기 위해 노력하지요.

어쩌면 너무 익숙한 것으로 생각해서 그들의 노고가 다른 이들의 눈에는 잘 보이지 않을지도 모르지만, 하느님은 항상 보고 계십니다. 우리에게 가장 중요한 것은 바로 그분의 시선이지요.

이와 관련하여 제가 좋아하는 이야기가 있습니다. 중세 시대에 대성당에서 나이 많은 석공이 대리석으로 석상을 조각하고 있었습니다. 그는 조각상 뒷면에 옷자락 주름을 조심스레 조각하는 데 많은 날을 보냈습니다. 처음에는 커다란 조각칼을, 다음에는 점점 더 작은 조각칼을 사용했고, 마침내는 아주 조심스럽게 사포로 매끄럽게 닦아 냈습니다. 그가 하는 일을 눈여겨보던 친구가 이 석상은 뒷부분이 벽에 붙여 놓여지기에 친구의 공들인 부분이 보이지 않게 되리라는 사실을 알아차렸습니다. 그래서 그에게 물었습니다. "왜 일부러 사서 고생하나? 아무도 보지 못할 텐데?" 그러자 그가 대답했습니다.

"하느님이 보실 거라네."

노동의 존엄성

독일의 예수회원인 카를 라너 신부는 〈예수회원이 되는 이유, 예수회원으로 남아 있는 이유 Why Become or Remain a Jesuit?〉라는 제목의 묵상에서 눈에 띄지 않는 노동의 가치를 이야기했습니다.

나는 내 형제들을 생각한다. 내 친구 알프레드 델프 신부는 히틀러를 반대했다는 이유로 독일 감옥에서 양손이 묶인 채 수도회 최종 서원 서약서에 서명했다. 어떤 형제는 인도의 현지인들도 잘 모르는 인도의 작은 마을에서 가난한 사람들을 위해 우물을 파는 일을 돕고 있고, 또 어떤 형제는 겉으로 보이는 것보다 훨씬 더 복잡한 사람들의 고뇌와 고통에 귀를 기울이느라 고해소에서 오랜 시간을 보낸다.

나는 실질적으로 혁명가였지만, 칭찬을 받기는커녕 바르셀로나에서 가르치는 학생들과 함께 경찰에게 두들겨 맞는 사람이자, 날마다 병원에서 임종 병상을 지키며 간병하지만 그 일을 그저 따분한 일과처럼 느끼는 사람이다. 또한 교도소에서 복음 메시지를 계속해서 외치지만, 누구도 고맙다고 답해 주지 않는 사람이자, 내가

> 전하는 기쁜 복음의 말씀보다는 몰래 넘겨주는 담배 한 개비에 더 큰 인정을 받는 사람이며, 시련만 있을 뿐 분명한 성공의 징후도 없이 그저 소수의 몇 사람들 안에 믿음과 희망과 사랑의 작은 불꽃을 일으키는 일에 열심히 매달리는 사람이라고 생각한다.

노동을 바라보는 이냐시오 성인의 '실패의 수용'이다. 우리가 자각하고, 독창성을 발휘하고, 사랑을 베풀고, 영웅적인 행동을 할지라도, 항상 성공하리라는 보장은 없습니다. 직장에서, 집에서, 또는 삶에서 이 점을 인정하는 것은 월터 취제크 신부가 실재 상황이라 명명한 순간을 받아들이고, 자신의 미천함과 영적 가난을 이해하는 중요한 계기가 됩니다.

이 주제와 관련해서 제가 들은 이야기 중 가장 인상 깊은 이야기는 시카고 로욜라 대학교에서 사회 복지를 가르치던 마음씨 좋은 예수회원 짐 수사가 들려준 이야기입니다. 짐 수사가 언젠가 자신이 로스앤젤레스에 있는 본당에 세운 사회 복지 사업 센터에서 캐롤을 만났던 이야기를 들려주었습니다.

어느 날 아침에 어떤 여자가 센터를 방문해 짐 수사와 만났습니다. 그녀의 이름은 캐롤이었는데 예전에 모델로 일했던 경력이 있었습니다. 그녀가 짐 수사에게 청바지 한 벌만 달라고 부탁하자, 수사는 그녀를 다른 자원 봉사자에게 데려갔고, 봉사자는 옷을 나눠 주는 방으로 캐롤을 데려갔습니다.

그리고 몇 분 후에, 수사는 시끄러운 소리를 들었습니다. 캐롤이 술에 취해 바지를 반쯤만 걸친 채로 건물 안을 마구 휘젓고 다니며, 바지에 대한 불만과 직원을 향한 욕설을 퍼붓고 있었던 것이지요.

짐 수사는 캐롤을 밖으로 데리고 나가, 만나서 반가웠지만 다음에 여기에 올 때는 맑은 정신을 유지해야 한다는 점을 차분하게 설명했습니다. 수사는 그녀에게 커피 한 잔을 대접하며 자신들의 궁극적인 목표를 이해하겠냐고 물었습니다. 그러자 그녀는 수사를 빤히 쳐다보며 말했습니다. "커피가 식었어요. 그리고 당신은 쩨쩨해요."

짐 수사가 이 센터에서 있었던 3년 동안, 캐롤은 최소한 서른 번 이상 찾아왔는데, 취해 있을 때도 있고, 화가 나 있을 때도 있고, 멀쩡할 때도 있었습니다. 짐 수사는 그녀가 맑은 정신일 때는 이전부터 지녔던 마음과 외모의 아름다움이 발산되었고, 유머가 가득하고 통찰력도 대단했다고 말했습니다. 시간이 가면서 짐 수사는 캐롤에 대해 잘 알게 되었습니다. 두 사람은 그녀의 가족, 그녀의 배경, 그녀가 알코올 중독과 벌인 싸움, 그리고 틀어져 버린 그녀의 꿈들을 이야기했지요.

한번은 캐롤의 언니가 짐 수사에게 전화를 걸어 최근에 캐롤을 본 적이 있느냐고 물었습니다. 짐 수사가 본 적이 없다고 하자 언니가 이렇게 말했습니다. "아시다시피, 캐롤은 그 센터를 자기 집이라고 생각하잖아요. 설마 모르셨어요?"

3년이 지나, 짐 수사는 센터를 떠나게 되었습니다. 그는 일을 마무리하는 동안 센터에 오는 많은 손님들과 작별 인사를 나누려고 노력했습니다. 마침내 마지막 날에, 수사는 우편물을 발송하기 위해 우체국으로 걸어가고 있었습니다.

그런데 우체국으로 가는 길에 짐 수사는 캐롤을 보았습니다. 캐롤은 일행과 함께였는데, 그녀의 곁에 있던 사람은 과거에 그녀를 학대했던 남자였습니다. 짐 수사는 그 자리에서 자신이 얼어붙는 것을 느꼈습니다. 그는 길을 건너가 작별 인사를 해야겠다는 생각이 들었지만, 그냥 그 자리에 서 있었지요. 이윽고 캐롤은 짐 수사에게 살짝 손을 흔드는 동작을 해 보이고는 그 남자와 함께 걸어가 버렸습니다.

짐 수사는 최근에 제게 보낸 편지에 그 이야기의 결말을 자세히 써 놓았습니다. "저는 제가 좋은 일을 하고 어려운 사람들을 도우려고 애썼다고 생각했어요. 그래서 짐짓 뽐내며 그 본당을 떠나고 싶었지요. 그런데 캐롤이 모퉁이를 돌아 시야에서 사라졌을 때, 저는 그녀가 걱정스러워 눈물이 주르르 흐르더군요. 저는 캐롤이 보다 건전하고 보다 온전한 삶의 길로 들어섰으리라 기대했는데, 그 기대만큼 큰 슬픔이 퍼졌어요. 그녀가 다시는 만나지 않겠노라고 맹세했던 남자와 어울리고 있다는 것이 실망스러웠고, 제게 좌절감을 주었지요. 무엇보다 그녀를 다시 꾀어낸 그 남자에게 화가 났어요."

짐 수사가 사제관으로 돌아와서 할 수 있는 일은 캐롤을 향해 조용히 작별 인사를 속삭이는 것뿐이었다. "저는 사제관 계단에 앉아 제가 캐롤에게 해 줄 수 있는 유일한 일이 그녀의 행복과 안녕을 위해 기도하는 것뿐이라고 느꼈어요."

우리가 제아무리 열심히 노력해도, 우리 힘으로 도저히 바꿀 수 없는 것들이 있습니다. 따라서 실패는 나태나 어리석음, 형편없는 계획으로 인해 일어나는 것이 아니며, 때로는 노력이 크나큰 고통의 샘이 될 수도 있습니다.

갑자기 해고되거나, 사업이 망하거나, 직장에서 큰 실패를 경험한 사람들은 이런 사실을 잘 알고 있습니다. 고통의 신비가 노동 세계에 깊이 연관되어 있고, 어떤 부분에서는 우리가 무기력하며 우리의 노력이 소용없어 보인다는 것을 깨닫는 통찰은 노동의 영성에서 꼭 필요한 부분입니다. 여기에서 고통의 신비가 드러나기 때문입니다.

사람의 눈으로는 쓸모없어 보이는 일이라도 충분히 하느님과 연결될 수 있습니다. 론 한센은 예수회원 제라드 맨리 홉킨스 신부를 다룬 소설 《추방된 사람들Exiles》에서 홉킨스 신부가 실제 쓴 피정 일기에 나온 아름다운 문구를 소개합니다. 그 문구는 자신의 일을 하느님께 봉헌하는 하나의 기도가 되지요.

"오늘 묵상을 할 때도, 나는 내가 적개심이나 경솔함으로 다른 사람이나 나 자신에게 해를 끼치는 일이 없도록 내가 하는 일을 지켜 주시기를 주님께 기도드렸다. 내 일을 받아들이시거나 물리치시기를 간절한 마음으로 바라면서 말이다. 그리고 나는 그분께서 이 기도를 들어주시리라 믿는다."

그리스도인의 실패

프란치스코 하비에르 성인은 최종 목적지를 눈앞에 두고, 중국 본토의 해안으로부터 6마일 떨어진 작은 섬에서 선종했습니다. 하비에르 성인은 자신의 목적지에 도착하지 못했기에, 자신이 실패했다고 느꼈습니다. 발터 부르그하트는 자신의 저서 《성인들과 성스러움 Saints and Sanctity》에서 사람들이 열심히 일했음에도 실패하는 경우들에 대해 고찰해 보았습니다.

사람들은 실패를 받아들이는 것을 끔찍하게 힘들어한다. 프란치스코 하비에르 성인 같은 사람조차 그랬다. 내가 가진 모두를 전부 쏟아 하느님의 일을 수행하고자 노력하고 있다는 이유만으로, 결코 내 계획의 성공이 보장되는 것은 아니다. 유능한 그리스도교 사도라고 해서 한창 활동해야 할 때 쓰러지지 말라는 법도 없다.

…… 우리가 그리스도교 신자다운 결혼 생활에 최선을 다한다고 해서 결혼 생활의 행복이 영원히 이어지리라는 보장도 없다. 우리가 하느님을 깊이 사랑하기 때문에 직장이나 집, 가정이나 건강을 잃지 않으리라는 보장도 없다.

…… 우리에게 믿음이 있기 때문에 의심을 품지 않으리라는 보장도, 희망하기 때문에 낙심하지 않으리라는 보장도, 영원할 것 같은 사랑이 식지 않으리라는 보장도 결코 없다. 하비에르 성인이 중국에 발을 들여놓으리라는 보장도 없었다. 이런 의미에서 보자면, 그리스도인의 좌절, 그리스도인의 실패는 누구에게나 항상 존재하는 것이다.

…… 우리는 하느님이 우리에게 수행하도록 부여하신 그리스도인의 직무를 수행하되, 그 나머지와 일의 진행은 결국 하느님의 손에 달려 있다. 하느님은 지금도 어리석은 세상을 이용하여 자신

> 은 지혜로운 척하는 자들을 부끄럽게 만드시고, 세상이 약하다고 하는 것을 이용하여 세상의 강함을 부끄럽게 만드신다. 또한 세상이 천하고 무가치하고 비현실적이라고 하는 것을 이용하여 세상이 가치 있다고 하는 것을 무가치하게 만드신다. 이런 의미로 보면, 그리스도인의 좌절과 실패는 처음부터 아예 존재하지 않는다.

노동에 관한 이냐시오 성인의 세 번째 통찰은 하느님께 의탁하는 것입니다. 이냐시오 성인은 자신이 열심한 일꾼이면서도 모든 일이 하느님 덕분이심을 알고 있었습니다. 이런 자세는 우리가 혼자서 일하는 것이 아니라 우리에게는 우리의 노고를 함께하는 동반자가 있으며, 나아가 우리가 모든 일을 우리 힘으로만 할 수 없다는 것을 인정하게 만듭니다. 이는 우리를 자유롭게 하지요. 짐 수사가 캐롤과의 일화를 통해 자신이 그녀를 구원할 수 없다는 점을 깨달은 것도 이와 마찬가지입니다. 하느님께 의탁하면 겸손과 자유를 모두 얻게 됩니다. 저의 영적 지도 신부님이 했던 말을 다시금 떠올려 봅시다.

"예수님은 분명 그 모든 일을 하실 수 있었을 거야. 그런데…… 자네는 예수님이 아니라고 하더군!"

> 만일 하느님이 나를 하루 더 참고 견디게 해 주실 수 없다면
> 그분이 하실 수 있는 일은 거의 없으리라.
>
> — 예수회원 클로드 드 라 콜롱비에르 성인

앞서 나온 방법들은 우리가 세상 안에서 자신의 성소를 실천할 때, 이냐시오의 길이 우리가 하는 노동에 도움을 줄 수 있는 몇 가지 방법입니다. 하지만 성소는 단순히 일하고만 관련된 것이 아닙니다. 자신의 존재와도 관련된 것입니다. 즉 성소는 단순히 우리가 무엇을 하느냐와 관련된 것이 아니라, 보다 중요하게는 우리가 누구인지와 관련된 문제입니다. 따라서 "나는 어떤 사람이 되어야 하는가?"라는 물음에 대해 생각해 볼 필요가 있습니다.

4. 있는 그대로의 내 모습

우리들 각자는 하느님이 우리 안에 심어 주신 욕망과 아울러 재능과 기량과 개성을 토대로 삶에서 독특한 성소를 부여받습니다. 이냐시오 성인이 우리와 깊은 관계를 맺고 싶어 하시는 하느님 그리고 피조물과 직접 통교하시는 창조주에 대한 이야기를 하는 이유가 이것

입니다. 하느님은 우리가 마음속 가장 깊은 곳에서 자신과 세상에 기쁨을 가져다줄 것들을 갈망하고 있음을 아십니다.

하지만 이 성소는 단순히 일이나 직업, 경력이 아니라, 그 이상의 것과 관련되어 있습니다. 어쩌면 성소는 자신이 하는 실제 일과는 별 상관이 없을 수도 있지요. 가장 내밀한 성소는 우리가 온전한 자기 자신의 모습을 이루는 것, 우리의 '참된 자아', 곧 하느님이 창조하시고 바라시는 모습대로 우리가 나아가는 것입니다.

이 길을 가기 위해서는 우선 하느님이 이미 우리를 사랑하고 계시다는 점을 받아들여야 합니다. 하느님은 있는 그대로의 우리를 사랑하고 계십니다. 남자든 여자든, 나이가 많든 적든, 부유하든 가난하든 모두가 하느님의 사랑을 받고 있습니다. 우리가 자기 자신을 어떻게 보는지와 상관없이, 하느님은 우리를 연인으로 보십니다. 믿기 어렵다면 받아들임과 관련된 이야기 하나를 살펴봅시다.

5. 성화에 이르는 첫걸음

릭 커리 신부는 붙임성이 좋고 재치 있는 예수회원입니다. 또한 전국 장애인 극단을 설립한 장본인이며 제가 앞서 말한 '예수회 연극'의 역사를 소개해 준 친구이기도 하지요. 릭은 선천적으로 오른쪽 팔이 없이 태어났습니다. 그는 예수회에 들어오기 전에 한때 배우로도 활동했는데, 릭이 배역을 따기 위해 한 방송국을 찾아갔던 경험이 나중에 전국 장애인 극단을 설립하게 된 배경이 되었습니다. 그가 방송국의 오디션 담당자를 찾아갔을 때, 담당자는 그가 팔이 하나인 것을 보고 말했습니다. "이봐요, 여기는 아무나 들어오면 안 돼요! 누가 여기로 들어와도 된다고 허락했죠?"

놀란 그는 "네? 무슨 말씀이세요? 저는 그저 오디션을 보려고 온 건데요."라고 대답했습니다. 그러자 그가 말했습니다. "웃기지 말고 여기 들어와도 된다고 허락한 게 누군지나 말해요. 정말 미치겠네!"

오디션 담당자는 릭을 배우는커녕 거의 사람으로도 보지 않았고, 그가 하는 말을 허튼 소리로 여겼습니다. 이 일을 계기로 릭 신부는 장애인 배우들을 위한 학교가 필요하다는 확신이 들었습니다.

그의 극장은 여러 해 동안 장애인 배우들에게 다양한 오디션을 소개해 주었습니다. 한번은 어떤 오디션 담당자가 전화를 걸어 말했습니다. "텔레비전 쇼에 출연할, 양쪽이 절단된 사람을 찾는데요."

릭 신부가 물었습니다. "양팔이 없는 사람을 찾는 겁니까, 양다리가 없는 사람을 찾는 겁니까?" "잘 모르겠소. 그게 중요합니까?"

그러자 릭 신부가 한숨을 쉬며 말했습니다. "이거 참, 본인들에게는 중요하지요."

릭 신부와 관련된 또 다른 이야기가 있습니다. 그가 아직 어린 소년이던 때에 프란치스코 하비에르 성인의 유해인 오른쪽 팔을 보게 된 이야기이지요. 가톨릭 신자가 아닌 사람들에게는 이런 일이 이상해 보일 수도 있겠지만, 이 성해聖骸는 특히 유명했습니다. 성인의 오른쪽 팔은 성인이 선교할 때 아프리카와 인도, 일본 등 세계 각지에서 수천 명의 사람들에게 세례를 베푼 팔이었으니까요.

그때 릭을 가르치던 수녀님은 릭이 아직 초등학생이지만, 그에게 성인의 팔을 보여 주면 좋을 거라고 생각했습니다. 물론 수녀님도 릭이 팔을 본다고 해서 무슨 기적 같은 일이 생기리라고 기대한 것은 아니었습니다. 릭의 어머니도 그가 수업을 빠지고 성인의 유해를 보러 갈 수 있게 허락해 달라는 편지를 쓰기는 했지만, 무슨 기적적인 일이 이루어지리라는 기대는 전혀 하지 않았습니다.

하지만 릭이 성해를 보러 간 그 시간에, 릭이 다니는 학교의 같은 반 친구들은 그에게 기적이 일어나기를 열심히 기도하고 있었습니다. 아무쪼록 릭이 성인의 팔을 본 후에, 그의 팔도 자신들처럼 되게 해 달라고 기도했던 것입니다. 그래서 릭의 어머니가 그를 도심에 있는 대성당으로 데려갔을 때, 급우들은 흥분에 사로잡혔습니다.

대성당 통로는 앞뒤로 엄청나게 긴 줄이 늘어서 있었습니다. 몰려든 군중 때문에, 그곳의 사제들은 참배객이 프란치스코 하비에르 성인의 성해가 들어 있는 유리 상자를 만지기만 할 수 있다고 안내했습니다. 몇몇 열심한 가톨릭 신자들이 바라는 것처럼 성해에 입을 맞출 수는 없다는 것이었지요. 하지만 오른팔이 없는 소년을 본 사제들이 그의 어머니에게 말했습니다. "아이고, 저런, 성해에 입을 맞출 수 있게 했으면 좋겠네요!"

하지만 릭도 자신에게 대단한 기적이 일어날 거라고는 조금도 기대하고 있지 않았습니다. 그래서 그는 유리 상자에 입을 맞추면서 오른쪽에 조금 있는 팔의 일부분을 만져 보았습니다. 오른팔이 자라나지 않기를 바라며 말이지요.

릭은 집으로 돌아오는 길에 자신의 팔을 계속해서 살펴보곤 했습니다. 그러나 기적은 없었습니다. 그날 오후, 그가 교실로 돌아오자, 반 친구들은 그에게 정말 크게 실망했노라고 말했습니다. 아마도 그가 기적을 입을 자격이 없었나 보다고 말하는 친구도 있었습니다.

하지만 전혀 다른 반응을 보인 사람이 있었습니다. 학교가 끝나고 그가 집에 돌아왔을 때, 여동생 데니스가 거실 창문에 드리워진 두꺼운 커튼 뒤에 몸을 숨기고 있었습니다. 그녀는 커튼 사이로 조용히 거실 안을 엿보다가 릭을 보고는 달려와 무척 기뻐하며 말했습니다. "우와! 아무 일도 일어나지 않아 너무 좋아! 난 오빠의 지금 모습 그대로가 좋거든." 데니스는 나중에 수녀가 되었지요.

제13장 자신을 찾는 방법

하느님이 우리를 사랑하시는 방식이 바로 이렇습니다. 하느님은 우리의 있는 그대로를 사랑해 주십니다.

릭은 자신의 있는 모습 그대로를 사랑해 주는 동생의 말을 결코 잊을 수 없었을 것입니다. 이 기억이 그가 자신의 신체장애를 다른 이들과 소통할 수 있는 통로이자 선물로 받아들이고, 삶의 전부를 고맙게 여기라는 부르심을 상기시키는 신호로 여기도록 도와주었습니다. 릭 신부는 최근에 저에게 이렇게 말했습니다. "우리가 신체장애에 대한 다른 사람들의 부정적인 시선을 받아들이는 만큼 스스로 자신의 신체장애를 부정적으로 생각하게 된다." 어쩌면 그날, 사실은 기적이 일어났던 것인지도 모릅니다.

자기 수용은 성화에 이르는 첫걸음입니다. 하지만 많은 사람들에게는 자기 수용에 이르는 길이 몹시 험난할 수 있습니다. 따라서 소수 민족이거나 사회적 소수에 속하는 이들, 신체 장애가 있는 이들, 결손 가정이라는 환경에서 성장한 이들, 무언가 중독에 빠진 이들, 스스로를 매력이 없거나 똑똑하지 못하다고 느끼는 이들은 자신을 사랑받는 하느님의 자녀로 수용하기까지 오랜 시간 동안 고민할 수도 있습니다.

하지만 이러한 여정은 반드시 필요한 과정입니다. 실제로 많은 사람들이 자신이 영성의 길에 들어서는 실질적인 첫걸음이 하느님이 만들어 놓으신 그대로의 자신을 받아들이는 것이었다고 제게 말한 적이 있습니다. 자신을 있는 그대로 바라볼 줄 아는 것, 그리고 더 중요한 것은 사회가 그렇게 되어 주기를 기대하거나 강요하는 모습이 아니라, 있는 그대로의 자신을 스스로가 받아들이고 사랑하는 것이야말로 하느님과 관계를 맺는 중요한 첫걸음이 됩니다.

시편에서는 이렇게 노래합니다. "정녕 당신은 제 속을 만드시고 제 어머니 배 속에서 저를 엮으셨습니다. 제가 오묘하게 지어졌으니 당신을 찬송합니다."(시편 139,13-14) 하느님이 우리를 있는 그대로 사랑하시는 이유는 그분이 우리를 그렇게 만드셨기 때문입니다. 바로 이것이 시편에서 말하고자 했던 의미이자, 릭 신부의 여동생이 말하고자 했던 의미입니다.

6. 비교와 절망

우리가 자신을 받아들이고 자신의 개성을 소중히 여기기 힘들게 만드는 첫 번째 장애물은 우리가 거룩해지거나 사회에 꼭 필요한 사람이 되거나 행복해지려면 다른 사람이 되어야 한다는, 혹은 완벽해져야 한다는 그릇된 믿음입니다. 자녀들을 보살피는 젊은 엄마는 "난 결코 마더 데레사 성녀처럼 될 수 없을 거야." 하고 서글프게 중얼거릴지 모릅니다. 법조인이나 의사, 또는 교사가 프란치스코 하비에르 성인에 관한 글을 읽고서 "난 절대 성인처럼 될 수 없겠지."라고 말할 수도 있지요. 하지만 그들은 애초에 마더 데레사 성녀나 프란치스코 하비에르 성인처럼 되어야 하는 것이 아닙니다. 그들은 애초부터 그들 자신이 되도록 되어 있습니다.

이 말은 다른 사람이 되려고 하지 말고, 다른 누구의 성소가 아니라, **자신의 성소가 행복에 이르는 길임을** 기억하라는 뜻입니다. 사실 우리에게는 하늘나라를 찾아가기 위한 다른 사람의 지도가 필요하지 않습니다. 이미 하느님이 우리가 가야 할 방향을 우리의 영혼에 일일이 새겨 두셨기 때문입니다. 또한 이 말은 자신의 개성과 꿈을 기쁘게 받아들이라는 뜻입니다.

내가 하는 일이 바로 나

자신의 모습 그대로가 된다는 것이 얼마나 엄청난 일인가를 깨닫게 되기까지 저는 제라드 맨리 홉킨스 신부의 시를 많이 읽어야 했습니다.

불타오르는 물총새처럼 잠자리가 불꽃을 그려 낸다.

동그란 우물 안벽을 구르며 돌들이 소리친다.

휘감긴 줄마다 말을 하듯,

저마다 흔들리는 종에 매달려 제 이름을 알리려고 말문을 연다.

곧 사라질 존재가 저마다 한 가지 일을 하고 또 한다.

그 존재를 집 안에서 나누어 주며 제각기 살아간다.

자아들은 제 길을 간다.

'나 자신' 그는 말하고 긁적이다가,

'내가 하는 일이 바로 나'라고 소리친다.

이를 위해 왔기에.

내가 계속 말한다.

그 의인이 가진 의로움들.

덕분에 그의 모든 행동이 늘 고매하다.

하느님 눈앞에서 하느님 눈에 그다운 일을 행한다 ㅡ

바로 그리스도다 ㅡ 왜냐하면 그리스도가 모든 곳에서,

온몸으로 사랑스럽게. 그리고 그의 눈이 아니라

사람들의 표정을 통해

아버지께서 사랑스럽게 분장하고 계신 까닭이다.

제가 지금까지 들었던 가장 훌륭한 조언들 중의 하나가 어떤 예수회 영적 지도 신부님에게서 받은 조언이었습니다. 그 당시에 저는 마음에 들지 않는 어떤 사람과 함께 일하고 있었습니다. 그리고 갈수록 제가 그 사람의 행동에 반응하고 있음을 깨달았습니다. 그의 못된 성격에서 자신을 보호하려고 점점 더 신중해지고, 더 방어적이 되고, 더 조심하게 되고, 의심은 더 많아졌습니다. 이런 제 반응들은 스스로를 경직되고 피곤하게 만들기 시작했습니다. 그래서 하루는 영적 지도 신부님에게 털어놓았습니다. "그 사람이 제가 되고 싶지 않은 사람으로 저를 만들어 가고 있다는 느낌이 들어요."

전능하신 장인

다듬지 않은 거친 통나무는 자신이 걸작으로 떠받들어질 목상이 될 수 있다는 것을 모르지만, 조각가는 이 통나무로 무엇을 만들 수 있는지 안다. 이렇듯 많은 사람들은 자신을 전능하신 장인의 손에 내맡길 때까지는, 하느님이 자신을 성인으로 빚으실 수 있음을 깨닫지 못한다.

— 이냐시오 성인

우리는 이런 느낌을 받을 때가 너무나도 많습니다. 또한 다른 사람이나 집단 또는 상황이 자신이 원하지 않는 모습으로 만들어 간다고 느끼기도 합니다. 그러자 내 고민을 듣고 영적 지도 신부님이 말했습니다. "하느님이 자네에게 바라시는 모습의 사람이 될 수 있는 자유를 어느 누구도 빼앗지 못하게 하게." 이 말은 우리가 유일무이한 사람, 하느님의 사랑을 받는 사람이라는 뜻이었습니다.

우리 주위에 있는 거룩한 삶을 살고자 노력하는 사람들의 삶에서 이런 놀라운 개성을 발견하는 것은 어려운 일이 아닙니다. 저는 이 책을 통해 지금까지 친구들에 관한 많은 일화를 이야기해 왔습니다. 그들은 저마다 대단히 다른 개성을 가지고 있습니다. 매사추세츠 주 글로스터에서 온 예수회원 존 신부님은 저의 첫 번째 영적 지도자인 도노반 신부님과 달랐습니다. 존 신부님은 여유롭고 느긋했지만, 도노반 신부님은 활발하고 활동적이었지요. 밤이면 존 신부님은 집에 앉아 텔레비전을 보며 행복해했지만, 도노반 신부님은 밖에서 다른 사람들과 어울리는 것을 더 좋아했습니다.

저는 수련기 동안에 여러 차례 성격 검사를 받았습니다. 이는 사람들이 같은 상황에서 서로 얼마나 다르게 반응하는지를 우리가 이해하는 데 도움을 주려고 기획된 것이었습니다. 한번은 우리가 외향적인 사람인지 내향적인 사람인지 확인하기 위한 성격 검사를 받게 되었습니다. 그 결과 수련원에서 유일하게 딱 한 명, 외향적인 사람이 있다는 결과가 나왔는데, 그 사람이 바로 저였습니다.

이 사실은 아주 많은 것을 설명해 주었습니다. 예를 들어, 수도원 파티가 끝나면 다른 사람들은 진이 빠져 자기 방으로 돌아가 휴식을 취했지만, 저는 여전히 기운이 넘치던 이유가 바로 이것이었습니다. 또 어떤 내용에 대해 이야기를 나눌 때, 다른 사람들이 서로의 생각을 알기 위해 의논하기보다, 우선 각자의 생각부터 정리했던 이유도 알 수 있었습니다. 이 검사는 저와 다른 방식으로 접근하는 다른 사람들이 잘못되었거나 잘못 판단하는 것이 아니라, 그저 저와 다를 뿐이라는 사실을 깨닫도록 도와주었습니다. 아니, 더 정확히 말하면 제가 다른 사람들과 다르다는 사실을 깨닫게 해 준 것이지요.

하지만 그때 그 결과를 들은 저는 몹시 낙담했습니다. '내가 내향적인 사람이 아니라서 예수회원이 되기에 부적합한 것은 아닐까?'라는 고민까지 했습니다. 그러나 도노반 신부님은 낙담한 저에게 예수회에는 외향적인 사람도 필요하다며 격려해 주었습니다.

다른 사람들과 자신을 비교하지 않으면서 동시에 그들이 자신보다 더 안정되어 있다거나, 그들이 자신보다 더 거룩하다는 생각을 하기란 어려운 일입니다. 따라서 우리는 받아들임과 갈망 사이에서 건전한 긴장을 유지해야 할 필요가 있습니다. 우리는 하느님이 엮어 내신 우리의 모습에 경의를 표하는 한편, 하느님이 우리를 새로운 방향으로 이끌고, 변화시키고, 키워 가고, 우리가 어떤 사람이 되어야 할지 밝혀 주시도록 마음을 열어야 합니다. 하느님은 우리 안에 놀라운 것들을 창조해 주셨고, 지금도 여전히 창조하고 계십니다.

저 역시도 자기 수용을 향해 나아가고자 노력했던 많은 부분이 다른 누군가가 되고자 하는 욕망을 떨쳐 내는 데 도움이 되었습니다. 엄연히 말하자면 특별히 어떤 사람이 되고자 하는 것이 아니라 달라질 필요가 있다는 느낌에 가깝습니다.

저는 수련기 초기에 거룩해진다는 것이 저의 개성 위에 쌓는 것이 아니라 개성을 억누르는 것이라고 생각했습니다. 그래서 저는 저의 자연스러운 욕망과 성향을 성화시켜 주도록 하느님께 청하기보다 그것을 지워 없애야 한다고 생각했습니다. 제 스스로도 제가 거룩한 사람이 아니란 것을 잘 알고 있었기 때문입니다. 따라서 성스러워진다는 것을 다른 사람이 된다는 것으로 받아들였습니다. 이상한 소리로 들리겠지만, 그 당시에 저는 '나 자신의 모습을 찾는다는 것'은 다른 누군가의 모습을 취한다는 뜻처럼 느껴졌습니다.

모두가 똑같은 길로 나아가도록 만드는 것은 위험하며,

다른 사람을 자신의 잣대로 평가하는 것은 더욱 위험하다.

— 이냐시오 성인

도노반 신부님은 제가 다른 사람을 닮아 갈 필요가 없다는 점을 부단히 상기시켜 주었습니다. 앤서니 드 멜로 신부도 "그대가 변해야만 하느님이 그대를 사랑하시는 것은 아니다."라고 말했지요. 이 말을 완전히 이해하는 데는 시간이 좀 걸렸습니다. 제게는 예수회원이 될 자격이 없다는 느낌이 늘 붙어 다녔을 뿐만 아니라, 다른 사람들에게 질투심까지 느꼈습니다. 저는 살면서 다양한 시점에, 특히 일이 그다지 잘 풀리지 않을 때에는 다른 사람들을 질투하곤 했습니다. 이 질투심은 마음속에서 이렇게 외쳤습니다. '다른 사람은 모두가 나보다 더 안정적이야. 그러니 그들은 분명 나보다 더 행복할 거야.'

그러나 이러한 생각은 잘못된 생각이며, 위험하기까지 합니다. 사람은 늘 잘한 것과 잘못한 것이 뒤섞여 있기 마련이라서, 자신의 삶과 자기가 완벽한 삶이라고 잘못 판단하는 다른 사람의 삶을 비교하는 경향이 있습니다. 이렇게 해서 우리는 우리에게 부여된 선물과 은총을 극소화하고 다른 사람이 받은 것들은 극대화하게 됩니다.

얄궂게도, 우리는 자신의 문제점과 단점과 갈등을 두고서는 정반대로 생각합니다. 자신의 것은 극대화하고 다른 사람의 것은 극소화하는 것입니다. 다른 사람들은 자신보다 더 똑똑하고, 더 매력적이고, 더 인기 있고, 더 여유롭고, 더 생기 있고, 무엇이든 더 나아 보이고, 그러기에 그들은 더 멋진 삶을 사는 것처럼 보게 됩니다. 마찬가지로, 우리는 다른 사람들이 삶의 현실적인 문제에 봉착하는 일이 전혀 없다고 생각합니다. 그들이 설령 문제에 봉착한다 해도, 그들의 문제는 자신이 가진 문제처럼 고약하지 않을 거라고 생각합니다.

하지만 모든 면에서 남들이 보기에 완벽한 삶을 사는 사람은 없습니다. 모든 사람의 삶은 은총과 축복을 충분히 누리며, 아울러 갈등과 도전도 충분히 겪게 됩니다. 어릴 때 가족과 함께 차를 타고 부유한 동네를 지나면서 부자들의 삶을 부러워하면, 어머니는 이렇게 말씀하셨습니다. "어느 집에나 문제는 있단다."

만일 우리가 복잡한 우리 현실을 이른바 완벽하다고들 하는 다른 사람들의 삶과 끊임없이 비교한다면, 틀림없이 자기다운 모습이 되기보다 다른 사람이 되고 싶어질 것입니다. '비교할수록 불행해지는 것'이니까요.

우리는 자신의 모습을 찾아가는 일에 어떤 방법으로 접근하고 있나요? 이제부터 일평생 이어질 이 발견의 여정에서 도움이 되는 몇 가지 방법을 살펴보겠습니다. 이냐시오 성인이 강조하는 주목할 만한 점들도 몇 가지 덧붙여서 말이지요.

7. 불타오를 준비

첫째로, 하느님이 우리를 사랑하신다는 것을 기억합니다. 도노반 신부님은 시편을 의역하여 자주 이렇게 말했습니다. "하느님은 우리에게서 기쁨을 얻으신다." 또한 신학자 제임스 앨리슨은 "하느님은 우리를 좋아하십니다."라고 말했지요.

혹시라도 이 점이 의심스럽다면, 우리가 고맙게 여기는 일들을 대충 돌아보아도 하느님이 어떻게 우리를 축복하셨는지 알아차리는 데 도움이 될 것입니다. 시편 139편의 처음 몇 구절을 자주 읽는 것 역시 도움이 됩니다. "당신은 제 어머니 배 속에서 저를 엮으셨습니다." (시편 139,14)

둘째로, 하느님이 우리를 모호한 대상이 아니라 한 사람으로서 사랑하신다는 사실을 확실히 깨닫습니다. 하느님은 절친한 친구처럼 우리에게 직접 깊은 관심을 쏟으십니다. 하느님이 우리의 일상생활에서 그리고 기도 중에 얼마나 직접적이고 친밀한 방법으로 우리에게 말씀하시는지 기억해 봅시다. 그 진가를 인정할 수 있는 것은 자신뿐이며, 바로 이것이 자신만을 향한 하느님의 사랑을 보여 주는 표지입니다.

셋째로, 우리의 갈망과 재능을 자신과 다른 사람들의 행복을 위해 하느님이 우리에게 주신 선물로 받아들입니다.

넷째로, 우리를 다른 이들과 비교하면서 자신을 헐뜯거나 얕보려는 유혹을 피합니다. 거듭 말하지만, 비교할수록 불행해집니다.

다섯째로, 우리가 연민과 사랑을 드러내지 못하게 하고 자유를 누리지 못하게 만드는 죄를 짓는 행동을 멀리합니다. 그리고 우리를 더 다정하고 사랑스럽고 자유롭게 만들어 주는 행동을 지향합니다. 이와 관련해《영신수련》의 '두 개의 깃발' 묵상을 다시 떠올려 보면 도움이 됩니다.

여섯째로, 하느님이 바라시는 모습으로 우리가 나아가도록, 그분이 우리를 도와주실 거라고 믿습니다. 그리고 기도로 하느님의 도움을 청합니다.

일곱째로, 우리가 마땅히 갖추어야 할 모습을 갖추기까지 그 과정이 길기 때문에 많은 시간이 걸릴 수 있음을 인정합니다.

우리가 통찰력을 온전히 갖추는 데는 어느 정도 시간이 걸리고, 그것을 행동으로 옮기기까지는 더 많은 시간이 걸리며, 우리가 외적으로나 내적으로 변화되었음을 알아차리기까지는 더욱더 많은 시간이 걸립니다. 만일 이 점이 의심되거든 우리가 앞에서 많이 살펴본 이냐시오 성인이 예수회를 창립하기까지의 일들을 다시 떠올려 봅시다.

천천히 이루시는 하느님의 일

우리가 자신의 성소를 발견해 나가고, 자신이 지향하는 모습의 사람이 되고, 또 실제로 달라지는 과정에서, 인내는 중요한 역할을 합니다. 예수회원이자 고생물학자로 하느님이 이루시는 일들이 느리게 진행된다는 것을 알고 있었던 피에르 테이야르 드 샤르댕 신부는 친구에게 보낸 편지에서 인내에 관해 이렇게 썼습니다.

무엇보다도 먼저 하느님의 느린 작업을 신뢰합니다. 우리는 모든 것에 있어서 지연됨이 없이 마치는 것을 잘 참지 못합니다. 우리는 중간 과정을 생략하는 것을 좋아해야 합니다. 우리는 알려지지 않은 새로운 곳으로 가는 여정에 있는 참을성이 없는 존재입니다. 게다가 그것은 어떤 불안정한 단계를 경험함으로써 만들어지고 매우 오랜 시간이 걸리는 모든 발전의 법칙입니다.

그리고 저는 그것이 당신과 함께라고 생각합니다. 당신의 생각은 성급하게 서두름이 없이 그것들을 점점 성장시키며, 스스로의 모습을 갖게 한다고 생각합니다. 내일이라는 시간이, 즉 당신의 좋은 의지에 영향을 주는 은총과 상황들이 당신을 통해 일어날 일

> 들을 오늘 당신이 할 수 있는 것처럼 그것들을 강요하지 마십시오. 오직 하느님만이 이 새로운 영이 당신 안에서 점차 형성하는 것이 무엇이 될지 말씀하실 수 있습니다. 그분의 손길이 당신을 이끈다고 믿고 있다는 특전을 주님께 주십시오. 그리고 불안과 불완전함 안에서 당신 자신의 괴로운 감정을 받아들이십시오.[19]

저는 예수회에 입회한 지 5년이 지나 매사추세츠 주 웨스턴에 있는 캠피언 피정의 집으로 돌아왔는데, 그곳은 제가 첫 피정을 했던 곳이었습니다. 그해에 저를 지도한 신부님은 제가 수련기를 보내는 동안 우리 수련자들과 함께 생활했고, 평소에 제가 영적 아버지로 여기고 따르던 해리 신부님이었습니다. 해리 신부님 곁에서 슬퍼한다는 것은 불가능한 일이라고 생각될 정도로 신부님은 항상 즐겁고 익살스러운 분이었지요.

그 피정 중에, 저는 해리 신부님에게 제가 쉽게 변하지 않는 듯하다고 푸념했습니다. 제가 되고 싶은 사람은 자유롭고, 개방적이고, 여유롭고, 인정 많고, 인내심 있고, 성숙하고, 너그러운 사람이었습니다. 하지만 저의 불완전한 모습이 저를 가로막고 있었지요. 저는 피정 기간 동안 '하느님은 어떤 방법으로 나를 변화시키실까?', '나는 언제나 변화될까?', '좀 더 빨리 변화되지 않는 이유는 무엇일까?'라는 고민을 되풀이했습니다.

해리 신부님은 미소를 머금고 창밖으로 피정의 집 안의 정원을 바라보며 말했습니다. "자네, 저기 서 있는 나무가 보이는가?"

저는 언덕에 있는 커다란 단풍나무를 힐긋 바라보았습니다. 제가 피정의 집 주위를 오가며 자주 봤던 나무였습니다. "지금은 푸르지만 몇 달 지나지 않아 아름답게 불타오를 걸세." 여기까지 말한 신부님은 잠시 멈췄다가 다시 말을 이었습니다.

"하지만 나무가 지금도 불타오를 준비를 하고 있는 건 아무도 알아채지 못할 거라네."

8. 소금인형

결국 우리는 하느님 안에서 우리의 정체성과 성소를 발견하게 됩니다. 우리의 욕망은 하느님 안에서 시작되어 다시 하느님께로 이어집니다. 성소에 관한 우리의 논의를 마무리하는 뜻에서, 끝으로 제가 좋아하는 앤서니 드 멜로 신부가 쓴 이야기 중에서 이 개념을 아름답게 설명하고 있는 이야기 하나를 들려주려 합니다. 〈바다로 간 소금인형〉이라는 제목으로, 소금으로 만든 인형에 관한 이야기입니다.

소금인형 하나가 수천 킬로미터에 달하는 육지를 여행한 끝에 마침내 바다에 이르렀다. 소금인형은 바다를 보고는 완전히 매혹당하고 말았다. 이렇게 크고 기묘한 물 덩어리는 지금껏 보았던 그 어떤 것과도 전혀 달랐다

소금인형이 바다에게 말을 걸었다. "당신은 누구십니까?"

바다가 미소를 지으며 대답했다. "들어와서 직접 확인해 보렴."

소금인형은 바닷물을 헤쳐 걸어가기 시작했다. 바다 속을 향해 나아갈수록 점점 녹아내리다 끝내는 아주 작은 알갱이 하나만 남게 되었다. 마지막 한 톨마저 녹아내리는 순간, 소금인형은 경이감 속에서 외쳤다. "이제 내가 누구인지 알게 되었어!"[20]

제14장

행동하는 관상가

제14장

행동하는 관상가
이냐시오의 길을 가는 여행자의 목표

　세계적인 영화감독 여러 명이 만든 20여 개의 단편 영화를 한데 모은 영화 〈사랑해, 파리〉에는 제가 무척 좋아하는 부분이 있습니다. 영화의 단편 작품 모두가 파리에서 일어나는 이야기를 그렸는데 연애를 그린 영화, 부녀의 만남을 그린 영화, 피 튀기는 잔인한 살인을 다룬 것 등 다양한 내용이 있습니다.

　영화 〈사이드웨이〉를 감독했던 알렉산더 페인은 파리에서 꿈의 휴가를 보내기 위해 돈을 모아 온 캐롤의 이야기를 펼쳐 보입니다. 캐롤은 미국 콜로라도 주의 덴버 시에서 우편배달부로 일하고 있지요. 그녀는 인생에서 중요한 이 여행을 준비하기 위해 지난 2년 동안 프랑스어를 배우기까지 했습니다.

　선한 인상을 가진 캐롤은, 여행 중에 만나는 사람들에게 스스로를 행복한 사람이라고 묘사하며 자신의 친구들에 관해 이야기하지만, 그녀의 정처 없는 여행에는 고독감이 가득 서려 있습니다.

　그녀는 파리에서 관광을 즐기고 맛있는 음식을 먹으며 하루를 보내다가, 날이 저물어 갈 무렵에 어느 공원의 긴 벤치에 앉습니다. 자신도 생소할 만큼 아주 골똘히 생각에 잠기게 된 캐롤은 자신의 직업, 친구들, 키우고 있는 개 두 마리, 잃어버린 사랑, 최근에 암으로 세상을 떠난 어머니를 떠올립니다. 또 조용히 앉아서 주위에 넘치는 생명의 상징들을 바라봅니다. 활기차게 이야기하는 연인들, 운동장에서 신나게 뛰노는 아이들, 푸른 풀밭에서 여유롭게 쉬고 있는 여자……. 산들바람이 그녀의 갈색 머리카락을 부드럽게 휘저었습니다. 바로 그때 놀라운 일이 일어났습니다.

　캐롤은 더듬거리는 프랑스어로 이렇게 말하고, 이 말은 자막으로 나왔습니다.

　　내 일터에서 그리고 내가 아는 모든 것들에서 멀리 떨어져, 낯선 나
　　라에 와 홀로 앉아 있는데, 어떤 느낌이 밀려드는 거예요. 이제껏 전혀
　　알지 못했거나 아니면 줄곧 기다려 왔던 그 어떤 것이 문득 떠오르는

것 같은데, 난 그게 무엇인지 몰랐어요. 어쩌면 그건 내가 잊고 있었던 것이거나 평생토록 그리워하고 있던 어떤 것이겠지요.

내가 말할 수 있는 건 기쁨과 슬픔을 동시에 느꼈다는 것뿐이에요. 하지만 슬픔이 그다지 크지는 않았어요.

왜냐하면 내가 살아 있다는 걸 느꼈거든요.

그래요, 살아 있어요.

그녀가 마지막 말을 할 때, 피곤에 지친 얼굴에 비로소 평화로움이 밀려들었습니다.

감독이 영적 깨달음을 표현하려고 의도한 것인지는 알 수 없습니다(감독이 예수회 고등학교에 다니기는 했습니다). 이 5분짜리 영화에서 배우가 자신이 연기한 캐롤을 영적인 사람으로 그리려고 했는지도 확실히 알 수 없습니다. 하지만 그녀는 소박한 단어들을 가지고 우리가 앞서 제3장에서 '특별한 체험으로 깨닫는 열망' 부분에서 다룬 내용을 더욱 뚜렷하게 만들 뿐만 아니라 이냐시오의 길이 지향하는 목표 중에서 한 가지에 다가서기까지 합니다. 바로 살아 있음이라는 목표이지요.

1. 이끌어 가는 목표

우리는 이 책을 통해 함께 이냐시오의 길을 걸어왔습니다. 이제 우리에게 진정한 의문이 생길 것입니다. 이 길은 어디로 이어질까요? 우리의 목적지는 어디일까요?

첫 장에서, 우리는 가상의 예수회원 다섯 명이 내리는 이냐시오의 길에 대한 정의를 이야기했습니다. 네 가지의 정의가 제시되었지요. 활동 중에 관상하기, 모든 것 안에서 하느님 발견하기, 강생의 영성으로 세상을 바라보기, 자유와 초연함 추구하기. 이 모두가 이냐시오의 길을 가는 여행자를 위한 목표입니다.

첫 번째 목표는 극중 인물 캐롤이 보여 주는데, 그녀는 어쩌면 태어나서 처음으로 살아 있다고 느꼈을지도 모릅니다. 그녀는 깨달았던 것이지요. 파리의 공원 의자에 앉아 있을 때, 그녀는 하나의 연관성을 발견했습니다. 그녀가 살아 있다고 말한 뒤에는 이어서 "그 순간 난 파리를 사랑하게 되었어요. 그리고 파리도 나를 사랑한다고 느꼈어요."라고 말했는데, 이 말은 의미심장합니다. 깨달음이 그녀를 사랑으로 몰아가고 있는 것이니까요.

현실의 삶이라면 캐롤은 한 가지 선택을 하게 될 것입니다. 그것은 단순히 호텔 예약을 변경하여 프랑스에서 며칠 더 머물지를 정하는 그런 결정이 아니며, 이제 파리를 그녀가 가장 좋아하는 도시로 삼아야겠다는 그런 결정도 아닙니다. 그녀는 자신의 체험을 그저 어떤 느낌으로 받아들일 수도 있고, 아니면 이런 느낌 이면에 또 다른 근원이 존재하는 것이 아닌가 궁금해할 수도 있습니다.

이냐시오 성인의 말에 따르면 행동하는 관상가는 현재의 세상을 관조하고 사물들을 새로운 관점으로 바라볼 뿐만 아니라, 이런 놀라운 일들 안에서 하느님의 현존과 활동의 표지들을 알아보기도 합니다. 행동하는 관상가는 분주한 삶 가운데서도 하느님의 현존을 선명하게 알아봅니다. 이것이 바로 하느님에 대한 깨달음의 자세입니다.

이러한 깨달음의 자세는 우리를 두 번째 목표인 '모든 것 안에서 하느님 발견하기'로 이끌어 갑니다. 이 책의 앞부분에서 우리는 기도, 미사, 가정, 사랑, 음악, 자연, 결정, 노동, 소박한 삶, 우정은 물론 고통의 시간 안에서까지 하느님과 마주하는 만남을 이야기했습니다. 모든 것에서, 그리고 모든 사물과 모든 사람에게서, 우리가 이런 깨달음을 알아 가도록 도와주고, 모든 것 안에서 하느님을 발견하도록 도와주는 방법에 대해서도 이야기했습니다. 그것이 바로 성찰입니다. 행동하는 관상가는 모든 활동에서 하느님을 발견하고자 노력합니다.

이 말은 곧 세 번째 목표에 해당하는 '강생의 영성으로 세상을 바라본다'는 뜻입니다. 하느님은 사물과 장소, 그리고 사람 안에 거처하십니다. 단순히 저 위가 아니라 이곳저곳입니다. 그리스도인들에게 있어 예수님은 강생하신 하느님이지만, 반드시 그리스도교 신자가 되어야만 강생의 영성으로 보는 세계관을 가질 수 있는 것은 아닙니다. 우리가 이냐시오의 길을 따라 더 멀리 나아갈수록, 우리는 강생하신 하느님을 그만큼 더 확실하게 알아볼 수 있게 됩니다.

그리고 우리가 이냐시오의 길을 따라가면 갈수록, 우리는 더 멀리 가고 싶어 합니다. 우리는 신을 체험하면 할수록 더 많이 체험하고 싶어 하고, 신을 알면 알수록 더 깊이 알고 싶어 합니다.

그러려면 우리는 네 번째 목표인 '자유와 초연함 추구하기'의 척도를 유지해 가야만 합니다. 또한 무엇이든 이 길을 따르지 못하게 방해하는 것들로부터 자유로워지기 위해 노력해야 합니다. 방해하는 것이 무엇이든 우리에게 과도한 부담을 주는 것에서 벗어나고 싶어 할 것이고, 이냐시오 성인의 말대로 '무질서한 애착'에서 풀려나고 싶어 할 것입니다. 그리고 신으로부터 멀어지게 만드는 그런 길에는 발을 들여놓지 않도록 조심해야 합니다. 이냐시오 성인이 말했듯이, 우리는 식별할 수 있어야 합니다.

그러니 우리는 이 모두를 하나로 묶어, 이렇게 말할 수 있습니다. "행동하는 관상가는 세상을 강생의 영성으로 바라봄으로써, 모든 것 안에서 하느님을 발견하고자 노력하며, 그 노력하는 과정에서 자유와 초연함을 향한 갈망을 깨닫게 되는데, 이것이 하느님께 더 가까이 다가가도록 도와준다."

이냐시오 영성은 어쩌면 이것으로 훌륭히 요약된다고도 할 수 있습니다. 이것은 지금까지 제가 지나온 체험이기도 합니다. 제가 앞서 몇 개의 장에서 제 삶에 이루어진 하느님의 활동에 대한 개인적인 사례들을 제시했는데, 그것은 저의 삶이 다른 사람의 삶보다 더 중요하거나, 더 영적이거나, 더 규범적이라서 이야기한 것이 아닙니다. 그보다는 이냐시오의 길로 가는 사람이라면 누구나 하느님을 체험할 수 있다는 사실을 보여 주기 위함이었지요.

저는 스물일곱 살에 예수회 수련원에 들어오기 전까지는 기도를 해 본 적이 별로 없었습니다. 그랬기에 제가 하느님과 개인적인 관계를 맺게 되리라고는 상상도 못했습니다. 또한 어린 시절부터 달고 살아온 불건전한 성향에서 벗어나게 될 거라고도 상상하지 못했습니다. 새로운 길을 걷게 되리라는 것 역시 상상하지 못했지요. 새로운 길을 전혀 상상할 수 없었습니다. 한마디로, 저는 변화를 상상할 수 없었습니다.

하지만 하느님은 이미 오래전부터 변화를 생각하고 계셨습니다. 이냐시오의 길은 끊임없이 성장하고 자유로워지도록, 더 각성하고,

더 사랑하고, 더 진실하고, 〈사랑해, 파리〉에서의 캐롤처럼 "그래요, 살아 있어요."라고 말할 수 있는 방향으로 나아가도록 저를 이끌어 왔습니다. 제가 그동안 이런 일이 어떻게 개인적인 방식들로 일어났는지를 보여 주려고 노력한 이유는 하느님이 우리의 가장 내밀한 자아 안에서, 제가 제 자신과 가까운 것보다 저와 더 가까이에서 지극히 생생하게 살아 계시기 때문입니다. 우리가 이런 일이 일어나는 것을 받아들이기만 한다면, 하느님은 우리 모두의 삶에서 이러한 방법으로 일하실 수 있습니다. 그리고 저는 바로 그런 이유로 예수회 성인들과 제가 알고 있는 예수회원들, 그 밖에도 제가 이냐시오의 길을 걸으면서 만난 수많은 친구들과 동료들의 생활 속 이야기들을 소개했던 것입니다.

하지만 성장, 자유, 움직임, 사랑, 진실성, 심지어 살아 있다는 느낌까지도 최종 목표가 될 수는 없습니다. 이냐시오의 길이 도달하고자 하는 목적지는 어떤 자질이 아닌, 다른 것이기 때문입니다.

2. 여정의 진정한 목적지

그 목표는 하느님이십니다. 저는 망설이는 구도자에서 열심한 신자에 이르기까지 가능한 한 많은 독자들이 이 책을 활용할 수 있도록 배려하는 방향으로 글을 쓰고자 노력했습니다. 이냐시오 영성은 비단 예수회원뿐만 아니라, 가톨릭 신자나 그리스도인을 넘어서 더욱 폭넓고 다양한 사람들에게도 도움이 됩니다. 선불교의 통찰들이 그리스도인인 저에게도 도움을 주는 것과 마찬가지로, 이냐시오 영성에는 선불자들에게 도움을 줄 수 있는 실천 방법들이 있습니다. 유대교 신자나 이슬람교 신자인 사람에게도 마찬가지이지요. 누구나 자신의 삶을 향상시키기 위해 이 실천 방법들을 활용할 수 있습니다.

하지만 여정의 끝을 온전히 이해하려면, 목적지를 알아야만 합니다. 왜냐하면, 이냐시오 영성은 하느님이 없이는 아무런 의미가 없기 때문입니다. 여정의 목적지는 어떤 장소가 아니라 하느님이십니다.

제가 이 책 첫머리에서 영신수련과 관련하여 말한 것처럼《영신수련》은 읽는 데 의미가 있는 것이 아니라, 체험하는 데 의미가 있는 것입니다. 춤에 관한 입문서를 예로 들어 생각해 보면 그 책은 그냥 읽기만 한다면 별 도움이 되지 않습니다. 내용을 이해하려면 먼저 춤을 춰 봐야 합니다. 둘이 추는 춤이라면 더욱 그러할 것입니다.

이처럼 영신수련에도 춤이 있습니다. 상대는 바로 하느님이십니다. 이것이 저급한 심상이라는 것은 저도 압니다(이 시점에서 여러분은 길고 허연 수염을 가진 노인과 춤을 추고 있는 자신의 모습을 상상했을 수도 있습니다. 혹시 상상하지 않았다면 이제부터 상상할 수도 있겠지요). 그럼에도 이것은 하느님과의 관계가 목적인 길입니다. 그분은 우리와 관계를 맺고 싶어 하시는 분이며, 우리와 춤추고 싶어 하시는 분입니다.

저의 경우에는 이냐시오 영성이 삶에서 하느님을 만나게 하는 중요한 통로가 되어 왔습니다. 이것은 제가 하느님께 가는 길이 되어 주었고, 예수 그리스도께 가는 길이 되기도 했습니다. 이냐시오 성인의 통찰과 수행은 제가 종교적 전통이나 성경, 공동체, 기도를 비롯한 거의 모든 것들에 대해 올바른 이해를 할 수 있도록 질적으로 향상시켜 주었습니다. 이냐시오의 길은 제가 하느님과 관계를 맺도록 이끌어 주었으며, 이는 제가 스물일곱 살일 때에는 생각도 할 수 없는 것이었지요.

하지만 어느 누구도 이승에서는 이 여정의 끝에 이를 수 없습니다. 저는 바오로 사도의 말대로 우리가 사후에 하느님과 얼굴을 마주하게 되리라고 믿습니다. 그러나 이 지상에서는 길을 가는 순례자일 뿐이겠지요.

이냐시오 영성을 이야기하면서 길이라는 표현을 지배적인 심상으로 삼았던 이유도 여기에 있습니다. 제가 이냐시오 성인의 초창기 동료인 예로니모 나달 성인이 말했던 "길이 바로 우리의 집이다."를 좋아하는 이유도 여기에 있습니다. 예로니모 나달 성인의 말은 예수회원이 늘 여정 중에 있고, 늘 무엇인가 새로운 사명을 향해 나아가고 있으며, 늘 움직일 준비가 되어 있다는 뜻이었기 때문입니다.

하지만 거기에는 또 다른 의미도 담겨 있습니다. 우리는 늘 하느님을 향하는 길 위에 있으며, 우리가 최종 목적지를 깊이 이해하면 할수록 가는 길이 그만큼 더 편안하게 느껴질 것이라는 뜻이기도 합니다.

우리 자신을 하느님께 봉헌하는 것도 하느님이 목표이기 때문입니다. 이러한 봉헌은 우정의 한 부분입니다. 상대방과 함께 나누는 진정한 우정은 이냐시오 성인의 말처럼 어떤 것이든 선물을 주고받기 마련입니다. 하느님은 우리에게 자신을 내어 주시고, 우리는 우리 자신을 하느님께 바칩니다. 그리하여 이 책에서는《영신수련》에 나온 기도를 인용하여 마무리하고 싶습니다. 이 기도를 인용하는 것은 하느님께 무엇인가를 바치는 내용을 담았기 때문입니다.

바로, 여러분 자신을 말이지요.

3. 열망하는 것만으로도 충분하다는 확신

우리는 앞서 여러 부분에 걸쳐 4주간의《영신수련》과정을 이야기했습니다. 그리고 각 주간에서 우리가 논의하고 있는 주제와 관련된 측면들을 선택적으로 소개했습니다.

제1주간에는 우리의 삶에 주신 하느님의 선물들에 감사하는 마음을 가져 보고, 그다음으로는 자신의 죄를 살펴보도록 합니다. 그리하여 우리는 자신이 하느님의 사랑을 받는 죄인이라는 반가운 깨달음에 이릅니다. 제2주간에서, 우리는 지상에서 설교와 치유 사목을 수행하는 나자렛 예수님과 우리가 동행하는 광경을 상상합니다. 제3주간에는 우리가 상상 속에서 예수님의 수난과 죽음 이야기 속으로 들어가고, 거기에서 고통에 대한 새로운 안목을 얻습니다.

하지만 우리가 지금껏 거론하지 않은 한 주간이 더 있습니다. 바로 부활에 초점을 맞춘 제4주간입니다. 《영신수련》의 마지막에 이르면 대부분의 피정자들이 기쁜 부활 이야기를 묵상할 수 있어 즐거워합니다. 마리아 막달레나 성녀와 제자들에게 모습을 드러내시는 예수님, 당신을 배신했던 베드로 사도를 용서하시는 예수님, 갈릴래아 호숫가에서 제자들에게 음식을 대접하시는 예수님…….

이에 이냐시오 성인은 깊은 열정에 불타올라 신약 성경에 한 가지 모습을 더 덧붙이기까지 하는데, 그것은 바로 예수님이 부활하신 후에 어머니를 만나시는 장면입니다. 성인은 이에 대해 이렇게 적었습니다. "비록 성경에는 언급이 없으나, 다른 많은 사람들에게 나타나셨다고 하는 데에서 전제되어 있다. 왜냐하면 '너희는 아직도 깨닫지 못하느냐?'(마태 15,17) 라고 씌어 있는 것처럼 성경은 우리가 이해력을

가지고 있음을 전제하기 때문이다."(영신수련, 299)

제4주간을 마감하면서, 이냐시오 성인은 우리를 놀라운 관상으로 초대하는데 우리는 이것을 **하느님의 사랑을 얻기 위한 관상**이라고 부릅니다. 사실 빨리 피정을 끝내고 싶어 하는 사람들이 흔히 서둘러 해치우는 부분이기도 하지요(피정을 이끄는 사람들 역시 사람입니다).

달리 말하면 이것은 우리를 향한 하느님의 사랑을 이해하도록 도와주는 관상입니다. 이냐시오 성인은 우리가 이 일을 할 때 도움을 주고자 한 가지 관상을 실천 과제로 제시하고 이어서 하나같이 풍요로운 여러 가지 은유를 제시합니다.

첫째로 이냐시오 성인은 "우리 주 하느님이 나를 위해 얼마나 많은 일을 하셨는지"(영신수련, 234) 그리고 "하느님이 가지신 것을 얼마나 내게 주셨는지"(영신수련, 234)를 기억하라고 권유합니다. 이는 양심 성찰에 뒤따르는 그런 유형의 고마움과 비슷합니다.

둘째로, 이냐시오 성인은 하느님이 친히 창조하신 모든 피조물들 안에 '거하시는' 방식을 알아보라고 말합니다. 하느님은 물질에 존재를 부여하셨습니다. 식물에게는 생명이 자라게 하셨고, 동물에게는 감각을 주셨으며, 사람에게는 지성을 주셨지요. 이냐시오 성인은 자신 안에 거하시는 하느님에 관해 이렇게 표현했습니다. "내 안에서 내게 존재를 부여하시고 활력을 주시며 느끼게 하시고 이해하게 하

신다. 나를 성전이 되게 하시고 하느님의 모상과 형상으로 창조하셨다."(영신수련, 235)

여러분 안에서는 하느님이 어떤 방식으로 거처하고 계시나요?

셋째로, 하느님이 세상 모든 피조물 안에서 나를 위하여 어떻게 수고하고 계시는지를 곰곰이 생각해 볼 것을 조언합니다(영신수련, 236). 이것이 제게 늘 강렬한 심상이 되었습니다. 하느님은 우리를 위해 그리고 모든 피조물을 위해 수고하시며 "이것들 안에서 존재를 부여하고 보존하며" 이들이 성장하고 자기 모습을 회복하도록 도우십니다.

끝으로, 정의와 선함, 인자함, 자비 등과 같은 것들이 "마치 태양에서 빛이 나오고 샘에서 물이 흘러내려 오듯이"(영신수련, 237) 하느님이 어떤 방식으로 내려오게 하셨는지 생각해 봅시다. 하느님은 우리와 함께, 그리고 우리를 위해 일하고 계십니다.

이 모든 심상들은 우리를 향한 하느님의 사랑을 생각하고 또 체험하라는 아름다운 초대입니다. 하지만 그것뿐만이 아닙니다. 이 마지막 관상 속에는 이냐시오 성인의 온갖 기도들 가운데 가장 널리 알려져 있으면서도 어쩌면 가장 어려운 기도 하나가 포함되어 있습니다. 이 기도는 흔히 라틴어로 된 첫 단어를 따서 Suscipe(봉헌 기도)라고 부릅니다. 영신수련 끝 부분에 나오는 이 기도는 하느님을 향한 일종의 봉헌이지요. 사람들은 총 4주간에 걸친 영신수련을 끝내고, 자신을 향한 하느님의 진심 가득한 사랑을 묵상하고 나면, 흔히 마음을 다해 응답하고 싶어집니다. 불편심과 초연함, 겸손을 포함한 이냐시오 성인의 많은 이상들이 그렇듯이, 이 기도도 하나의 목표에 해당합니다.

> 받아 주소서, 주님.
> 저의 모든 자유와 저의 기억과 지성,
> 저의 모든 의지와 제가 가진 모든 것을 받아 주소서.
> 당신이 이것들을 제게 주셨습니다.
> 주님, 이 모두를 돌려 드립니다.
> 모두가 당신 것이오니 당신 뜻대로 처리하소서.
> 제게는 당신의 사랑과 은총을 주소서.
> 이것으로 저는 족하옵니다(영신수련, 234).

제가 말한 것처럼 이는 상당히 어려운 기도이며, 철저하게 자신을 내어 주는 기도이기도 합니다. 하느님께 전부를 바친다고 고백하는 것이기 때문이지요. 또한 자신에게 유일하게 필요한 것은 오직 하느님의 사랑과 은총뿐이라고 고백하는 기도이기도 합니다.

제가 이처럼 어려운 기도를 이 책의 마무리에 넣은 이유는 무엇일까요? 여러분에게 영적인 삶이 끊임없는 여정임을 일깨워 주기 위해서입니다. 저도 지금껏 이 기도를 바치면서 그 의미를 온전히 담아낼 수 없었습니다. 사실은 아직도 저는 오로지 하느님의 사랑과 은총만 있으면 충분하다고 말할 수 있는 확신이 없기 때문입니다. 저는 그런 점에서 여전히 너무나 인간적입니다. 하지만 이냐시오 성인의 말대로, 이러한 기도를 온전히 바치기를 열망하는 것으로 **충분**합니다. 또 그런 자유를 바라는 것으로 충분합니다. 나머지는 하느님이 해결해 주실 것입니다.

그러니 우리는 지금도 행동하는 관상가가 되어, 모든 것 안에서 하느님을 발견하고, 세상에서 강생하신 하느님을 알아보고, 자유와 초연함을 추구하는 길을 가기 위해 묵묵히 노력할 뿐이지요.

그동안 자신의 일상에서 하느님을 찾는 수백만의 사람들이 이냐시오의 길을 거쳐 갔습니다. 이 길은 때로는 쉽게 느껴질 때도 있고, 힘들게 느껴질 때도 있지만, 언제나 우리를 하느님께 보다 가까이 이끌어 주지요. 오늘은 우리 모두가 우리의 벗 이냐시오 성인을 떠올리며 기쁜 마음으로 감사의 기도를 드려 보는 것은 어떨까요?

주·색인

주

1 존 오말리 저, 윤성희 역, 《초창기 예수회원들》, 이냐시오 영성연구소, 2014, 88쪽
2 토머스 머튼 저, 정진석 역, 《칠층산》, 바오로딸, 2009, 770쪽.
3 C. S. 루이스 저, 강유나 역, 《예기치 못한 기쁨》, 홍성사, 2003, 30쪽.
4 마거릿 실프 저, 성은숙 역, 《하느님 뜻을 찾아가는 여정의 15가지 에피소드》, 이냐시오 영성연구소, 2008.
5 앤서니 드 멜로 저, 문은실 역, 《유쾌한 깨달음》, 보누스, 2007, 31~32쪽.
6 마이클 하터 편저, 유신재·김두현 역, 《영혼의 메아리》, 이냐시오 영성연구소, 2006, 142~143쪽.
7 마이클 하터, 위의 책, 182쪽.
8 토머스 키팅·바실 페닝튼·토머스 클라크 저, 허성준 역, 《구심 기도》, 분도출판사, 2003, 74쪽.
9 토머스 키팅·바실 페닝튼·토머스 클라크, 위의 책, 24~34쪽.
10 존 오말리, 위의 책, 294쪽.

11 존 오말리, 위의 책, 59쪽.

12 존 오말리, 위의 책, 512쪽.

13 월터 취제크 저, 성찬성 역, 《나를 이끄시는 분》, 바오로딸, 2012, 217~218쪽.

14 월터 취제크, 위의 책, 54~55쪽.

15 월터 취제크, 위의 책, 57쪽.

16 마이클 하터, 위의 책, 153쪽.

17 마이클 하터, 위의 책, 61~62쪽.

18 월터 취제크, 위의 책, 172~173쪽.

19 마이클 하터, 위의 책, 132~133쪽.

20 앤서니 드 멜로, 위의 책, 24쪽.

색인

ㄱ

가르멜회   22, 44

가이 콘솔매그노(예수회원)   285

감사   55, 123, 124, 136, 164, 187~189, 406, 410~412, 536~538, 794

감정

  감정   147, 148, 414, 652, 675

  기도하는 이에게 생기는 감정   260, 264, 265

  영적인 체험의 감정   123~125, 159, 160

  하느님과의 대화에서 생기는 감정   137, 272, 264, 265

건강한 삶   282, 721, 722

게오르그 슈하머(예수회원)   493

결정

결정   546, 547, 555, 556, 558, 560, 567, 681~683, 702, 703

결정과 무관심   620~624

결정에 관한 경험   460, 461, 635~637, 642, 648, 649, 668, 671

결정의 방법   139, 140, 624~633, 645~647, 650~658, 666, 667

결정의 시기   633~658

올바른 결정에 대한 확증   647, 650, 701, 702

욕망 속에서의 결정   461, 701, 702

진정한 자아가 하는 결정   657

겸손

  겸손   109, 111, 192, 423, 527~529, 758

  겸손의 세 단계   423~426

경력	691, 692, 760	발터 부르그하트의 정의	32, 184
경외	154, 155	아포파틱 기도	336
경쟁	377, 379~383, 477, 507, 530~532	양심 성찰	186~211, 305~322
경청	270, 272~280, 465, 466, 521~525, 545	청원 기도	219~222
고어 비달	382	카타파틱 기도	337

고통
    고통 중에 하느님 찾기 75, 93, 167~171, 259, 260, 574, 579~592
    고통에 대한 이냐시오 성인의 관점   592~603
    고통을 받아들임   92

향심 기도	335~345
《길리아드》	166, 167

관계   21, 41, 73, 80, 107~114, 173~175, 218~222, 230, 231, 243~297, 440, 534, 765, 791, 792

교황의 권한	45, 50, 550, 551		
《교회법전》	282		
《구심 기도》	341		
그레그 이스터브룩	376, 377		
《그리스도 안에서의 선택》	313, 314, 631, 632		
〈그리스도를 더욱 닮아 가는 일〉	426		

ㄴ

《나를 당신의 우정으로 끌어주오》	423, 424
《나를 이끄시는 분》	75, 571
내적 생활 나눔	520, 525
낸시 미트포드	106
노턴 사이먼 박물관	47, 48
《놀라우신 하느님》	285
니콜라스 보바디아(예수회원)	493
니콜로 마키아벨리	740

기도
    그리스도 예수의 생애에 대한 묵상   164, 252, 365, 391, 592~601
    기도 96, 230, 243, 244, 302, 304, 348~357
    기도의 정의   236~239
    담화   345~347
    렉시오 디비나   322~335

ㄷ

다니엘 해링턴(예수회원)	248, 249
다니엘 폴리시	579, 580
《다른 어떤 것과도 같지 않은 우정》	80, 287
다마스쿠스의 요한 성인	236
《다시 가 본 브라이즈헤드》	160, 161

단순한 삶	384~388
대화	49, 238, 244, 259, 521
〈더 뉴요커〉	161, 527
《더 큰 영광에 손을 뻗다》	424~426
《데드 맨 워킹》	247~248
데이비드 도노반(예수회원)	28, 29, 39, 113, 173, 174, 243, 291~293, 302~304, 306, 307, 316, 437, 438, 457~460, 522, 526, 527, 665, 666, 709, 769~772, 774
데이비드 론스데일	627, 640, 647, 699, 709
데이비드 아셀린(예수회원)	274, 275
데이비드 플레밍(예수회원)	305, 306, 423~427, 535, 536, 600, 601, 627, 641~644, 743
데카르트	283
도널드 코젠스	443, 444
도덕	186, 424, 726, 727
도로시 데이 하느님의 종	202, 203, 350
도미니크 탕(예수회원)	63, 64
도스토옙스키	470
독신	441~444, 452, 476
독창성	734, 736~739, 752
《되찾은 영신수련》	132, 272, 440, 634, 635
두 개의 깃발	389, 391, 392, 423, 596, 775
두려움	41, 148, 150, 151, 167, 219, 268, 284, 329
《두려워할 것은 없다》	148
디에고 라이네스(예수회원)	493
딕 메이어	731
딘 브래클리(예수회원)	378~383, 415

ㄹ

라인홀드 니버	103
《러시아에서 그분과 함께》	570, 571
〈레베카〉(영화)	661
렉시오 디비나	322~335
로마 가톨릭 교회	44
로버트 도허티(예수회원)	546, 555
로버트 드리넌(예수회원)	557, 558, 560
로케 곤잘레스	744, 745
론 한센	755, 756
루돌프 오토	151
루미	103
루벤스	47, 48
루스 버로스	152, 153
루카 복음서	
루카 1,26-38	275
루카 1,30	151
루카 2,10	151
루카 2,52	747
루카 4,16-30	324, 325

루카 5,8	151
루카 5,10	151
루카 8,22-25	308, 309
루카 8,23	310
루카 9,25	491
루카 9,58	365
루카 10,29-37	251
루카 15,3-10	172
루카 15,11-32	192
루카 18,21	372
루카 18,22	372
루카 18,23	372
루카 18,35-43	130, 131
루카 18,41	351
루카 22,42	365
르네 구필	599, 600
르네 플롭 밀러	739, 740
리처드 레너드(예수회원)	588~592, 286, 287, 295
릭 커리(예수회원)	544, 545, 760, 764

ㅁ

마거릿 미드	727
마거릿 실프	136, 137, 141, 199, 200, 210, 211, 292, 345, 695, 700, 701
마더 데레사 성녀	105, 267, 268, 290, 402, 444, 594, 765, 766
《마더 데레사, 나의 빛이 되어라》	290
마르코 복음서	
마르 1,29-31	443
마르 3,32	305
마르 4,1-34	251
마르 10,21	372
마르 10,22	372
마르 10,23	372
마르 10,46-52	29
마르 10,51	688
마르 12,41-44	411
마리아 슈완	350, 351, 696
《마음의 습관》	108
마이클 노박	105
마이클 아이벤스(예수회원)	627, 647, 648, 667
마지스	743, 744, 746, 747
마크 티보도(예수회원)	237, 264, 265
마태오 복음서	
마태 13,33	716
마태 13,54	9
마태 15,17	794
마태 25,40	402
마태 25,45	728

마테오 리치(예수회원)　　　63, 736~738
마틴 루서 킹　　　103, 105, 594
매슬로　　　125
〈매트릭스〉(영화)　　　679, 680
메릴린 로빈슨　　　166, 167
명확성　　　161~163, 250, 251, 644, 648
모린 콘로이　　　534
모세　　　141, 206, 248, 249, 292, 293, 336
모세스 마이모니데스　　　103
무신론자　　　85~87, 91, 105, 122, 142, 211
《무지의 구름》　　　336, 344
무질서한 애착 33~35, 335, 370~378, 425, 788
묵상
　묵상　　　163, 191, 235, 314, 322~335, 351, 601~604, 649
　《영신수련》51~54, 389, 593, 596~598, 775
　　욕망에 대한 묵상　　　139
묵주 기도　　　302, 303, 348~350
〈문스트럭〉(영화)　　　463
미사　　　22, 45, 48, 59, 76, 107, 146, 159, 164, 169, 228, 233~235, 253, 349, 356, 371, 393, 394, 432, 560, 569, 570, 787
〈미션〉(영화)　　　744
《미치게 바쁘다》　　　723, 724
믿음　　　73, 76~80, 130, 200, 284, 289, 290, 308, 325, 342, 596, 628, 642, 733

ㅂ

《바다로 간 소금인형》　　　778, 779
바르티매오 129~132, 135, 136, 138, 139, 688
바오로 3세 교황　　　45, 403
바오로 6세 교황　　　560
바오로 사도 10, 235, 250, 342, 348, 581, 634, 637, 638
바질 페닝턴　　　340, 341, 343~345
《반지의 제왕》　　　390
발터 부르그하르트　　　32, 184, 237, 238, 756
베네딕도회　　　24, 40, 56, 69, 340
베네딕토 성인　　　24
베드로의 첫째 서간
　1베드 5,8　　　675
베드로 사도　　　151, 235, 443, 794
베드로 클라베르 성인(예수회원) 501, 503, 504, 728, 749
베드로 파브르 성인(예수회원)　176, 190, 438, 439, 485, 493, 497~499, 501, 504, 621, 717
변화 110, 136, 137, 143, 170, 190, 207, 278, 280~289, 292, 294, 297, 322, 485, 504, 525, 727, 777, 778
변화된 이냐시오 성인　　　38~41
《보는 눈, 들을 귀》　　　627, 699
볼테르　　　25
《볼티모어 교리서》　　　281~283

색인　807

분별력
  분별력 389, 735
  식별 140, 274, 275, 347, 546, 620, 624~628, 643, 658~680, 683
  영적인 분별력 461
불가지론자 85, 89, 90, 122, 142, 161, 211
불교 35, 36, 83, 107
불만 143, 509, 535, 537, 637, 679, 753
〈불의 전차〉(영화) 710
브라이언 데일리(예수회원) 426
브라이언 콜로디척 290
비니타 햄프턴 라이트 271
빈첸시오 제노베시(예수회원) 442, 443
빌 크리드(예수회원) 163, 164

ㅅ
사랑
  사랑 20, 32, 59, 60, 162~164, 184, 264, 265, 341, 482, 497, 515, 534, 556, 740~742, 764, 775, 795
  사랑과 정결 362, 440, 442~448, 450~471
  사랑하는 세 가지 방법 424~426
  이냐시오 성인의 금언 404, 405, 450, 467
《사랑을 추구하며》 442
〈사랑해, 파리〉(영화) 783~785, 790

사탄 391, 392, 659
상상기도 305, 342, 597
상상력 112, 230, 305, 307, 312, 332, 338, 355, 653
《새 가톨릭 영성 사전》 336
서스턴 데이비스 570
《선교를 위해 하나 되어》 388
성 27
성 요셉 수녀회 268
성모송 218, 219, 222, 349
성소 688~696, 702
《성인들과 성스러움》 756~758
성찰
  성찰 183, 186, 187, 201~211, 213, 217, 279, 537, 587, 651, 719, 787
  성찰의 첫 번째 단계 187~189
  성찰의 두 번째 단계 189~193
  성찰의 세 번째 단계 193~200
  성찰의 네 번째 단계 200
  성찰의 다섯 번째 단계 201
《세상의 길 그리스도의 길》 145
소명
  소명 34, 138, 690
  정체성과 진정한 자아 759, 760, 766, 778
《소비 사회에서 그리스도를 따르는 일》 377
소비 지상주의

브래클리의 열두 단계	379~383
사다리 모형	380~383
소비 지상주의	380
소피아	287
손턴 와일더	231
솔직함	257, 259
《수녀원의 비밀》	113
《수도원 산책》	363
순명	365, 366, 543~552, 575~577, 599, 614, 615
《스크루테이프의 편지》	391
슬픔	124, 258, 260, 263, 589, 590, 664
시몬 로드리게스	493, 508
시에나의 가타리나 성녀	105
시토회	23, 144
시편	
시편 23,1	277, 332
시편 34,7	412
시편 34,19	412
시편 42,8	166, 719
시편 64,2	221
시편 139,1	256
시편 139,13-14	765
시편 139,14	774
《식별력 있는 마음》	534

《신비로운 기도의 길잡이》	152
신비주의	103, 152
신비 체험	41, 42, 152
《신앙 고백》	706, 707
실질적인 자선 사업	402
실패	586, 680, 752, 755~758
십자가의 요한 성인	146, 147

ㅇ

아기 예수의 데레사 성녀	47, 113
아리스토텔레스	292
〈아메리카〉	554, 566, 570, 579, 583
아멜리아 울먼	707
아모스서	
아모 3,3	246
《아무도 하느님을 보지 못한다》	105
아브라함 J. 헤셸	103, 154, 155, 580
아시시의 프란치스코 성인	7, 24, 38, 40, 47, 103, 385, 402, 444, 531
아우구스티노 성인	33, 125, 143, 342, 355
〈아웃 오브 아프리카〉(영화)	162, 163, 611
아이작 헤커	110, 111
《안녕, 내일 보자》	275, 276
《안락의자 신비가》	273
알렉산더 페인	783

알로이시오 곤자가 성인　330, 404, 405, 439
〈알록달록한 아름다움〉　157, 158
알폰소 로드리게스 성인　209, 210, 501~504, 748
알폰소 살메론(예수회원)　493
알프레드 히치콕　661
앙드레 드 야에르(예수회원)　57, 388
앤드류 그릴리　81
앤서니 드 멜로(예수회원)　96, 174, 189, 193, 214, 285, 367, 369, 772, 778, 779
양심　189, 191, 283, 342, 662
《어느 예수회원의 영적 일기》　432, 433
《어떻게 하면 하느님을 찾을 수 있는가?》　205, 247
에드문도 캠피언 성인　61, 225
에블린 워　160, 161
에이버리 덜레스 추기경(예수회원)　184, 185, 481
엘리사벳 존슨　287
엘리야　278
엘리자베스 리버트　132
여섯 가지 길　75~102
연민　48, 98, 197, 198, 386, 519, 525, 585, 602, 688, 775
열왕기
　1열왕 19,9-13　278
　1열왕 19,12　718
　2열왕 5,1-19　149, 150
《영들의 식별》　390, 391, 659, 660
영성　21~26, 114, 131, 132, 150, 219, 255, 256, 258, 296, 568, 624, 695, 764
《영신수련》
　《영신수련》33, 51~56, 139, 163, 517, 536, 593
　《영신수련》제1주간　53, 163, 174, 346, 604, 695, 794
　《영신수련》제2주간　53, 308, 318, 347, 389, 593, 596, 604, 794
　《영신수련》제3주간　53, 597, 598, 601, 604, 608
　《영신수련》제4주간　53, 536, 794, 795
　왕의 부르심　593, 595
　전제　482~486, 510, 512
《영신수련의 이해》　627
영적 가난　419~423
《영적 가난》　421
《영적 자유》　315, 316, 679
영혼　45, 115, 162, 194, 260, 269, 354, 387, 392, 393, 485, 492, 495, 535, 551, 592, 593, 625, 626, 628, 637, 644, 664, 669, 676, 679, 680, 717, 728, 766
《예기치 못한 기쁨》　153, 154
예레미야서

예레 29,11 288

예로니모 나달(예수회원) 31, 49, 630, 708, 792

예수   79, 105, 131, 172, 174, 180, 190, 252, 321, 365, 373, 402, 458, 595, 748

《예수 최후의 날》 610

예수의 데레사 성녀   103, 105, 238

예수회

  고독 475

  공동체 생활   233~235, 282, 366, 397, 398, 477~479, 480, 481, 506, 528

  예수회   19, 24, 25, 45, 194, 555, 620, 736~740

  예수회 관련 유머   21, 22, 69, 396, 404, 426, 427, 478, 548, 641, 657, 658

  장상   544, 547, 549, 555~557

'예수회 생활 속의 우정'   494, 498

《예수회 성인들과 순교자들》 209

《예수회 역사》 509, 737

〈예수회 영성 연구〉 494

예수회 회헌

  순명 543

  정결 437, 451

  청빈 384, 387

  《회헌》   55~58, 395, 556, 629, 722, 723, 741, 742

〈예수회원이 되는 이유, 예수회원으로 남아 있는 이유〉   751, 752

예카테리나 2세 50

올리비에 메시앙   355, 356

요셉 드 기뱅(예수회원)   22, 23

요셉 성인   747~749

요셉 테틀로(예수회원)   313, 314, 631, 632

요한 드 브레뵈프 성인 61

요한 바오로 2세 성인 교황   594, 731

요한 밥티스트 메츠   421, 423

요한 베르크만 성인 480

요한 복음서

  요한 14,9 337

  요한 9,1-12 582

욕망

  밖에서 안으로, 안에서 밖으로 접근법 141

  욕망   131~140, 165, 377, 418, 424, 688, 693, 695~697, 778

욥기

  욥기 10,1 260

용서   192, 200, 201, 469, 485, 528, 529

우디 앨런 467

《우리 읍내》 213

《우리는 왜 고통을 당하는가?》   580, 581

《우리는 왜 자신을 미워하나》 731

우정   244~246, 256, 266, 280, 481, 498, 500, 515, 528

월터 취제크 신부(예수회원)   61, 75, 76, 586,

595, 601, 614, 715, 752

월트 휘트먼 97

《위대한 기업 위대한 리더십》 691, 692

윌리엄 맥스웰 275, 276

윌리엄 벤거트(예수회원) 509, 737, 745

윌리엄 제임스 49

윌리엄 A. 배리(예수회원) 80, 243, 244, 256, 287, 296, 345, 500, 501, 504, 505, 529, 546, 55, 695

〈유다 이스카리옷의 마지막 나날〉 94

유머 255, 534, 535

은총 53, 121, 176, 187, 189, 237, 508, 609, 624

《은총에 대한 감사》 184

이냐시오 데 로욜라 성인
  금욕주의 40, 41, 369
  생애 37~51
  예수회 설립 43~46
  자서전 37, 38, 41, 42, 44, 47, 58, 118~120, 385, 386, 657
  친구 43, 486~495
  편지 59, 60, 369, 486, 495, 510, 511

이냐시오 관상 305, 322

이냐시오 영성 24, 26~36, 141, 388, 461, 735, 788, 789

이냐시오의 길 63~68, 73, 102, 231, 519, 536, 592, 735, 744, 786, 792

《이냐시오 영성이란 무엇인가?》 535, 536

이사벨 로세 440

이사악 조그 성인 61, 62, 599, 600

이슬람 172, 173, 287, 288, 348, 349, 791

인내 77, 260, 481, 538, 614, 667, 776, 777

일
  실패 받아들이기 757, 758
  일 691~693
  일중독 148, 428

ㅈ

자기 수용 764, 771

자만 24, 585, 670

자유
  순명과 자유 551, 552, 597
  정결과 자유 450, 451, 454, 456, 457, 497, 498, 504
  청빈과 자유 369, 375, 378, 415, 417, 427, 430
  자유 20, 33, 49, 55, 122, 255, 331, 621, 622, 623

《자유롭게 해 주는 독신》 443, 444

자유 의지 267, 749

장 코뒤르(예수회원) 493

장 피에르 드 코사드(예수회원) 200, 577, 578

정결

   정결 362, 365, 366, 437, 439, 440, 443, 444, 450~471

   정결과 자유 551, 568

   정결에 대한 보편적인 견해 362, 363, 441, 442

정체성 441, 778

제2차 바티칸 공의회 555, 559, 560

제라드 맨리 홉킨스(예수회원) 157, 158, 262, 263, 549, 657, 755, 756, 766, 767

제라드 W. 휴스(예수회원) 113, 285

제레미 램포드 706

제임스 키넌(예수회원) 190, 525, 526

제임스 조이스 25

제클린 시럽 버간 350, 351, 696

조나단 라이트 24, 25

조지 갠스(예수회원) 622, 623

조지 아셴브레너(예수회원) 186, 424, 425

조지프 틸렌다(예수회원) 209

존 맥머레이 93, 94

존 메인 340, 341

존 잉글리쉬(예수회원) 315, 316

존 코리던(예수회원) 63

존 코트니 머리(예수회원) 393, 558, 559

존 호히(예수회원) 749

존 F. 캐버너(예수회원) 377

존 F. 케네디 570

존 W. 오말리(예수회원) 52, 60, 61, 385~387, 403, 438, 491, 506, 551

존 W. 패드버그(예수회원) 37, 38

《존재하는 그녀》 287, 288

종교

   영적 고향 96, 97

   종교 103, 105, 107, 108, 111, 112, 285, 286

   SBNR 103

종교적 순결 174, 180

죄의식 189, 192, 193

죽음 88, 90, 123, 148, 169~171, 422, 495, 497, 578, 581, 590, 595, 598, 599, 600, 602, 614, 701, 723, 729, 794

줄리언 반스 148

중독 145, 148, 264, 293, 428, 508, 753, 764

《지금 이 순간의 성사》 200, 577, 578

《진보의 역설》 376, 377

짐 비숍 610

ㅊ

찰스 셸턴(예수회원) 462, 494, 498, 504, 507, 515, 517, 529, 532

《참된 교회와 가난한 사람들》 732

청빈 365, 366, 384, 387, 388, 396, 401, 551

초연함	35, 255, 330, 424, 621
《초창기 예수회원들》	52, 60, 61, 385, 403, 513, 551, 438, 491
《추방된 사람들》	756
출석 직무	466
《칠층산》	83, 84, 101, 636
《침묵할 시간》	698

ㅋ

카렌 블릭센	162
카를 라너(예수회원)	152, 237, 250, 682, 751, 752
카를로스 발레스(예수회원)	289
캐틀린 노리스	363, 544
캠피언 피정의 집	224, 231, 370, 777
퀘이커교	96
퀘이커교의 함께 하는 침묵	96
크리스 로니	691, 692, 702, 703, 734, 735, 736, 740, 742, 747
클레멘스 14세 교황	50
클로드 드 라 콜롱비에르 성인	759

ㅌ

《탄생: 주여 나를 받으소서》	696
탈출기	

탈출 20,21	336
탈출 33,20	206
탈출 34,5	336
탈출 4,1	248
탈출 4,10–17	248
탈출 4,11–12	249
탈출 20,21	336
탈출 34,5	336
테레사 레야델	722
토마스 아퀴나스 성인	103, 336
토마스 클라크(예수회원)	341
토머스 머튼	83, 101, 223, 340, 594, 635, 636, 692
토머스 키팅	340
티모시 갤러거	390, 391, 659

ㅍ

파샤스 브로에(예수회원)	493
패트릭 리 퍼머	698
페기 리	142, 143
페드로 리바다네이라(예수회원)	353
페드로 아루페(예수회원)	115, 401, 402, 431~433, 445, 557, 558, 606, 607, 733
프란시스 스펠만 추기경	559
프란치스코 보르지아 성인	395, 396

프란치스코 살레시오 성인　　525

프란치스코 하비에르 성인　43, 191, 235, 487, 490~501, 530, 552, 736, 756, 757, 762, 766

프란치스코회　22, 33, 44, 69, 83, 364, 385, 426, 427

《플로베르의 앵무새》　148

피델 카스트로　25

피에르 데이야르 드 샤르댕(예수회원)　63, 253, 339, 340, 776, 777

피터 핑크(예수회원)　200

피터 한스 콜벤바흐(예수회원)　205, 206

ㅎ

하느님

　관계　150, 158, 173~176, 183, 314, 356

　사랑　192, 749, 750, 760, 771

　위대한 문제 해결사　89, 90, 92, 93, 100, 218, 286

　하느님　32, 33, 39, 137, 258, 614, 649, 695

《하느님 스케치》　289

《하느님, 제게 문제가 있습니다》　264

《하느님과 그대》　243

《하느님의 군대》　24, 25

《하느님 뜻을 찾아가는 여정의 15가지 에피소드》 141, 199, 200, 210

《하느님의 역학》　285, 286

하비 이건(예수회원)　336, 338

〈하향 이동〉　378, 415

《해리 포터》　390

행동 양식　19, 20, 24, 61, 62, 121, 494, 512, 513, 734

향심 기도

　세 가지 지침　343, 345

　향심 기도　335~345

헨리 나우웬　145, 378

헬렌 프리진　247

《현명한 선택》　136, 137, 695

혼 소브리노(예수회원)　732

혼인　313, 560, 561, 693

《환희의 직분》　350

《활동 중의 관상가들: 예수회원이 가야할 길》　546

《회심한 이들을 향한 설교》　295

후아나 여왕　440

후안 데 폴랑코(예수회원)　395, 396, 403

히브리인들에게 보낸 서간

　히브 4,15　591